宁夏文物考古研究所丛刊之二十七

宁夏明代长城
固原内边长城调查报告

宁夏文物考古研究所　编著

文物出版社

图书在版编目（CIP）数据

宁夏明代长城·固原内边长城调查报告/宁夏文物考古研究所编著. －－北京：文物出版社，2019.1

ISBN 978 － 7 － 5010 － 5855 － 6

Ⅰ.①宁… Ⅱ.①宁… Ⅲ.①长城—考古发掘—发掘报告—宁夏—明代 Ⅳ.①K878.35

中国版本图书馆 CIP 数据核字（2018）第 273794 号

宁夏明代长城·固原内边长城调查报告

编　　著：宁夏文物考古研究所

责任编辑：杨冠华
责任印制：梁秋卉
封面设计：程星涛

出版发行：文物出版社
社　　址：北京市东直门内北小街 2 号楼
网　　址：http：//www. wenwu. com
邮　　箱：web@ wenwu. com
经　　销：新华书店
印　　刷：天津图文方嘉印刷有限公司
开　　本：889 ×1194　1/16
印　　张：38.5　插　页：35
版　　次：2019 年 1 月第 1 版
印　　次：2019 年 1 月第 1 次印刷
审 图 号：宁 S［2018］第 004 号
书　　号：ISBN 978 － 7 － 5010 － 5855 － 6
定　　价：620. 00 元

目 录

插图目录

彩图目录

铲山筑土建重关

——明代宁夏境内的长城（代前言）

罗　丰

一　导言

有明一代横亘中国北方的所谓万里长城最为引人注目，它东起辽宁虎山，西止嘉峪关，绵延万里，至今耸立。

宁夏是明代长城遗迹分布较多的省份，贯穿整个南北全境。虽然过去对于这些长城的大体走向，甚至具体结构，有一定程度的了解。但是这些了解都是建立在零星调查的基础上，一些重要的长城信息并不全面，有许多付阙，甚至错误。就连全区范围内明长城现存具体的长度，有多少业已消失，这样的资讯也众说纷纭。有赖于考古工作者花费几年时间的辛勤田野考古调查，现在这样的数据已经大体有一个眉目。

在国家文物局的统一部署下，从 2007 年开始，宁夏考古工作者组成五支田野调查队，对宁夏境内的河东长城、旧北长城、北长城、西长城、固原内边长城和"徐斌水新边"六条长城进行田野考古调查。调查范围涉及全区 4 市 18 县（市、区）和内蒙古自治区阿拉善左旗（部分）、甘肃省环县（部分）。2009 年田野调查基本结束后即转入室内整理。室内整理和报告编写经过五年多的持续工作，在 2014 年大体结束，本报告集反映的是我们田野调查、室内整理和一些粗浅研究的成果。报告集在涉及一些术语时如长城、边墙等时混合使用，并不作单一选择。不过还是有所侧重，在讨论历史文献材料时会尽量采用当时流行的名称，如边墙、墩台之类；在使用考古材料时则使用长城、烽火台这类约定俗成的称谓。本连续报告集在《宁夏明代长城》总标题下分《河东长城调查报告》《北长城调查报告》《西长城调查报告》《固原内边长城调查报告》分别出版。本前言从文献出发和结合考古材料，大致勾勒出宁夏明代长城的基本情况。

二　明代边防体系与宁夏、固原二镇

明人长城的修筑与整个北方的防御体系有密切关联。明政府为应付北方民族的南侵，在北方建立九个边防重镇，并在各自防区修筑长城，各镇长城贯为一体（彩图一）。《明史·兵志》称：

终明之世，边防甚重。东起鸭绿，西抵嘉峪，绵亘万里，分地守御。初设辽东、宣府、大同、延绥四镇，继设宁夏、甘肃、蓟州三镇，而太原总兵治偏头，三边制府驻固原，亦称二镇，是为九边[1]。

　　长城作为防御工事，在中国的兴起由来已久，最初是用于中原国家内部相互攻防。战国时期开始北方国家修筑长城，区隔北方的游牧民族与中原的农耕民族，将两种不同文明的人群，用一道人工修筑的长墙隔离。长城在地理环境的选择上，大体维持在北方地区的农牧分界线上，地理学家理查德·哈特向（R. Hartshorne）曾经说过，人们在本能上都有将地理界线划分得比自然所设定的更加分明的倾向[2]。长城的修筑大约是这种倾向最极端的表现，是人们对于游牧和农耕两种不同的生计方式认识相对简洁一些。

　　明代的长城遗址大体维持在秦汉长城总体范围内，由九边重镇总理。元朝灭亡后，蒙古残部并未远离北方，而是在北方地区聚集起来，伺机向中原进发，抢掠边境地区，有时甚至深入中原腹地，成为明统治者的心腹大患。为防御北方部族的内侵，北方相继在一些重点地区建设新的防御体系，宁夏地区的长城就是在这样的背景下修筑起来的。

　　明代初年，太祖朱元璋在北方辽西大宁、元上都天平、河北兴和、鄂尔多斯的东胜诸地设置重兵防守。甚至计划北伐蒙古余部，完全彻底地解决蒙古余部的威胁。不过，洪武五年（1372年）大将徐达举兵北伐以失败告终，对朱元璋的信心打击很大。此后，他的边防政策多有调整，由进攻改为防守。并且，在沿北边设置许多卫所，卫所制度显然是延续元朝的军事体制[3]，扼险设防。另外所采取的防御政策，将原有出征和镇守重要军事要塞的职权由军事将领的手中收回，在沿边地区分封藩王，将军事主导权转移至朱姓藩王手中。有明一代北方防御前哨由藩王、亲王驻守御边，这样的计划显示了明太祖设险守御的决心。当有人提议将归附的北方民族内迁，以绝后患，朱元璋非常了解北方民族的习性，他说了这样一段话：

　　凡治胡虏，当顺其性。胡人所居习于苦寒，今迁之内地，必驱而南，去寒凉而即炎热，失其本性，反易为乱。不若顺而抚之，使其归就边地，择水草孳牧，彼得遂其生，自然安矣[4]。

　　朱元璋的想法虽然很好，但北方民族飘忽不定、叛服无常，给明廷带来了极大的困扰。朱元璋的遗训是："胡戎与西北边境，互相密迩，累世战争，必选将练兵，时谨备之"[5]。明成祖曾五次亲征大漠，有次曾亲率五十万大军出征。并迁都北京，重新部署防御，同时也将几个重要的防御重地，如大宁、东胜、开平、兴和的防守军力内移。关外弃防，是将天险拱手让人，也是以后诸朝修筑长城的直接原因。大宁弃防的直接诱因是兀良哈三卫内附，将辽阔的大宁地区让与兀良哈三卫，授之以官，统辖该地[6]。东胜，《明史·兵志》给出的解释是，"东胜孤远难守，调左卫于永平，右卫于遵化，而墟其地"[7]。将守边部队调至北京附近。明成祖篡位之初，蒙古残部退至漠北，兀良哈三卫内附，边疆无大患，拱卫北京安全，远比屯兵备防边疆显得更为重要。于是，成祖便关外弃防[8]。英宗亲征时，在土木堡全军覆没，他本人也被俘，明朝受到空前挫折。土木之变后，边境永无宁日，促成政府

　　[1]　（清）张廷玉：《明史》卷九一《兵志》，中华书局标点本，1974年，第2235页。

　　[2]　参见［美］理查德·哈特向著、叶光庭译：《地理学的性质——当前地理学思想述评》，商务印书馆，1996年，第425页。

　　[3]　参见于志嘉：《明代军制史研究的回顾与展望》相关论述，原载台湾大学《第一届民国以来国史研究的回顾与展望》，1992年，后收入《卫所、军户与军役》，北京大学出版社，2010年，第333页。

　　[4]　《明太祖实录》卷五九"洪武三年十二月戊午"，（台北）"中央研究院"历史语言研究所校印，1961年，第1147页。

　　[5]　《皇明祖训》第三册，学生书局影印明刊本，第1686～1687页。

　　[6]　《明会典》卷一〇七"朝贡三"，万有文库本，商务印书馆，1936年，第1页。

　　[7]　（清）张廷玉：《明史》卷九一《兵志三》"边防"，中华书局标点本，1974年，第2236页。

　　[8]　关于明成祖关外弃防原因的讨论可参见吴缉华：《论明代北方边防内移及影响》，《新亚学报》第13卷，1980年，第364～409页。

以九边重镇为重点的防御体系的建设。边患不断，成为日常，以宁夏为例在兵部主编的《九边图说》中称：

> 臣等谨按：宁夏，古朔方河西地也。东起盐场，西尽中卫，东南据河为险，北倚贺兰为固，在昔时称"四塞"焉。自虏入套以来，边患始剧。其在夏秋则用浑脱浮渡，以扰我边。严寒之时，则踏冰卒入。乘我不备，甚至取道贺兰山后，往来庄、凉，恬无忌惮[1]。

明季中叶，游牧民族定居水草肥美的河套地区，不断南侵，甚至抵达甘肃平凉、庄浪一带，已成常态。景泰年间以后九边重镇确立，具体为辽东、蓟州、宣府、大同、山西（偏头关）、延绥（榆林）、宁夏、固原（陕西）、甘肃九镇。

宁夏在明朝初年设立宁夏府，《宁夏志》云：

> 国朝初，立宁夏府。洪武五年（1372年）诏弃其地，徙其民于陕西。至洪武九年（1376年）复命长兴侯耿炳文弟耿忠为宁夏卫指挥，率谪戍之人及延安、庆阳骑士立宁夏卫，缮城郭以守之[2]。

宁夏镇的成立的时间似乎并不确定，洪武二十五年（1392年）三月置宁夏左、右、中三屯卫，二十八年设宁夏护卫。永乐四年（1406年）八月"命右军都督府左都督何福佩征虏前将军印，充总兵官前往镇陕西、宁夏等处，节制陕西都司、行都司，山西都司、行都司，河南都司官军"[3]。有学者认为至迟在此时宁夏镇已成立[4]。

宁夏镇设置巡抚都御史一员，镇守太监一员，镇守总兵官一员，协守宁夏副总兵一员，参将、游击将军等若干名，分驻宁夏及各地[5]。在这一体系中，只有总兵、镇守太监可称镇守，副总兵只称协守，参将驻他处则称分守，其属下称协同分守，用以保证镇守、分守的用兵权力（图一）[6]。

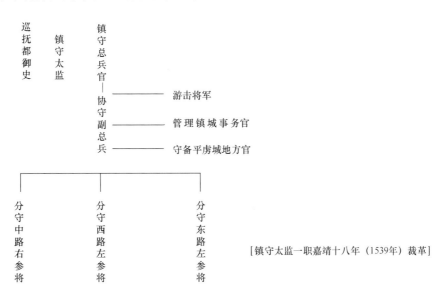

图一　明代边镇职官图

---

〔1〕《九边图说·宁夏镇图说》，明隆庆三年刻本，第121页。

〔2〕（明）朱旃撰修、吴忠礼笺证：《宁夏志笺证》卷上，宁夏人民出版社，1996年，第2页。

〔3〕《明太宗实录》卷11"永乐四年八月己未"，（台北）"中央研究院"历史语言研究所校印，1961年，第178页。

〔4〕参见肖立军：《明代中后期九边兵制研究》，吉林人民出版社，2001年，第80页。

〔5〕参见（明）魏焕：《皇明九边考》卷八"宁夏镇"，谢国桢影印嘉靖刻本，第4~7页。

〔6〕关于明代省镇兵营制度参见肖立军：《明代省镇营兵制度与地方秩序》，天津古籍出版社，2010年，第279~286页。

庆王封地，庆王名朱栴，朱元璋第十六子，初封庆阳，后移韦州，洪武三十五年（1402年）徙宁夏，置中护卫为扈从，正德五年（1510年）改中护为中屯，仍为五卫城。

设镇守宁夏太监关防一名，其职责皇帝敕谕中曾说：

今特命尔与总兵官都督同知张泰镇守宁夏地方，修理边墙城池，操练军马，遇有贼寇，相机守战。凡事须与总兵、巡抚等官公同计议停当而行，不许偏私执拗己见，有误事机。尔为朝廷内臣，受兹委托，尤宜奉公守法，表率将士。

嘉靖十八年（1539年）奉旨裁撤[1]。

总兵官，挂银铸"征西将军之印"，与太监并巡抚都御史及副总兵官一同镇守，平日操练兵马，修理城池，遇警敌犯便相机率兵守战。

副总兵官，有一些具体任务，遇敌来袭河套，便要前往花马池等处调度军马杀贼。每年夏初冬末，要两次亲临修补边墙崖砦等。

正统年间设游击将军，统兵三千，具体任务在清水营分布，如果遇花马池、灵州一带来敌进犯，便统兵前往策应。凡守战事宜，仍听镇守、总兵、巡抚官节制（图二）。

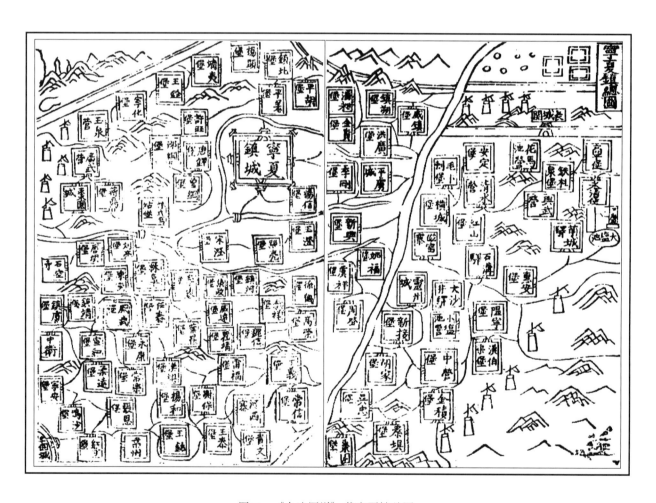

图二　《九边图说》载宁夏镇总图

〔1〕（明）胡汝砺编、（明）管律重修、陈明猷校勘：《嘉靖宁夏新志》卷一，宁夏人民出版社，1982年，第32页。

军镇下分设东路、西路、中路三路防御，分别镇守不同地方。东路参将，正统八年（1443年）置花马池营，设右参将分守宁夏东路；西路参将，宁夏西路远在黄河之处与甘肃庄浪接壤，以左参将充任。主要任务平日是固守城池，遇敌则相机剿杀；中路参将，嘉靖八年（1529年）改设灵武守备为中路参将，驻扎灵州，横城堡、清水营一带边堡悉听节制。

三路参将以下是协同。东路协同，成化五年（1469年）设立，分守兴武营；西路协同，也是成化五年设立，分守广武营；南路与北路各置钦依守备，正德五年（1510年）吏部尚书杨一清建议：

北自平虏城，南抵大坝，三百余里兵势不连，难于为御。奏以镇城以南地方属大坝守备，镇城以北地方属平虏城守备[1]。

南路驻大坝邵岗堡，"以邵岗视大坝为适中，守御实便，故驻扎焉"。领玉泉营[2]。北路驻平虏城，领威镇堡[3]。

另，宁夏镇有方面都指挥、坐营指挥，及宁夏东路管粮通判、西路管粮通判等职。又设把总、千总都指挥等。每两个把总所司军队，属一都指挥统领。

镇守总兵官亲自指挥的军队称正兵；协守副总兵官指挥夺兵；游击将军指挥游兵。三者任务各有不同，后两者与其主官职责密切相关。嘉靖以后巡抚、总兵亲统士兵被称为标兵，这些标兵是主力中的精锐，促进军事建置的正规化，也与普通营兵加速分离形成一套独特的规模。

明代初年的边镇防御主要依赖卫所，卫、守御千户所承担营、堡的防守职责。宁夏防区有五卫：宁夏卫、左屯卫、前卫、右屯卫、中屯卫。

宁夏卫，领五千户所，五十百户所；领潘昶堡、金贵堡、李祥堡、河西寨、杨和堡、王泰堡、王鋐堡、任春堡、叶升堡、汉坝堡、河中堡十一堡；并领镇守墩等四十二座烽堠。

宁夏左屯卫，领五千户所，五十百户所；领蒋鼎堡、陈俊堡、瞿靖堡、林皋堡、邵岗堡、李俊堡、王佺堡、林武马站堡、刘亮堡、魏信堡、张政堡、唐铎堡、许旺堡、王澄堡十四堡；领宁朔墩等五十三座烽堠。

宁夏前卫，领五千户所，五十百户所；领谢保堡、张亮堡、李纲堡、丁义堡、周澄堡、平虏城、威镇堡、宋澄堡、黄沙马寨堡九堡；领双山北旧墩等四十五座烽堠。

宁夏右屯卫，领五千户所，五十百户所；领大坝堡、靖夷堡、杨显堡、靖虏堡、威远堡、平胡堡、雷福堡、桂文堡、常信堡、洪广堡、高荣堡、姚福堡、镇朔堡、杨信堡、镇北堡、平羌堡、新兴堡等十八堡；领石关儿墩等四十一座烽堠。

宁夏中屯卫，领五千户所，五十百户所；领虞祥堡、汉伯渠堡、金积堡、中营堡、镇河堡五堡；领大沟墩等七座烽堠。

宁夏镇官兵原额应为五万六千一百五十九名，但据杨守礼统计，嘉靖十九年（1540年）实有二万五千六百二十一名[4]。这还不是最少的时候，有时仅有一万多人。

固原镇，也称陕西镇，洪武二年（1369年）都督耿炳文守陕西，并置陕西行省，永乐初立镇后或废，宣德十年（1435年）再立陕西镇，弘治十五年（1502年）五月陕西总制移驻固原。固原城北朝

---

〔1〕（明）胡汝砺编、（明）管律重修、陈明猷校勘：《嘉靖宁夏新志》卷一，宁夏人民出版社，1982年，第38页。

〔2〕（明）胡汝砺编、（明）管律重修、陈明猷校勘：《嘉靖宁夏新志》卷一，宁夏人民出版社，1982年，第84页。

〔3〕（明）胡汝砺编、（明）管律重修、陈明猷校勘：《嘉靖宁夏新志》卷一，宁夏人民出版社，1982年，第87~88页。

〔4〕（明）胡汝砺编、（明）管律重修、陈明猷校勘：《嘉靖宁夏新志》卷一，宁夏人民出版社，1982年，第80~81页。关于本镇原额官兵记载并不一致，如魏焕《皇明九边考》卷八载，嘉靖年间原额马步、守城及冬操夏种舍余士兵并备守御官军共七万二百六十三名；实在三万五千一百四十四名。上报兵部的统计数据与实际所在仍有较大的出入。

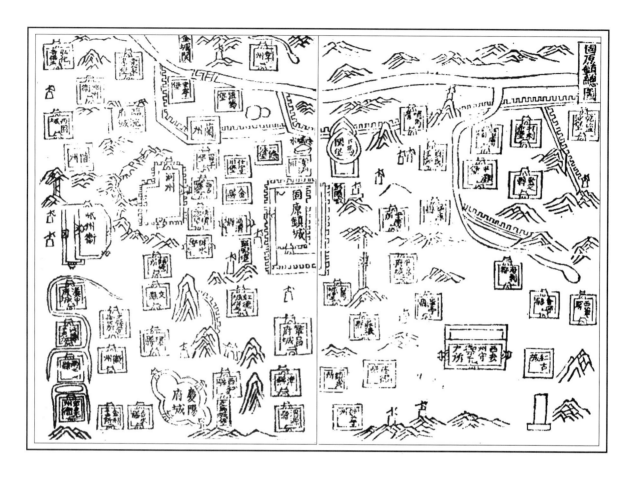

图三　《九边图说》载固原镇总图

隋唐为重镇，宋设镇戎军、州，元城废，属开城县辖。景泰二年（1451 年）陕西苑马寺奏修固原城，景泰三年（1452 年）在固原设守御千户所。成化三年（1466 年）开城县徙治固原。弘治十五年升县为固原州。固原原来号称腹里，只有在黄河结冰时，游牧人才踏冰而来。但明中期以后，除冬季结冰时入掠，也会在黄河不封冻的季时乘虚浮来犯，并成常态（图三）〔1〕。

从弘治十年（1497 年），尤其弘治十四年（1501 年）火筛部大举由花马池入寇平凉、凤翔、临、巩昌等府州，十五年（1502 年）兵部建议设大臣一员，开府固原，总制延绥、宁夏、甘肃、陕西四镇军务，成为常设职务。三边总制，后称三边总督，又称提督，其职责是总理三边军务，一般的职衔是巡抚陕西右副都御史，或右都御史，同时有太监监督军务。也有以尚书衔总督三边。其职权甚大，范围很广，职级上也高于巡抚。"四镇兵马钱粮，一应军务，从宜处置，镇、巡以下悉听节制。军前不用命者，都指挥以下听军法从事"〔2〕。《广阳杂记》：

明三边总制，驻扎固原。军门为天下第一，堂皇如王者。其照墙，画麒麟一，凤凰三，虎九。以象一总制，三巡抚，九总兵也。河西巡抚驻兰州，河东巡抚驻花马池，陕西巡抚驻西安。甘、凉、肃、西、宁夏、延绥、神道岭、兴安、固原各一总兵也〔3〕。

〔1〕　《九边图说·固原镇图说》，隆庆三年刻本，第 140 页。
〔2〕　万历《大明会典》卷二〇九"督察院一·督抚建置"，万有文库本，商务印书馆，1963 年，第 7 页。
〔3〕　《广阳杂记》卷一，中华书局，1957 年，第 35 页。

根据吴廷燮《明督抚年表》统计，从弘治十年（1497 年）到崇祯十七年（1644 年）的 147 年间，共有 61 人担任过三边总督（制）。其中著名人物有王越、杨一清、王琼、唐龙、石茂华、洪承畴、孙传庭等[1]。

巡抚陕西地方赞理军务都御史一员，驻陕西省城西安，负责全省军政事务。

镇守总兵官一员，驻扎固原城，负责操练军马，抚恤兵民，修理城池，防御贼寇。若遇有警则专领固原等处军队应迎。

固原镇防区，原有黑水、镇戎、平虏、红古、板井、彭阳等城；西安州、海喇都等营；环、庆则有走马川、青平山城、甜水等城堡；靖虏、兰州则有干盐池、打剌赤、一条城、十字川、西古城、积积滩等堡。固原镇设立后，以固（原）、靖（虏）、甘（州）、兰（州）四卫隶属。另设兵备五员，分别驻固原、岷州、兰州、庆阳、汉中五州府。依明制兵备守卫地城为一城一地，听总督、巡抚节制。

极冲地方设参将、游击或守备统领。固原镇有兰州参将一员、河州参将一员、固原镇游击二员、靖虏卫游击及守备各一员、西安千户所游击一员、红德（古）城游击一员、下马关守备一员、环县千户所守备一员。

次冲地方有洮州参将一员、岷州守备一员、阶州千户所守备一员、西固城千户所守备一员。

又次冲地方有陕西参将一员、汉中府守备一员[2]。

这样，固原镇防区大体相当于今宁夏中南部、甘肃中东部、陕西中南部等处。本镇官兵原据《九边图说》载，原额七万一千九百一十八名，实在五万五千二百六十七名[3]。《明会典》则作原额官军一十二万六千九百一十九名，具额九万四百一十二名。

官僚体系非常完整。在九边官员配置中固原、宁夏二镇属于中等偏下水平，大约只相当于蓟镇的少一半。固原镇明季中叶以后地位逐渐重要，除三边总制驻锡固原外，"套寇"的频繁入侵也是一个重要原因。随着军事形势的消长，军镇的职官防区设置均有所变动，以上二镇职官设置表现某一特定年代的配置，并不是终明一世设置。

三　宁夏、固原镇边墙的修筑

明代边镇的防御体系主要由城堡、边墙、烽火台等部分构成。城、堡是军事首脑指挥机关驻地，边墙是防御工事，烽火台则是警报传递系统。防御的建设围绕着以上系统修建，贯穿整个明代二百多年，成为明政府的国策，进而也使政府背有沉重的财政负担，成为导致灭亡的重要原因之一。

烽燧传递系统是一种古老的边境御敌方式，如边境遇敌来犯，便在烽燧上燃狼烟示警，接力传递，直至镇城或京师。明代初年首先重视建设的是烽火台系统。"边卫之设，所以限隔内外，宜谨烽火，远斥堠，控守要害，然后可以詟服胡虏，抚辑边氓"[4]。宁夏的烽燧体系明初基本上建立，但却不甚完备。天顺七年（1463 年）二月左副都御史王竑奏请在宁夏中卫、庄浪等处增立墩台，以严备边。这样的提议受到宁夏镇镇守、总兵、巡抚等地方大员的质疑："边外立墩举火，腹里移文驰报，自为定例，

〔1〕　参见（明）吴廷燮撰、魏连科点校：《明督抚年表》卷三"陕西三边"，中华书局，1982 年，第 200～221 页。

〔2〕　参见《九边图说·固原镇图说》，隆庆三年刻本，第 141～142 页。

〔3〕　参见《九边图说·固原镇图说》，隆庆三年刻本，第 142 页。

〔4〕　《明太祖实录》卷一四八"洪武十五年九月丁卯"，（台北）"中央研究院"历史语言研究所校印，1961 年，第 2339 页。

行之已久，未有不便。若腹里增设墩台，诚恐虏贼入境，炮烽四起，官军往之御者，无以适从。人民之散处者反致惊疑，是徒劳人力，无益边备也。"[1] 由于有这样的异议，腹里设墩传烽的意见没有被采纳。但到了成化年间类似的建议两次浮上台面，并获得支持。成化二年（1466年），宁夏左中右三路虽然地居要冲，但中路灵州以南二百八十里原来并无墩台。因此，东、西二路营堡墩台相去甚远，无法相连通讯，给蒙古人留下很大的空当。兵部尚书王复奏议：

> 请以东路兴武营移至近里，与花马池、灵州东西对直各一百里。自花马池东南红山儿至环县等处，西南长流水至小盐池等处，西路自河北分水岭至固原半个城等处，及永安墩至靖虏等处，中路灵州至石沟儿一路往韦州、胡芦硖等处，一路接小盐池至萌城等处，每二十里添设墩台一座，共五十有八座……每墩拨给五人看守瞭望。庶几营堡相连，烽火相接，而易于应援[2]。

墩台的建立，保证了军警信讯的顺畅传递，墩台在以后年代成为边将修建、维护的重点。

明代长城的修筑始于蓟州、辽西，最初只是一些简陋的挡马墙，如宣德年间蓟州就有修口外长城拦马石墙的记载[3]。明初，宁夏防线的压力并不太大，随着放弃套内政策的实施，一些移居套内的蒙古部落毛里孩、小王子等逐渐壮大，频次内侵，宁夏、灵州乃至固原防线屡遭突破。宁夏一城远居河外，东西千里，仅凭墩台城堡守备，临边并无屏障可依托。有鉴于此，成化二年十一月兵部尚书王复与地方大员商议，北面沿边墩台空远者，增添三十四座，并且"随其形势，以为沟墙，必须高深，足以遮贼来路"[4]。

成化八年（1472年）大臣叶盛、王越、余子俊与白玉、马文升等人屡次会议研究并上奏章讨论榆林、宁夏一带防务策略。提出"凡虏入寇，必至界石内方有居人，乃肆抢掠。后以守土职官私役官军，招引逃民于界石外，垦田营利，因而召寇。七年六月，因总兵、巡抚官之议，仍依界石一带山势，随其曲折，铲削如城，高二丈五尺，川口左右俱筑大墩，调军防守，以为一劳永逸之计……诏：'从其议，惟修筑边墙，其令本地官军以渐整理，不须借役于民'[5]。成化十年（1474年）东起清水营，西至宁夏花马池营界碑止，边墙东西长一千七百七十里一百二十步。宁夏巡抚徐廷章、总兵官范瑾在宁夏花马池界碑处接修边墙，向西直达黄河东岸的黄沙嘴，人称"河东墙"，共长三百八十七里，墙高阔一丈，壕口宽一丈，深八尺，共有七十一座墩台[6]。成化十五年（1479年）宁夏筑沿河边墙，因为从宁夏东路自花马池至黄河，东至平山墩，西至黑山营，中间相去约二百里。原以为前有黄河，春夏可恃，冬季河冻，"套虏"踏冰逾河。"今欲沿河修筑边墙，使东西相接。其西路永安墩至西沙嘴，旧墙低薄颓坏，欲改筑高厚，庶可保障地方"。共用役一万人修筑[7]。河东墙与西长城形成东西两道屏障。

余子俊修边墙的本意是要通过边墙将"套虏"阻隔在中华之外，并不以专控扼要塞为唯一目标：

> 谓虏逐水草以为生者，故凡草茂之地，筑之于内，使虏绝牧；沙碛之地，筑之于外，使虏不庐，

────────────────

〔1〕《明英宗实录》卷三四九"天顺七年二月壬戌"，（台北）"中央研究院"历史语言研究所校印，1961年，第7017页。

〔2〕《明宪宗实录》卷三七"成化二年十二月己酉"，（台北）"中央研究院"历史语言研究所校印，1961年，第729～730页。

〔3〕《明宣宗实录》卷五七"宣德四年八月癸未"条载：蓟州守备都督陈景先奏"六月淫雨，山水泛涨，山海、永平、蓟州口外长城、拦马石墙及建昌诸营，山海、永平省卫城垣皆颓塌。"上谓工部臣曰："口外城墙及诸营堡俱边防要切，就令景先即督官军修之"。（台北）"中央研究院"历史语言研究所校印，1961年，第1358页。

〔4〕《明宪宗实录》卷三六"成化二年十一月己丑"，（台北）"中央研究院"历史语言研究所校印，1961年，第716页。

〔5〕《明宪宗实录》卷一○二"成化八年三月庚申"，（台北）"中央研究院"历史语言研究所校印，1961年，第1997页。

〔6〕弘治《宁夏新志》卷一"边防"，1988年复制本，第38页；（明）胡汝砺编、（明）管律重修、陈明猷校勘：《嘉靖宁夏新志》卷一"边防"，宁夏人民出版社，1982年，第19页；魏焕：《皇明九边考》卷一"镇戍通考"，谢国桢影印嘉靖刻本，第8页。

〔7〕《明宪宗实录》卷一九七"成化十五年十一月丁未"，（台北）"中央研究院"历史语言研究所校印，1961年，第3471页。

是故去边远而为患有常[1]。

这样的深谋远虑，并不是每个守边将领所能理解的。所以有人感叹道："盖百年成之而不足，一日弃之而有余矣"。具体表现在施工上，如兴武营筑墙土沙相半，不堪保障[2]。

成化二十三年（1487年）陕西巡抚修筑宁夏中卫野鹊沟等处边墙与芦沟、深井等处营堡、墩台等[3]。

弘治年间，小王子率大军驻牧河套，引起明守军不安，宁夏巡抚王珣上奏增修河东墙，预计标准为墙厚三丈，高二丈，并在墙内外各挖掘深宽各三丈的沟堑，秦纮任三边总制后宁夏巡抚刘宪重提此议。秦纮考察后认为：

若使此墙果能阻贼，墙尽之处即黄河南岸，冬深河冻，可以履冰逾越，亦徒劳无益……（刘）宪欲西安等八府起夫五万修墙。宁夏、延绥其三百里，墙沟三道通计九百里[4]。

显然不可行。他的方案是花马池以北柳杨墩、红山墩以西二百里筑十堡，花马池至小盐池二百里间每二十增筑一小堡。兵部采纳了秦纮的方案。

河东边墙的大规模修筑、维修集中在嘉靖年间，《皇明九边考》记载：

内外二边之中，清水、兴武、花马、定边各营地方，又套房充斥，纵横往来必由之路。总制王琼自黄河东岸横城起，迤东转南，抵定边营南山口，开堑一道，长二百一十里，筑墙一十八里。后总制唐龙改修壕墙四十里。总制王（琼）接修壕墙一百三十四里。总制杨（守礼）初修壕墙四十里，皆依前墙堑，止于定边营北……于是，套房入内之路，有重险矣[5]。

王琼的修筑标准为"堑深二丈，口阔二丈，底阔一丈八尺；堑内筑垒，高一丈，底阔三丈，收顶一丈二尺；拦马墙高五尺。筑墙必高广皆二丈，垛墙高五尺"。这些防御设施被形象地称为"深沟高垒"[6]。所谓修边，除边墙以外，守将们用了很大的力量在挖深沟壕堑，墙、堑结合被认为是御敌良策。嘉靖至万历百余年间，历任宁夏巡抚都以维修河东墙为重任。

旧北长城，大约修筑于明成化年间。成化二十一年（1485年）五月丙子宁夏巡抚崔让等奏"请于平虏城枣儿沟增筑边墙一道，寨堡一座，墩台三座，兵部准其奏"[7]。这道边墙在北关门，由沙湖西至贺兰山之枣儿沟，有三十五里[8]。嘉靖年间人们对此边墙已所知甚少，《嘉靖宁夏新志》仅云："临山堡极北之地尽头山脚之下，东有边墙，相离平虏城五十余里。"[9]《皇明九边考》亦云："宁夏北，贺兰山黄河之间，外有旧边墙一道。嘉靖十年，总制王琼于内复筑边墙一道，官军遂弃外边不守，以致内地田地荒芜。"[10]嘉靖十年（1531年）修筑北长城的建议实际出于佥事齐之鸾，他在《朔方天

〔1〕（明）胡汝砺编、（明）管律重修、陈明猷校勘：《嘉靖宁夏新志》卷一"边防"，宁夏人民出版社，1982年，第19页。

〔2〕（明）胡汝砺编、（明）管律重修、陈明猷校勘：《嘉靖宁夏新志》卷一"边防"，宁夏人民出版社，1982年，第19～20页。

〔3〕《明宪宗实录》卷二九三"成化二十三年八月癸未"，（台北）"中央研究院"历史语言研究所校印，1961年，第4975页。

〔4〕《明孝宗实录》卷一九六"弘治十六年二月己亥"，（台北）"中央研究院"历史语言研究所校印，1961年，第3610页。

〔5〕（明）魏焕：《皇明九边考》卷一"镇戍通考"，第8～9页。文中所阙"王□""杨□□"据张雨《边政考》卷七"北虏河套·沿革"条补，第581～582页。

〔6〕（明）胡汝砺编、（明）管律重修、陈明猷校勘：《嘉靖宁夏新志》卷一"边防条"，宁夏人民出版社，1982年。王琼：《北虏事迹》载"乃于花马池一路长三百里为之深沟高垒，以立大险，限隔华夷"，《王琼集》，山西古籍出版社，1991年，第82～83页。

〔7〕《明宪宗实录》卷二六六"成化二十一年五月丙子"，（台北）"中央研究院"历史语言研究所校印，1961年，第4511页。

〔8〕（明）张雨：《边政考》卷三"宁夏卫"，《中华文史丛书》第14册，（台北）华文书局，1969年，第132页。

〔9〕（明）胡汝砺编、（明）管律重修、陈明猷校勘：《嘉靖宁夏新志》卷一"宁夏总镇"条《杨守礼上疏》，宁夏人民出版社，1982年，第92页。

〔10〕（明）魏焕：《皇明九边考》卷八"宁夏镇·保障考"，谢国桢影印嘉靖刻本，第4页。

堑北关门记》一文中写道:

　　至秋七月,工告成。由沙湖西至贺兰山之枣儿沟,凡三十五里,皆内筑墙,高厚各二丈;外浚堑,深广各一丈五尺有奇。墙有堞可蔽,有空可下视以击射。为关门二,东曰"平虏",中曰"镇北"。其上皆为堂,若干楹,其下各增城三面,为二堡……沙湖东至黄河凡五里,水涨则泽;竭则墟,虏可窃出。皆为墙,高厚一丈五尺,堑深广一丈,以旁室其间道。于是,宁夏河山如故,而扼塞之险一新[1]。

　　其实,北关长城的修筑实属无奈,因平虏城以北孤危难守,供饷不便,守军逃散,有名无实,才迫使守将出此下策,在平虏城北十里处筑此边墙[2]。原选址并不在这里,由于前者工程浩大,费役甚众,才改线于此。

　　西长城,"自靖虏芦沟界迤北,接贺兰山。山四百一十一里,迤北接北长城。自西而东三十里,接黄河"[3]。成化九年(1473年)开始从甘肃靖远起至宁夏黄河两岸,修筑扼塞,防止"套虏"伺机渡河。先在"双山南起至广武界,长一百余里修边墙"。成化十五年(1479年)镇守宁夏太监龚荣奏"其西路永安墩至西沙嘴,旧墙低薄颓坏,欲改筑高厚",遂使役一万人筑墙[4]。西边墙主要部分,是北自赤木口(今三关口),南抵大坝堡,八十余里。嘉靖十年(1531年)佥事齐之鸾上书总制王琼维修边墙,"初闻是议,父老以为不可,将士以为不可,制府亦以为不可",齐之鸾力排众议,使役丁万余人,费时六月方成。但因此地风沙漫天,壕堑数日悉平,需时加挑浚,然随挑随淤,军民苦不堪言[5]。西边墙防御中赤木口关是重点,嘉靖十九年(1540年)杨守礼等主持大修,称贺兰山"盖山势到此散缓,蹊口可容百马,其南抵峰仄经通虏窟者,不可胜塞。山麓有古墙,可蹍两倾也"。用三月之功,砌成石关,并向南北两山延展筑墙[6]。万历、天启年间西边墙获得进一步的维修和加固。

　　固原镇的长城主要指固原内边墙,又称固原内边。弘治十四年(1501年)朝廷起用已经退休的南京户部尚书秦纮为代理固原三边总制。弘治十五年,总制尚书秦纮奏筑固原边墙,自徐斌水起,西至靖虏营(今靖远)花儿岔止六百余里,向东至饶阳界止三百里,这就是固原内边[7]。当年"三月起至八月止,共修砦堡、崖穴、关隘一万四千一百九十处,铲过山崖三千七百余里"[8]。嘉靖九年(1530年)三边总制王琼维修秦纮所筑固原内边,西起靖虏卫花儿岔,东至饶阳界,"开堑、斩崖、筑墙,各因所宜"[9]。具体是"挑挖响石沟至下马房旧堑三十里,俱深二丈,阔二丈五尺,南面堑土筑墙,连沟共高三丈。又修理下马房西接平虏、镇戎、红古城、海喇都、西安州五堡坍塌边墙一百二十五里,随山就崖,铲削陡峻。又于干盐池地名沙岘铲挑沟,长四十里,深险壮固,以绝西入临巩之路"[10]。固原内边,除维修边墙外,主要采用挖壕设堑、铲削山险墙,经修缮的固原内边,被称为

〔1〕(明)胡汝砺编、(明)管律重修、陈明猷校勘:《嘉靖宁夏新志》卷一"宁夏总镇"齐之鸾《朔方天堑北关门记》,宁夏人民出版社,1982年,第90页。

〔2〕(明)胡汝砺编、(明)管律重修、陈明猷校勘:《嘉靖宁夏新志》卷一"宁夏总镇"条《杨守礼上疏》,宁夏人民出版社,1982年,第92页。

〔3〕(清)张金诚修、(清)杨浣雨纂:《乾隆宁夏府志》卷二"地理·边界",宁夏人民出版社,1992年,第68页。

〔4〕《明宪宗皇帝实录》卷一九七"成化十五年十一月丁未",(台北)"中央研究院"历史语言研究所校印,1961年,第3471页。

〔5〕(明)胡汝砺编、(明)管律重修、陈明猷校勘:《嘉靖宁夏新志》卷一"宁夏总镇",宁夏人民出版社,1982年,第85页。

〔6〕(明)胡汝砺编、(明)管律重修、陈明猷校勘:《嘉靖宁夏新志》卷一"宁夏总镇",宁夏人民出版社,1982年,第85~86页。

〔7〕(明)魏焕:《皇明九边考》卷一"镇戍通考",谢国桢影印嘉靖刻本,第8页。

〔8〕(明)秦纮编:《秦襄毅公自订年谱》第40册,北京图书馆藏珍本年谱丛刊,北京图书馆出版社,2001年,第107页。

〔9〕(明)魏焕:《皇明九边考》卷一"镇戍通考",谢国桢影印嘉靖刻本,第8页。

〔10〕(明)王琼撰、单锦珩辑校:《设险守边图说》,《王琼集》,山西人民出版社,1991年,第93~95页。另详见(明)王琼:《设重险以固封守奏议》,《嘉靖·万历固原州志》卷二"奏议",宁夏人民出版社,1982年,第125~126页。

"关中重险"。

"徐斌水新边"是依托固原内边修筑的一道长城。它沿着罗山西麓的徐斌水向北至中宁县鸣沙镇黄河南岸修筑。嘉靖年间三边总督刘天和上奏道：

惟西路自徐斌水至黄河岸六百余里，地势辽远，终难保障。今红寺堡东南起徐斌水至鸣沙州河岸可百二十里。总兵任杰议于此地修筑新边一道，迁红寺堡于边内。撤旧墩军士使守新边，舍六百里平漫之地，守百二十里易据之险，又占水泉数十处。断胡马饮牧之区，而召军佃种，可省馈饷，计无便于此矣[1]。

此议遭到给事中朱隆熹等人的强烈反对，依祖宗之制，河套属中国，余子俊修边之后，等于不以黄河为界，才使河套为虏所据。王琼弃镇远关，修新边，才使延、宁两镇腹背受敌，今又要旧边不守，直接将红寺堡五百里地尽弃胡中。嘉靖皇帝斥责"擅兴妄议"，并处分宁夏总兵任杰。

虽然没有得到中央政府的批准，刘天和的计划实际上得到实施。《皇明九边考》载：

红寺堡直北稍东，总制刘天和新筑横墙二道，以围梁家泉，直北稍西旧有深险大沟一道。受迤东碟（罗）山之水流于黄河，长一百二十五里。总制刘天和堑崖筑堤一百八里五分，筑墙堡一十六里八分，自大边自此，重险有四道矣[2]。

《固原州志》亦载："嘉靖十六年，总制刘天和修干沟涧六十余里，挑筑壕堤各一道。复自徐斌水迤鸣沙州黄河岸修一百二十五里，增葺女墙始险峻。"[3]隆庆年间成书的《九边图说》中即绘有下马关至黄河岸的徐斌水新边[4]。

至此宁夏长城防御的几条主干线路得以确立，虽然此后的修缮、维护一直在延续，甚至在万历年间一度掀起重要关堡砖石砌筑的高潮，但大规模的修边活动基本结束。上述有明确历史记载的宁夏南北修边里程共计达三千余里，剔除重复修缮及出宁夏境部分，仍有两千余里。事实上，出于邀功心态及统计方式的不同，史料所载的修边活动，更为惊人。弘治年间，秦纮在边三年，即修边达数千里，修筑城堡关隘一万四千余处。

以上我们用简略篇幅勾画出明代宁夏、固原二镇边墙修筑的大致情况（图四；地图二）。关于修筑边墙的一些细节，包括主张修筑和反对派意见显然不能一一呈现。突发的事件亦会影响主将及朝廷的决策，毕竟修边需要动员大量的人力物力，加重民众负担，亦会激起民变。例如，正德年间，杨一清任三边总制，大举发丁修边，宁夏、西安等二十四卫所四万余人，加上西安等七府的五万人，共九万余人。修筑徐廷章等成化年间所筑旧边，计划高宽各二丈，另在墙上修盖暖铺九百，挑浚旧堑深宽亦各二丈，准备四个月时间完工。正德二年（1507年）四月兴工，起自横城向东筑墙三十里后，人众聚集，汲爨艰难，又皆露宿，风雨无所避，多生疾病，"人心怨怼，遂折杆悬旗呼噪，欲溃散。管工官令骑兵围而射之，乃止。一清知众情难久，下令：筑完花马池城完即放散。五日而城完，乃散归"[5]。

边墙修筑的质量与所投入人力有很大的关联，大量的人力投入，意味着更大的财政支出。修边支出从明季中叶起占财政收入的比例逐渐上升，造成直接上级主管部门户部与兵部关系紧张，相互攻击。

〔1〕《明世宗实录》卷二〇三"嘉靖十六年八月庚申"，（台北）"中央研究院"历史语言研究所影印本，1961年，第4252页。
〔2〕（明）魏焕：《皇明九边考》卷八《宁夏考》"保障考"，谢国桢影印嘉靖刻本，第4页。
〔3〕《万历固原州志》上卷，《嘉靖万历固原州志》，宁夏人民出版社，1985年，第114页。
〔4〕《九边图说》"固原镇图说"，隆庆三年刻本，第144页。
〔5〕（明）王琼撰、单锦珩辑校：《北虏事迹》，《王琼集》，山西人民出版社，1991年，第64~65页。

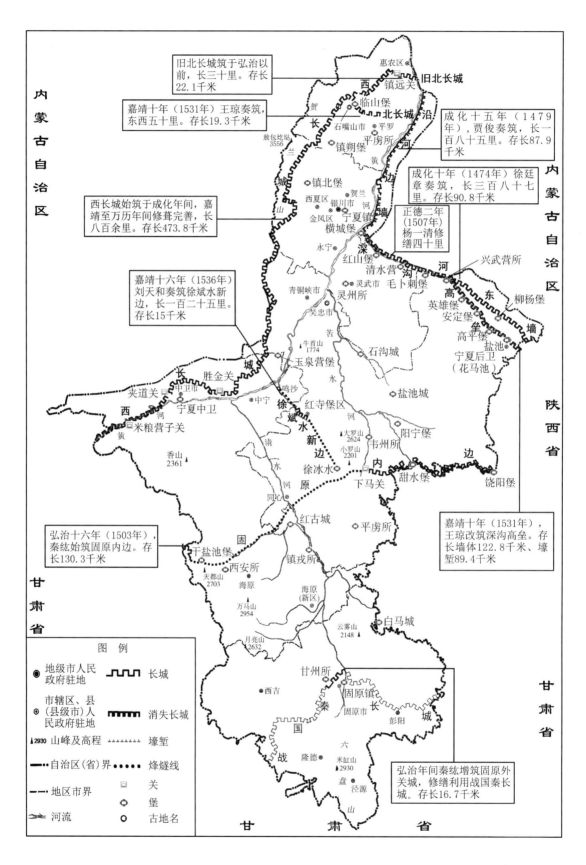

内蒙古自治区

旧北长城筑于弘治以前，长三十里。存长22.1千米

嘉靖十年（1531年）王琼奏筑，东西五十里。存长19.3千米

成化十五年（1479年），贾俊奏筑，长一百八十五里。存长87.9千米

成化十年（1474年）徐廷章奏筑，长三百八十七里。存长90.8千米

西长城始筑于成化年间，嘉靖至万历年间修葺完善，长八百余里。存长473.8千米

正德二年（1507年）杨一清修缮四十里

嘉靖十六年（1536年）刘天和奏筑徐斌水新边，长一百二十五里。存长15千米

弘治十六年（1503年），秦纮始筑固原内边。存长130.3千米

嘉靖十年（1531年），王琼改筑深沟高垒。存长墙体122.8千米、壕堑89.4千米

弘治年间秦纮增筑固原外关城，修缮利用战国秦长城。存长16.7千米

内蒙古自治区

陕西省

甘肃省

甘肃省

图例

- ◎ 地级市人民政府驻地
- ◉ 市辖区、县（县级市）人民政府驻地
- ▲2930 山峰及高程
- —— 自治区（省）界
- -- 地区市界
- ～ 河流
- ЛЛЛ 长城
- ▆▆▆▆ 消失长城
- ……… 壕堑
- •••• 烽燧线
- ▫ 关
- ◈ 堡
- ○ 古地名

图四　宁夏明长城分布示意图

最后成为两难，边墙破旧，不堪防御，敌人可肆意入侵，修筑边墙堡寨、壕堑更加重财政负担。有人推算嘉靖十年（1531 年）边镇编列的银两是 336 万余两，万历十年（1582 年）暴增至 827 万余两。而这 827 万两边镇军费，是万历六年（1578 年）国库收入 367 万余两的 2.25 倍[1]。这样财政状况的政府可以支撑多久，是显而易见的。难怪前人说过明朝亡于修边。虽然，明代边墙修筑的得失教训总结并非本书所担负的目标，但是历史文献中所提供的全面信息却是研究者不应忽略的。

四　考古调查所见的长城

田野长城调查的对象，有长城本体、附属设施以及相关遗迹等等，涉及长城防御体系中的各类遗迹。不过，镇城、堡寨等规模较大城池由于远离长城现址并不在调查的范围之内。

长城本体

包括长城墙体及墙体上的设施，如敌台等。墙体是长城建筑的基本形式，由于全区境内地理环境复杂，基本上按照地形的变化修筑，平地夯土筑墙。山谷与山谷之间修成山险墙。部分重点地区用石头垒砌。墙体剖面的形状一般是上小下大呈梯形。有的墙上有垛口，并间隔一定距离有敌台、铺舍。

敌台，又称敌楼。墙体上间距一定距离，修筑一方形高台，前、后、高三面出墙体，用于驻军防御。敌台又分实心和空心两种。实心敌台，上面没有建筑，但可利用凸出部分射击墙下敌人；空心敌台上面有一层或两层建筑，可以驻守墙兵士，亦可存放物资。有的敌台单独建设，形状有方形、圆形和不规则等形。这类敌台之间的距离最短的有 40～50 米，有的则长达几百米，甚至几千米才有一个敌台。

长城附属设施

与长城相关的附属设施有关堡、烽火台。

营堡，一般沿长城内侧修筑，是长城防御的指挥机构，防守长城的官兵驻地，较大城的规模为小。平面多呈方形或长方形，一般在墙的中部开有城门。四角设有角楼，墙上有马面，城门处有保护城门的瓮城，城墙外有壕堑。城池的功能齐全。

烽火台又称墩台、烽燧，是用于报警的高土台。大多建设在较高的山阜之上，或在地势平坦的开阔处。台体用黄土夯筑而成，上小下渐大，呈覆斗状。高约 10 米，有的四边有女墙。烽火台大部分建筑在长城外侧，也有修筑在长城内侧。当然，长城与烽火台的修筑，也许有时间先后的关系，可惜这一点我们仅凭考古调查无从了解。烽火台之间的距离从几百米到几千米都有，根据实际需要来决定台体间的距离。除方形，另有圆形、长方形和不规则形等类型。烽火台上备置有烽火烟品，夜燃烽火，昼焚狼烟，视敌情不同而变化。烽火台下是守兵住所和仓储之地，周围有围墙。

长城的相关遗迹

长城的相关遗迹包括壕沟、铺舍、挡马墙、品字窖、驿站、居住遗址等。

壕沟是明代长城的重要组成部分。一般来说用挖沟的土在沟南侧筑墙，墙前形成深深沟堑，用来阻挡敌人的进攻。原来壕沟深在 5～6 米，由于数百年来风沙堆积，有的地方已夷为平地，但相当多的地方长城外还能看出低凹的情况。

铺舍，依长城内侧修建，用土筑一台，上有房屋之类的建筑，周围地表上有砖、瓦之类的建筑材料分布。

品字窖，也称品坑，长方形坑，每三个成一组，呈品字状排列。设置在长城外侧地势较平坦的开阔地带，用于防御敌人骑兵靠近。

1. 河东长城

河东长城分布在宁夏黄河以东地区，包括今银川兴庆区、灵武市及吴忠市盐池县。所修筑的长城有河东墙（二道边）、"深沟高垒"（头道边）、"沿河墙"（陶乐长堤）和河东壕堑四部分。其中"河东壕堑"在下面述及。

二道边长城（河东墙）

由陕西省定边县苟池西畔村进入宁夏盐池县花马池镇双井子村。然后由东南向西北经夏家墩村、潘记梁等十二个自然村，西北行到达兴武营村后，与头道边（"深沟高垒"）墙体逐渐靠近并行。在张家边壕村出盐池县境，向西进入灵武市清水营村后与头道边（"深沟高垒"）墙体交汇。至此，二道边（"河东墙"）沿途经过二十个自然村，墙体长度为90.8千米。二道边（河东墙）始筑时到清水营后向西至黄河岸边的横城，后为"深沟高垒"所沿用，大约有32千米。

二道边（河东墙）现存墙体低矮窄小。墙体以自然地面为基础，用黄土版筑夯成，墙垣内外均无敌台之类设施。基宽3.5～4米，高3.5～4米。大部分墙体风化坍塌，有的仅存墙基，有的由于墙两侧积沙，只留下略高出地面几十厘米的一道沙梁。有的甚至已消失，仅凭地面观察竟难辨墙体走向。当然保存较好的地方如盐池高沙窝镇红疙瘩村，墙高3.8米。沿墙体共有烽火台52座，基本没有敌台。

头道边（"深沟高垒"）

头道边其实二道边向内收缩后修筑的所谓"深沟高垒"。宁夏境内起点东起盐池县与定边县307国道分界处。由东南转向西北入盐池县花马池镇东郭庄村，经东门村穿307国道，在其北侧西北行，到达红沟梁村又大体呈南北走向。在此弯曲呈"S"形迤逦北行。绕经安定堡，西北行至达兴武营与二道边（河东墙）逐渐靠近，并至兴武营时两道长城合二为一，经红山堡过横城至黄河东岸。沿线经过34个自然村，调查墙体51段，全线总长122.8千米。

头道边（"深沟高垒"）墙体高大，防御设施完备，一般现存高度4～6米，顶部宽1～3米。保存较好的地方，墙高达7～8米，顶部宽4～5米，墙基在10米以上。墙顶外侧有垛墙，内侧有女墙。墙的内外侧有的地方还能见到人工挖成的壕堑遗迹，虽然被风沙填淤成凹槽。墙外侧依墙而建的夯土敌台一字排开，间距大约有200米。敌台总数有521座，已消失的有13座，现存508座。敌台高出长城2～3米。在红山堡长城的外侧约50米处，发现品字窖的绊马坑。品字窖南北共有三排。坑壁较直，长方形，1.2-1.3×0.9米，深约1.2米[1]。《弘治宁夏新志》记载，宁夏巡抚张祯叔、王珣在河东墙外相机置挖"品坑"四万四千多个[2]。墙体沿线有烽火台27座。

沿河长城（沿河边墙）

因为墙体低矮被后人误认为是河堤，今人亦称"陶乐长堤"。墙体遗迹沿着黄河东岸向北方向延续，起自灵武横城，止于内蒙古巴音陶亥农场黄河岸边，隔河与对面旧北长城相望。

沿河长城（沿河边墙）调查长度87.9千米，实际仅以水渠、河堤得以留存3小段，不足8千米。有一段建筑在南北走向的沙梁上，用黄土及少量石块混筑，形如堤坝，最宽处竟达42米，窄处也有20

---

[1] 关于品字窖的发掘情况参见宁夏文物考古研究所等：《宁夏灵武市古长城调查与试掘》，《考古与文物》2006年第2期。

[2] 《弘治宁夏新志》卷一"边防·品坑"条。

多米，顶宽 8 米左右，高约 4 米。墙体沿线仅存 3 座敌台，其余已消失殆尽。另有 10 座烽火台存在。

2. 关于所谓隋长城问题（河东壕堑）

在明长城进入盐池东牛毛井处，在县城北头道边与二道边长城之间，又有一条长达 25 千米与明长城走向基本平行的长城遗迹，原以为是所谓的隋长城[1]。通过调查发现，这道长城遗迹从陕西定边陕宁交界处进入宁夏境内。墙体处于头道边长城北侧数十米处，与之并行向西北方向延伸。经红沟梁一带与"头道边"长城交汇，向西一直到灵武市清水营附近。全线调查墙体 27 段，分布有敌台 11 座，全长 89.4 千米。这道长城的修筑采用墙体外侧挖壕，内侧堆土的筑墙方式。墙体外陡内缓，两侧有壕堑。墙体断面呈梯形或三角形。从发掘的墙体断面上未发现清晰的夯层，与"头道边"、"二道边"长城明显叠层夯筑区别显著，而基本符合壕堑的堆挖方式。应当是王琼修筑所谓"深沟高垒"河东壕堑及其继任者维修改筑壕墙后的遗迹，而与所谓的隋长城无关。

3. 旧北长城与北长城

旧北长城今俗称红果子长城，位于宁夏石嘴山惠农区，大约修筑于成化年间。主要依托贺兰山、黄河等自然天险和镇远关、黑山营等人工工事构成防御体系。

旧北长城东起石嘴山惠农区黄河西岸的惠农农场，向西经红果子镇，到达贺兰山东麓扁沟山脚，全长 22.1 千米。惠农农场—红果子镇 12.8 千米已经消失，红果子镇以西至贺兰山扁沟脚尚残存 5.8 千米主墙、4.7 千米壕堑，保存较好，又被称为"红果子长城"。因地形与地势所限，沿线设有土墙、石墙、山险墙、壕堑等多种防御形态，其中在沿山向上有一段石墙用不规则石块垒砌而成，顶宽 1.2、底宽 3.5 米，残高 3.8~5 米，有一处地方上下错位达 1 米，应该是地震所致，是一处著名的地震错位遗迹。调查中还发现与此段长城相关的敌台 2 座、烽火台 2 座、关堡 2 座。

北长城又称北关门墙或大武口长城。西起平罗县高庄乡金星村（俗称边墙头子），向西经惠威村等，逾包兰铁路，再经大武口区兴民等村，止点在贺兰山枣儿沟的临山墩，全长 19.3 千米。实地调查 12 段，地表有长城痕迹者约 12.1 千米。均为夯筑土墙，保存情况较差，残存墙体多坍塌成斜坡状。沿线残存有敌台 6 座、关堡 1 座。

4. 西长城

西长城主要是指宁夏西境沿贺兰山东麓向南修筑的长城防御设施。它北面连接北长城，随贺兰山山势向南，向南至广武营、中宁石空寺、逾胜金关，沿腾格里沙漠边缘环卫中卫城，再向东南行，在沙城头水库峡口跨黄河，至南岸芦沟堡，沿黄河南岸穿黑山峡至甘肃境。沿线有宁夏镇城、中卫城等重要城池，胜金关、赤木关、镇远关及贺兰山三十三隘口等主要关隘，全长有八百多里。

西长城，由于系分段筑成，田野调查也依修筑年代、自然地形和墙体构筑特点等，从北向南大致分为五段进行。经调查统计，西长城全长 473.8 千米，沿线调查敌台 89 座、烽火台 190 座、关堡 16 座。

第一段从惠农区红果子镇西北旧北长城西端与贺兰山相接处开始，沿贺兰山山体向南经平罗、贺兰、银川等市县和数十处贺兰山口，最后抵达三关口的头道关处截止。

该段长城基本沿贺兰山山间行进，充分利用山体的高耸陡峭、攀爬不易等地形优势，在山体连续无法通行处不修墙体，利用山险；在可通行的山沟之间，修建一些封闭山口的短墙。墙体有土墙、石墙或土石混筑三类，长则千米，短的只有 30 米左右。沿线筑有烽火台，每隔一段还有戍守的关堡等。

第二段从三关口至青铜峡市大柳木皋东。起自永宁县黄羊滩西北的三关口，沿贺兰山东麓的山前冲积台地向西南，经永宁、青铜峡和数道贺兰山沟口，至青铜峡市邵岗镇、大柳木皋东西的两道长城

---

[1] 参见宁夏文物考古研究所等：《宁夏盐池县古长城调查与试掘》，《考古与文物》2000 年第 3 期。

交汇处。此段长城亦是今内蒙古、宁夏两省区界线。

贺兰山在此处山体相对低矮，落差不大，不便直接利用山险，而改在山前台地前构筑墙体。墙体以土墙为主，个别地方有山险和石墙。在墙体之外尚有其他土墙、石墙、壕堑作为本体的附墙。有时，这些附墙远离土墙，延伸甚远，与其他长城设施敌台、烽火台或关堡相连，构成综合防御屏障。

其中三关口地带的三道长城最引人注目，经实地调查的三道长城，分别约为 2000 米、1300 米、2400 米，与以往文献记载出入较大。墙体充分利用河谷山体地形，土筑、石砌或劈山作险，虽彼此独立，但相互呼应，自成一体。不过，三关口长城的扼险关隘已经不存在了[1]。

第三段从大柳木皋至中宁与中卫交界处的胜金关。该段长城北起青铜峡市邵刚镇甘泉村以西、大柳木皋东南侧山脚下两道长城交汇处，继续沿贺兰山东麓的山前台地向东南，基本纵跨青铜峡、中宁两市县，沿途经过贺兰山柳石沟、双河子沟、沙沟后，再沿台地向西折，继续沿台地向西南，经红井沟、井沟、阴湾沟、双疙瘩沟、碳井子湾、口子门沟、芦沟湖等诸多山沟，至中宁县渠口农场西北的南湖子沟沟口后，进入贺兰山山间，开始沿山间向西南辗转，从中宁石空大佛寺沟出山，再沿北山台地向西至中宁与中卫市交界处的胜金关处。全长 105 千米。沿线敌台计 12 座、烽火台 70 座、关堡 2 座。

胜金关以西中卫市境内的"西长城"以黄河为界分为南北两段，基本呈东西走向。墙体总长125.9 千米，消失 25.9 千米，现存墙体 100 千米，分土墙、石墙、挡路塞、山险墙三类。沿线调查敌台 22 座、烽火台 15 座、关堡 4 座。

第四段从胜金关至黑林，即黄河北段。该段墙体东起与中宁县交界的镇罗镇胜金村胜金关隘，胜金关地处黄河北岸高地，傍山临河，路通一线，地势险要。此处长城墙体渐近消失，唯存关墙遗迹。长城遗迹盘桓于胜金关以北由东向西延伸至凯歌村，在凯歌以西上九塘，蜿蜒向北经李园、关庄、郑口、金沙，沿卫宁北山西行进入东园镇的郭滩、新星、黑山、柔新、红武、新滩，穿农林牧场达迎水桥镇的姚滩村。沿腾格里沙漠的东部边缘转折向西南行进至夹道村，包兰铁路在此东西横穿而过，此后长城继续复由东向西延伸经过黑林村，最终至迎水桥镇黑林村位于黄河北岸之边的分水岭~西沙嘴。调查墙体 15 段，全长 50.8 千米，其中消失墙体 26.4 千米。除 1.4 千米石墙外，其余皆为土墙。土墙墙体基础多为自然基础，黄土夹杂沙粒、砾石夯筑，大部分墙体采取分段版筑，夯层平均厚度约0.12~0.2 米。石墙墙体以毛石干垒，缝隙间夹杂粗砂石粒、碎石块及黄土，壁面较平整。沿线调查敌台 17 座、烽火台 11 座、关堡 4 座。

第五段从下河沿至南长滩甘宁省界，即黄河南段。该段墙体东起中卫市沙坡头区常乐镇下河沿村煤矿厂区，沿黄河向西经上河沿村折南而行，穿大湾村烟洞沟、小湾村冰沟，蜿蜒曲折盘旋下山至大柳树村下园子，又由大柳树上园子西行进入上游村，山险墙盘桓起伏于上游村岔河口大钻洞子、小钻洞子、岔沟、风石湾、米粮营子达迎水桥镇下滩村黄石漩。然后南折西行经下滩村榆树台子、鱼嘴沟、河对坝子、榆树沟、高崖沟、下木头沟、上木头沟，继而穿越上滩村沟口子、苇子坑，经北长滩茶树沟继续沿黄河西行至南长滩枣刺沟、夹巴沟，最终抵于甘肃省靖远县与中卫的交界点——观音崖（又名小观音），开始进入甘肃境内的黑山峡。黄河南段调查墙体 52 段，总长 75.1千米。墙体由土墙、山口石墙、山险墙三类组成，其中土墙长 6.6 千米，山险墙长 68.3 千米，包括山口短石墙 55 处。该段长城是利用黄河之阻，在山势陡峻之处劈山削石形成峭壁；山沟峡谷跨越处采用山石垒砌形成短墙；平缓的山岗则就地取材，利用黄沙土夯筑墙体。部分铲削墙多位于山沟间或墙体险要地段的外侧。山口石墙（挡路塞）两端连接在山体陡崖之上，距离多不长。调查关堡

---

〔1〕　参见周赟等：《明代宁夏镇三关口关墙考辨》，《宁夏社会科学》2013 年第 3 期。

3 座、敌台 5 座、烽火台 4 座。

5. 固原内边长城

明代固原镇长城防御主要依托包括旧边、新边、固原城附近修缮过的早期长城以及辖区内大量修建的烽燧、关堡体系。内边长城主线始筑于弘治十五年（1502 年），由总制尚书秦纮创修，自饶阳堡起西至徐斌水三百余里，自徐斌水西至靖虏房花儿岔止，长六百余里，为关中重险。分别由固原卫及靖房卫负责修筑与守御。到嘉靖九年（1530 年）王琼对这道边墙又再次重修完善。墙体类型主要为山险墙壕堑，饶阳堡至下马关遗迹可辨，以西仅海原县干盐池附近有少量墙体遗迹，现存部分调查长度 130.3 千米。墙体类型分土墙、山险墙、山险三类。其中山险近 83.2 千米，各类人工墙体约 46.8 千米。烽燧线长约 130 千米。沿线调查烽火台 78 座、关堡 15 座。

徐斌水新边，嘉靖十六年（1537 年）由时任宁夏总兵官任杰及三边总督刘天和提议修筑，自徐斌水与固原内边相接，西北抵中宁鸣沙黄河东岸，长一百二十五里，堑崖筑堤一百八里五分，筑墙堡一十六里八分[1]，现调查墙体遗迹位于红寺堡附近的红柳沟河南岸，确认长度 15 千米，皆为夯筑土墙。墙体沿线及附近区域内还调查相关烽火台 15 座、关堡 5 座。

另外弘治年间秦纮三边总制任内增筑固原外关城，共修砦堡、崖穴、关隘一万四千一百九十处，铲过山崖三千七百余里，今固原城郊清水河西岸至西海子峡口调查发现明代修缮利用的战国秦长城调查长度 16.7 千米。烽火台 9 座、关堡 3 座。

自环县抵灵州（今宁夏灵武市）的古环灵道驿路烽燧线与"固原内边"在甜水堡—萌城段相交汇，该烽燧线自甜水堡东南侧大致沿现在的 211 国道西北行，经盐池县隰宁堡、惠安堡至盐池城与西南—东北走向的固原镇—花马池"防秋道"交汇，过盐池城经石沟城、大沙井城至灵州，此条烽燧线长近 150 千米，沿线调查烽火台 49 座，关堡 7 座。

自固原镇抵宁夏后卫花马池的"防秋道"驿路烽燧线长约 300 千米，与"固原内边"长城防线在下马关附近交汇，向北经宁夏群牧千户所（韦州城），在盐池城附近与环灵道烽燧线交汇，继续向北经铁柱泉、野狐井等城堡，达于宁夏后卫花马池城及其北边墙。本次从今同心县最南端的鲍地湾烽火台开始调查，北至盐池县花马池镇四墩子烽火台，沿线共计调查烽火台 64 座，关堡 8 座。

今宁夏境内（包括甘肃环县段）"固原内边"长城主线及附属新边、烽燧线等防御线路，共计调查墙体遗迹 162 千米、烽火台 215 座、敌台 1 座、关堡 38 座。

经统计，宁夏考古工作者经过数年努力，野外调查确认墙体 1067.9 千米，敌台、烽火台等附属设施 1134 处，关堡 136 座，即为本次调查的主要收获，也涵盖了宁夏境内明代长城修筑及分布的大致状况。以上数据通过国家文物局项目组认定以调查条目的形式向社会公布[2]。墙体类别依建筑材质及修筑方法可分夯筑土墙、堆筑壕墙、土筑包石、砌垒石墙、铲削山险墙、壕堑、自然山险等数种类型，可谓丰富多样（表一）。

表一　宁夏明长城墙体类别统计表

类别	土墙	石墙	山险墙	壕堑	山险	合计
合计（米）	551517.2	29975.5	99682.2	114937.2	271762.6	1067874.7
百分比（%）	51.6	2.8	9.3	10.8	25.4	100

[1]（明）张雨：《九边考》卷 8《宁夏镇》"保障考"，《中华文史丛书》第 14 册，（台北）华文书局，1969 年，第 324～325 页。
[2] 见国家文物局文物保函〔2012〕942 号，《关于宁夏回族自治区长城认定的批复》及其附件《宁夏回族自治区长城认定表》。

　　总体而言，宁夏明长城以土墙居半，其余墙体类型合计居半。以修筑区段划分，河东长城、北长城、西长城三关口至中卫河北段，土墙占绝对主体，而西长城三关口以北段及固原内边响石沟以东段，山险为其大宗。而贺兰山以及中卫黄河南岸黑山峡诸沟口多以石墙砌堵，河东套地及山前平原地带也曾挖设壕堑。这种墙体建筑的类型布局，与墙体修筑地质与地貌条件息息相关，也与主政者因地制宜的修筑原则及防御策略有关。西长城凭依贺兰山，三关口以北段山峰高耸险峻，相对海拔在数百米乃至两三千米间，高耸连绵的山脉构成一道天然防御屏障，使得蒙古游骑很难畅通无阻地进出侵扰，山间仅有几道贯穿山体的山口可资通行，因而以山险为主，仅在山口砌筑多道较短石墙，设置关卡，依山戍守便可阻敌；而三关口以南段，由于山体渐低矮，形成高矮起伏的丘状台地，山口众多，仅凭天险已不足以遏敌，故此段长城不再继续沿贺兰山山体分布，而是改在贺兰山东麓的山前冲击台地上修筑夯土墙体。河东地带与银北平原，皆地形平漫，土脉深厚，适宜筑墙，虽然王琼等人也曾挑挖壕堑，皆因风沙弥漫以失败告终，而最终改土墙得以存留御敌。

　　从墙体类型分布区域看，河东灵盐台地及黄河平原地带，多修筑土墙，而贺兰山地及黄河峡谷，多筑土墙、石墙、山险墙，南部黄土高原地带多铲削山险墙及挖设壕堑，总之是充分利用地形地利条件。整体而言，大边的修筑质量及水平整体较内边、新边为高，这也符合当时修筑者的设防思路与修边策略。

　　宁夏明长城除固原内边、徐斌水新边及沿河边墙等最初就修筑草率或情况不明且所留遗迹不多的未全程计算，仅将调查中有墙体遗迹的部分或者消失原因明确的部分予以确认。本次调查业已确认墙体中，消失墙体及山险所占比例近半，如今地面可见的人工墙体仅剩 570 千米。女墙、垛口、水洞、暗门、品坑、石刻题记等墙体设施或相关遗迹虽存留不多，但调查中均有发现。相关的调查和记录为今后的保护与研究提供了条件和基础资料（表二）。

表二　宁夏明长城墙体保存状况统计表

单位：米

标准	较好	一般	较差	差	消失	合计
合计（米）	120547.4	545425.3	101998.4	74235.9	225667.7	1067874.7
百分比（%）	11.3	51.1	9.6	6.9	21.1	100

　　与墙体防御相关的单体建筑，诸如敌台、铺舍、烽火台调查有 1000 余座。皆因地而设，类型丰富多样，依形制有实心方形、圆形墩台，亦有空心圆形、多边形墩台；依材质及建筑方式有土筑、石砌、包石、土石混筑、土坯砌筑等多种形式，临墙而建的敌台铺舍及多数烽火台皆为覆斗形，台上有墩铺及防御通讯器械，方便戍卒戍守防御。河东墙安定堡一带万历年间还曾"效云中式"，临墙修建 4 座砖砌敌楼，现存八铺战台即为较好一处，是为宁夏唯一的砖石铺舍。贺兰山及河东灵武一带烽火台临墩多设置有数座石砌附墩，当为传递烽火信号与通告敌情的附属设施。这些敌台墩铺皆有定名，后代不断毁建增减，加之地名变迁，记载不全，至今多已不可考。

　　宁夏明代有记载关堡多达 100 余座，主要分军堡与屯堡两类。本次调查关堡 60 余座，调查以军堡为主，也有少量屯堡，占地面积从数百、数万至上百万平方米。根据其功能与规模，大致分为四级体系，第一级为九边重镇宁夏、固原城，次一级包括中卫、灵州、花马池等边防重地，第三级为清水营、兴武营、镇戎、平虏、西安州等千户所城以及下马关、白马城等御敌关堡路城，最后一级为一般堡寨及一些规模较小的临墙小堡。各堡墙多为土筑，至万历年间，除镇城、卫城及重要关堡外，对一些重要临边军堡如铁柱泉、安定堡及驿路沿线惠安堡等均进行了大规模的砖石甓固，宁夏、固原两镇包砖城池达二十余座，可惜无一座至今完整保存者（表三）。

　　宁夏境内长城分布在沙漠、丘陵、贺兰山和黄土高原的沟壑峁梁等地带，自然环境比较恶劣，保存状况不容乐观，许多长城墙体已经消失或损毁严重。除长期受风雨剥蚀、山洪冲刷、风沙淤漫等自然因素破坏以外，人为破坏的情况及原因更受调查人员关注。清代以前长城遭受的人为破坏因素主要为入侵者拆毁、填塞、焚烧等战争行为造成的蓄意破坏。清代以后，长城遭受战争破坏的因素减少，而由于沿线居民生产生活所造成的破坏成为主要因素。关堡为民居侵占，城墙包砌砖石因建房扒拆；墙体、墩堡因垦荒、种地、采矿、修路而被推毁侵占；墙体、墩台内掏挖窑洞，顶部及周围搭建其他设施；一些城堡、墩台被蓄意盗掘掏挖。新中国成立以来，虽然对包括长城在内的文物保护古迹保护力度不断加强，宁夏境内长城先后被公布为各级重点文物保护单位，得到了切实有效的保管维护。但近些年来随着城镇化与工业化不断发展，长城沿线城镇扩容、采矿及工业生产造成的地貌改观、环境污染对长城整体风貌造成的影响以及旅游、建设等过度开发造成的人为损毁正呈逐步加重的趋势，长城保护工作任重道远。

表三　宁夏明长城烽火台、敌台、铺舍、关堡建筑类型统计表

	夯土	包砖	包石	石砌	土坯	合计	百分比
敌台	595	0	2	25	0	622	49.0
烽火台	410	0	10	75	1	496	39.1
铺舍	8	8	0	0	0	16	1.2
关堡	122	14	0	0	0	136	10.7
合计	1135	22	12	100	1	1270	100
百分比（%）	89.4	1.7	0.9	7.9	0.1		

五　调查工作总结与检讨

　　2009年4月18日，国家文物局和国家测绘局在北京八达岭长城联合举行明长城长度数据发布仪式，确认我国明长城东起辽宁虎山，西至甘肃嘉峪关，从东向西行经辽宁、河北、天津、北京、山西、内蒙古、陕西、宁夏、甘肃、青海十个省（区、直辖市）156个县域，总长度为8851.8千米。其中宁夏段近800千米。由于这是基于调查认定墙体基础上全国范围内的长城长度的影像立体测量，涉及各省的调查数据并未完整公布。宁夏明长城最终的长度统计数据之所以与此前认定有较大出入，主要有以下几方面的变动：（1）原州区明代重修的战国秦长城及山险墙段长16735.8米，以前未统计；（2）红寺堡区15036.2米墙体公布数据时未调查，没计入；（3）河东壕堑89498米公布数据时未调查，没计入；（4）河东长城兴武营至清水营段内蒙古调查的头道边、二道边长城合计82532米；（5）西长城青铜峡赤木关至北岔口段内蒙古调查的大边、二边长城合计79592米[1]。以上5项合计增加长度283134米，除去增加部分，与上述最初的宁夏长城墙体长度数据基本相符。

〔1〕　内蒙古自治区文化厅（文物局）、内蒙古文物考古研究所编著：《内蒙古自治区长城资源调查报告·明长城卷》，文物出版社，2013年。

另外需要指出的是，国家文物局与国家测绘局联合公布的全国明长城长度及各省长城长度为利用野外调查数据结合测绘技术按线路进行总体量测校正，对调查记录的资料并未逐段校正。由于手持 GPS 设备本身存在信号、校正等方面的误差，以及 GPS 两点间测量只能取直线距离的技术缺陷，因此野外调查逐段相加统计的墙体长度与测绘整体投影校正的长度数据并不相符，为了尽可能地消除误差与技术缺陷，在报告编写中，我们利用制作 1∶10000 比例墙体走向图的机会，根据实际墙体地形走向，利用测绘软件逐段对野外测量数据进行了校正，一般校正长度略长于原先的直线测量数据。

同时调查中出于工作要求及后期报告编写需要，在各级领导的大力支持下，我们还自行开展了以下几项工作：（1）组织补充调查了宁夏、内蒙古交界地带河东长城兴武营至清水营段、西长城青铜峡赤木关至北岔口两段原属内蒙古调查的长城墙体，补充完善了宁夏明长城墙体数据；（2）与天津大学建筑学院合作，用遥控无人机对宁夏明长城 20 余处重要关堡及墙体段落进行了航拍，利用航拍成果，制作了 360°空中全景环视动画视频资料；（3）购置 RTK 专业测绘仪器，对长城资源调查涉及的 60 余座关堡进行了考古测绘，绘制了较为准确的平剖面图；（4）与宁夏第二测绘院合作，按 1∶10000 比例，绘制了所调查现存长城墙体两侧 1 公里范围内墙体走向图 200 余幅。

通过长期的实地调查，培养了一批长城研究保护专业人员，通过他们的调查、保护、宣传以及研究工作，加深了社会各界对宁夏长城的关注及了解程度，纠正了以往一些错误认识，发现了新问题，带动了民众参与长城保护与研究的热情与积极性。通过长城调查建立了完善便捷的大数据记录分析系统及完整的长城记录保护档案，通过调查数据的统计分析，基本了解了宁夏长城的保存状况、存在病害等重要问题，为维修保护规划方案的制定完善及长城抢险加固工程顺利实施提供了大量基础的参考数据及重要调查依据。

当然，基于一项以现状、病害及保护为目的专项文物普查，距离最终完成一项严谨、科学的考古调查报告的要求相距甚远。尽管调查者具有相对专业的学术素养与训练，后期报告编写期间又做了必要的补充调查与学术补救，但工作不足与缺漏仍明显存在。

1. 调查全面性仍有缺漏

宁夏明长城调查缺漏主要存在以下几个方面：（1）长城资源调查工作开始阶段重点强调墙体的确认和量测，调查基本遵循以墙体为主线，辐射两侧数公里的路线设计，并未完全按照完整的长城防御体系开展工作，因此距离墙体较远的关堡、烽火台等设施未能完全顾及。虽然后期做了补充调查，但与地方文物普查、测绘影像等资料信息对照仍有遗漏。（2）由于宁夏部分长城处于省界地带，或者部分段落遗迹延伸入相邻省境，按照项目安排，由毗邻省份按分布地域划分段落分别开展调查工作，这也影响了对这一条连贯长城调查数据的整体把握。（3）受时间、经费影响，固原内边同心县以南至固原城区域内的长城相关遗迹并未细致全面开展调查工作，同样，按照长城防御体系的配置要求和标准，宁夏南部彭阳、西吉、隆德等县也有大量相关防御设施，由于没有墙体，本次也未全面开展调查工作。（4）对一些半途而废的长城工程以及废弃较早湮没无闻的长城遗迹缺乏深入研究与细致调查认定，实际调查中有所轻视忽略。譬如王琼主建因选址不当而改线的北长城废弃段、王珣主持修筑的"靖虏渠"防御工程，以及部分早年废弃拆毁长城沿线关堡，这些遗漏使得后来不断有新长城遗迹线索的发现，随着调查研究深入及报道宣传后，使调查工作出现亡羊补牢式的被动局面。

2. 墙体类型、保存状况等相关评判认定及标准仍有纰漏

由于明长城体量巨大，防御工程复杂多样，调查工作参与人员众多，各地情况复杂多变，虽然调查工作手册中规定了详细完善的各类遗迹认定依据及评价体系，并有前期的野外实践培训。但分析比较调查资料，发现相关认定评判仍存在误差和异议。譬如修筑情况基本相似的西长城，由于分属两队

调查，沙坡头区黄河峡谷段除土墙外，多认定为山险墙，其间小段石墙归为挡路塞；沙坡头区以北其余县区分别认定为为石墙、山险、山险墙、壕堑。关于长城墙体的性质判定盐池县东长城（包括头道边、二道边）两道人工土墙，共长160141米，评价标准认定中没有差段（内蒙古调查的二道边墙体长30701米，保存差部分长14035米，头道边长51831米，保存差2282米）。

关于消失部分，沿河边墙有80千米为消失段，消失原因为黄河冲毁，现存仅7.9千米，史志记载这段墙体为防止水冲，墙外曾有包石，可见当时对此是十分重视并下了大气力修筑的。但这80千米是否尽已水毁无存，仍需做详细的地面勘察与调查访问，不排除流沙掩埋，改造利用为田埂、水渠等情况，断续发现墙体线索，这对了解这道墙体的具体走向与黄河近500年来改道变迁有重要参考意义。

关于山险与山险墙的认定。以山以河为险自古有之，山险对于贯通墙体走向，了解墙体修筑的地质、地形条件及设防思路变化有重要参考意义，因此，山险属于长城墙体的组成部分并无大的异议。但山险与山险墙虽一字之差，性质殊异。山险本质上属于利用自然地形，而山险墙明确为人工建筑，明代对于长城防线建设相当重视，山巅陡崖筑墙砌垒并不鲜见，河流冲沟设有水关、水洞，以使墙体连缀、保障无虞。因此大段的山险可能并不符合当时的实际。例如本次调查的西长城西夏区段近40千米皆为山险，史载贺兰山大口三十七、小口无算，当时皆有设防与守护，今辖属西夏区的贺兰口史志及摩崖题记明确记载沟口筑石墙、水关。究其原因，随着战乱损毁与自然破坏，历经500年的风雨，时间对于一些人工痕迹的销蚀，使得依山傍崖修筑的墙体销蚀损毁，尤其是铲削山险墙的辨认越发不确定与模糊，调查者只好将其归入山险，这些都有待以后更先进的调查条件与科学方法及更细致的开展工作来加以甄别确认。

3. 关于不同时代长城墙体的调查与认定

宁夏地处草原游牧文明与中原农耕文明交错地带，历史上一直是代表不同文明、发展阶段的民族间交流、融合、角逐的重要地域，大量长城遗迹正是这种较量与碰撞的历史产物与时代见证。由于史料有限，地面的长城遗迹主要靠文物考古调查人员依靠专业知识实地考察认定。经过大量艰苦的调查工作，我们考察认定了上述大量的长城遗迹及时代属性，当然纰漏也在所难免。根据一些学者的论述，宁夏在秦代、汉代、隋代甚至西周时期都修筑过长城，但本次调查主要认定的为战国秦及明代长城，至于其他时代长城墙体，并未在野外调查中得以确认。同时根据史书记载及以往调查，贺兰山主要沟口有西夏时期的防御设施，这些遗迹因与明代西长城关防叠压交错，具体区分并不容易。同样，战国秦长城在秦汉时期得以修缮利用也是事实，但在调查中如何区别辨认不同时代的修缮利用迹象仍有难度。根据史书记载，宋代时期，不但沿战国秦长城挖设"长城壕"，还曾沿宋夏边界一带挖设过"边壕"，根据长城防御体系来看，这些应属于长城遗迹无疑，但由于以往调查研究不足，遗迹保存情况不明，本次调查也未过多涉及。

4. 相关认识与研究有待深入

宁夏明长城旧北长城修筑历史及与北长城的关系，北长城与明代沙湖的位置关系等都有待深究。贺兰山主要沟口，譬如大武口、贺兰口、赤木关口，当时均设有内、中、外三重关卡，皆号称三关口。现在调查仅银川市三关口存在三道关墙，其余关口三道关墙情况均不甚明了。固原内边今同心县下马关西至海原县唐坡以东段长约130千米，红寺堡区确认的徐斌水新边墙体两端约53千米，因缺乏相关资料，沿线调查尚未发现人工墙体，只有烽燧、关堡等相关遗迹，目前按烽燧线认定，部分地段甚至走向都不能明确。宁夏明长城与墙体防御相关的1100余座单体建筑，诸如敌台、铺舍、烽火台，当时均有对应的名称，现调查资料很少能对照确认。关堡建筑重视堡墙马面等墙体设施的调查记录，部分忽略堡内建筑、历史沿革的调查考证。相较于文献记载的关堡单体名称数量，本次调查的相关遗迹仍有很多缺漏，尤其是对当时与长城防御息息相关且大量保存的宁夏平原屯堡设施以及草原山地马政堡寨是否应纳入长城防御体系予以调查认定，仍存在争议。对一些消失长城关堡建筑及遗迹未能详细记录和考证。一些关卡位置、墙体修筑时间，维修情况，长城防御设施的修筑技术与方法、防御设施日常运行与管理等与长城防御密切关联的重要问题，都有待以后更深入细致的调查研究工作。

尽管有以上缺憾，但作为对一项工作的阶段性总结，这套调查报告的内容是丰富客观的，也是目前宁夏涉及明长城最为全面的一套专项文物调查成果，为相关的研究提供了翔实的基础资料。

由于野外调查及报告编写分组分册由各调查队独立完成，内容整合与综合研究必不可少，以上对明代宁夏境内的长城边防体系、修筑历史及本次调查情况略为陈述总结，希望此报告的出版，能推动相关研究的深入开展。

第一章
绪　论

第一节　"固原内边"长城沿线自然地理

　　明长城是由墙体、敌台、烽火、关堡台、关堡及相关设施等构成的规模宏大的军事防御工程体系。"固原内边"是明代在今宁夏河东"大边"以南、固原以北区域内修筑的次级长城防御体系，主要由山险墙、山险、夯筑土墙以及沿线关堡、烽火台构成。本次调查既包括了"固原内边""徐斌水新边"两道长城干线，也包括交错分布其间的"环灵道""防秋道"等烽燧线。调查遗迹分布范围东西横跨今宁夏境内中南部盐池、同心、海原、原州、灵武、利通、红寺堡以及甘肃省环县 8 个区县。东接延绥、环庆，西至靖虏，南达固原，北抵灵州、花马池一带。

　　该区域大部分处于甘宁两省区交界地带的黄土丘陵区域，东部一些地段跨入从属于鄂尔多斯高原的灵盐台地。明代称其地形"长堑连山，迂缦竣极"[1]，沿途群山连绵，沟壑纵横，山峦、盆地、草原、沙地、碱滩、盐湖交错分布，地形复杂多样。"中间深沟悬崖，逶迤相接，可以阻隔胡骑者十之六七，平漫可通行者十之三四耳。镇戎至韦州，二百里莽无人烟。虏骑突入，莫之阻遏"[2]。史书上记载固原镇有红嘴儿、棉纱湾、毡衫岭、大湾、长麻子、黄羊坪、王达子沟、半个城、二铺墩、中空墩等 10 余处主要隘口[3]，以及哲思沟（亦称折死沟）、老鸦沟、葫芦峡口、石峡口、烂泥沟、白连沟、青沙岘等多处可通敌方的山谷沟岘及守卫要冲（图五、六）。

　　该区域地质地貌属于毛乌素沙地向黄土高原梁峁丘陵区的过渡地带，地表主要为大面积的沙地及马兰期的黄沙土地貌类型。属温带大陆性季风气候，主要特征为春季多大风，夏秋季降水集中，冬季寒冷干燥。降雨量由北向南呈递增趋势，年均降水量基本处于 400 毫米宜农降水线临界附近。地表水资源以短小的季节性河流及含盐量较高的湖泊为主，主要河流有苦水河及清水河，均属黄河水系。地表土壤以典型草原淡栗色钙土及黄土高原淡黑色垆土为主，土质普遍偏沙壤、结构疏松、肥力低、蓄水能力差、易起风沙。植被以沙生植物分布最广，人工栽植的以沙蒿、柠条为主，自然生长的以麻黄、碱蓬、白刺、芨芨草等盐生及草甸植被等最为常见。

---

　　〔1〕（明）唐龙：《固原州志序》，（明）杨经纂辑，牛达生、牛春生校勘《嘉靖固原州志》，《嘉靖·万历固原州志》，宁夏人民出版社，1985 年，第 1 页。

　　〔2〕（明）杨一清：《西征日录》，唐景绅、谢玉杰点校《杨一清集》，中华书局，2001 年，第 708 页。

　　〔3〕《边政考》卷三，王友立主编《中华文史丛书》第十四册，（台北）华文书局，1969 年，第 180～181 页。

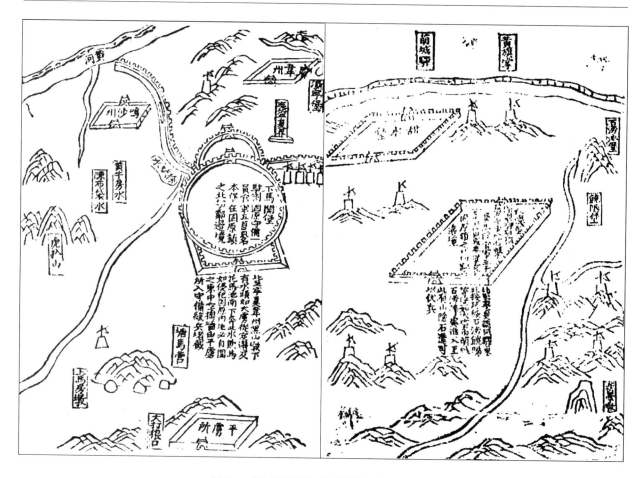

图五　《九边图说》载固原镇长城分布图1

　　以位于长城中部的同心县为例[1]，该县处于黄土高原与蒙古高原的过渡地带，地势由南向北逐渐倾斜，海拔1260～2625米。地貌为丘陵、沟壑、山地、川地、塬地、洞地、黄土地、土石丘陵地和洪积扇地交错分布，以山地为主。境内群山环绕、丘陵连绵、沟壑纵横，清水河谷川地平坦，地形复杂多样。"固原内边"长城所处的西北部地区，低山、缓坡丘陵与川地交错分布，海拔1283～2645.5米。长城沿线地表土壤以灰钙土和沙土为主，有较多的沙丘和零星的盐土分布。属中温带干旱大陆性气候，干旱少雨，蒸发量大，四季分明，日照长，太阳辐射强，夏秋短，冬春长。年平均气温6.7℃，年平均降水量272.6毫米，年平均蒸发量1943.5毫米。无霜期年平均152天，年平均气温日较差31.2℃，适宜瓜果种植。大风、沙暴、干旱、热干风、霜冻、冰雹等灾害性天气出现频率高，对农业生产有很大影响。长城沿线植被覆盖率低，主要为干旱草原植被、荒漠草原植被以及小面积的沙生植被、森林草原植被，甘草、麻黄等药用植物比较丰富。常见野生动物有蛇、蜥蜴、野兔、黄鼠、乌鸦、喜鹊等，有滩羊等著名的地方优良畜种。县域西部清水河、东部甜水河为黄河一级支流，自东南蜿蜒流向西北。"固原内边"长城沿线多见下切极深的山洪冲沟，沟底有一些季节性河流，多为苦碱水。

　　同心县东南部下马关、预旺一带，清末曾置平远县，所修县志记其岁时气候"陇东苦寒，平远其最"、"自冬徂春，冰坚地裂，终日大风扬沙"、"常苦旱，稼穑多不畅茂"，虽言辞简约，但切中要害。

　　从自然地理角度讲，这里处于荒漠草原和干旱草原的过渡带，植被稀疏，属生态脆弱带；其特征

〔1〕　同心县志编纂委员会：《同心县志》卷一《地理志》，宁夏人民出版社，1995年，第14～57页。

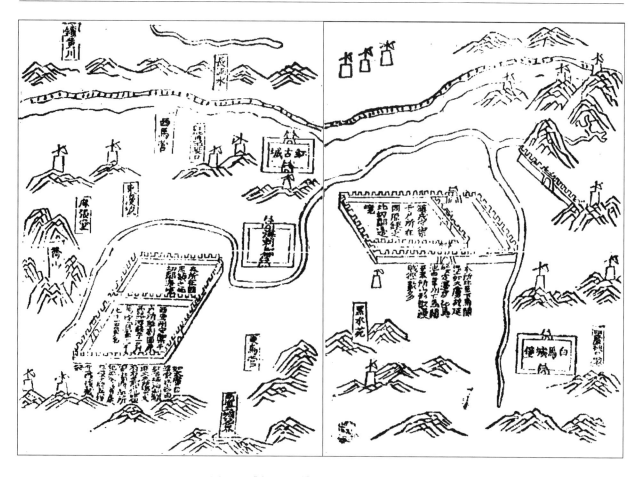

图六 《九边图说》载固原镇长城分布图2

是自然环境系统变化频率高，降水量少、变率大，水资源缺乏，土壤风蚀强烈、肥力减退，植被多样性差、次生性强，自然灾害多，自然环境适应人类活动的弹性小，人类过度利用自然资源引起的环境退化严重，以荒漠化为主的环境演化过程持续发展[1]。

从经济地理角度看，它处于我国北方400米宜农降水线附近的农牧交错区，许多区域宜农宜牧，历史上伴随气候波动以及民族迁徙、政权更迭，生产方式亦不断转变。明清以后，逐步演变为传统农业兼畜牧业的经济结构，生产及耕作方式较为单一。数千年来，由于气候条件的演变以及人类垦殖等不当活动的加剧，尤其是明清及近代以来，随着沿线人口数量的激增以及随之带来的过度耕牧等人类活动，对当地本就脆弱的生态环境带来的压力越来越大。从历史记载来看，这一区域的自然生态环境处于不断的退化、恶化过程中。

同时这一线大部分处于生态专家习称的"宁夏中部干旱带"，首先干旱缺水是这一地区最明显的气候特征，并深刻影响着该地区的历史发展进程。宋夏时期，今盐池县、同心县、灵武县、吴忠市及甘肃省环县交界地区周七百里，因多沙碛少水泉，"无水草，号旱海"[2]，"其地皆乌卤，无水泉，或以饮马，口鼻皆裂"[3]。水源，尤其是能供人畜饮用的泉水等淡水资源尤显珍贵，因此，控制水源成为该线边防攻守的重要目标。史称花马池大边东南一带有铁柱、梁家、甜水、红柳、榆树等泉水，其中"铁柱泉广

〔1〕 宋乃平等：《宁夏中部风沙区的环境演变》，《干旱区资源与环境》2004 年第 4 期。
〔2〕 (元) 脱脱等：《宋史》卷二五四《药元福传》，中华书局点校本，1977 年，第 8895 页。
〔3〕 (元) 脱脱等：《宋史》卷三一七《钱惟演传》，中华书局点校本，1977 年，第 10351 页。

数百步，可饮万马，套外数百里地止有此泉。正德间总制刘天和筑城周四里，环泉于中，使夷绝饮。又于铁柱泉之南百里亘东西为墙堑，于梁家泉筑堡，又筑墙于甜水、红柳、榆树等泉，史巴都、韩家、长流等水源皆为据守"[1]。而敌骑亦往往通过填塞井泉或遗撒人马溺粪来破坏水源[2]。如今的铁柱泉，经流沙压城，泉水缩小为日涌数十吨的小池塘，池水严重萎缩。梁家、红柳、史巴都等泉水已不知所处。盐池县惠安堡盐湖，明代称"小盐池"，面积达1163.75公顷，据正德元年（1506年）有关数据统计，当年盐课为33150引（每引400斤），到民国初年，降为年产盐约3000吨，20世纪60年代，随着降水量的减少以及人为不合理的开发，湖泊逐渐萎缩，产盐量及品质逐渐下降，规模化生产的盐场于2000年宣告关闭[3]。灵武市白芨滩西侧的鸳鸯湖以及同心县韦州镇东侧的鸳鸯湖（东湖），明清时期都曾经是湖水浩荡，多水鸟栖止，湖周林草繁茂，为当时文人墨客游赏吟咏的当地"八景"之一，现均干涸。旧称香山有七十二水头（泉水），大罗山在20世纪60年代尚有30多处泉眼，现今以基岩裂隙为主含水层的天然泉流已经很少，水量普遍减少。这些水文状况的变化反映了气候干旱化的趋势，当然也与人类不合理的开发密切相关。

随着干旱化的加剧以及水源的减少，随之而来的是植被减少、水土流失、土地沙漠化加剧。这一带历史上一直是良好的牧场，曾经绵延上千年的牧马业，近代以来逐渐销声匿迹。商周及春秋战国之际，在清水河流域和盐池县一带有鬼戎诸部落活动，他们"逐水草迁徙，毋城郭常处耕田之业"[4]，秦汉以后又多为西羌等游牧民族的活动区域，其生产生活特征依旧是"所居无常，依随水草，地少五谷，以产牧为业"[5]。唐代以固原为中心，在陇右置48处牧马监，牧马业大盛。明代陕西苑马寺及诸藩王亦在该地区广泛设区监苑牧场，大力发展公私马政畜牧业[6]。明初，朱元璋封其第十六子庆王朱栴于宁夏，初设藩府于韦州，同时设群牧千户所，在韦州至香山一带，派遣千余士兵放牧。庆靖王朱栴在此地生活九年，称其地"地土高凉，人少疾病，地宜畜牧"[7]。后虽徙国宁夏（今银川市兴庆区），仍上书仁宗，以宁夏卑湿卤碱，乞将王府迁回韦州，但未得到应允。而处于韦州西侧的大、小罗山林木茂密，有水泉数十处，套兵内犯，必在此驻牧饮马，直呼为"小河套"[8]。由此可见，至少在当时这一带相对于畜牧业来说，自然条件还是适宜甚至相当优越的。另外在西线今海原一带，西安州、海刺都（今海原县城）及其附近十八堡被赐为楚王牧地，韩府湾、红古城等地为韩王牧地，盐池县东南部分布有清平苑（三山东）、万安苑（大盐池南），固原县北部有黑水苑（今海原县黑城），这些官私苑监"咸错壤焉……租赋不给于公"[9]。正统元年（1436年），"灵州千户所达军别黑的等家，马多者千余匹，少者七八百匹，牛羊动辄万计，俱在花马池等处山东一带草地放牧"[10]。

这样大规模的过度放牧，必然造成草原退化，生产力降低。明代后期官营牧场多为"军民互易，豪强侵

〔1〕（清）高士奇：《扈从纪程》，杨建新主编《古西行记选注》，宁夏人民出版社，1987年，第321页。
〔2〕《明宪宗纯皇帝实录》卷一〇一"成化八年二月乙亥"条，（台北）"中央历史研究院"历史语言研究所校印，1961年，第1960页。
〔3〕张树林：《惠安堡盐池兴废史》，《盐州纪事》，宁夏人民出版社，2006年，第336～374页。
〔4〕（汉）司马迁：《史记》卷一一〇《匈奴列传》，中华书局点校本，1959年，第2879页。
〔5〕（刘宋）范晔：《后汉书》卷八七《西羌传》，中华书局点校本，1965年，第2869页。
〔6〕罗丰：《陕西明代苑马寺》，周伟洲主编《西北民族论丛》（第一辑），中国社会科学院出版社，2002年，第146～190页。
〔7〕（明）朱栴创修：《宣德宁夏志》（影印本）卷上"属城"，吴忠礼主编《宁夏历代方志萃编》（第一函），天津古籍出版社，1988年。
〔8〕（清）顾祖禹著，贺君次、施和金点校：《读史方域纪要》卷五八《陕西七》，"固原州"，中华书局，2005年，第2803页。
〔9〕（明）《万历固原州志》上卷《地理志第一》"创建州治"，牛达生、牛春生校勘《嘉靖万历固原州志》，宁夏人民出版社，1985年，第133页。
〔10〕（明）《万历固原州志》上卷《地理志第一》"创建州治"，牛达生、牛春生校勘《嘉靖万历固原州志》，宁夏人民出版社，1985年，第133页。

占"，或者"重以官吏侵渔，牧政荒废"〔1〕，大片草场被开垦为耕地。清初以后，召民开垦，规模宏远，过于前代，牧业经济逐渐为种植业所取代。而这里山高水寒、风劲土燥、地性瘠薄的自然条件，又促成了一种"一家种谷数百亩，不用粪力，不事耘锄，广种薄收"的旱作农业生产方式。无限制的开垦，农林比例失调，加上战乱影响，自然植被破坏，使得当地自然环境持续恶化，遂形成了近代西海固这片全国闻名的贫困区。

旧志称当地民风"朴质强悍，选为兵者，类多骁勇善战"〔2〕，"尚耕牧""工骑射"〔3〕。清代以来，"固原内边"长城沿线逐渐成为少数民族（主要为回族）聚居区，民族风情浓郁。当地居民利用黄土直立不易坍塌的特性，自古有依土崖凿挖窑洞的建房传统。近代以来尤其是中华人民共和国成立以后，经过大规模的平田整地、修建梯田等生产活动，当地地貌有很大改观。产业状况主要以种植玉米、小麦以及油葵、豌豆、土豆等旱作杂粮为主，同时兼营畜牧，皮毛、甘草以及当地的滩羊等畜产品全国有名。但整体而言，该线长城沿线经济状况较差，社会发展水平相对滞后。

近年来，国家通过实施封山禁牧、生态移民、引黄灌溉等工程措施，使得当地植被有所恢复，局部自然环境渐趋好转。一些千年荒原成为人口稠密的移民新区，当地的自然及人文景观发生了巨大变化。同时由于沿线盐碱、石油、煤炭、石灰岩等矿藏开采以及相关工业园区的建立，由之引起的地貌改观以及环境污染对长城遗产带来的破坏亦不容忽视。

第二节　"固原内边"长城沿线历史沿革

考古资料表明，"固原内边"长城沿线自新石器时期以来就有人类活动，沿线以"菜园类型"〔4〕为代表的史前遗存广泛分布。先秦时期，这一地区先后为义渠、乌氏、朐衍等西戎部落出没之地。秦昭襄王时期，伐灭义渠戎国后，当地属北地郡管辖，并筑长城以拒胡，就是现在横贯宁夏南境的战国秦长城。汉代，这一区域仍属北地郡及从其中析出的安定郡管辖，郡治高平城即在固原城内。东汉时期，在今原州区北部及海原县、同心县一带置有安置匈奴部族的安定属国，其属国都尉治所三水县，大致处于今同心县境内，新莽更名广延亭，曹魏时期改置为西川县。同心县预旺的汉代古城遗址，有学者认为即东汉时期所设的参䜌县〔5〕。两晋十六国及南北朝时期，这一地区主要为匈奴、羯、氐、羌、鲜卑等游牧民族的活动区域。隋唐时期，该区域大部属原州管辖，贞观五年（631年）置都督府，下辖原、庆、会、亭、达、要等州，内边长城沿线东部盐环一带属庆州管辖；中部在盐池县惠安堡附近设温池县管理盐池事务，在同心县韦州附近设置安乐州，安置吐谷浑，后改威州；西部海原县一带属会州。唐代中后期，这一带先后陷于吐蕃之手。北宋时期，这一线成为宋夏对抗前沿及相对稳定的边境线，双方沿边境线设置有壕堑、寨栅、封堠等防御设施〔6〕，规模较大的城址有甜水堡、韦州城及祥祐军、临川堡、萧关城、西安州、天都寨、定戎寨等。这些堡寨后期大都继续沿用，该条防线在夏金时期仍基本稳定。元代时期，这一带大部属开成府（路）管辖，沿线预旺城、西安州、海刺都等均属豫王封地堡寨。

明初，包括"固原内部"沿线在内的大片西北疆域属陕西布政使司管辖，"自西向东，亘余千里：

〔1〕　（清）张廷玉等：《明史》卷九一《兵四》"马政"，中华书局点校本，1974年，第2277页。
〔2〕　（明）《嘉靖固原州志》卷一《风俗》，牛达生、牛春生校勘《嘉靖万历固原州志》，宁夏人民出版社，1985年，第18页。
〔3〕　（明）湖汝砺编、（明）管律重修、陈明猷校勘：《嘉靖宁夏新志》卷三《所属各地》"风俗"，宁夏人民出版社，1982年，第185、213页。
〔4〕　亦有学者称为"菜园文化"。
〔5〕　鲁人勇等：《宁夏历史地理考》，宁夏人民出版社，1993年，第35页。
〔6〕　杨蕤：《西夏地理研究》，人民出版社，2008年，第67~70页。

有曰兰州，曰金县，则属临洮府；曰安定县，曰会宁县，则属巩昌府；曰静宁州，曰隆德县，曰开城县，则属平凉府；曰环县，则属庆阳府"〔1〕。当时"固原、环县北至宁夏、灵州、花马池，大约六百里，中间多山溪草莽，居民鲜少。其地自古及今，无郡县之建"〔2〕。其后随着虏患日炽以及军事变故，明政府不断充实、加强这一带的军政设置。先后将开城县迁至故原州城，设固原守御千户所。成化四年（1468 年），土达满俊起事平息后，明廷又升所为卫，下辖西安、平虏、镇戎三守御千户所，另外在沿线主要"寇路"红古城、白马城、下马房关设千户所 3 处。成化十年（1474 年），又于固原设置三边总制，负责节制延绥、宁夏、甘肃三边军务。弘治十五年（1502 年），改升开城县为固原州，仍隶平凉府，领在城、东山、南川、石仁、新兴、榆林、固原、底堡、彭阳、新增等十里，辖境相当于今宁夏回族自治区固原地区和同心县部分地区。同年请设固原镇，弘治十八年（1505 年）移陕西总兵驻守固原，另设参游等官，以固靖甘兰四卫隶之，其管辖长城东起延绥镇饶阳水堡西界，西至甘肃镇皋兰界，绵延千余里。嘉靖四年（1525 年）后，总制一职常设〔3〕，固原自此屹立为边防巨镇〔4〕，成为西北政治、军事中心，与辽东、大同、延绥、榆林、宁夏、甘肃、太原、蓟州一起，统称为明代九边。

嘉靖九年（1530 年），王琼重修、完备"内边"后，这道防线亦成为当时行政区划及防御区划的基本依据，以饶阳堡、甜水堡、下马关、红古城、西安州几处守御关堡为节点，起点饶阳堡以东、以北属延绥地界，所涉东部甜水堡等环县辖区仍属庆阳府，而整个内边甜水堡、下马关、红古城、西安州以北属宁夏镇管辖，以南主要属固原卫管辖，内边西段西安州以西干盐池城及盐池附近小堡则属靖虏卫管辖。至嘉靖初年，固原卫统领马步官军 2487 名〔5〕，下辖关、营、堡 41 座，墩台 84 座〔6〕。

整个内边沿线分布有大量的官私马政监苑，成为一种与地方政权并存的机构〔7〕。除清平、黑水、万安等官置苑监外，内边中部韦州设置有群牧千户所，专门负责为庆王府司牧羊、马之业，同时管理庆王府在宁夏各地的牧场。西线楚王置奉承司于海刺都，约束护卫军，其他如韩王、肃王亦在该区域内有赐地，各藩王亦于赐地内置建司事内臣，经理耕牧〔8〕。

清初，顺治二年（1645 年）置固原道，后置固原州，属陕西平凉府管辖。陕西三边总督仍驻固原，下辖陕西、甘肃、延绥、宁夏四巡抚〔9〕。基本承袭明制，以内边走向确立的政区界限亦基本得以延续。后总督迁西安、兰州，总兵移西宁、河州，卫改驻平凉。又命陕西西安提督驻州城，清末以后，政区更易渐频繁。同治十三年（1873 年）升固原卫直隶州，上隶平庆泾固化道，内边中西部的平远、

〔1〕 （明）《明英宗睿皇帝实录》卷一六"正统元年四月庚申"条，（台北）"中央历史研究院"历史语言研究所校印，1961 年，第 320 页。

〔2〕 （明）《嘉靖固原州志》卷一《创建州治》，牛达生、牛春生校勘《嘉靖万历固原州志》，宁夏人民出版社，1985 年，第 9 页。此处"宁夏"指宁夏镇城，即今银川市。"自古无郡县之建"一说有误，参见本节论述。

〔3〕 文臣称总督，武臣称总兵，皆是虚衔。总兵之名，见于元末明初，因之中山王伐吴檄曰："总兵官准中书省咨云云。"至元统年，始有定名，曰总兵，曰副总兵。总督见于宣德中，巡抚总督粮税。至麓川之役，王靖远用之军务，侯琎继之，靖远转南兵部，亦曰总督机务。乙巳之变，于少保以本兵称总督，未几用之两广，又用之两广、湖贵，用之两广、川贵，用之陕西，用之宣、大。嘉靖时又用蓟、辽、保定，用之浙、直、江、福，并用之漕河。正德末，武宗自称总督军务威武大将军，于是改督为总制。嘉靖三十年，世宗以制字非人臣得称，仍改总督。见（明）朱国祯撰：《涌幢小品》卷八《总督总兵》，《笔记小说大观》六，江苏古籍刻印出版社，1984 年，第 191 页。

〔4〕 据《明史》记载弘治年间曾设置固原镇，实际上仅是弘治十八年移陕西总兵驻守于此，新设三边制府驻固原，与太原一起号称二镇而已，并未自立为一镇。

〔5〕 （明）《嘉靖固原州志》卷一《文物衙门》，牛达生、牛春生校勘《嘉靖万历固原州志》，宁夏人民出版社，1985 年，第 20 页。

〔6〕 （明）张雨：《边政考》卷三，王友立主编《中华文史丛书》第十四册，（台北）华文书局，1969 年，第 180~181 页。

〔7〕 罗丰：《论固原畜牧业发展的历史及其启示》，《宁夏社会科学》1985 年第 1 期。

〔8〕 （清）朱亨衍著：《乾隆盐茶厅志备遗》，吴忠礼主编《宁夏历代方志萃编·乾隆盐茶厅志备遗》，天津古籍出版社，1988 年，第 11 页。

〔9〕 赵尔丰等撰：《清史稿》卷二三七《孟乔芳传》，中华书局点校本，1977 年，第 9477 页。

海城二县划归其管辖。东部盐池县被改置为灵州花马池分州，平远县设置于清末光绪三年（1877 年），治所在下马关城。西段于乾隆年间将海刺都堡改置盐茶厅，同治十三年（1874 年），改设海城县。

民国以来，政局动荡，该地区政区变动更加频繁。内边中段民国二年（1913 年）改平远县为镇戎县，划归宁夏道。民国十七年（1928 年）宁夏建省后，改镇戎县为预旺县，划归宁夏省辖。1936 年 6 月中国工农红军西征，解放了预旺、海原等大部分地区；同年 10 月 20 日，西征红军帮助同心人民建立了我国历史上第一个县级回民自治政权——陕甘宁省豫海县回民自治政府。1938 年国民党预旺县政府从下马关迁至同心城（原称半个城），改名为同心县。抗战时期，盐池县东部为苏区，当时的陕甘宁苏区盐池县苏维埃政府驻花马池，曾一度迁设于麻黄山李塬畔村，而国民党盐池县治则迁设在惠安堡。内边东中段成为国共两党拉锯斗争的前沿阵地，麻黄山至山城一线国民党胡宗南部修筑的碉堡、战壕等战争工事至今仍存。西段海城县于民国三年（1914 年）改称海原县，中华人民共和国成立初期，将原属靖远县的西安乡一带划归海原县管辖。

时至今日，这条防线的东段大体仍沿袭为宁夏与甘肃两省的边界。长城沿线堡寨林立、烽燧相连。民间至今广泛流传杨家将的传说，沿途"杨将军庙""大郎顶""六郎城"以及"狄青城"等历史古迹与地名典故折射出这道长城关防数百年来在当地民众心目中的深厚文化积淀。

第三节　"固原内边"长城兴废沿革及基本走向

一　"固原内边"长城兴废沿革

明初，蒙古残元势力远遁漠北，部众零落分散，加之明廷经常主动出击，边防守御压力不大。自从永乐初年东胜弃守，移军延绥，弃河不守。瓦剌、鞑靼诸部相继盘踞河套，渐成边患，史称"套虏"。此后，它与松山蒙古、西海蒙古互通声息，相互牵连，先后成为明代中晚期影响深远的陕西蒙古"三大寇"[1]。正统以后，明廷开始在宁夏沿边一带筑墙防御，经过成化年间大规模的修筑，至弘治初年先后筑成东路河东墙及沿河边墙，西路贺兰山沿山及沿河边墙等边防设施。当时宁夏北部地区边防重点在横城至花马池以及河西沿贺兰山一带。蒙古诸部从漠北进入宁夏南部固原地区的路线主要有两条：一条是东入，由灵武、盐池至干沟一带，突破兴武营至花马池一线的边墙，经同心韦州、预旺直扑固原；另一条是西入，即循贺兰山、黄河西行至靖远锁黄川一带驻牧休整，经打刺赤、青沙岘一线进犯固原。

成化以前，"套虏未炽，平固安会之间得以休息"，当时需要重点防备的只有西面靖虏一线[2]。成化以后鞑靼火筛、小王子诸部占据河套，声势逐渐壮大，其内侵规模及次数不断扩大，边患日炽。"套虏距花马池仅二十余里"[3]，"北虏据河套，寇环、兰、固、靖，出没之所必由，实关中要冲"[4]。鞑靼"拥众深入延宁，地方不能捍御。长驱两日夜可至固原"[5]。因宁夏三路地接要冲，而临边内地又墩堡稀疏，声息不

〔1〕（清）张廷玉：《明史》卷三三〇《西番诸卫》"边防"，中华书局标点本，1974 年，第 8549 页。

〔2〕（清）张廷玉：《明史》卷九一《兵三》，中华书局标点本，1974 年，第 2238 页。

〔3〕（明）魏焕：《皇明九边考》卷七《榆林镇》"经略考"，王友立主编：《中华文史丛书》第十五、十六册，（台北）华文书局，1969 年，第 313 页。

〔4〕（明）湖汝砺编、（明）管律重修、陈明猷校勘：《嘉靖宁夏新志》卷三《所属各地》"宁夏后卫"，宁夏人民出版社，1982 年，第 239 页。

〔5〕（明）魏焕：《皇明九边考》卷一〇《固原镇》"经略考"，王友立主编《中华文史丛书》第十五、十六册，（台北）华文书局，1969 年，第 439 页。

接。花马池、灵州一带成为河套蒙古诸部入寇宁夏、固原以及南下关中的交通要冲，防线屡被突破。

早在成化二年（1466年），兵部尚书王复即建议于东路花马池东南红山儿至环县等处，西南长流水至小盐池等处；西路自河北分水岭至固原半个城等处，及永安墩至靖虏等处；中路灵州至石沟儿，一路往韦州、葫芦峡等处，一路接小盐池至萌城一带增筑墩台，在萌城、盐池一带铲削沟堑，据险设守[1]。

弘治十年（1497年），火筛入寇，明廷起左都御史王越总督陕西、甘肃、延绥、宁夏军务，称三边总制。弘治十四年（1501年）四月，火筛、小王子诸部攻掠宁夏、延绥、固原。闰七月，小王子部攻掠盐池，都指挥王泰等战死。八月，火筛诸部分道从花马池拆开边墙入境，攻略固原、韦州、萌城，转掠平凉、庆阳。边民死伤遍野，官军费用80余万，先后只斩获十余级[2]。之后鞑靼小王子部三万余骑又于弘治十八年（1505年）从花马池、清水营两处拆墙而入，由下马房响石沟直至固原、隆德、静宁、会宁等地抢掠、杀掠二十余日，后从西安州出境[3]。

这几次入境抢掠，当地人民生命财产损失惨重，朝野震动。同时亦表明，仅靠临时性的统一兵权及"大边"一道防线并不足以保障边境。当时一些有识之士亦上疏呼吁仿效宋代"缘边"、"次边"之制，"东至榆林神木堡黄河，西至兰州黄河，绵亘二千余里，中间山势联络，皆可设险"，充分利用宁夏中部及固原一带有利的自然地形，分道设防。在险地如萌城、盐池诸处浚壕筑墙，"开堑、斩崖、筑墙"，驻军设伏[4]，结合关堡、烽燧，作为二线防御。成化八年（1472年），巡抚延绥都御史余子俊就曾奏修榆林东中西三路边墙崖堑一千一百五十里，"相度山界，铲削如墙"[5]，"内复堑山湮谷另为一边，名曰夹道，地利亦险矣"[6]，内边设置已有雏形。

弘治十五年，秦纮主持增筑固原外关城，于固原城内设置总制府，总制平时常驻固原，每年六月至九月防秋时节驻花马池[7]，居中调度陕西三边军务，固原亦因此得立为"九边重镇"。三边总制常驻固原后，对该线边防工事的建设产生了积极的影响，前后主持过该线筑边事宜的功绩卓著者有秦纮、杨一清、王琼、唐龙、刘天和等人。

秦纮主持于弘治十五年"三月起至八月，共修城堡崖窑关隘一万四千一百九十处，铲过山崖三千七百余里"，其中固原"以北通贼总路创修豫望城、石峡口、双峰台三城，分兵防御"，固原附近及以南"金佛峡、火龙沟、虎山沟、海子口、麻张堡、大浪口、迭迭口俱用石甃为墙，铁裹为门"[8]，宁夏固原交界地带韦州下马房之东、西挖掘壕堑一条，长900余里。这道边墙"自饶阳堡起西至徐斌水三百余里，系固原地界，自徐斌水西至靖虏花儿岔止，长六百余里，亦各修筑"[9]，时称"内边"。至弘治十七年（1504年），又"督令各边守臣将固原、延绥、宁夏、甘肃等处边堑砦堡俱各修完，绘

〔1〕 （明）《明宪宗纯皇帝实录》卷三七"成化二年十二月己酉"条，（台北）"中央历史研究院"历史语言研究所校印，1961年，第729～730页。

〔2〕 《明史》卷一五《孝宗本纪》，第193页；《明史》卷一七三《朱谦附朱晖传》，第4626～4627页；（明）谈迁著、张宗祥校点：《国榷》卷四四"孝宗弘治十四年"，中华书局，2005年，第2776页。

〔3〕 （明）《嘉靖固原州志》卷一《文物衙门》，牛达生、牛春生校勘《嘉靖万历固原州志》，宁夏人民出版社，1985年，第24页。

〔4〕 （明）《明宪宗纯皇帝实录》卷一〇八"成化八年九月癸丑"条，（台北）"中央历史研究院"历史语言研究所校印，1961年，第2118～2119页。

〔5〕 （明）《明宪宗纯皇帝实录》卷一〇八"成化八年九月癸亥"条，（台北）"中央历史研究院"历史语言研究所校印，1961年，第2109～2110页。

〔6〕 （清）张廷玉：《明史》卷九一《兵三》，中华书局标点本，1974年，第2238页。

〔7〕 （清）张廷玉：《明史》卷七三《职官二》，中华书局标点本，1974年，第1774页。

〔8〕 （明）秦纮：《秦襄毅公自订年谱》，《北京图书馆藏珍本年谱丛刊》第40册，北京图书馆出版社，2001年，第107页。

〔9〕 （明）魏焕：《皇明九边考》卷一〇《固原镇》"保障考"，王友立主编《中华文史丛书》第十五、十六册，（台北）华文书局，1969年，第398页。

图以奏"〔1〕，秦纮在边三年，至其离任时共"修筑诸边城堡一万四千余所，垣堑六千四百余里，固原屹为重镇"〔2〕。其后杨一清任巡抚及总制时，于东路筑白马城堡，西路旧预旺城置平虏守御千户所，同时参照余子俊奏议，于固原以北"奏筑土城、置所，设官吏，编集新军，给地耕牧，为长守计"〔3〕，基本奠定了固原镇"内边"长城的防御格局。

嘉靖九年（1530 年），王琼于中路筑下马房关，同时由于"（余子俊）修理榆林东中西三路边墙，年久损坏不堪保障……秦纮修理墙堑低浅，今已坍坏填塞，套贼节年过花马池由此深入，不能阻隔"，王琼再次对这道长城防线响石沟至靖虏花儿岔〔4〕六百三十六里地段进行了大规模的加固维修。其中"下马房东响石沟一带损毁旧堑三十里五分"，比照定边营大边一线"深沟高垒"，采用外挑沟、内筑墙的办法，北侧沟堑"俱挑深二丈，阔二丈五尺，南面堑上筑墙共高三丈，颇堪拒虏"〔5〕。并于甜水堡、下马关两处墙体上设置暗门，以供出入。下马关以西接平虏（今预旺）、镇戎（今北嘴古城）、红古、海刺都、西安州一线长一百二十五里二分，因边墙坍塌较少，工程量较小，令各卫自行修理，主要采用挖设壕堑及铲削山险墙的办法，俱随山就崖铲削陡峭。其中"平虏所挑沟并铲削崖堑三十六里五分；镇戎所挑沟并铲削崖堑二十七里四分；红古城挑沟并铲削崖堑二十九里；海刺都挑沟并铲削山崖三十二里；西安州所挑沟并铲削山崖十里三分；干盐池堡至青沙岘冲要挑沟铲崖四十里三分"〔6〕。

嘉靖十六年（1537 年），该道边墙中段罗山以西"新红寺堡直北稍东新筑横墙二道以围梁家泉，直北稍西旧有深险大沟一道受迤东罗山之水流于黄河，长一百二十五里，总制刘天和堑崖筑堤一百八里五分，筑墙堡一十六里八分，自大边至此重险有四道矣"〔7〕。刘天和主持新修边墙被称为"徐斌水新边"，至此，这道边墙已日臻完善，"并于今二、八月各修理一次，屹然为关中重险"〔8〕。

由于三边总制府设于固原，多任督抚除对固原城不断拓展、修葺外，还对拱卫固原城北的部分战国秦长城进行过加筑、浚壕、铲崖等维修利用。固原镇至宁夏后卫花马池以及自环县抵灵州这两条驿路是明代时期宁夏镇通往固原镇及陇东关中以及三边总制临边御敌的交通要道，是当时宁夏镇池盐内销的主要通道〔9〕，同时也是北虏入寇的重要"寇路"以及明廷设防的重要区域。为了方便联络与管理，加强警戒与守御，成化二年（1466 年），整饬边备兵部尚书王复即建议大修墩台营堡〔10〕。据《明实录》相关记载统计，成化二年至四年，宁夏总兵官吴琼主持修筑墩台 94 座、营堡 17 座，其后任沈煜于成化八年初亦上报修缮墩台 40 座〔11〕。此后，吏部右侍郎中叶盛、三边总制秦纮、宁夏总兵刘宪

〔1〕（明）秦纮：《秦襄毅公自订年谱》，北京图书馆主编《北京图书馆藏珍本年谱丛刊》第 40 册，北京图书馆出版社，2001 年，第 110 页。
〔2〕（清）张廷玉：《明史》卷一七八《秦纮传》，中华书局标点本，1974 年，第 4745 页。
〔3〕（明）杨一清：《西征日录》，唐景绅、谢玉杰点校《杨一清集》，中华书局，2001 年，第 708 页。
〔4〕（明）王琼：《设重险以固封守奏议》，《嘉靖固原州志》卷二《奏议》，牛达生、牛春生校勘《嘉靖万历固原州志》，宁夏人民出版社，1985 年，第 125 ~ 126 页。
〔5〕（明）王琼：《设重险以固封守奏议》，《嘉靖固原州志》卷二《奏议》，第 125 ~ 126 页。
〔6〕（明）魏焕：《皇明九边考》卷八《宁夏镇》"保障考"，王友立主编《中华文史丛书》第十五、十六册，（台北）华文书局，1969 年，第 324 ~ 325 页。
〔7〕（明）魏焕：《皇明九边考》卷一〇《固原镇》"保障考"，王友立主编《中华文史丛书》第十五、十六册，（台北）华文书局，1969 年，第 406 页。
〔8〕《皇明九边考》卷一〇《固原镇》"保障考"，第 398 页。
〔9〕鲁人勇：《宁夏食盐开采及运销史述略》，《西夏研究》2011 年第 4 期，第 109 ~ 110 页。
〔10〕（明）《明宪宗纯皇帝实录》卷一〇八"成化二年十二月己酉"条，（台北）"中央历史研究院"历史语言研究所校印，1961 年，第 729 ~ 730 页。
〔11〕据《明宪宗纯皇帝实录》卷三七"成化二年十二月丙午"，第 725 ~ 726 页；卷四九"成化三年十二月丙午"，第 1003 页；卷六一，"成化四年十二月癸卯"，第 1245 页；卷一〇〇，"成化八年正月丁巳"，第 1944 页。

先后建议或主持沿驿路沿线修筑、设置了大量烽燧、关堡，与大边、二边一起构筑形成了该区域较为完备的长城防御体系。

修葺后的这道长城防线经逐渐完善，东西两端最终与大边连为一体。其东北端与延绥镇定边营南山口一带大边墙体相接，西端靖虏卫境内部分与嘉靖年间沿黄河东南岸修筑的长城相接。其中"自定边营南山口起，西历榆林所管石涝池堡、饶阴堡[1]、三山堡；环县所管甜水堡关；固原所管（地名）响石沟、下马房关、红古城堡；靖虏卫所管干盐池、打刺赤（地名）青沙岘至靖虏卫。"[2]以饶阳分界，以北属延绥镇管辖，以西自饶阳水堡（今陕西省定边县姬塬乡辽阳村）西界起，西达西安州所绵沙湾口[3]，均属固原镇下马关路管辖（图七~九）。

明代晚期朝政紊乱，边患民变不断，戍卒逃散，日常修理守护难以为继，该线长城渐次圮废。清代以后，由于蒙古族内附，边患解除。固原军政地位随之下降，该线长城的防御意义骤降，长城沿线的日常巡守维护遂废，仅在沿线关卡要地驻兵戍守，并在一些交通要道沿线部分烽燧堡寨设有官厅塘汛等驿递设施。

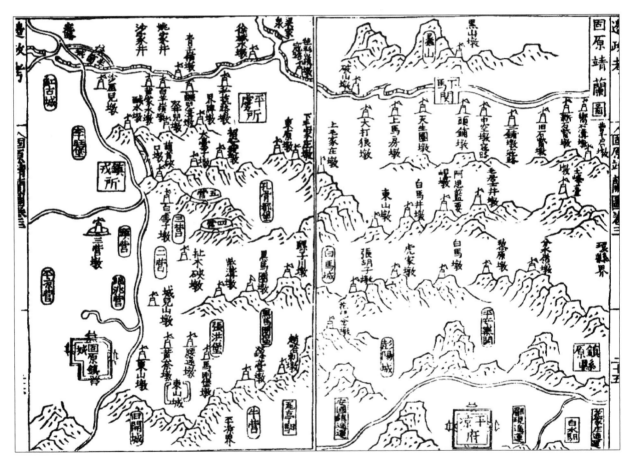

图七　《边政考》载固原镇长城分布图 1

---

〔1〕　应为饶阳堡，又称饶阳水堡。故址在今定边县姬塬乡辽阳村东 200 米。原属庆阳卫，后改属榆林卫。详见陕西省考古研究院编著：《陕西省明长城资源调查报告·营堡卷》，文物出版社，2011 年，第 240 ~ 243 页。

〔2〕　(明)《嘉靖固原州志》卷一《文物衙门》，牛达生、牛春生校勘《嘉靖万历固原州志》，宁夏人民出版社，1985 年，第 24 页。

〔3〕　据《边政考》所述靖虏卫东至固原西安州界与距干盐池堡里程均为一百三十里，可知绵沙湾口大致在今干盐池堡附近。

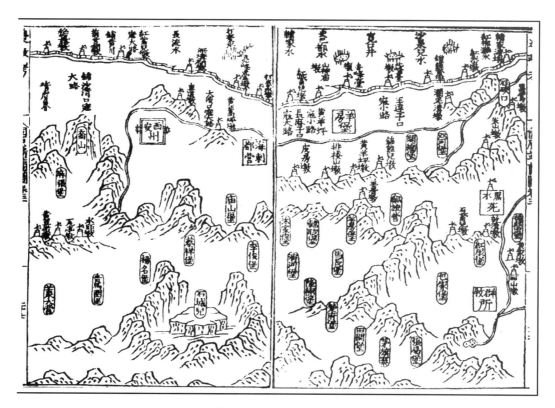

图八 《边政考》载固原镇长城分布图 2

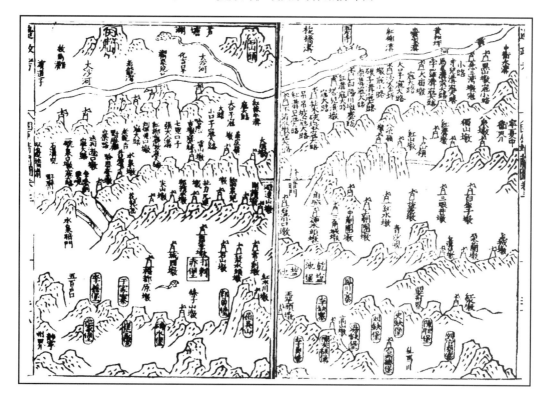

图九 《边政考》载固原镇长城分布图 3

二　宁夏回族自治区境内"固原内边"长城走向及基本布局

这道长城防线，经过多次修筑与完善，从三山口至饶阳堡段现存烽燧、关堡等遗迹数十处[1]，修筑时间较早，当时属榆林镇管辖。饶阳堡以西大部分地段处于当时固原镇管辖区域内，因此历史上习惯称其为"固原内边"。因地理位置、修筑特点以及时间先后等原因，这道长城又有"内墙"[2]"固原小边"[3]"固原旧边"[4]等不同称呼。

"固原内边"长城东端起点饶阳堡，位于今陕西省定边县姬塬乡辽阳村，饶阳堡南面及东北侧山顶上各分布有一座烽火台[5]，向西经4.343千米东西向自然深沟山险进入甘肃省与宁夏回族自治区交界处的杏树湾狗拉壕山险墙处。"固原内边"长城西段靖虏卫所辖大部分在今甘肃省境内，大致呈东—西走向，主要由山险及壕堑构成。从与宁夏回族自治区交界处的靖远县背后湾烽火台起，西至花儿岔长约60.4千米，向西延伸至黄河岸边的空心楼，与从中卫进入甘肃省境内的西长城交汇。甘肃省境内墙体长约71.5千米。经调查，对面湾烽火台至空心楼主要由黄家洼山、贺家梁、碑南泉山、水泉尖山、水泉墩墩山等高峻陡峭的山岭构成，人工修筑的墙体仅在与宁夏回族自治区海原县交界的黄家洼大山北麓发现一段，归属壕堑类山险墙，大致呈东—西走向，长约10.6千米。沿线调查烽火台24座、关堡3座[6]。

经过实地调查，饶阳堡以北至"大边"，宁夏回族自治区境内仅发现5座烽火台，未见人工修筑的长城墙体。今宁夏回族自治区境内的"固原内边"长城，东端起于陕甘宁三省交界处的狗拉壕山险墙，西端止于海原县干盐池乡唐坡以西至甘肃省靖远县交界处。调查墙体总长130239.9米。根据走向及历史修筑情况，可分为东、中、西三段。

东段从杏树湾狗拉壕山险墙至响石沟，长约96千米。沿线分布烽火台20座、关堡1座。调查所见墙体处于盐池县与环县交界地带，主要由山险、山险墙及少量人工夯筑墙体构成。从起点处杏树湾至何家口子，大部分为沿省界走向的深沟山险，其间仅保留有两段长数百米俗称为狗拉壕的山险墙。从何家口子以西至环县甜水堡东北，存一段长近10千米的人工山险墙，大部处于甘肃省与宁夏回族自治区交界的大山北麓宁夏回族自治区一侧山坡上，多依地势，直接铲削山体形成截面呈"L"形的平台，称为铲削类山险墙；少数地段挖设呈壕沟状的劈山山险墙，两处山隘地段修筑有数百米长的夯筑土墙。

甜水堡以西至响石沟主要为山险，其走向绕甜水堡、萌城堡，大致沿惠安堡盆地东南缘的沙坡子山梁、营盘山，至环县甜水堡镇白家沟村西南与同心县、盐池县三县交界处的老爷山东麓（响石沟），与王琼主持重修的下马关堡以东的人工夯筑土墙相接。此段除老爷山东麓与土墙相接的白家沟保存有一段数百米长的山险墙外，其余大部为山险、关堡、烽燧相间构成的防御体系。

中段从响石沟至石峡口，主要处于今同心县境内。发现墙体位于老爷山至下马关，现存长城墙体长15750.3米。沿线分布烽火台17座、关堡10座。史载该段墙堑为秦纥始筑，王琼主持重修。内侧

〔1〕　国家文物局主编：《中国文物地图集·陕西分册（上）》，西安地图出版社，1998年，第113～114、268页。

〔2〕　与"外边墙"相对而言。

〔3〕　与"横城大边"相对而言。

〔4〕　与"徐斌水新边"相对而言。

〔5〕　陕西省考古研究院编著：《陕西省明长城资源调查报告·营堡卷》，文物出版社，2011年，第240～243页。

〔6〕　此信息及相关数据由甘肃省文物局负责长城资源调查工作的梁建宏提供。

墙体黄土夯筑，大部尚存痕迹。其间由下马关城以东，墙体南侧分布有 6 处烽燧设施，分别为"头铺墩"……"六铺墩"。除东段四铺墩以东沙丘区平地墙体多为流沙掩埋、老爷山西麓山坡上墙体为山洪冲毁、西端临近下马关城墙处因城镇扩建侵毁无存外，大部仍有迹可寻。东端老爷山顶上现存百余米墙体，外侧尚包砌有石片。墙体外侧壕堑基本淤平，唯五铺墩段墙体外侧壕沟因山洪冲刷而更加宽阔，壕沟宽、深达数十米，甚为浚阔。除下马关堡外，另外在该段长城两侧及下马关城南附近，调查发现废弃小城堡 8 座，每面墙体长仅几十米至百余米，亦为当时驻兵及屯牧的场所。

西段从石峡口至孔家沟甘肃省与宁夏回族自治区交界处，主要位于今海原县境内，明代分属固原卫及靖房卫管辖。调查发现的人工墙体主要位于西端干盐池堡附近靖房卫辖境内，现存墙体 5 段，长17632.4 米。其中山险墙 3 段，长 10270.5 米；土墙 2 段，长 7361.9 米。该段墙体从今海原县干盐池乡邵家庄玉泉山起，西经唐坡村，北折西行至河坡头区蒿川乡孔家沟村南出境进入甘肃省靖远县。

中西段之间下马关"西接平虏（预旺古城）、镇戎（北嘴古城）、红古、海刺都、西安州五堡坍塌边堑，共长一百二十五里二分，俱随山就崖铲削陡峻"[1]。这段边墙修筑用时仅一月，由于初修即"工程不多"，历经五百余年的战乱毁坏、自然侵蚀及人为破坏，墙体无迹可寻。同心县下马关西至海原县唐坡以东烽燧线长约 130 余千米。此段沿线调查烽火台 41 座、关堡 4 座。

刘天和主持修建的"徐斌水新边"，从罗山西麓徐冰水开始，沿红柳沟河南岸西北延伸至鸣沙州黄河岸，主要处于今红寺堡区内。调查发现有人工修筑痕迹的墙体，主要处于新红寺堡附近红柳沟南岸，共 7 段，长 15036.2 米。东南部分从徐冰水至新红寺堡以及西北部分红柳沟大桥至鸣沙黄河岸，调查未见墙体，烽燧线长 53 千米。另外墙体沿线及附近区域还调查相关烽火台 15 座、关堡 5 座。

另外，固原镇城附近调查发现明代修缮、利用战国秦长城墙体 16735.8 米，其中直接增筑维修段长 10179.1 米，利用有利地形，在其外侧增置山险墙段长 6556.7 米[2]。固原镇城附近调查相关烽火台 9 座、关堡 3 座。

自环县抵灵州（今宁夏回族自治区灵武市）的古环灵道驿路烽燧线与"固原内边"在甜水堡—萌城段相交汇。该烽燧线自甜水堡东南大致沿 211 国道西北穿行，经盐池县隰宁堡、惠安堡，至盐池城与西南—东北走向的固原镇—花马池"防秋道"交汇，过盐池城经石沟城、大沙井城至灵州，此条烽燧线长约 290 里[3]。沿线调查烽火台 41 座、关堡 7 座。这条烽燧线在甜水堡—萌城以北至盐池城—碱池子一线还有一条支线，沿线调查烽火台 8 座。

自固原镇抵宁夏后卫花马池的"防秋道"驿路烽燧线与"固原内边"长城防线在下马关附近交汇，向北经宁夏群牧千户所（韦州城），在盐池城附近与环灵道烽燧线交汇，继续向北经铁柱泉、野狐井等城堡，达宁夏后卫花马池城及其北边墙，其中从盐池城以北至野狐井附近又衍分出一条支线。整条线路长约 300 千米。本次从同心县最南端的鲍地湾烽火台开始调查，北至盐池县花马池镇四墩子烽火台，沿线共调查烽火台 64 座、关堡 8 座。

经统计，今宁夏境内（包括甘肃环县段）"固原内边"长城主线及附属新边、烽燧线等防御线路，共计调查墙体遗迹 162011.9 米，其中山险 83268.8 米，人工墙体 78743.1 米。调查相关烽火台 215 座、敌台 1 座、关堡 38 座（彩图三、四）。

---

[1]（明）王琼：《设重险以固封守奏议》，《嘉靖固原州志》卷二《奏议》，牛达生、牛春生校勘《嘉靖万历固原州志》，宁夏人民出版社，1985 年，第 125～126 页。

[2] 王仁芳：《宁夏明长城资源调查中三则新发现》，《中国文物科学研究》2012 年第 3 期；国家文物局：《长城资源调查工作文集》，文物出版社，2012 年，第 183～193 页。

[3] 此处距离以沿线所调查烽燧、关堡间距叠加统计，非首尾两地间直线距离。其他涉及线路长度的统计亦同此例。

第四节　"固原内边"长城以往调查、保护管理及本次调查工作情况

一　"固原内边"长城以往调查及保护管理情况

"固原内边"长城及附属设施作为边塞地区一种十分引人注目的人文景观，自修建时起便备受关注，除了倡修者的奏议文集、地方志以及当时史地研究学者的各种记载外，由于该线长城所处区域分布有多条交通要道，明清以来临边将吏、文人过客亦吟咏不断。近代以来，一些长城爱好者及研究者亦对其进行过考察介绍。1979 年以来，宁夏文物部门先后组织专业人员对包括固原内边在内的长城遗迹进行了调查、勘测，钟侃、许成、周兴华等人先后在《宁夏风物志》《宁夏考古史地研究论集》《宁夏古长城》《从宁夏寻找长城源流》[1] 等论著中对这条长城进行了介绍。盐池县文物工作者对境内的"固原内边"长城部分段在相关资料上进行了简要介绍[2]。关于"徐斌水新边"是否为修筑，以前学界有争论，由于缺乏相关田野调查依据，始终未有定论。

经过文物工作者的调查和宣传，"固原内边"长城的保护管理工作引起了当地政府及相关部门的重视。其中同心县下马关以东长城段被公布为县级文物保护单位[3]，树立了保护标志。沿线一些重要关堡如下马关、韦州城、草场城、西安州古城等先后被公布为宁夏回族自治区文物保护单位。红寺堡设区后在其境内的城堡、烽燧四周设立界桩围栏，部分烽火台、关堡附近立碑刻铭予以宣传、保护。盐池县部分烽燧关堡不仅设置有保护标志，四周还设置了铁丝围栏（表四）。通过保护宣传及采取相关措施，沿线群众亦了解到长城及相关附属设施的历史及价值，自觉保护长城资源及相关文化遗产的意识明显提高。

表四　"固原内边"沿线相关文物保护单位统计表

序号	名　　称	类别	县域	级别	批次	公布时间
1	战国秦长城[4]	古建筑	彭阳县 原州区 西吉县	国保	第五批	2001 年 6 月
2	韦州城址	古遗址	同心县	（省）区级	第一批	1963 年 2 月
3	鸣沙洲塔	古建筑	中宁县	（省）区级	第一批	1963 年 2 月
4	康济寺塔	古建筑	同心县	（省）区级	第一批	1963 年 2 月

---

〔1〕钟侃：《宁夏风物志》，宁夏人民出版社，1986 年，第 87~91 页；许成：《宁夏史地研究论集》，宁夏人民出版社，1989 年，第 21~37 页；周兴华：《从宁夏寻找长城源流》，宁夏人民出版社，2008 年，337~338 页。

〔2〕《宁夏回族自治区盐池县地名志》（内部资料），盐池县人民政府编印，1982 年，第 194 页。

〔3〕同心县人民政府同政发【1985】124 号文件《同心县人民政府关于将韦州明代王陵区等六处古遗址列为我县重点文物保护单位的通知》；同心县人民政府同政发【1993】64 号文件《关于划定韦州康济寺塔等区县级重点文物保护单位保护范围的通知》。

〔4〕包括固原市郊明代维修、利用段落。

序号	名　　称	类别	县域	级别	批次	公布时间
5	七营北嘴城址	古遗址	海原县	（省）区级	第二批	1988 年 1 月
6	明王陵	古墓葬	同心县	（省）区级	第二批	1988 年 1 月
7	固原古城	古遗址	原州区	（省）区级	第三批	2005 年 9 月
8	老盐池城址	古遗址	盐池县	（省）区级	第三批	2005 年 9 月
9	凤凰城址[1]	古遗址	海原县	（省）区级	第三批	2005 年 9 月
10	大营城址	古遗址	原州区	（省）区级	第三批	2005 年 9 月
11	盐池城址[2]	古遗址	海原县	（省）区级	第三批	2005 年 9 月
12	西安州城址	古遗址	海原县	（省）区级	第三批	2005 年 9 月
13	石沟驿城址	古遗址	灵武市	（省）区级	第三批	2005 年 9 月
14	铁柱泉城址	古遗址	盐池县	（省）区级	第三批	2005 年 9 月
15	灵州城墙遗址	古遗址	灵武市	（省）区级	第四批	2010 年 12 月
16	下马关城址	古遗址	同心县	（省）区级	第四批	2010 年 12 月
17	隰宁堡城址	古遗址	盐池县	（省）区级	第四批	2010 年 12 月
18	石沟驿窑址	古遗址	灵武市	（省）区级	第四批	2010 年 12 月
19	明长城	古建筑	盐池县 同心县 海原县	（省）区级	第四批	2010 年 12 月
20	预旺钟鼓楼	古建筑	同心县	县（市）级	第一批	1985 年 12 月
21	北十里城址	古遗址	原州区	县（市）级	第一批	2003 年 11 月
22	阎家墩烽火台[3]	古建筑	原州区	县（市）级	第四批	2010 年 5 月
23	海原县境内烽火台	古建筑	海原县	县（市）级	第一批	1985 年 12 月
24	甜水堡	古遗址	环县	国保	第六批	2006 年 5 月
25	白马城	古遗址	环县	国保	第六批	2006 年 5 月

二　“固原内边”长城本次调查工作情况

根据国家文物局和国家测绘局于 2007 年 2 月联合制订的《全国长城资源调查工作总体方案》以及宁夏回族自治区文化厅据此制订的《宁夏长城资源调查实施方案》，宁夏回族自治区文物局和宁夏回族自治区测绘局联合启动了宁夏长城资源调查工作，主要业务工作由宁夏回族自治区文物考古研究所、宁夏回族自治区第二测绘院承担，其中文物部门主要工作任务是通过开展田野调查，对长城资源进行

---

〔1〕即红古城，也称草场城。

〔2〕也称打剌赤（池）城址。

〔3〕也称十里墩烽火台。

现场勘查、考古测量,做好信息采集和登录工作。对田野调查获取的资料和信息进行整理、归纳和汇总,依照《全国重点文物保护单位记录档案相关规范标准》,建立记录档案;建设长城资源信息系统运行环境(彩图五)。据此,宁夏回族自治区文物考古研究所先后成立了四支调查队,"固原内边"长城的调查工作主要由第三、第四两支调查队负责。

第三调查队主要承担"固原内边"西段海原县境内长城资源调查工作,由樊军负责,主要参加人员有范玉平(宁夏回族自治区第二测绘院)、孙学峰(中卫市博物馆),宋建刚、马汉福、李成录(海原县文管所)、吕建平(技工)、白鹏(司机)等。野外调查工作从 2008 年 8 月 1 日开始,到 8 月 30 日结束。调查工作从海原县西端与甘肃省靖远县交界处开始,止于高崖乡的草场庙山烽火台,与第四调查队最后调查的草场古城相衔接。共调查墙体 5 段、烽火台 39 座、敌台 1 座、关堡 3 座。

第四调查队主要承担"固原内边"东、中段,盐池县、同心县及甘肃省环县境内相关长城资源调查工作。调查工作由王仁芳负责,主要参加人员有王银、王波(宁夏回族自治区文物考古研究所)、李军(宁夏回族自治区第二测绘院)、王世民(西北大学学生)、李亚(宁夏大学环资学院研究生)、翟建峰(绘图技工)等 7 人(彩图六)。由于该段长城资源分布于宁夏回族自治区盐池县与甘肃省环县交界地带,甘肃省文物局委托宁夏回族自治区文物局负责调查,调查所得资料由双方共享。调查工作从盐池县麻黄山乡东南部三省交界处的杏树湾山险墙开始,大致沿陕甘宁三省(区)交界地带麻黄山、甜水堡、经萌城堡翻过老爷山进入同心县。2008 年 7 月 18 日至 9 月 15 日调查队完成了盐池县(环县)境内的"固原内边"长城资源野外调查工作,并对与"固原内边"长城交汇的环灵道驿路甜水堡—惠安堡段沿线城堡、烽火台进行了调查;2008 年 9 月 16 日至 11 月 5 日完成了同心县境内"固原内边"长城资源野外调查工作,同时对与"固原内边"长城交汇的固原—花马池"防秋道"驿路同心县鲍地湾至盐池县惠安堡段关堡、烽火台进行了调查。共调查墙体 23 段、烽火台 83 座、关堡 23 座,采集遗物 125 件。

同时,第二调查队于 2008 年 10 月初对红寺堡境内的部分关堡、烽火台进行了调查。此项工作由周赟负责,共调查烽火台 10 座、关堡 2 座。

2008 年 11 月 15 日,该项调查工作通过了国家文物局、国家测绘局长城资源调查领导小组对墙体部分资料的验收(彩图七)。2009 年 4 月 24 日,通过了国家文物局明长城资源调查工作验收组的全面检查验收(彩图八)。

2009 年 11~12 月,根据地方文化部门提供的线索,我们又对新发现的"徐斌水新边"长城墙体进行了补充调查,并对沿线部分烽火台、关堡进行了复查,补充调查墙体 7 段、关堡 3 座、烽火台 6 座(彩图九~——)。

2010 年 6~8 月,在调查早期长城的同时,我们对盐池县、灵武市、利通区、红寺堡开发区境内的环灵道、防秋道两条驿路沿线的关堡、烽火台进行了补充调查,共计调查烽火台 61 座、关堡 5 座。

2010 年 9 月,联系天津大学建筑学院李哲博士等相关专业技术人员,对宁夏明长城沿线 20 余座关堡开展了航空拍摄(彩图一二)。

2010 年 10~11 月,对宁夏明长城及早期长城沿线 45 座关堡用 RTK 测绘仪器进行测绘,采用 CAD 制图技术绘制了准确平面图。参加此次补充调查及测绘工作的人员主要有樊军、王仁芳、王波、朱久祥、雷昊民、王世明、陈国强共 7 人(彩图一三)。

2011 年 11 月,根据国家文物局及相关专家建议,调查队又对固原城、白马城、干盐池堡等与"固原内边"长城关系密切的 3 座关堡进行了补充调查,并将调查信息录入了更新后的数据库。调查资料经过整理、建档,最终登录入"长城资源调查数据采集系统"内的有墙体 29 段、关堡 38 座、烽火

表五　"固原内边"长城资源调查情况统计表

类别 县域	长城遗存			其他							
	墙体 （米）	关堡 （座）	单体 （座）	乡镇	行政村	照片	录像	采集 GPS	文物 标本	绘图	拓片
灵武市	0	3	15	3	15	80	22	22	0	32	0
红寺堡区	15036.2	5	21	4	22	150	42	52	0	55	0
同心县	15750.3	14	52	11	55	370	95	125	42	170	1
盐池县	91760.1	6	66	6	65	430	115	145	79	220	0
利通区	0	0	4	1	2	20	6	4	0	8	0
海原县	17632.4	5	39	6	47	280	68	84	0	95	0
原州区	16735.8	3	3	3	15	60	22	52	0	16	0
环县	5097.1	2	16	2	19	130	35	35	1	45	0
合计	162011.9	38	216	36	240	1520	405	519	122	641	1

台 215 座、敌台 1 座，调查中拍摄照片 1500 余幅，摄制录像 400 余段、采集有效 GPS 点 500 余处，采集文物标本 120 余件，绘制位置图、单体平剖面图、遗物线图 600 余幅，制作拓片 1 幅（表五）。

整个调查工作历时 4 年，涉及甘肃、宁夏两省区包括盐池县、环县、同心县、海原县、红寺堡区、灵武市、利通区、原州区 8 个县级行政区，调查行程数万公里。调查工作中，调查队员跋山涉水，不畏艰险，克服诸多困难，最终顺利完成了全部调查任务（彩图一四～一八）。

第五节　报告编写体例及相关术语介绍

一　报告编写体例

宁夏回族自治区的明长城资源调查工作于 2009 年 4 月下旬通过国家文物局项目组验收之后，根据专家组建议及自治区文化厅、文物局相关专家、领导督导安排，由宁夏回族自治区文物局、宁夏回族自治区文物考古研究所牵头，组织调查骨干及主要撰稿人员多次会议协商，讨论报告编写事项。根据宁夏回族自治区明长城调查情况，及时编纂了报告编写体例，上报项目组。随后根据项目组下发的报告体例范本，先后于 2009 年 12 月及 2010 年 4 月两次组织专家讨论完善，编制了宁夏回族自治区明长城调查报告体例，并制订了报告编写计划。

根据宁夏回族自治区明长城资源分布情况及调查任务分工，整部报告分为四编撰写。以调查地域为单元，不同时期修筑的各道长城为主线，结合沿线关堡、墩台及相关遗迹、遗物分类介绍，以此确定章节安排。编写体例及大致分工如下。

第一编为"河东长城"，主要介绍宁夏镇东路后卫（花马池）长城防御调查情况。包括盐池县、灵武市以及银川市兴庆区境内的明长城"河东墙""沿河边墙""横城大边"及"河东壕堑"四道长城防线的调查内容。主要由陈晓华、王仁芳负责编撰。

第二编为"旧北长城与北长城"，主要介绍宁夏镇城以北，时属宁夏前卫管辖的"旧北长城"与"北长城"两道长城防线的调查内容。主要由周赟负责编撰。

第三编为"西长城"，主要介绍宁夏镇城以西贺兰山麓沿线及中卫黄河两岸西长城防御体系，主要由周赟、樊军负责编撰。

第四编为"固原内边"长城，主要介绍固原城所辖"内边"及"徐斌水新边"等长城相关防御本体以及与之有关的驿路烽燧线等相关设施。主要由王仁芳、樊军负责编撰。

本报告为第四编，基本按固原镇附近增缮墙体、"固原内边""徐斌水新边""环灵道""防秋道"4条线路对所调查长城墙体及附属设施分章介绍，每章根据实际调查情况依墙体、烽火台、关堡顺序分别予以介绍。"固原内边"长城由于线路较长，参照地理单元及分布走向分为东、中、西三段，分三章介绍。

环灵道及固原镇—宁夏后卫（花马池）"防秋道"两条烽燧线与"固原内边"长城分别在甜水堡—萌城堡一带及下马关交汇，二者又交汇在惠安堡—盐池城盐湖一带。根据这一线相关遗存的分布特点，以这些交汇点对调查内容分章节进行了编排，以期条理清楚，更方便编者、读者的采编检阅。

原登记表中的编码系资料录入系统时自动生成，工作编号由调查队自行确定。本报告中所涉及调查对象的工作编号由6位序码组成，前两位大写字母代表调查对象所属县域名称前两个汉字拼音缩写，后一位大写字母代表调查对象类别，最后三位数字代表调查对象序号。经各调查队协商确认，调查对象中"墙体、关堡、敌台、烽火台"分别用"Q、B、D、F"表示。

针对后期资料整理中发现的问题及报告编写统一体例及章节安排的需要，经编写组人员讨论，将海原县原先调查的瓦窑河敌台等15座敌台及宋家坝湾关堡、黄家洼关堡调整为烽火台。对原先调查登记表中的墙体段根据实际情况进行了合并或拆分；对个别单体的名称进行了更改；另外为了与其他调查队相关调查内容编号衔接，涉及同一县域内调查对象的工作编号统一进行了编排调整，第四调查队调查内容、工作编号原则上衔接于其他调查队相关编号之后。为了更精确反映测绘及制图成果，报告中对一些诸如墙体分段长度、关堡周长、面积等数据，根据后期与测绘部门制图合作中实测结果进行了厘定。报告编写中根据调查对象所处区域位置以及报告编写体例的要求对所涉及调查对象进行统一穿插编排。为便于读者查对原始资料，报告中涉及的原登记表中的调查对象编码未做更改。以下对报告中涉及县域的调查对象工作编号情况予以列表说明（表六）。

调查中采（征）集文物标本按地点归类，以传统质地分类次序介绍。为了简洁方便，标本编号仅取相关调查对象编码的后四位。对调查项目中涉及的"自然与人文环境""保护管理状况"两项内容在报告第一章进行了集中归纳介绍；对"调查资料""备注""调查人"等相关情况在第一章"本次调查工作情况"以及报告正文中随文标注介绍。报告最后一章中对调查本体的一些共性内容进行了归纳讨论，并就本线长城调查所见主要病害类型提出了相关保护措施与建议。

另外报告附录中对"固原内边"长城相关大事列表介绍；对调查队员的调查日记部分重要内容进行了汇总摘录。附表部分对墙体、烽火台、关堡及重要GPS特征点进行了列表登记。

本报告是在250余份调查资料的基础上修改、完善而成的，是全体调查人员的辛勤付出的结晶。再次对所有关心、参与这项工作的人员表示最诚挚的感谢。

表六　调查工作编号说明

县域	工作编号	说　　明	备　　注
盐池县	YCQ033	盐池县第33段墙体	第001~032段墙体由一队调查
	YCB007	盐池县第7号关堡	第001~006号关堡由一队调查
	YCF054	盐池县第54号烽火台	第001~053号烽火台由一队调查
同心县	TXQ001	同心县第1段墙体	
	TXB001	同心县第1号关堡	
	TXF001	同心县第1号烽火台	
灵武市	LWB004	灵武市第4号关堡	第001~003号关堡由一队调查
	LWF009	灵武市第9号烽火台	第001~008号烽火台由一队调查
海原县	HYQ001	海原县第1段墙体	
	HYB001	海原县第1号关堡	
	HYF001	海原县第1号烽火台	
	HYD001	海原县第1号敌台	
红寺堡	HSQ001	红寺堡区第1段墙体	
	HSB001	红寺堡区第1号关堡	
	HSF001	红寺堡区第1号烽火台	
利通区	LTF001	利通区第1号烽火台	
原州区	YZQ025	原州区第25段墙体	第001~024段为未修缮的战国秦长城墙体
	YZB001	原州区第1号关堡	
	YZF001	原州区第1号烽火台	
环　县	HXQ001	环县第1段墙体	
	HXB001	环县第1号关堡	
	HXF001	环县第1号烽火台	

二　报告相关术语介绍

　　明长城是由墙体、敌台和烽火台、关堡及相关设施等组成完整的军事防御工程体系。墙体是明长城工程主体，依建筑类别区分主要包括土墙、石墙、砖墙、山险墙及山险等类型，具体应随地形平险、取材难易而异。"固原内边"长城墙体现存部分主要包括饶阳堡至花儿岔的"旧边"以及徐斌水至黄河岸的"新边"，沿线除砖墙外，其余墙体类型均具备。关堡可分为关、堡两类，关指筑有城、围的屯兵地，一般依托于墙体，也称为口。"固原内边"长城沿线有下马关、甜水堡关等。堡一般指筑有城、围的屯兵、居住地，为长城防御系统的重要组成部分，与墙体不发生直接关联。明长城沿线城堡按等级分为镇城、卫城、路城、守御千户所城及一般边堡。敌台属长城墙体设施，构筑于墙体上，骑墙而建，凸出于墙体内外侧，用于观察、防御、驻兵的墩台，分为空心和实心两种。"固原内边"长城沿线调查仅发现一座敌台，夯土实心。烽火台指在长城外侧、沿线用于点燃烟火传递重要信息的高台，是长城防御系统的重要组成部分。另外连接长城墙体与重要城池，沿一些主要交通线设置的烽火台、关堡构成的驿路烽燧线也是明长城防御体系的重要组成部分。

根据《长城资源调查工作手册》中"长城资源调查名称使用规范"中对墙体类别、墙体设施、关堡设施、烽火台设施、相关遗存、标本释名，以及"长城资源保存状况评价标准"中对主要调查对象所做的保存状况程度评价为参照依据，以下将报告中涉及的其他相关术语予以列表介绍（表七）。

表七　长城资源调查名称及相关术语释名

标准定名		具体说明
墙体设施	夯筑土墙	墙体经夯打筑成，以土筑为主
	山险墙	利用险要经人为加工形成的险阻，如铲削墙、劈山墙等
	山险	在地势险要处，与墙体共同构成防御体系的山体、河流、沟壑等自然地物
	烽燧线	原未筑或原有墙体，但情况不明，根据现存烽火台走向、分布情况确定的相关线路
	女墙	墙体顶部的矮墙，一般建于内侧
	敌台	凸出墙体的高台，可分为空心和实心两种
	马面	依附于墙体外侧、与墙体同高的台
关堡设施	堡墙	围筑关堡的墙体，在其上构筑其他防御设施
	护城河	人工挖凿、环绕关堡的防御用河
	城门	在城墙上开设的供平时交通和战时攻战出入的通道
	城楼	墙体上的建筑物，有砖构、木构和砖木混构等类别，主要功能为瞭望敌情和近距离射击敌人
	角楼	修建于城墙拐角处，用于观察、射击的楼台建筑
	马面	凸出于城墙的高台，可分为空心和实心两种
	瓮城	城门外侧加筑的凸出于城墙外的城圈
烽火台（烽燧）	垛口	城墙顶部外侧连续凹凸的矮墙
	基址	建于城墙或敌台上，供守城士兵巡逻放哨时遮风避雨的建筑，也是戍卒休息和储备军用物品的场所
	阶梯	登临烽火台顶部的通道，可以修建在烽火台上，也可以为移动的梯子
	围墙	围绕在台体外围的墙体
	生活设施	库房、居住所、马圈、水井等
	报警设施	积薪、烟灶等
	附墩	烽火台周围设置的数座（一般为10座）石砌而成的附属墩台〔1〕
其他相关遗存	题刻	与长城有关的匾、额、文字砖、刻文等
	壕沟	用于阻敌的人工挖掘的深沟
	挡马墙	构筑在长城墙体外、平行于长城墙体或护城壕的墙体
	生活用具	长城守边官兵和居民的日常生活物品
	武器装备	长城沿线守边所用的军事防御器具
	建筑构建	修筑长城的各种构件，如砖、瓦等

---

〔1〕　本条术语《长城资源调查工作手册》中未涉及。

标准定名		具体说明
长城本体保存状况评价标准	较好	墙基、墙体保存 3/4 以上
	一般	墙基、墙体保存 1/4～3/4
	较差	墙基、墙体保存 1/4 以下
	差	墙基、墙体仅存地面痕迹，濒临消失
	消失	地面遗迹不存
关堡保存状况评价标准	较好	形制基本完整，建筑大部分保存，墙体保存 3/4 以上，其他设施保存 1/2 以上
	一般	形制不完整，建筑少量保存，墙体保存 1/4～3/4，其他设施保存 1/4～1/2
	较差	形制尚可辨认，建筑无存，墙体保存 1/4 以下，其他设施保存 1/4 以下
	差	形制不清，建筑无存，墙体濒临消失
（有附属设施）烽火台保存状况评价标准〔1〕	较好	主体保存 3/4 以上，主体设施保存 1/2 以上，附属设施保存 1/2 以上
	一般	主体保存 1/4～3/4，主体设施保存 1/2 以下，附属设施保存 1/2 以下
	较差	主体保存 1/4 以下，主体设施无存，附属设施无存
	差	仅存遗迹，濒临消失

---

〔1〕　无附属设施烽火台评价标准基本比照此条。

第二章

明代固原镇城及周边防御

第一节　固原镇城（编码 640402353102170001；工作编号 YZB001）

一　地理位置及周边环境

　　固原，位于宁夏回族自治区南部，自古以来即是边陲要冲、丝路重镇、塞上咽喉，为历代兵家必争之地。明代时期，固原由于其特殊的地理位置及周边复杂的军政形势而备受关注。

　　固原其地"东北至榆林城一千两百里，西北至宁夏六百八十里，至甘州城二千二百里，至省八百一十里"[1]。"西南有六盘山，上有六盘关，东北有清水河出焉，下流合镇原县之胡卢河。又北有黑水，北流入于大河。又东、西有二朝那湫，其下流注于高平川"[2]。对固原的山川形势和战略地位自宋以来古人有过很多精辟的论述，诸如"固原山川险阻，旁扼夷落，为中华襟带"[3]。元代的《开成志》述此地"左控五原，右带兰、会，黄流绕北，崆峒阻南，称为形胜"[4]。明代驻节固原的守边大臣，对固原的山川形势和战略地位亦曾做出过很多精辟的论述，诸如"固原长壕大堑，连山峻极，四塞之接而襟带之固也"，"固原者，陕西西北大镇也。……成化初，满四乱，因升为固原卫。后累置文武重臣守备，故又设固原州。而总制大臣居此以镇，凡榆、夏、甘肃诸镇，皆听命焉"[5]。"今天下大镇五，陕西有三。然榆林依紫塞，宁夏负贺兰，甘肃盘合黎而居祁连。总兵各作一边，长城自坚万里。唯此固原虽里，受敌实众，刿八郡咸维，诸道攸通，三边一隙，西寇稀突，漠漠平原，莫可扼遏，三辅为之震惊。故元载议城于至德，曹玮筑军于咸平，忙可刺立路于至元"[6]，"固原居中而执其枢，

---

〔1〕（明）张雨：《边政考》卷三《固原靖兰图》，王友立主编《中华文史丛书》第十四册，（台北）华文书局，1969 年，第 178 页。

〔2〕（清）张廷玉：《明史》卷四二《地理三》，中华书局标点本，1974 年，第 1005 页。

〔3〕（元）脱脱等撰：《宋史·李继隆传》卷二五七《列传十六》，中华书局点校本，1977 年，第 8969 页。

〔4〕（清）顾祖禹著，贺君次、施和金点校：《读史方舆纪要》卷五八《陕西七》，"固原州"，中华书局，2005 年，第 2802 页。

〔5〕（明）康海：《固原镇鼓楼记略》，《万历固原州志》下卷《艺文志》，牛达生、牛春生校勘《嘉靖万历固原州志》，宁夏人民出版社，1985 年，第 224 页。

〔6〕（明）吕柟：《固原州行水记略》，《万历固原州志》下卷《艺文志》，牛达生、牛春生校勘《嘉靖万历固原州志》，宁夏人民出版社，1985 年，第 225 页。

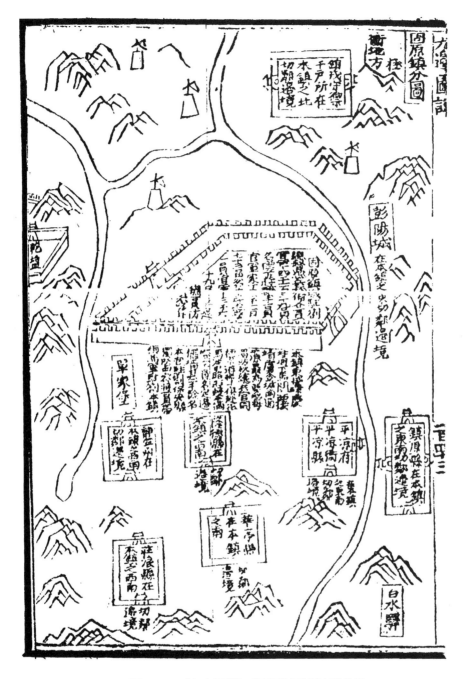

图一〇　《九边图说》载固原镇城周边形势图

左顾则赴援绥、灵，右顾则迎应甘、凉，击长山之蜿以合左右之节，逐中野之鹿以成犄角之形，固原实有焉[1]。明抚臣马文升说："平巩为关陇藩篱，而固原为平巩屏蔽，平巩有警则关陕震惊，而固原一带，尤不可无备[2]。顾祖禹总其形势云："据八郡之肩背，绾三镇之要膂"[3]，可谓评价甚高（图一〇）。

〔1〕（明）唐龙：《兵备道题名记》，《嘉靖固原州志》卷二《记》，牛达生、牛春生校勘《嘉靖万历固原州志》，宁夏人民出版社，1985年，第107~108页。
〔2〕（清）顾祖禹，贺君次、施和金点校：《读史方域纪要》卷五八《陕西七》"固原州"，中华书局，2005年，第2802页。
〔3〕（清）顾祖禹，贺君次、施和金点校：《读史方域纪要》卷五八《陕西七》"固原州"，中华书局，2005年，第2802页。

固原城东跨清水河为程儿山、东岳山所屏，城东清水河谷自古既为交通要道，又为当地主要的农业种植区。西南为开阔的塬地，现称南塬。塬地西南缘为六盘山脉，临城有古雁岭、白马山、九龙山等六盘山支脉，山脉间有滴滴沟、西海子峡等沟谷河流。南塬隋唐时期称为"高平之原"或"百达原"[1]，为当时居民主要的墓葬区，而考古资料表明汉代时期的墓葬一直分布到明清时期的固原内城的西墙外。现存明清时期固原城东依清水河，西南北三面延伸至塬上，西北面加固、维修后的古长城循塬边西南行一直延伸至白马山下，其余三面有高山河谷阻隔，可谓是"四塞之地"。

流经固原城附近的主要河流为清水河，该河历史上名称较多，一名高平川水、乌水、苦水，宋代时又称葫芦河、蔚茹川，发源于固原以南四十里六盘山北麓开城梁黑刺沟，向北流经固原城东，出秦长城，在中宁境内注入黄河，固原城附近诸水系均汇入其内。城东南有源自黄崑山青石峡溪水，城西有源自鸦儿沟的饮马河。固原城北五里有暖泉水，与饮马河同源，或称龙泉水，即今所谓北海子，因向北流经临洮营，又称临洮泉水。固原城西南四十里有海子峡水，出峡经大营川北流汇入清水河。暖泉水、海子峡水在明代时都曾被导引利用，以供当地军民饮用或观赏[2]。

二　历史沿革

固原建置最早始于战国时期，秦国打败活动于此地的乌氏、义渠等戎人部落，先后设置乌氏、朝那等县邑，横亘固原城北的古长城表明，昭襄王时期该地已属秦之北境[3]。

秦始皇统一六国后，固原地属北地郡，至西汉武帝元鼎三年（前114年）析北地郡西部另置安定郡，其郡治高平城即为今固原内城。王莽执政时期，改高平为铺睦。东汉永初五年（111年），由于羌族起义，郡治被迫内迁。魏晋南北朝时期，政权更易频繁，至北魏正光五年（524年），改高平镇为原州，治高平城。此后，原州这一称谓逐渐代替高平至唐末。唐代于原州置都督府，一度督管原、庆、会、银、达、要等七州，堪称长安门户、丝路重镇，其地人才辈出，经贸、交通相当繁盛。唐代大历年间以后，原州为吐蕃所占，但弃之不居，渐成"旧垒"。至北宋至道三年（997年），于其地置镇戎军，其城周围九里七分，壕堑二重，深二丈。金大定二十二年（1183年），升镇戎军为镇戎州。兴定三年（1219年），因地震城倾颓，兴定四年修复[4]。元代至元九年（1272年），封皇子忙哥剌为安西王，于原州南四十里之六盘开城设行都，并置开成府，政治中心南移，原州城再次毁废。固原这一称谓大致亦于此后形成，为"故原州"之省称。

明初，于洪武二年（1369年）置开城县。正统十年（1445年）七月，设置固原巡检司。景泰二年（1451年），修复固原废城，驻兵戍守。景泰三年闰九月，设固原守御千户所，固原一带的防备逐步加强。成化五年（1469年），升固原守御千户所为固原卫。因王越总制延绥、宁夏、甘肃诸边镇击虏、修边成效显著，成化十年（1474年）一月，明廷正式任命其为三边总制，常驻固原，经略四镇。弘治十四年（1501年），改升开城县为固原州。当时秦纮总制三边，增筑外关城，开府固原。同时见

〔1〕　罗丰：《固原南塬隋唐墓地》，文物出版社，1996年，第211页。

〔2〕　《嘉靖固原州志》卷一《山川》，牛达生、牛春生校勘《嘉靖·万历固原州志》，宁夏人民出版社，1985年，第13～14页；《万历固原州志》上卷《地理志》，牛达生、牛春生校勘《嘉靖·万历固原州志》，宁夏人民出版社，1985年，第134～136页。

〔3〕　（汉）司马迁：《史记》卷一一〇《匈奴列传》，中华书局，1959年，第2885页。

〔4〕　《嘉靖固原州志》卷一《城池》，牛达生、牛春生校勘《嘉靖·万历固原州志》，宁夏人民出版社，1985年，第10页。

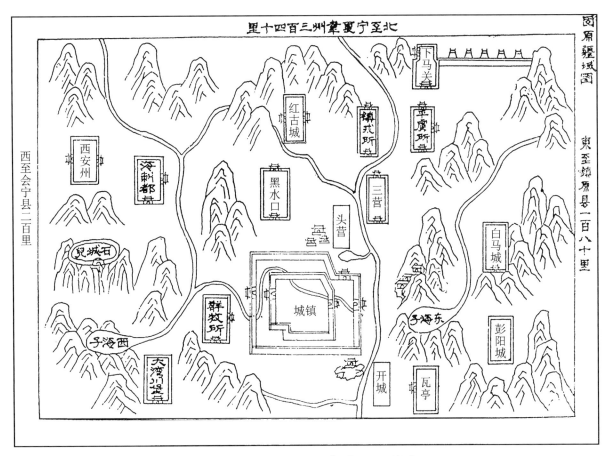

图一一　《万历固原州志》载固原疆域图

固原"人烟荒凉，城池湫隘"，奏改静宁盐引批验所于固原，设立五处盐厂，以招徕商旅，积聚人气[1]。卫所、州治、总制府均设于新修复的固原城内。至嘉靖十五年前后，固原卫实有马步官军二千四百八十七名，其中守墩杂差等项八百七十一名，守城备战士兵仅有一千六百名。至万历四十年前后，固原州有一千一百六十七户，人口五千三百八十八人（图一一）[2]。

景泰二年修筑后的固原城，周围九里三分，高阔各三丈五尺。成化五年（1469 年），兵备杨冕增设永宁驿、草场、鼓楼，并于城东南三里置教场。有东南二门，东曰安边，南曰镇夷。弘治十五年（1502 年），尚书秦纮更开西门，曰威远。并更筑外城为关，设关门四座，南曰镇秦、北曰靖朔、东曰安边、西曰威远，外浚城壕，深阔各二丈。万历三年（1575 年），总督石茂华以砖包外关城，高三丈六尺，周围十三里七分，增设了角楼、炮台、车道、城垛等设施，并于城内创建尊经阁、城南书院等[3]。另外城内见于史志记载的，还有州治、儒学、制府、州仓、永宁驿、巡检司、五盐厂及盐引批验所、固原卫、神机库、兵车厂、鼓楼、兵备道、监收厅、广宁监、长乐监、镇守府、副将府、左右游击衙、经历司、草场、养济院、急递铺、中西察院等相关军政设施。固原城至此形成了具备内外两重城墙的"回"字形格局。

〔1〕（明）秦纮：《秦襄毅公自订年谱》，北京图书馆主编《北京图书馆馆藏珍本年谱丛刊》第 40 册，北京图书馆出版社，2001年，第 107 页。

〔2〕《万历固原州志》上卷《田赋志》，牛达生、牛春生校勘《嘉靖万历固原州志》，宁夏人民出版社，1985 年，第 149 页。

〔3〕（明）马自强：《固原镇新修外城碑记略》，《嘉靖·万历固原州志》，第 234 页；另见张维：《陇右金石录》卷八，《石刻史料新编（第一辑）》，（台北）新文丰出版公司，1982 年，第 16261 页。

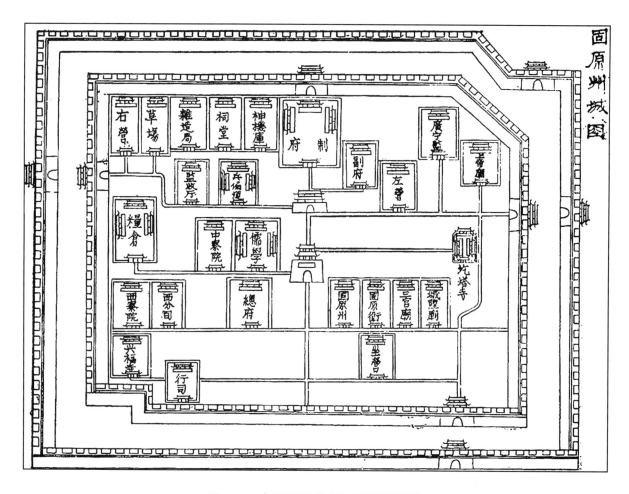

图一二　《万历固原州志》载固原州城图

清康熙四十九年（1710 年），驻固原的镇绥将军潘育龙增修固原城，并加修大小城楼 24 座。嘉庆十六年（1811 年），固原总督那彦成又予以重修，内城修垛口 1046 座、炮台 18 座。外城墙修垛口 1573 座、炮台 31 座，护城河及壕沟深、阔各两丈。清同治中，奏升为直隶州。经清代的加固维修，城池一直完整保存至中华人民共和国成立初期，形制完备、规模宏大、蔚为壮观，史志赞为"陇右名城无出其右者"[1]。由于受自然及人为损毁，目前古城已成残垣断壁，但整体轮廓及形制仍基本可辨（图一二）。

三　城址现状

（一）内外城墙

该城遗址位于原州区固原市老城区内，平面呈"回"字形，由内、外两重城墙构成（彩图一九）。外城西墙方向北偏东 15°，受地形所限平面均为折角长方形，外城东西长约 1570、南北宽约 1610 米，

---

〔1〕　固原县志办公室整理：《民国固原县志》，宁夏人民出版社，1991 年，第 315 页。

占地面积约 256 万平方米。内城西墙方向北偏东 10°，东西长约 1060、南北宽约 1170、周长约 4360 米，面积约为 127 万平方米。

内城墙土筑，无包砖，东、南、西墙各开一门。外城墙西侧包砖，城墙四面各开一门。内外城墙损毁严重，整体保存差。

内城东墙仅在固原师范学院附小操场西南断续残留墙体三小段，长均不足 50 米，两侧铲削、坍塌严重，宽 2~3、高 5~7 米。东南角台上保留有清代修建的文澜阁（彩图二〇）。南墙残存 2 段，东侧一段处于南门以西，位于今小南寺巷内，长 242 米，局部残长 242、局部残高 1~2 米，多作为居民院墙保留（彩图二一）。东端保存较好处，墙体高 9、基宽 7.8、顶宽 5.6 米，夯层厚 0.07~0.09 米。另一段处于西南角台处，长 146 米，因小西湖公园得以保留，尚留一处马面痕迹（彩图二二）。西墙西南角台以北残长 214 米，因小西湖公园疏浚水道，墙体堆筑高大，两侧滑坡严重，呈慢坡状，长满杂草，栽植有松柏、榆、杨等绿化观赏树木。墙顶有碎石小路、路灯、凉亭等游览设施，为市民散步、健身场所。近西南角台处墙顶有民国年间修建的八角密檐式小砖塔（文峰塔）一座，共 9 层，高 7 米。西墙基宽 27、顶宽 11~13、高 15~18.5 米，夯层厚 0.11~0.13 米。西墙 2 段位于西关街以东，临近西北角台，长 301、高 10 米。外侧滑坡严重，墙体单薄，高度基本保持原貌。固原市人民医院西侧的墙基底部叠压有汉代砖室墓葬，从墙基处工程基槽断面观测，内城墙体为就地起夯，未挖基槽。北墙仅存东北端，长 241 米，处于原固原师范学校院内，内侧壁面较直，外侧被现代房屋侵占，铲削普遍（彩图二三）。东北角台尚存，外高 15 米。

外城城墙内外包砖，大部城墙及包砖已损毁无存，四周城垣存长约 1500 米。整体保存状况较差。东墙外临清水河，由河沙土夯筑，夯层内夹杂较多砂石及瓦片等，夯层厚 0.2~0.24 米，南端残存墙体 85 米，损毁严重，仅存痕迹。东墙东门处（靖朔门）两侧残存 60 米，东门豁口处重建两座仿古砖砌门阙。南墙外临长城路（原南城路），现存 3 小段。一段长 65 米，破坏严重。另一段处于南门（保宁门）瓮城西，长 25.6、高 7 米，夯层厚 0.16~0.18 米，外壁较平整，内侧铲削严重（彩图二四）。外城南门瓮城西墙长 23.8、宽 5.7 米，沿山坡而建，尚存数处土墩式城墙痕迹，多作为居民院墙得以保留。另一段两侧墙基砌砖加以保护，长 56.7、宽 8.3、高 9 米，夯层厚 0.32~0.36 米。西墙残长 449 米，处于宁园小区以北，外侧包砖大部尚存，外存马面 2 座，马面包砖大部无存。墙体版距 5~10 米，夯层厚 0.25~0.28 米，高 9.5 米。西北角墙体，因固原市看守所维护利用，墙顶女墙、墙垛口具备，基本保持原貌。北墙现存 3 段。第一段长 556 米，大部因固原市看守所维护利用，基本保持原貌。其间新开辟城门两处，分别为靖朔门、和平门。墙外现存 3 座马面。靖朔门以西墙顶女墙尚存，高 1.6 米。垛口宽 0.8、高 0.6、间距 3.5 米。墙外包砖至 1 号马面以东 50 米后无存，包砖厚 1.1 米，砖长 41.5、宽 17、厚 8 厘米。第 2 段墙体长 131 米，向南弧偏，西高东低，外有 4 号马面。墙外城壕尚存。第 3 段长 26 米，位于交通局家属院北侧，西高东低，外有 5 号马面，墙体从马面处折向东。外城南门瓮城尚存墙体遗迹，其余城门无存（图一三）。

（二）附属设施

现存马面 8 座，角台 4 座，护城河（壕）3 段。

内城南墙西段尚存马面 1 座，被公园游乐设施侵毁严重，顶部呈馒头状，凸出于墙体约 2 米。外城西墙存马面 2 座，1 号马面南北两侧垮塌，西壁较直，基宽 12 米，凸出于墙体 6.8 米，高 8.3 米，夯层厚 0.25~0.28 米（彩图二五）。2 号马面有包砖，保存较好，西北角壁面有裂缝，基宽 17.4 米，

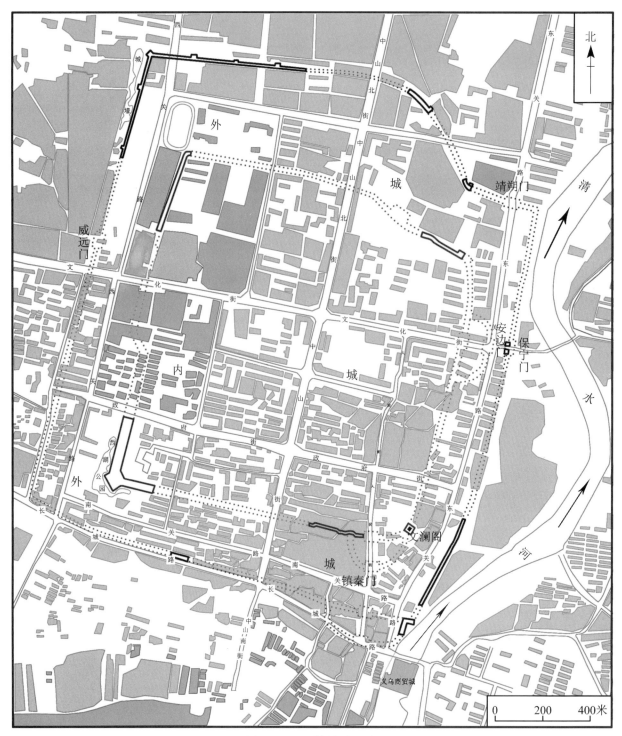

图一三　固原镇城平面图

南壁凸出于墙体 8.4、北壁凸出于墙体 8.6 米，高 9 米。外城北墙存马面 5 座。1 号马面有包砖，保存较好，基宽 17.3 米，东壁凸出于墙体 9、西壁凸出于墙体 8.8 米，高 9 米。2 号马面无包砖，保存形制较小，北壁有废弃窑洞，东西两壁坍塌严重，基宽 12.8 米，东壁凸出于墙体 3.6 米，高 9 米。3 号马面无包砖，保存形制较小，周围民房侵占严重，北壁坍塌，基宽 14 米，西壁凸出于墙体 7.3 米，高 9 米。4 号马面无包砖，悬空，未能测量。5 号马面无包砖，俗称"炮台"，北侧半壁坍塌，基宽 13.6

米，凸出于墙体 2.2 米，高 7.5 米。

内城东南角台上有清代修建的文澜阁，俗称"魁星楼"，底部经维修包砖，底宽 25、高 13.3 米；西南角台呈半圆形，底宽 19、凸出于墙体 23、高 18.5 米，夯层厚 0.11～0.13 米。西北角台无存。东北角台外高 15 米，内侧损毁严重。外城仅存西北角台，呈 45°斜出，平面呈矩形。包砖尚存，西壁有裂缝，顶部女墙尚存。底宽 21.5、南壁凸出于墙体 14.3、北壁凸出于墙体 13.1、高 9.5 米。其余角台无存。

内城护城河存一段，长约 350 米，位于西南角外侧，为小西湖公园疏浚利用，河宽约 30 米。外城东墙外未挖城壕，直接利用清水河作为护城河。其余墙外城壕尚存 2 段。西墙北段外侧存城壕 1 段，距西墙 19 米，长约 240、宽 8.2、深 3.4 米。北墙外存外侧弧偏墙体外 1 段，为深沟状，其内居民建房，住房密集，沟宽 15～25、深 8～10 米。

（三）历史建筑

固原镇城位于固原市中心，城内街巷纵横，人口密集。现存城隍庙、财神楼、魁星楼等建筑遗存。

城隍庙位于政府东街、华祺饭店东侧，始建于明景泰二年[1]（1451 年），清同治年间重修[2]。现存前中殿均面阔 5 间，前殿面宽 15、进深 13.3 米，中殿长 16、宽 8.55 米。

财神楼位于南门外过店街南端，始建于明代，清光绪四年（1878 年）重修。基座为城门洞式青砖结构，长 22.3、宽 10.6、高 4.1 米。中部门洞宽 3.3、高 3.1 米，门洞南面匾额砖刻"五原重关"，北面匾额砖刻"天衢"及光绪四年落款。顶部阁楼主建筑为方形歇山顶式土木结构，东西 6.75、南北 6.4 米，东侧为 4 间卷棚顶式土木结构建筑，长 8.35、宽 4.9 米。建筑间有台阶、照壁等附属设施，布局较为完整。

魁星楼位于原州区第二小学古城内城墙东南角台上，始建于明弘治四年（1502 年），清光绪年间重修，1926 年书法大师于右任登阁游览，题词"瑞应须弥山，翠接文澜阁"，因之又称文澜阁。现存为六边形 3 层檐亭式砖木结构建筑，飞檐翘角、卷棚复叠，为固原地区保存较完整的明清古建筑之一。

固原古城于 2005 年 9 月 15 日被宁夏回族自治区政府公布为第三批自治区文物保护单位，2013 年被国务院公布为第七批全国重点文物保护单位，同时作为"丝绸之路中国（宁夏段）"申报世界文化遗产的重要项目，其保护工作不断得到重视和加强。现存西北墙外设有围栏、界碑、保护碑等保护标志，规定墙体及两侧 5 米为核心区，20 米为缓冲区，一些影响文化遗产的不协调民居建筑被拆除，古城周边环境得到整治，并且维护修复了一些城门、楼阁等设施，基本保持历史原貌（彩图一九～二五）。

（四）相关遗物

固原城历史悠久，规模宏大，城内出土历代遗物较多，现拣选近年出土与固原城筑城历史及沿革相关的两件明代砖石碑刻类遗物介绍如下。

景泰二年刻铭砖，1 件，1979 年 6 月出土于已倾圮的固原古城南门西侧城墙下，现藏宁夏固原博物馆。方形，灰陶质，右上角稍有损坏。边长 38、厚 6.5 厘米，重约 11 千克。背面较粗糙，有一右手

〔1〕（明）田赐：《创建城隍庙碑记》，《嘉靖固原州志》卷二《记》，牛达生、牛春生校勘《嘉靖万历固原州志》，宁夏人民出版社，1985 年，第 91 页。
〔2〕（清）王学伊总纂：《宣统固原州志》卷二，陕西人民出版社，1992 年，第 32 页。

印痕，正面行文楷书，阴刻 17 行，行满 27 字，共 324 字。

　　　　维□□□□□□□初□日，忽有达贼入境，将各处人口杀死，掳去官私头畜，家财尽行抢掠，不下万计，军民惊散，苦不胜言。有陕西苑马寺长乐监监正王，为因本处民无保障，申奏朝廷，敕镇守陕西兴安使徐、左都御史陈、差委右布政使胡、按察司金事韩、都指挥金事荣、平凉府太守张、苑马寺丞党、平凉卫指挥马、甘，会同监正王，督集各所属官员、人匠、军民夫五千余人，于景泰二年七月二十三日兴工重行修补。掘出方砖一块，上刻大金兴定三年六月十八日巳时地动，将镇戎城屋宇摧塌，兴定四年四月二十一日，差军民夫二万余人兴工修筑，五月十五日工毕。即见古迹，可刻流传。景泰二年八月终工完。虽劳众之艰辛，永为兆民之保障。

　　　　上愿：皇图巩固，德化万方。虏寇潜藏于沙漠，臣民康乐于华夷。国泰民安，时和岁稔。思王公惠民之心，德无酬报，刻斯为记，千古留名。

　　　　景泰二年岁次辛未九月初一日

　　　　陕西苑马寺带管黑水口总甲刘彬、张纯刻[1]

　　金兴定三年地震刻石，1 件。1994 年 3 月固原东岳山鲁班庙遗址出土，现藏宁夏固原博物馆。红砂岩质，长方形，边长 32.5、宽 25.5、厚 8 厘米。碑正面边缘双线内阴刻卷草纹，从右至左竖阴刻楷书 12 行，共 174 字。碑文如下。

　　　　维大金兴定三年巳卯六月十八日巳时，地动自西北而来，将镇戎城壁屋宇尽皆摧塌，黎民失散。至兴定四年四月廿一日兴工，差军民夫二万余人再行修筑，至五月十五日工毕。复旧有总领都提控军马使、镇戎州太守监修。德政无私，军民皆伏，使西戎不敢侵犯，安居民复归本业，虽劳一州之众力，已成千古之基业。以表皇上之圣德。庚辰岁五月十五日勒石壁左。至大明嘉靖十年十一月朔日，信士蒲璋恐岁久磨灭，以石易砖，重拜，勒于壁右（彩图二六）[2]。

第二节　固原镇城郊增缮长城

　　固原城北郊东西向横亘有一道古长城，即经彭阳、原州区、西吉县的战国秦长城[3]。北宋时期为防御西夏进攻，"咸平初，诏曹玮修筑建（镇戎）军，自陇山而东，缘古长城开浚壕堑"[4]，这道壕堑时称"长城壕"[5]，在今原州区红庄乡西侧山梁上，当地仍称长城外侧的壕沟为"长城壕"。考古勘探及调查证明，当时在今固原附近依托战国秦长城还修建了一段长城墙体，东端接黄垛山下，跨清水河沿小川子而行，西南在南塬地段沿战国秦长城内侧并行，延伸至滴滴沟口与战国秦长城相接[6]。明代时期，由于三边总制常驻固原，除了对固原城不断修葺完善外，对其周边的防御亦做了精心的布置。明代时期对战国秦长城的利用维修主要有以下几个方面：（一）堆高、堆筑长城墙体及敌台；（二）墙体外侧疏浚、挖设壕堑；（三）依托战国秦长城，利用有利地形铲削增置山险墙。调查发现明代修缮利用及新增铲削墙长 16735.8 米。

　　[1]　许成、韩兆民：《宁夏固原出土明代砖刻》，《考古与文物》1982 年第 4 期。
　　[2]　固原博物馆编：《固原历代碑刻选编》，宁夏人民出版社，2009 年，第 60 页。
　　[3]　韩兆民、许成：《宁夏境内战国秦汉长城遗迹》，《中国长城调查报告集》，文物出版社，1981 年，第 45～51 页。
　　[4]　（宋）曾公亮、丁度：《武经总要》前集卷一八上《陕西路》，"泾原仪渭镇戎德顺军路"，解放军出版社，1987 年，第 218 页。
　　[5]　（元）脱脱等：《宋史》卷二八九《葛霸附葛怀敏传》，中华书局点校本，1977 年，第 9701～9702 页。
　　[6]　王仁芳：《宁夏南部地区宋夏时期长期防御设施调查与认识》，《宁夏史志》2012 年第 5 期。

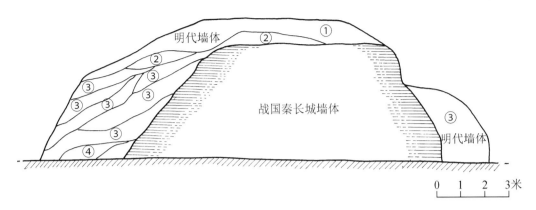

图一四　战国秦长城郑磨村 G001 处明代修缮情况剖面图

1. 战国秦长城清水河河川段明代修缮墙体（编码 640402382101020025～640402382101020026；工作编号 YZQ025～YZQ026）

G001～G003，长 1262.5 米。此段墙体处于清水河谷地，起点位于清水河西岸郑磨村墙体断面处，止点位于王堡村固胡公路西侧山梁断面。明代修缮形式包括堆筑加高墙体及敌台、疏浚壕堑。按保存状况分 2 段，第一段修缮痕迹明显。墙体南距临洮营 1.55 千米，东南距固原州城 5 千米[1]。

第一段，G001～G002，长 471.5 米。保存状况一般。该段长城沿郑磨村南清水河西岸川谷地带向西南延伸，地势平缓。现存墙体较为高大，外侧分布有敌台 3 座。墙体内侧较陡直，局部夯层暴露明显。墙体外侧呈斜坡状，土质松散，表面杂草丛生，墙外残留有未填平的壕沟遗迹，距离墙体稍远。据历史记载及当地老乡介绍，在现存断面以东的清水河道，曾设置水关，用以阻隔内外，连通两岸墙体，现已无痕迹（彩图二六）。

G001 东端处断面经发掘显示，该段墙体存在叠压关系，其内部夯土墙体应属战国早期战国秦长城，夯土上部为灰黄色、下部为灰褐色，土质紧密坚硬，夯打结实，无明显夯窝。基宽 10.5 米，顶宽 6.2 米，高 3.7 米，夯层厚 0.09～0.12 米。而外侧及顶部堆筑部分（①～④层）土质疏松，没有夯层，南侧堆土内发现明代残碎青花瓷片，墙体外侧现存壕沟，也是修缮取土而形成。修缮墙体内侧（南侧）加宽 2.7～3.2 米，外侧（北侧）加宽 1.5 米，顶部加高 0.7 米，修缮后的墙体现存部分基宽 14.8、顶宽 5.4、内高 4.4、外高 7.5 米，墙体外距壕沟 10 米，沟宽 3～8 米，深 3～5 米（图一四；彩图二七）。

第二段，G002～G003，长 791 米。保存差。呈东北—西南走向，由于临近村落，取土、平田、填壕等破坏，墙体大部分消失，明代修缮痕迹不明显（图一五）。

2. 战国秦长城长城梁段明代修缮墙体（编码 640402382101020027～640402382101020031；工作编号 YZQ027～YZQ031）

G003～G005，长 8916.6 米。保存较好。此段墙体起点位于清河镇王堡村固胡公路西侧墙体断面处，止点位于清河镇徐家坡村南塬畔。长城沿长城梁由东南向西北延伸，明代修缮形式包括堆筑加高墙体及敌台、疏浚壕堑，维修后的墙体中部距固原镇城 4.4 千米。依地形及走向变化分 2 段（图一六）。

第一段，G003～G004，长 7388 米。保存较好。位于长城梁上，止点为银平路口。长城大致沿长城梁

[1]　长城距固原城距离，《水经注》卷二，"高平川水"条记作"……东北流径高平县故城东……川水又北出秦长城。城在（高平）县北一十五里"；《元和郡县图志》卷三作"在（高平）县北十里"；《嘉靖固原州志》卷一作"在（固原）州北二十五里"，《万历固原州志》上卷作"在州西北十里"，今据实地考察测量，以后者为是。

顶延伸，东西两端由于地势原因逐渐呈下坡状，梁顶较平，视野开阔。由于地处山梁，明代时期充分利用有利地形，重点疏浚墙体外侧壕堑及加固敌台，整体保存较好。墙体两侧堆筑坡面内缓外陡，顶部微拱，剖面呈梯形；外侧分布有33座敌台，底部堆筑呈正方形，上部为半圆形，顶部略高出墙体。壕沟紧靠墙体外侧，沟底平坦，外壁铲削较直，内壁铲削与墙体连为一体，形成陡直的坡面，维修痕迹较为明显。梁顶什里村三组段保存较好处墙体基宽14~17、顶宽1~2、内高2.5~4、外侧斜高18~22米。壕沟底宽7~12、深2.5~4.2米。修缮后敌台基座平面略呈正方形，边长25~35、外侧凸出于墙体5~10、高10~15米，其上半圆形敌台半径约7~10、高5~10、顶部凸出于墙体1~2米。豁口处断面显示战国秦长城墙体基宽5~8、顶宽1~3、高4~6米，夯层厚0.07~0.13米（图一八；彩图二八~三〇）。

第二段，G004~G005，长1528.6米。保存一般。止点在墙体折拐处长城村9号敌台（YD051）处，基本处于平地上。墙体相对低矮，两侧壕堑部分因取土被破坏；西段保存较好处墙体基宽13~15、顶宽1~2、内高2.5~3、外侧斜高8~12米。壕沟底宽7~9、深1.5~3米。

3. 固原南塬段明代增置山险墙（编码6404023821010200031~6404023821010200035；工作编号YZQ032~YZQ035）

G005~G007，长6556.7米。明代修缮主要为增置山险墙，从徐家坡村后的南塬塬畔开始，弃用战国秦长城及壕堑。外侧直接沿塬畔铲削增置山险墙一道，一直延伸至西南白马山西海子峡口。西端海子峡口河床明代时人为改道，沿山险墙坡下流淌，被引入固原城内，改道后的河流兼具护城河作用。现因峡口修建水库，入城水源改道，谷底河床已干涸（图一七）。

第一段，G005~G006，长4164.9米。保存一般。从徐家坡村战国秦长城折拐处断崖起，止点位于战国秦长城拐向海子峡口河川与山险墙交汇处，早期长城被破坏。苦井村固将公路以东因南塬地势隆起，塬畔陡直，塬下居住人口稠密，山险墙因取土、挖窑洞、自然滑坡、塌方等因素破坏影响，铲削迹象保存较少。固将公路以西南塬塬面开阔平缓，塬畔与谷底落差较小，铲削痕迹明显，局部保留有近千米长的铲削斜坡面，坡度30°~40°，斜高10~25米。坡面覆盖杂草，无明显的水冲壕及人为破坏痕迹，与长城梁上修缮后的长城墙体外侧坡面相似。西段近吴庄村一带，铲削山险墙被开辟为数级梯田，种植糜、谷等农作物（彩图三一）。

第二段，G006~G007，长2391.8米。保存较差。至吴庄村近山海子峡口河水分水口，保存状况与吴庄村相似，由于临近山体，地势渐高，受海子峡流水及山洪冲蚀影响，走向不甚规整，坡面冲沟、残损现象普遍。与沟底高差5~25米（彩图三二）。

第三节　固原镇城附近营堡及附属烽火台

据史志记载，明代时期固原镇城附近设置的营堡主要有临洮营、平凉营、甘州群牧千户所以及东路防御要地白马城等。平凉营位于镇城西北7.5千米，无存，其余营堡及附属烽燧均调查登记。

1. 临洮营（编码6404023531021700005；工作编号YZB002）

该城址位于原州区北十里铺村、清水河西岸河谷地带。南距镇城十里[1]，北距战国秦长城1.55

---

〔1〕（明）张雨：《边政考》卷三，王友立主编《中华文史丛书》第十四册，（台北）华文书局，1969年，第32页。

千米。

城址始筑于汉代以前，城内分布有绳纹板瓦等与战国秦长城沿线相似的遗物，有学者主张其为汉代萧关[1]。宋代增筑南门外半圆形瓮城及城外护城壕，明代维修沿用，改称现名，因南距固原城十里，城内曾设驿铺，又称北十里铺。清代以后渐废弃，中华人民共和国成立后城内一度改建为固原农校，已迁建。

城址平面大体呈正方形，由墙垣、护城壕组成，保存较好。方向北偏西20°。墙垣基本完整。边长 250 米，周长 1000 米，占地面积约 6.2 万平方米。

东墙基本连续，两侧滑坡严重。北部墙体内侧掏挖有 3 孔窑洞，废弃，窑洞处墙体较宽大。东墙保存较好处基宽9、顶宽2.2、高7.4米。外侧有壕基沟，现为农田。南墙东段内侧有大量杨树，杂草茂盛，墙体下坍塌堆土较高；外侧为民居，墙体被铲削，较薄。南门坍塌为豁口，南墙西段内侧因灌溉水渠侵蚀，局部坍塌，基宽10、顶宽1.2、高6.5米。西墙

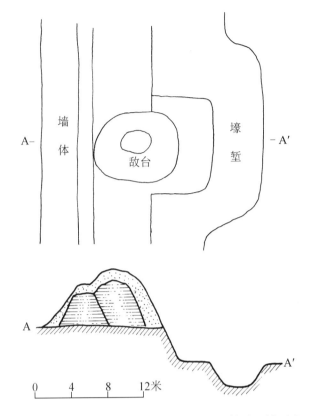

图一八　战国秦长城长城梁段明代修缮墙体平、剖面图

基本连续，靠近南端处因居民建房开挖有 5 米宽的豁口，用砖墙封堵，外侧为居民院落。西墙基宽约6.4、顶宽3、高10米。北墙西北角为豁口，由东向西有 4 座马面，墙体局部坍塌，内侧倒塌堆积大量夯土，夯层清晰可见。保存较好处基宽9、顶宽2.2、高7.5米，夯层厚0.11～0.13米，表面圆形夯窝直径约0.095米。

瓮城呈半圆形。仅存东墙，东南段墙体因村民掏挖单薄，被用为院墙，外侧掏挖有窑洞，中部为早期修筑，两侧为后期修补所筑，夯层内夹杂大量绳纹瓦片；西段墙体因建房被毁。瓮城南门豁口宽13.8 米，保存墙体长 44 米，基宽2.3、顶宽1.2 米。

护城壕东墙外保存较好，北侧护城壕存东段，其余淤平或被村民宅院侵占。东侧护城壕距墙体 18米，壕宽23、深1～1.5 米。

北墙外侧有马面 4 座，间距约 40 米，分别凸出于墙体2.5、4、2.5、5.2 米，高7.5 米。

城内地势较低洼，现为耕地，无居民。除东墙外，其余墙体外侧有民居。分布有较多战国、秦汉及明代时期的陶片等遗物（图一九；彩图三三～三七）。

该城附属设施有烽火台一座。

十里墩烽火台（编码 640402352101130093；工作编号 YZF001）

该烽火台位于清河镇十里铺村二队西山梁上。南距固原城 5 千米，东距临洮营 1.23 千米，又称阎家墩。

烽火台由台体、台基、环壕构成。台体平面近正方形，保存较好。夯筑于正方形土台上，四壁较

---

〔1〕　罗丰：《汉代萧关地理位置的初步研究》，《西北史地》1987 年第 1 期。

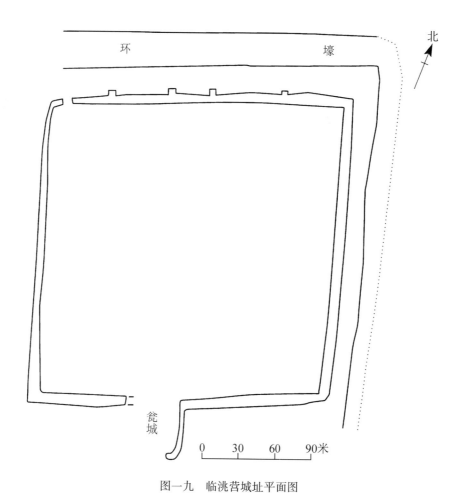

图一九　临洮营城址平面图

直，长满杂草，顶部较平整。东壁有一道南北向斜坡小道通顶部，东北角有掏挖破坏痕迹，壁面密布风蚀孔洞；南壁中部有一道贯穿上下的水蚀凹槽；西壁中下部分布多处风蚀凹槽，底部掏挖有一孔地穴式小窑洞，与底部平台相贯通；北壁下堆土较高，长满杂草。台体西、南壁外侧有两道环壕，其间堆筑有墙体，环壕间墙体东南角有一豁口，可能为门道；东、北壁外侧为 4 道环壕，北壁最外侧壕沟被雨水冲刷，为一贯通山梁的沟谷，内侧两道壕沟内种植糜子，外侧两道壕沟内种植柠条，环壕外侧东南角有一处盗坑。

台体方向北偏西 25°。底部东西 11、南北 12 米，顶部边长 6 米，高 8 米。台基平面呈正方形，边长约 32、高 1.4 米，南壁下堆土高 3 米。台基距第一道壕间距 9 米，第二道壕沟宽 8 米，顶部呈脊状，基宽 2.5、顶宽 1、高约 1.2 米；东面前三道壕沟宽 9.8、深 2.7 米，第二、三道壕沟间墙体基宽 4、顶宽 1.4、高 2 米；第四道壕沟宽 9、深 5 米，第三、四道壕沟间墙体基宽 5、顶宽 1.4、高 2 米（图二〇；彩图三八、三九）。

2. 甘州群牧千户所（编码 640402353102170015；工作编号 YZB003）

城址位于原州区中河乡政府北 0.5 千米处，东临大营河。东南至镇城 20 里[1]、距战国秦长城 1.58 千米。

---

〔1〕（明）张雨：《边政考》卷三，王友立主编《中华文史丛书》第十四册，（台北）华文书局，1969 年，第 11 页。

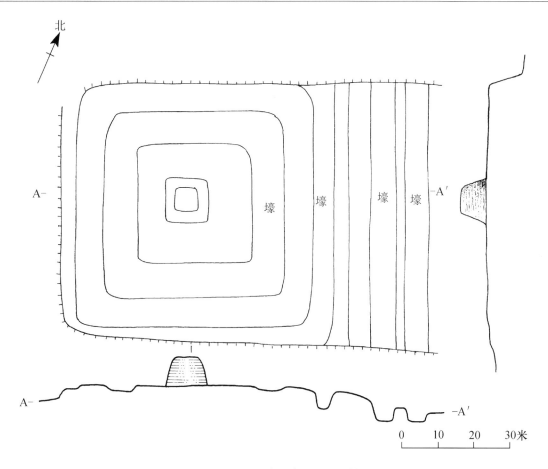

图二〇　十里墩烽火台平、立、剖面图

该城始建于宋代，明代修复沿用，永乐间置甘州群牧千户所[1]，为肃王府牧马地。城高二丈五尺，周三里七分，东南北三门。成化二年（1466 年）八月，鞑靼部众攻掠固原，都指挥林盛领兵屯于甘州群牧所城外，与鞑靼在西山长城一带开战[2]。嘉靖五年（1526 年），陕西巡抚王荩奏设操守官一员，统领本所马步官军九百余名听调御敌[3]。至嘉靖二十年（1541 年）前后，实际留所官军二百一十二名、马匹四百五十九匹[4]。清代以后弃用，当地俗称"大营城"。2005 年被公布为宁夏回族自治区文物保护单位，2013 年被公布为全国重点文物保护单位。

该城址东南临大营河，平面呈折角长方形。保存较好。方向北偏西 10°。四面开门，东、南、北门外有瓮城。城四角有角台，东北、西北角台凸出于墙体。东墙北段有 2 座马面，南段有 1 座马面；西墙有 5 座马面，北门东侧有 1 座马面。西、北墙及东墙北段外侧有双重环壕，北门环壕外侧有 1 座烽火台。墙垣周长 1540 米，面积 14.4 万平方米。

东墙北段较直，南段因临近大营河道向西偏折，折拐处为东门。墙体上直下斜，外侧墙基下有较高的陡坡；北段长 320 米，南段折收部分长 250 米，基宽 9、顶宽 1.5～4.5、内高 7.5、外高 11.5 米。南墙顶部较宽，外侧有轻微滑坡，内侧为斜坡状，长满杂草。西南角台呈窄条状斜凸出于墙体。西墙

［1］（清）张廷玉：《明史》卷四二《地理三》，中华书局标点本，1974 年，第 1005 页。
［2］（明）《明宪宗纯皇帝实录》卷三七"成化二年十二月乙丑"条，（台北）"中央历史研究院"历史语言研究所校印，1961 年，第 747 页。
［3］《嘉靖固原州志》卷一《文物衙门》，牛达生、牛春生校勘《嘉靖万历固原州志》，宁夏人民出版社，1985 年，第 23 页。
［4］（明）张雨：《边政考》卷三，王友立主编《中华文史丛书》第十四册，（台北）华文书局，1969 年，第 198 页。

长 500 米，保存基本完整，中部有门。西墙基宽 7.5、顶宽 0.3～1 米，夯层厚 0.14 米。北墙长 320 米，内壁较直，土质较好，保存基本完整。城内为耕地，种植有马铃薯、玉米、小麦等农作物，地表遗物多见明代瓷片、砖瓦残片等。

马面 9 座。东墙南段马面宽 3.8、凸出于墙体 7 米；北段由南向北第一座马面宽 6、凸出于墙体 7 米，第二座马面宽 6、凸出于墙体 6 米。西墙由南向北第一、二座马面保存一般，两侧堆土较高，第三座马面保存较好，形体高大，第四座马面南 61 米处有 21 米宽的坍塌豁口。由南向北第一座马面宽 7、凸出于墙体 7 米，第二座马面宽 6、凸出于墙体 7 米，第三座马面宽 7.5、凸出于墙体 11 米，第四座马面宽 7、凸出于墙体 6.5 米，第五座马面宽 5.8、凸出于墙体 8 米。

角台 4 座。东南角台宽 5、凸出于墙体 3、高 11 米；东北角台宽 11、凸出于墙体 7、高 10 米；西北角台宽 8、凸出于墙体 9、高 7 米；西南角台宽 4、凸出于墙体 7.2、4.5 米。东北、西北角台上有明代增筑的圆形墩台。西北角墙体顶部有明代加筑的角墩，长 5、宽 3、高 2.5 米。

城门 4 座。东门豁口宽 11.4 米，瓮城损毁严重。南门豁口宽 6.6 米，瓮城呈半圆形。南门及瓮城门道两侧夯土内夹杂大量砂石粒，应系河砂土夯筑而成，瓮城东西长 49 米，东墙南北斜长 10 米，门道豁口宽 6 米。西门应为明代增辟，门道处乱砖较多，北壁断面有明显的增补痕迹，早期为砂石土混筑，后期为砂石土与黄土分层夯筑，西门豁口宽 6 米。北门豁口宽 8.2 米；北门瓮城东墙斜长 18 米，内高 9、外高 7 米，夯层厚 0.08～0.11 米。

东墙外环壕距墙体 16 米，底宽 3.5、口宽 11、深 3.3 米；西墙外第一道壕沟距西墙 18 米，底宽 6、口宽 14、深 4.5 米，外延 15 米为第二道壕沟，底宽 7、口宽 12、深 3 米（图二一；彩图四〇～四五）。

城址周围分布有烽火台 2 座。

大营城北烽火台（编码 640402352101130095；工作编号 YZF002）

该烽火台位于城北门二道环壕外侧平滩地上。南距甘州群牧千户所北墙 0.0254 千米，西至东塬村烽火台 0.5924 千米。

台体高大，四壁较直，呈覆斗形。保存一般。台体底部有轻微铲削痕迹，东南角下部剥落、坍塌内凹，西南角下部有窑洞，风蚀、坍塌较严重。东壁较直，上部有黑苔斑，下底部密布风蚀孔洞、凹槽，下底中部有一孔窑洞；南壁上部垮塌，下部剥落、坍塌较严重，夯层清晰可见，由黄土及砂石层叠加夯筑，中部因雨蚀形成较宽水冲壕，为登台便道；西壁中、下部分布风蚀孔洞及风蚀槽；北壁底、中部及顶部长满杂草。

台体方向北偏西 3°。底部边长 11.5、顶部边长 6、高 7 米，黄土夯层厚 0.2 米，砂石夯层厚 0.05～0.1 米。东壁下底中部窑洞宽 1.9、进深 2.1、高 1.8 米，西南角下部窑洞宽 1.6、进深 2.1、高 1.7 米（图二二；彩图四六）。

东塬村烽火台（编码 640402352101130096；工作编号 YZF003）

该烽火台位于原州区中河乡东塬村东 0.34 千米塬畔平地上，东距大营城北烽火台 0.5924 千米。

台体呈覆斗形，保存一般。台体东壁表层轻微剥落，长有黑苔斑，下底部长满杂草；南壁表层轻微剥落，夯层清晰可见，下底中部有一小窑洞，分布有数处风蚀凹槽和孔洞，底部因耕种被人为铲削；西壁较直，上部分布有风蚀凹槽；北壁坍塌严重，坡度较缓，人为蹬踏形成有登台便道。底部被人为铲削；顶部较平，长有杂草。

台体正南北向，底部东西 12、南北 11 米，顶部东西 5.5、南北 4.5 米，高 8.5 米，夯层厚 0.15～0.2 米，南壁窑洞宽 1、进深 1.5、高 1 米（彩图四七）。

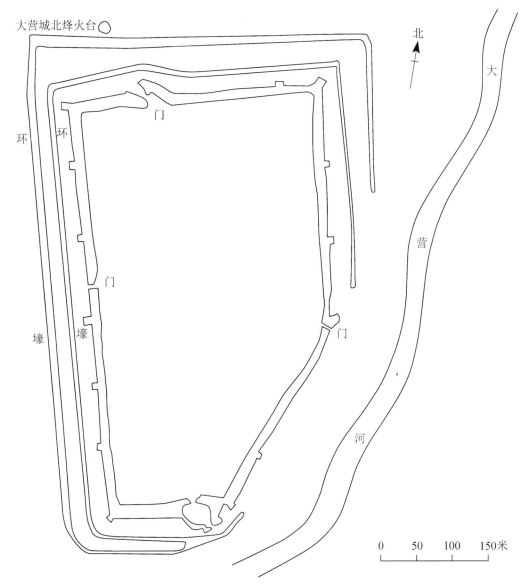

图二一　甘州群牧千户所城址平面图

3. 白马城堡（编码 621022353101170002；工作编号 HXB001）

该城在固原州东一百二十里[1]，位于环县毛井乡庙儿掌村复凤山北麓，处于东侧鞑坟滩沟与西侧白马城沟围成的三角形坡地上，地势南高北低，高差约 80 米。城北白马沟东侧台地有古道遗迹，当地称其通往七营（镇戎千户所）。城东南鞑坟滩山前台地上发现有明代王道济家族墓地[2]，现地表可辨封土痕迹的有 3 座。

该城始筑于宋，明初称撒都儿城，周二里三分，高二丈八尺，阔二丈七尺。原为苑马寺牧地，嘉靖四年（1525 年），杨一清主持筑修东北二关，募军戍守。周五里三分，东南北三门，上各有楼。壕深二

---

〔1〕《嘉靖固原州志》卷一《文物衙门》，牛达生、牛春生校勘《嘉靖万历固原州志》，宁夏人民出版社，1985 年，第 24 页。另据《万历固原州志》作"在州东九十里"，见《嘉靖万历固原州志》，第 139 页。

〔2〕《明奉直大夫王公（道济）既配宜人张氏合葬墓志铭》，固原博物馆主编《固原历代碑刻选编》，宁夏人民出版社，2010 年，第 168～169 页。

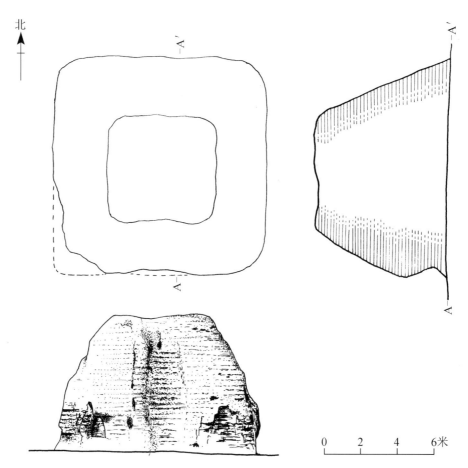

图二二　大营城北烽火台平、立、剖面图

丈，阔一丈五尺。岿然山巅崖堞，称为天险。至嘉靖二十年前后，实际官军守墩四十六名、留堡五百八十一名、马四百一十四匹[1]。至万历时辖民堡五座、墩台一十九座[2]。现废弃，城内为耕地。

　　城址由山顶小城及山坡倚其而建的内外城及绕其分布的6座烽火台构成。东墙方向北偏西37°。城垣周长4400米，占地面积17.5万平方米。山顶小城及外城墙体黄土夯筑，除自然坍塌损毁及耕种破坏外，保存相对较好。内城墙体大部分沿山坡铲削而成，城内东部为梯田，内城北墙台地上修建有道观庙宇，香火旺盛。

　　山顶小城当地百姓俗称"紫禁城"，平面呈圆角长方形。墙垣黄土夯筑而成，南、北墙外有城壕。东墙外高内低，墙体因铲削较薄，东墙与外城相接，北段长70、内高1~2米；南段长95、内高0.3~1.2米。南墙长40米，墙体高大，保存较好，中部向外凸出马面1座，马面基宽12、凸出于墙体10、高20、顶部高出两侧墙体2米。西墙为铲削断崖，高20米，地表无墙体痕迹，内侧地上砖瓦等建筑遗物堆积较多。北墙长38米，中部辟门，门道宽8米。城内现为耕地，地埂及墙顶散布大量砖瓦残块，另有青釉器盖、圆点纹陶片等宋代遗物。南、北墙外城壕痕迹明显。南墙外为双壕，双壕间有堆筑墙体，内壕宽15、深4米，土墙高出地表1~2米；外壕为乡村道路，壕宽6、深8米。

〔1〕（明）张雨：《边政考》卷三，王友立主编《中华文史丛书》第十四册，（台北）华文书局，1969年，第200页。

〔2〕《万历固原州志》上卷《建置志》"城堡"，牛达生、牛春生校勘《嘉靖万历固原州志》，宁夏人民出版社，1985年，第139页。

外城倚山顶小城而建，平面近梯形，东、西墙及南墙沿沟畔修筑，大部分因沟谷坍塌损毁，东墙南段及南、北墙保存较好，残存部分多废为田埂。开东、北城门。

外城东墙由北向南共分7段。第1段被冲沟损毁无存，向内弧长约80米。第2段保存较好，内侧墙基因耕地向下铲削，长145、基宽5、顶宽1.5、高7.5米；北部外侧有1号马面，平面呈正方形，基宽8、凸出于墙体6、高8.5米。第3段呈圆角折向东，保存较好，长48、高4~7.5米。第4段沿沟边延伸，墙体较低矮，保存较差，长55、高1.2~2.8米。第5段基本消失，长约190米。第6段保存较差，豁口较多，内侧因耕种铲削，外侧因沟谷坍塌，墙体低矮单薄，长120、高2~5米，墙体南端为东门，门两侧宽9、高7.5米。第7段东门至东南角台长140米，保存较好。

南墙因山顶小城分隔为东、西两段。东段分为3段，第1段长125米，处于沟边平台上，墙体高大，保存较好，中部有马面1座，墙体基宽15、外高15米；1号马面基宽6.8、凸出于墙体5、高12米。第2段长约45米，沿山坡修筑，西高东低，坡度近40°，沿地势向南偏折，中间有一处道路豁口；西端为2号马面，宽5、凸出于墙体5、高15米。第3段长133米，沿地势延伸至山顶，分布2座马面，西端隔南门豁口与山顶小城相接；东端西为3号马面，基宽8、凸出于墙体3.5、外高25米，东距2号马面60米；4号马面基宽5、凸出于墙体5、高20米，东距3号马面45米。南门东距4号马面28米，豁口宽5.3米，豁口东侧墙体基宽12、高5.8米。南墙西侧沿复凤山西麓山坡夯筑，长220米。墙体顺坡而下，延伸至白马城沟断崖边，坡度大于40°，保存基本完整。墙体中部凸出马面1座，基宽5、凸出于墙体5、高4米。西南角台坍塌损毁为圆形土垄状。西墙分3段。南段长295米，顺沟底台地边缘由南向北修筑，坍塌损毁严重，大部无存，局部呈土垄状，北端与内城顺坡而下的夯筑南墙相接。中段长150米，沿沟底台地边缘由南向北修筑，大部坍塌，残存部分多为宽1米的田埂，局部高4~5米。北段长75米，随地势向东偏折，仅存少部分痕迹。西北角台坍塌无存。北墙保存较好，长75、基宽10、高6.5米，中部门道豁口宽6米。

内城倚山顶小城及外城南墙而建，平面呈不规则长条形，东西两侧充分利用地形，大部分采用外侧铲削山体内侧筑墙的方法修筑。内城东墙顺坡而下，分3段。第1段临近山顶，地势稍平缓，内临机耕路，长185米。第2段地表断续存夯墙痕迹，高1~2、宽1米，外侧铲削坡面高10~20、长150米，内侧断崖有制砖陶窑2座。第3段长118米，坡势较陡，残墙较高，痕迹明显。西墙分3段。第1段主要为铲削墙体，长110、内侧高1~2、外侧铲削断面高5~8米，止点为内城西墙1号马面。马面为生土铲削而成，平面呈长方形，凸出于墙体10、边长12、高8米。第2段长180米，北端因修建庙宇铲削损毁严重，止点为2号马面，凸出于墙体13、边长10、高9米。第3段长120米，墙体较直，保存较好。墙体向西偏折，为夯筑土墙，顺坡而下，坡度大于30°，基宽5、顶宽2、高6.5米；中部为西墙3号马面，与墙体同高，边长6、凸出于墙体5米。内外城连接处有角台，为高3米的圆形土墩，坍塌成斜坡状；墙体宽4.7、高5米，夯层厚0.15~0.17米。北墙外侧因铲削山体为断崖，台地上因修建庙宇，无墙体痕迹（图二三；彩图四八~五四）。

庙台山门前保存有明代石狮、抱鼓石各一对。庙后西南坡地矗立明代石碑一通，青灰色砂岩，圆首，长方形碑身，通高2.1、宽0.6、厚0.17米。碑额左上角残缺，残存"固原□路□修……"等篆书大字。碑文楷书，两面刻字，字高2厘米，碑面边缘剥落磨蚀，可辨碑文抄录如下[1]。

---

[1] 该碑文内容在《皇明经世文编》及《渼陂集》亦有收录记载。见《明经世文编》卷一三九《何王二公集》，（台北）中华书局，1962年，第1385~1386页；《四库全书存目·集部》第48册，齐鲁书社，1997年，第90~91页。

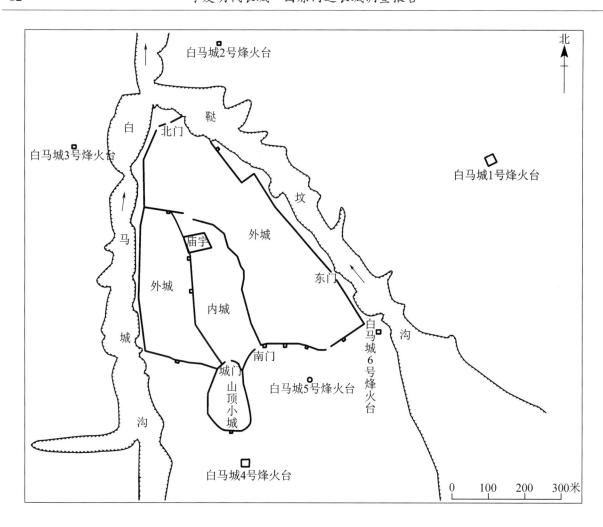

图二三　白马城址平面图

正面刻文：

固原东路创修白马城记」

赐同进士出身奉议大夫、吏部文选司郎中、前翰林院检讨修国史经筵讲官鄂杜……」

赐进士出身亚中大夫、陕西等处承宣布政使司右参政通甫江……」

赐进士出身中顺大夫、奉敕整饬固靖等处兵备陕西提刑按察司副使帝……」

嘉靖壬午以来，陕西边鄙多事。是时少傅兼太子太傅、吏部尚书、武英殿大学士邃庵先……」

天子用廷臣集议起公，公辞，至再至三，有诏改公兵部尚书兼都察院左都御史督师西征。公……」

计靡所不周而又广视听、益聪明，盖尝下令许豪杰言事便宜。于是，守备固原都指挥金事……」

之区也。弘治正德中，明公奏议于中路预望城增设平房一所，其西路红古城增设一堡，募……」

寇以撒都城白马井为穴，由此而南深入至于平凉而。嘉靖壬午，房大举入寇，时正由撒都城……」

无一城也。于是下固原卫苑马寺勘议，指挥符深、围长张子仪合辞言曰："夫撒都城者，虽界清……」

其地善水草，颇称肥饶，宜亟筑城以断房道。便其白马井墩堡亦宜改筑，近水展筑月城，占据……」

患可息，固原其宁靖云。"今参政成君文，是时以按察副使兵备固原，公乃进告之曰："夫成功
者……」

都城之役是也。"其会同都指挥刘文卜日兴事，乃是年八月初吉工兴，十月以成事告。盖城周

围……｜

高之几，更其名曰"白马之城"。作南北二门，南曰"永宁"，北曰"阜康"，皆公命也。城内作官亭二，仓厩若……｜

及清平、万安二苑卒，凡若干人，食则固原州及彭阳、板井厫米，以石计若干，器具稍把若钉铁砖瓦……｜

干。既乃下令，照例悬赏，募士千余人。设操守、守堡官各二员，每士给近堡田百亩垦种。俟十年后，量……｜

巡抚陕西都御使王公芰，行令布政司，于原坐附近城堡厫米量拨本城，以备按伏官军。令既定，公……｜

处内阁理元气矣！继公至者，兵部尚书兼都察院右都御使荆山先生王公，以是役之兴，御戎甚切，然……｜

士战马之填补，守备器具粮储之规画，铨仓官、给印信、分屯田，皆以委诸兵备副使桑君溥，次……｜

以为不可之地。中路则有预望，西则红古，东则有白马，保障之形既建，操备之念恒存，则虎……｜

……成君以为不可无记。乃命之九思，九思曰："于古有之。御戎之道，守备为本，故曰」

……然必有南仲，而后朔方可城也，白马之役固善向邃庵……｜

……荆山公礼围经营有以成之，则亦未能完金汤之……"｜

钦差整饬固靖兵备陕西提刑按察司副使郭凤翔｜

钦差分守关西道陕西布政司右参政陈毓贤、端廷赦｜

钦差分巡关西道陕西提刑按察司佥事任维贤｜

钦差分守固靖环兰等处地方参将李佐｜

中军陕西都指挥张镐｜

都指挥佥事黄振、杨振、赵昶、杨信｜

背面刻文：

……场四十里为界｜

南至三岔口清平苑草场五十里为界｜

西至天城山群牧所地界五十五里为界｜

北至阿思蓝嵫岘平虏所地界五十里为界｜

钦差提督军务兵部尚书王琼｜

钦差镇守陕西等处地方御马监太监宴宏｜

钦差镇守陕西等处地方前军都督府都督同知鲁经｜

钦差巡抚陕西等处地方都察院右副都御使寇天叙｜

巡按陕西监察御史张珩、瑞廷赦｜

钦差整饬固靖兵备陕西提刑按察司副使郭凤翔｜

钦差分守关西道陕西布政司右参议陈毓贤｜

钦差分巡关西道陕西提刑按察司佥事任维贤｜

钦差分守固靖环兰等处地方参将李佐｜

中军陕西都指挥张镐｜

都指挥佥事黄振、杨振、赵杲、杨信｜

操守白马城地方秦州卫刘凯」

坐堡百户郭润」

延绥改铨固原卫白马城管队领军百户五员林山、张聪、王颗、郭润、李铭」

仓攒惠万良、刘尚金」

医士萧颉」

术士郝羌」

乡老李贤、何信、李芳、冯友才、陈夫庆、卢敬、夏景名、夏武、赖□□、王现」

管队总甲（以下八十余人名从略）（彩图四五~五二）[1]。

城址周围分布有烽火台6座。

白马城1号烽火台（编码621022353201170011；工作编号HXF001）

该烽火台位于轵坟滩沟东侧碑子梁山顶，距外城东南角0.52千米。由台体、双重围墙及双重环壕组成。保存较好。门道在西墙中部。台体方向北偏东8°，底部边长10、顶部边长6、高8米。内围墙东西32、南北40米，基宽6、2.4米，外围墙东西57、南北64米，基宽6、高1.7米，内壕宽6、深0.8米，外壕宽4、深1米（图二四；彩图五五）。

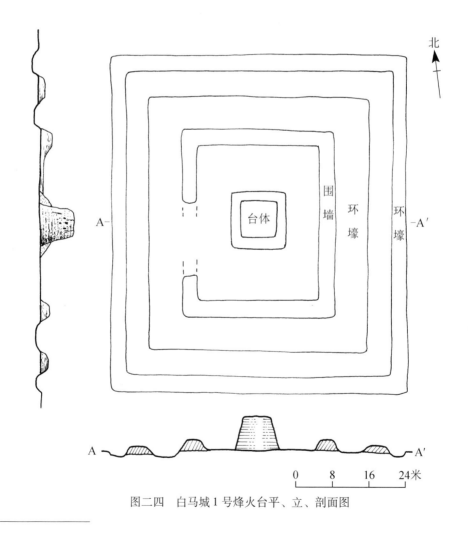

图二四　白马城1号烽火台平、立、剖面图

〔1〕 王仁芳:《固原东路创修白马城碑记考释》,《宁夏师范学院学报》2016年第1期。

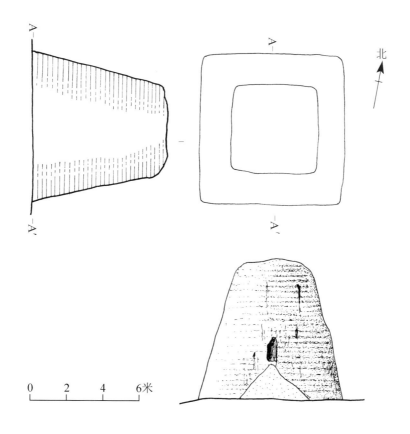

0　　2　　4　　6米

图二五　白马城 2 号烽火台平、立、剖面图

白马城 2 号烽火台（编码 621022353201170012；工作编号 HXF002）

该烽火台位于鞑坟滩沟口东北侧碑子梁山坡上，距外城北墙 0.2254 千米。由台体及围墙组成。台体呈覆斗形，形制较小，保存一般，围墙损毁严重。台体方向北偏西 13°，底部边长 8、顶部边长 4、高 7 米（图二五；彩图五六）。

白马城 3 号烽火台（编码 621022353201170013；工作编号 HXF003）

该烽火台位于白马城沟西北山坡上，距外城西墙 0.204 千米。由台体、围墙及环壕组成。保存一般。台体形制较小，围墙仅存痕迹。台体方向北偏东 10°，底部边长 7、顶部边长 3、高 7 米，四周围墙东西 28、南北 27、高 0.8 米（图二六；彩图五七）。

白马城 4 号烽火台（编码 621022353201170014；工作编号 HXF004）

该烽火台位于白马城南山顶，距外城南墙 0.076 千米，由台体、围墙及环壕组成。保存较好。四周围墙因山体滑坡无存。台体平面呈正方形，方向北偏东 11°。底部边长 13、顶部边长 6、高 10 米，夯层厚 0.15～0.17 米。环壕边长 45、宽 8、内侧壁高 4～5 米（彩图五八）。

白马城 5 号烽火台（编码 621022353201170015；工作编号 HXF005）

该烽火台位于东墙东侧山坡上，距外城东墙 0.066 米。台体保存一般。台体呈圆形，方向北偏西 7°。底部直径 15、顶部直径 4.6、高 7 米（彩图五九）。

白马城 6 号烽火台（编码 621022353201170016；工作编号 HXF006）

该烽火台位于外城东南角外侧沟边平地上，距外城南墙 0.063 千米。保存较好。台体平面呈

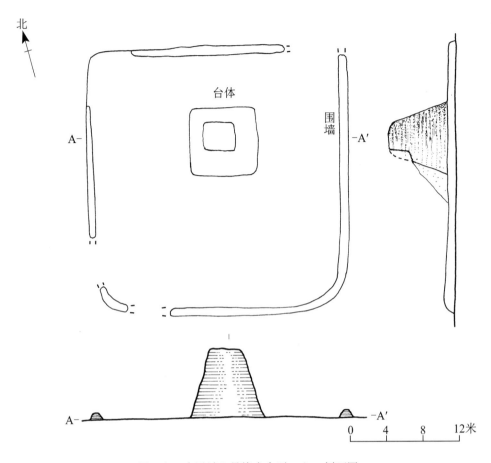

图二六　白马城 3 号烽火台平、立、剖面图

正方形，较高大，无围墙环壕。台体方向北偏东 11°。底部边长 15、顶部边长 4.8、高 8 米（彩图六〇）。

第三章

"固原内边"长城东段墙体及相关设施

第一节 "固原内边"长城东段墙体

从饶阳堡至响石沟为"固原内边"长城东段。宁夏回族自治区境内的"固原内边"长城墙体东端起于陕西、甘肃、宁夏三省区交界处的"狗拉壕"山险墙，西端止于甘肃省环县与宁夏回族自治区同心县交界的老爷山东麓白家沟山险墙，长96857.2米。主要为山险及山险墙，其中山险长83268.8米，大部分为宁夏回族自治区、甘肃省边界。新发现有人工痕迹的墙体（包括山险墙及夯筑土墙）长13588.4米，宁夏回族自治区盐池县境内长10996米，甘肃省环县境内长2592.4米。人工墙体共有4段，其间与自然山险相衔接，其中杏树湾山险墙与李家畔山险墙仅数百米，属劈山类山险墙，系在地势平缓处人工挖掘东西向壕沟，与两端的山险沟壑相连，当地人称"狗拉壕"。何家口子至马坊沟山险墙整体相连，相对较长，大部分处于甘肃、宁夏两省区界大山北麓宁夏一侧山坡上，多依地势，直接铲削山体形成截面呈"L"形的平台，是为铲削类山险墙，少数地段挖掘呈壕沟状劈山山险墙，两处山隘平缓地段夯筑有土墙。

1. 杏树湾段"狗拉壕"山险墙（编码640323382105170033；工作编号YCQ033）

G008～G009，长202米，保存较好。山险墙起点在盐池县麻黄山乡杏树湾自然村东陕西、甘肃、宁夏三省区界碑东南30米处，止点在界碑西北180米。整体呈东—西走向，处于三省交界地带东南侧为陕西省定边县，南侧为甘肃省环县，西北侧为宁夏回族自治区盐池县，东南距杏树湾烽火台0.58千米，距饶阳堡3.5千米（图二七）。

墙体属劈山类山险墙，即在地势相对平缓的山梁上人工挖掘壕沟，连通两侧自然沟壑形成一道防御工事。山险墙口宽底窄，沟壁呈斜坡状，沟底较平坦，沟内立有陕西、甘肃、宁夏三省区界碑。沟壁两侧长满杂草，表面有黑霉斑，因长期雨水冲蚀，沟壁形成多条水冲沟壕。墙体两端连通水冲深沟，水毁坍塌严重。东端循沟与饶阳水堡连接，该堡为该段长城起点。西端深沟为甘肃、宁夏两省区界。一条东西向乡间土路横穿墙体，壕沟内路基为人工垫挖铲削形成，局部破坏墙体两侧沟壁。山险墙口宽20、底宽3.5～8、深10米（彩图六一、六二）。

2. 杏树湾—李家畔山险（编码640323382106170043；工作编号 YCQ034）

G009～G013，长17513米。保存一般。山险东端与杏树湾山险墙相接，西端接李家畔山险墙，整体呈东南—西北走向。山险利用了流水侵蚀形成的东西向自然沟壑，所处区域山大沟深，地形复杂，沟北山梁大体呈东—西走向，清代志书中称为"饶家背山"[1]，现仍沿用该名。山梁南侧为一条大深沟，主沟横剖面口宽底窄呈"V"形，沟口宽20～200、深10～40米，沟壁陡峭，沟底有季节性流水，两侧为黄土高原台塬地貌，主沟两侧多见洪水冲刷形成的岔沟，水土流失严重，植被稀疏，沿线村落稀少，分布有钻机井架等油气勘探设施。甘肃、宁夏两省区以此山险为界，沟北属宁夏回族自治区盐池县；沟南属甘肃省环县。东端距饶阳堡4.5千米。依走向分为4段。

第一段，G009～G010，长1661.3米。呈东南—西北走向，为流水侵蚀形成的自然深沟，沟北为杏树湾村。沟宽15～70、深20～40米。

第二段，G010～G011，长2161.8米。呈东北—西南走向，距村落较远。沟宽30～120、深15～30米。沟南、北各分布有两座烽火台，沟北贺塬上村烽火台距山险约0.1千米，高嵝岘村烽火台距山险2.2千米；沟南大天池村烽火台距山险2.3千米，白塬畔村烽火台距山险约0.1千米。

第三段，G011～G012，长8117米。呈东南—西北走向，沟内有十字河支流苏后沟，河床下切较深，沟两侧为台塬地貌。沟北宁夏回族自治区盐池县境内有饶平庄、大梁、前伙场等村，沟宽30～180、深18～60米（图二八）。

第四段，G012～G013，长5572.9米。呈东北—西南走向，为自然深沟。沟宽30～65、深12～25米（图二九；彩图六三）。

3. 李家畔段"狗拉壕"山险墙（编码640323382105170034；工作编号 YCQ035）

G013～G015，长346.8米。山险墙起点在麻黄山乡李家畔村东南0.05千米，止点在李家畔村东0.07千米。山险墙为甘肃、宁夏两省区界，南北两侧分属甘肃省环县与宁夏回族自治区盐池县地界，属黄土高原台塬地貌，地势较高，相对平坦，周围沟壑纵横，水土流失严重。大致呈东—西走向，东端接杏树湾—李家畔山险，西端连李家畔—何家口子山险。东端距饶阳堡18.5千米。依走向及保存状况自东向西分为两段。

第一段，G013～G014，长239.2米，保存较好。属劈山类山险墙，即在平地挖掘人工壕沟，形成阻隔通行的人工屏障。大麻县级砂石公路在墙体东端西60米处南北向横穿而过，形成19米宽的豁口。豁口东山险墙南侧壁面陡直，人工铲削痕迹明显，布满黑霉斑，壕沟北侧壁面因耕种呈斜坡状。沟底为耕地，略呈圜底，自西向东低斜，耙耧平整，主要种植马铃薯、谷糜等耐旱作物，中部有水蚀小冲沟。公路西山险墙南北两侧壁面较陡直，南侧地势渐高，沟壁较高；北侧坍塌填塞淤土堆积较高，沟壁相对低矮。沟底自东向西低斜，中部有雨水冲沟，向西沟壑规模逐渐扩大，为弃荒地，长满杂草，两侧壁面水毁严重，沟壁南侧地势较高处有窑洞及废弃的版筑土墙羊圈等。山险墙口宽19、底宽3.5～10、深8.5米（彩图六四）。

第二段，G014～015，长107.6米，属铲削类山险墙，保存一般。从第一段豁口处沿山势拐向西南，沿沟壑南侧山体边缘单侧铲削，形成铲削山险墙，对处于塬顶的白塬畔村烽火台形成半环卫态势。铲削壁面较陡直，因雨水侵蚀等原因壁面沟壑纵横，一些沟壑为牧羊小道。底部平台较宽，局部因水毁形成较宽豁口，通行困难，山险墙外侧为落差百余米的陡峭山坡及深峻宽广的

---

[1] "饶家背山，在城南一百七十五里"，载范宗兴《花马池志迹笺证》，黑龙江人民出版社，2004年，第27页。

沟，山险墙坡面及底部台地为荒地，长满杂草。墙体内侧铲削壁面最高13米，底部铲削平台宽3~7米（图三〇；彩图六五）。

4. 李家畔—何家口子山险（编码640323382105170035、621022382106170001；工作编号YCQ036）

G015~G023，长35707.9米。保存一般。山险东端与李家畔山险墙相连，经武家沟、贾尖山、李家沟、庙口咀沟、大吴家背洼、沙坡子沟、土井沟、长梁等沟谷山梁，西端接甘肃省环县境内何家口子山险墙，整体呈东南—西北走向。山险所处区域山大沟深，海拔1580~1810米，地形复杂，交通极为不便。大部分地段为深沟，沟底有季节性流水，水苦咸。山险沿线山头分布有冯家沟村烽火台、任新庄烽火台。西端距甜水堡22.5千米。依走向分为9段。

第一段，G015~G016，长3769.7米。呈东北—西南走向，为自然深沟，西端有西南流向小溪，与武家沟交汇，沟北临近李家畔、庙滩等村，有零星住户。沟宽15~70、深20~50米。

第二段，G016~G017，长2795.5米。呈东南—西北走向，南段为武家沟上游一段，沟内有季节性河流。西北段沿省区界山梁贾尖山向西北折，沿线沟北有李阳洼，沟南有贾尖山等小村庄。

第三段，G017~G018，长1368.9米。呈东北—西南走向，沿贾尖山山梁及深沟向西南延伸至李家沟交汇处（图三一）。

第四段，G018~G019，长3720.9米。呈东南—西北走向，沿李家沟向西北延伸。山险东南端地势较平缓，西北端地势高，沟壑较深。南侧山梁上有冯家沟村烽火台（图三二）。

第五段，G019~G020，长4176.8米。呈北—南走向，为深沟，中段地名为庙口咀沟，南端与大吴家背洼交汇。沟东甘肃省一侧地势平缓，沟西宁夏回族自治区一侧地势较高，沟壑纵横（图三三）。

第六段，G020~G021，长4024.4米。呈东南—西北走向，两端为深沟，中间为大吴家背洼山梁延伸，地势高亢；西端接沙坡子沟，为分水岭（图三四）。

第七段，G021~G022，长3804.2米。呈东北—西南走向，西端与土井沟交汇。沟内有季节性河流，由东向西流，汇入土井沟内（图三五）。

第八段，G022~G023，长4757米。沿土井沟南下至四坬沟交汇处，为深沟，沟内有季节性流水，沟深40~50、宽50~200米（图三六）。

第九段，G023~G024，长7290.5米。沿四坬沟西北延伸，接后坬沟，西端与何家口子山险墙相连（图三七；彩图六六）。

5. 何家口子山险墙（编码621022382105170002；工作编号HXQ001）

G024~G026，长1950.4米。墙体处于甘肃省境内，起点在环县甜水堡镇白草滩村何家口子自然村何家口子烽火台，止点在甜水堡镇白草滩村上范新庄西南0.25千米。西端距甜水堡22千米。呈东南—西北走向，分为2段。

第一段，G024~G025，长1786.1米。保存较差。属于铲削类山险墙，由于外临深沟，水土流失严重，局部遗迹不太明显，通往白草滩村的盘山公路对墙体破坏严重，局部利用墙体作为路基。残存墙体内侧铲削坡面高7.8米，底部平台宽约15.6米。

第二段，G025~G026，长164.3米。属壕堑类山险墙，保存较好。处于山坡上，沿北侧坡面，内侧铲削山体，外侧堆土形成土垄，中部为较宽平的生土台，人工痕迹较为明显。整体东高西低，落差较大，接近坡底有水冲沟壑，壕堑口宽12.7、底宽7.8、深约5米（图三八；彩图六七）。

6. 上范新庄夯筑土墙（编码621022382101170003；工作编号HXQ002）

G026～G027，长192.7米。保存一般。墙体位于环县甜水堡镇白草滩村上范新庄自然村西南马鞍形山梁低洼处，地名称"沙嵝岘"，为当地居民翻越山梁的便捷通道。西端距甜水堡21.5千米。墙体处于嵝岘处，呈东南—西北走向，为夯筑土墙，两端连接山险墙，用以阻断两侧交通，弥补自然形胜之不足。墙体呈土垄状，中部夯筑较高大，两端依地势向山坡修筑。墙体表面风化严重，长满杂草，通往东北侧上范新庄的乡村便道穿墙而过，形成一处宽约5米的豁口。豁口断面显示，墙体为黄土夯筑而成，夯层较厚，土质较纯净。墙体剖面呈梯形，基宽6.5、顶宽2.4、高2.7米，夯层厚0.24～0.33米（彩图六八、六九）。

7. 墩圈山险墙（编码640323382105170036、640323382105170039；工作编号YCQ037）

G027～G031，长8814.9米。山险墙位于盐池县上范新庄西北东西向山脊上。东端与上范新庄夯筑土墙相连，地势东低西高，随山势向山坡延伸，西端为流水侵蚀形成的宽80余米的水冲沟壑，为当地群众约定俗成的甘肃、宁夏两省区边界，沟西进入宁夏境内。山险墙过上范新庄甘肃、宁夏两省区界后沿墩墩梁北麓宁夏一侧山坡向西北延伸，跨冲沟沿小掌子梁西北行，经过沙坡子山间隘口，西端与马坊沟村东南夯筑土墙相接，止点在盐池县惠安堡镇麦草掌村墩圈自然村西1.5千米。经过黄家坝、施家天池、墩圈等村，南侧分布有两座烽火台。西端距甜水堡13.5米。山险墙随地势而建，大部分处于山梁北侧近山顶处，北侧为陡峭的山坡，底部为路基状铲削台面，局部外侧存堆土。台地大部分为荒草滩，少部分为耕地，保存一般。沿走向及所经村落分为4段。

第一段，G027～G028，长3126.9米。保存较好。墙体位于惠安堡镇麦草掌村黄家坝自然村西南墩墩梁北麓半山坡上。局部临近山顶，内侧铲削墙面较低矮，底部平台较宽，平台外侧为缓坡，随山势大致呈东南—西北"S"形走向。东西两端各有一处较宽的水冲豁口，其余基本保持原貌。地表散落有青花瓷、黑瓷碗残片。墙体中段南侧山顶上修建有烽火台。内侧铲削壁面高3.5～12.3米，台宽7.4～21.9米，平台至山体坡底斜高127.6～158米。

第二段，G028～G029，长1252.7米。保存较好。墙体位于惠安堡镇麦草掌村施家天池自然村西南小掌子梁北麓半山坡上。内侧山体铲削坡面高大陡直，底部台地宽阔，局部外侧低斜，为荒滩草地，地表散见零星灰陶板瓦残片。外侧山体陡峭，西端因山体起伏，形成一处宽约300米的山洪冲沟，墙体跨沟延续，冲沟两侧墙体水冲豁口较多。山险墙内侧铲削壁面高3.5～14.7、底部铲削平台宽3.5～20米，台面距山顶10～40米，距沟底最深109.5米（图三九；彩图七〇）。

第三段，G029～G030，长2179.7米。保存一般。墙体位于惠安堡镇麦草掌村沙坡子自然村西北。大体呈东南—西北"S"形走向，东段沟底为山间隘口，有东南—西北走向的蜿蜒山路，山路西侧两道东西向低矮山梁间形成一道东高西低的窄沟，南侧较低的山脊北麓被铲削为峭壁，内侧为坡度较陡的山体，底部平台痕迹不明显。中段由于沟底流水侵蚀，塌陷严重。西段山体低矮，山险墙被铲削为平台状，台面较宽，内侧有窑洞院落，多数地段为耕地。东段墙高6～12米，底部平台最宽约1米。外侧斜坡距沟底45～50米。中西段底部平台宽2.5～6米，内侧壁面高出平台5～7米，平台距沟底41～94米。

第四段，G030～G031，长2255.6米。保存一般。墙体位于惠安堡镇麦草掌村墩圈自然村西北。大致呈东南—西北走向，东段地势相对低平，底部台地较宽，大部分为耕地，最近处距墩圈烽火台0.12千米，因临近村落，耕种、放牧、掏挖窑洞、修建圈舍等人为活动以及水土流失对墙体的破坏较重。西段山体陡峭，北侧临近山水沟，地形破碎，墙体多次跨沟延续。东段保存相对较好处壁面斜高3.5～7米，底部平台最宽25米，西段壁面高出平台16～17米。平台宽3～4米，距坡顶约55米（图四〇；彩图七一）。

8. 马坊沟村东南夯筑土墙（编码6403233821 01170040；工作编号YCQ038）

G031～G034，长622.3米。墙体起点在惠安堡镇麦草掌村墩圈自然村西1.5千米，止点在惠安堡镇麦草掌村马坊沟自然村东南1.2千米。属于夯筑土墙，由北向南跨过山水沟，折向西行，西段南侧梁顶为三里沟村烽火台。西端距甜水堡11.5千米。根据走向及保存状况分为3段。

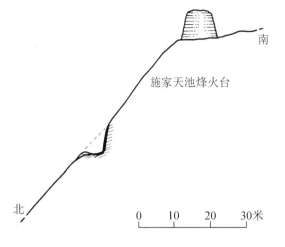

图四〇 墩圈山险墙施家天池段剖面图

第一段，G031～G032，长283.7米。保存一般。墙体筑于一块山间平地上，低矮呈土垄状，四周沟壑纵横，大致呈东北—西南走向，两侧为耕地，中部有两处宽3～5米的村路豁口。东段墙体两侧坍塌迁缓，较低矮；西段坍塌破坏较少，较陡直。墙体表面杂草丛生，夯层不清晰。基宽7、顶宽约1.7、高1.7～5.6米（图四一；彩图七二）。

第二段，G032～G033，长104.6米。墙体消失。因东西流向的山水沟河水侵蚀切割，为沟谷断崖，沟壁陡峭。墙体夯层明显，夯层厚约0.25米。沟底有泛碱的苦咸流水，沟谷约宽87、深40米。

第三段，G033～G034，长234米。保存一般。墙体沿山水沟河南岸山体折向西行，大部处于山坡北麓，顶部为脊状。地势起伏不平，雨水侵蚀严重，多处有水毁豁口。墙体基宽7.1、高2.5～3米，北侧距山水沟边沿10～15米，西端南距三里沟村烽火台0.5832千米。

9. 马坊沟村南山险墙（编码640323382105170041；工作编号YCQ039）

G034～G036，长1010米。墙体起点在惠安堡镇麦草掌村马坊沟自然村东南1.2千米，与马坊沟村东南夯筑土墙相连接；止点在惠安堡镇麦草掌村马坊沟自然村东南1.8千米红沟河谷（下游又称为石截子沟）。属于铲削山险墙，大致呈东南—西北走向。西端距甜水堡9.5千米。依保存状况分为2段。

第一段：G034～G035，长392.3米。保存差。墙体大部被红沟河侵蚀冲毁为深沟，深40米，沟两侧为弃荒地。

第二段：G035～G036，长617.7米。保存较好。墙体以人工挖掘的壕沟为主，口宽底窄，呈倒梯形，两侧壁面铲削陡峭，外侧堆筑有较高的土垄，内侧铲削壁面及壕沟内杂草茂密，底部平台坡地较窄。因雨水冲蚀，壕沟底部多处塌陷为深沟，西端坍塌

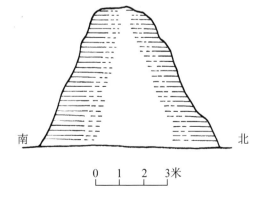

图四一 马坊沟村东南夯筑土墙剖面图

连通红沟河谷。墙体内侧铲削壁面高2~4米，台底壕沟宽6~8米，外侧人工堆筑土垄高5~6米，西段水冲壕沟宽8~10、深约9米（图四二；彩图七三）。

10. 石截子沟—白家沟山险（编码640323382106170042；工作编号YCQ040）

G036~G045，长27543.2米。保存一般。东端与马坊沟村南山险墙相接，西端入甘肃省环县界接白家沟山险，大体循甘肃、宁夏两省区界东西延伸。起点在惠安堡镇麦草掌村马坊沟自然村南0.5千米石截子沟，止点在甜水堡镇白家沟村西南3.1千米甘肃、宁夏两省区交界处。山险沿石截子沟西北经甜水堡关，循山水沟河北上，跨山水沟河至萌城堡，沿沙坡子沟南折，过沙坡子村后沿中咀沟折向西北进入折腰沟与白家沟交汇处，循白家沟南下到达营盘山村白家沟河发源处，西南至白家沟村东北甘肃、宁夏两省区交界处止，整体呈东—西走向。山险分布区域地形较复杂，萌城、甜水堡以东、南主要为黄土高原地貌，山顶及局部山体裸露石灰岩，周围分布有石灰、水泥厂矿以及采砂、石料厂。沿途山大沟深，山峦起伏，沟壑纵横，梁峁相间，西北属鄂尔多斯高原缓坡丘陵区，地势相对平坦，地表植被属半荒漠化草原区。山险大体沿山水沟、沙坡子、中咀沟等比较明显的地理分界线及关堡、烽火台等相关设施确定走向。沿线环县境内分布有甜水堡及其南侧烽火台，盐池县境内分布有萌城堡以及崔新庄、沙坡子、营盘山等烽火台。南北走向分布的环灵道烽燧线与山险在甜水堡、萌城一带交汇。依走向分为8段。

第一段：G036~G037，长2198米。名称为石截子沟，呈东南—西北走向，东南端与马坊沟村南内边墙西端相贯通，西端止点为甜水堡东北角台北侧临沟处。属自然深沟，沟内有流水，属山水沟河的支流，经甜水堡北汇入山水沟河；沟北属宁夏回族自治区盐池县惠安堡镇，沟南侧属甘肃省环县甜水堡镇，沟宽15~70、深20~40米。

第二段：G037~G038，长4841.1米。沿山水沟呈东南—西北走向，止点在萌城堡东北角台外侧，沟谷下切较深，沟内水质浑浊泛碱，211国道及古环灵道穿越山险沟壑，沟深宽30~120、15~30米。

第三段：G038~G039，长6258.7米。止点在沙坡子村东，沿沙坡子沟东侧山梁呈东北—西南走向，沟西为平缓的丘陵状沙地，沟东侧为黄土高原，局部裸露石灰岩山体，地貌变化明显，落差60~180米（图四三；彩图七四）。

第四段：G039~G040，长1255米。沿中咀沟呈东南—西北走向，止点在中咀沟与甘肃、宁夏两省界区交界处，为深沟，沟宽15~230、深40~110米，沟内有季节性河流。

第五段：G040~G041，长2590.8米。沿甘肃、宁夏两省区界山脊，呈东南—西北走向，大部分属石灰岩体，西端与何家塬沟贯通（图四四）。

第六段：G041~G042，长4324.9米。沿何家塬沟（北侧宁夏回族自治区境内称蛇崾沟）河水北上，止点为蛇崾沟与白家沟交汇处，呈东南—西北走向，沟宽30~160、深30~70米（图四五）。

第七段：G042~G043，长4171米。止点在营盘山村西南，沿甘肃、宁夏两省区界处白家沟呈东北—西南走向（图四六）。

第八段：G043~G044，长1903.7米。该段山险沿甘、宁省界处白家沟设置，呈东北—西南走向。

11. 白家沟山险（编码621022382106170005；工作编号HXQ003）

G044~G045，长2504.7米。保存一般。起点位于甘肃省环县甜水堡镇白家沟村西南3.1千米甘肃、宁夏两省区界处,沿白家沟南下至白家沟山险墙止。为自然冲沟,沟内为干涸的河床。大致呈南—北走向,北端与石截子沟—白家沟山险相连,南端与白家沟山险墙相连。山险东侧大部分被平整为耕地,西侧沟壁因长期雨水冲蚀,布满水冲壕,沟底支离破碎,植被稀少,沟宽20~80、深20~30米。

12. 白家沟山险墙(编码621022382105170006;工作编号HXQ004)

G045~G046,长449.3米。保存一般。位于甘肃省环县甜水堡镇白家沟村西南1.75千米老爷山东侧山坡上。大体呈东—西走向,西高东低,西端与六铺墩夯筑土墙相接。属铲削类山险墙,墙体底部台地临近沟底,流水侵蚀塌陷严重,局部冲刷成壕沟,台地外侧残留堆土痕迹。南侧山坡上有数道并行的阶状台地,系人工铲削形成,由于老爷山顶及西麓山坡为石质地表,考虑到土源就近供给,白家沟铲削山险墙及南侧山坡上的人工阶地可能为采土场,这种采土有意形成的阶状坡地,加强了此地域的防御功能。保存较好的台地宽10~30米,内侧铲削墙面高2~5米,外侧堆土高0.7~1.2米(图四七;彩图七五)。

第二节 "固原内边"长城东段沿线烽火台

固原内边长城东段沿线共调查烽火台20座,其中14座位于盐池县境内,6座位于环县境内。烽火台的分布及走向大致沿甘肃、宁夏两省区界山梁由北向南连接大边与内边长城至陕西、甘肃、宁夏三省区交界处的杏树湾山险墙附近,然后折向西南,大部分位于已确认的固原内边墙体两侧附近,甘肃、宁夏两省区境内均有分布。南北向宁夏回族自治区境内烽火台分布相对稀疏,东西向固原内边东段主要防御地带烽火台分布密集,这些烽火台大多建于山顶或地势开阔处,主要供戍卒瞭守,多有围墙,部分院落内有居址遗迹,规模颇大。

1. 墩湾烽火台(编码640323353201170329;工作编号YCF054)

该烽火台位于盐池县青山乡营盘山村墩湾自然村西北0.2千米山脊上。西南距张平庄烽火台15.6千米。

台体呈覆斗形,黄土夯筑而成。保存一般。台底坍塌堆土呈坡状,堆积范围较大,壁面呈不规则状,顶部凹凸不平,无围墙及环壕。

台体方向北偏东17°。台体底部边长20米,顶部东西2.4、南北5、高4.1米,夯层厚0.17米(图四八;彩图七六)。

2. 张平庄烽火台(编码640323353201 170330;工作编号YCF055)

该烽火台位于盐池县大水坑镇二道沟村张平庄自然村南4千米山梁上。西南距农台烽火台10.8千米。

台体呈覆斗形,黄土夯筑而成。保存一般。四壁收分较大,顶部近尖锥状,有掏挖破坏的凹坑,壁面分布有较大的水蚀凹坑,南壁有雨水冲刷的沟槽。无围墙及环壕。

台体方向北偏东15°。台体底部东西6、南北7米,顶部东西3、南北2米,高6.5米,夯层厚0.17米(图四九;彩图七七)。

3. 农台烽火台（编码 6403233532011
70331；工作编号 YCF056）

位于盐池县大水坑镇新桥村农台自然村
东 0.2 千米。南临一条山洪冲沟，其他三面
地势较平坦。西南距史家湾烽火台 12.5
千米。

台体呈覆斗形，黄土夯筑而成。保存较
好。东、南壁较平整，东壁底部有少量呈坡
状分布的风积堆土；南壁顶部有水冲痕迹；
西壁收分较大，有风雨侵蚀的凹坑；北壁沿
底部堆土上缘有一道斜向分布的风蚀凹槽；
顶部西侧略高。无围墙及环壕。

台体方向北偏东 18°。台体底部边长
12、顶部边长 8、高 9.5 米，夯层厚 0.16 米
（彩图七八）。

4. 史家湾烽火台（编码 640323353201
170273；工作编号 YCF057）

该烽火台位于盐池县麻黄山乡胶泥湾村
史家湾自然村南 0.2 千米山梁上。南侧临
沟，东、西、南面为山顶平地，东西两侧临
墩各有一座通讯铁塔。西距摆宴井烽火台
24.84 千米，西南距沙嵝岘烽火台 14.5
千米。

台体呈覆斗形，黄土夯筑而成。夯层较
薄，土质较好，致密，无其他夹杂物。保存
较好。台体较高大，四壁较直，边角因风雨
剥蚀模糊，夯层清晰。东壁底部有一孔堆放
饲草的窑洞，北壁底部有高约 3 米的坍塌及
沙土堆积。无围墙及环壕。

台体方向北偏东 23°。台体底部东西
9.1、南北 8.2 米，顶部东西 5.1、南北 4.3
米，高 9.4 米。夯层大部分厚 0.11～0.14
米，有一部分厚 0.2 米。窑洞口宽 0.8、进
深 2、高 1.4 米（图五〇；彩图七九）。

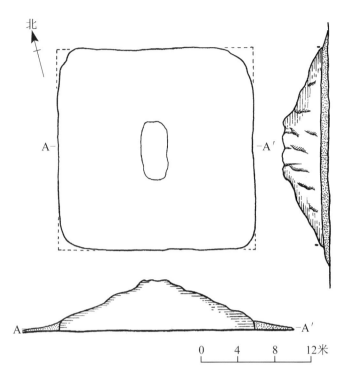

图四八　墩湾烽火台平、立、剖面图

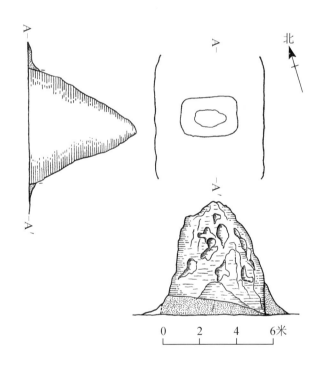

图四九　张平庄烽火台平、立、剖面图

5. 沙嵝岘烽火台（编码 640323353201170271；工作编号 YCF058）

该烽火台位于盐池县麻黄山乡沙嵝岘村东北 0.3 千米山梁上。西、南侧为塬地，东、北侧临深沟。
西距贺塬上烽火台 9.82 千米，西南距杏树湾烽火台 9.2 千米。

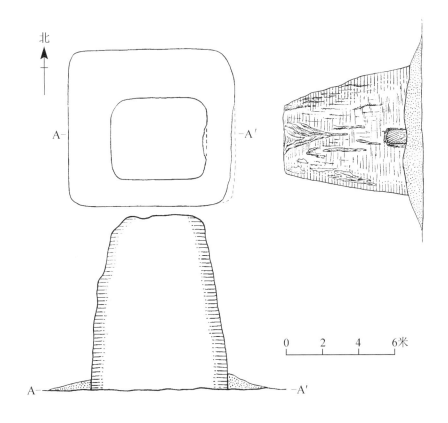

图五〇 史家湾烽火台平、立、剖面图

台体呈近方柱状，黄土夯筑而成。保存较好。四壁较直，局部轻微坍塌，南壁底部有一个小窑洞，东北角略残损，有登台脚窝，台顶有测绘部门设置的铁三脚架。无围墙及环壕。

台体方向北偏西 40°。台体底部东西 8.2、南北 9.4 米，顶部东西 5.1、南北 3.5 米，高 9 米，夯层厚 0.17～0.25 米（图五一；彩图八〇）。

6. 杏树湾烽火台（编码 6403233532011 70270；工作编号 YCF059）

该烽火台位于盐池县麻黄山乡松家水村杏树湾自然村东南 0.8 千米山坡上。东、南侧临沟壑，西、北侧为坡耕地。西北距杏树湾内边墙体 0.58 千米、前源烽火台 4.2 千米。

烽火台由台体、围墙及环壕组成。台体、围墙由黄土夯筑而成。台体较高大，平面呈长方形，剖面呈梯形。围墙基本完整，保存较好。台体东、北壁有多道纵向水冲凹槽，东南角轻微坍塌；南壁中部有攀爬脚

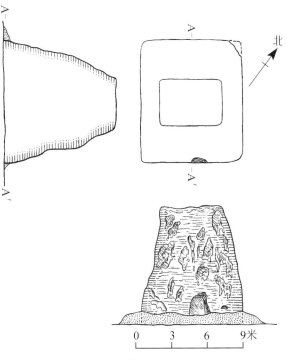

图五一 沙崾岘烽火台平、立、剖面图

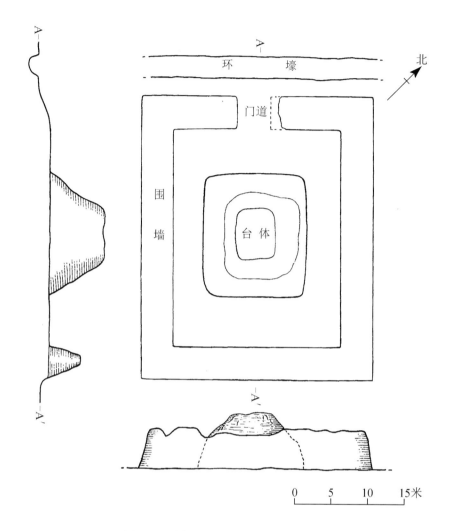

图五二　杏树湾烽火台平、立、剖面图

窝；西壁不平整，剥落夯土呈斜坡状堆积在底部。台体顶部较平整，长有稀疏杂草。围墙东南角因临近沟壑，冲蚀坍塌严重，墙体几乎与内侧地面平。南墙中部门道处因雨水冲蚀形成深约 1 米的水蚀塌陷坑。围墙外侧有平底环壕，为取土形成，北墙环壕痕迹明显，西墙环壕被雨水冲蚀为沟壑。围墙内为弃耕地，东侧地表散见少量灰陶板瓦残片及黑釉罐腹残片。

台体方向北偏西 45°。台体底部东西 14、南北 16 米，顶部东西 5.2、南北 6.8 米，高 7.3 米，夯层厚 0.17 米。围墙东西 31.4、南北 37.2 米，基宽 4.4、顶宽 1.8、内高 4、外高 5.3 米，夯层厚 0.17~0.22 米。北墙中部门道宽 5.5 米，北侧环壕距北墙 2.5 米。壕宽 2.7、深 1.2 米（图五二；彩图八一）。

7. 前塬烽火台（编码 640323353201170307；工作编号 YCF060）

该烽火台位于盐池县麻黄山乡松家水行政村前塬自然村东 1.5 千米。西南距大天池烽火台 3.8 千米。

烽火台由台体及围墙组成。台体、围墙由黄土夯筑而成，保存一般。台体呈覆斗形，顶尖底宽，壁面雨水冲刷损毁严重，因滑坡、坍塌呈不规则状，西、南壁夯土滑坡堆积呈斜坡状，表面生长有碱蓬等杂草。围墙平面呈长方形,残缺不全,门道在东墙偏南。

台体方向正南北。底部东西 14、南北 13 米,顶部东西 2、南北 3 米,高 8 米。围墙东西 50、南北 40 米,基宽 2.7、顶宽 2 米,高 5 米。门距南墙 8 米,门道豁口宽 5 米。墙体夯层厚 0.17 米(彩图 八二)。

8. 大天池烽火台(编码 621022353201170001;工作编号 HXF007)

该烽火台位于环县白塬畔村大天池自然村北侧 0.25 千米平塬地上,杏树湾—李家畔山险南侧。东距杏树湾村烽火台 6.44 千米,西北距白塬畔村烽火台 7.1 千米、松家水烽火台 5.9 千米。

烽火台由台体、围墙及环壕组成。保存较好。台体呈覆斗形。台体黄土夯层中夹杂红土颗粒。东、北壁底部风蚀剥落,坍塌严重,有少量堆土,壁面长有杂草;南壁底部有轻微风蚀剥落、坍塌,中部多风蚀孔洞,有一道纵向水冲壕;西壁多风蚀凹槽,夯层清晰。围墙东南、东北角坍塌,南墙呈土垄状,中部有门道。西墙南段坍塌严重,北墙中部有两处人为掏挖的凹洞。围墙外侧有方形环壕,围墙内杂草丛生,西侧地面散见少量灰陶板瓦残片。

台体方向北偏东 10°。台体底部东西宽 11.3、南北长 11.6 米,顶部东西长 6、南北宽 4.6 米,高 12.2 米,夯层厚 0.21~0.33 米。围墙边长 35 米,基宽 2.4、顶宽 0.7、内高 3.2、外高 5 米,夯层厚 0.16~0.18 米。南墙门道豁口宽 8 米。环壕宽约 12、深 1.8 米(图五三;彩图八三)。

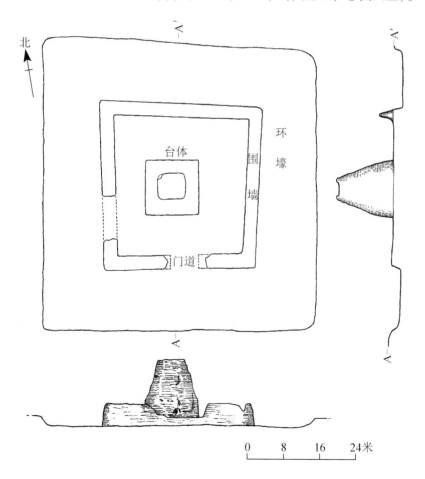

图五三 大天池烽火台平、立、剖面图

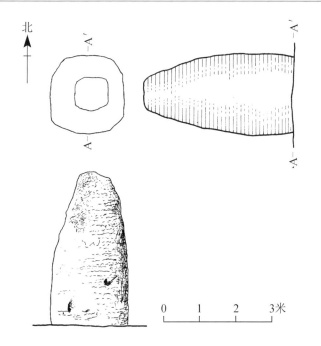

图五四　松家水烽火台平、立、剖面图

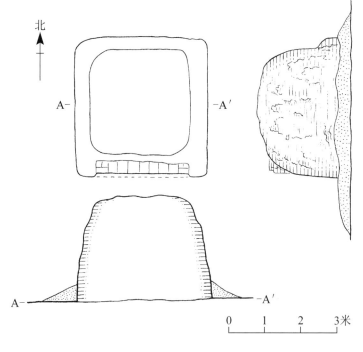

图五五　贺塬上烽火台平、立、剖面图

9. 松家水烽火台（编码 640323353 201170332；工作编号 YCF061）

该烽火台位于盐池县麻黄山乡松家水村北 0.5 千米。四周为耕地，西北距贺塬上烽火台 1.2 千米。

台体呈覆斗形，黄土夯筑而成。无围墙，形制较小。保存较差。台体四角呈弧形，壁面较直，夯层清晰，壁面上部有晒苔斑，底部有风雨冲蚀凹槽。地表散落有少量瓷片。

台体方向北偏东 7°。底部边长 2、顶部边长约 1、高 4.1 米，夯层厚 0.17 米（图五四；彩图八四）。

10. 贺塬上烽火台（编码 640323353 201170272；工作编号 YCF062）

该烽火台位于盐池县麻黄山乡松水村贺塬上自然村西南 0.217 千米沟沿上、杏树湾—李家畔山险北侧。东南距杏树湾村烽火台 9.38 千米，西北距马家口子烽火台 11.5 千米。

台体较小，黄土夯筑而成，夯层薄且均匀，四周无围墙。保存一般。台体内部被当地村民掏挖改建为窑洞式土地庙，南壁砖砌前檐，中间装有双扇木门，庙内供奉泥胎彩绘土地神塑像。

台体方向北偏东 7°。台体底部东西 3.7、南北 3.8 米，顶部东西 2.7、南北 2.9 米，高 2.8 米，夯层厚多为 0.09 米（图五五；彩图八五）。

11. 马家口子烽火台（编码 6403233 53201170333；工作编号 YCF063）

该烽火台位于盐池县麻黄山乡麻黄山行政村马家口子自然村东 0.05 千米山梁上。西南距白塬畔烽火台 9.8 千米。

烽火台由台体及围墙组成，黄土夯筑而成。保存一般。台体呈覆斗形，四壁剥落严重，壁面较直，附着一层黑霉斑。四角因风雨侵蚀基本呈弧形，东南角滑坡塌陷，底部有少量堆土。围墙呈正方形，基本连续，坍塌剥落严重，顶部呈尖状，门道在西墙中部。台体周围及围墙内散布有褐釉粗瓷片。

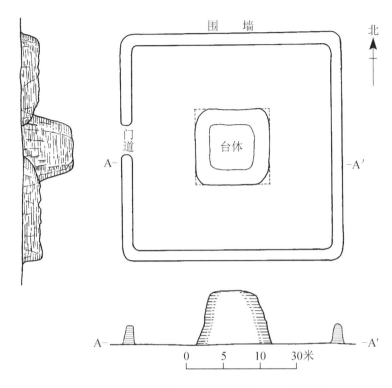

图五六 马家口子烽火台平、立、剖面图

台体方向正南北。台体底部边长 10、顶部边长 6、高 7 米。围墙边长 30 米，基宽 1.5、顶宽 0.5、高 2.7 米，夯层厚 0.17 米（图五六；彩图八六）。

12. 白塬畔烽火台（编码 621022 353201170002；工作编号 HXF008）

该烽火台位于环县甜水堡镇白塬畔村北 0.6 千米、大麻公路西 0.18 千米。东南距杏树湾村烽火台 13.2 千米，西北距冯家沟烽火台 7.5 千米。

烽火台由台体、围墙、环壕组成。台体、围墙黄土夯筑而成，保存较好。台体呈覆斗形，较高大，四壁较直，表层剥落，底部有坍塌形成的堆土。东壁东南角有登台脚窝呈盘旋状至台顶，水冲严重，脚窝西侧有一条贯通上下的裂隙；南壁中部坍塌，壁面向内凹进；西壁中上部有几处夯筑夹棍形成的孔洞。围墙基本完整，门道在南墙中部，原为斜坡状，因流水冲蚀成深沟；南墙东南部、西墙中部、西北角有坍塌豁口，东北角豁口为当地居民出入便道。围墙内为耕地，耕作铲削使台体底部局部悬空，西北部散落有大量灰陶板瓦残片及少量黑釉瓷片。

台体方向北偏东 36°。台体底部东西 9.9、南北 13 米，顶部东西 5.6、南北 5.4 米，高 12.5 米，夯层厚 0.14 ~ 0.25 米。围墙边长 46 米，基宽 4.5、顶宽 0.53、内高 6、外高 8.2 米，内侧坍塌及风沙堆土高约 1.7 米。门道宽 7.4 米。门道内冲沟深 6.9 米。环壕宽 13.6、深约 2.2 米（图五七；彩图八七）。

13. 冯家沟烽火台（编码 621022353201170003；工作编号 HXF009）

该烽火台位于环县甜水堡镇冯家沟村北 1 千米处山梁上，西南侧临深沟，东北侧较平坦。东距高

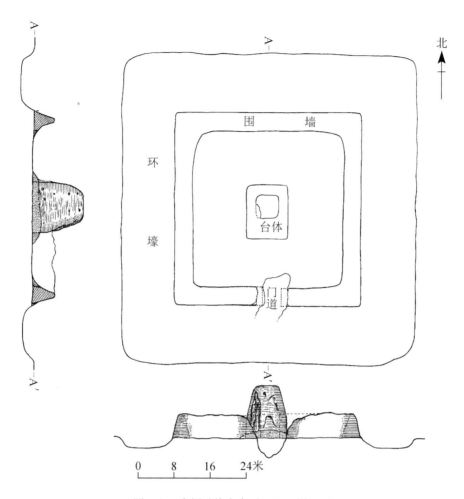

图五七　白塬畔烽火台平、立、剖面图

崾岘村烽火台为6.86千米、距贺塬上村为12.47千米，西南距任新庄烽火台5.03千米。

烽火台由台体、围墙及墙外双环壕组成。保存状况较好。中心台体呈覆斗形，东壁表层剥落，底部有大量坍塌堆土，其他三壁较直，台体东南角有一条登台便道。北墙中部门道因雨水冲蚀形成冲沟。围墙外有两周环壕，内环壕北侧较深，外环壕仅存东侧，双环壕间堆土墙体尚存。围墙内北部散见少量灰陶板瓦残片。

台体方向北偏东36°。台体底部东西18、南北15.5米，顶部东西5.5、南北8.6米，高8.3米。东壁下堆土高约5米，夯层厚0.08~0.15米。围墙东西32、南北30米，基宽3.5、顶宽1.15、内高1.3~1.45米，夯层厚0.12~0.14米。门道宽3.7米。内环壕宽约6米，东、西侧深7.75米，南、北侧深3~4.1米。东侧双环壕间墙体长32米，基宽2.6、顶宽2、高1.7米；外环壕口宽约8、深约0.8~1.5米（彩图八九）。

14. 任新庄烽火台（编码621022353201170004；工作编号HXF010）

该烽火台位于环县甜水堡镇冯家沟村任新庄自然村西南墩儿梁上，为山体制高点。四周视野开阔，西、南侧临深沟，东、北侧为缓坡。西距何家口子烽火台8.41千米，东距李家畔内边墙体11.36千米。

烽火台由台体、围墙及环壕组成。台体用黄土夯筑而成，保存较好。台体位于围墙内西部，呈覆

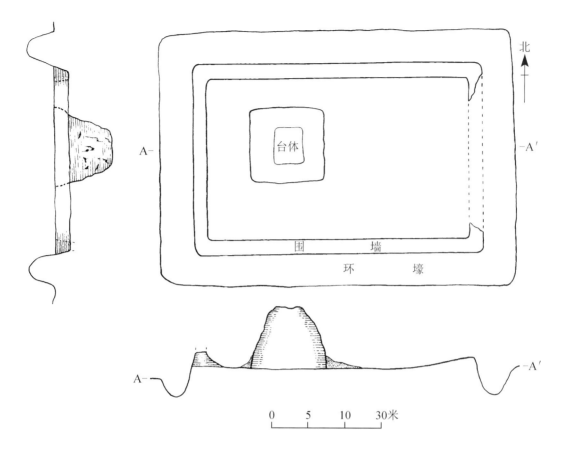

图五八 任新庄烽火台平、立、剖面图

斗形,较为高大;东、西壁较直;南、北壁坍塌较严重,坍塌堆土至台体中部,形成斜坡状,壁面分布有大量黑霉斑;东北角有多处掏挖的通往顶部的脚窝。围墙因雨水冲刷坍塌严重,北墙保存相对较好,墙体大部呈土垄状,豁口较多,门道位置不详。

台体方向正南北。台体底部边长 10.2 米,顶部东西 3.9、南北 5 米,高 7.5 米,夯层厚 0.2~0.22 米。围墙东西 38.9、南北 25.3 米,基宽 2、顶宽 0.9、内高 2.2、外高 6.1 米。壕沟宽 4.3、深 3.8 米(图五八;彩图八八)。

15. 何家口子烽火台(编码 621022353201170005;工作编号 HXF011)

该烽火台位于环县甜水堡镇大梁洼村何家口子自然村东北 0.9 千米山梁上。西、北侧地势平缓。西北距施家天池烽火台 4.41 千米。

烽火台由台体、围墙及环壕组成。台体及围墙用黄土夯筑而成,保存较好。台体较高大,呈覆斗形,东、北壁有大面积黑霉斑;南、西壁多风蚀剥落及自然坍塌,壁面有自上而下的水冲凹槽,底部堆土较高。围墙东墙南、北部多风蚀孔洞;北墙东部及顶部有剥落、坍塌,其余保存较好;门道在南墙中部,被流水冲蚀为豁口,向下塌陷。环壕较宽,外侧堆土较高。围墙内杂草丛生,西南角散见少量黑釉瓷罐残片。

台体方向北偏东 35°。台体底部东西 10、南北 8.2 米,顶部东西 5.5、南北 4 米,高 10 米,夯层厚 0.08~0.13 米。围墙东西 30.8、南北 32 米,基宽 4、顶宽 1.5、内高 2.5、外高 5.6 米,门道豁口宽 6 米。环壕口宽 7.3、深 3 米(图五九;彩图九〇)。

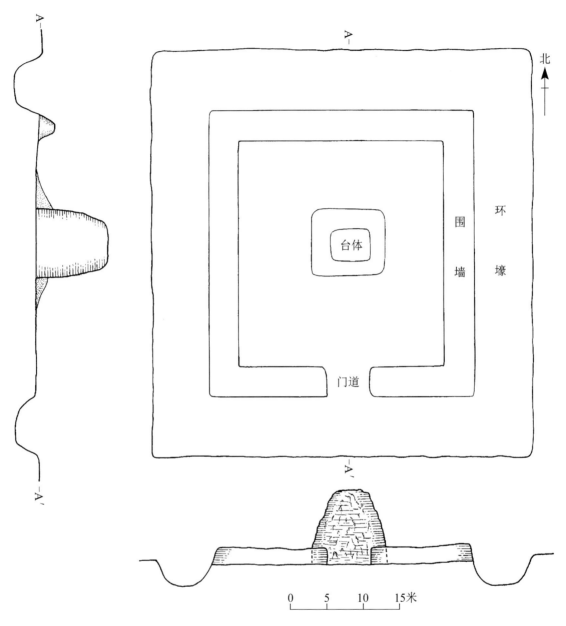

图五九　何家口子烽火台平、立、剖面图

采集遗物1件。

HXF011:1，青花碗圈足残底，青灰胎，内底绘青花菊花纹，釉色深暗。外底心无釉，有数道黑彩同心旋纹。底径7、高2.6、足高0.7厘米（图六〇）。

16. 施家天池烽火台（编码6403233353201170276；工作编号YCF064）

该烽火台位于盐池县惠安堡镇麦草掌村施家天池自然村南1.2千米墩墩梁上。西北距墩圈村烽火台4.2千米。

烽火台由台体、围墙及环壕组成。台体、围墙用黄土夯筑而成，保存较好。台体呈覆斗形，西北、西南角有多条细小裂隙；西北角中下部及东北角风蚀剥落坍塌严重，堆土较高；东北角有登台脚窝可登台顶。围墙基部完整，顶部残缺不齐，呈锯齿状；北墙紧靠内侧有长方形基址遗迹，被坍塌堆土掩

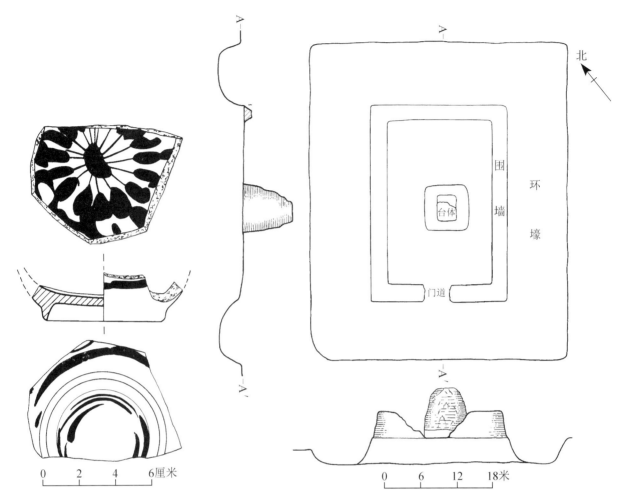

图六〇 青花残圈足碗底（HXF011：1）　　　　图六一 施家天池烽火台平、立、剖面图

埋严重，呈斜坡状堆积，局部裸露有红烧土墙体痕迹，有大量灰陶板瓦残片及少量灰陶筒瓦残片。

台体方向北偏东40°。底部东西7.4、南北7.7米，顶部边长3.3米，高8米，夯层厚0.17～0.26米。围墙东西23、南北32米，基宽4.5、内高5.5、外高9米，夯层厚0.13～0.14米。门在南墙，门道豁口宽6米。环壕宽10、深3～4.5米，北墙内侧基址遗迹东西9、南北6米（图六一；彩图九一）。

17. 墩圈村烽火台（编码640323353201170277；工作编号YCF065）

该烽火台位于盐池县惠安堡镇麦草掌村墩圈自然村北0.1千米低缓山梁上。北距墩圈山险墙0.05千米，西距三里沟村烽火台2.04千米。

烽火台由台体、围墙及环壕组成。台体、围墙由黄土夯筑而成，保存较好。台体呈覆斗形，东壁底部多风蚀孔洞、凹槽，下部有一孔小窑洞，中上部南侧有3处较大风蚀孔洞；南壁中上部有3～4处风蚀凹槽，东南角有痕迹模糊的登台脚窝至台顶，顶部较平坦；西壁有大面积黑霉斑；北壁下部东、西侧各有一处裂隙发育，中部有3处风蚀孔洞。围墙除东北角坍塌稍甚外，基本完整，南墙中部有拱形门洞，围墙内散见少量灰陶方砖、板瓦残片及黑釉罐、白釉碗底残片。

台体方向北偏东35°。台体底部东西11.9、南北12.1米，顶部边长7.5米，高11.5米，夯层

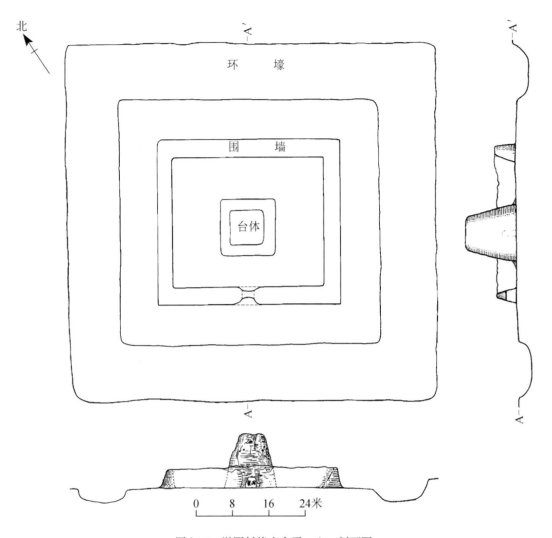

图六二　墩圈村烽火台平、立、剖面图

0.08 ~ 0.13 米。围墙东西 33、南北 27.8 米，基宽 3.6、顶宽 0.7、高 3.5 ~ 4.7 米。门洞底宽 2.6、高 2.2 米。环壕宽 12、深 2.4 米，内侧距围墙 8.5 米（图六二；彩图九二、九三）。

18. 三里沟村烽火台（编码 621022353201170008；工作编号 HXF012）

该烽火台位于环县甜水堡镇新庄沟村三里沟自然村东北 0.9 千米低缓山梁上。四周为弃荒地。东南距张新庄烽火台 5.21 千米，西北距甜水堡南烽火台 3.2 千米。

烽火台由台体、围墙及环壕组成。台体围墙黄土夯筑而成，保存较好。台体呈覆斗形，东、北壁底部积土较高，壁面长有野生枸杞树；南、北壁底部表层剥落、多风蚀孔洞，中下部多风蚀凹槽，顶部西南侧坍塌缺失，有人为攀爬蹬踏的脚窝至台顶；西壁夯层清晰。围墙西南、东北角坍塌损毁；西、北墙底部有大量的风蚀凹槽及孔洞；北墙下部块状坍塌，东、北墙顶部有垛墙痕迹；门道在南墙中部，墙外无环壕，其他三面环壕痕迹明显。围墙内南墙西侧有一长方形盗坑，地表散见少量石块、灰陶板瓦等建筑残件以及黑、白釉碗底等遗物。

台体方向北偏西 40°。台体底部东西 7.43、南北 7.15 米，顶部东西 3.64、南北 3.37 米，高 9.05 米，夯层厚 0.13 ~ 0.25 米。东壁底部堆土高 2.03 米，南壁外盗洞口长 1、宽 0.4、深 0.7 米。

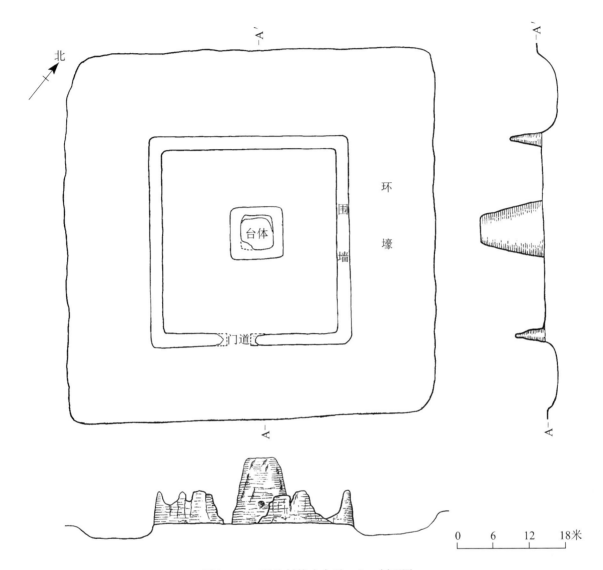

图六三 三里沟村烽火台平、立、剖面图

围墙东西 26.5、南北 27.2 米, 基宽 3.6、顶宽 1.2、内高 4.5、外高 7 米, 墙顶垛口宽 0.2、间距 1.4 米, 夯层厚 0.24~0.25 米, 南墙门道豁口宽 3.2 米。环壕宽约 12.4、深 2.5 米 (图六三; 彩图九四)。

19. 沙坡子村烽火台 (编码 640323353201170279; 工作编号 YCF066)

该烽火台位于盐池县惠安堡镇四股泉村沙坡子自然村东 1.5 千米石质山梁上。东北距甜水堡 3 千米, 西距营盘山烽火台 7.01 千米, 北距王庄科烽火台 10.71 千米。

所处山梁为石灰岩山体, 为萌城、甜水两地水泥厂的采石矿区, 炸石爆破、矿区道路、厂房对山体整体形貌改变很大。烽火台四周约 50 米范围内山体尚未破坏, 厂区爆破采石、粉尘污染对烽火台构成相当大的威胁。

烽火台由台体及围墙组成, 黄土夯筑而成, 夯土由东南山下运来。保存较好。台体呈覆斗形, 四壁较直, 东壁下部多风蚀孔洞, 中部因风蚀剥落、坍塌向内凹陷, 形成登台便道; 南壁下部有一孔小窑洞，洞顶多处坍塌；西壁中下部有两处较深的风蚀孔洞，西南角大部坍塌，底部有较深的风蚀凹槽，槽内有残石块做的支撑加固；北壁坍塌严重，中部裂隙较深，底部堆土较高；台体顶部平坦，长有杂草。围墙东墙仅存南、北部各一小段；南墙中西部有豁口，底部堆土较多；西墙顶部多塌陷，残缺不全，剩余墙体多风蚀孔洞和人为蹬踏的脚窝，西南角坍塌缺失；北墙保存较完整，底部有蜂窝状风蚀孔洞。围墙内炸山碎石遍布，杂草丛生。地表有少量灰陶砖、瓦残块，有少量的黑釉瓮、罐等瓷器残片。

　　台体方向北偏西15°。台体底部东西7.7、南北11.6米，顶部东西5.6、南北6.7米，高8.9米，夯层厚0.15~0.17米。窑洞口宽1.4、拱高1.6、进深3.4米。围墙东西36、南北35米，东墙门道豁口宽8米，墙体基宽3.7、顶宽1.2、高5.5米，夯层厚0.16~0.19米（图六四；彩图九五、九六）。

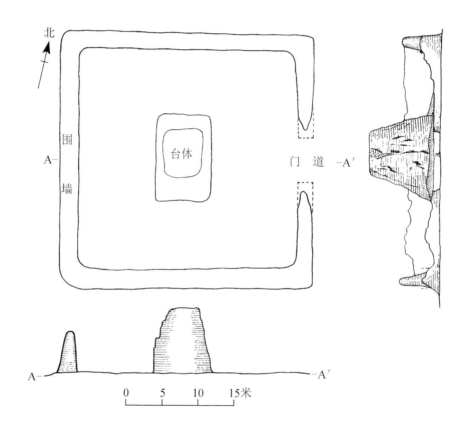

图六四　沙坡子村烽火台平、立、剖面图

20. 营盘山烽火台（编码640323353201170280；工作编号YCF067）

　　该烽火台位于盐池县惠安堡镇四股泉村沙坡子自然村东1.5千米山梁上。四周地势较平缓，西、北侧为耕地，南侧为荒滩草地。西南距六铺墩烽火台7.11千米。

　　烽火台由台体、围墙及外侧两道取土环壕组成。台体及围墙黄土夯筑而成，保存一般。台体呈覆斗形，东壁两侧因雨水侵蚀坍塌，向内凹；南壁西侧因雨水侵蚀形成长条形的凹槽；西壁表层有轻微剥落痕迹，底部多风蚀孔洞；西北角、东北角顶部剥落、坍塌；北壁剥落坍塌严重，底部堆土较高，壁面有大面积黑斑。围墙东墙坍塌有3处豁口，中段仅存中下部，两侧仅存底部，

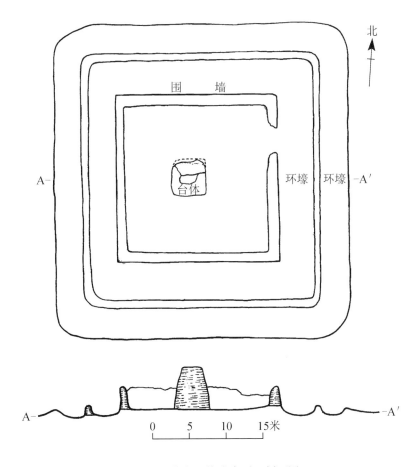

图六五　营盘山烽火台平、剖面图

北部有门；南墙坍塌呈土垄状，中部有一豁口，两侧墙底堆土较高；西墙保存较好，底部多风蚀凹槽；北墙顶部多塌陷；西南角保存较好，其余塌陷。围墙内长满杂草，地表散见少量碎石块、板瓦残片、白釉碗残片及少量黑釉缸、青花瓷残片。

　　台体方向北偏西5°。台体底部东西10.2、南北8.3米，顶部东西5、南北2.7米，高10.2米，夯层厚0.13~0.17米，北壁坍塌堆土高5.5米。围墙边长40米，东墙门道豁口宽7.5米，墙体基宽2.9、顶宽1.7、内高5.5、外高7米，夯层厚0.16~0.17米。内侧环壕宽8.5、外侧环壕宽7.1、深1.5、环壕间距1.2米（图六五；彩图九七）。

第三节　"固原内边"长城东段沿线关堡

甜水堡（编码621022353101170001；工作编号HXB002）

　　位于环县甜水堡镇，因城内有甘泉而得名。处于东南—西北走向的舌状黄土高塬，山间盆地西缘，紧临甘肃、宁夏两省区界，南、北、西三面为宁夏回族自治区地界，当地人形象地称之为甘肃省向宁夏回族自治区境内伸出的一个"铧犁"。堡东靠山梁，梁北为石截子沟山险，西南临山水沟河为西北流的山水河水系与东南流的环江水系分水岭。盆地东北山梁上分布数十座有高大封土堆的汉墓群，当

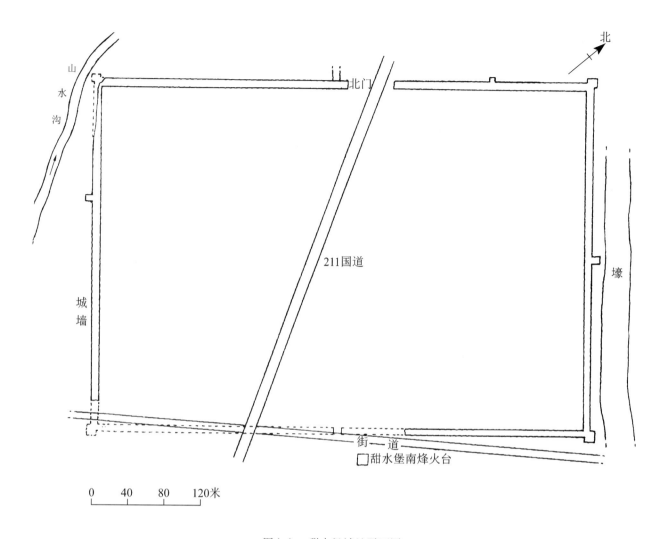

图六六　甜水堡城址平面图

地人称"黄粱堆"。堡处于山谷隘口处,北距宁夏回族自治区盐池县萌城堡2千米。西南距下马关40千米,南距环县100千米。

　　该堡相传为北宋庆历年间范仲淹所筑七堡之一,明代属庆阳府环县管辖。嘉靖二十一年(1452年),河西道王某重筑[1],置甜水堡关,关楼上原有"北地重门"悬榜题刻[2]。嘉靖三十五年(1556年),改甜水堡批验所于环县[3]。嘉靖四十五年(1556年),套部攻掠甜水等堡,总兵郭江等战死[4]。清代以后改设乡镇,1940年环县抗日民主政府甜水区政府驻于此,中华人民共和国成立后为区、乡、人民公社及乡(镇)政府驻地。

　　该堡由四周墙垣及马面、北门及瓮城(南门及瓮城已毁无存)、四角角台及护城壕组成,整体呈

〔1〕(清)许容纂辑:《甘肃通志》卷一○《关梁》"环县",《四库全书·集部》,叶54a。
〔2〕《嘉靖固原州志》卷一《文物衙门》,牛达生、牛春生校勘《嘉靖万历固原州志》,宁夏人民出版社,1985年,第24~25页。
〔3〕《明世宗肃皇帝实录》卷四三一"嘉靖三十五年正月己丑"条,(台北)"中央历史研究院"历史语言研究所校印,1961年,第7445页。
〔4〕(清)顾祖禹,贺君次、施和金点校:《读史方舆纪要》卷五八《陕西七》,中华书局,2005年,第2802页。

中字形。保存一般。堡东西580、南北400米，周长1960米，占地面积约23.2万平方米。东墙方向北偏西40°。

堡东、西、北墙保存基本完整，墙体内外两侧有窑洞，内侧居多。部分窑洞因坍塌内外通透，成为出入便道。东墙基宽13.5、顶宽6.3、高8米。南墙保存东段216米，墙体高大，顶部平坦，东部豁口处建有一处仿古门楼；西段及西墙南段被平毁，外侧有一座烽火台。西墙外侧被山水沟河冲刷切割严重，墙顶被取土切削成台阶状；南端损毁约40米，外侧墙顶距沟底约50米。北墙西段顶部内侧有电线杆及窑洞烟筒，墙顶残留多座20世纪50年代"大跃进"运动时大炼钢铁的窑炉。中部公路豁口宽52米。因211国道穿城而过，南北城门处为豁口，仅北门瓮城西墙存少部分，长12米。东墙中部有一窄长形马面，马面顶部南侧存垛墙，两侧墙体有水冲豁口，距东南角台206米，凸出于墙体13米，长9.2、顶宽2.5米；顶部南侧存垛墙，高约0.3米。

北墙东段中部有一座马面。外侧坍塌严重，底部堆土较高，顶部长有杂草；东距东北角台114米，凸出于墙体8、基宽5.8、顶宽2.4米。

堡西南角台人为损毁严重，仅存痕迹；西北角台外侧被山水沟河侵蚀塌陷严重；东南角台及东北角台保存较好，东南角台上有山神庙，东北角台底部有近代掏挖的地道。东北角台底部凸出于墙体3.5、顶部边长3.5米。

堡东墙外护城壕痕迹明显，宽约30、深4.3米，南段大部分因取土损毁严重。

堡内为甜水镇街区及居民区，建筑密集，相关附属设施无存（图六六；彩图九八～一〇二）。

第四章

"固原内边"长城中段

第一节 "固原内边"长城中段墙体

"固原内边"长城中段墙体从响石沟至石峡口,主要处于今宁夏同心县境内。现有"固原内边"长城墙体从响石沟(今同心县下马关镇东15千米老爷山顶)起,到下马关城止,长15750.3米,多为夯筑土墙。其间墙体南侧分布有六处附带铺舍的烽燧设施,由下马关城以东计数,分别为"头铺墩、二铺墩……六铺墩"。该段墙体除东段四铺墩以东沙丘区平地墙体多为流沙掩埋、老爷山西麓山坡段墙体被山洪冲毁、西端临近下马关城墙体因城镇扩建损毁无存外,大部保存相对较好。整体呈东—西走向,现存墙体大部用黄沙土夯筑而成,坍塌损毁,现大部分呈土垄状,夯层较均匀。基宽4~8、高2~4.4米,夯层厚0.15~0.26米。东端处于老爷山顶,现存100余米墙体外侧包砌有石片,东端与环县境内山险墙相连,西端与下马关城相接,北侧壕沟多被流沙、淤泥掩埋,仅五铺墩段墙体外侧因受山洪冲刷,壕沟宽、深达数十米。四铺墩一带墙体两侧沙地分布有多座临墙小堡。

下马关以西在同心县境内再未发现人工墙体,参照《边政考》《九边图说》等史料记载,以及沿线分布的城址、烽火台等相关遗迹,可以标识出这段墙体的大致走向。下马关向西经小罗山、半个城(今同心县豫海镇)进入海原县境,过红古城、庙山石峡口,石峡口以西属"固原内边"长城西段。下马关以西至庙山石峡口烽燧线长约60千米,沿线调查烽火台11座、关堡1座。

1. 六铺墩以北包石墙体(编码640324382101170001;工作编号 TXQ001)

G046~G047,长120.1米。保存较好。属外侧包石的夯筑墙体。位于同心县下马关镇郑儿庄村秦家老子自然村东北2.75千米老爷山顶。老爷山顶及西麓山坡为裸露的石灰岩山体,因自然风化,时常崩塌,沟底散布滚落的大小石块,可能为"响石沟"名称之来源。而因山顶建有关老爷庙,遂改今称。此段墙体为明代嘉靖年间王琼所筑"下马房(下马关)东响石沟一带损毁旧堑"起点,东端接白家沟人工铲削山险墙,沿老爷山东麓山坡蜿蜒而上至老爷山顶,山脊大体为甘肃省(环县)与宁夏回族自治区(同心县)两省区界,东北约2.5千米整个山脊为环县、盐池县、同心县交界点。南距六铺墩烽火台0.166千米,西端距下马关堡15.5千米。

墙体呈东—西走向,分为2段,老爷山东麓山坡段长约80米,墙体损毁严重,墙顶两侧豁口较多,外侧包砌石片多不存,夯层清晰,夹杂砂砾石块。墙体北侧有较明显的人工挖掘的壕沟,沟内东端因流水侵蚀崩塌严重；西段山顶长40.1米的墙体，保存较好，墙体剖面呈梯形，内为夯筑土墙，外侧（北侧）用片石砌护，收分较大，顶部女墙等设施可能为片石砌成，坍塌损毁严重。墙体筑于石质地表上，夯土从老爷山东麓山坡挖取，东侧数百米处白家沟铲削山险墙台地及南侧山坡上的人工阶地可能为采土场。

墙体东端坍塌处基宽6.5、顶宽4.8、高5.7米，夯层厚0.17~0.26米。北侧壕沟底宽3、口宽8、深0.5~1.5米。西段墙体石砌护壁厚0.85米，残存女墙高0.15~0.28米，包砌墙体的石块长40~85、宽19~30、厚5~40厘米（图六七；彩图一〇三）。

2. 老爷山西麓—三铺墩濒临消失墙体（编码640324382101170001~640324382101170003；工作编号TXQ002）

G047~G052，长7184.5米。墙体主要受山坡地形限制以及风沙、雨水冲蚀等自然因素损毁严重，时断时续，遗迹很少，山麓洪积扇上墙体外侧壕堑被山洪冲蚀为宽大的冲沟，保存较差（此段墙体在地形图上无标绘）。西端距下马关堡7.5千米。根据保存状况分为5段。

第一段：G047~G048，长1695.3米。墙体消失。处于老爷山西麓山坡，山体陡峭，岩石裸露，受山洪冲刷及山石风化剥落，墙体现已无存。

第二段：G048~G049，长796.7米。老爷山底至五铺墩段墙体，保存较差。处于老爷山西麓山坡底部至山前洪积扇上，山坡上墙体两侧为荒漠沙地，近五铺墩地段墙体低矮，多被流沙掩埋，仅剩基部，局部呈土垄状，一些地段受山洪冲刷坍塌严重。墙顶长满杂草，墙基底部多有黄鼠等动物掏挖的洞穴，墙体两侧为山间水冲沟壑。墙体基宽3~4.5、顶宽0.3、高约1.2米。

第三段：G049~G050，长1961.9米。五铺墩至四铺墩段，保存较差。墙体东端位于五铺墩烽火台北0.12千米，西端与四铺墩烽火台围墙东北角相接，呈东—西走向。东段墙体低矮，时断时续，大部被流沙覆盖，地面仅存风蚀痕迹，长有稀疏杂草，两侧多分布流动沙丘，北侧沟壑受山洪冲刷影响有所扩展。中、西段墙体残存中下部，坍塌呈土垄状，部分夯层清晰。墙体北侧沟壑被流沙掩埋严重，两侧台地上大面积种植固沙柠条林带，周围地面散见少量灰陶板瓦残片及锈蚀的铁器残片。东段残存墙体基宽4~5.5、顶宽0.25、高约1.4米，夯层厚0.09~0.15米。北侧沟壑底宽4、口宽41、最深45米。中段墙体基宽3、顶宽0.8、高3米（图六八；彩图一〇四）。

第四段：G050~G051，长1948.1米。四铺墩至三铺墩东，该段处于风沙源区，墙体被流沙掩埋或因风蚀、雨水侵蚀消失，地表无痕迹，局部墙体北侧有较浅的壕沟，位置走向仅能根据两端墙体来判断，周围地表沙化严重，分布有大面积的流动沙丘。墙体南北两侧沙地分布有6座临墙小堡（图六九、七〇）。

第五段：G051~G052，长782.5米。三铺墩以东至三铺墩段墙体，保存较差。该段由于周围地表沙化减弱，墙体逐渐露出，愈向西墙体痕迹愈明显。残留墙基呈宽平的脊状，表面被大风刮蚀干净，局部形成一层坚硬的白色碱壳。墙体北侧壕沟因积沙填埋，痕迹不明显。墙体基宽4~5.5、高0.1~0.4米，夯层厚0.12~0.15米。

3. 三铺墩—头铺墩以西间保存较好墙体（编码640324382101170004~640324382101170006；工作编号TXQ003）

G052~G055，长7604.4米。保存较好。墙体位于韦州—下马关盆地南缘，周围地势平缓。属夯筑土墙，基本连续，呈较宽的脊状土垄，相对高大，走向清楚。北侧壕堑多数地段为风沙泥土淤塞填平，局部仅存痕迹，有一条与墙体并行的下马关至郑儿庄砂石公路。沿途有数处穿越墙体的乡间便道及取土形成的豁口，愈接近下马关，豁口愈宽。豁口处夯层清晰，夯土呈粗糙的红褐色颗粒状，夹杂砂石颗粒。墙体两侧为大片的田地及正在兴建的移民新村。西端距下马关堡 3.58 千米。根据墙体走向及沿线墩台分布情况分为 3 段。

第一段：G052 ~ G053，长 2907.6 米。三铺墩至二铺墩墙体中间有两处分别宽 27、15.3 米的便道豁口，其余地段墙体除墙基两侧局部被铲削以及田鼠等动物掏挖的洞穴外保存较好。接近二铺墩墙体外侧壕堑尚存痕迹，墙体基宽 4.8、顶宽 1.2、高 2.7 米，夯层厚 0.15 ~ 0.19 米。墙体基宽 5.5、顶宽 1.3、高 2.2 米。其余墙体基宽 4.3 ~ 4.8、顶宽 0.3 ~ 1.5、高 1.2 ~ 3 米（图七二；彩图一〇五）。

第二段：G053 ~ G054，长 2840.2 米。二铺墩至头铺墩墙体呈东南—西北走向。整体呈土垄状，基本连续，保存较好。西段临近下马关镇，村落密集，田畴交错，地表沙化趋弱，墙体两侧积沙减少，两壁较直，夯层清晰，一些地段壕堑痕迹明显。墙体因取土、耕田铲削、开路通行等人为破坏现象逐渐加重，有 4 处宽 13 ~ 28.5 米的人为破坏豁口。墙体基宽 8 ~ 9、顶宽 1.5 ~ 2.8、高 4 ~ 4.7 米，夯层厚 0.15 ~ 0.22 米。墙体折拐处外侧壕堑宽 6.7、深 0.7 米（彩图一〇六）。

第三段：G054 ~ G055，长 1856.6 米。头铺墩以西至下马关镇东墙体消失处。墙体临近下马关镇，北侧道路宽阔，中部坍塌形成 2 处 70 ~ 80 米的豁口，为出入便道。墙体由于居民建房，破坏殆尽，保存较差。墙体上因耕种、取土、打井、倾倒垃圾等生产、生活活动形成的人为损毁较普遍，两侧散落少量的灰陶板瓦、青花瓷片及白、黑釉粗瓷片。墙体基宽 7.8、顶宽 1.2、高 4.5 米，夯层厚 0.18 ~ 0.21 米（图七一；彩图一〇七）。

4. 头铺墩西—下马关濒临消失墙体（编码 640324382101170006；工作编号 TXQ004）

G055 ~ G056，长 841.3 米。保存差。南侧临同心县下马关小堡，西端接下马关堡，呈东—西走向。墙体东段因取土形成一处较大的垃圾填埋坑，有少部分作为院墙、地界得以保存，濒临消失；西段由于居民建房、203 省道横穿等原因，与下马关连接处无法辨认，只能根据墙体走向大致判断可能交接于下马关城东北角。墙体基宽 1 ~ 2、高 0.5 ~ 2.5 米（见图七一）。

第二节　"固原内边"长城中段沿线烽火台

1. 六铺墩烽火台（编码 640324353201170001；工作编号 TXF001）[1]

该烽火台位于同心县下马关镇郑儿庄村秦家老子自然村东北 2.75 千米老爷山石质山顶上。西南距五铺墩烽火台 2.25 千米，东北距营盘山烽火台 7.11 千米，北距六铺墩内边墙体 0.126 千米。

烽火台由台体、围墙组成。台体高大，四壁较直，保存较好。围墙大部位于老爷山西麓山坡上，台体及围墙用黄土夯筑而成，夯层中夹杂有少量的细砂石，筑墙夯土取自约 200 米外东侧山坡黄土台地。台体东壁紧靠围墙东墙，南壁有斜坡登台马道，其他壁面较直，台顶平坦。围墙四角底部有少量堆土，东、北墙底部多风蚀孔洞，壁面轻微剥落，南墙较薄，南北墙西段底部有一处水蚀

---
〔1〕 调查文本中登记名称为六步墩烽火台。

洞；门洞在西墙偏南部，呈拱形，系筑墙后掏挖而成。围墙内为斜坡状石质坡地，长满杂草。铺舍基址位于院内中部，平面呈长方形，仅存一周石砌基石，地面散见少量灰陶砖瓦残片，褐、酱釉缸残片及白釉碗底残片。

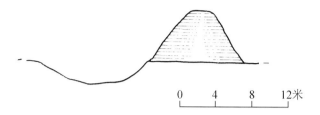

图七二 三铺墩西墙体剖面图

台体方向北偏西12°。台体底部东西16、南北13米，顶部东西6.4、南北5.7米，高8.5米，夯层厚0.25~0.27米。围墙东墙长65、南墙长63、西墙长49、北墙长68米，高5.5米，南墙基宽3、其他墙体基宽3.8、顶宽1.7米。门洞底宽1.95、高2.3米，南侧距围墙西南角13米。夯层厚0.23~0.28米，基址东西21.3、南北11.7、高0.28米（图七三；彩图一〇八、一〇九）。

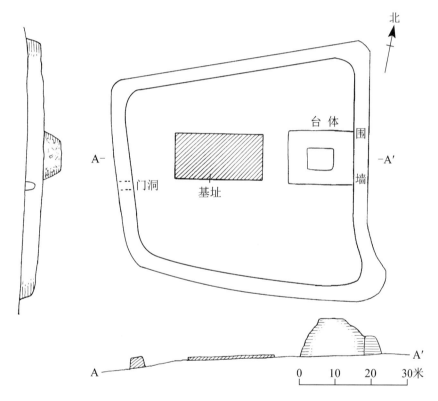

图七三 六铺墩烽火台平、立、剖面图

采集遗物1件。

TXF001：1，青花碗底。弧腹，尖圈足，内底有青花团花图案，外壁青花纹带，青花呈蓝黑色。底径7.5、高3.4、足高0.9厘米（图七四；彩图一一〇）。

2. 五铺墩烽火台（编码64032 4353201170002；工作编号TXF002）[1]

该烽火台位于同心县下马关镇郑儿庄村秦家老子自然村北0.75千米山丘上。西距四铺墩烽火台1.69千米，东北距六铺墩烽火台2.25千米，北距五铺墩内边墙体0.194千米。

----

〔1〕 调查文本中登记名称为五步墩烽火台。

烽火台由台体、围墙及基址组成。台体呈覆斗形，黄土夯筑而成，夯层中夹杂少量的细砂石，四壁较直，保存一般。围墙被沙土掩埋呈慢坡状，仅存痕迹。台体东壁中部有一道水蚀凹槽，凹槽北侧有人为铲挖的登台脚窝；南壁上部有一处裂隙发育；西壁及北壁中上部分布有大面积的黑霉斑，下部多风蚀孔洞及凹槽，底部堆土较高。院内为石质地表，四周分布大量半固定沙丘。东壁东侧地表残存一处基址，平面呈长方形，仅存石砌墙基痕迹，散见少量白釉碗，褐、黑釉瓮、双耳罐，夹砂灰陶釜及灰陶板瓦等残片。

台体方向北偏西 10°。台体底部东西 13.8、南北 13.4 米，顶部东西 7.8、南北 5.4 米，高 12.8 米，夯层厚 0.19 ~ 0.26 米。围墙东西 62、南北 67.6 米，基宽 3、高 0.5 ~ 0.8 米。基址东西 3、南北 3.6 米，基宽 0.3、高 0.2 米（图七五；彩图一一一）。

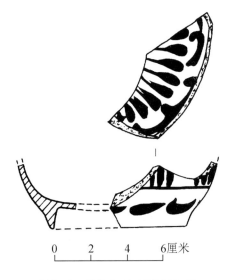

图七四　青花碗底（TXF001∶1）

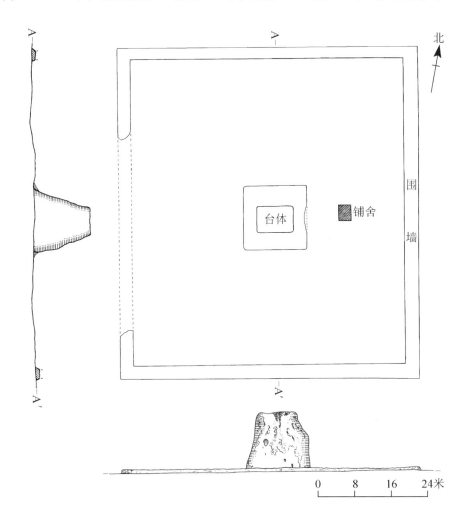

图七五　五铺墩烽火台平、立、剖面图

3. 四铺墩烽火台（编码640324353201170003；工作编号TXF003）[1]

该烽火台位于同心县下马关镇郑儿庄村周儿庄自然村西南0.65千米沙地上。东北侧围墙外有水蚀壕堑。西距三铺墩烽火台2.5千米、下马关城11.02千米。

烽火台由台体、围墙组成。保存一般。台体用黄土夯筑而成，夯层中夹杂有少量的细砂石，壁面较直。东壁底部及顶部多风蚀孔洞，壁面中部夯层清晰，较平整；南壁有一道自上而下的水冲槽，将台体分割为两部分；西壁坍塌剥落形成两道横向槽；北壁东侧有登台脚窝至台顶。围墙四角坍塌缺失，东墙保存较好，墙体表面均有轻微剥落，中下部多风蚀孔洞，南墙西段多处坍塌，门道在南墙中部。院落内长满杂草，地面散见灰陶罐口沿残片，夹砂黑、白釉碗及零星的青花瓷片。

台体方向北偏西10°。台体底部边长14.1米，顶部东西8.5、南北5.7米，高12.8米，夯层厚0.19~0.26米。围墙东西26、南北22米，基宽1.6、顶宽0.6、内高4、外高7.1米，南墙门道宽3.6米（图七六；彩图一一二）。

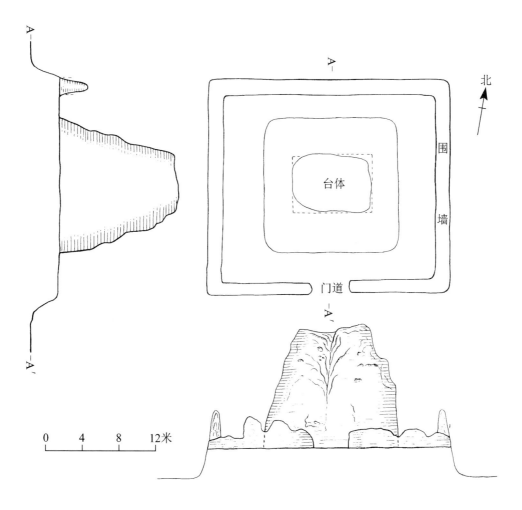

图七六 四铺墩烽火台平、立、剖面图

---

〔1〕 调查文本中登记名称为四步墩烽火台。

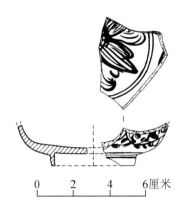

图七七　青花残圈足碗底（TXF003:1）

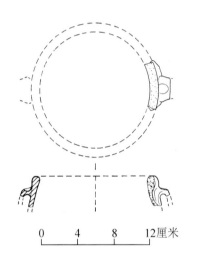

图七八　黑釉双耳罐口沿残片（TXF003:2）

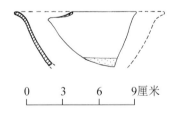

图七九　白釉碗口沿残片（TXF003:3）

采集遗物 3 件。

TXF003:1，青花残圈足碗底。弧腹、窄圈足、大平底，内底双线内绘写意团花花瓣纹，外壁绘缠枝花卉纹，青花呈浅蓝色。底径约 6.4、高 3.5、足高 0.7 厘米（图七七；彩图一一三）。

TXF003:2，黑釉双耳罐口沿残片。侈口，圆唇，外壁口沿下残存一立耳，耳面有一处手指按窝。夹砂灰白胎，内外壁施黑釉，口沿无釉。口径约 18.2、高 4.2 厘米（图七八）。

TXF003:3，白釉碗口沿残片。侈口，弧腹。浅灰胎，内外壁施灰白釉。口径约 12.8、高 4.3 厘米（图七九）。

4. 三铺墩烽火台（编码 640324353201 170004；工作编号 TXF004）[1]

该烽火台位于同心县下马关镇陈儿庄村三铺墩自然村东北 0.55 千米处平地上。西距二铺墩烽火台 2.85 千米、下马关城 7.5 千米。

烽火台由台体、围墙组成。台体多剥落坍塌，底部堆土较高。保存一般。台体用黄土夯筑而成，夯层中夹杂有少量的细砂石。东壁块状崩塌严重，壁面内凹；南壁剥落严重，底部风蚀小孔洞呈带状分布；西壁南部块状崩塌，北部经长期雨水冲蚀形成自上而下的水冲壕；北壁东侧上部坍塌缺失，壁面轻微剥落，有黑斑，中下部夯层清晰，东北角坍塌缺失，为登台便道；台顶有一凹坑。围墙坍塌为土垄状，西北、东南角坍塌缺失，门道在西墙中部。院内长满杂草，散落有零星的砖瓦残片。

台体方向北偏西 10°。台体底部东西 9.1、南北 6.3 米，顶部东西 4、南北 3.8 米，高 7.4 米，夯层厚 0.2 ~ 0.22 米。围墙东墙长 32、南墙长 33、西墙长 35、北墙长 30 米，基宽 2.6、内侧高 1、外侧高 2 米（图八〇；彩图一一四）。

---

[1]　调查文本中登记名称为三步墩烽火台。

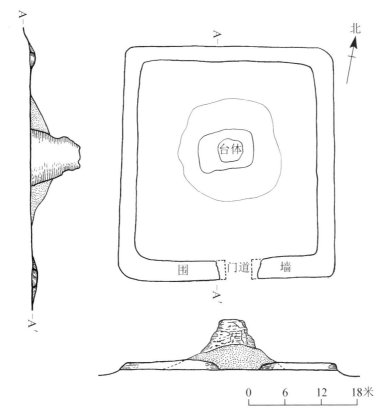

图八〇 三铺墩烽火台平、立、剖面图

5. 二铺墩烽火台（编码 640324353201170005；工作编号 TXF005）[1]

该烽火台位于同心县下马关镇陈儿庄村二铺墩自然村东北 1 千米处平地上。西距头铺墩烽火台 2.91 千米、下马关城 5.7 千米。

烽火台由台体、围墙和环壕组成。台体用黄土夯筑而成，夯层中夹杂有少量的细砂石，壁面剥落、坍塌严重，围墙大多坍塌为土垄状。保存一般。台体东壁底部分布有带状风蚀凹槽，中部南侧分布有风蚀孔洞；南壁因长期雨水冲蚀形成自上而下的水冲壕，将壁面分割为两块；西壁壁面较直，中部分布有带状凹槽；北壁紧靠内边墙体，轻微剥落，中部有登台便道。围墙多坍塌成土垄状，长满杂草；南墙较高大，门道在中部，门道西壁有一孔小窑洞。除北墙外，其余墙体外侧环壕保存较好，南侧环壕西部有一口水井，水深约 30 米。院内为耕地。

台体方向北偏西 20°。台体底部东西 12、南北 12.4 米，顶部东西 5、南北 5.5 米，高 9.5 米，台底四周堆土高 2~3 米。围墙边长 69、基宽 4.7 米，西墙内高 2.5、外高 5.7 米。门道宽 11 米。西侧环壕口宽 21.4、深 2.8 米（图八一；彩图一一五）。

采集遗物 1 件。

TXF005：1，残圈足碗底。弧腹，足外撇，足尖较圆钝。夹砂浅灰胎，内壁施白釉，内底有宽涩圈，外壁施黑釉，胫底部有两周剔釉旋纹。底足无釉，底心微凹。底径 6.6、高 4.4、足高 1 厘米（图八二；彩图一一六）。

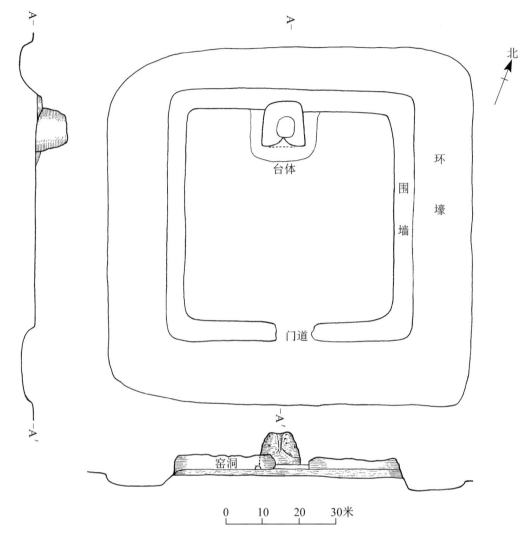

图八一　二铺墩烽火台平、立、剖面图

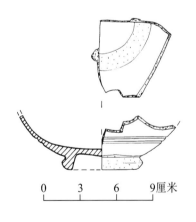

图八二　残圈足碗底（TXF005:1）

6. 头铺墩烽火台（编码 64032435 3201170006；工作编号 TXF006）[1]

该烽火台位于同心县下马关镇南关村马家新庄东北 1.95 千米、内边墙体南侧平地上。西距下马关城东小堡东墩 2.16 千米、下马关城 2.7 千米。

烽火台由台体、围墙组成。台体及围墙用黄土夯筑而成，夯层中夹杂有少量的细砂石。台体保存一般，四壁多坍塌；北壁紧靠内边墙体；东壁底部块状剥落，风蚀掏空，多蜂窝状小孔；南、北壁中部有水冲凹槽，可登台顶；西壁剥落，下底部有三处风蚀凹槽。围墙四角坍塌，东、西墙较高大，表层剥落，底部多风蚀孔洞，有细小裂隙发育，墙顶大多坍塌，部分墙体

---

〔1〕 调查文本中登记名称为一步墩烽火台。

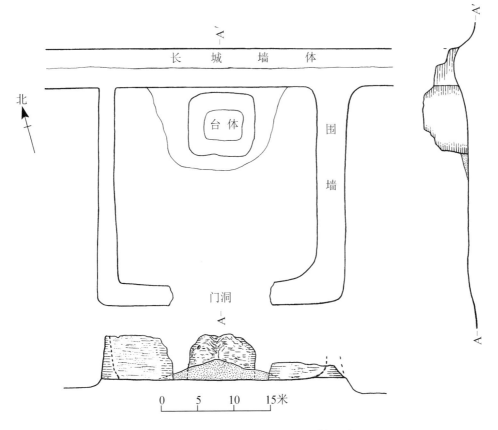

图八三 头铺墩烽火台平、立、剖面图

残留女墙痕迹；南墙大部坍塌，门道在中部。院内为休耕地，长满杂草。

台体方向北偏东15°。台体底部东西9、南北8米，顶部东西5.3、南北4米，高6.2米，夯层厚0.14~0.2米。围墙边长30、西墙基宽3.1、高5.9米，门道豁口宽13.5米，夯层厚0.19~0.21米（图八三；彩图一一七）。

采集遗物1件。

TXF006:1，夹砂灰陶罐口沿残片。宽平沿，沿边一周鸡冠状花边压印纹。口径约25.2、高5厘米（图八四；彩图一一八）。

7. 小罗山烽火台（编码640324353201170041；工作编号TXF007）

该烽火台位于同心县田老庄乡席家井村泉儿庄自然村东1.3千米小罗山梁上。东距下马关城8.25千米，西北距黑山墩烽火台6.1千米。

烽火台无围墙。保存较差。台体用黄土夯筑而成，夯层中夹杂有少量的细砂石，四壁因长期雨水冲蚀坍塌成慢坡状土丘，长满杂草，底部多分布带状凹槽，南壁顶部、西壁下底中部有一处圆形盗洞。

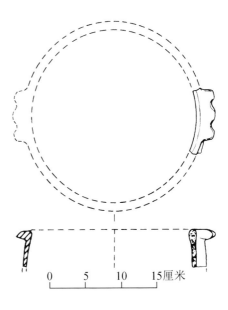

图八四 夹砂灰陶罐口沿残片（TXF006:1）

台体方向北偏西45°。台体底部边长15米，顶部东西7、南北9.1、高6.5米，夯层厚0.24～0.27米。西壁盗洞口径1、深3米（彩图一一九）。

8. 黑山墩烽火台（编码640324353201170042；工作编号TXF008）

该烽火台位于同心县田老庄乡席家井村黑山墩自然村北0.5千米山梁上。四周为平地，南北两侧为陡峭崖壁。西南距千台山烽火台3.75千米。

烽火台由台体、围墙和环壕组成。保存较差。台体用黄土夯筑而成，四壁坍塌呈慢坡状，长满杂草，底部多分布带状凹槽，四周为耕地。围墙、环壕仅存西北角。

台体方向北偏东10°。台体底部边长14米，顶部东西4.7、南北4.1米，高7.5米，夯层厚0.23～0.25米。围墙边长约25米，墙体基宽约2、高1.5、距台体4.5米。外壕宽约3、深1.5米（图八五；彩图一二〇）。

9. 千台山烽火台（编码640324353201170043；工作编号TXF009）

该烽火台位于同心县田老庄乡杨家新庄村西北0.3千米千台山顶。东北距黑山墩烽火台3.75千米，西距杨家山烽火台6.75千米。

烽火台由台体、围墙和环壕组成。保存一般。台体黄土夯筑而成，夯层中夹杂有少量的细砂石，四壁有裂隙及雨水冲蚀形成的豁口，坍塌严重；东壁下堆土较高，台顶中部有一较浅的椭圆形陷坑。

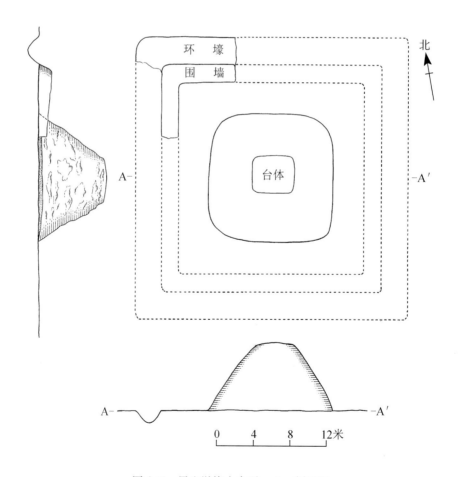

图八五　黑山墩烽火台平、立、剖面图

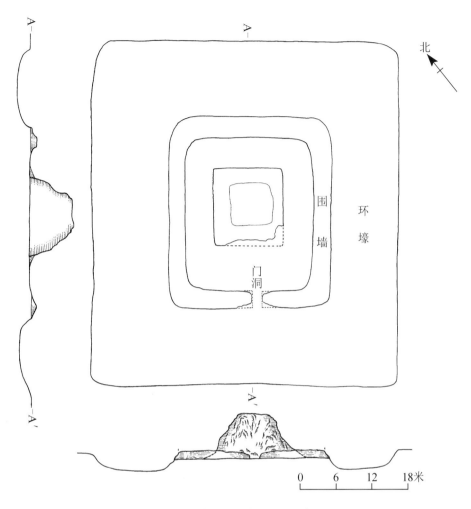

图八六 千台山烽火台平、立、剖面图

院内长满杂草。围墙坍塌呈土垄状，北墙有多处水冲豁口，门道在南墙中部。环壕大部分淤平，壕内长满杂草。

台体方向北偏东40°。台体底部东西13.6、南北15米，顶部边长6.5米，高8.7米。围墙东西27、南北32米，基宽3.7、顶宽0.5米，北墙内高1.4、外高3.5米。门道宽2米。环壕宽14.7、深2.5米。台体夯层厚0.21~0.23米，围墙夯层厚0.17~0.19米（图八六；彩图一二一）。

10. 杨家山烽火台（编码640324353201170044；工作编号TXF010）

该烽火台位于同心县田老庄乡李家山村杨家山自然村西北0.3千米山梁上。四周山峦起伏，地势较高。东距千台山烽火台6.75千米，西南距八方烽火台18.5千米。

烽火台由台体、围墙和环壕组成。保存一般。台体及围墙用黄土夯筑而成。台体东壁轻微剥落；南壁下部有一孔小窑洞；西壁中部有一水冲壕，为登台便道；北壁长满杂草，壁面有大面积的黑霉斑。围墙仅南墙中部一段保存较好，其余仅存痕迹。环壕仅西侧保存较好。院内及环壕内为耕地，地面有零星黄釉罐口沿残片。

台体方向北偏东30°。台体底部东西16.5、南北12.6米，顶部东西6.5、南北3.4米，高5.8米，夯层厚0.17~0.2米，南壁窑洞宽1.3、进深1、高0.6米。围墙边长32米，基宽2、内高0.6、外高

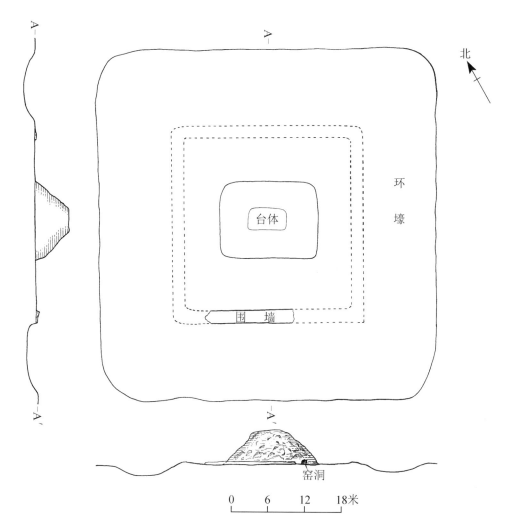

图八七　杨家山烽火台平、立、剖面图

1.4 米。环壕宽 12.5、深 1.5 米（图八七；彩图一二二）。

11. 八方烽火台（编码 640324353201170045；工作编号 TXF011）

该烽火台位于同心县预海镇八方村西北 1.3 千米山梁上。周围为低缓起伏的戈壁滩，沟壑纵横，砾石遍地。南距下沙沿烽火台 6.75 千米，东南距墩墩梁烽火台 7.25 千米。

台体呈覆斗形，黄土夯筑而成，夯层中夹杂有大量的细砂石。无围墙。保存一般。台体东壁多风蚀孔洞，中下部纵向分布多条裂隙；南壁及西壁中部有水冲壕，东、西两侧风蚀剥落严重，底部多风蚀孔洞；北壁因风蚀夯层清晰，分布大面积的黑霉斑。台底有风积细沙。

台体方向北偏西 10°。底部东西 11.3、南北 12 米，顶部东西 5.4、南北 6.5 米，高 6.4 米，夯层厚 0.21 ~ 0.23 米（图八八；彩图一二三）。

12. 墩墩梁烽火台（编码 640324353201170046；工作编号 TXF012）

该烽火台位于同心县预海镇余家梁村东北 1 千米低缓山梁上。西南距下沙沿烽火台 5.46 千米。

烽火台由台体、围墙和环壕组成。保存一般。台体呈覆斗形，黄土夯筑而成，坍塌呈土丘状，四角基本可辨，东、西壁坍塌，南壁中部有一凹坑，北壁分布大面积的黑霉斑，四壁底部多分布风蚀小孔，台顶中部有一处盗坑。围墙坍塌呈土垄状，南墙中部有门道豁口，环壕形制尚存。院内及环壕内长满杂草，地面散见少量灰陶砖瓦残片。

台体方向北偏西45°。台体底部东西12.2、南北13.6米，顶部边长3米，高6.5米，夯层厚0.2～0.23米。围墙东西23.8、南北28米，门道豁口宽8.7米，基宽2.8、顶宽0.4、内高1.1、外高5.5米。环壕宽9、内侧深3.5、外侧深4.1米（图八九；彩图一二四）。

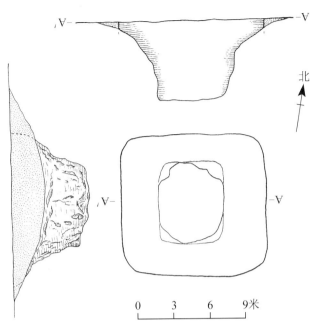

0　　　3　　　6　　　9米

图八八　八方烽火台平、立、剖面图

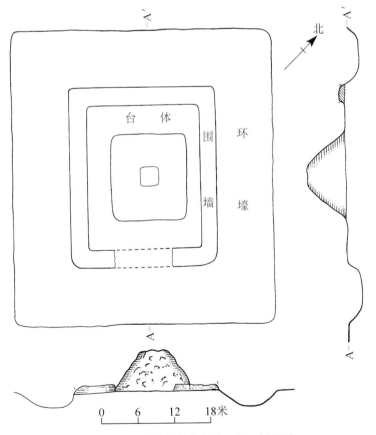

0　　　6　　　12　　　18米

图八九　墩墩梁烽火台平、立、剖面图

13. 下沙沿烽火台（编码640324353201170047；工作编号 TXF013）

该烽火台位于同心县预海镇下沙沿村南1.8千米台塬地上。南距油坊院烽火台2.36千米。

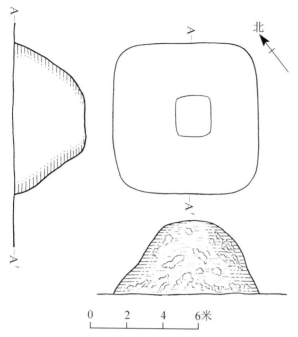

图九〇　油坊院烽火台平、立、剖面图

台体呈覆斗形，无围墙。保存一般。台体建于一铲削形成的土台上，黄土夯筑而成，夯层中夹杂有少量的细砂石，壁面多风蚀孔洞，四角大部分坍塌，北壁中部塌陷形成登台便道。

台体方向北偏西25°。土台东西22.5、南北26、高3.2米。台体底部东西15、南北12米，顶部东西5.1、南北3.6米，高8.7米，夯层厚0.09~0.12米（彩图一二五）。

14. 油坊院烽火台（编码640324353201170048；工作编号TXF014）

该烽火台位于同心县预海镇联合村油坊院西北1.2千米山坡上。西临清水河谷地，北距下沙沿烽火台2.36千米，西南距红古村烽火台6.8千米。

台体无围墙。保存一般。台体黄土夯筑而成，夯层不明显，呈土丘状，四壁长满杂草，东壁南侧上部有一掏挖的小凹坑，西壁中部因雨水冲蚀形成自上而下的水冲壕，北壁下底部多带状凹槽。

台体方向北偏东40°。台体底部边长约8、顶部边长2、高4米（图九〇；彩图一二六）。

15. 红古村烽火台（编码640324353201170049；工作编号TXF015）

该烽火台位于同心县兴隆镇红古村西北0.3千米清水河西侧台地上。西南距烂沟子烽火台3.5千米。

台体因修路、取土大部损毁，残留长方形台基，夯土痕迹明显。保存差。台体底部东西宽9.5、南北长10、高0.3米。

16. 烂沟子烽火台（编码640324353201170050；工作编号TXF016）

该烽火台位于同心县兴隆镇烂沟村西南1.2千米西岭子山山前台地上。台地开发改造为引黄农业灌区，烽火台位于引黄西干渠西侧5米处。西北距马家堡子烽火台8.5千米。

台体呈覆斗形，四周无围墙。保存一般。台体用黄土夯筑而成，夯层中夹杂有细砂石；东、南壁较直，夯层清晰；西壁中下部分布多处风蚀孔洞；北壁西北角有登台脚窝。

台体底部边长约9米，顶部东西5.7、南北7米，高7.4米，夯层厚0.15~0.19米（图九一；彩图一二七）。

17. 马家堡子烽火台（编码640324353201170051；工作编号TXF017）

该烽火台位于同心县兴隆镇马家堡子村西北1.25千米山梁上。周围是连续起伏的低矮山丘，东南距烂沟子烽火台8.5千米，西南距肖家口子烽火台5.8千米。

烽火台由台体、围墙、环壕组成。保存一般。台体呈覆斗形，黄土夯筑而成，四壁长满杂草，坍塌、剥落较严重。东壁两侧坍塌较严重；南壁临水，已毁为断崖；西壁中部有斜坡状登台便道；北壁下部坍塌堆土呈坡状，上部多风蚀孔洞。围墙仅存痕迹。存东、西侧环壕，壕内长满杂草。

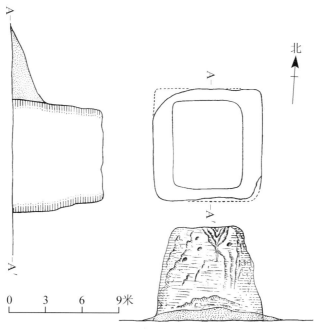

图九一　烂沟子烽火台平、立、剖面图

　　台体方向北偏西30°。台体底部边长13米，顶部东西5、南北4.2米，高7米。围墙东西37、南北29米，基宽2、高0.3米。环壕宽5、深2.4（图九二；彩图一二八）。

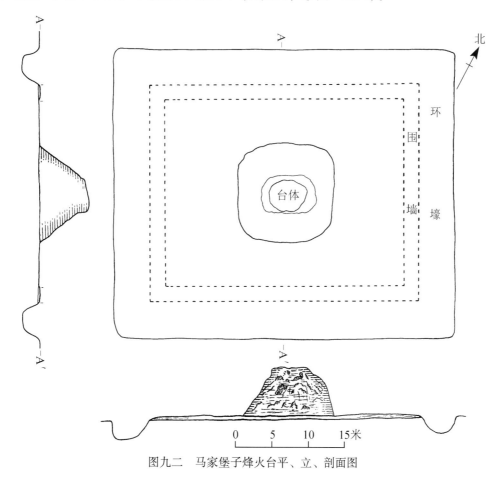

图九二　马家堡子烽火台平、立、剖面图

第三节　"固原内边"长城中段沿线关堡

　　"固原内边"长城中段沿线共调查关堡 10 座，除下马关、红古城规模较大、史志记载较详外，其余 8 座分布于下马关以东墙体两侧，规模很小，多属本次调查新发现，其中下马关城东小堡或与史志记载的下马房小堡或中空墩有关。另外，此处史志还记载有响石沟堡，由于缺乏详细修筑记载及相互里程等地理信息，暂时无法与沿线调查小堡相对应[1]。

　　1. 周儿庄 1 号小堡（编码 640324353102170001；工作编号 TXB001）

　　该堡位于同心县下马关镇郑儿庄村周儿庄自然村东北 0.1 千米沙地上。处于"固原内边"长城墙体北侧，南距五铺墩内边墙体 0.55 千米，西距周儿庄 2 号堡 0.827 千米，西南距四铺墩烽火台 0.606 千米。

　　该堡平面呈长方形，方向北偏西 15°，由四周墙垣及角台、南门组成，保存一般。墙垣东西 76、南北 60 米，周长 272 米，占地面积约 4500 平方米。东墙大部崩塌，仅存北端一小段，底宽 3.7、顶宽 2.4、高 4.9 米，夯层厚 0.08 ~ 0.13 米。南墙保存差，有 4 处豁口，其中一处为门，地面为石块铺设，门道宽 6 米。西墙保存基本连续，南端一段墙体顶部坍塌，坍塌墙体北侧有一豁口，为出入便道；北段有 3 处豁口，其中一处为出入便道，其余较小；西墙两侧有取土场，外侧为废弃的现代民居及农田，南端外侧一部分墙体底部有窑洞。北墙东、西部坍塌严重，仅存中部低矮墙体。东南角台缺失，残存部分被沙土掩埋，靠近东墙有一处夯土房址；西南、西北角台残缺，西北角台南壁坍塌，形成一条自上而下的水蚀凹槽，可登台顶；东北角台顶坍塌，基本与墙体持平，东西两侧坍塌，上有垛墙。

　　堡内风沙土淤埋严重，废弃多年，残存房址多被改建为临时羊圈（图九三；彩图一二九）。

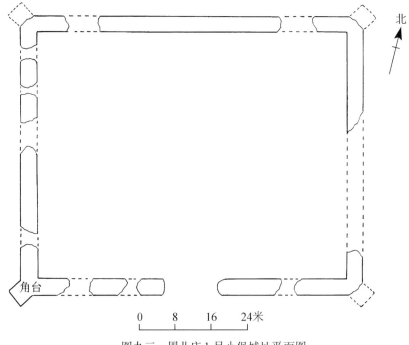

图九三　周儿庄 1 号小堡城址平面图

---

　　〔1〕（清）顾祖禹，贺君次、施和金点校：《读史方域纪要》卷五八《陕西七》，中华书局，2005 年，第 2808 页，"响石沟堡，在下马关东，其北为萌城驿，与宁夏境韦州盐池接界，乃固原东路之门户也"。

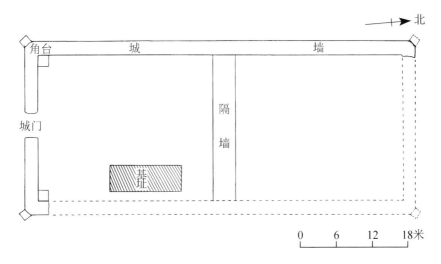

0　　6　　12　　18米

图九四　周儿庄2号小堡城址平面图

2. 周儿庄2号小堡（编码640324353102170002；工作编号TXB002）

该堡位于同心县下马关镇郑儿庄村周儿庄自然村西750米沙地上。位于"固原内边"长城墙体北侧，南距四铺墩内边墙0.435千米，西距周儿庄3号堡0.465千米，东南距四铺墩烽火台0.795千米。

该堡平面呈长方形，由墙垣、中部隔墙、四角角台、南门组成。堡内民居废弃，保存一般。墙垣东西28、南北65米，周长186米，占地面积约1800平方米。东、北墙大部坍塌，被沙土掩埋，仅剩遗迹；南、西墙坍塌，被沙土掩埋，仅剩基部，少段墙体保存至中部，仅东南、西南角台存有痕迹。东墙内侧有一处生土砖坯拱券顶房址，房址东墙外侧中下部被流沙掩埋，西墙外侧近底部多风蚀孔洞，南部近底部被掏蚀为较大孔洞，北墙无存；房址内被沙土掩埋，积沙较高，墙体表面大部剥落，多裂隙，裸露出生土坯。堡内其余房址大部分被沙土掩埋，仅剩痕迹，地表散落有瓷片等遗物。

堡东墙方向北偏东5°。墙体基宽2.2（隔墙基宽3.7米）、顶宽0.7、高0.5～2.9米，夯层厚0.04～0.1米。东墙下房址东西4.3、南北12、拱高2.4米，生土砖坯长37、宽18、厚6厘米（图九四；彩图一三〇、一三一）。

采集遗物4件。

TXB002：1，小口壶口沿残片。平沿，尖唇，小口，矮直领，平肩，肩部以下残失。夹砂黄褐胎，内外壁施黑釉，口沿部釉面有裂片。口径5.9、高4.3厘米（图九五；彩图一三二）。

TXB002：2，碗口沿残片。侈口，扁圆唇，弧腹。内外壁上部施白釉，外壁下部施黑釉，上部残存8个粘釉斑点纹。口径约14、高5.6厘米（图九六；彩图一三三）。

TXB002：3，残圈足碗底。弧腹，圈足，夹砂浅灰胎，内外壁上部施较薄白釉，外壁下部施光亮的黑釉，足底无釉。底径5.4、高2.8、足高0.7厘米（图九七；彩图一三四）。

TXB002：4，残圈足碗底。夹砂灰白胎，内底施白釉，外壁施黑釉，足底无釉。底径5.5、高1.7、足高0.8厘米（图九八；彩图一三五）。

3. 周儿庄3号小堡（编码640324353102170003；工作编号TXB003）

该堡位于同心县下马关镇郑儿庄村周儿庄自然村西1.21千米处的沙地上。南距内边墙体0.43千米，西北距周儿庄4号堡0.06千米，西南距三铺墩烽火台1.55千米。

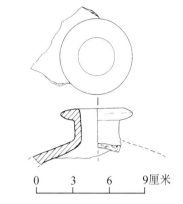

0　　3　　6　　9厘米

图九五　小口壶口沿残片（TXB002∶1）

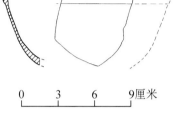

0　　3　　6　　9厘米

图九六　碗口沿残片（TXB002∶2）

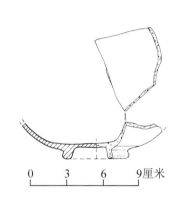

0　　3　　6　　9厘米

图九七　残圈足碗底（TXB002∶3）

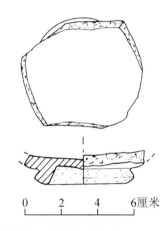

0　　2　　4　　6厘米

图九八　残圈足碗底（TXB002∶4）

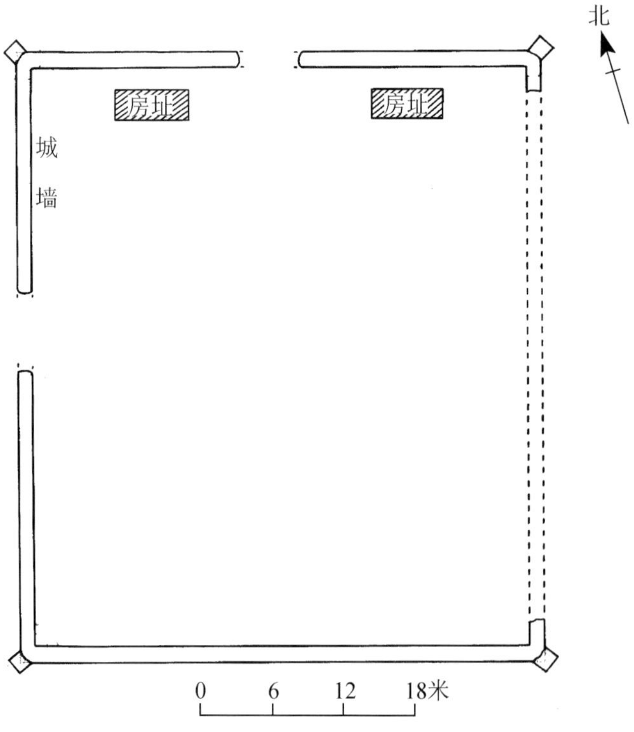

北

城墙

房址　　　　房址

0　　6　　12　　18米

图九九　周儿庄3号小堡城址平面图

该堡由墙垣、角台、西门道组成。平面呈长方形。堡内大部被沙土掩埋。保存一般。墙垣东西43、南北48米，周长182米，占地面积约2000平方米。

墙垣大部坍塌，下部被沙土掩埋，仅剩轮廓，东墙坍塌被沙土掩埋，西、北墙中部各有一处豁口，门道在西墙中部。西墙南北两端保存较好，其余部分多被沙丘掩埋。北墙仅中部一小段突出地表。四角台被流沙掩埋严重，仅存痕迹。堡内北部有几处近现代土坯民房，多为残垣断壁，大部被风沙掩埋，已废弃，无居民，地面散落有青砖残块、褐釉双耳罐、白釉碗残片等遗物。

堡西墙方向北偏东15°。墙体基宽1.2、顶宽0.7、高0.5～2.1米，夯层厚0.21～0.23米。门道宽6米，北墙中部豁口宽3米（图九九；彩图一三六）。

4. 周儿庄4号小堡（编码640324353102170004；工作编号TXB004）

该堡位于同心县下马关镇郑儿庄村周儿庄自然村西1.25千米沙丘滩地中。周围大面积种植防风固沙柠条，西南距下马关东南小堡9.19千米、三铺墩烽火台1.46千米，南距四铺墩内边墙0.51千米。

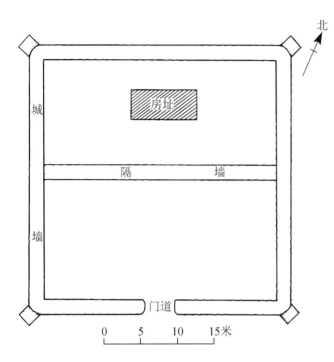

图一〇〇 周儿庄4号小堡城址平面图

该堡平面基本呈正方形。由墙垣、中部隔墙、四角角台、南门组成。墙体用黄沙土夯筑而成。墙垣边长36米，周长144米，占地面积约1200平方米。

堡内大部被沙土掩埋，保存一般。由于风沙侵蚀掩埋严重，墙垣仅剩轮廓，残破严重，有多处豁口，参差不齐。南门坍塌为豁口，西北角台处墙基稍宽。堡内废弃民居为现代建筑，无人居住。

堡东墙方向北偏西25°，墙体内高3米，西北角台处墙体宽2米（图一〇〇；彩图一三七）。

采集遗物3件。

TXB004:1，碗口沿残片。侈口，圆唇，弧腹。夹砂灰胎，除底心外，内外施白釉，外壁近底部白釉上平涂一圈黑釉纹带。口径约13.7、高5.4厘米（图一〇一；彩图一三八）。

TXB004:2，残假圈足罐底。夹砂浅灰胎，除足底外，内外壁施酱褐色釉，内底有叠烧分辨痕。底径3.2、高1.8厘米（图一〇二；彩图一三九）。

TXB004:3，残青花碗底。内底残存半个青花"寿"字纹，外底单线圈内有方形写款。底径4.8、高1.7、足高0.8厘米（图一〇三；彩图一四〇）。

5. 秦家老子小堡（编码640324353102170005；工作编号TXB005）

该堡位于同心县下马关镇陈儿庄村秦家老子自然村东0.5千米处。北距五铺墩烽火台1.1千米、

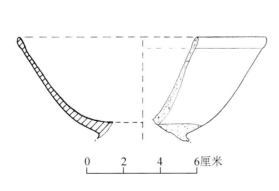

图一〇一 碗口沿残片（TXB004:1）

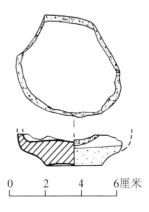

图一〇二 残假圈足罐底（TXB004:2）

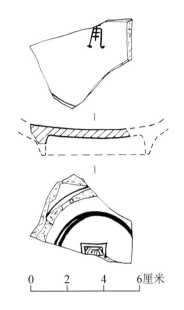

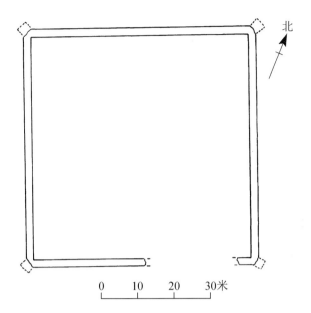

图一〇三　残青花碗底（TXB004：3）　　　　　图一〇四　秦家老子小堡城址平面图

长城墙体 1.2 千米，西南距张家树 1 号小堡 2.6 千米。

　　该堡平面呈正方形。由墙垣、四角角台组成。保存一般。墙垣边长 64 米，周长 256 米，占地面积约 4000 平方米。

　　墙垣用黄沙土夯筑而成，大部坍塌或被沙土掩埋，呈土垄状，残断豁口较多，内侧积沙呈缓坡状。南墙东段因耕种遭人为平毁，门道应在南墙中部，形制不详。西南角台呈方形，底部风沙侵蚀严重，保存相对较好。堡内分布多处夯土房址，无人居住。地表有大量石块、少量灰陶筒瓦、灰陶条砖残块等建筑材料以及褐黑釉瓮、黑釉碗底残片等日用陶瓷片。

　　堡方向北偏西 25°。西墙基宽 2、顶宽 0.3～0.5、内高 1.7、外高 2.5 米，夯层厚 0.06～0.1 米（图一〇四；彩图一四一）。

　　采集遗物 3 件。

　　TXB005：1，白釉碗底残片。深圈足，挖足过肩，足墙外撇，夹砂浅黄胎，内外壁施白釉。底径 5.3、高 2、足高 0.9 厘米（图一〇五）。

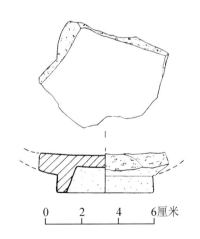

图一〇五　白釉碗底残片（TXB005：1）

　　TXB005：2，黑釉碗底残片。腹底折收，深圈足，挖足过肩，足墙外撇，夹砂浅黄胎，除圈足外，内外壁施黑釉，内底有宽涩圈。底径 5.8、高 2.1、足高 0.8 厘米（图一〇六；彩图一四二）。

　　TXB005：3，黑釉碗底残片。圈足，足墙外撇，夹砂浅灰胎，内底施白釉，外壁施黑釉不到底。底径 5.8、高 1.9、足高 0.9 厘米（图一〇七；彩图一四三）。

　　6. 张家树 1 号小堡（编码 640324353102170006；工作编号 TXB006）

　　该堡位于同心县下马关镇陈儿庄村张家树自然村东 1 千米处的沙地上。北距长城墙体 1.5 千米，西北距张家树 2 号小堡 215 米。

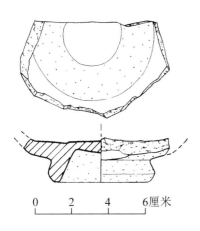

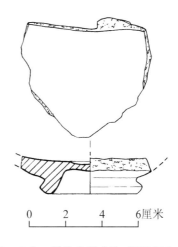

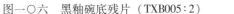

图一〇六 黑釉碗底残片（TXB005：2）   图一〇七 黑釉碗底残片（TXB005：3）

该堡由墙垣、南门道及四角角台组成。堡平面呈长方形。门道及堡内沙土掩埋严重，保存较差。墙垣东西126.4、南北46.4米，周长346米，占地面积约4900平方米。

墙垣由于风沙侵蚀掩埋严重，仅剩轮廓，残破严重，呈土垄状，残断豁口较多，堡内无人居住，为弃荒地。南墙两侧地表散见灰陶筒瓦、方砖、条砖残块等建筑材料，外侧沙地散落有较多的白釉碗、黑褐双耳罐以及少量青花瓷片等日用陶瓷碎片。

堡方向北偏东45°。堡墙基宽3、顶宽0.3~0.5、内高2、外高3.2米，夯层厚0.06~0.08米（图一〇八；彩图一四四）。

7. 张家树2号小堡（编码6403243531021 70007；工作编号TXB007）

该堡位于同心县下马关镇陈儿庄村张家树自然村东0.82千米沙地上。北距长城墙体1.5千米，西北距下马关东小堡9.95千米。

该堡平面近正方形。保存墙垣、四角角台。门向朝南，门道及堡内被沙土掩埋，为弃荒地。保存较差。墙垣东西35.6、南北34.4米，周长140米，占地面积约1200平方米。

堡南、西、北墙中部坍塌呈土垄状，残断豁口较多，南墙东段被耕地平毁。门在南墙中部，墙体两侧长满杂草。东南角台保存较好；东北角台缺失，为出入便道。堡内无人居住，为耕地，种植燕麦等农作物，四周为休耕地。

堡方向北偏东30°。堡墙基宽1.8、顶宽0.3~0.5、高3.8米，夯层厚0.06~0.12米（图一〇九；彩图一四五）。

8. 下马关小堡（编码6403243531021 70009；工作编号TXB008）

该堡位于同心县下马关

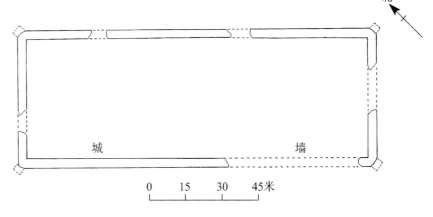

图一〇八 张家树1号小堡城址平面图

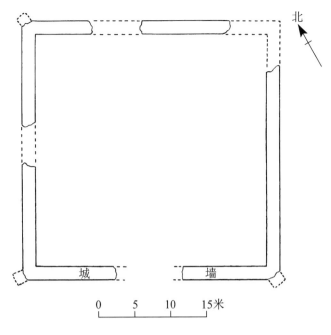

图一〇九　张家树 2 号小堡城址平面图

镇南关村东南、"固原内边"长城墙体南侧平台地上。北距头铺墩内边墙体 0.5 千米。

嘉靖五年，总制王宪曾于下马房奏筑一小城，周一里[1]，或与此城有关。另外，小堡内现存墩台 2 座，史志记载，下马关与二铺墩间有中空墩[2]，为固原卫重点防御的隘口之一，是否为该堡有待进一步考证。

墙垣被平毁，为一不规则平台，堡内为砖墙环绕的回族墓地，中部仅存 2 座土筑方形墩台，保存差。据许成 20 世纪 80 年代的调查记载，该堡边长约 150 米[3]，占地面积约 22000 平方米。

堡内东侧墩台顶部北高南低；东壁北侧及中部块状崩塌，南侧有人工掏挖的登台脚窝；南壁轻微剥落，底部有风蚀凹洞，底部西侧有一处小凹洞，无堆土。西壁较直，轻微剥落，北侧中部分布有风蚀孔洞，堆土较低；北壁中部有登台便道至台顶，壁面长有稀疏杂草，无堆土；台顶东南、东北角坍塌。

西侧墩台东壁较直，轻微剥落，保存较好；南壁轻微剥落，底部多风蚀凹槽，底部西侧有一处小凹洞；西壁中部有登台便道至台顶，壁面长有杂草；北壁中部有登台便道至台顶，壁面有晒黑斑，长有稀疏杂草，无堆土。台体西南、西北角坍塌，多风蚀孔洞。台顶东高西底，西北、西南角坍塌，北、西侧中部因雨水侵蚀及人为蹬踏内凹。

东侧墩台方向北偏西 10°，台体底部边长 7、顶部边长 4 米，夯层厚 0.22~0.26 米。西侧墩台方向北偏西 12°，台体底部东西 6.8、南北 7.8 米，顶部东西 4.2、南北 5.3 米，高 4.8 米；夯层不均匀，厚 0.22~0.25 米。两墩相距 0.038 千米（图一一〇、一一一；彩图一四六）。

9. 下马关堡（编码 640324353101170008；工作编号 TXB009）

该堡位于同心县韦州盆地南部下马关镇。堡墙东北角原与内边墙体相连。堡西倚城沟河，临近小罗山，北通韦州城，南通预旺（平虏千户所）城，是当时重点设防地，南距固原镇城 300 里，北距韦州城 40 里。

其地原为庆藩牧地，初名下马房，曾置有关门，无人据守。嘉靖五年，总制王宪奏筑一小城，周一里。嘉靖九年（1530 年），王琼于下马房关起盖城楼营房，拔军守之，悬榜于楼上曰"重门御暴"[4]。后以总制防秋，必先下马于此，故易名下马关。其地先设守备，由于兵寡力弱，不足防堵。

〔1〕《嘉靖固原州志》卷一《文物衙门》，牛达生、牛春生校勘《嘉靖万历固原州志》，宁夏人民出版社，1985 年，第 25 页。
〔2〕（明）张雨：《边政考》卷三《固原靖兰图》，王友立主编《中华文史丛书》第十四册，（台北）华文书局，1969 年，第 199 页。
〔3〕许成：《明代固原旧边》，《宁夏历史地理研究论集》，宁夏人民出版社，1989 年，第 29~37 页。
〔4〕《嘉靖固原州志》卷一《文物衙门》，牛达生、牛春生校勘《嘉靖万历固原州志》，宁夏人民出版社，1985 年，第 25 页。

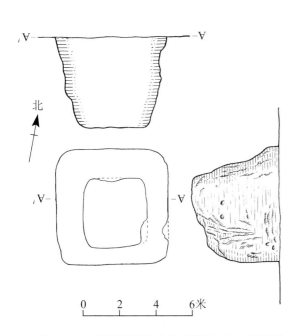

图一一〇 下马关城东小堡东墩平、立、剖面图

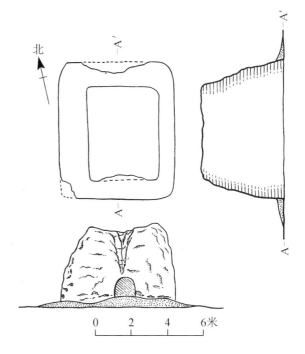

图一一一 下马关城东小堡西墩平、立、剖面图

嘉靖十年（1531 年），王琼迁固原盐引批验所于此，十五年从总制唐龙所请仍迁回固原[1]。至嘉靖二十年前后，实际在本关官军守墩五十一名、留关四百七十七名、马匹二百七十一匹[2]。根据城门题刻，万历十年（1584 年）前后包砖。万历二十年（1594 年），题改参将，增募军丁，仓场备设。城内土外砖，周围五里七分，高阔各三丈五尺。辖墩塘十四座[3]。其后由于西城墙为山洪冲毁，清光绪二年（1876 年），平凉道魏光焘饬部将吴喜德等新筑西面土城一道。周围四里五分，炮台八座，雉堞七百有二，南北橹楼俱备。光绪三年（1877 年），于其地置平远县，属固原直隶州，由固原提标派守备 1 员、把总 2 员、外委 2 员分驻。城内有县属、守备署、儒学署等机构[4]。民国三年（1914 年）隶宁夏道，易名镇戎县。民国十七年（1928 年），宁夏建省后，改镇戎县为豫旺县，并迁县治于豫旺城。民国二十五年（1936 年），西征红军解放了豫旺城、下马关等地，其间国民党豫旺县政府曾短暂迁设于此。民国二十九年（1940 年），划归盐池县[5]，中华人民共和国成立后划归同心县。

该堡平面近凸字形。由墙垣及马面、四角角台、城门及瓮城、城壕组成，墙垣周长 2136 米，占地面积约 30.8 万平方米。保存一般。

堡东、南墙较规整，西墙为清代补筑，原西墙为城沟河冲毁，北墙因受河水流向等地形限制呈三段曲折。墙外包砖大部无存，南墙外城壕尚存，城外西南角河岸有砖窑群遗址。

［1］《明世宗肃皇帝实录》卷一八四"嘉靖十五年二月甲午"条，（台北）"中央历史研究院"历史语言研究所校印，1961 年，第 3901～3902 页。

［2］（明）张雨：《边政考》卷三《固原靖兰图》，王友立主编《中华文史丛书》第十四册，（台北）华文书局，1969 年，第 200 页。

［3］《万历固原州志》上卷《建置志第二》"城堡"，牛达生、牛春生校勘《嘉靖万历固原州志》，宁夏人民出版社，1985 年，第 140 页。

［4］陈日新：（清光绪）《平远县志》卷三，《中国方志丛书·塞北地方·第六号》，（台北）成文出版社，1968 年，第 34 页。

［5］陈步瀛撰修，范宗兴笺证、张树林审校：（民国）《盐池县志》卷二《建置志》"城垣"，《盐池旧志笺证》，黑龙江人民出版社，2004 年，234 页。

东墙方向北偏东5°，长472米，内侧滑坡、剥落现象普遍，外侧因居民倚墙建房或掏挖窑洞遭铲削，墙面陡直；墙体中部有一处豁口，为城内粮站及居民进出的主要道路；豁口以北墙体保存相对较好，以南墙体外侧人为铲削损毁严重，残存墙体窄薄。墙体外包砖及条石大部被拆除，墙顶窑洞烟囱及坍塌陷坑较多，局部为耕地。东墙内侧为农田及打谷场，外侧有大量民居。墙体最宽处基宽6、顶宽3、高10~11米。东墙中部、南部各有一座平面呈长方形的马面，向外凸出于墙体，外侧包砖不存，残存夯土墩台，顶部与墙顶平齐。东南角台北149米处为东墙南侧马面，外侧因人工取土铲削形成三级台面，自上而下分别宽0.4、4、6.6米，马面顶部东西凸出于墙体1.7、南北4.3米。南侧马面北194米处为东墙北侧马面，夯土台体保存基本完整，底部边长7.5米。

南墙长480米，墙体高大，顶较宽，壁较直，中部有城门及瓮城。保存较好。瓮城以东墙体外侧为居民区，瓮城东侧有一宽4.2米的便道豁口。瓮城以西墙体外侧为农田和羊圈，有少量住户，墙体连续，无豁口。外侧有一座马面。西端墙体外侧尚残存部分城壕痕迹。墙体内侧滑坡及坍塌堆土较高，临墙区域主要被粮站占据。南墙外城壕长85、宽13、深0.5~1.2米。西南角台东180米处为南墙马面，保存较好，底部东西6.2、凸出于墙体5.2米。

西墙分两道，明代修筑的大部崩塌入外侧城沟河内，现西墙为清代改筑。原西墙南段及中段尚存，保存部分因取土破坏严重，呈宽大的土垄状，表面杂草丛生，局部为耕地，西墙明代部分长224米，基宽6、高1.2~2.3米，西侧城沟河宽5~10、深约32米。清代改筑西墙向内收缩约50米，长580米。墙体较窄，夯层较薄，时代特征明显。外侧墙面多风蚀孔洞，底部有长条形凹槽。北段墙体外侧块状崩塌严重，有蹬踏便道至墙顶，内侧取土铲削严重，表层风化剥落，有3处豁口。北部豁口形成较早，宽22.5米，为出入便道；中部豁口宽9.5米，为取土形成；南部豁口为水冲坍塌形成，基宽3、口宽10米。西墙基宽4、顶宽约2、高9米，夯层厚0.07~0.1米。西墙外侧有2座马面，北侧马面距北墙150米，南壁中上部有水冲豁口，东西壁块状崩塌，西北角有坍塌形成的登台便道，损毁严重。马面基宽4.6、凸出于墙体5.7米。北侧马面南170米处为西墙南侧马面，西壁表层剥落，北壁有黑苔斑，修筑保存较好，底部边长8.5米。

北墙折拐，分为3段。东侧第一段长320米，墙体大部因取土铲削变薄，墙顶多塌陷深坑；中部向北折拐的第二段长80米，内侧有两孔窑洞，外侧长满杂草，有大量晒黑斑，墙顶经长期雨水冲蚀及人为攀爬、登踏形成多处登城豁口；瓮城门以西部分长80米，墙体高大，墙面较直。北墙外侧为居民区，内侧为农田。西段墙体基宽5、顶宽2.8、内高8.6、外高11.9米。北墙东段墙体外侧有一座马面，形体较大，壁面较直。东壁上部被铲削，西壁剥落坍塌，夯层清晰，底部残留包砖痕迹，台底长满杂草。马面基宽7.8、凸出于墙体6.5米。

该城南北有城门及瓮城。北门损毁为豁口，门洞位置不详。瓮城墙体损毁严重，仅存东、西墙一部分及南墙西段，有一条土路穿墙而过；瓮城东南角与北墙结合处墙体内侧有斜坡马道可登墙顶，外侧长满杂草，底部包砖尚存。瓮城内有住户，北门瓮城北墙残长22.3米，公路豁口宽9.2米。

南门及瓮城保存较好，门洞砖券，两侧墙面均包砖。南门洞改建为粮库。包砖墙面分布多条裂隙，南门洞上方为石刻匾额[1]"重门设险"，两侧落款为"万历十年二月吉旦，固原兵备右参政解学礼立"。瓮城呈长方形，瓮城墙体砌砖及砖券门洞基本完整，东门洞上方石匾断裂仅存在半块，刻有"橐钥全秦"字样，并署有"万历九年十二月"年款。墙顶女墙等设施已毁，但铺砖尚存，矗立有城砖搭砌的窑洞火炕烟囱及木质测绘三脚架。瓮城东门内木质城门尚存，门洞内被当地居民封堵为堆放

---

〔1〕　据《嘉靖固原州志》，下马关城楼初悬榜匾额题文为"重门御暴"。

杂物的洞,门洞外侧底部砂岩条石上有漫漶不清的题刻。瓮城东西41、南北36、高11米,门洞内宽4.2、进深13、拱高4米,包砖长41、宽21、厚7厘米。

东北角台保存一般,东壁向内3米被人工铲削取土。台体东西6、南北8米。东南角台东南角因人工取土铲削形成4级平台,台体基宽5.5、凸出于墙体5米。西南角台保存较好,夯层清晰,底部多风蚀凹槽,壁面多风蚀孔洞,东北角风蚀严重,堆土较高。东壁凸出于墙体4、东西7米。西北角台为清代缩建,保存较好。台体基宽10.5、凸出于墙体6.5、高9.6米,夯层厚0.13~0.14米。北墙西北角台以西尚延伸50米至城沟河畔,原角台无存。

堡内先前仅有数户居民,近年住户渐多,民房、农田交错分布,堡内四角有排水坑塘,中部原有鼓楼等数座夯土墩台,因建房、取土被毁,遗存设施荡然无存。堡内及西墙两侧散布较多的灰陶建筑构件及瓷片,多为清代遗物(图一一二;彩图一四七~一五四)。

采集遗物1件。

TXB009:1,浅腹碗残片。东墙夯层内采集。侈口,圆唇,浅斜腹,矮圈足,灰白胎。除底心外内

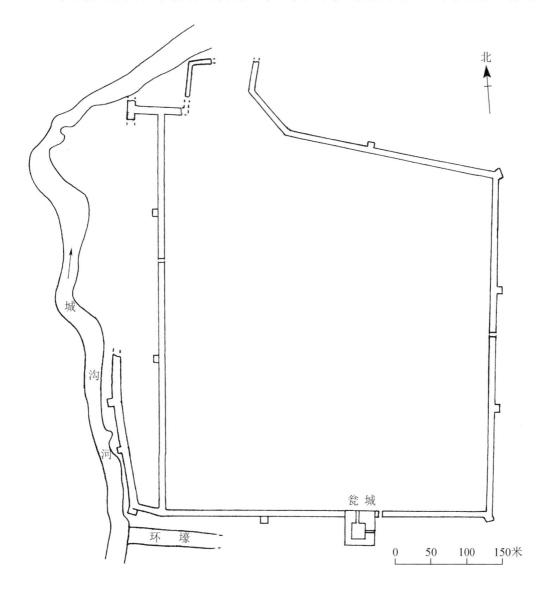

图一一二 下马关堡城址平面图

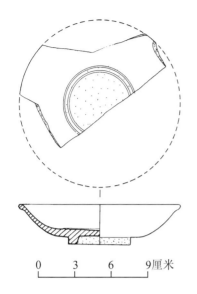

图一一三　浅腹碗残片（TXB009∶1）

外施黑釉，口沿绛色，内底有两圈凹纹。口径 13.6、底径 5.2、高 3.2、足高 0.6 厘米（图一一三；彩图一五五）。

10. 红古城堡（编码 640522353102170005；工作编号 HYB001）[1]

该城堡位于海原县高崖乡草场村西庙山东麓。庙山明代称印子山。去红古城西南 10 里，西、北侧临峡口河，峡口河亦称西河，明代称甜水河[2]。城西控石峡口，石峡口在红古城西 5 里，唐代设石峡关，明代时遗址犹存[3]，为通往海原、西安州等地的交通要道。东距草场村庙山烽火台 0.95 千米，南距固原镇城 0.11 千米。

今学者考订该堡为宋代的萧关城，最早为北宋元丰五年（1082 年）由泾源路转运通判官张大宁奏筑，北至临川堡一十八里[4]。弘治十七年（1504 年）总制秦纮奏立，时称红古城。城周二里三分，高二丈五尺，阔三丈。西南二门，俱秦纮建。正德二年（1507 年），杨一清募军戍守，奏调宁夏等卫百户五员领之，设操守指挥一员，坐堡官一员。嘉靖五年（1527 年），总制王宪增筑外关。周围四里三分，高阔如内城，壕深阔各一丈五尺。门二，与内城二门上各建有楼。城内有大小官厅及操守、坐堡官厅[5]。初设马步官军八百三十名，至嘉靖二十年前后，实际见在本堡官军守墩五十六名、留堡五百三十一名、马匹四百七十三匹[6]。至万历间仍为土城，仓场全设，辖墩台一十四座[7]。当地百姓俗称该城为凤凰城，城内西南角为校场。

该堡墙体用红黏土夯筑而成，东、南、北墙较直，西墙因紧临峡口河道，随势曲折，崩塌损毁严重。堡内中部有改扩建后的残留隔墙，将城堡分为东、西两部分，东城较规则，西城墙随地形曲折，崩毁严重。城内无住户，为耕地，东墙外临村落，存东、北两门，北门瓮城堵塞为高台，上建有玉皇阁等庙宇建筑，保存较差。城堡墙垣长约 19900 米，面积约 38 万平方米。

东墙方向北偏东 5°，长 488 米。东墙因村民建房侵占、切削以及填埋护城壕，大部被拆毁，城外地势明显低于城内，北段城墙墙基尚存，北段残长 184 米。大部呈地坎状，东墙外为村民居落。

南墙长 692 米，西段保存尚好，东段因耕种破坏严重，外侧沿用护城壕修筑有一道灌溉干渠。西段尚存一座马面，基宽 8.4、凸出于墙体 5.3、高 6.8 米。

西墙随河床断崖曲折，北段大部崩塌入河道，西门不存。坍塌断面灰烬、兽骨等文化层堆积厚达数米；西、南侧有两段墙体较为高大，外侧角台、马面尚存，残存部分第一段长 144 米，折拐第二段

〔1〕　调查登记表中名称为"草场古城"。

〔2〕　《万历固原州志》上卷《建置志》，"城堡"，牛达生、牛春生校勘《嘉靖万历固原州志》，宁夏人民出版社，1985 年，第 136 页，"甜水河，在红古城西门外。味甘可饮，且便于灌溉，居人引之以种稻。去红古城二十里，入清水河"。

〔3〕　《嘉靖固原州志》卷一《古迹》，牛达生、牛春生校勘《嘉靖万历固原州志》，宁夏人民出版社，1985 年，第 16 页。

〔4〕　（元）脱脱等：《宋史》卷八七《地理三》"怀德军"，中华书局点校本，1977 年，第 2161 页。临川堡现亦红古城，规模较小，为宋代所筑，非明代所称红古城。

〔5〕　《嘉靖固原州志》卷一《文物衙门》，牛达生、牛春生校勘《嘉靖万历固原州志》，宁夏人民出版社，1985 年，第 24 页。

〔6〕　（明）张雨：《边政考》卷三《固原靖兰图》，王友立主编《中华文史丛书》第十四册，（台北）华文书局，1969 年，第 199 页。

〔7〕　《万历固原州志》上卷《建置志》"城堡"，牛达生、牛春生校勘《嘉靖万历固原州志》，宁夏人民出版社，1985 年，第 140 页。

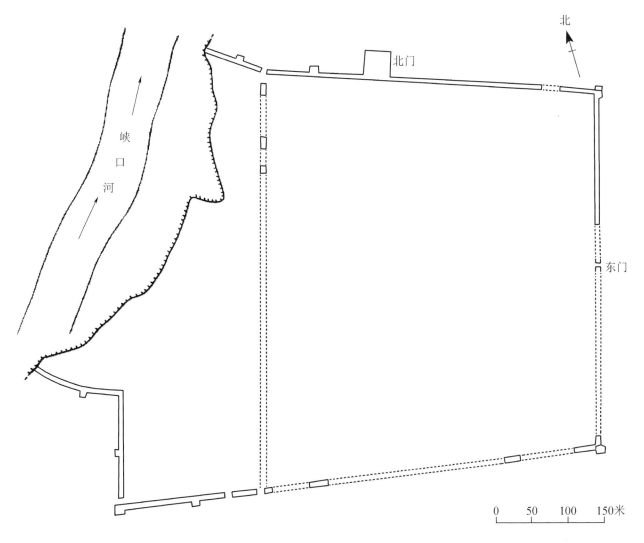

图一一四　红古城堡城址平面图

长 124 米，墙体基宽 6.8、顶宽 5.5、高 6.5 米。南侧马面基宽 6.2、凸出于墙体 4.7、高 6.4 米；北侧马面基宽 7.2、凸出于墙体 4.7、高 6.5 米。

北墙长 550 米，北门瓮城墩台以东墙体为地坎断崖，地表为田间土路，仅存墙基；西段墙体高大完整，直抵河道断崖，外侧有明显城壕痕迹。西段有 2 座马面，东马面基宽 12.3、凸出于墙体 6.8、高 6.5 米，西马面基宽 8.2、凸出于墙体 4.8、高 6.4 米。

城内南北向隔墙长 560 米，仅存断续的夯土堆，局部地表仍有微隆的墙基痕迹，宽 3.5～4.8、高 3～5.2 米。

东门门道位置可辨，宽 8.5 米。北门及瓮城近代被整体封堵砌筑为一高台，上建有玉皇阁等庙宇建筑。北门瓮城东西 38.5、南北 35.6、高 8.2 米。

西南角台保存较好，基宽 11.8、凸出于墙体 5.3、高 7.2 米。

西墙南段断崖文化层堆积较厚，堡内地表有大量的宋代黑釉瓷片、白釉瓷片、兽骨以及明代青花瓷片、灰陶瓦片等遗物（图一一四；彩图一五六～一五八）。

第五章

"固原内边"长城西段

第一节　"固原内边"长城西段墙体

"固原内边"长城西段即海原县石峡口至甘肃省靖远县交界处。其中在万峡口以西至唐坡以东调查未发现人工墙体，参照《边政考》《九边图说》等史料记载，以及沿线城址、烽火台等相关遗迹的分布与走向，该段墙体过石峡口后，大致沿今麻春河两岸南北山麓设防，向西经羊房堡、海剌都营、西安州以北至棉纱湾。石峡口以西至唐坡以东烽燧线长约 70 千米，沿线调查烽火台 41 座、关堡 1 座。

唐坡以西至甘肃省靖远县交界处，发现人工墙体 5 段，长 17632.4 米，其中山险墙 3 段，长 10270.5 米；土墙 2 段，长 7361.9 米。墙体沿线调查敌台 1 座、关堡 2 座。

1. 唐坡 1 段夯筑土墙及敌台（编码 640522382101170001 ~ 640522382101170002；工作编号 HYQ001）

G057 ~ G064，长 3970.8 米。起点在海原县干盐池羊场邵家庄村西北 1 千米，与玉泉山周家沟口山体相连，东北紧临邵家庄玉泉山烽火台；止点在干盐池羊场唐坡村东南 3.24 千米。南距 305 省道 0.1 千米，西北与南北走向的唐坡 2 段长城相接（图一一五）。

墙体，以黄沙土为主夹杂黄沙、砂石夯筑而成。沿干盐池盆地玉泉山周家沟口山体向西南延伸，经过干盐池盐湖至南端小山丘脊部，绕盐湖滩地呈"U"形走向。东段墙体因平整农田、修路等人为原因损毁严重，西段墙体两侧为盐湖及农田。东端距干盐池堡 8.5 千米。依走向及保存状况分为 7 段。

第一段：G057 ~ G058，长 1658.2 米。保存差。墙体呈东南—西北走向，因 20 世纪 90 年代开荒造田，墙体大部分被毁，仅周家沟口起点处残存黄土夯层（彩图一五九）。

第二段：G058 ~ G059，长 235 米。保存差。墙体低矮，向西北偏拐，绕干盐池小堡，仅存残迹，夯层不明，北距干盐池小堡 40 米。基宽 2.5 ~ 4、顶宽 0.8 ~ 1、高 0.5 ~ 1.2 米。

第三段：G059 ~ G060，长 124.8 米。保存较差。墙体两侧为农田，常年有水浸泡、掏挖，顶部因挖甘草掏洞较多。基宽 4、顶宽 1、高 1.2 米。

第四段：G060 ~ G061，长 927.9 米。保存一般。墙体较直，地势平坦。顶部因挖甘草掏洞较多，两侧坍塌呈斜坡状，夯层不清，高 1.2 ~ 1.5 米。

第五段：G061 ~ G062，长 392.3 米。保存较差。墙体沿 2 座小山丘山脊向西延伸。基宽 7.2、顶

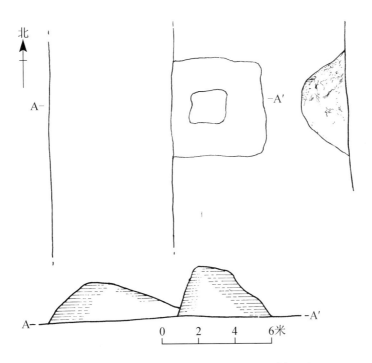

图一一六 唐坡1段墙体及敌台平、立、剖面图

宽 1.2、高 1.1 ~ 1.6 米。北距盐湖 0.175 千米,南距 305 省道 0.106 千米。

第六段:G062 ~ G063,长 164.3 米。保存一般。墙体两侧为农田,水浸泡侵蚀、掏挖严重,坍塌较多。西段墙体处于小山丘,因风沙、雨水侵蚀表面布满黑色苔藓、风蚀孔洞。基宽 6.2 ~ 7.2、顶宽 0.5 ~ 1.4、高 1.5 ~ 2.7 米。

第七段:G063 ~ G064,长 468.3 米。保存较差。墙体沿小山丘向西延伸至山丘顶部,北侧山头有一座用黄土夯筑的敌台,墙体绕经敌台,沿山势折北向山下延伸,墙体逐渐损毁低矮。基宽 3 ~ 7.2、顶宽 0.3 ~ 1.2、高 0.3 ~ 0.8 米,夯层厚 0.1 ~ 0.22 米。

唐坡敌台(编码 640522352101170042;工作编号 HYD001)

敌台位于长城墙体拐弯处,北壁及顶部凸出于墙体,保存一般。原为正方形,受风雨侵蚀,坍塌严重,四壁凹凸不平,呈斜坡状,顶部北高南低。南、西壁有坍塌凹槽,西南角底部有风蚀凹槽;北壁底部呈弧形,西北角有一孔小窑洞。台体壁面夯土风化剥落,夯层不清,底部东西 2.8 ~ 6、南北 5.3 ~ 6 米,顶部边长 1.8 米,高 2.6 米。东壁坍塌凹槽南北 2.4、高 0.7 米,南壁坍塌凹槽东西 1.3、高 0.4 ~ 0.7 米,北壁坍塌凹槽南北 2.8、高 0.6 ~ 1.1 米。西北角窑洞口宽 0.85、进深 1.5、高 0.75 米,西南角底部风蚀凹槽东西 0.7、进深 0.3、高 0.35 米(图一一六;彩图一六〇)。

2. 唐坡 2 段夯筑土墙(编码 640522382101170002;工作编号 HYQ002)

G064 ~ G070,长 3391.1 米。起点位于海原县干盐池羊场唐坡村东南 3.24 千米,南与东—西走向的唐坡 1 段夯土墙体相接;止点在干盐池羊场唐坡村东 1.3 千米。西距唐坡村 1.5 千米,北与干盐池山险墙相接,东端距干盐池堡 9.8 千米。

墙体为自然基础,用黄沙土夹杂砂石夯筑而成。墙体沿干盐池盆地南端小山丘脊部向北延伸,经干盐池盐湖至干盐池沟口,基本呈南—北走向。个别段消失,残存墙体两侧为盐湖、农田,原貌无存。

依保存状况分为 6 段（图一一七）。

第一段：G064～G065，长 125.5 米。墙体消失。被挖毁改造为瓜田、鱼池。

第二段：G065～G066，长 208.7 米。保存较差。墙体西侧为压砂瓜地，现存墙体坍塌较多，坍塌积土覆盖两侧，整体呈椎状，多被利用作田埂，高 0.7 米。

第三段：G066～G067，长 741.2 米。保存较好。墙体两侧为荒地，因风沙、雨水侵蚀轻微坍塌，表面布满黑色苔藓、风蚀孔洞。基宽 6.4、顶宽 0.5、高 1.8 米，夯层厚 0.18 米。

第四段：G067～G068，长 302.4 米。保存一般。墙体土质较好，砂石含量较少，表面长满蒿草。基宽 4.2、顶宽 1.2、高 1.1 米，夯层厚 0.12～0.18 米。

第五段：G068～G069，长 504.1 米。保存差。墙体被利用为田埂，坍塌严重，堆土呈椎状，西侧为压砂瓜地。中部有一条南北向砂石便道穿墙而过。高 0.3～1.6 米，夯层厚 0.16～0.2 米。

第六段：G069～G070，长 1509.2 米。墙体消失。起点在唐坡村东 1.3 千米干盐池沟口，绕干盐池盐场向北延伸与干盐池沟山险墙相连。因开荒造田，墙体被毁，种植胡麻等作物（彩图一六一）。

3. 干盐池沟山险墙（编码 640522382105170001；工作编号 HYQ003）

G070～G071，长 5042.6 米。保存一般。呈南—北走向，止点位于海原县干盐池沟与孔家沟交汇处。东端距干盐池堡 10.2 千米。从干盐池沟口绕干盐池盐场向北延伸，西过黄家洼烽火台，进入沙坡头区孔家沟，与孔家沟 1 段山险墙相连。山险墙利用干盐池沟壁稍作铲削加工形成陡壁，底部两侧砂石堆积成土垄形，剖面成梯形，上宽下窄，口宽 48～60、底宽 20～30、深 10～20 米，底部因山水冲刷形成冲沟（图一一八；彩图一六二）。

4. 孔家沟 1 段山险墙（编码 640522382105170004；工作编号 HYQ004）

G071～G072，长 2661.8 米。保存一般。止点在蒿川乡孔家沟村南[1]。东端距干盐池堡 13.5 千米。山险墙沿孔家沟与干盐池沟交汇处蜿蜒向西延伸，基本呈东—西走向。孔家沟西高东低，沟内河水向东流入棉纱湾沟。墙体系将沟南侧壁面铲削形成陡壁而成，雨水冲蚀严重，壁面因流水侵蚀凹凸不平，局部残留铲削痕迹，东段临近沟底，西段随地势上升至半山腰，铲削痕迹明显，台面流水侵蚀呈壕沟状，南侧山顶建有烽火台。孔家沟口宽 32～48、深 17～34 米。人工铲削沟壁及底部平台高、宽 3～5 米（图一一九；彩图一六三）。

5. 孔家沟 2 段山险墙（编码 640522382105170005；工作编号 HYQ005）

G072～G073，长 2566.1 米。保存一般。止点在干盐池羊场高湾子梁东与甘肃省靖远县交界处，西端与甘肃省靖远县祁家湾山险墙相接。东端距干盐池堡 15.2 千米。

山险墙系将孔家沟南侧壁面铲削加工形成陡壁而成，壁面凹凸不平，局部有铲削痕迹。沿孔家沟向西蜿蜒延伸，至羊场高湾子梁东与甘肃省靖远县祁家湾墙体相接，基本呈东—西走向，墙体被雨水冲刷严重。孔家沟口宽 32～48、底宽 12～23、深 17～34 米，铲削断面高 3～5 米（图一二〇；彩图一六四）。

---

[1] 蒿川乡 2008 年由海原县划归沙坡头区管辖，2015 年撤销蒿川乡，划归兴仁镇管辖。

第二节　"固原内边"西段长城麻春河北山沿线烽火台

"固原内边"西段长城麻春河北山沿线调查烽火台22座，北山相对陡峭高峻，多数烽火台建于山梁制高处。

1. 肖家口子烽火台（编码640522353201170002；工作编号TXF018）

该烽火台位于同心县兴隆镇肖家口子村西南3千米南北向山梁南端制高处。东西两侧为壕沟，东0.01千米为海原至同心县的公路，南距瓦窑河烽火台10.3千米。

烽火台由台体、台基、围墙及环壕组成。保存差。台体及围墙用黄沙土夯筑而成，平面呈长方形，四壁呈斜坡状，西壁坍塌。台基平面呈长方形，较平，四壁呈斜坡状。台体有两道围墙，西墙坍塌无存，残留北墙呈斜坡状，顶部损毁略呈锯齿状，门道位置不详。环壕只留南部及东侧拐角。台体及围墙表面风蚀严重，夯层不清。台体周围树坑遍布，环壕外侧有一座蓄水池。

台体方向北偏西12°。底部东西10.5、南北16米，顶部东西4、南北7米，高5.4米。台基东西19、南北66、高2米。内围墙东西21、南北76米，基宽2.3~3、高1.1~3米。外围墙东西27、南北88米，基宽2.5~3、高0.81~2.6米。环壕北侧残长15、南侧残长28米，南北101米，宽3、深2米（彩图一六五）。

2. 瓦窑河烽火台（编码640522352101170028；工作编号HYF001）[1]

该烽火台位于海原县关桥镇瓦窑河村北1.8千米平缓山坡上。地势北高南低，周围为坡耕地。西南距大沟门烽火台5.12千米，东南距园子湾烽火台1.8千米。

烽火台由台体及外侧环壕组成。保存较差。台体呈圆台状，空心，黄沙土夯筑而成，底部内凹。台体壁面呈斜坡状，风化严重，夯层不清，外侧因耕种铲削局部悬空。环壕紧靠台体外侧，由于坍塌仅南北两侧残留部分痕迹。

台体方向北偏东4°。内径5、外径7、内高0.65、外高1.3米，台壁宽0.9米，环壕宽1.2米，环壕南部护墙长1.2、宽0.6、高0.4米（彩图一六六）。

3. 园子湾烽火台（编码640522353201170006；工作编号HYF002）

该烽火台位于海原县关桥镇园子湾村西北1.5千米南北向山梁最高处。东西两侧临壕沟，地形呈斜坡状。西北距瓦窑河烽火台1.8千米，西南距关桥镇大沟门烽火台6.2千米。

烽火台由台体及基础平台、环壕组成。保存较差。台体用黄沙土夯筑而成，平面呈长方形，壁面呈斜坡状，坡度较缓，表层风化严重，夯层不清，台顶有一方形盗坑。基础平台呈长方形，东、南、西壁坍塌严重，北壁较平整，四壁呈斜坡状。环壕存南北两侧一小部分，东西两侧坍塌无存。根据保存状况，推测门道位置在平台北壁。

台体方向北偏东8°。底部东西15、南北20米，顶部东西5、南北7米，高6米。盗坑边长1.1、深1.2米。基础平台东西15、南北25、高5米，北侧台面宽5米。环壕南北38米，壕宽6.5、深3.5米（彩图一六七）。

---

〔1〕调查登记表名称为瓦窑河敌台。

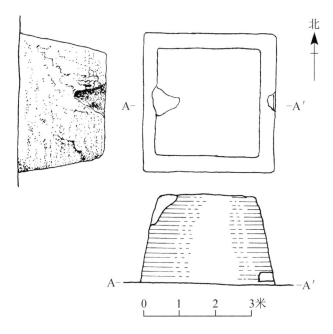

北

图一二一　关桥镇大沟门烽火台平、立、剖面图

4. 关桥镇大沟门烽火台（编码 640
522353201170007；工作编号 HYF003）

该烽火台位于海原县关桥镇大沟门村东北山坡上。周围为斜坡状田地，地势西北高东南低，东侧有一条季节性河流。西距小马湾烽火台1.36千米。

台体由黄沙土夯筑而成，无围墙。平面呈正方形，平顶略小，四壁呈斜坡状，有人为铲削痕迹，台底有耕种破坏痕迹。东壁坍塌，中部内凹，底部有一孔小窑洞；南壁中部有一道风蚀凹槽；西壁顶部坍塌。台体夯层清晰，保存较好。

台体方向正南北，底部边长5.5、顶部边长4.3、高3.5米。夯层厚0.18～0.27米，东壁窑洞口宽0.7、进深0.5、高0.6米。风蚀凹槽进深0.2、高0.3米。

西壁顶部坍塌豁口宽1.2、进深0.8、高0.6米（图一二一；彩图一六八）。

5. 小马湾烽火台（编码640522353201170008；工作编号 HYF004）

该烽火台位于海原县关桥镇小马湾村北0.2千米的平缓山坡上。周围为斜坡状台地，地势北高南低。西南距王湾烽火台1.59千米。

台体平面呈圆形，剖面呈梯形，外有椭圆形围墙。黄土夯筑而成，保存差。台体只存底部痕迹，壁面坍塌呈斜坡状。围墙有雨水冲刷的凹槽，坍塌损毁、风化严重，夯层不清。围墙与台体间为耕地，外侧因耕种破坏围墙底部悬空，门道位置不详。

台体底部直径2.8、顶部直径2、高0.8米。围墙南、北侧距台体20.6米，东、西侧距台体13.6米，南墙凹槽宽1.2、深0.4～1.2米，西南部凹槽宽0.7、深0.4～0.8米，东墙凹槽宽0.8、深0.6米（彩图一六九）。

6. 王湾烽火台（编码640522353201170009；工作编号 HYF005）

该烽火台位于海原县关桥镇王湾村西北1千米南北向山梁最高处。东西两侧临深沟，周围呈斜坡状。西南距范湾烽火台1.38千米。

烽火台由台体及平台、围墙、壕沟组成。保存一般。台体呈覆斗形，平面呈长方形。台体及围墙用黄沙土夯筑而成。台体四壁呈斜坡状，坡度较缓，台顶坍塌错位，形成高约0.5米的阶差，北壁有一盗坑。台体建于长方形平台西部，平台因铲削地表、取土修建台体而形成，台面平整，有大小不等的植树坑，北部东西两侧各有一豁口。平台四壁呈斜坡状，坡度较大，北壁东侧有斜坡状登台便道。围墙南、北墙保存较好，东、西墙仅存底部，门道在南墙中部，内侧西南角有两处盗坑，东南部有两处豁口。围墙外有环壕。台体及围墙风化严重，夯层不清。

台体方向北偏西6°。底部东西15、南北12米，顶部东西4、南北3米，高5.4米。平台东西19、南北31、高3.5米，东壁门道宽1.5、进深3米。围墙东西41、南北40米，基宽4米，南、北墙顶宽

1~1.3、内高 3、外高 2.5 米；东、西墙外侧高出地表 0.4 米，南墙门道宽 2、进深 4、高 2.5 米。台体北侧盗坑宽 1.8、深 1.4 米。围墙西南角南侧盗坑长 6、宽 1.5~2.4、深 2.5 米，北侧盗坑长 1、宽 0.8、深 1.5 米。环壕东西 55、南北 54 米，宽 3、深 0.2~2.4 米（彩图一七〇）。

7. 范湾烽火台（编码 640522352101170029；工作编号 HYF006）[1]

该烽火台位于海原县关桥镇范湾村东北 1.2 千米山梁最高处。西南距冯湾 1 号烽火台 2.36 千米。

烽火台由台体及基础平台组成。保存较差。台体呈圆台状，空心，黄沙土夯筑而成，底部内凹，外壁呈斜坡状，东北部有一处破坏凹槽。西南部门道仅残留底部痕迹。基础平台因耕种破坏呈斜坡状，有多处豁口。

台体方向北偏西 40°。底部直径 5.5、顶部凹进直径 3、高 0.5~0.7 米，台壁厚 1.2 米。东北部凹槽宽 0.5、高 0.3 米，豁口宽 2、高 0.6 米，门道宽 0.8、进深 1.2、高 0.4 米。平台直径 16、高 1.9 米，东南部豁口宽 4、高 0.5 米（图一二二；彩图一七一）。

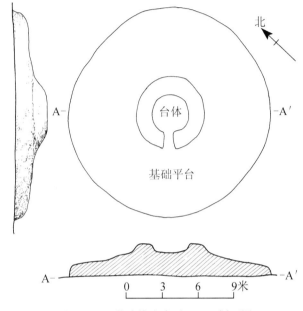

图一二二 范湾烽火台平、立、剖面图

8. 冯湾 1 号烽火台（编码 640522352101170031；工作编号 HYF007）[2]

该烽火台位于海原县关桥镇冯湾村西南 0.6 千米山梁最高处。西南距冯湾 2 号烽火台 1.21 千米。

烽火台由台体及外侧基础平台组成，保存较差。台体呈圆台状，空心，黄土夯筑而成，壁面较陡直，西南部残留有入台通道。基础平台因耕种遭破坏，壁面呈斜坡状。

台体方向北偏东 2°。底部直径 6、顶部直径 2.4、内高 0.4~0.55、外高 1.5 米，壁厚 1.3 米，门道宽 1.5、进深 1.3、高 0.3 米。基础平台直径 18、高 2.7 米（彩图一七二）。

9. 冯湾 2 号烽火台（编码 640522352101170030；工作编号 HYF008）[3]

该烽火台位于海原县关桥镇冯湾村东北 0.6 千米的山梁最高处。四周较低，为坡耕地。西南距陶堡 2 号烽火台 12 米、吴湾烽火台 6.3 千米。

烽火台由台体及外侧基础平台组成。保存较差。台体呈圆台状，空心，黄沙土夯筑而成。台体内较平，内壁较直，外壁呈斜坡状，壁面风化严重，夯层不清。东北侧有一处破坏凹槽。南壁坍塌豁口平面呈梯形，可能为门道。

台体方向北偏东 42°。外径 7、内径 4.5、内高 1.1、壁厚 1.3 米，南壁豁口宽 8 米（图一二三；彩图一七三）。

[1] 调查登记表名称为范湾敌台。
[2] 调查登记表名称为冯湾 2 号敌台。
[3] 调查登记表名称为冯湾 1 号敌台。

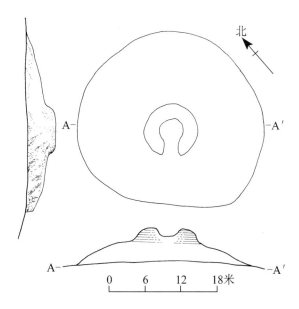

图一二三　冯湾 2 号烽火台平、立、剖面图

10. 吴湾烽火台（编码 6405223521011700032；工作编号 HYF009）[1]

该烽火台位于海原县关桥镇吴湾村北 1 千米山梁最高处。西南距陶堡 1 号烽火台 4.8 千米，东北距冯湾 2 号烽火台 6.3 千米。

台体呈圆台状，空心。台体方向正南北。保存差。台体用黄土夯筑而成，坍塌严重，倒塌堆积成土丘状，仅残留底部痕迹，门道位置不详。底径 4、外高 0.5、台心残存 2 米（彩图一七四）。

11. 陶堡 2 号烽火台（编码 6405223521011170035；工作编号 HYF010）[2]

该烽火台位于海原县关桥镇陶堡村西北 0.5 千米山梁最高处。四周为耕地，东侧有一条便道。西南距东坡 1 号烽火台 0.64 千米、东坡 2 号烽火台 0.96 千米。

烽火台由空心六边形台体、圆形基础平台及环壕组成。保存较差。台体用黄土夯筑而成，有瞭望孔，略呈圆形。台顶坍塌，台内有坍塌的夯土块。东南壁保存稍好，其他壁残留底部，外侧被坍塌夯土覆盖。西壁有门道，门外两侧有夯筑短墙。台壁为两次夯筑而成，上下部台壁间抹有一层草拌泥，上部台壁较窄，内侧有收分台阶。基础平台壁面呈斜坡状，环壕东南部有人为破坏的豁口。

台体方向北偏西 22°，各壁外侧长 3.6、高 0.3~2.2 米。台壁底部厚 0.9、高 1.3 米，上部厚 0.6、高 0.6 米，夯层厚 0.1 米。瞭望孔宽 0.4~0.9、高 0.4~0.7 米。台体南壁门道宽 0.7 米，两侧台壁外长 2.5~3.2、宽 0.5 米，基础平台直径 9.2、高 2 米。环壕直径 16.3、宽 2.5、深 1.5 米（图一二四；彩图一七五）。

12. 东坡 1 号烽火台（编码 640522352101170036；工作编号 HYF011）[3]

该烽火台位于海原县关桥镇东坡村北 0.7 千米山梁最高处。周围为坡耕地。东北距东坡 2 号烽火台 0.012 千米。

烽火台由六边形空心台体、基础平台及环壕组成。平台及环壕为圆形，保存较差。台体用黄土夯筑而成，有瞭望孔。台顶坍塌，台内有坍塌的夯土块。西南壁保存较好，其他台壁残留底部，瞭望孔呈圆形，门道在北壁。台体为两次夯筑而成，上下部台壁内侧收分形成台阶，两层台壁之间有草拌泥。平台及环壕保存较好，环壕外侧堆土较高。东坡 1 号烽火台环壕东北部打破东坡 2 号烽火台西南壁，修筑时代当晚于后者。

---

〔1〕　调查登记表名称为吴湾敌台。
〔2〕　调查登记表名称为陶堡 2 号敌台。
〔3〕　调查登记表名称为东坡 1 号敌台。

台体方向北偏西2°。台壁外侧边长3.2、内侧边长2.4、内高1.8、外高1.8米。底部台壁厚0.8、高1.2、上部台壁厚0.6米，夯层厚0.1米。瞭望孔底宽0.2～0.75、高0.2～0.6、距台底0.2～0.6米。北墙门道宽1.5、进深0.8、高0.5米，门道两侧台壁长0.8～1.4米。平台直径12、高2米，环壕直径16.6、宽2.3、深1.7、环壕外侧堆土高1米（图一二五；彩图一七六）。

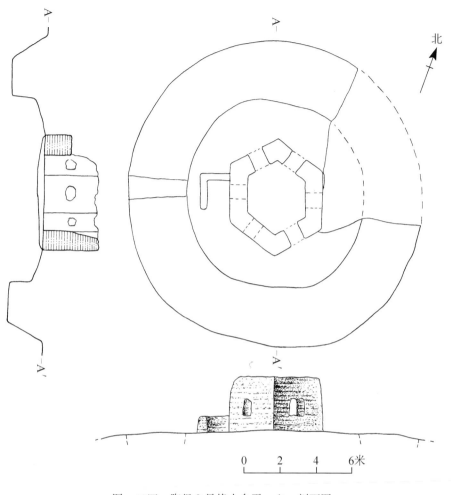

图一二四　陶堡2号烽火台平、立、剖面图

13. 东坡2号烽火台

（编码640522352101170037；工作编号HYF012）[1]

该烽火台位于海原县关桥镇东坡村北0.5千米的山梁最高处。周围地势北高南低，为坡耕地。西南距东坡1号烽火台0.012千米、董堡烽火台1.1千米。

台体呈圆台状，空心，黄土夯筑而成，坍塌严重，仅残留底部，门道位置不详。保存较差。台内较平，内壁较直，外壁呈斜坡状；台壁风化严重，夯层不清。

台体方向正南北。外径9、内径6.8、内高0.8、外高1.5米，台壁宽0.8米（彩图一七七）。

14. 董堡烽火台（编码640522352101170039；工作编号HYF013）[2]

该烽火台位于海原县关桥镇董堡村西南0.3千米的山梁最高处。四周为耕地，西南0.1千米为202省道。东北距青湾1号烽火台0.79千米，西南距陈家湾烽火台8.5千米。

台体为空心六边形。保存较差。台体用黄土夯筑而成，夯层清晰。东壁保存较好，台壁两次夯筑而成，上下部台壁间抹有一层草拌泥，内侧有收分台阶。其他台壁残留底部，壁面有破坏痕迹，台体内有坍塌夯土块。台壁上有瞭望孔，东壁一处较完整，呈圆形。台体门道在西壁，残留底部痕迹。

〔1〕　调查登记表名称为东坡2号敌台。
〔2〕　调查登记表名称为董堡敌台。

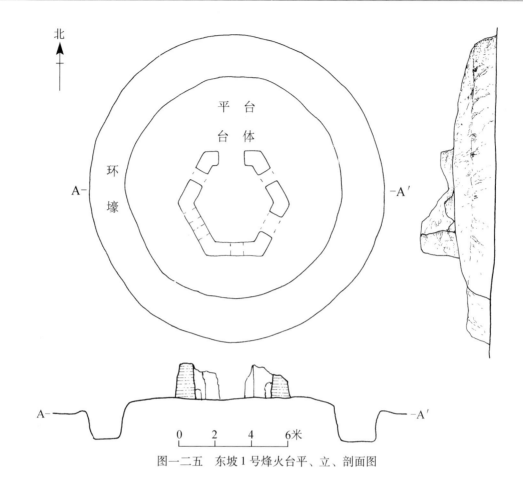

图一二五　东坡 1 号烽火台平、立、剖面图

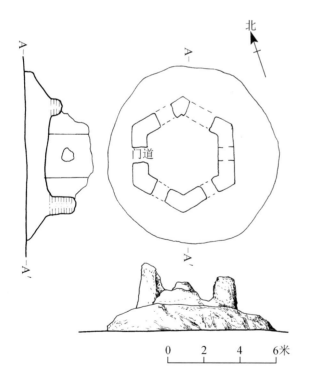

图一二六　董堡烽火台平、立、剖面图

台体方向北偏东 20°。各壁外侧边长 3.4、内侧边长 2.3 米，底部厚 0.9、高 1.5 米，上部台壁厚 0.5、高 1.4 米，夯层厚 0.1 米。门道宽 0.8 米，两侧台壁长 2.1 米，东壁瞭望孔距台底 0.7、宽 0.6、高 0.7 米（图一二六；彩图一七八）。

15. 陈家湾烽火台（编码 64052235320 1170019；工作编号 HYF014）

该烽火台位于海原县西安镇陈家湾村东南 2 千米斜缓山坡上。东、南侧为梯田，西侧为南北向壕沟，北侧为缓坡。西北距木匠沟烽火台 4.28 千米。

烽火台由台体及四重围墙组成。保存一般。台体及围墙用黄沙土夯筑而成。台体底部平面呈长方形，顶部呈正方形，各壁面呈斜坡状，夯层清晰。东、西壁有坍塌凹坑，南壁东侧有一孔小窑洞。台顶高低不平，有一处方形小盗坑。台底四周有坍塌的夯土块。四道围墙平面呈长方形，自然坍塌及人为破坏严重，豁口较多，第四重围墙仅残存南墙及两端拐角。围墙表面风化严重，各墙面呈斜坡状，南、西墙底部有风蚀凹槽，夯层不清，围墙间分布有植树坑。

　　台体方向北偏西20°。底部东西12、南北11米，顶部边长3.2米，高5米，夯层厚0.15~0.2米。窑洞宽0.8、进深0.7、高0.7米。

　　第一重围墙东西32、南北28米，墙体基宽3、内高0.6~1.3、外高2.8~3.5米，东北角豁口宽1.3、西北角豁口宽3米。第二重围墙东西48、南北40米，墙体基宽4、内高0.6~2、外高2~2.8米，东北角豁口宽4、西北角豁口宽5.5、东南角豁口宽3、西南角豁口宽1.5米。第三重围墙边长68米，墙体基宽4.5、内高0.6~4、外高2~4米，东北角豁口宽7、西北角豁口宽5.8、东南角豁口宽2.3、西南角豁口宽2.6米。第四重围墙边长82米，墙体基宽3.5~4、内高0.8~1.4、外高1.7~2.5米，南墙东部豁口宽1.8米（图一二七；彩图一七九）。

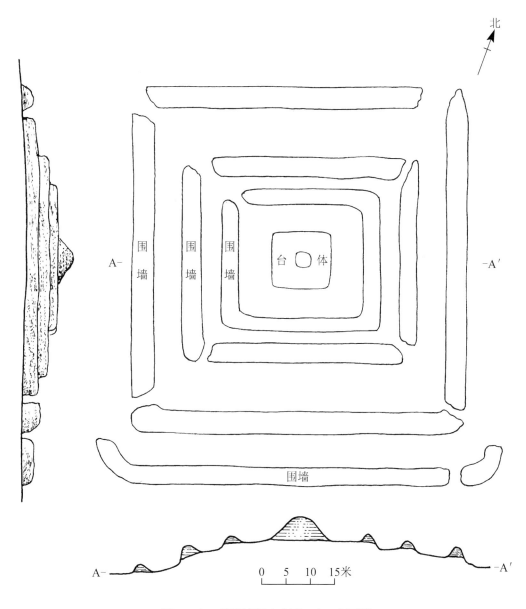

图一二七　陈家湾烽火台平、立、剖面图

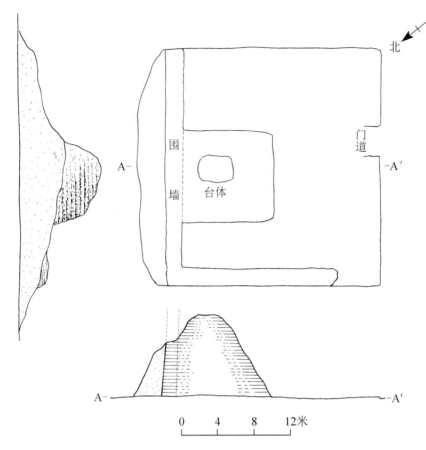

图一二八　木匠沟烽火台平、立、剖面图

16. 木匠沟烽火台（编码640522353201170020；工作编号HYF015）

该烽火台位于海原县西安镇木匠沟村东南1千米处平缓山坡上。周围为耕地，东侧距冲沟0.035千米，西侧0.05千米处有便道。东南距陈家湾烽火台4.28千米，西南距鸡肠子河1号烽火台3.17千米。

烽火台由台体及围墙组成。保存差。台体及围墙用黄沙土夯筑而成，夯层清楚。台体依北墙中部而建，平面呈长方形，剖面呈梯形。台体四壁为斜坡状，南壁坡度较缓，其余台壁上部1.2~1.5米较陡直，其下坡度较缓。顶部北高南低呈斜坡状，中部有一处凹坑。围墙平面呈长方形，坍塌、破坏严重，东、南墙仅残存底部和西墙北部少部分，西北角保存较好，门道在南墙偏东。院内南部为耕地。

台体方向北偏东38°。底部边长10、顶部边长2.5、高7~9.5米，夯层厚0.15~0.2米。围墙东西24、南北26米，墙体基宽2.5、内高0.5~0.7、外高2~2.5米，门道豁口宽2.5米（图一二八；彩图一八〇）。

17. 宋家坝湾烽火台（编码640522353102170001；工作编号HYF016）[1]

该烽火台位于海原县菜川乡沙沟河村西3千米。东南侧为季节性河流，西北侧为丘陵山地。西南距万家水烽火台2.95千米。

烽火台由台体、双重围墙及环壕组成。保存较差。台体及围墙用黄沙土夯筑而成。台体底部平面

―――――――――

〔1〕　调查登记表名称为宋家坝湾堡。

呈长方形，顶部呈正方形。台体南壁坍塌严重，壁面坡度较缓，坍塌夯土堆积至内围墙门道处；其他三壁较陡直；顶部北高南低呈斜坡状。围墙呈长方形，内围墙表层风化严重，夯层不清，门道在南墙偏东。外围墙北墙坍塌几乎无存，其余各墙坍塌呈土垄状；门道在南墙略偏东处，门道中部有石块。院内中部有一处较大的圆形盗坑。

台体方向北偏西19°。底部东西7、南北9米，顶部边长3米，高5.5米。内围墙东西35、南北21米，墙体基宽3、顶宽0.5～1.5、高1.5～2.5米，门道宽3米。外围墙南墙长47米，东、西墙长70米，墙体基宽5、顶宽0.8～2.5、高3～5米，门道豁口宽9米。盗坑直径6、深1米。环壕东西82.5、南北140米，宽6.5～11、深1～2米（图一二九；彩图一八一）。

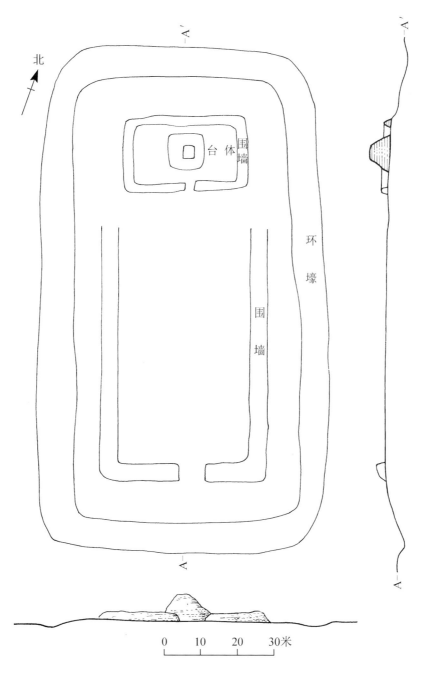

图一二九 宋家坝湾烽火台平、立、剖面图

18. 万家水烽火台 （编码640522353201170024；工作编号HYF017）

该烽火台位于海原县蒿川乡万家水村西1.5千米山梁最高处。周围呈斜坡状，四周地表散落有大量的石片。西距邵庄烽火台2.45千米。

烽火台由台体、围墙、环壕及东西两侧10座附墩组成。保存一般。台体紧倚围墙北墙偏东部而建，平面呈长方形。外壁包石，东壁底部包石保存较好，南、西壁包石坍塌，石块之间用土填充，内侧为土石混合填筑。台顶立有一根高2.5米的测绘水泥桩。夯土围墙保存较差，坍塌豁口较多，南、西墙保存较高，表面风化严重，夯层较清晰，底部有较深的风蚀凹槽，存在坍塌危险。门道在南墙东侧，外侧断续残留环壕，南侧西端及西侧北端各一处较宽的豁口。环壕东西两侧各分布有5座附墩，由石块垒砌而成，多数只残存底部痕迹，保存差，整体呈八字形分布，东侧附墩由北向南排列，平面呈正方形，形制较小；西侧附墩由东北向西南排列，平面呈长方形，形制稍大。

台体方向北偏西6°。底部东西11、南北6米，顶部东西5、南北3米，高2.5~3.7米。包石墙宽0.8、北壁高2.5、东壁高0.5~1.7米。围墙东西37.5、南北24.5米，墙体基宽1.5~2.5、顶宽0.6~1.5、高0.2~2米，南墙版距2.2~3.2米，门道豁口宽3.5米。环壕东西56.5、南北46.5米，壕宽4~7、深1~2米，南侧西端豁口宽6米，西侧北端豁口宽9米。

东侧1号附墩距环壕2.3、2号附墩3.8、边长1.5米；2号附墩距3号附墩2.5、边长2米；3号附墩距4号附墩5、边长2米；4号附墩距5号附墩4.6、边长1.8米；5号附墩边长1.9米。西侧1号

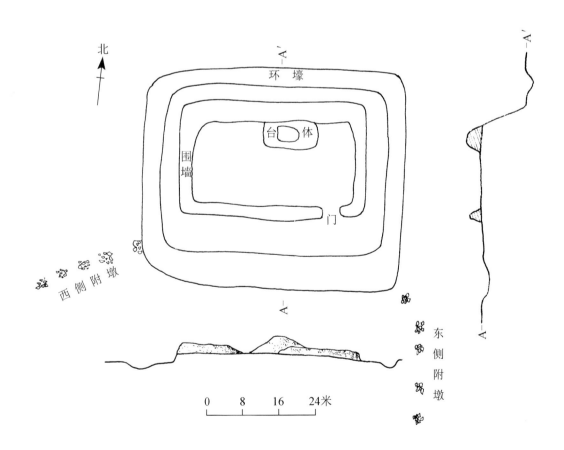

图一三○　万家水烽火台平、立、剖面图

附墩紧靠环壕，距 2 号附墩 4.7 米，东西 2、南北 2.4 米；2 号附墩距 3 号附墩 2 米，东西 2.7、南北 2.3 米；3 号附墩距 4 号附墩 2.5 米，东西 2.2、南北 2 米；4 号附墩距 5 号附墩 2.5 米，东西 2、南北 2.2 米；5 号附墩边长 1.9 米（图一三○；彩图一八二）。

19. 邵庄烽火台（编码 640522353201170025；工作编号 HYF018）

该烽火台位于海原县西安镇干盐池羊场邵庄村北 1.6 千米山梁最高处。东距万家水烽火台 2.45 千米，西北距黄家洼烽火台 4.1 千米。

烽火台由台体、围墙及东北角 10 座附墩组成。保存一般。台体及围墙用黄沙土夯筑而成，台体紧倚围墙北墙中部而建，平、剖面均呈梯形。东、南壁陡直，西、北壁上部呈斜坡状，下部较陡直；台底东、南、西有不同程度的风蚀凹槽；台顶西北部较高，中部有盗坑。围墙平面呈椭圆形，墙体顶部损毁呈锯齿状；南墙保存较好，偏东部有门道。东北角 10 座附墩呈东西向排列，平面呈长方形，用石块垒砌，内填黄沙。

台体方向北偏西 25°。底部东西 11、南北 12 米，顶部东西 6、南北 7 米，高 6 米。台顶盗坑直径 1.1、深 1.3 米。围墙东西 33、南北 21 米，基宽 2.7、顶宽 0.6~1.2、内高 2.3、外高 3 米。南门道豁口宽 4、底宽 1.5 米。围墙东北角附墩由西向东分别编号介绍。

1 号附墩西距围墙 11 米、2 号附墩 3.3 米，东西 2.3、南北 2.5、高 0.15 米；2 号附墩距 3 号附墩 3 米，东西 2.2、南北 2.3、高 0.2 米；3 号附墩距 4 号附墩 3.6 米，东西 2.2、南北 2.2、高 0.1 米；4 号附墩距 5 号附墩 7.3 米，东西 2.2、南北 2.2、高 0.2 米；5 号附墩距 6 号附墩 2.8 米，东西 2.4、南北 2.4、高 0.1 米；6 号附墩距 7 号附墩 8 米，东西 2.3、南北 2.4、高 0.15 米；7 号附墩距 8 号附墩 10 米，东西 2.1、南北 2.1、高 0.1 米；8 号附墩距 9 号附墩 10.5 米，东西 2、南北 2.1、高 0.1 米；9 号附墩距 10 号附墩 7 米，边长 2、高 0.15 米；10 号附墩边长 2、高 0.15 米（图一三一；彩图一八三）。

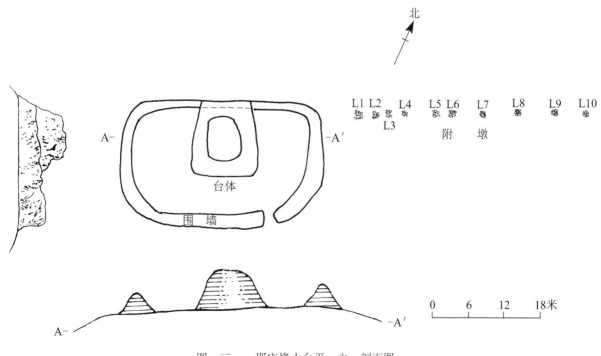

图一三一　邵庄烽火台平、立、剖面图

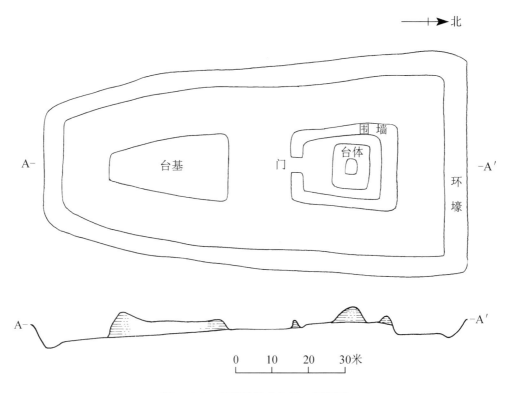

图一三二　黄家洼烽火台平、剖面图

20. 黄家洼烽火台（编码640522353102170003；工作编号HYF019）[1]

该烽火台位于海原县西安镇干盐池羊场唐坡村东北2.5千米。西侧有乡村便道，南侧为平川，北侧为丘陵山地。东距干盐池沟山险墙20米，东南距邵家庄烽火台4.1千米。

烽火台由台体、围墙及环壕组成。保存较差。台体及围墙用黄沙土夯筑而成。台体平面呈长方形，东、西、北壁坍塌严重，底部堆土较高；西壁上部有一处坍塌凹坑；南壁较陡立，夯层较清晰；顶部高低不平，有两处盗坑。围墙呈斜坡状，外高内低，内侧沙土淤积严重，顶部坍塌呈锯齿形；门道在南墙中部，南侧有一处平面呈梯形的台基，沙土淤埋严重。环壕南、北侧保存较好。

台体方向正南北。底部边长11.7米，顶部东西4、南北3米，高4.5米。围墙东西22、南北27米，东墙基宽1.4、顶宽0.8、内高1.6、外高2.5米，门道豁口宽3.5米。院内台基南北44米，南侧宽8.5、北侧宽21、南侧高出地面3.7米。环壕南端长23、北端长51、南北110米，宽3.5~6、深1~6米（图一三二；彩图一八四）。

21. 皮家川烽火台（编码640522353201170026；工作编号HYF020）

该烽火台位于海原县蒿川乡皮家川村西1.75千米南北向山梁最高处。东西两侧为深沟，山梁南侧栽植柠条林带。西北距甘肃省靖远县境内对面湾烽火台2.14千米。

烽火台由台体及双重围墙组成。保存一般。台体及围墙用黄沙土夯筑而成。台体呈覆斗形，壁面呈斜坡状；台顶中部凸起，高低不平，南端有一长方形小坑；东壁北侧有一处坍塌凹坑，南壁东侧有人为挖掘的凹坑，西壁南端有不规则坍塌凹坑，台底四周有坍塌夯土块。围墙平面呈长方形，内围墙

---

〔1〕　调查登记表名称为黄家洼堡。

东、西墙保存较好，有三处雨水冲刷的豁口，东墙中部豁口较宽。墙体呈斜坡状，顶部略呈尖状，表面风蚀严重，夯层不清；门道位于南墙中部。外围墙东墙保存较好，东、北墙各有两处雨水冲刷的豁口，西墙中部有一处雨水冲刷的豁口；门道位于南墙偏东。

台体方向北偏西17°。底部边长12、顶部边长5、高6米，夯层厚0.15～0.2米。内围墙东西30、南北34.5米，墙体基宽3、顶宽0.8～2、内高0.6～1.5、外高2.8～3.5米，门道豁口宽4米。外围墙东西52.5、南北54.5米，东墙基宽6.5、顶宽1.3～3、内高0.5～0.9、外高3.2米，其余墙体基宽4、顶宽0.6～1.5、内高0.6～2.3、外高1.4～4米，门道豁口宽3米（图一三三；彩图一八五）。

22. 老庄烽火台（编码640522353201170027；工作编号HYF021）

该烽火台位于海原县兴仁镇老庄村西3.2千米山梁最高处。东西两侧为冲沟，北侧地势较平缓，有废弃的房基，西、北侧有乡村便道，南侧为斜坡，台体及四周地表长满蒿草。南距邵家庄烽火台1.4千米。

烽火台由台体及围墙组成。保存较差。台体及围墙用黄沙土夯筑而成，夯层较清晰。台体平面呈长方形，剖面呈梯形。台体顶部坍塌与台底呈台阶状，南北两侧阶面较宽，东侧较窄，西侧呈斜坡状。围墙平面呈长方形，东、南、北墙尚存，西墙由于修路破坏殆尽。根据地形推测门道应在西墙北侧，具体位置不详。

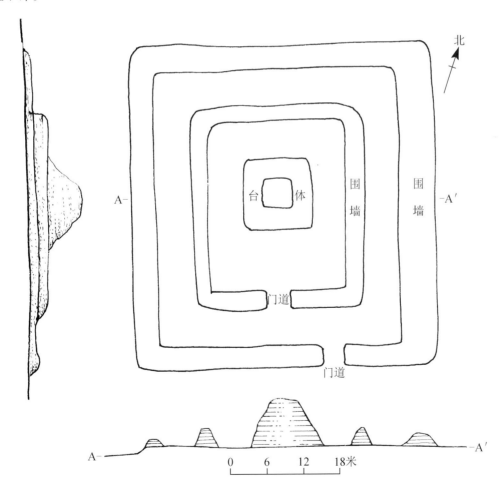

图一三三 皮家川烽火台平、立、剖面图

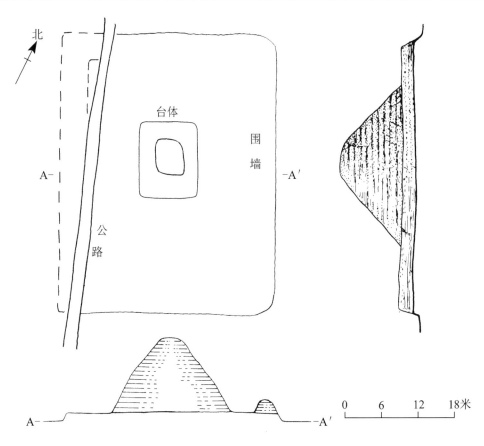

图一三四　老庄烽火台平、立、剖面图

台体方向北偏西27°。底部东西12、南北13米，顶部东西5、南北6米，高13米，夯层厚0.1~0.15米。围墙东西40、南北50米，墙体基宽5、顶宽1.5~3、高1.5~2.4米（图一三四；彩图一八六）。

第三节　"固原内边"长城西段麻春河南山沿线烽火台

"固原内边"长城西段麻春河南山沿线调查烽火台19座。南山相对低缓，沿线多数空心台体修建于山坡。

1. 草场烽火台（编码640522353201170002；工作编号 TXF019）

该烽火台位于同心县兴隆镇草场村西2.5千米庙山东麓山坡上。地势西高东低，台体周围相对平缓。西北距烂沟子烽火台6.58千米，东南距庙山烽火台2.88千米。

台体用黄褐色夹沙土夯筑而成，无围墙。保存较差。台体四壁坍塌严重，保存部分呈窄条状，壁面有裂隙发育，夯层清晰，底部坍塌堆土较高。台体南、北壁及四壁底部分布横向内凹风蚀槽，东、西壁坍塌呈不规则状，裂隙较多，濒临倒塌。东南侧滚落有大块坍塌夯土，台底分布较细的坍塌及风积堆土。

台体北偏西18°。底部东西3.2、南北3.4米，顶部东西1.2、南北1.9米，高3.6米。东壁底部风蚀凹槽进深0.8、高0.4米。东、南壁坍塌积土高1.3~1.5米，西、北壁坍塌积土高0.7米（图一三五；彩图一八七）。

2. 庙山烽火台（编码6405223
53201170001；工作编号TXF020）

该烽火台位于同心县兴隆镇草场
村西南3千米庙山顶。山梁呈东—西
走向，两侧为深沟，东南1千米有盘
山便道。西北距园子湾烽火台9.2
千米。

烽火台由台体、基础平台、围墙
及双环壕组成。保存较差。台体及围
墙用黄沙土夯筑而成。台体平面呈长
方形，剖面呈梯形，四壁呈斜坡状，
坡度较缓，表层风化严重，夯层不
清；台顶较平，有填埋的盗坑；台底
有正方形平台基座，四周绕以长方形
双环壕，环壕间有围墙，西墙保存最
高。围墙及外侧环壕东部被山水冲
断，坍塌豁口较多，门道位置不详。

台体方向北偏东31°。底部东西
13、南北12米，顶部东西6、南北5
米，高4.5米。台基东西19.5、南

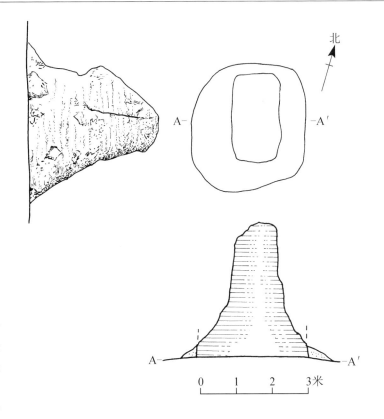

图一三五 草场烽火台平、立、剖面图

北22、高3米。内环壕边长26、宽3.5、深4米。东侧水毁豁口宽8米。围墙东西36、南北46米，西
墙基宽2.5、顶宽0.75~1.3、高1.15~2.6米。外环壕东西52.5、南北66米，宽2~4、深0.5~1.3
米（图一三六；彩图一八八）。

3. 杨家湾烽火台（编码640522353201170010；工作编号HYF022）

该烽火台位于海原县关桥镇杨家湾村东南1.15千米山梁最高处。周围地势较平缓。北距冯家湾1
号烽火台2.48千米，西南距罗山1号烽火台6.34千米。

该烽火台由台体、双重围墙、环壕及西北侧6座附隧组成。保存一般。台体、围墙及附隧用黄沙
土夯筑而成。台体呈覆斗形，平面呈上方形。台体四壁呈斜坡状，受风雨侵蚀坍塌损毁，台顶高低不
平。内侧围墙仅北墙保存少部分，其余大部仅残存底部痕迹，门道在南墙西部。外围墙保存墙体较低
矮，东部偏北墙体无存，门道在南墙东部。台体和围墙表层风蚀严重，夯层不清。外围墙外侧有环壕，
北部有坍塌豁口。环壕外侧西北部由南向北分布有6座石砌附隧，残存底部痕迹。

台体方向北偏东21°。底部边长12、顶部边长3、高4.5米。内侧围墙东西21、南北22米，北墙
现存7米，内高0.4~0.6、外高0.9米，门道宽2、进深1、高0.7米，西北角豁口宽1.1、高0.6米。
外围墙东西29、南北34米，内高0.3~1.4、外高0.6~3.5米。环壕东西41.5、南北54米，宽2、深
0.7~1.5米，北部坍塌豁口宽6、高0.7米。

1号附隧南距环壕4米，北距2号附隧1.5米，东西0.9、南北3.3、高0.25米；2号附隧北距3
号附隧7米，东西1.2、南北1、高0.3米；3号附隧北距4号附隧3米，边长1、高0.1米；4号附隧
北距5号附隧5米，东西1.3、南北1.5、高0.25米；5号附隧北距6号附隧4米，东西0.8、南北

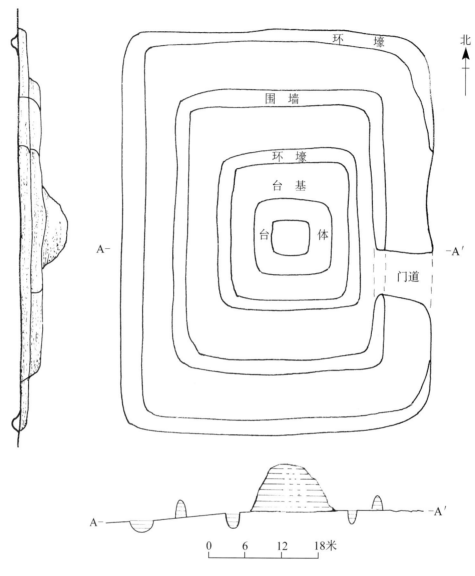

图一三六　庙山烽火台平、立、剖面图

0.9、高0.15米；6号附隧东西2.3、南北2.4、高0.15米（图一三七；彩图一八九）。

4. 罗山1号烽火台（编码640522353201170011；工作编号HYF023）[1]

该烽火台位于海原县关桥镇罗山村东南2.1千米山梁最高处。西侧有一座现代庙宇，西距罗山2号烽火台0.09米。

烽火台由台体、围墙及环壕组成。保存较差。台体及围墙用黄沙土夯筑而成。台体平面呈圆形，底大顶小，受风雨侵蚀坍塌，台顶损毁较平；四壁呈斜坡状，坡度较缓；表层风化严重，夯层不清。围墙呈正方形，南墙保存稍好，其他墙体仅存痕迹，门道位置不详。环壕呈长方形，东侧坍塌严重，残存南侧和西北角。

――――――――――――

〔1〕　调查登记表名称为罗山烽火台。

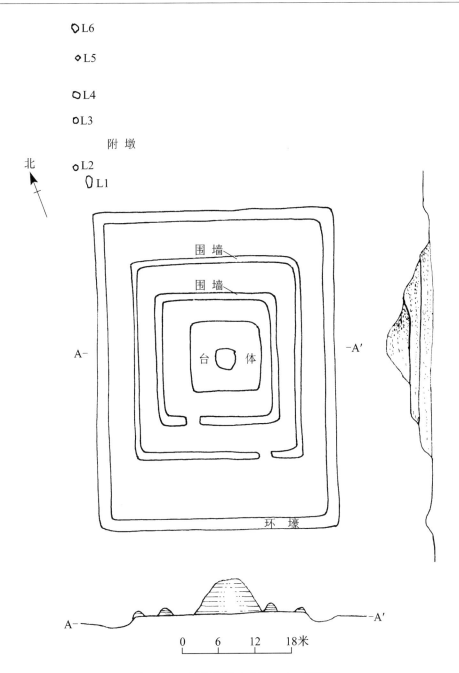

图一三七　杨家湾烽火台平、立、剖面图

台体方向北偏东 18°。底部直径 20、顶部直径 4、高 6 米。围墙边长 46、南北 56 米，南墙残长 30 米，底宽 3.5、内高 0.8、外高 1.2 米。围墙距台体 10 米。环壕南侧长 48 米，底宽 4、深 2 米（图 一三八；彩图一九〇）。

5. 罗山 2 号烽火台（编码 640522352101170033；工作编号 HYF024）[1]

该烽火台位于海原县关桥镇罗山村东南 2 千米山梁最高处。西侧有一座现代小庙，南距席芨滩烽

―――――――――――

〔1〕　调查登记表名称为罗山敌台。

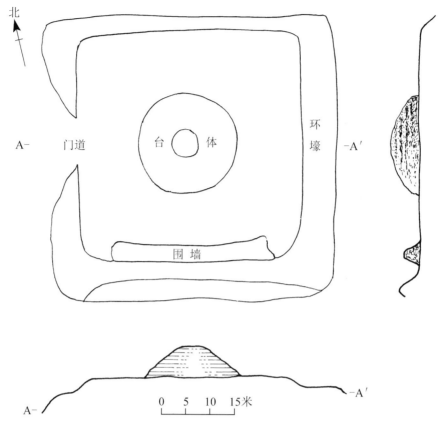

图一三八　罗山1号烽火台平、立、剖面图

火台 2.2 千米。

　　台体呈圆台状，空心。黄土夯筑而成，保存较差。台体内凹，顶部坍塌，仅残存底部，台体内侧壁面较直，外侧呈斜坡状，西北、西南部台壁上有凹槽，风化严重，夯层不清。由于坍塌严重，东壁门道仅残存底部痕迹，呈斜坡状。

　　台体方向正南北。外径 6、内径 4.6、内高 0.6 ~ 1、外高 0.4 ~ 0.5 米，台壁宽 0.7 米。门道宽 0.6、进深 0.7、高 0.3 ~ 0.6 米（彩图一九一）。

　　6. 陶堡 1 号烽火台（编码 640522352101170034；工作编号 HYF025）[1]

　　该烽火台位于海原县关桥镇陶堡村南 1.3 千米山梁最高处。西距青湾烽火台 1.9 千米，西北距陶堡 2 号烽火台 1.7 千米。

　　烽火台由空心六边形台体、基础平台及环壕组成。台体用黄土夯筑而成，壁面有瞭望孔，保存一般。台体顶部坍塌，台内有坍塌的夯土块，东、西壁及西南壁保存较好，其他台壁残留底部，台壁上瞭望孔形制大小基本相同，保存较好的呈圆形。西壁有进入台体的门道，门外有低矮的呈"L"形墙体，夯层清晰。从残留的东南壁可以看出，台体为两次夯筑而成，上下部台壁间内侧有收分台阶，之间抹有一层草拌泥。台体西南壁内侧残存有 8 处较明显的棚木孔。台体有圆形基础平台，台面呈斜坡状。平台外有环壕，东南部有破坏的豁口，西侧环壕内有一道矮墙。

---

　　〔1〕　调查登记表名称为陶堡 1 号敌台。

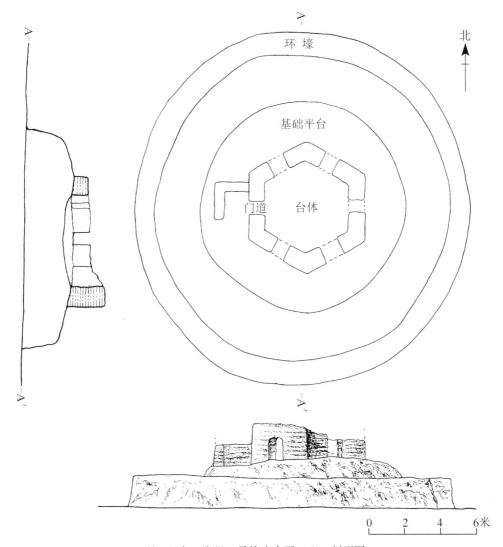

图一三九 陶堡 1 号烽火台平、立、剖面图

台体方向正南北。底部各壁长 3.5、基宽 1.1、高 0.3~5.6 米，上部台壁基宽 0.9、顶宽 0.4~0.6、高 1.5 米。夯层厚 0.1 米。棚木孔径 0.1~0.2、深 0.3、孔距 0.2 米，瞭望孔底宽 1、高 0.3~0.6 米，距台底 1.4 米。西壁门道底宽 0.55、进深 1.1、高 0.5 米，两侧台壁长 3.1~3.4 米，墙宽 0.4 米。基础平台直径 11.4、高 1.5 米。环壕直径 18.8、宽 3.7、深 2.2 米。东北侧坍塌豁口宽 10.3 米（图一三九；彩图一九二）。

7. 席芨滩烽火台（编码 640522353201170012；工作编号 HYF026）

该烽火台位于海原县关桥镇席芨滩村东南 3 千米山梁最高处。周围地势平缓。西距陶堡 2 号烽火台 2.7 千米、青湾 1 号烽火台 2.8 千米。

烽火台由台体、双重围墙及环壕组成。台体及围墙用黄沙土夯筑而成，坍塌严重，保存差。台体呈覆斗形，四壁上部较陡直，底部较斜缓；东、北壁上部坍塌形成两级台阶；南壁分 4 版筑而成，壁面因坍塌内凹；西壁有人为破坏凹槽；台顶损毁，较平。围墙及环壕平面呈长方形，内围墙北墙坍塌仅残存底部痕迹，其余墙体保存较好，门道在南墙西部。外围墙仅残存墙基痕迹。环壕西侧保存较好，

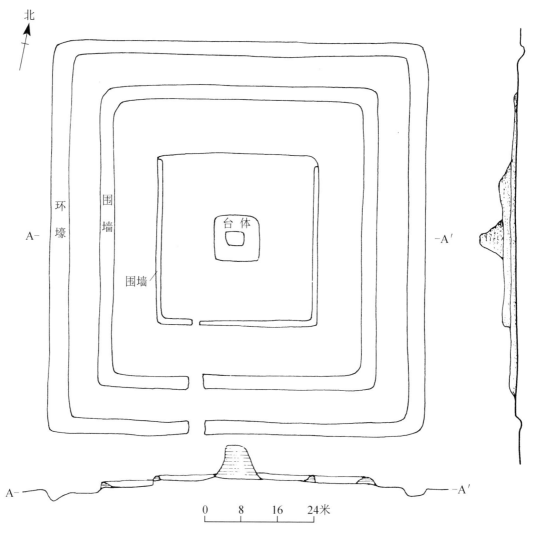

图一四〇　席芨滩烽火台平、立、剖面图

内壁掏挖有洞穴，其余仅存痕迹。

台体方向北偏西12°。底部边长10米，顶部东西3.5、南北3米，高7米。南壁版距1~2.5米，夯层厚0.15~0.21米。内围墙东西36、南北37、内高0.7~1.4、外高1~2.4、西墙外高3.5米，门道豁口宽1.5米。外围墙东西62、南北66米。环壕东西84、南北85.5米（图一四〇；彩图一九三）。

8. 青湾1号烽火台（编码640522352101170013；工作编号HYF027）

该烽火台位于海原县关桥镇青湾村南的台地上。周围地势平坦，南侧为平川地，东侧为青湾村碾麦场，西、北侧临民居，村北为202省道。东南距青湾2号烽火台0.114千米。

台体呈覆斗形，形制较小，无围墙，用黄沙土、灰土夹杂灰陶瓦片夯筑而成。保存一般。台体表层剥落，西南角坍塌严重，东、西、北壁底部有较深的风蚀、碱化横向凹槽，南壁沿版筑裂隙塌落，西壁表面有多条横向凹槽。顶部较平，长有稀疏杂草。壁面夯层及分版迹象清晰，东、北壁底部夯土内夹杂大量的灰瓦片。

台体方向北偏西16°。底部边长5、顶部边长4、高6米。东、北壁底部风蚀凹槽深0.8、高0.5~0.75米，夯层厚0.08~0.1米，夯窝直径0.08米，东壁版距0.6~1.1米（图一四一；彩图一九四）。

9. 青湾 2 号烽火台（编码
640522352101170014；工作编号
HYF028）

该烽火台位于海原县关桥镇青
湾村南0.15千米的台地上。周围地
势平坦，南部为平川地，西侧紧邻
青湾村民居，村北为202省道。西
北距青湾1号烽火台0.114千米，
东南距青湾3号烽火台0.77千米。

台体呈覆斗形，用黄沙土和灰
土夹杂少许灰质碎瓦片夯筑而成，无
围墙，保存一般。四壁为斜坡状，表
面剥落严重，台底四周有风蚀碱化凹
槽；东、北壁相对平整，有少量凹
槽，底部横向凹槽侵入台体较深，有
导致台体全部坍塌的危险，夯土内夹
杂少许灰质瓦片；南壁崩塌严重，中
部有多道水蚀沟壕，底部堆积大量的
坍塌堆土；西壁坍塌与中部形成裂
缝。夯层清楚，夯窝为圆形。

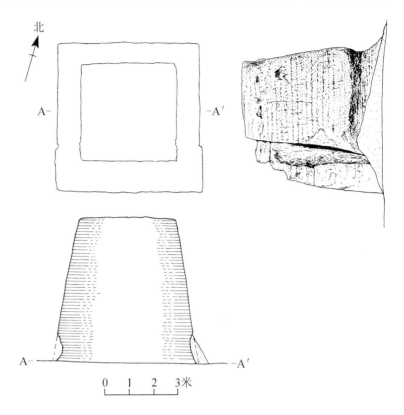

图一四一 青湾1号烽火台平、立、剖面图

台体方向北偏东26°。底部边长3.8、顶部边长3、高2.7~3米，夯层厚0.2米，夯窝直径0.08
米；东壁底部风蚀凹槽深0.6、高0.8米，西侧凹槽深0.4、高0.5米；西壁裂缝宽0.2米（图一四二；
彩图一九五）。

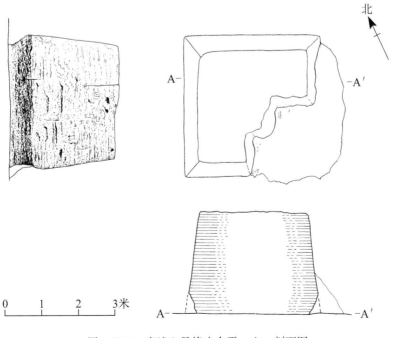

图一四二 青湾2号烽火台平、立、剖面图

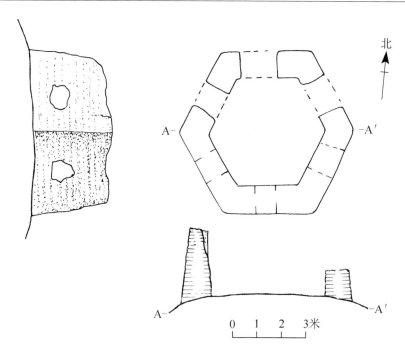

图一四三　青湾 3 号烽火台平、立、剖面图

10. 青湾 3 号烽火台（编码 640522352101170038；工作编号 HYF029）[1]

该烽火台位于海原县关桥镇青湾村东南 0.8 千米的山梁最高处。西南距麻春烽火台 1.78 千米。

台体呈六边形，空心。保存较差。台体用黄土夯筑而成，夯层清楚，各壁有瞭望孔。台壁大部分坍塌，南、西南壁及瞭望孔保存较好；南壁东侧及顶部有坍塌凹槽；西南壁中部坍塌，南部门道顶部坍塌，与瞭望孔连为一体，门道两侧有短墙。瞭望孔呈不规则形，中部弧扩。台壁为两次夯筑而成，台壁内侧有收分台，之间抹有草拌泥。

台体方向北偏西 5°。壁外长 3.7、内长 2.5、内高 0.5～2.3、外高 1.2～3 米；台壁基宽 1.1、顶宽 0.6、内高 1.1 米，夯层厚 0.1～0.2 米。瞭望孔上下宽 0.3～0.5、中部宽 0.8～0.9、高 0.5～0.8 米，距台底 0.7 米。南壁门道宽 0.5、进深 1.1、高 0.7 米，两侧台壁外长 2.5～2.7 米（图一四三；彩图一九六）。

11. 麻春烽火台（编码 640522352101170040；工作编号 HYF030）

该烽火台位于海原县关桥镇麻春村东南 0.5 千米的山梁最高处。西南距南台烽火台 2.63 千米。

台体呈六边形，空心。保存较差。台壁用黄土夯筑而成，夯层清楚，北壁损毁严重，其余台壁保存较好，分两次夯筑，上下部台壁间抹有草拌泥，内侧有收分台阶。台体外壁呈斜坡状，台壁顶部有坍塌凹槽，底部多风蚀凹槽，东南壁内侧有破坏坑洞，台体内散落夯土块。台壁上有瞭望孔，形制大小基本相同。南壁有门道，与上部瞭望孔坍塌连通。

台体方向北偏东 13°。壁外长 3.5、内长 2.4、内高 2.8、外高 3.5 米，夯层厚 0.2 米。台壁底部宽 1、上部宽 0.8、顶宽 0.4、底部内高 0.8、上部内高 2 米。南壁门道宽 0.5 米，两侧台壁长 2.3～2.6 米。瞭望孔距台底 0.7 米，底部宽 0.5、中部宽 0.8、上部宽 0.3、高 0.6～0.7 米（图一四四；彩图

---

〔1〕　调查登记表名称为青湾敌台。

一九七）。

12. 南台烽火台（编码 6405223532
01170015；工作编号 HYFO31）

该烽火台位于海原县关桥镇南台湾村
南 2.2 千米山梁最高处。东北距麻春烽火
台 2.63 千米，西南距上小河烽火台 5.26
千米。

烽火台由台体及底部平台、围墙及环
壕组成。保存差。台体呈覆斗形，形制较
大。台体及围墙用黄沙土夯筑而成，风化
严重，夯层不清。底部平台呈正方形，东
北高西南低，四壁呈斜坡状。围墙南墙保
存较高，东、北墙仅残存痕迹，西墙坍塌，
门道位置不详。环壕南北侧保存较好，东
西侧仅存痕迹。

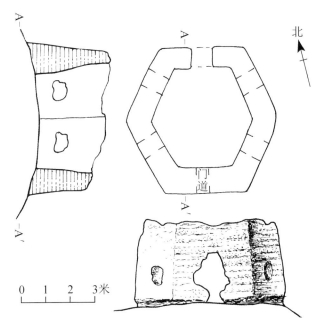

图一四四　麻春烽火台平、立、剖面图

台体方向北偏西 6°。底部东西 18、南
北 12 米，顶部边长 3 米，高 3~4 米。围墙东西 44、南北 48 米，南墙基宽 1.5、顶宽 0.4~0.8、内高
0.9~1.3、外高 1.3~2 米。环壕东西 48、南北 70 米，宽 11、深 1.5~1.9 米（彩图一九八）。

13. 郑塘烽火台（编码 640522353201170016；工作编号 HYF032）

该烽火台位于海原县高台乡郑塘村西北 0.2 千米平缓山坡上。周围地势东高西低，南、北部为斜
坡田地。西距高台寺烽火台 3.2 千米，南距 202 省道 0.3 千米。

烽火台由台体及双围墙组成。保存一般。台体及围墙用黄沙土夯筑而成，夯层清楚。台体呈覆斗
形，底部平面呈长方形，台顶有人为挖掘的小坑，高低不平；东、南壁呈斜坡状；东、北壁较陡直，
上部有坍塌凹槽，北壁凹槽内有烤火痕迹，底部四周有坍塌的夯土块。围墙平面呈长方形，内围墙保
存较好，墙体外侧呈斜坡状，内侧较陡直，顶部坍塌呈高低不平的台阶状，门道在西墙偏东部。外围
墙保存差，仅存东墙及西、南墙少部分，其他因耕地被毁。

台体方向北偏西 42°。底部东西 12、南北 11 米，顶部东西 4、南北 3.5 米，高 6 米，夯层厚
0.15~0.2 米。内围墙东西 64、南北 54 米，墙体基宽 5、内高 1.1~2.5、外高 2~3.5 米，夯层厚
0.15~0.25 米，门道宽 5 米。外围墙东西 104、南北 94 米，墙体基宽 3、内高 1~1.5、外高 1.6~3.5
米，东、北墙外侧高出地面 0.5~0.7 米（图一四五；彩图一九九）。

14. 高台寺烽火台（编码 640522353201170017；工作编号 HYF033）

该烽火台位于海原县高台乡高台寺村西 0.7 千米平缓山坡上。当地俗称五里墩。周围地势南高北
低，为斜坡状台地。北侧 0.1 千米为 202 省道，西距高台寺西烽火台 0.73 千米。

台体平面呈正方形，无围墙。保存一般。台体黄沙土夯筑而成，西南角和东壁中部坍塌，壁面有
风蚀凹槽，西壁底部有鼠洞，夯层清晰；底部西、南、东有坍塌的风化夯土，台顶中部有一人为挖掘
的长方形坑。

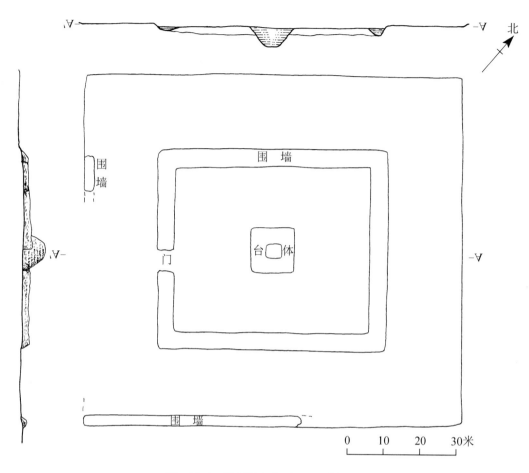

图一四五　郑塘烽火台平、立、剖面图

　　台体方向北偏东34°。底部边长11、顶部边长9、高6.5米，台顶长方形坑东西2.8、南北3.5、深2.4米（图一四六；彩图二〇〇）。

15. 高台寺西烽火台（编码640522352101170041；工作编号HYF034）[1]

　　该烽火台位于海原县高台乡高台寺村西0.8千米斜缓山坡上。地势南高北低，为坡耕地。东距民房0.07千米，北距202省道0.13千米，西距上小河烽火台4.4千米，东距郑塘烽火台3.2千米。

　　台体呈覆斗形，无围墙。保存较好。台体用沙土夯筑而成。东壁底部坍塌堆土较高，南壁中部有一道横向风蚀凹槽，西壁上部北侧有盗洞，顶部较平。

　　台体方向正南北。底部边长5米，顶部东西4.5、南北4米，高3米（图一四七；彩图二〇一）。

16. 上小河烽火台（编码640522353201170018；工作编号HYF035）

　　该烽火台位于海原县西安镇上小河村西1.5千米的台地上。周围为耕地，地势平缓，东侧有水渠和水井房，东、西侧有便道。西距陈家湾烽火台4.98千米、西安镇大沟门烽火台3.17千米。

　　烽火台由台体及围墙组成，黄沙土夯筑而成，保存较好。台体倚围墙南墙中部而建，呈覆斗形，

---

　　〔1〕　调查登记表名称为高台寺敌台。

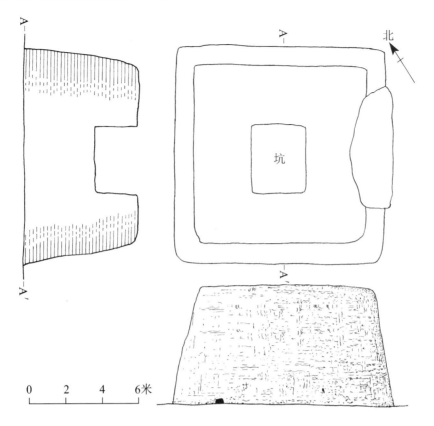

图一四六 高台寺烽火台平、立、剖面图

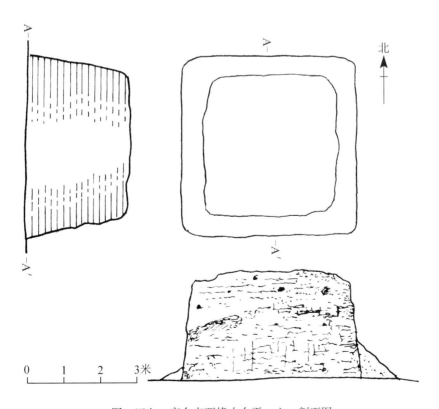

图一四七 高台寺西烽火台平、立、剖面图

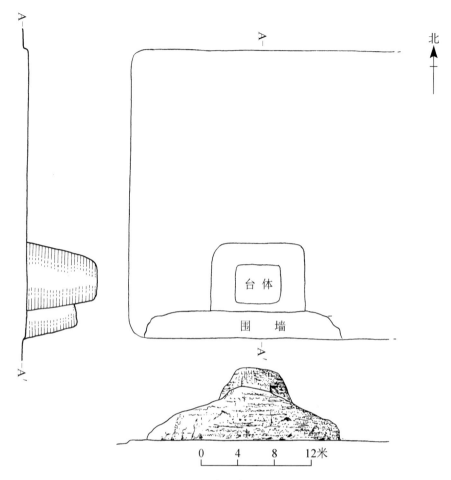

图一四八　上小河烽火台平、立、剖面图

　　四壁呈斜坡状，夯层清楚；南壁坍塌错位，顶部有一处盗坑，呈凹字形；底部四周有坍塌的夯土块，南侧有盗坑。围墙平面呈长方形，坍塌、破坏严重；东墙因修路破坏；南墙仅存台体东、西侧一小段墙体，表面风化严重，夯层不清；西、北墙残存痕迹，推测门道位于北墙中部。

　　台体方向正南北。底部边长 10 米，顶部东西 5、南北 4 米，高 7.5 米，夯层厚 0.15 米。围墙东西 28、南北 30 米，墙体基宽 2.8、顶宽 0.8 ~ 1.5、内高 0.7 ~ 0.9、外高 1.3 ~ 1.7 米（图一四八；彩图二〇二）。

　　17. 西安镇大沟门烽火台（编码 640522353201170021；工作编号 HYF036）

　　该烽火台位于海原县西安镇大沟门村东 3 千米平地上。当地俗称古墩子，西北侧临居民住房，东侧有打谷场，南侧为平川地。西北距鸡肠子河 1 号烽火台 2.74 千米。

　　烽火台由台体及围墙组成，黄沙土夯筑而成，保存差。台体倚围墙北墙中部而建，平面呈不规则形，底大顶小。台体四壁呈斜坡状，东、南壁较直，夯层清楚；西、北壁水蚀凹槽纵贯壁面，西南角崩塌严重；台顶略呈长方形，高低不平；底部四周布满坍塌夯土。围墙坍塌及人为破坏严重，东墙被耕地破坏；西墙南部被平整为打谷场，建有一机井房；北墙仅台体西侧残存墙体。推测门道位于南墙。

　　台体方向北偏东 33°。底部东西 16、南北 8 米，顶部东西 4.4、南北 2.4 米，高 6.4 米，夯层厚 0.15 ~ 0.2 米。围墙北墙现存 22.6、西墙现存 16 米，基宽 2、高 1.8 ~ 2.2 米（图一四九；彩图二〇三）。

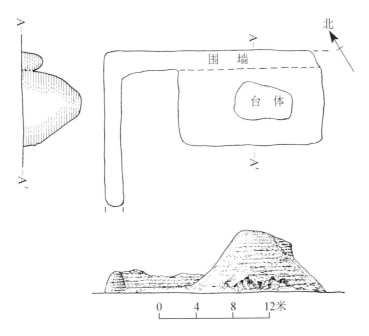

图一四九 西安镇大沟门烽火台平、立、剖面图

18. 鸡肠子河 1 号烽火台（编码 640522353201170022；工作编号 HYF037）

该烽火台位于海原县西安镇鸡肠子河村北 0.05 千米平缓山坡上。周围为缓坡，北高南低，西南有条季节性河流，东侧 5 米处有便道。西距鸡肠子河 2 号烽火台 2.4 千米。

烽火台由台体及台基、围墙组成。保存一般。台体及围墙用黄沙土夯筑而成。台体平面呈长方形，坍塌损毁严重。台壁呈斜坡状，坡度较缓；南壁底部有一处长条形盗坑；顶部较平，偏北部有一处圆形盗坑。台基呈长方形，台面较平整，四壁呈斜坡状，坡度较大，南壁东侧有斜坡状门道豁口。围墙损毁，豁口较多，东墙残留北段，西墙残存南段，南、北墙仅存痕迹，西南角被洪水冲毁为豁口，门道位置不详。台体及围墙表层风化严重，夯层不清。

台体方向北偏西 43°。底部东西 13、南北 14 米，顶部东西 5、南北 4 米，高 2.5 米。台基东西 22.5、南北 19、高 3 ~ 5 米，门道豁口宽 4 米。围墙东西 55、南北 50 米，东墙现存 24、西墙现存 15 米，基宽 4 ~ 5.5、顶宽 0.6 ~ 1.5、内高 0.9 ~ 1.7、外高 1.5 ~ 2.5 米（图一五〇；彩图二〇四）。

19. 鸡肠子河 2 号烽火台（编码 640522353201170023；工作编号 HYF038）

该烽火台位于海原县西安镇鸡肠子河村西北 2 千米山梁最高处。周围南高北低，南部较平，北侧有一条砂石乡道。东距鸡肠子河 1 号烽火台 2.4 千米。

烽火台由台体、围墙及环壕组成。保存一般。台体及围墙用黄沙土夯筑而成，台体紧倚围墙南墙中部而建，台顶较小，呈近长方形，中部内凹，北壁较陡。台壁呈斜坡状，底部有坍塌风化夯土。围墙呈长方形，东、南墙保存较差，顶部被雨水冲刷形成多处凹槽，墙体外侧夯层及分版痕迹清晰，门道在北墙中部。环壕南北两侧痕迹较清楚，东西两侧基本与地面相平，北侧中部有门道豁口。

台体方向正南北。底部东西 13、南北 10 米，顶部东西 3、南北 4 米，高 7.5 米，夯层厚 0.1 ~ 0.2 米。围墙东西 25、南北 27 米，基宽 3、顶宽 0.6 ~ 1.5、内高 0.7 ~ 1.8、外高 1 ~ 2.5 米，北墙门道豁口宽 7 米。环壕东西 46、南北 48 米，口宽 10.5、深 1 ~ 2 米，北部豁口宽 7.5 米（图一五一；彩图二〇五）。

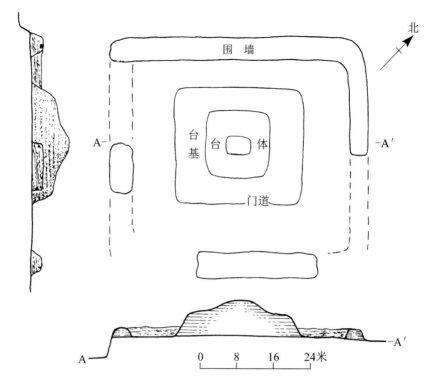

图一五〇　鸡肠子河1号烽火台平、立、剖面图

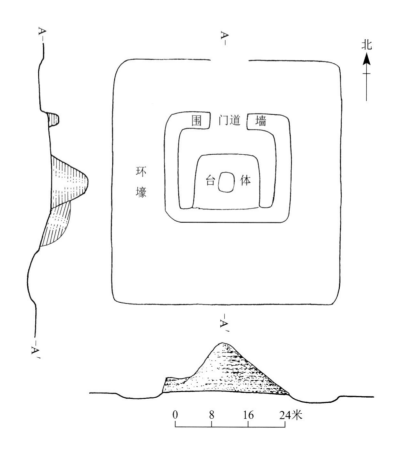

图一五一　鸡肠子河2号烽火台平、立、剖面图

第四节 "固原内边" 长城西段沿线关堡

"固原内边" 西段石峡口以西地段分布有双河堡、关桥堡、羊房堡、海剌都营、西安州守御千户所、干盐池堡等关堡营寨,后3座规模较大,较重要。除海剌都营消失无存外,本次重点调查了西安州守御千户所、干盐池堡及干盐池附近的一处小堡。

1. 西安州守御千户所(编码 640522353102170006;工作编号 HYB002)

该城址位于海原县南西华山北麓坦阔的西安盆地中部。背靠天都山,前临锁黄川,历史上称之为"固靖之咽喉,甘凉之襟带"。东南至固原卫 250 里,西至棉纱湾靖房卫界 10 里。通往树台乡的县级公路从东西门间穿城而过,城内地势平坦,大部分为耕地,有居民 900 余户,大部分居住于西北部。2005 年 9 月被公布为第三批宁夏回族自治区文物保护单位,东门外侧树立区级文物保护碑,城址四周树有 1920 年海原大地震遗址保护碑[1]。

城堡始筑于西夏时期,称南牟会新城,北宋元符元年(1098 年)得其地而建西安州。金皇统年间其地复入西夏。元代为豫王封地。明初为楚藩王牧地土城,成化四年(1468 年),平复满四之乱后,于城中筑隔墙一道,分为南、北二城,重修南城,墙外包砖[2],周围五里六分,高阔各三丈二尺[3]。五年(1469 年)由陕西巡抚马文升奏设守御千户所,隶属固原卫。十六年(1480 年),由兵备佥事杨勉主持重修,周九里三分,外设壕堑一道,深阔各三丈,东、西二门,城四面有楼[4],东曰东宁、西曰西靖、南曰安南、北曰定北。仓场全设,辖墩塘二十一座。初设马步官军一千三百四十九名,至嘉靖二十年前后,实际见在本所官军守墩五十六名、留所二百五十六名、马匹四百零九匹[5]。清设游击驻防,游击府在城北。明代千户所署在城内西北,清代乾隆年间废为乡仓基[6]。

城址坐西朝东,方向北偏西 5°。平面呈日字形。整体为黄土夯筑而成,包砖无存,开东、西二门,城内中部有一道东西向隔墙,将城址分为南北两部分,整体保存一般,南城相对较好。东、西、北墙各 980、南墙 992 米,周长 3932 米,面积约 96 万平方米。

南城面积较大,有东、西二门,墙外包砖无存。东、南墙体基本完整,马面密集,东南、西南角台尚存。东墙外侧及南墙内侧因地震坍塌滑坡,呈斜坡状,杂草丛生,东墙内侧、南墙外侧较陡直,外侧墙根因耕种、取土铲削较陡直。西墙因居民建房、取土等原因铲削、破坏较重。西门以南墙体中部有一处较宽的便道豁口,西门以北另有一处宽约 3 米的自然豁口,其余墙体基本连续。北墙中部有一处较宽的便道豁口,豁口西侧墙体外侧因居民建房、取土铲削侵占损毁较严重;东侧墙体基本连续,内侧滑坡严重。南城内大部分为农田,西北部及西墙两侧住户密集。东墙有 10 座马面,南墙有 18 座马面,马面顶部呈尖状,略高出墙体,外侧坍塌损毁严重;西墙存 6 座马面,3 座马面损毁;北墙豁

---

[1] 海原大地震发生于 1920 年 12 月 16 日,震级 8.5 级,震中烈度 12 度,震源深度 17 公里,震中即位于今海原县西安州、大沟门至干盐池一带,是我国历史上最大的地震之一,造成的破坏和损失极大。

[2] (清) 朱亨衍著《盐茶厅志备遗》,吴忠礼主编《宁夏历代方志萃编》,天津古籍出版社,1988 年,第 13 页。

[3] 《万历固原州志》上卷《建置志》,"城堡",牛达生、牛春生校勘《嘉靖万历固原州志》,宁夏人民出版社,1985 年,第 141 页。

[4] 《嘉靖固原州志》卷一《文物衙门》,牛达生、牛春生校勘《嘉靖万历固原州志》,宁夏人民出版社,1985 年,第 21 页。

[5] (明) 张雨:《边政考》卷三《固原靖兰图》,王友立主编《中华文史丛书》第十四册,(台北) 华文书局,1969 年,第 196 页。

[6] (清) 朱亨衍著《盐茶厅志备遗》,吴忠礼主编《宁夏历代方志萃编》,天津古籍出版社,1988 年,第 28 页。

口两侧墙体向南各凸出 3 座马面，间距相对较大，外侧滑坡严重，大部呈半圆形。东、西两座城门相对而置，位于南城北部，有半圆形瓮城，西门瓮城因公路穿越，悬空为台地状。东墙外壕沟因平整土地基本填平，痕迹仍可辨；南墙外局部尚存城壕痕迹，壕底宽平，为耕地。

北城较小，偏西部有一条南北向砂石路穿城而过，北墙中部有一处较宽的便道豁口，其余墙体基本连续。东墙基本完整，西墙中部有一处豁口，西北角台损毁。北墙便道豁口西侧有一处自然豁口、5 座马面，另有 2 座马面损毁；东侧有一处豁口、10 座马面，另有 1 座马面及东北角台损毁。北墙外侧被铲削严重，未破坏墙体两侧有较高的坍塌、滑坡堆土，东端墙体两侧较陡直。北城内公路以西住户较密集，墙体人为损毁现象常见，公路以东主要为农田，近年新建有大型冷库等建筑。东墙外侧有 5 座马面，北端豁口处有 1 座马面损毁。

东墙北端豁口宽 32 米，东门瓮城豁口宽 20 米，瓮城北侧公路豁口宽 22 米。瓮城墙体长约 84 米，南墙基宽约 12、顶宽 4 ~ 7、高 5.8 ~ 7.7 米。东墙马面间距约 40 米，凸出于墙体 3 ~ 5.2、高 6.2 ~ 7.7 米。城内中部隔墙北侧马面间距约 100 米，高 3.5 ~ 4.8 米，西南角台基宽 7.2、凸出于墙体 6.3、高 7.5 米。西墙城门豁口宽 10 米，瓮城墙体长 104 米，瓮城门道宽 12 米，西墙北侧豁口宽 8 米（图一五二；彩图二〇六 ~ 二一〇）。

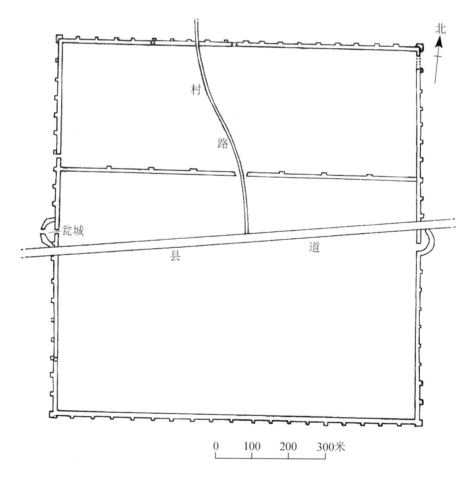

图一五二　西安州守御千户所城址平面图

2. 干盐池小堡（编码640522353102170022；工作编号HYB003）[1]

该堡位于海原县干盐池村西北1.5千米。周围为平川地，位于长城墙体北侧，与长城之间有一道雨水冲刷形成的小沟。西距唐坡烽火台1.89千米，东北距邵家庄烽火台2.3千米。

（二）历史沿革

据《干盐池碑记》，成化七年（1471年），兵备金事杨勉曾于此地筑城，八年奏报朝廷筑成，未及移兵屯守，十五年为虏寇毁。十六年弃此城，"违新城一里许"改修前代旧城，"增益故垣"，即干盐池堡[2]。据此，此城可能为明代筑成又废弃的屯堡。

该堡坐北朝南，方向北偏西10°。平面呈长方形，周长462米，占地面积约1.3万平方米。

堡墙用黄沙土夹杂小料礓石夯筑而成，内外壁掏挖有大小不等的坑穴。各壁面坍塌呈斜坡状，长有蒿草。顶部残损，部分地方被人为破坏，南墙东部外侧壁面有两处较大风蚀坑，东南角有宽达3米的豁口。由于风化，夯层不清。南、北墙中部各有一座城门，坍塌为豁口。堡内为荒草滩，无居民，保存一般。

堡墙垣东西117、南北114米，基宽10~12、顶宽3~4、高2.8~6米。南墙距长城墙体40米，南门豁口底宽4、上宽15、高6米，北门豁口底宽4、上宽18、高6米（图一五三；彩图二一一）。

3. 干盐池堡（编码640522353102170007；工作编号HYB004）[3]

位于海原县西安镇盐池村东1千米。俗称"老城"。地处山间盆地，地势相对平坦，西临西华山，南临南华山。"其境东接西安州，西入打剌赤，南通会宁县，北达宁夏"[4]。西北2千米为干盐池盐湖，305省道从城址北侧穿过。西至靖虏卫打剌赤堡50里、至卫城130里[5]。

北宋元符二年（1099年），筑并赐名定戎寨，原名卤咸隈川，属西安州，元代废弃。明初为牧马苑地，成化十七年（1481年），增益故垣，五里有奇，墙高四寻，加厚三丈，并挖掘城壕。有东、西二关门，东曰镇夷，西曰服房。南构一楼，名曰定边。城内城隍、旗纛、神祠、察院、仓场、鼓楼等一应俱全，街衢、庐舍具备。至嘉靖二十年前后，实际见在本堡官军守墩五十五名、留堡一百七十五名、马匹二百七十匹[6]。2005年9月被公布为第三批宁夏回族自治区文物保护单位。

该堡用黄土夯筑而成，平面呈长方形，方向正南北。墙垣外侧马面坍塌损毁严重，东、北墙外城壕保存较好，东、西门外瓮城尚存。受1920年海原大地震破坏影响，墙体崩塌、滑坡损毁严重，整体保存一般。周长1962米，面积约21.4万平方米。

东墙长330米，瓮城以南两侧居民建房，便道豁口较多，墙体铲削较薄，高3~5米，瓮城北侧砂石便道豁口宽10米。南墙长650米，中部外侧民居倚墙而建，将滑坡的夯土大部分清理，墙体单薄，

〔1〕 调查登记表名称为干盐池堡。
〔2〕 （明）杨鼎：《干盐池碑记》，《嘉靖固原州志》卷二《记》，牛达生、牛春生校勘《嘉靖万历固原州志》，宁夏人民出版社，1985年，第92~95页。
〔3〕 调查登记表名称为干盐池城。
〔4〕 （明）杨鼎：《干盐池碑记》，《嘉靖固原州志》卷二《记》，牛达生、牛春生校勘《嘉靖万历固原州志》，宁夏人民出版社，1985年，第92~95页。
〔5〕 （明）张雨：《边政考》卷三《固原靖兰图》，王友立主编《中华文史丛书》第十四册，（台北）华文书局，1969年，第202页。
〔6〕 （明）张雨：《边政考》卷三《固原靖兰图》，王友立主编《中华文史丛书》第十四册，（台北）华文书局，1969年，第202页。

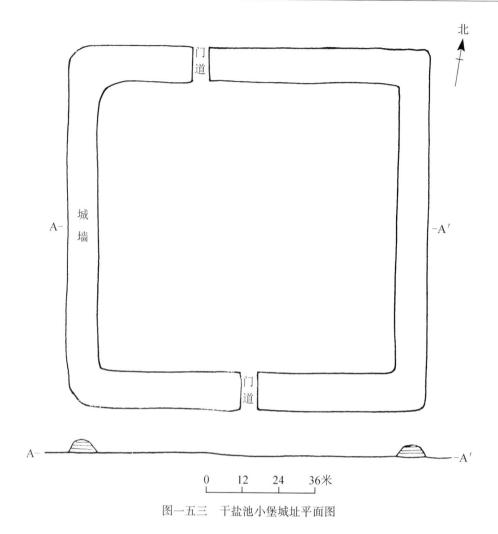

北

城
墙

A—　　　　　—A′

A—　　　　　　　　　　　—A′

0　　12　　24　　36米

图一五三　干盐池小堡城址平面图

墙面参差不齐，东北部有一处便道豁口，宽 3 米，墙体基宽 10、顶宽 3.5、高 8.5 米。西墙长 325 米，坍塌呈坡状，堡内有一条砂石路穿墙而过。北墙长 657 米，基本连续，顶部参差不齐，缺口处用石块、灰土修补，痕迹明显，内侧坍塌滑坡夯土多被居民建房清理，墙面掏挖有较多废弃的窑洞。外侧夯土坍塌滑坡严重，马面密集，多被掩埋。西段有 7 座马面，痕迹仍可分辨，间距 45 米；西北角台形制较大，崩塌损毁严重，保存部分凸出于墙体 5 米，边长 17、高 9 米。

西墙外城壕被平毁为耕地；南墙外城壕东段被居民建房填平，西段痕迹尚存，为耕地，长 420、宽 18、深 3.6 米；东墙外城壕瓮城处被辟为公路，两端保存较好，长 250 米；北墙外城壕大部分为耕地，东北角城壕内有民居。

东门外瓮城呈半圆形，墙体大部分尚存，瓮城内有一户居民，墙体内损毁部分被夯筑修补为院墙。瓮城墙体外高 7 米，瓮城以北墙体保存较好，东北角有角台基址。东北角台呈方形，底部堆土较高，凸出于墙体 4、边长 10 米。

西墙中部辟门，外有半圆形瓮城。瓮城北侧墙体有一处 48 米宽的坍塌豁口。西门两侧门阙高大，东侧门阙基宽 14、高 10 米，门道宽 5.5 米，夯层厚 0.1~0.13 米。外侧明代维修部分整体坍塌，夯层厚 0.13~0.18 米，夹杂有木炭、石块、砖等。西门外瓮城呈半圆形，半径约 20 米，存北半侧，坍塌堆积呈台状。瓮城墙体用黄土夯筑而成，夯层厚 0.1~0.13 米；夯层内夹有砂石层，厚 0.03~0.09米。东南角台被居民建房铲削损毁无存。

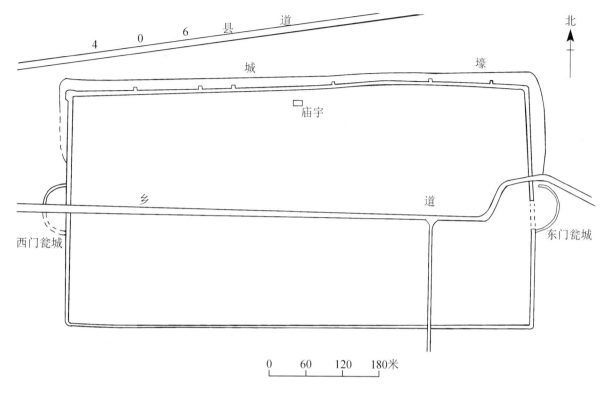

图一五四 干盐池堡城址平面图

堡内大部分为耕地,有居民 200 余户,主要集中在堡内东北部,属汉族聚居村(图一五四;彩图二一二～二一五)。

第六章

"徐斌水新边"长城

"徐斌水新边"是依托"固原内边"长城沿罗山西麓的徐斌水至中宁县鸣沙镇黄河南岸修筑的一道边墙,又名"梁家泉新边"[1]。关于这道长城是否修筑以及具体的走向情况,学界一直存在争议。

据《明实录》载,嘉靖十六年(1537年),三边总制刘天和与宁夏总兵官任杰都曾陈奏"创筑新墙",遭到了兵科都给事中朱隆熹等人的反对,明廷兵部批示认为刘、任奏议是"避危就安,割己资敌,罪不可辞"。嘉靖皇帝的诏批也认为"移筑边墙……劳民费财……无事生扰"。指斥任杰"擅兴妄议",并给他"夺俸半年"的处分[2]。由此看来,这道修边计划没有得到中央政府的支持与批准,一些研究者也据此认为这道长城实际未曾修筑。

但任杰提出该计划自有其道理,并且得到了总督刘天和的支持,许伦亦以此议遭阻为误[3]。据《九边考》载:"红寺堡直北稍东总制刘天和新筑横墙二道以围梁家泉,直北稍西旧有深险大沟一道,受迤东罗山之水流于黄河,长一百二十五里,总制刘天和堑崖筑堤一百八里五分,筑墙堡一十六里八分,自大边至此重险有四道矣"[4]。另据万历四十四年所修《固原州志》载:"嘉靖十六年,总制刘天和,修干沟干涧六十余里,挑筑壕堤各一道。复自徐斌水迤鸣沙州黄河岸修一百二十五里,增葺女墙,始险峻"[5]。清代道光《中卫县志》亦作为"古迹"对此予以记载[6]。从这些史志记载来分析,此道长城虽然奏报未准,但最终还是修了,并且采用了堑崖与筑墙结合的方式。

由于红寺堡一带属于宁夏中部干旱带,以前人烟稀少,交通不便,使得实地调查困难较大,学界鲜有实地考证。近年由于引黄灌溉工程的实施以及大量移民的迁入,新设立了红寺堡区,当地文物工作者在第三次全国文物普查过程中在其境内发现古长城一道,并对此作了报道[7]。我们据此对这道长城进行了考察,根据其位置走向及构筑特点,确认其即为史书记载的"徐斌水新边"。

---

〔1〕 (清)许容纂辑:《甘肃通志》卷一〇《关梁》"固原州",《四库全书·集部》,叶45a。

〔2〕《明世宗肃皇帝实录》卷二〇三"嘉靖十六年八月庚申"条,(台北)"中央历史研究院"历史语言研究所校印,1961年,第4251~4253页。

〔3〕 (清)顾祖禹,贺君次、施和金点校:《读史方域纪要》卷五八《陕西七》,"固原州",中华书局,2005年,第2803页。

〔4〕 (明)张雨:《边政考》卷八《宁夏镇》"保障考",王友立主编《中华文史丛书》第十四册,(台北)华文书局,1969年,第324~325页。

〔5〕《万历固原州志》上卷《建置志》"建置志",牛达生、牛春生校勘《嘉靖万历固原州志》,宁夏人民出版社,1985年,第144页。

〔6〕 (清道光)《续修中卫县志》卷一《地理考》"古迹",宁夏人民出版社,1990年,第28页。

〔7〕 常刚:《红寺堡的堡寨、长城、烽火台》,《红寺堡之光》编委会《红寺堡历史文化研究文集》,宁夏人民出版社,2009年,第114~124页。

第一节 "徐斌水新边"长城墙体

旧寺堡子至新红寺堡，相距约33.8千米。徐斌水地名犹存（亦写作徐冰水），在村东小罗山西麓沟内有数处泉眼，为红柳沟河水源头……经实地调查，在徐斌水村一带没有发现长城墙体，但在该村周围分布有数座夯筑小堡，其中位于徐斌水村东南小罗山西麓规模较大的一座应为明代的徐斌水堡。在徐斌水村东的小罗山西麓山坡旧寺堡子村分布有旧红寺堡城址。徐斌水以北至新红寺堡地势渐次低缓，北部为相对平坦开阔的新集。红柳沟向北蜿蜒延伸，至新红寺堡下，趋北沟谷渐深。沟岸分布有3座烽火台，未发现人工夯筑的长城墙体。

1. 新红寺堡南土墙（编码640301382101170001；工作编号HSQ001）

G074～G075，长186.8米。保存差。墙体位于正对新红寺堡城址的红柳沟南岸，南北两端为红柳沟冲刷崩塌形成的断崖。沟底台地有一机砖厂，中部因取土及山体滑坡损毁较严重。东部残存16米，墙体基宽约5、顶宽3.3、高2.5～5.5米，夯层厚0.15～0.17米；西端存10米，墙体低矮，土质疏松，夯层不清，基宽3、顶宽1、内高2.3、外高4.5米。墙体用红黄土夯筑而成，夯土颗粒较粗，不甚密实，底部夹有较薄的砂石层，具有较典型的明代夯墙技术特征。西北距红寺儿墩烽火台2.99千米，东南距白墩村烽火台1.89千米，中部距新红寺堡0.25千米（彩图二一六）。

2. 红兴村消失段墙体（编码640301382101170002；工作编号HSQ002）

G075～G076，长6126.2米。消失。呈东—西走向。位于红寺堡城郊，沿线人口较多，河岸地带多为耕地，加之红柳沟河曲折改道，河岸崩塌较多，仅发现1座烽火台，墙体痕迹不明显。东端距新红寺堡0.35千米（图一五五）。

3. 兴旺村1段土墙（编码640301382101170003；工作编号HSQ003）

G076～G077，长3084.5米。保存差。呈东—西走向。墙体位于兴旺村西红柳沟南岸，距第一段墙体3.5千米，其间分布红寺儿墩、红墩烽火台，红墩烽火台已被平毁。东端距新红寺堡2.35千米。墙体时断时续，按走向及保存状况自东向西分为10小段。其中2、4、6、8、10段因河床崩塌等原因消失，地表无痕迹，消失2388.5米。残留墙体5小段，长696米，墙体连续最长的第7小段长323.3米，内、外两侧因垦田被铲削，断面处墙体夯层略显疏松，土质纯净。墙体基宽10.2、顶宽1.8、高4米，夯层厚0.15米（图一五六；彩图二一七）。

4. 兴旺村2段土墙（编码640301382101170004；工作编号HSQ004）

G077～G078，长739.1米。保存较好。东端距新红寺堡5.7千米。呈东—西走向。墙体沿兴旺村西红柳沟南岸自东南向西北延伸，因处于河道大转弯的内侧，保存较长，地面痕迹高大明显，两端为河水泛毁。墙体两侧大部为积沙掩盖，形成一道剖面呈三角形的宽大土垄。墙体用颗粒状红土夯筑而成，夯打粗糙，墙体底部两侧积沙掩埋处宽达17米，顶宽2米，无积沙处墙体基宽6、高2.4～4米，夯层厚0.2米（彩图二一八、二一九）。

5. 兴旺村 3 段土墙（编码 640301382101170005；工作编号 HSQ005）

G078 ~ G080，长 897.8 米，保存差。东端距新红寺堡 9.8 千米。分为 2 段。

第一段：G078 ~ G079，长 739 米。地表无墙体痕迹，为沙丘地，红柳沟河道在此处多次折拐，沟谷冲刷，地形变化较大。有一座较大的铲削方形大土墩，周围地表散落有素面板瓦残片，可能曾被利用为瞭望墩台。

第二段：G079 ~ G080，长 158.8 米。东段墙体位于河岸沙地，痕迹较明显，呈拱顶土垄状，表面风化严重，夯层不明显。西段墙体被沙土掩埋严重，残留墙体基宽 1 ~ 2 米，高不足 1 米（彩图二二〇）。

6. 沙沟姆消失段墙体（编码 640301382101170006；工作编号 HSQ006）

G080 ~ G081，长 3487.9 米。消失。东端距新红寺堡 14.5 千米。呈东南—西北走向。此段红柳沟河岸曲折，崩塌严重，两岸多为半固定沙丘，地表积沙掩埋严重。未发现明显的墙体痕迹。

7. 沙沟姆 2 段土墙（编码 640301382101170007；工作编号 HSQ007）

G081 ~ G082，长 513.9 米。保存较差。东端距新红寺堡 17.8 千米。呈东南—西北走向。墙体位于红柳沟南岸麦家台子东太（原）中（卫）银（川）铁路红柳沟大桥东南侧，周围为连续起伏的固定沙丘。地表大部分仅存一道白色夯土墙基痕迹，局部微隆，沙土多堆积于墙基两侧。墙体表面龟裂、坚硬，基本不见植物生长，两端有少量夯土墙体。残存墙基宽约 5、高 0.2 ~ 1.5 米（图一五七；彩图二二一）。

8. 红柳沟大桥—鸣沙黄河岸段烽燧线

太中银铁路红柳沟大桥至中宁县鸣沙镇黄河岸长约 20 千米。地处中宁县境内，在大桥以北红柳沟南岸地名"买台子"的阶地高处，发现一座馒头状人工土丘，由于坍塌风化严重，未见明显夯层，是否为明代烽火台有待确认，本次调查未予登记。台体北数千米至"双湾子"附近，沟谷较平缓，河谷内有穿沟而过的砂石公路，河岸南侧阶地边缘发现有一道数百米长的微隆人工土垄遗迹。从断面观测，主要为堆土形成，无夯层，与红寺堡附近墙体形制有别，慎重起见，本次调查中未按墙体确认。双湾子至鸣沙镇以北，地势逐渐崎岖，地形起伏较大，红柳沟河水流量渐大，水体浑浊，河床下切较深，两岸沟壁陡峭，至河口鸣沙州水文站附近，未见墙体及相关设施。鸣沙镇以东至黄河，地势平漫，红柳沟河水游走不定，河床摆动较大，沿线多滩涂淤地，未见相关的防御设施。鸣沙州城地表建筑基本被破坏殆尽，城内仅存一座始建于西夏、明代隆庆年间重修的十一级密檐式砖砌古塔。附近养马村、白马村等地名及现存的野马群显示这一带曾经为苑马牧地（彩图二二二）。

第二节　"徐斌水新边"长城相关烽火台

该区域共调查烽火台 15 座，其中有 3 座烽火台因近年建设及破坏消失。位于"徐斌水新边"长城沿线有 5 座，其余均位于从红寺堡至灵州的驿道沿线，走向大致与盐（池）兴（仁）公路一致。

1. 滚泉村烽火台（编码 640301353201170005；工作编号 HSF001）

该烽火台位于红寺堡开发区红寺堡镇滚泉高速公路收费站南约 2.5 千米山梁高处。东南距沙泉村

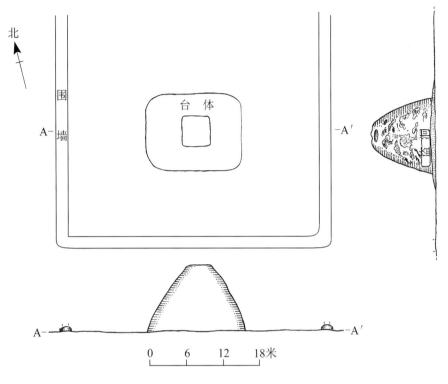

图一五八 滚泉村烽火台平、立、剖面图

烽火台 15.5 千米，南距光彩村烽火台 16.1 千米。

该烽火台由台体及围墙组成，台体呈覆斗形，实心，保存一般。台体、围墙用黄沙土夯筑而成，四壁坍塌呈斜坡状，底部有坍塌堆土，表面生长有少量低矮的蒿草类沙地植物。顶部不甚平。台体东、北壁底部有 3 处正方形盗洞：东侧 2 处，北侧 1 处。围墙北墙坍塌无存，其余仅存墙基痕迹。地表散落有较多白釉粗瓷片等遗物。

台体方向北偏东 15°。台体底部东西 16、南北 12.5 米，顶部东西 5、南北 4.5 米，高 8.4 米。台体东壁近顶部盗洞长 2、宽 0.5、深 7 米，下部盗洞长 6、宽 1.4、深 1.6 米；北壁下部盗洞长 1.8、宽 1.2、深 1.4 米。围墙东墙长 38 米，距台体东壁 13 米；南墙长 46 米，距台体南壁 10.6 米，墙体宽 2、高 0.5 米；西墙长 37.5 米，距台体西壁 12 米，墙体宽 2.1、高 0.6 米（图一五八；彩图二二三）。

2. 沙泉村烽火台（编码 640301353201170015；工作编号 HSF002）

该烽火台位于红寺堡区与利通区交界处的二道沟沙泉村泉眼北侧山坡上。南侧有一条干涸的东西向山洪冲沟。东距青山墩烽火台 17.8 千米。

台体呈覆斗形，形制高大，黄沙土夯筑而成，夯层清晰，无围墙。保存较好。台体表面轻微剥蚀，西、北壁转角处有一行现代人掏挖的登台脚窝。台顶平坦，四角略微侵蚀坍塌。台体周围地表散布有褐釉重圈纹缸残片、青花粗瓷碗残片等明代遗物。沙泉泉眼在烽火台南侧，干涸为一漏斗状圆形土坑。

台体方向北偏东 17°。底部边长 12、顶部边长 8、高 7 米。南距沙泉泉眼 0.045 米，泉眼口径 27、底径 13、深 5.5 米（图一五九；彩图二二四）。

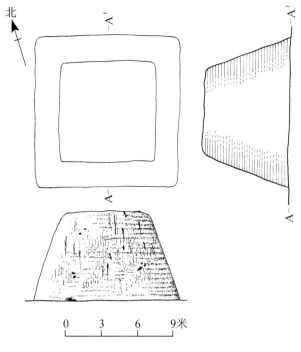

图一五九　沙泉村烽火台平、立、剖面图

3. 青山墩烽火台（编码 64030135320 1170017；工作编号 HSF003）

该烽火台位于红寺堡区太阳山开发区白塔水村西南 2 千米戈壁丘陵地带一处地势较高的山梁上。西、南侧紧靠沟壑，北侧地势较平坦。南距红沟窑烽火台 11.8 千米。

台体呈覆斗形，黄土夯筑而成。保存一般。台体风蚀及坍塌损毁严重；东、南壁因坍塌呈不规则状，中部有雨蚀槽，底部有横向风蚀槽及孔洞；西壁中部塌陷，底部堆土较高；北壁风蚀洞、鸟窝较多，有踩踏攀爬脚窝。四周地面散落少量褐釉、黑釉、素面碗、罐瓷片。

台体方向北偏东 10°。底部边长 10 米，顶部东西 7.8、南北 6.8 米，高 6 米，夯层厚 0.2～0.25 米（图一六〇；彩图二二五、二二六）。

4. 红沟窑烽火台（编码 6403013532011 70001；工作编号 HSF004）

该烽火台位于红寺堡开发区太阳山镇红沟窑村东南 1.5 千米罗山东北的丘陵地带。西距买河村烽火台 5.91 千米。

烽火台由台体、围墙、居址及 10 座附隧组成。设施完备，规模较大。台体呈覆斗形，黄沙土夯筑而成，夯层较清晰，外侧残存包石痕迹。台体四周有平面为正方形的夯筑围墙痕迹，稍远的西、南侧沿沟缘共分布有 10 座附墩。台体损毁较重，保存一般。东壁较直，中部版缝处有一道漏斗形水冲沟，自上而下纵贯壁面，底部偏北侧有 1 小孔窑洞；南壁坍塌呈斜坡状，底部有较多坍塌堆土，生长有稀疏的蒿草类植物，有人为攀爬踩踏的小路；西、南壁底部外侧残存片状砂石围砌痕迹，东、南壁底部分布有较多风蚀凹槽；北壁有明显的黑霉斑；顶部较平，生长有少量野草。东壁外有一正方形居址，西墙与台体相接，其余墙体用黄土夯筑而成；东墙中部辟门，损毁甚重，仅存基部。围墙用黄土夯筑而成，损毁严重，仅存底部痕迹。四周地表散落有少量瓷片等遗物。附隧用青灰色石片垒砌而成，其内土沙、小石块混杂，由北向南分布，编号为 L1～L10。L1～L5 位于台体西侧，保存较好，大致呈南—北向排列；南侧 L6～L10 多坍塌呈圆堆状，保存一般，大致呈东—西向排列。

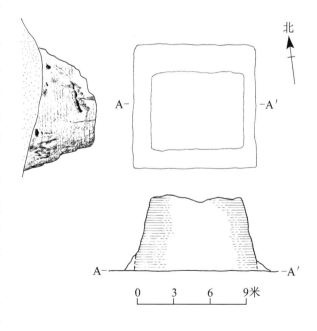

图一六〇　青山墩烽火台平、立、剖面图

台体方向正南北。台体底部东西 13.3、南北 13.6 米，顶部东西 6.7、南北 8.4 米，高 5.2 米。东壁窑洞口宽 0.8、进深 4.8、高 1 米，南壁底部砌石高 0.8、厚 0.3、长 4.2 米，西壁砌石高 0.9、厚 0.3、长 3.3 米，台体夯层厚 0.18～0.2 米，居址东西 10、南北 13.5 米，门道宽 4.9 米。围墙墙体底宽 0.7、高 0.4 米，东墙长 42.6 米，距台体东壁 22 米；南墙长 44.5 米，距台体南壁 10.2 米；西墙长 46 米，距台体西壁 13.6 米；北墙长 44.5 米，距台体北壁 13 米。

台体西侧附隧 L1～L5 方向 170°。L1 东西 2.4、南北 2.6、高 0.6 米，距台体西壁 27 米；L2 东西 2.9、南北 2.7、高 1 米，与 L1 相距 2 米；L3 东西 3.6、南北 3.4、高 1.2 米，与 L2 相距 2.1 米；L4 东西 3.3、南北 3.5、高 1 米，与 L3 相距 2.1 米；L5 东西 3.4、南北 3.5、高 1.1 米，与 L4 相距 2.3 米。

L6～L10 位于台体南侧，方向 280°。保存一般，多坍塌呈堆状。L6 东西 2.5、南北 2.5、高 0.7 米，西北与 L5 相距 30 米，距台体南壁 31 米；L7 东西 2.7、南北 2.7、高 0.7 米，与 L6 相距 2 米。L8 东西 2.5、南北 2.4、高 0.7 米，与 L7 相距 1.9 米；L9 东西 3.2、南北 2.7、高 0.7 米，与 L8 相距 1.6 米；L10 东西 3.6、南北 3.2、高 0.7 米，与 L9 相距 1.7 米，北距台体南壁 41 米（图一六一；彩图二二七～二二九）。

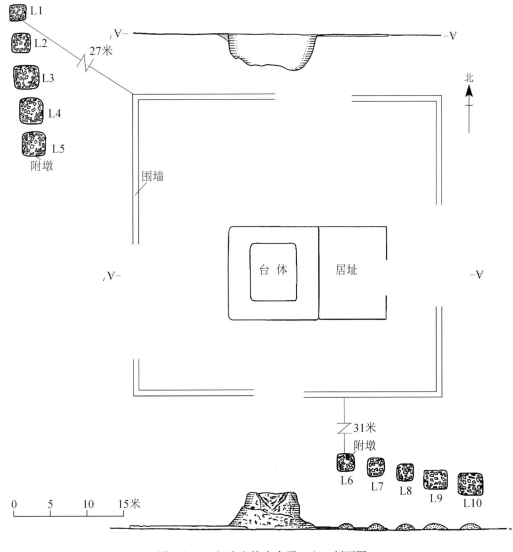

图一六一 红沟窑烽火台平、立、剖面图

5. 买河村烽火台 （编码 640301353201170002；工作编号 HSF005）

该烽火台位于红寺堡开发区太阳山镇买河村南 1.5 千米南山丘上。西距红塔村烽火台 7 千米。

由台体、居址及 10 座附墩组成，台体用黄沙土夯筑而成，土质黏细，表面略泛黄，夯打较坚实。保存一般。台体四壁有不同程度的坍塌，北壁保存较好，夯层清晰；西壁保存最差，坍塌呈斜坡状，底部堆土中夹杂有较多砂石块。表面生长有稀疏的蒿草等低矮的沙地植物，人为踩踏攀爬痕迹明显。北壁近顶部有一处后期人为掏挖的凹坑，坑壁发现有早期砌石壁面外再用黄沙土夯筑加厚的痕迹，加厚 0.7 米，两端与台体平齐，土质、土色以及夯层厚度等与早期有别。紧贴南壁有一处长方形居住址，三面有黄土夯筑的墙体，南墙中部辟门，仅存基部，损毁严重。四周地表散落有少量瓷片等遗物，南侧地势由东向西逐渐下降，大致呈东—西向分布 10 座附墩，由东向西编号为 L1～L10，用青灰色砂石块砌边，内侧以黄沙土混杂小石块填塞。L3、L4、L5、L8 保存较好，平面呈正方形；L2、L6、L7、L9、L10 保存一般，坍塌呈圆堆状；L1 因盗挖破坏，损毁较重。

台体方向北偏东 30°。台体底部东西 12.3、南北 11.9 米，顶部东西 5.3、南北 7.8 米，高 8.2 米。居址东西 14.3、南北 11.6 米，门道宽 3.7 米。北壁砌石厚 0.4 米。

10 座附墩方向 225°。L1 东西 3.5、南北 3.3、高 0.5 米，距台体南壁 32 米；L2 东西 3.4、南北 3.2、高 1 米，与 L1 相距 1.5 米；L3 东西 3.5、南北 2.7、高 1.1 米，与 L2 相距 3.1 米；L4 东西 3.2、南北 2.6、高 1.3 米，与 L3 相距 4.4 米；L5 东西 3.1、南北 3、高 1.5 米，与 L4 相距 4.9 米；L6 东西 2.3、南北 3.8、高 0.9 米，与 L5 相距 4 米；L7 东西 2.7、南北 3.4、高 1.4 米，与 L6 相距 2.9 米；L8 东西 3、南北 2.7、高 1.3 米，与 L7 相距 3.3 米；L9 东西 3、南北 2.3、高 1 米，与 L8 相距 2.6 米；L10 东西 2.8、南北 3.2、高 1.1 米，与 L9 相距 3.6 米（图一六二；彩图二三〇～二三二）。

6. 红塔村烽火台 （编码 640301353201170003；工作编号 HSF006）

该烽火台位于红寺堡开发区太阳山镇红塔村西南约 0.5 千米山丘上。西距光彩村烽火台 10.9 千米。

台体呈覆斗形，实体，台底较大，顶部略小，保存一般。台体用黄沙土夯筑而成，土质黏细，表面略泛白，夯打较坚实。四壁有不同程度坍塌，南壁坍塌成斜坡，壁面中部有一道纵向凹槽，底部有较高的坍塌堆土，表面生长较多的低矮蒿草类沙地植物；南壁底部有一处较深的长方形盗坑，底部向台底方向拐进，盗掘者可能将此烽火台当作墓葬实施了盗掘破坏；其余三壁基本完整，台顶不甚平整。台体南侧 0.1 千米处有建设中的太（原）中（卫）铁路工程，北侧西气东输二期管道距离台体仅 0.01 千米。南侧台地上南北向分布有 5 座附墩，用青灰色砂石块砌筑而成。损毁严重，仅存基部。

台体北偏东 15°。台体底部东西 10.5、南北 10 米，顶部东西 7.2、南北 6 米，高 4.4 米。盗洞长 1.5、宽 0.7、深 2.1 米。

台体南侧附墩方向 180°。由北向南分布，编号为 L1～L5。

L1 东西 2.6、南北 2.8、高 0.7 米，距台体南壁 13 米；L2 东西 3、南北 2.7、高 0.6 米，与 L1 相距 1.3 米；L3 东西 2、南北 2.4 米，与 L2 相距 1.8 米，仅存痕迹；L4 东西 1.7、南北 1.8、高 0.3 米，与 L3 相距 1.5 米；L5 东西 1.5、南北 1.5 米，与 L4 相距 1.6 米，仅存痕迹（图一六三；彩图二三三）。

7. 光彩村烽火台 （编码 640301353201170004；工作编号 HSF007）

该烽火台位于红寺堡开发区红寺堡镇光彩村北 3.35 千米相对平缓的山丘上。西南距红寺堡旧城 2.35 千米。

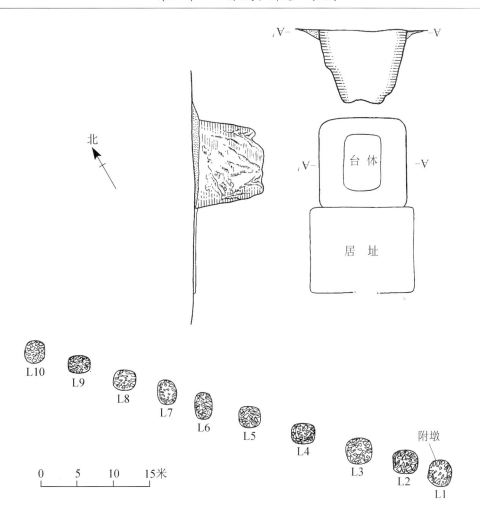

图一六二 买河村烽火台平、立、剖面图

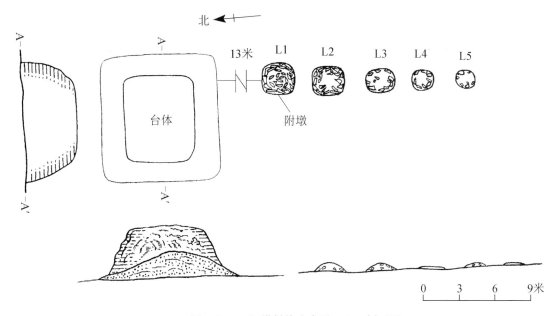

图一六三 红塔村烽火台平、立、剖面图

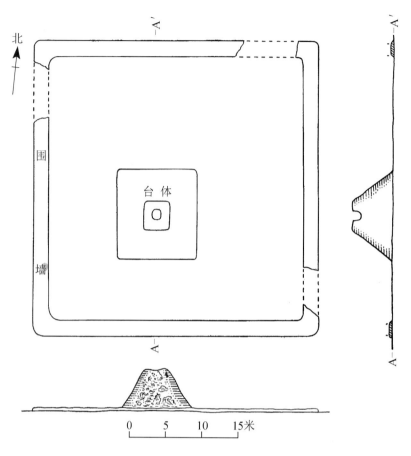

图一六四　光彩村烽火台平、立、剖面图

由台体及围墙组成。台体用夹杂少量小石粒的黄沙土夯筑而成，表面略泛黄，夯打较坚实。台体呈圆台形，实心，有圆形盗洞。四壁坍塌呈斜坡状，台体底部坍塌堆土上生长有稀疏的蒿草等沙地植物，顶部较平，中部有几处掏挖的坑穴。四周有正方形围墙，保存一般。表面生长有茇茇草等植被。

台体方向北偏西5°。台体底部东西11、南北12米，顶部东西3.5、南北3.6米，高5.5米。围墙边长35米，东墙距台体14.5米；南墙距台体8.5米，墙体宽2.1、高0.4米；西墙宽2.2、高0.5米。台顶盗洞直径1.2、深1.3米（图一六四；彩图二三四）。

8. 红兴村烽火台（编码6403013532011700006；工作编号HSF008）

该烽火台位于红寺堡开发区红寺堡镇红兴村三队西南0.45千米一处较平坦的沙土台地上。东南距白墩烽火台4.93千米，北距滚泉村烽火台23.5千米。四周为农田及住宅区，北侧坡下为蜿蜒北流的红柳沟河，相距0.08千米。

台体用夹杂少量小石粒的黄沙土夯筑而成。呈覆斗形，实心，四壁坍塌成斜坡；顶部较平，有基址痕迹。保存一般。

台体东壁坍塌较少，中部沿版筑接缝处有一道纵向水冲沟，底部有一处横向风蚀凹槽；南壁坍塌较严重，底部坍塌堆土较高，堆土表面生长有茂密的蒿草、茇茇草等植被；东南角壁面分布有较密集的蜂巢洞穴；顶部较平，东北角存长方形墙体基址痕迹，损毁严重。

台体方向北偏西25°。台体底部东西9.5、南北9米，顶部东西6.3、南北5.6米，高7.2米。东

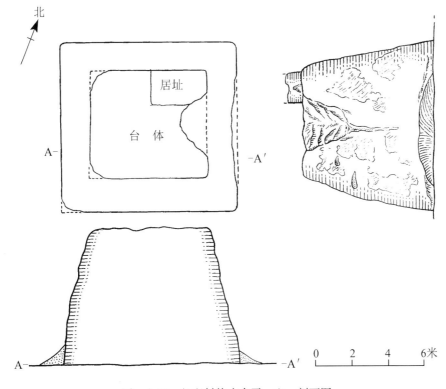

图一六五　红兴村烽火台平、立、剖面图

壁中间纵向冲沟宽 2.3、进深 1.5、高 2.5 米，底部带状风蚀凹槽高 0.8、进深 0.5 米。基址长 3、宽 1.8、高 0.8 米（图一六五；彩图二三五）。

9. 白墩烽火台（编码 640301353201170007；工作编号 HSF009）

该烽火台位于红寺堡开发区南川乡白墩村东约 0.3 千米处庙宇、戏台北侧红柳沟西台地上。东南距红阳村烽火台 8.15 千米，东北距红寺堡旧城 9.5 千米。

台体用夹杂较多白色小石粒的黄沙土夯筑而成。表面泛白，故俗称白墩。台体呈不规则覆斗形，北壁有登顶台阶。保存较好。台体四壁有不同程度坍塌，南、西壁中部有纵向水冲沟，南壁最为明显；南、东壁有带状风蚀凹槽，夯层清晰；北、东壁等处有涂鸦刻划的人名；北壁有登台踩踏出的台阶，从台底坍塌堆土处开始，可登台顶；顶部较平整。台体底部坍塌堆积土表面及台顶生长有少量蒿草等低矮的沙地植物。台体四周地表有大量风积细沙，散落有少量瓷片等遗物。台体东、南侧因修建庙宇、戏台取土被推平。

台体方向北偏东 40°。台体底部东西 12、南北 8 米，顶部东西 7.4、南北 4.3 米，高 6.5 米。南壁中部雨水冲沟宽 1.3、进深 0.3、长 3.6 米，底部风蚀凹槽进深 0.2、高 0.4 米；西壁中部冲沟宽 0.5、进深 0.2、高 3.5 米。南、西壁夯层厚 0.2 米，大致可分为 4 版，版距 1.5～2.5 米；夯层内夹杂石粒直径约 1 厘米（图一六六；彩图二三六）。

10. 红阳村烽火台（编码 640301353201170008；工作编号 HSF010）

该烽火台位于红寺堡开发区南川乡红阳村西南 0.17 千米宽阔台地上。东距马家渠烽火台 11.8 千米。

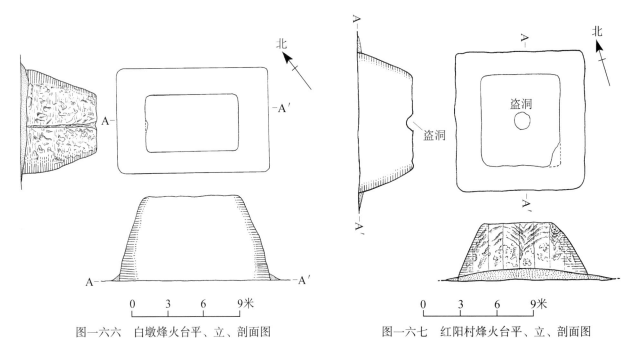

图一六六　白墩烽火台平、立、剖面图　　　　　图一六七　红阳村烽火台平、立、剖面图

台体黄土夯筑而成，呈覆斗形，实心，夯层、版缝清晰，形制较规整。保存一般。台体四壁有不同程度的坍塌，底部有大量坍塌堆土，表面生长有少量蒿草等低矮的沙地植物，顶部有少量杂草。台体东南角有一道较深的风蚀凹槽，南壁分布有较多的蜂巢蚁穴等，北壁有大面积的黑霉斑。台顶不甚平整，有一处盗坑，壁面有铲削痕迹。

台体方向北偏东15°。台体底部东西10.5、南北11米，顶部东西6.5、南北7.3米，高4.5米，夯层厚0.15～0.18米，版距1.2～1.3米，东南角底部风蚀凹槽高0.5、进深0.8米。盗坑直径1.5、深0.6米（图一六七；彩图二三七）。

11. 马家渠烽火台（编码640301353201170009；工作编号HSF011）

该烽火台位于红寺堡开发区南川乡马家渠东北约3千米台地上。西南距马段头烽火台9.1千米。

台体用黄沙土夯筑而成，呈不规则覆斗形，实心。保存一般。台体四壁有不同程度的坍塌，底部有较多的坍塌土堆积，东壁保存较好；南壁表面泛黑有明显霉斑，分布有鼠类洞穴；西、北壁几乎全部坍塌呈斜坡状；顶部较平。坍塌堆土表面及台体顶部生长有少量蒿草等低矮的沙地植物，地表散落有少量褐釉粗瓷片。

台体方向北偏东5°。台体底部东西14、南北11米，顶部东西4、南北4.3米，高7.5米（彩图二三八）。

12. 马段头烽火台（编码640301353201170010；工作编号HSF012）

该烽火台位于红寺堡开发区南川乡马段头村东北3.24千米罗山西侧约20千米的一座较高山丘顶部。西南距八方烽火台16.8千米。

台体用黄土夯筑而成，呈覆斗形，实心，有长方形围墙。保存一般。台体四壁有不同程度的坍塌，南壁保存较好，北壁保存较差，壁面基本呈斜坡状，底部有少量坍塌堆土，堆土表面及台顶生长有大量蒿草等低矮的沙地植物。台体东北角有踩踏形成的登顶脚窝，南壁底部掏挖有一处较浅的坑穴；顶部较平，有基址痕迹。围墙仅存基部，东、西墙坍塌消失，南、北墙相对较好，有一条南北向便道横

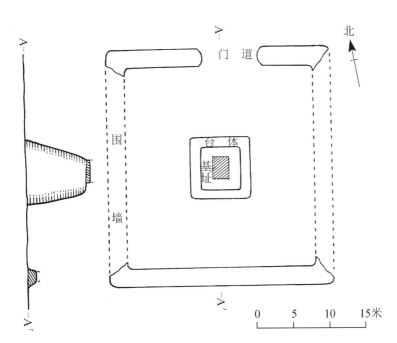

图一六八　马段头烽火台平、剖面图

穿墙体，门道在北墙中部。

台体方向北偏东10°。台体底部边长8、顶部边长5.4、高8米，版距1.1～3.2米，南壁底部盗坑长1.4、宽0.9、进深0.2米。顶部基址东西2.2、南北3、高0.5米。围墙东西30米，距台体9米；南北31米，距台体8.6米。墙体基宽2.4、顶宽1.1、高1.1米，门道宽7.2米（图一六八；彩图二三九）。

13. 墩梁烽火台（工作编号HSF013）

该烽火台位于红寺堡开发区红寺堡镇西北8千米墩墩梁地上。东距兴旺村徐斌水新边长城0.75千米，东南距大墩烽火台7.5千米。因开垦压砂瓜地被毁消失。

14. 大墩烽火台（工作编号XSF014）

该烽火台位于红寺堡开发区红寺堡镇团结村北加油站对面的盐（池）兴（仁）公路上。南距红兴村烽火台0.96千米。因扩路被毁消失。

15. 红墩烽火台（工作编号HSF015）

该烽火台位于红寺堡开发区南川乡洪沟滩村。北距白墩烽火台14.4千米。因修建移民村庄被毁消失。

第三节　"徐斌水新边"长城相关关堡

红寺堡区共调查明代关堡5座，其中新、旧红寺堡及徐斌水堡为守边而设，明代史志均有提及。旧城及沙泉墩小堡属新发现，前者处于新红寺堡至盐池城的烽燧线上，位置居中，应属驿站性质，后者应为守护沙泉水源而设。

1. 徐斌水堡（工作编号 HSB001）[1]

该堡位于红寺堡开发区新庄集镇徐斌水村东南 2.4 千米小罗山西麓山前缓坡地带，地势东高西低，地表原为南北向带状梯田，现退耕为柠条林带。堡东北、西北方向均有深沟流水。城址东距下马关堡 15 千米、东北距韦州群牧千户所 24.5 千米。

徐斌水堡，在西安所北百余里，旧边在堡西南，新边在堡东北，为固原西路之要。其西北有红寺堡，入灵州西界[2]。

该城址平面呈南北向长方形，由于梯田耕种及造林损毁，南北墙已无存，东墙平毁为梯田地坎。西墙基本保存，黄沙土夯筑，残毁严重，中部有几处坍塌豁口，保存状况差。城内为退耕林地，无居住人口。西墙长约 120 米，北墙痕迹长约 150 米，占地面积约 1.8 万平方米。残留墙体基宽 2、顶宽约 1 米，内高 3、外高约 4 ~ 6 米。城内地表发现有铁犁铧、瓦片磨制的陶纺轮等生产工具以及青花瓷、白釉碗、内壁有重圈的黑釉缸瓷片等明代遗物。

城址东北、西北方向约 0.3 千米处各分布有一座 5 米见方的夯土建筑基址，东侧 0.9 千米山顶上有周长约 0.2 千米的不规则小堡一座。徐冰水村附近有堡寨数座，从城址规模与地面遗物判断，此城最为相符。城址东北、西北夯土建筑基址可能为庙址，山顶小堡可能为该堡驻军瞭哨之所（彩图二四〇、二四一）。

2. 旧红寺堡（工作编号 HSB002）[3]

该堡位于红寺堡开发区新庄集乡罗山西麓徐斌水村东北旧寺堡子村。因近年整体移民搬迁废弃。西南距徐斌水堡 4.5 千米、东距下马关 15 千米，东南至韦州 70 里，西南至鸣沙州 70 里。《读史方舆纪要》引明代许伦奏议，称该堡"当其冲，堡势孤悬，且外高内下，四面受敌，又去水甚远，取汲必于堡西之梁家泉"[4]，地理位置不是很理想。

弘治十四年（1501 年），蒙古套部南略固原，往返必经此地。弘治十七年，指挥仇钺曾于此设伏击虏并获胜。正德二年（1507 年）由总制、都御使杨一清奏委指挥郑廉修筑，周回一里五分[5]，置旗军四百一十七名。设操守官一员，管堡官一员[6]。

该堡处于山坡地带，平面不甚规则，沙土夯筑而成，损毁严重，保存差。残存北墙较宽原南墙相对单薄。堡内有羊圈等现代设施，无人居住。保存墙体东西 85、南北 34 米，面积约 2900 平方米。残留墙体基宽 2.5、最高 6 米（彩图二四二、二四三）。

3. 新红寺堡（编码 640301353102170002；工作编号 HSB003）

该堡位于红寺堡开发区红寺堡镇团结村南约 0.3 千米蜿蜒流淌的红柳沟河北侧台地上。河沟南侧"徐斌水新边"沿河岸修筑，因东北侧有清代修建的新堡，当地遂称该城为旧堡。

---

[1] 该堡为 2015 年调查时新发现，未录入调查数据系统。
[2] （清）顾祖禹，贺君次、施和金点校：《读史方域纪要》卷五八《陕西七》"固原州"，中华书局，2005 年，第 2807 页。
[3] 此关堡未调查录入。
[4] （清）顾祖禹，贺君次、施和金点校：《读史方域纪要》卷五八《陕西七》"固原州"，中华书局，2005 年，第 2804 页。
[5] 《万历朔方新志》载为："城周回一里。"范宗兴：《增补万历朔方新志校注》，宁夏人民出版社，2015 年，第 11 页。
[6] （明）胡汝砺编、管律重修、陈明猷校勘：《嘉靖宁夏新志》卷三《所属各地》，宁夏人民出版社，1982 年，103 页。

该堡为嘉靖十六年（1537年），时任宁夏总兵官任杰提议"迁红寺堡于边内"后新筑，《皇明九边考》分别标注有"旧红寺堡、新红寺堡"[1]，以示区别。嘉靖二十年前后，该堡实有马队官军二百二十二名，马二匹[2]。据史志记载，嘉靖四十年（1561年）六月壬申地震，使该城遭受严重损毁[3]。

该堡平面不规则，坍塌损毁严重，保存较差。东墙处于平地，较平直规整，西、南墙紧临红柳沟，北墙修筑于一处小冲沟边，这三面墙体多依地形转折，大部分坍塌无存，局部后期沿沟沿向内收缩维修。受河床冲刷、沟岸剥蚀坍塌等影响，墙体坍损塌毁严重。门道在东墙中部，门外瓮城存北墙少部分，北侧有一座夯筑的长方形墩台和一处长方形基址，据调查为庙宇基址。扬黄工程三干渠东西向穿城而过。

堡墙用黄土夯筑而成，土质较纯净。残存墙体因滑坡、坍塌大部分呈土垄状。东墙相对宽厚高大，残存部分因坍塌、人为取土等损毁较严重，有多处豁口。南墙西段位于红柳沟边沿，坍塌无存，沿断崖有多处裂缝，断面灰烬、残砖、兽骨等文化层堆积明显；东段尚存，坍塌损毁严重，整体呈斜坡状；东南角残存墙基较明显、宽大；中部有一处地势低洼的斜坡道，为堡内居民到河道内取水路径。西墙沿红柳沟边沿分布，由于平田整地大部分被毁，局部墙基痕迹尚存。北墙随北面一处小冲沟边缘分布，坍塌损毁较多，西北侧近红柳沟处墙体坍塌无存，残存墙体两侧成斜坡。东侧墩台与瓮城相距约0.05千米，呈覆斗形，东、南壁风蚀严重，壁面凹凸不平，底部有明显的风蚀凹槽等。东北侧庙宇基址呈覆斗形，损毁甚重，东南侧底部因取土破坏严重，四周散落有大量的砖瓦等遗物。

该堡占地面积约13万平方米。东墙方向北偏西30°，残长123米，基宽4.2、顶宽2.2、高3.5米，瓮城东西29.4、南北48米。南墙方向北偏东30°，残长168.5米，基宽2、顶宽0.5、高1.1米。北墙残长232.1米，基宽2.3、顶宽0.5、高1.1～1.5米。墩台底部东西10.5、南北11.5米，顶部东西5.4、南北5.6米，高9米。夯层厚0.15～0.2米，版距约1.7米。旧堡距东北侧基址333.3米，基址底部东西10、南北15米，顶部东西9、南北14米，高5.5米（图一六九；彩图二四四、二四五）。

4. 旧城（编码6403013531021700001；工作编号HSB004）

该堡位于红寺堡开发区红寺堡镇兴盛村西北1千米碱滩上。周围地势较平，南临碱湖，北靠丘陵草原地带，地表有少量流动沙丘，生长有沙蒿、骆驼刺等沙地植物。由于移民垦荒，周围土地逐渐被垦为可灌溉农田，种植玉米、枸杞等植物。西南距新红寺堡5.65千米，东北距光彩村烽火台2.35千米。

该堡始建年代无考，城墙夯层内发现有唐代白釉瓷片，城墙及城内地表遗物主要为明清时期，属明代新红寺堡至灵州城烽燧线设置的驿站及屯牧小堡。

城址平面呈近正方形。墙体用夹杂小石粒的黄沙土夯筑而成。门址位于南墙中部，门外有长方形瓮城。墙体坍塌损毁较重，东墙中部有一座马面，四角台迹象不明显。堡内为荒草滩，无居民，杂草丛生、荒凉破败，保存一般。

---

〔1〕（明）魏焕：《皇明九边考》卷首《九边图》，王友立主编《中华文史丛书》第十五、十六册，（台北）华文书局，1969年，第23页。

〔2〕（明）张雨：《边政考》卷三《宁夏图》，王友立主编《中华文史丛书》第十四册，（台北）华文书局，1969年，第154页。

〔3〕《明世宗肃皇帝实录》卷四九八"嘉靖四十四年六月壬申"条，（台北）"中央历史研究院"历史语言研究所校印，1961年，第8244～8245页；（清）张廷玉：《明史》卷三〇《五行三》"地震"，中华书局标点本，1974年，第501页。

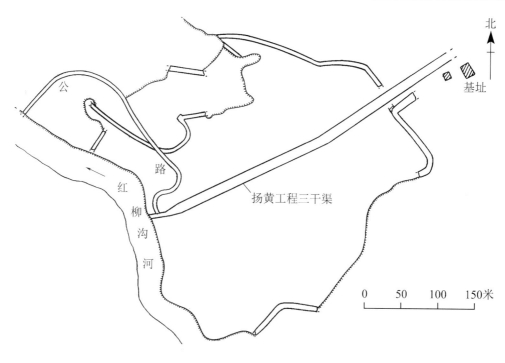

图一六九　新红寺堡城址平面图

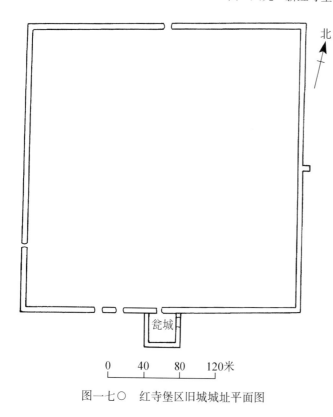

图一七〇　红寺堡区旧城城址平面图

四周墙体多数坍塌成斜坡，两侧堆积有大量坍塌土及风积沙土，北、西墙外侧堆积较厚，局部将墙体掩埋成土垄状。坍塌土堆上生长有较多的蒿草类植物。西、北墙各有一处豁口，西墙豁口北侧墙体上有一座近年修建的砖砌房屋，南墙有3处豁口。堡内有大大小小的羊圈，多倚墙而建，东墙外侧及北、西墙内侧各有3处规模较大的羊圈，墙体上有牧羊人凿挖的窑洞。城堡东、西两侧因垦荒被推平，为耕地，城内有一道东西向穿城而过的沙石路。南墙外瓮城被沙土淤平，周围地表上散落有较多的褐、酱釉粗瓷片及少量青花瓷片等遗物。

城墙东西297、南北295米，周长1184米，占地面积约8.7万平方米。东墙方向北偏西10°，基宽8.3、顶宽2、高4米，马面宽5.7、凸出于墙体7.9米。南墙第一处豁口距西墙68米，宽10米，第二处豁口距西墙94米，宽19.5米。南门豁口宽3米，豁口处墙体基宽9.3、顶宽1.6、高3.5米。瓮城东西47、南北32米。西墙豁口距墙体西南角70米，宽3米，豁口处墙体基宽7、顶宽2.2、高3.8米。北墙豁口距东墙147米，宽9.8米，豁口处墙体基宽9.2、顶宽2、高4.2米，墙体夯层厚0.12～0.17米。北墙内侧羊圈边长15～21米，墙高1.7米（图一七〇；彩图二四六～二四八）。

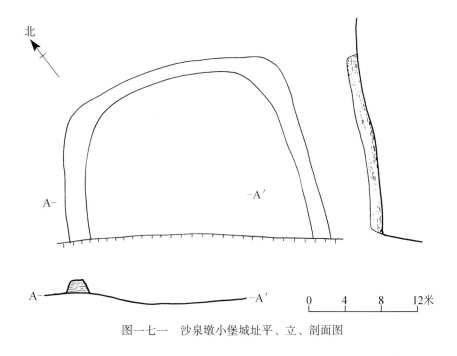

图一七一 沙泉墩小堡城址平、立、剖面图

5. 沙泉墩小堡（编码640301353201170015；工作编号HSB005）[1]

该堡位于红寺堡开发区孙家滩镇沙泉子村烽火台东侧0.34千米沟边坡地上。地势北高南低，周围为荒地。

该堡为守卫水源而设置。正对沙泉的沟壑南侧台地上，分布有明清时期的"庙台子"建筑基址。

该堡依地形而建，平面略呈不规则形，保存差。墙体两侧积沙较高，堡内遗物较少，可能与沙泉墩烽火台为同一时期修筑。沙泉墩小堡残存三面墙体（南墙被山洪冲毁）长约68米，残存面积约1500平方米。墙体基宽2.5、顶宽0.8～1、高1.5米，夯层厚0.15米（图一七一；彩图二四九、二五〇）。

---

〔1〕 此关堡数据库并入沙泉墩烽火台。

第七章

"环灵道" 驿路烽燧线

从环州循山水沟北通灵州的环灵大道因沿途小盐池一带产盐及北通灵、夏，自古即为塞北通往关中内地的一条承担经济、军事等多重功能的交通要道。今惠安堡西北盐湖边分布有北破城、西破城等唐宋城址，俱为当时盐业生产管理及灵州道重要堡寨[1]。五代后晋天福四年（939 年）升灵州方渠镇（今甘肃省环县）为威州。开运初年，药元福大败拓跋彦超的行军路线即沿此道[2]。宋夏时期，两国攻讨行军及互使亦常走此道。元丰年间，张舜民随高遵裕征西夏至灵州城下，行军路线为今庆阳—环县—韦州—惠安堡—吴忠，走的即为这一条路线。据记载，当时沿线主要有环州、洪德寨、青冈峡、清远军、积石、浦洛河、耀德镇、清边镇、灵州共 9 程，沿途"七百里沙碛无邮传，冬夏少水"[3]。

明代时期驿传制度更加完备，明廷于此驿路沿线按日程远近设置了"驿""铺""站""所"等各级驿传机构，由国家统一管理，专供传递政府文书的人中途更换马匹休息、提供住宿等，兼有军事、交通、邮传、接待、商贸等多方面功能。《明史·职官》载"凡邮传，在京曰'会同馆'，在外曰'驿'、曰'递运所'，皆以符验关券行之"[4]。《通志》说"传官文书为驿，运粮饷为站，递军报为铺"，可见"铺""站"为军事驿道站点名，驿与站、铺各有分工，而"所"是"驿"的一类。

永乐初年宁夏镇城东南经灵州至庆阳即设置有驿递[5]，此后成为宁夏南通环庆及关中的交通要道，至正统九年（1444 年），沿线先后改筑、增设了河西寨、河东寨、山城驿等寨堡[6]，宁夏硝池以北参照以南"十里一铺"的标准增设了递铺。景泰元年（1540 年）将小盐池驿迁移至赤马房驿，石沟

〔1〕 宁夏文物考古研究所等：《盐城县北破城考古调查》，《陇古文博》2006 年第 2 期；《盐池县西破城考古钻探与试掘简报》，《宁夏文物》2007 年第 1 期。

〔2〕 （元）脱脱等：《宋史》卷二五四《药元福传》，中华书局点校本，1977 年，第 8895 页。

〔3〕 （宋）曾公亮、丁度：《武经总要》前集卷一八上《陕西路》"环州条"，解放军出版社，1988 年，第 215 页；（宋）李焘：《续资治通鉴长编》卷二四"太平兴国八年十一月壬申"，中华书局点校本，2004 年，第 599 页。

〔4〕 （清）张廷玉：《明史》卷七二《职官志一》"兵部"，中华书局标点本，1974 年，第 1753 页。

〔5〕 《明太宗文皇帝实录》卷一七"永乐于元年二月乙亥"条，（台北）"中央历史研究院"历史语言研究所校印，1961 年，第 314～315 页。

〔6〕 《明英宗睿皇帝实录》卷七九"正统六年五月辛丑"条、卷一一四"正统九年三月乙亥"条，（台北）"中央历史研究院"历史语言研究所校印，1961 年，第 1558～1559、第 2309 页。

驿迁于阿剌麻，并大沙井、白塔二站为一驿，移于红寨子[1]。从庆阳甜水铺界以北至宁夏灵州二百九十里、至镇城三百八十里[2]，宁夏镇城至环县间共设九站[3]，沿线宁夏镇辖"自在城驿渡河而南，有高桥、大沙井、石沟、小盐池、萌城五驿递"[4]，共包括"在城铺、河东关铺、灵州在城铺、茨烟墩铺、大沙井铺、小沙井铺、硝石铺、石沟铺、芦沟铺、白塔铺、盐池铺、井兴铺、硝池铺、沙井铺、隰宁铺、坦途铺、平山铺、纪沟铺、沙界铺、萌城铺、甜水铺"21处递铺[5]。这条道路"南接环庆、省城，以上京师；西通固静临巩，以至甘肃。不时传递军情，转运军需器械，递送公文，供役往来人马，差役浩繁，日不暇给"[6]。根据记载，该线路同时也是灵州池盐销往关中等内地的主要通道，沿途商旅贩夫络绎不绝，时人有诗云"灯火如流逼汉星"[7]，可见当时交通之繁忙。

今实地调查，该线驿路宁夏境内呈东南—西北走向，大致与211国道并行，沿线主要由烽火台及关堡相衔。东端与"固原内边"长城在甜水堡—萌城段交汇，至盐池城与"防秋道"交汇，萌城至盐池城沿主线北侧又衍生出由烽火台连接的支线。沿线共调查烽火台49座、关堡7座，除灵州城、大沙井城损毁严重或消失无存外，其余烽燧、关堡遗址俱在。

环灵道沿线墩台密集，墩堡相接，标识明显。烽火台间距较小，多无围墙，形制较小，主要为沿路商旅提供警戒、道路标识、供役服务等，亦有人直接称之为"路墩"。以下按烽火台的走向及交汇情况，以盐池城为节点，分为南段、北段及支线三节介绍。

第一节 "环灵道"驿路南段沿线烽火台

"环灵道"驿路南段从环县甜水堡附近至盐池城，沿线共调查烽火台16座，除东端甜水堡附近数座烽火台修建于山水沟河谷两侧山顶外，其余分布于道路两侧冈阜地带。

1. 烟墩山烽火台（编码621022353201170007；工作编号HXF013）

该烽火台位于环县甜水堡镇樊家湾村东北0.6千米烟墩山上，两侧有通讯铁塔及传输基站。东北距樊沟泉林场烽火台1.72千米、张新庄烽火台3.45千米。

台体由黄土夯筑而成，上部损毁无存，仅存底部，无围墙。保存较差。台体西南角保存较好，其余各角坍塌，底部有风蚀凹槽；东壁夯层清晰、均匀；南壁底部有窑洞，西侧有便道可登台顶；西壁有登台便道；北壁中下部呈阶梯状；台顶凸凹不平，生长杂草。四周地表有零星白釉碗底、红釉罐、白釉瓮以及灰陶板瓦残片。

台体方向北偏东15°。台体底部东西7.1、南北9.7米，顶部东西4.8、南北5.9米，高3.5米，

〔1〕《明英宗睿皇帝实录》卷一九三"景泰元年六月壬午"条，（台北）"中央历史研究院"历史语言研究所校印，1961年，第4038页。
〔2〕一说为三百六十里。（明）胡汝砺编、管律重修、陈明猷校勘：《嘉靖宁夏新志》卷一《宁夏总镇》、卷三《所属各地》，宁夏人民出版社，1982年，第7、180页。
〔3〕《明英宗睿皇帝实录》卷一一一"正统八年十二月庚寅"条，（台北）"中央历史研究院"历史语言研究所校印，1961年，第2233页。
〔4〕另外，弘治十三年，王珣将韦州驿递运所改置于隰宁堡，共计六处驿递。见（明）胡汝砺编、范宗兴签注：《弘治宁夏新志》卷一《驿铺》，宁夏人民出版社，2010年，第39页。
〔5〕（明）胡汝砺编、范宗兴签注：《弘治宁夏新志》卷一《驿铺》，宁夏人民出版社，2010年，第39~40页。
〔6〕（明）胡汝砺编、管律重修、陈明猷校勘：《嘉靖宁夏新志》卷三《所属各地》，宁夏人民出版社，1982年，第194页。
〔7〕（明）彦薄徽：《萌城野坐诗》，（明）胡汝砺编、管律重修、陈明猷校勘《嘉靖宁夏新志》卷三《所属各地》，宁夏人民出版社，1982年，第201页。

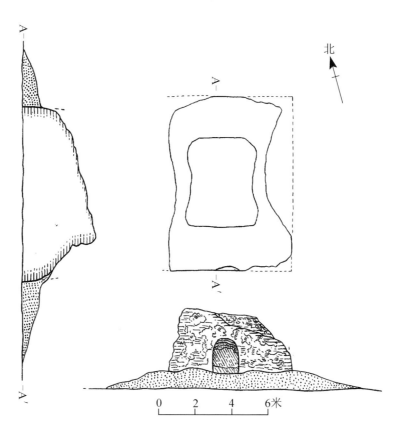

图一七二　烟墩山烽火台平、立、剖面图

夯层厚 0.13～0.15 米。窑洞底宽 1.57、进深 2.85、高 1.75 米（图一七二；彩图二五一）。

2. 樊沟泉林场烽火台（编码 621022353201170010；工作编号 HXF014）

该烽火台位于环县甜水堡镇樊沟泉林场北侧 1.35 千米南北向山脊上。东侧为陡峭山坡，西侧为缓坡及耕地。北距施家天池南烽火台 2.73 千米，西北距张新庄烽火台 3.45 千米。

烽火台由台体、生土台基、南北两侧双环壕组成，无围墙。台体黄土夯筑而成，坐落于长方形铲削生土台基上。保存一般。台体东壁底部表层剥落，夯层清晰，中上部有两处风蚀凹槽；南壁较直，底部有坍塌堆土；西壁多风蚀孔洞及凹槽；北壁有人为登踏出的"之"字形小径至台顶；台顶平坦，生长杂草；底部坍塌及风积堆土较高，地表散见少量黑釉罐腹片及侈口碗口沿残片。

台体方向北偏东 25°。台体底部东西 8、南北 9.4 米，顶部东西 6.4、南北 3.8 米，高 8.5 米，夯层厚 0.1～0.12 米。台基东西 11.4、南北 14.6、高 3.7 米；南侧内壕宽 11、深 6.2 米，外壕宽 8、深 5.2 米，壕沟间距 2 米；北侧内壕宽 10.2、深 5.2 米，外壕宽 8、深 3 米，壕沟间距 1.8 米（图一七三；彩图二五二）。

3. 张新庄烽火台（编码 621022353201170006；工作编号 HXF015）

该烽火台位于环县甜水堡镇大梁洼村张新庄村西南 700 米山梁制高点。视野开阔，东北距施家天池南烽火台 2.26 千米，东距何家口子烽火台 5.19 千米，西北距甜水堡南烽火台 6.8 千米。

烽火台由台体及环壕组成，无围墙。保存一般。台体黄土夯筑而成，呈覆斗形，形制略小，四壁因风蚀剥落呈阶梯状，西、南壁倾斜度较大，夯层清晰可见，底部有坍塌形成的堆土，地表散见少量青釉瓷残片及白釉姜黄胎圈足碗底残片。

台体东壁方向北偏西40°。台体底部东西8.5、南北8米，顶部东西2.2、南北4.1米，高约5米，夯层厚0.13~0.26米。环壕东西66、南北55米，口宽12、深3~6.8米，东北角豁口宽约8米（图一七四；彩图二五三）。

4. 甜水堡南烽火台（编码62102235320
1170009；工作编号HXF016）

该烽火台位于环县甜水堡南门豁口外45米。为关堡南门外警戒、哨卡设施，西北距崔新庄烽火台1.95千米。

台体呈覆斗形，黄土夯筑而成，保存一般。台体四周因取土悬空；四壁较直，布满黑色苔斑，东壁南部有一道裂隙，底部多风蚀孔洞，南部有居民修建的羊圈围墙；南壁被人工铲削成2层台面；西壁下部堆土较高，多风蚀孔洞、凹槽，有人工登踏形成的脚窝，中上部被人工铲削向内掏挖为坑洞；北壁底部有小窑洞，西南角有裂隙发育，风蚀坍塌严重。

台体方向北偏西40°。台体底部东西11.8、南北10.8米，顶部东西4.8、南北6米，高9米，夯层厚0.1~0.15米（图一七五；彩图二五四）。

5. 崔新庄烽火台（编码64032335320
1170278；工作编号YCF068）

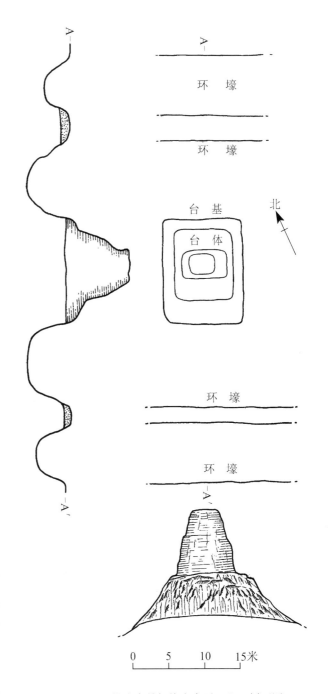

图一七三 樊沟泉林场烽火台平、立、剖面图

该烽火台位于盐池县惠安堡镇崔新庄村东北南—北向山梁上。东西两侧为深沟。东南距马坊沟内边墙3.12千米，南距甜水堡关1.91千米，西北距关祭台烽火台10.8千米。

烽火台由台体及两道环壕组成，无围墙。保存较好。台体呈覆斗形，黄土夯筑而成，土质较纯。台体东、北壁有大面积黑霉斑，东壁北部因雨水冲蚀形成轻微凹陷；南壁底部有少量堆土，下部两侧有凹槽，东南角剥落、坍塌；西壁底部多风蚀凹槽，中上部多较大风蚀陷坑；北壁下部有较多石块及堆土，中部坍塌、凹陷，有登台脚窝。台顶外侧存女墙及垛口痕迹。环壕为取土形成，南北环壕近椭圆形。台底地表散见少量白釉碗残片。

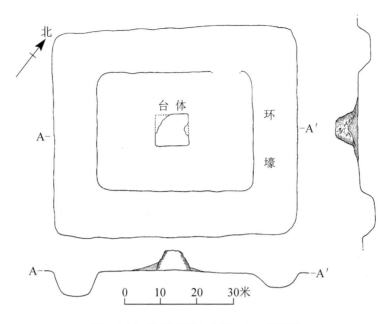

图一七四　张新庄烽火台平、立、剖面图

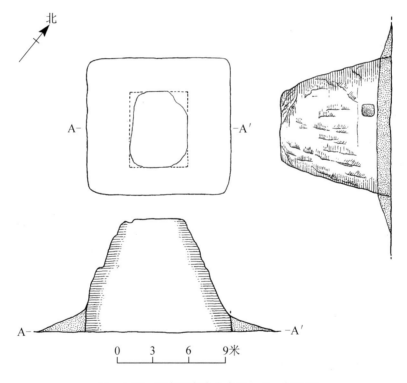

图一七五　甜水堡南烽火台平、立、剖面图

台体方向北偏东35°。台体底部东西13、南北13.3米，顶部边长6.3米，高8.2米；夯层底部较厚，厚约0.26米，中上部较薄，厚0.15~0.2米。台顶女墙高0.46米，垛口宽0.55、间距1.85米。南壁外侧环壕宽3.8、深0.7米（图一七六；彩图二五五）。

6. 关祭台烽火台（编码 64032335320
1170282；工作编号 YCF069）[1]

该烽火台位于盐池县惠安堡镇关祭台村
东 0.3 千米山梁上。西北距郭墩洼烽火台
2.59 千米。

烽火台由台体及围墙、壕沟组成。保存
较好。台体、围墙黄土夯筑而成，台体四壁
基本保存完整，北壁风蚀剥落严重，底部堆
土较高；其他台壁底部多风蚀凹槽，中上部
风蚀剥落坍塌。围墙南墙大部损毁，仅存痕
迹，门道在南墙中部。其余墙体保存较好，
东、西墙顶部外侧残存垛墙。由于西北围墙
外临山坡，内侧有建台筑墙时的取土壕沟，
壕沟内长满杂草。地面散见夹砂黑陶罐、白
釉碗及碎石块。

台体方向北偏东 23°。台体底部东西
9.5、南北 8.6 米，顶部东西 6.3、南北
5.8 米，高 5.2 米，夯层厚 0.24～0.26 米。
围墙东西 34.2、南北 61 米，基宽 2.6、顶
宽 1.8、内高 2.6、外高 3.4 米，垛口宽
0.9、间距 1.5～1.7 米，基宽 2.6、顶宽
1.5、内高 4.4、外高 5.5 米。围墙夯层较
均匀，厚 0.08～0.09 米。环壕宽 10、深
1.5 米，东墙外侧山险墙长 80、内侧铲削
陡壁断面高 3.5 米，底部台面宽 1.8～3.2
米（图一七七；彩图二五六、二五七）。

7. 郭墩洼烽火台（编码 640323353201
170283；工作编号 YCF070）

该烽火台位于盐池县惠安堡镇郭墩洼
村北 211 国道西侧 0.218 千米山梁上。东
西两侧有高压电线杆及电杆拉线，对烽火
台整体风貌影响较大。北距杜家沟烽火台
2.39 千米，东南距关祭台烽火台 2.59
千米。

烽火台由台体、围墙及环壕组成。台

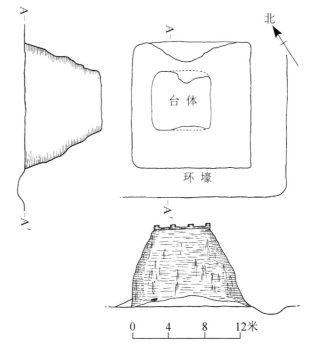

图一七六 崔新庄烽火台平、立、剖面图

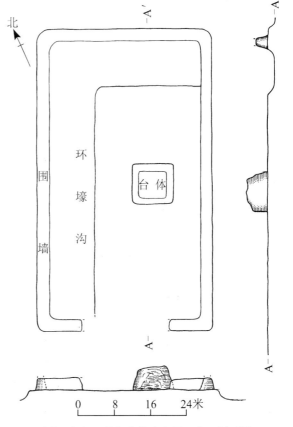

图一七七 关祭台烽火台平、立、剖面图

---

[1] 根据当地方言发音辨析，该烽火台涉及地名可能为官记台或官厅台之讹转。见王仁芳：《宁夏明长城地名命名研究》，《宁夏师范学院学报》2018 年第 3 期。

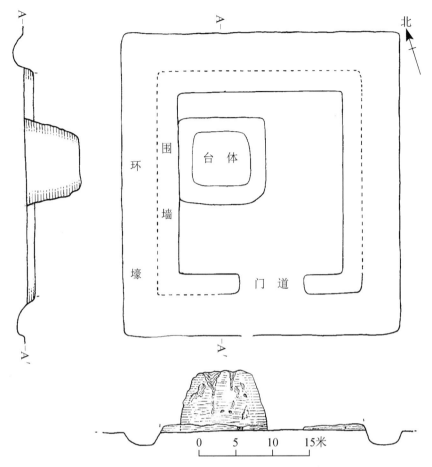

图一七八　郭墩洼烽火台平、立、剖面图

体围墙黄土夯筑而成，保存一般。台体倚靠围墙西而建，其余围墙仅存痕迹。东壁中部多风蚀孔洞；南壁底部多蜂窝状风蚀小孔，西南角有风蚀凹槽；西壁下部多风蚀孔洞，中部有裂隙发育，上部风蚀剥落、坍塌，底部堆土较高；北壁轻微风蚀剥落，遍布黑苔晒斑。围墙呈土垄状，门道在南墙中部。环壕淤积较浅。台体周围杂草丛生，西侧山坡上散落有大量的褐、棕釉瓮、罐残片以及夹砂灰陶盆、白釉碗、锈铁块、灰陶板瓦、少量青花瓷残片。

　　台体方向北偏东 15°。台体底部东西 12.2、南北 11.7 米，顶部东西 7.8、南北 7.5 米，高 8.5 米，夯层厚 0.25~0.27 米。围墙东西 23、南北 25 米，基宽 2.8、高 0.7 米。门道宽 9.5 米。环壕宽 8.2、深 1.8 米（图一七八；彩图二五八）。

　　采集遗物 8 件。

　　YCF070：1，盆底残片。斜腹，浅圈足。夹砂黄胎，外壁施棕黄釉，内壁施黑釉，内外施釉不及底。底径约 16.3、高 5.4、足高 1 厘米（图一七九）。

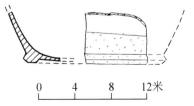

图一七九　盆底残片（YCF070：1）

　　YCF070：2，残圈足碗底。浅灰胎，内壁施青釉，内底有宽涩圈，外底无釉。底径约 5.5、高 2.2、足高 1 厘米（图一八〇）。

　　YCF070：3，残圈足碗底，高圈足。黄灰胎，内壁施青釉，外壁施黑釉，内底有宽涩圈，外底无釉。底径约 6、高 2.3、足高 0.7 厘米（图一八一）。

　　YCF070∶4，双耳罐口沿残片。扁圆唇，口沿微敛，沿下捏接桥形立耳，残存上部，夹砂黄胎，表面无釉。口径约17、高3.7厘米（图一八二）。

　　YCF070∶5，盆腹底残片。斜腹，圈足。夹砂灰褐胎，内底施黑釉，外壁无釉。底径10.3、高3.8、足高1厘米（图一八三）。

　　YCF070∶6，盆口沿残片。扁唇，侈口，弧腹。浅黄胎，内外壁施黑釉。口径约25.6、高5.3厘米（图一八四）。

　　YCF070∶7，双耳罐口沿残片。扁圆唇，口沿微侈，高领，领部存一桥形立耳，夹砂黄胎，内外壁施酱黄釉，内壁釉面干涩。口径约15.2、高4.8厘米（图一八五）。

　　YCF070∶8，夹砂红陶盆口沿残片。深腹，扁圆唇，口沿微敛，弧腹，腹部有一周凸棱。口径约28.8、高6.2厘米（图一八六）。

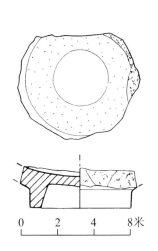

图一八〇　残圈足碗底（YCF070∶2）

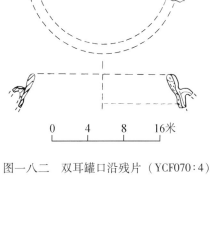

图一八二　双耳罐口沿残片（YCF070∶4）

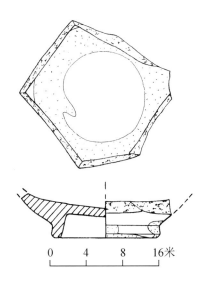

图一八一　残圈足碗底（YCF070∶3）

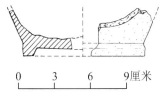

图一八三　盆腹底残片（YCF070∶5）

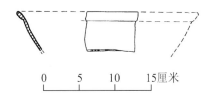

图一八四　盆口沿残片（YCF070∶6）

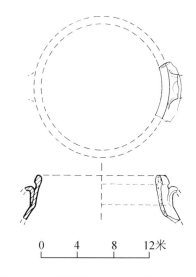

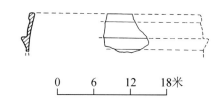

图一八五　双耳罐口沿残片（YCF070：7）　　　　图一八六　夹砂红陶盆口沿残片（YCF070：8）

8. 杜家沟烽火台 （编码 640323353201170284；工作编号 YCF071）

该烽火台位于盐池县惠安堡镇杜家沟村东北 211 国道东侧 0.74 千米山梁上。西北距曹圈村烽火台 3.01 千米。

烽火台由台体及围墙组成。保存一般。用黄土夯筑而成，台体平面呈长方形，剖面呈梯形。台体北壁坍塌严重，中部内陷，有攀爬脚窝，底部堆土较高；其他各壁底部多风蚀凹槽，中部多风蚀孔洞，南壁有多道裂隙发育；台顶平坦，长有杂草。围墙呈土垄状，西墙基本消失，南墙西段及西北角痕迹较明显，门道在南墙中部。院内杂草丛生，地表散见零星的灰陶板瓦残片。

台体方向北偏东 12°。底部东西 9、南北 8.2 米，顶部东西 5、南北 5.6 米，高 6.8 米，夯层厚 0.14～0.2 米，北壁下堆土高约 2 米。围墙东西 35.3、南北 36 米，基宽 3.5、顶宽 1.4、高 1.5 米。门道宽 7.4 米（图一八七；彩图二五九）。

9. 曹圈村烽火台 （编码 640323353201170285；工作编号 YCF072）

该烽火台位于盐池县惠安堡镇曹圈村南 211 国道东侧 0.14 千米缓坡上。周围荒地大面积栽种拧条等防风固沙植被。西北距贾圈村烽火台 3.17 千米。

台体用黄土夯筑而成，无围墙。保存一般。东、南壁因风蚀坍塌及裂隙发育呈柱状，底部有多处风蚀凹槽，壁面有多条纵向裂隙；西壁中部有多道纵向裂隙，下部有窑洞，西南角有漏斗状水蚀槽，东北角崩塌；北壁中部因雨水冲蚀形成贯通上下的凹槽，有多处风蚀孔洞及攀爬脚窝，两侧有纵向裂隙，底部堆土较高，表面杂草丛生；台顶被分割为条块状，凸凹不平。

台体方向北偏西 35°。台体底部东西 9.1、南北 8.5 米，顶部东西 5.4、南北 4.8 米，高 5.7 米。北壁裂隙宽约 0.8 米，西南角漏斗状裂隙口宽 1.2 米，西壁豁口宽 1.3 米，北壁下堆土高 4.2 米，夯层厚 0.25～0.3 米（图一八八；彩图二六〇）。

10. 贾圈村烽火台 （编码 640323353201170286；工作编号 YCF073）

该烽火台位于盐池县惠安堡镇贾家圈村北 211 国道东侧 0.45 千米山梁上。四周为荒漠化草原，东北侧修建有 2 座通讯铁塔。西北距隰宁堡村烽火台 4.09 千米。

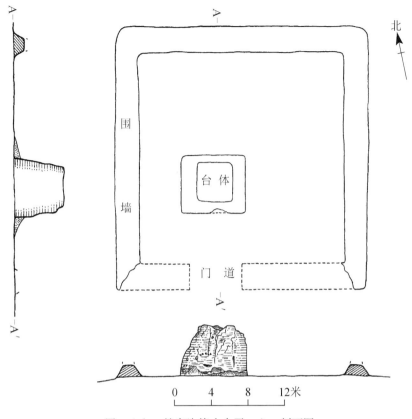

图一八七 杜家沟烽火台平、立、剖面图

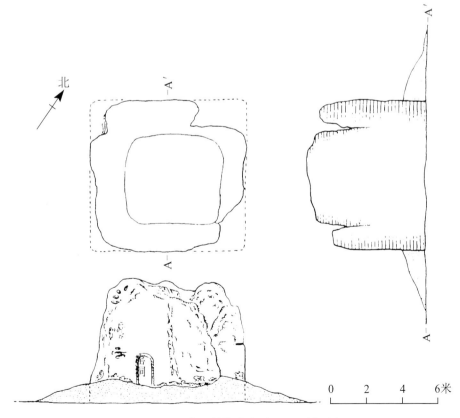

图一八八 曹圈村烽火台平、立、剖面图

　　烽火台由台体及围墙组成。围墙仅存痕迹。保存一般。台体用黄土夯筑而成。台体高大，四壁较直，破损严重；东壁块状崩塌，底部多风蚀孔洞凹槽，一处凹槽内有灰烬堆，壁面有烟熏痕迹；南壁表面因裂隙发育分割为 4 块；西壁裂隙发育严重，下部块状坍塌，中上部风蚀孔洞较多，西南角呈蘑菇柱状。北壁底部堆土较高，中部有攀爬脚窝；台顶较平坦，有大量灰烬及白灰、碎石残块。围墙仅西南角有部分痕迹，院落内散见有少量灰陶板瓦、莲花饰残块，四周地表瓷片较多，有褐、黑釉瓷蒺藜、夹砂灰陶罐及少量青花瓷残片和零星白瓷残片。烽火台东侧 0.347 米处有一夯土基址，平面呈正方形，四周散落青石碑座等石质构件，应为祠庙基址。

　　台体方向北偏西 9°。台体底部东西 10.4、南北 11 米，顶部东西 5.8、南北 8.5 米，高 7 米，夯层厚 0.12~0.18 米。西南角底部堆土高约 2.6 米，东壁中部水毁豁口宽 1.8 米。围墙东西 30、南北 32 米，基宽 1.5、高 0.4 米。夯土基址边长 6、高 2 米（图一八九；彩图二六一）。

　　采集遗物 18 件。

　　YCF073：1，瓷蒺藜。球形空腔，外壁残存两根尖刺。夹砂浅黄胎，外壁施酱釉，近底部及内壁无釉。腹径约 11.8、高 6.5、壁厚 1.8 厘米（图一九○）。

　　YCF073：2，残圈足碗底。夹砂灰胎，白釉，内底有宽涩圈，外壁无釉。底径 5.8、高 2、足高 0.75 厘米（图一九一）。

　　YCF073：3，瓷蒺藜残块。球形空腔，外壁残存 2 根尖刺，刺尖残断，夹砂浅黄胎，外壁施棕褐釉。壁厚 1.5 厘米（彩图二六二）。

　　YCF073：4，盆口沿残片。夹砂灰陶。斜方唇，口沿微敛，弧腹，腹部附加一周斜棱纹。口径约

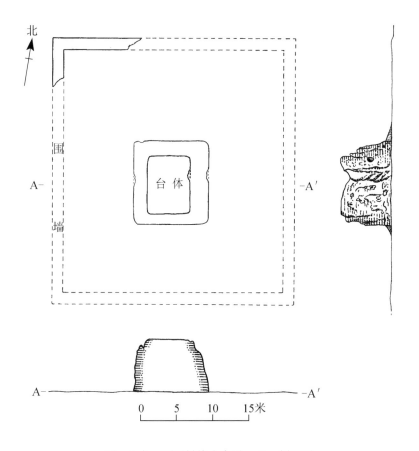

图一八九　贾圈村烽火台平、立、剖面图

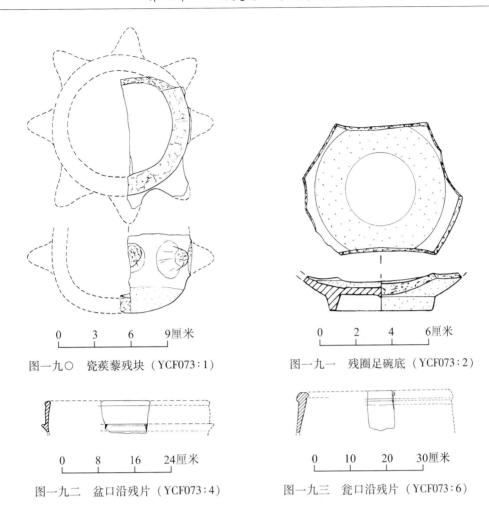

图一九〇　瓷蒺藜残块（YCF073：1）

图一九一　残圈足碗底（YCF073：2）

图一九二　盆口沿残片（YCF073：4）

图一九三　瓮口沿残片（YCF073：6）

35.6、高6.7厘米（图一九二）。

　　YCF073：5，瓷蒺藜残块。球形空腔，外壁残存1根尖刺。夹砂灰胎，外壁施黄褐釉，内壁无釉。壁厚1.5厘米（彩图二六三）。

　　YCF073：6，瓮口沿残片。扁圆唇，向内卷折，深腹。夹砂灰白胎，外壁施棕黄釉，内壁施棕褐釉，口径约43、高10.6厘米（图一九三；彩图二六四）。

　　YCF073：7，残圈足碗底。弧腹，圈足。夹砂浅黄胎，内施白釉，外壁及圈足无釉，内底有宽涩圈。底径6.6、高3.7、足高0.8厘米（图一九四）。

　　YCF073：8，盆腹底残片。深腹，宽圈足。夹砂浅黄胎，无釉。底径11.5、高4.6、足高0.9厘米（图一九五）。

　　YCF073：9，瓷蒺藜残块。球形空腔，外壁残存1根尖刺，刺尖残断。夹砂灰胎，外壁施酱釉，内壁无釉。壁厚1.2厘米（彩图二六五）。

　　YCF073：10，瓮口沿残片。宽方唇内折，斜平沿。深腹夹砂黄胎，内外壁施黑酱釉。口径约44.2、高6厘米（图一九六）。

　　YCF073：11，敛口钵口沿残片。扁唇外折，敛口，弧腹。夹砂灰胎，外壁施棕褐釉，釉面粗糙。口径约15.6、高3.6厘米（图一九七）。

　　YCF073：12，残圈足碗底。弧腹，高圈足，足墙外撇，挖足过肩。夹砂浅灰胎，内施青釉，外壁施黑釉，内底有宽涩圈，外壁施釉不到底。底径约5.6、高3.2、足高0.7厘米（图一九八）。

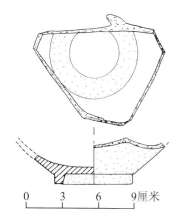

图一九四　残圈足碗底（YCF073：7）

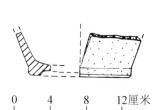

图一九五　盆腹底残片（YCF073：8）

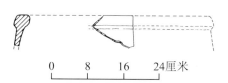

图一九六　瓮口沿残片（YCF073：10）

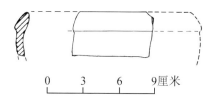

图一九七　敛口钵口沿残片（YCF073：11）

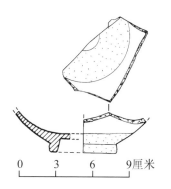

图一九八　残圈足碗底（YCF073：12）

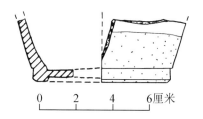

图一九九　盆腹底残片（YCF073：13）

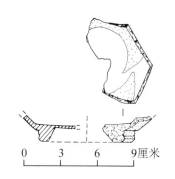

图二〇〇　残圈足碗底（YCF073：14）

　　YCF073：13，盆腹底残片。深腹，浅圈足。夹砂灰胎，内壁施青酱釉，内底及外壁施黑釉，外壁施釉不到底。底径7.7、高3.4、足高0.7厘米（图一九九）。

　　YCF073：14，残圈足碗底。大瓶底，内底微折，圈足。夹砂黄胎，内壁施棕褐釉，底部有涩圈及釉泪斑纹。底径约8、高2.2、足高0.9厘米（图二〇〇）。

　　YCF073：15，残圈足碗底。斜弧腹，高圈足，足墙外撇。夹砂黄灰胎，内施白釉，内底有涩圈，外壁无釉，底径5.7、高2.7、足高0.8厘米（图二〇一）。

　　YCF073：16，残圈足碗底。斜弧腹，高圈足。夹砂灰胎，内施青釉，外施黑釉，内底有宽色圈，外壁圈足无釉。底径约6.3、高2.5、足高0.8厘米（图二〇二）。

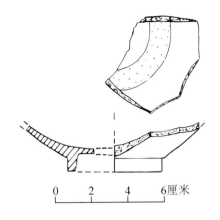

图二〇一　残圈足碗底（YCF073∶15）

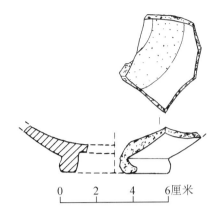

图二〇二　残圈足碗底（YCF073∶16）

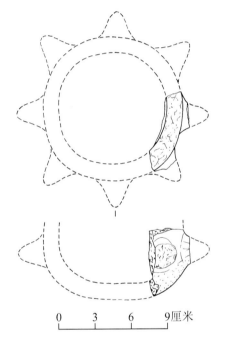

图二〇三　瓷蒺藜残块（YCF073∶17）

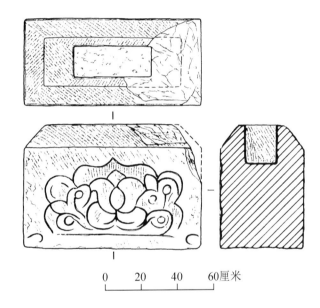

图二〇四　青石碑座（YCF073∶18）

　　YCF073∶17，瓷蒺藜残块。球形空腔，外壁残存两根尖刺，刺尖残断。夹砂黄胎，外壁施棕黄釉，内壁无釉。腹径约11.7、高5.5、壁厚1.4厘米（图二〇三；彩图二六六）。

　　YCF073∶18，青石碑座，烽火台东北庙宇基址下采集。长条形，顶面四角斜刹，一侧残缺，中心有长方形插碑榫槽，正面线刻重瓣仰莲纹，其他各面有细密的钎凿痕。长75、宽48、高52厘米，槽孔长0.33、宽0.14、深0.16米（图二〇四；彩图二六七）。

11. 隰宁堡村烽火台（编码640323353201170287；工作编号 YCF074）

　　该烽火台位于盐池县惠安堡镇隰宁堡村南。西北距隰宁堡0.237千米，北距潘河村烽火台4.17千米。

　　台体较小，黄土夯筑而成，无围墙。保存一般。台体东、南壁轻微剥落坍塌，东壁被掏挖为窑洞，内盛麦秸；西、北壁剥落较严重，底部堆土较多，西北角有攀爬脚窝；台顶较平坦，散布有白灰颗粒，

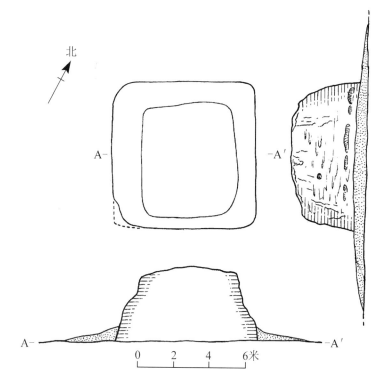

图二〇五　隰宁堡村烽火台平、立、剖面图

西壁下部风蚀凹槽明显，中部多风蚀孔洞；北壁中部有人工掏挖的脚窝。台顶因雨水冲蚀分割成块状，东、南、北面有水蚀、风蚀凹槽贯通上下。

台体方向北偏西16°。台体底部东西10.5、南北10.7米，顶部东西8.2、南北7.6米，高5.6米，夯层厚0.15~0.21米（图二〇六；彩图二六九）。

13. 苦水井村烽火台（编码 6403233532 01170289；工作编号 YCF076）

该烽火台位于盐池县惠安堡镇苦水井村西北1.25千米211国道东侧0.071千米缓坡丘陵上。周围生长低矮的草原植被。北距惠安堡南烽火台1.91千米。

台体用黄沙土夯筑而成，无围墙。破损严重，保存差。台体四壁剥落坍塌严重，南壁中下部风蚀孔洞较多，西壁大部因雨水冲蚀形成块状崩塌，台底西北角分布多处风蚀凹槽，台顶因雨水冲蚀分割为两块。地表散见少量青釉、白釉、褐釉、黑釉及青花瓷片，器形主要为罐、碗等日常用具。

有少量砖瓦残块。

台体方向北偏西30°。台体底部边长8米，顶部东西5.3、南北6.1米，高3.4米，夯层厚0.11~0.12米。西北角水冲豁口宽0.35米。窑洞口宽1.6、进深2.8、高1.8米（图二〇五；彩图二六八）。

12. 潘河村烽火台（编码64032335 3201170288；工作编号 YCF075）

该烽火台位于盐池县惠安堡镇潘河村东南1.8千米211国道西侧5米高岗上。西侧有草原围栏。北距苦水井村烽火台2.56千米。

台体用黄土夯筑而成，无围墙，保存一般。台体东壁底部堆土至中部，有人为铲削迹象；南壁底部风蚀基础严重，沿版筑裂缝呈条状下陷坍塌；

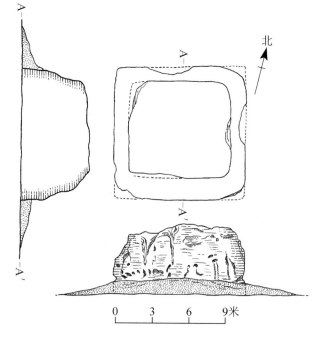

图二〇六　潘河村烽火台平、立、剖面图

台体方向北偏东 40°。台体底部东西 5.4、南北 7.8 米，顶部东西 4.7、南北 3.7 米，高 5.4 米，夯层厚 0.14~0.16 米（图二〇七；彩图二七〇）。

14. 惠安堡南烽火台（编码 640323353201170290；工作编号 YCF077）

该烽火台位于盐池县惠安堡南侧 2.12 千米沙梁上。周围多半固定沙丘，北距赵儿庄烽火台 3.8 千米。

台体用黄土夯筑而成，夯土中掺杂有红褐色沙石。无围墙，保存差。台体四壁塌陷呈圆锥状，夯层较薄，坍塌夯土大部分堆积在西、北壁下，其上长满梭梭等沙生植被，地表散见少量褐釉瓷片。

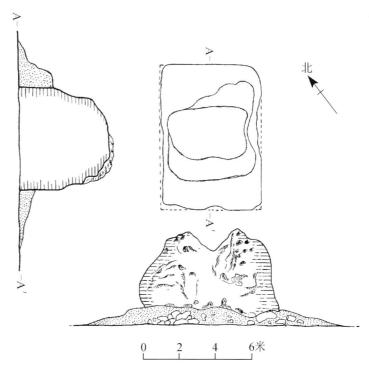

图二〇七 苦水井村烽火台平、立、剖面图

台体方向北偏东 10°。台体底部边长 10、高 5.7 米，夯层厚 0.06~0.12 米（图二〇八；彩图二七一）。

15. 赵儿庄烽火台（编码 640323 353201170291；工作编号 YCF078）

该烽火台位于盐池县惠安堡镇赵儿庄西北 0.8 千米大惠公路南侧 0.64 千米山梁上。南、北、西侧被草原围栏围护，西距金渠子村烽火台 7.48 千米，西北距惠安堡北烽火台 4.7 千米。

台体高大，四壁相对较直，黄土夯筑而成，土质纯净。有围墙。保存较好。台体东壁有裂隙发育，块状崩塌，底部有多处风蚀凹槽及 2 处凹洞，堆土较少；南壁有 3 条裂隙发育，剥落坍塌严重，多风蚀孔洞；西壁有裂隙

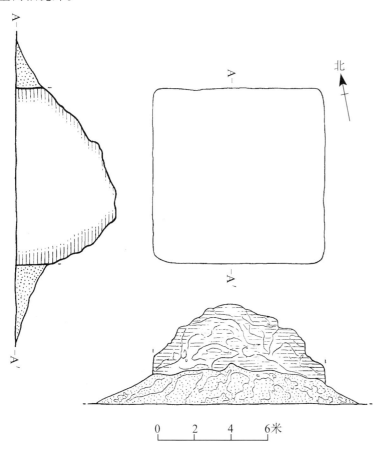

图二〇八 惠安堡南烽火台平、立、剖面图

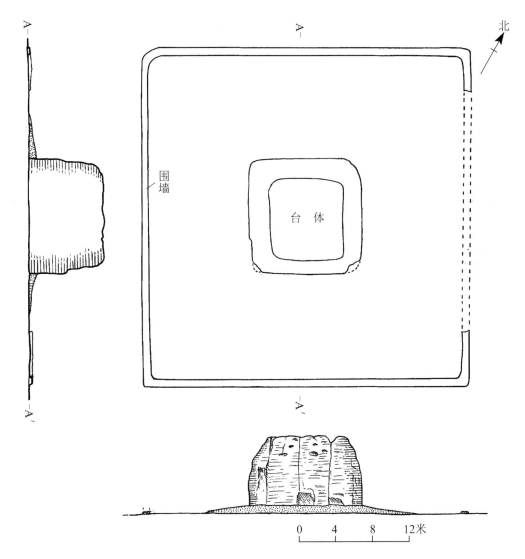

图二〇九　赵儿庄烽火台平、立、剖面图

发育，底部有动物洞穴及风蚀凹槽；北壁较直，中上部多风蚀孔洞；西北角保存较好，西南、东南角纵向裂隙将台体分割为3块，东南、东北角块状崩塌，多风蚀孔洞，有倾塌之势，东南角裸露夯层上有人为涂鸦文字，多为人名。围墙倒塌，仅存痕迹。台体下部坍塌堆积较少，院落东侧地表散见少量黑釉罐残片和白釉碗残片。

台体方向北偏西30°。台体底部边长13.4米，顶部东西8.7、南北9.2米，高8.8米。台顶有垛墙，东侧垛墙保存稍好，高约1.2、宽0.6、夯层厚0.23～0.28米。围墙痕东西38、南北40米，宽0.7、高0.3米（图二〇九；彩图二七二）。

采集遗物2件。

YCF078：1，残圈足碗底。斜折腹，矮圈足。夹砂黄胎，内外壁施白釉，内壁有两周褐彩旋纹，外壁施釉不到底。底径约6.6、高3.4、足高0.5厘米（图二一〇；彩图二七三）。

YCF078：2，盆口沿残片。卷平沿，弧腹。夹砂黄褐胎，内外壁施黑釉。口径约50、高9厘米（图二一一；彩图二七四）。

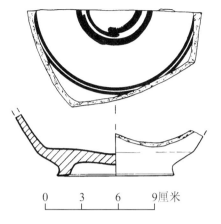

图二一〇 残圈足碗底（YCF078：1）

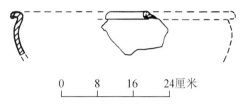

图二一一 盆口沿残片（YCF078：2）

16. 惠安堡北烽火台（编码 6403233532 01170310；工作编号 YCF079）

该烽火台位于盐池县惠安堡镇北 1 千米 211 国道西侧 0.01 千米盐湖畔平地上。北距刘廓圈烽火台（南墩）2.7 千米，西北距北破城烽火台 3.2 千米。

台体用黄土夯筑而成，形制较大，平面呈长方形，无围墙。保存较差。台体受风蚀、碱化及人为破坏严重，东壁因铲削较直，中部因风蚀形成横向凹槽，分版较明显，底部有白色盐碱结晶；其余三壁坍塌呈斜坡状，表面生长有茂密的碱蓬等杂草。

台体方向北偏东 30°。台体底部东西 7.5、南北 15 米，高 5 米，夯层厚 0.13～0.18 米，东壁夯筑断面版距 1.3～1.7 米。西壁底部有一盗坑，长 1.3、宽 1.7、深 0.8 米（图二一二；彩图二七五）。

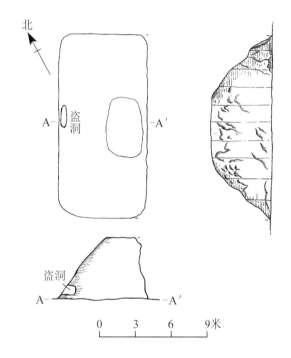

图二一二 惠安堡北烽火台平、立、剖面图

第二节 "环灵道"驿路北段沿线烽火台

盐池城以北"环灵道"驿路北段沿线共调查烽火台 25 座，大致沿水山沟河两侧山岗高地分布，石沟城至大沙井城一带烽火台周围多设有石砌附墩。

1. 北破城烽火台（编码 640323353201170303；工作编号 YCF080）

该烽火台位于盐池县冯记沟乡叶儿庄村西南盐湖北侧滩地上。北距老盐池城 2.13 千米、梁台子烽火台 3.89 千米。

烽火台由台体及围墙组成。保存较差。台体用黄沙与红沙土混合夯筑而成，四壁坍塌严重；东壁

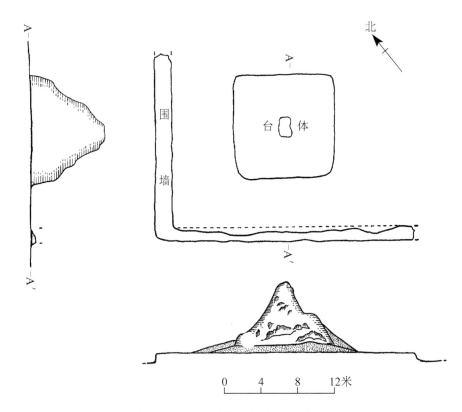

图二一三　北破城烽火台平、立、剖面图

凹凸不平，下部坍塌形成一平台，底部堆土至平台处；南壁呈尖顶，坍塌呈斜坡状，夯层较清晰；西壁坍塌堆土呈斜坡状，表面长满杂草；北壁因积土成斜坡，积土延伸至围墙处。围墙坍塌损毁严重，仅存痕迹，内侧被积沙、堆土淤平，呈方台状。

台体方向北偏东40°。底部东西11、南北11.5米，顶部东西1.5、南北2.5米，高7.5米，夯层厚0.14~0.16米，东壁下堆土高5.5米。围墙南墙保存28.5米，距台体南壁6米，高0.3~1.5米；西墙保存20米（图二一三；彩图二七六）。

2. 梁台子烽火台（编码640323353201170301；工作编号YCF081）

该烽火台位于盐池县惠安堡镇梁台子自然村西侧山梁上。东南距老盐池古城址1.4千米，东距苏家场烽火台4.41千米，西北距红墩子烽火台1.82千米。

烽火台由台体及围墙组成。保存差。台体用黄土夯筑而成，坍塌严重，四壁呈不规则形；东壁被坍塌裂隙分成3块，底部堆土较高，沿堆土上缘壁面分布有横向风蚀凹槽；南壁东部坍塌内凹，底部散落大量的夯土；西壁南部坍塌内凹，壁面有较多孔洞；北壁风蚀呈圆角，壁面裂隙明显，呈斜坡状，底部堆土较高。围墙损毁，仅存基部痕迹，东北、东南角墙基痕迹较明显。地表散落有少量条砖残块、内白外黑釉圈足碗残片及褐釉罐残片。

台体方向北偏西14°。台体底部东西6.5、南北8米，顶部东西2.2、南北4米，高8.5米，夯层厚0.2~0.22米。东北角堆土高3.5米。围墙边长34、基宽1.6米。围墙距台体东壁13.5米，南墙距台体南壁13米，墙体东北角高0.8、东南角高0.2~0.3米（图二一四；彩图二七七）。

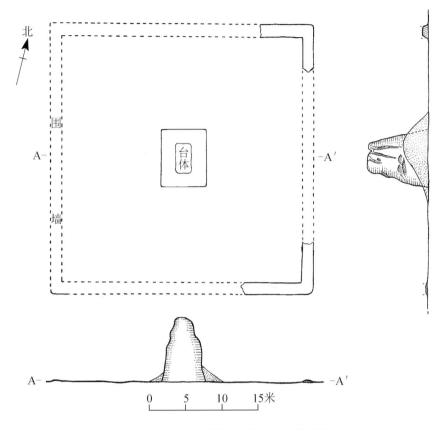

图二一四　梁台子烽火台平、立、剖面图

3. 红墩子烽火台（编码 640323353201170302；工作编号 YCF082）

该烽火台位于盐池县惠安堡镇红墩子自然村东平地上。东北约0.01千米处有一座通信铁塔，西北距太阳山风电场烽火台2.16千米。

烽火台由台体及围墙组成。保存一般。台体用黄土夹砂石夯筑而成，东壁表层剥落，中部内凹，东北角中下部坍塌内凹；南壁顶部坍塌内凹，中部有一列登台脚窝，可登台顶；西壁南部坍塌严重，壁面风蚀孔洞较多；北壁较直，表面轻微剥落。台体顶部有测绘水泥桩，有登台绳索系于其上。围墙大部分损毁，仅存东墙基部痕迹。

台体方向北偏西20°。台体底部东西9、南北11米，顶部边长6米，高7米，夯层厚0.2～0.22米。围墙东墙痕迹长24米（图二一五；彩图二七八）。

4. 太阳山风电场烽火台（编码 640301353201170013；工作编号 HSF016）

该烽火台位于红寺堡区太阳山开发区宋家圈自然村西太阳山风电场东北山梁上。西北0.1千米有大型风力发电机一座，西北距宋家圈烽火台3.1千米。

台体用黄土夯筑而成，呈覆斗形，无围墙。保存一般。台体东壁沿顶部坍塌剥落，壁面凹凸不平，底部壁面密布蜂巢小孔；西壁有一道斜坡可登台，其余部分基本平整，表面轻微剥落；西、北壁底部堆土较高，北壁基本平整，沿堆土顶部壁面剥落形成较窄的平台，东北角有一道掏挖的登台脚窝。台体南、北侧有风电场区砂石路。

台体方向北偏东45°。台体底部边长10米，顶部东西4.5、南北5米，高7.5米，夯层厚0.2～

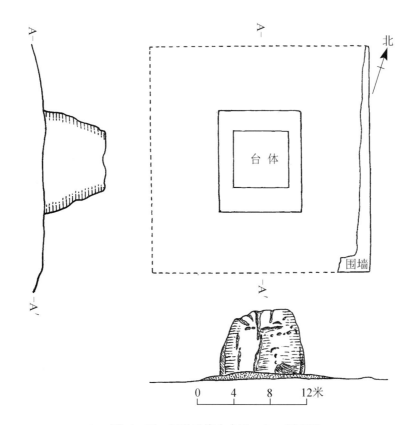

图二一五　红墩子烽火台平、立、剖面图

0.23 米，西北角堆土高 4 米，北壁下堆土高 2 米（图二一六；彩图二七九）。

5. 宋家圈烽火台（编码 6403013532011170011；工作编号 HSF017）

该烽火台位于红寺堡区太阳山开发区宋家圈自然村西约 2 千米滩地上。西北距百塔水烽火台 2.95千米。

烽火台由台体及围墙组成。保存一般。台体及围墙用黄土夯筑而成，围墙内侧与台体间被风沙堆土淤平，形成外陡内平的台地。台体东壁有几处较浅的坑洞；南壁中上部因流水侵蚀坍塌内凹，壁面坑洞较多，分版明显；西壁中部一版坍塌，壁面内凹成槽，裂缝、孔洞较多，台体下散布较多砂石块；北壁东侧坍塌内凹，西部坍塌形成斜坡可通台顶。台体四壁下有较高堆土。围墙内侧多为流沙掩埋，外侧东、南、西角尚存墙体痕迹。

台体方向北偏西 35°。台体底部东西 11.5、南北 10 米，顶部东西 9、南北 7 米，高 8.5 米，夯层厚 0.24～0.26 米；南壁夯筑版距由西向东 2～2.7 米。东壁下堆土高约 4.5 米。围墙东西 30、南北 35米，宽 2.2、高 0.3～0.5 米，台体距南墙 10、距东墙 8 米（图二一七；彩图二八〇）。

6. 百塔水烽火台（编码 6403013532011170014；工作编号 HSF018）

该烽火台位于红寺堡区太阳山开发区百塔水自然村西北滩地上。西北距马家窑头烽火台 2.44 千米。

台体用黄土夯筑而成，呈覆斗形，无围墙。保存一般。台体东壁较直，顶部东北角坍塌成尖顶，底部有一孔小窑洞；南壁顶部向内坍塌一块，形成内凹平台，底部有风蚀横槽，西南角坍塌；西壁中间有一道漏斗状雨水冲槽，壁面风蚀孔槽较多。台体西侧约 30 米有一流沙掩埋的夯筑基址，该基址高

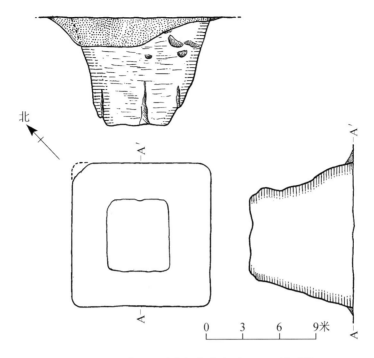

图二一六 太阳山风电场烽火台平、立、剖面图

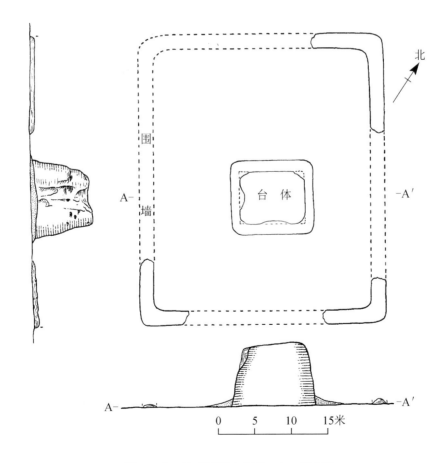

图二一七 宋家圈烽火台平、立、剖面图

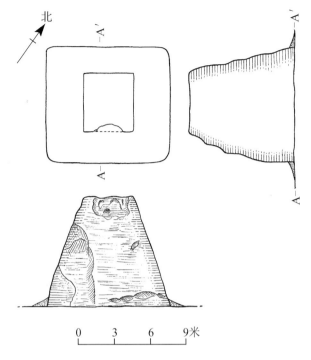

图二一八　百塔水烽火台平、立、剖面图

约 2.5 米，上部残砖较多；南侧有一石砌拱形空心建筑基址，或为废弃的明代环灵道白塔铺站。

台体方向北偏西 35°。台体底部东西 10、南北 9 米，高 8.5 米，夯层厚 0.16 ~ 0.19 米。窑洞口宽 1、进深 1、拱高 0.5 米。南壁中上部内凹平台宽约 3 米，西侧堆土高 3 米（图二一八；彩图二八一）。

7. 马家窑头烽火台（编码 64030235 3201170001；工作编号 LTF001）

该烽火台位于利通区扁担沟镇马家窑头自然村东山梁上。西北距方家圈烽火台 2.73 千米。

烽火台由台体、围墙及南北两侧 10 座附墩组成。保存一般。台体用黄土夯筑而成，四角剥落呈圆角；东壁中部有一道水冲槽贯穿上下，可登台顶，其余部分有少量孔洞；南壁中部有一道明显的纵向版缝，底部风蚀凹槽较浅，后期用石片支护，底部坍塌堆土较高；西壁表层坍塌，中部有裂隙，顶部有水蚀凹坑；北壁顶部因雨蚀而凹凸不平，下部基本平整。围墙为石砌，用灰色砂石片砌筑，西侧接围墙有一方形石砌圈，内部有废弃房址，门道在西墙中部。四周地表有大量石片。

石砌附墩由北向南编号为 L1 ~ L10。L1 东壁尚存，为整齐的砖砌斜面；L2 堆筑较高，为尖顶，呈圆形；L3 表层石片较残碎，顶部较宽平；L4 北侧因盗挖坍塌；L5 东侧石砌边沿较齐整；L6 顶部被掏挖一陷坑，内部为砂土堆成，外部为石垒片砌；L7 掏挖有一坑洞，顶部石片较少；L8 顶部盗坑较大，内为大量黄土堆积；L9 南侧有一小盗洞；L10 顶部有一方形盗洞。

台体方向北偏西 40°。台体底部东西 4.8、南北 6 米，顶部东西 2.2、南北 3.2 米，高 5 米，台底堆土高 3 米。围墙东西 38、南北 42 米，基宽约 1.8、内高 1.2、外高 1.7 米。

L1 ~ L5 附墩方向北偏西 55°。L1 底部边长 4、高 1.4 米，与 L2 相距 24 米；L2 底部边长 4、高 1.8 米，与 L3 相距 21 米；L3 底部边长 4、高 1.5 米，与 L4 相距 20 米；L4 底部边长 4、高 1.7 米，与距 L5 相距 22 米；L5 底部边长 4、高 1.3 米，西南距台体 40 米。

L6 ~ L10 附墩方向北偏西 30°。L6 底部东西 4.5、南北 4、高 1.8 米，与 L7 相距 21 米；L7 底部东西 4.5、南北 4、高 1.4 米，与 L8 相距 21 米；L8 底部东西 5、南北 4.5、高 1.5 米，与 L9 相距 20 米；L9 底部东西 4.5、南北 4 米，与 L10 相距 21 米；L10 底部边长 4、高 1.3 米（图二一九；彩图二八二）。

8. 方家圈烽火台（编码 640181353201170137；工作编号 LWF009）

该烽火台位于灵武市五里坡乡方家圈村西 2.5 千米 211 国道东 0.05 千米梁地上。此处地表以下为砂石台地。西北距宋家小沟西南烽火台 1.83 千米。

烽火台由台体、围墙及围墙西侧南北各 5 座附墩组成。台体及围墙用黄沙土夯筑而成，附墩为片石砌筑。保存一般。台体外部包砌石块，砌墙石块大量塌落，散落于周围；东壁坍塌内凹，底部堆土

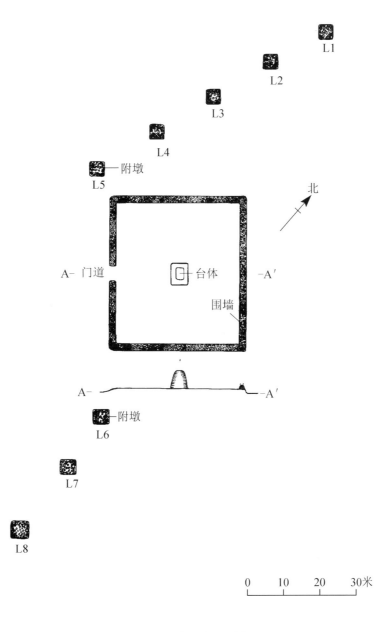

图二一九　马家窑头烽火台平、剖面图

及坍塌石块较高，可登台，顶部南、北部被掏挖有 2 处锅底状坑；南壁东部坍塌形成斜坡；西壁因坍塌及雨蚀壁面凹凸不平，孔洞较多，底部堆土较高，残存南部向外凸出；北壁滑坡，表面石片堆积较高。围墙仅存基部痕迹，南墙痕迹相对明显。

附墩由北向南编号依次为 L1～L10。L1 西壁保存较好，东壁被国道铁丝网柱破坏。L2 西壁保存较好，北壁、西北角尚存；L3 保存较好，为规则的石片砌筑，仅西北角坍塌小块；L4 西北角砌筑较为规整；L5 正对台体西壁南侧，内为堆土，外部石砌，东壁较直；L6 坍塌呈土垄状，表面夹杂少量石片；L7 较大，表面散落石片较多；L8、L9 坍塌为一片漫缓小土堆，稍高出地表，表面散落少量石片；L10 稍有形状，顶部存堆石，东西呈窄条状。

台体方向北偏西 20°。台体底部东西 10、南北 7.5 米，顶部东西 5、南北 6 米，高 7.5 米，夯层厚 0.25～0.29 米，北壁底部及东南角堆土高 5 米。围墙东西 34、南北 36 米，东墙距台体 8.4 米，北墙距台体 11 米，墙体基宽 2.8、高 1 米。

L1～L5 附墩方向北偏东 35°，距台体 27 米。L1 底部东西 3、南北 3.5、高 1.7 米，与 L2 相距 4.5 米；L2 底部东西 3.3、南北 3、高 1.5 米，与 L3 相距 9 米；L3 底部边长 3、高 2 米，与 L4 相距 8 米；L4 底部东西 3、南北 2.6、高 1.6 米，与 L5 相距 6 米；L5 底部边长 2.6、高 1.5 米，与 L6 相距 13 米。

L6～L10 附墩方向北偏西 35°。L6 底部边长 4.5、高 0.5 米，与 L7 相距 15 米；L7 呈圆形，顶部直径 3、底部直径 5、高 0.7 米，与 L8 相距 9 米；L8 边长 6 米，与 L9 相距 10 米；L9 底部直径 5、顶部直径 3、高 0.3 米，与 L9 相距 11 米；L10 底部直径 6、高 0.6 米（图二二〇；彩图二八三）。

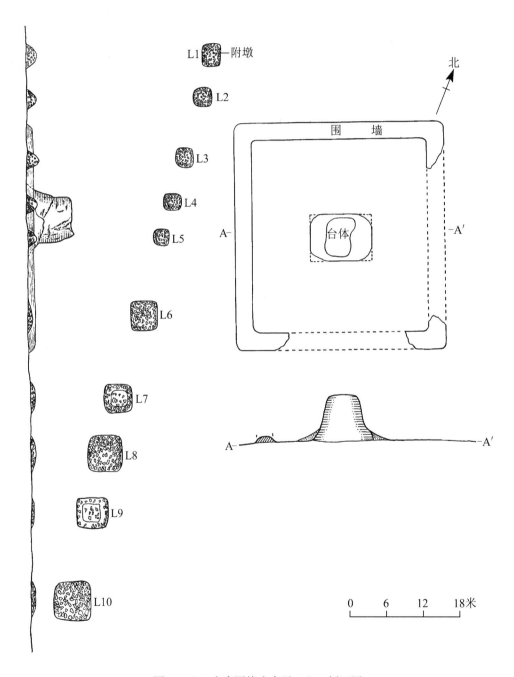

图二二〇　方家圈烽火台平、立、剖面图

9. 宋家小沟西南烽火台（编码640302353201170003；工作编号LTF002）

该烽火台位于利通区扁担沟镇宋家小沟村西南2.5千米梁地上。西北距宋家小沟烽火台1.9千米。

烽火台由台体、围墙及东侧南北向10座附墩组成。台体及围墙用黄沙土夯筑而成，呈覆斗形，周围附墩为片石砌筑。保存一般。台体东壁轻微剥蚀，中部有一道V形水冲壕，壁面有少量横向凹坑；南壁中部有漏斗形大冲沟，可登台顶，底部及冲沟两侧风蚀凹槽较多；西壁中部V形水冲槽将台体分为南、北两部分，冲槽下部台壁内凹，因雨水冲刷夯层清晰；北壁基本完整，中部有风蚀孔洞，下部内凹，底部有少量堆土。围墙痕迹明显，墙体较窄薄，门道在东墙中部。

附墩由北向南依次为L1～L10。L1底部呈长方形；L2顶部无存，呈圆形；L3呈圆盖状；L4北侧呈斜坡状；L5呈圆丘状，上部散落碎石片；L6北侧石片较为规整，西侧被掏挖破坏；L7坍塌呈土垄状，南侧砌石尚存；L8石砌规整，保存较好，四周积沙较高；L9坍塌呈圆顶状；L10呈圆丘状，四周砌石底部尚存，顶部包石不存，积沙严重。

台体方向北偏西15°，台体底部东西12、南北13米，顶部东西6.5、南北8米，高7米，夯层厚0.24～0.29米，南壁上部豁口宽4.5米。围墙东西32、南北31米，基宽约3、内高0.7、外高1米，南墙距台体9米，东墙距台体10米。

附墩方向北偏西30°。L1底部东西3.5、南北3.7、高1.3米，西距围墙东北角12米；L2底部东西3.5、南北3.7、高1.2米，与L1相距3米；L3底部东西3.5、南北3.4、高1.1米，与L2相距4米；L4底部东西3.3、南北3.2、高1米，与L3相距4米；L5底部东西3.6、南北3.5、高1.2米，与L4相距3.5米；L6底部东西2.7、南北3、高1.1米，与L5相距4米；L7底部东西3、南北3.3、高0.3米，与L6相距4米；L8底部东西3.5、南北4、高1.4米，与L7相距4米；L9底部东西3、南北3.2、高0.5米，与L8相距5米；L10底部东西3.2、南北3.5、高1米，与L9相距4米（图二二一；彩图二八四）。

10. 宋家小沟烽火台（编码640302353201170002；工作编号LTF003）

该烽火台位于利通区扁担沟镇宋家小沟村西南2千米山梁上。西北距二道墩烽火台2.28千米，东北距石窑墩烽火台5.7千米。

烽火台由台体、围墙及东侧10座附墩组成。保存一般。台体用黄土夯筑而成，外部包石，形制较大，东壁砌石坍塌，底部保存较好；南壁砌石中部坍塌，下部有两道石砌墙基连接围墙，可能为出入便道；西壁保存相对较好，中部及顶部西南角有少量砌石坍塌；北壁砌石东部坍塌，其余壁面较直，保存较好；台顶有铺舍遗迹，石砌墙基，东西2间，中部有隔墙，顶部墙基内为倒塌堆石，有兽骨、灰烬、红烧土、瓷片等遗物。围墙墙体内部为土石混筑，外部为石片包砌，四周有痕迹。西墙外侧有一处石砌方台，内为土石混筑，顶部有盗坑，东北角外侧15米石质地表凿有一处圆形插旗孔，东侧0.2千米河沟两侧裸露石床有开采痕迹，可能为当时的采石场。

附墩由东向西依次编号为L1～L10。L1顶部被破坏，有一长方形盗坑；L2四周散布有较大的石块；L3顶部有一盗坑，四周包石尚存，有较大的石条；L4较大，顶部有圆形盗坑，西壁包石保存较多；L5顶部有一长方形盗坑；L6呈土丘状，南侧包石尚存；L7呈圆土包状，围砌石块较大；L8顶部积土较多；L9、L10呈土包状，包石散乱分布。

台体方向北偏东30°。台体顶部东西9、南北10、高8米。房址墙基边长6米，中部东西向隔墙将墙基分为南北各3米，基部砌石宽0.5米。围墙东西31、南北32.5米，基宽1、内高0.7、外高1.5米，西墙距台体7.5米，北墙距台体6米。插旗孔直径0.18、深0.16米。距西墙3米处有石台基址，

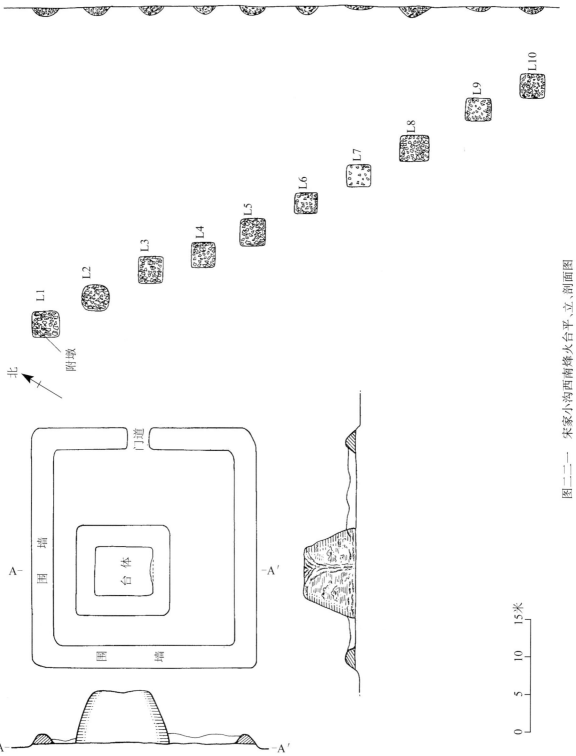

图三二一　宋家小沟西南烽火台平、立、剖面图

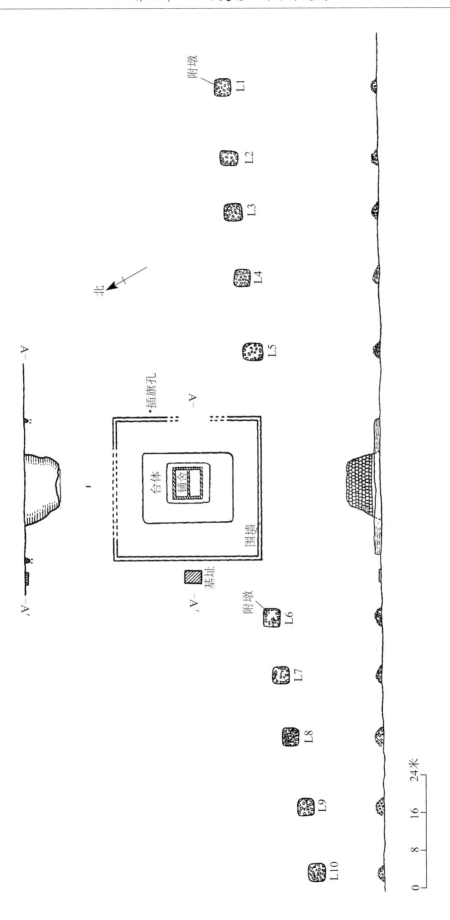

图二二二　宋家小沟烽火台平、立、剖面图

东西 3、南北 4、高 0.5 米，顶部盗坑东西 1.3、南北 0.7 米。

L1~L5 附墩方向北偏西 55°。L1 底部东西 4、南北 3.4、高 1.4 米，顶部盗坑长 1.1、宽 0.7、深 0.8 米；L2 底部东西 3.6、南北 4、高 1.4 米，东与 L1 相距 12 米；L3 底部边长 4、高 1.5 米，顶部盗坑边长 0.8、深 0.8 米，东与 L2 相距 10 米；L4 底部边长 4、高 1.4 米，顶部盗坑边长 0.6 米，东与 L3 相距 11 米；L5 底部东西 4、南北 4.5、高 1.4 米，顶部盗坑长 1、宽 0.5、深 0.8 米，东与 L4 相距 13 米，西距围墙（东南角）13 米。

L6~L10 附墩方向北偏西 50°。L6 底部边长 4、高 1.3 米，顶部盗坑 0.7、宽 0.4、深 0.3 米，东距围墙（西南角）12 米；L7 边长 4、高 1.2 米，东与 L6 相距 9 米；L8 底部边长 4、顶部边长 2.2、高 1.5 米，东与 L7 相距 10 米；L9 底部边长 4、高 1.4 米，东与 L8 相距 12 米；L10 底部边长 4、高 1.3 米，东与 L9 相距 11 米（图二二二；彩图二八五）。

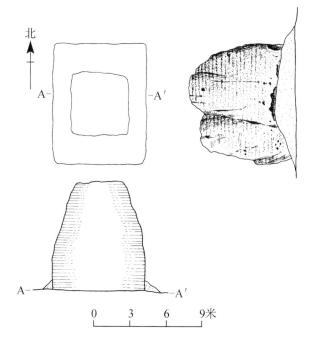

图二二三　石窑墩烽火台平、立、剖面图

11. 石窑墩烽火台（编码 640181353201170149；工作编号 LWF010）

该烽火台位于灵武市白土岗乡新红村东南 24 千米沙漠地带。四周沙丘环绕，南侧 0.05 千米有条季节性河流，因在其南侧 0.01 千米的沟崖壁上有一处天然石窑而得名。西距 211 国道 4 千米、柴山墩 7 千米，西北距二道墩烽火台 2 千米。

台体用黄土夯筑而成，土质较纯净，呈覆斗形。保存一般。台体风蚀、水蚀较严重，四壁布满风蚀洞、鸟窝，东壁自上而下有一道水蚀豁口，西北角坍塌，南壁底部被风蚀掏空。周围散布有许多布纹灰瓦片，黑、褐釉罐、盆残片及明代青花瓷片。

台体方向正南北。底部东西 8、南北 10 米，顶部边长 5.3、高 9 米，夯层厚 0.15~0.17 米（图二二三；彩图二八六）。

12. 二道墩烽火台（编码 640181353201170136；工作编号 LWF011）

该烽火台位于灵武市五里坡乡宋家小沟村西 0.5 千米山梁上。周围有流动沙丘。东南距宋家小沟烽火台 2 千米，西北距柴山墩烽火台 2.05 千米。

烽火台由台体、围墙及东侧 10 座附墩组成。保存一般。台体用黄沙土夯筑而成，呈覆斗形，形制较大。东壁中部有 V 形水冲壕，内部坍塌，东北角底部风蚀内凹；南壁风蚀较多，夯层呈梳状；西壁较直，表面黑霉斑较多；北壁较直，中部略向内凹，底部有少量堆土。围墙仅存基础，黄沙土夯筑而成，南墙被积沙掩埋，西墙稍高。

附墩由北向南依次编号为 L1~L10。L1 保存相对较好，L2 保存较相对高，L3 仅存基础，L4 被流沙掩埋，L5 散布大量碎石，L6 被流沙覆盖，L7 石块较少，积沙严重，L8、L9 仅存基础，L10 砌石基本完整。

台体方向北偏东 35°。台体底部东西 13、南北 13.5 米，顶部边长 6.8 米，高 8 米，夯层厚 0.21~

0.26 米，东壁下堆土高 2.5 米。围墙边长 30 米，东墙距台体 10 米，北墙距台体 8 米，高 1.4 米。

附墩方向北偏西 45°。L1 底部东西 1.7、南北 3、高 1 米；L2 底部东西 2.7、南北 2.5、高 0.4 米，与 L1 相距 3 米；L3 底部边长 3、高 0.4 米，与 L2 相距 3 米；L4 底部边长 3、高 1.4 米，与 L3 相距 3 米；L5 底部边长 3、高 1.5 米，与 L4 相距 3 米；L6 底部边长 3、高 1.3 米，与 L5 相距 3 米；L7 底部东西 2.7、南北 2、高 0.3 米，与 L6 相距 3 米；L8 底部边长 3、高 0.4 米，与 L7 相距 3 米；L9 底部边长 3、高 1.4 米，与 L8 相距 2 米；L10 底部边长 2.7、高 1.4 米，与 L9 相距 2 米（图二二四；彩图二八七）。

采集遗物标本 1 件。

LWF011：1，铁弹丸。直径 1.5 厘米。

13. 柴山墩烽火台（编码 640181353201170139；工作编号 LWF012）

该烽火台位于灵武市五里坡乡孙家小沟村西南 2 千米山梁上。南北两侧为裸露的石质地表，东西两侧山坡积沙严重，有流动的沙丘。西北距缸瓦墩烽火台 5.8 千米、石沟城 2.39 千米。

烽火台由台体、围墙及东侧 10 座附墩组成。台体及围墙用黄沙土夯筑而成。保存一般。台体呈覆斗形，东壁中部因雨水冲蚀坍塌呈漏斗状，壁面风蚀坑洞较多，可登台顶；南壁轻微剥蚀，底部两角有风蚀凹槽及陷坑；西壁中部有一道较深的水冲壕，底部有 1 孔窑洞，外侧一处牧羊人用围墙石片围成的羊圈；北壁较直，上部黑霉斑较多。围墙两侧用石片包筑，大部石片被拆除，用以砌筑羊圈，残存墙体沙土掩埋严重，两侧包石散乱堆积于墙体两侧，院落内散布大量碎石、褐釉罐残瓷片等。

附墩由北向南依次编号为 L1~L10。方向与围墙东墙平行，西距东墙 20 米。L1 间距略远，为碎石砌成；L2 被掏挖破坏为一个椭圆形大石堆，顶部为一个积满沙土的陷坑；L3 坍塌为碎石片堆；L4 呈圆形，顶部呈锅底状；L5、L6 顶部坍塌，周围沙土堆积，呈垄状；L7 呈圆台状；L8 坍塌呈垄状，外部为残石砌筑，沙土掩埋至顶部，底部基本呈正方形；L9 呈圆形，外表为石片包筑；L10 呈圆形，外表为碎石片包筑，顶部掏挖有一处锅底状坑，沙土掩埋严重。

台体方向北偏西 35°。台体底部边长 13、顶部边长 6 米，高 7 米，夯层厚 0.21~0.26 米，西壁下部窑洞口宽 0.8、进深 4、高 1.3 米，距台体东南角 2.5 米。围墙边长 30 米，东墙距台体 13 米，南墙距台体 9 米，东墙石砌墙高 1.4 米，中间土墙宽 0.9 米，两侧包石宽 0.9 米。院落南部距西墙 9 米处有一南北向隔墙痕迹。

L1~L10 附墩方向北偏西 35°。与围墙东墙平行，西距东墙 20 米。

L1 底部东西 4、南北 3、高 1.3 米，与 L2 相距 13 米；L2 底部东西 5、南北 6、高 1.4 米，与 L3 相距 4 米；L3 底部东西 4、南北 2.5、高 0.7 米，与 L4 相距 2 米；L4 底部东西 3.5、南北 4、高 1.4 米，与 L5 相距 2 米；L5 底部东西 3、南北 2.6、高 1 米，与 L6 相距 2 米；L6 底部边长 2、高 1 米，与 L7 相距 5 米；L7 底部直径 5、顶部直径 2、高 2 米，与 L8 相距 1.5 米；L8 底部边长 3.3、高 1.6 米，与 L9 相距 4 米；L9 底部直径 6、顶部直径 2.2、高 1.8 米，顶部坑口直径 1.7、深 0.1 米，与 L10 相距 6 米；L10 底部直径 6.5、顶部直径 2.2、高 1.5 米，顶部圆坑口直径 1.6、深 0.2 米（图二二五；彩图二八八）。

14. 缸瓦墩烽火台（编码 640181353201170140；工作编号 LWF013）

该烽火台位于灵武市五里坡乡 211 国道石沟驿道班西南 1 千米山顶。山顶为石质地表，山坡西侧为七里沟河，南侧山坡下有煤矿及古瓷窑遗址。东南距石沟驿古城 2.17 千米，西北距立山墩烽火台 3.68 千米。

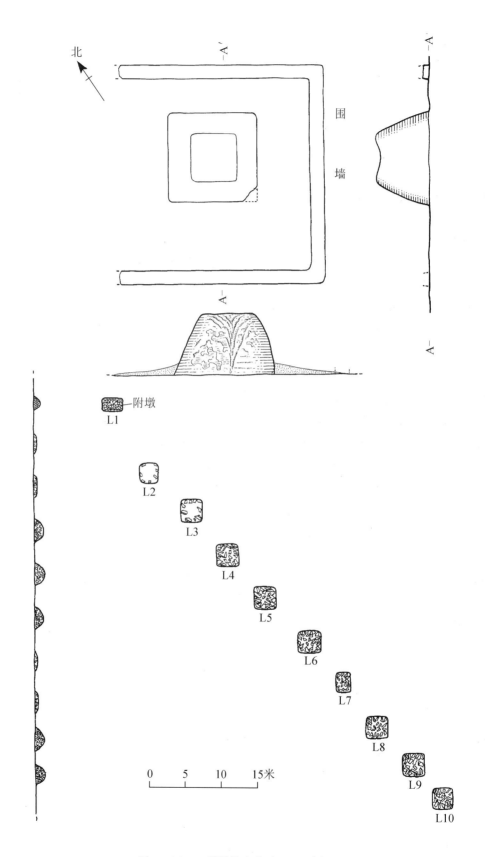

图二二四　二道墩烽火台平、立、剖面图

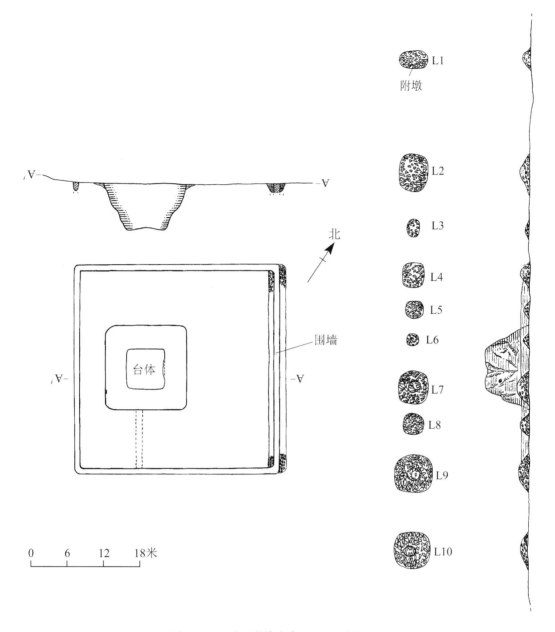

图二二五 柴山墩烽火台平、立、剖面图

烽火台由台体、西侧围墙及10座附墩组成。保存一般。台体用黄沙土夯筑而成，顶部较平整，中部有小凹坑；东壁中部坍塌呈槽状，可登台顶；南壁中部坍塌内凹呈斜坡状，底部横向风蚀凹槽较深；西壁凹凸不平；北壁较直，基本完整。沿西壁外山坡有一土石混筑的长方形围墙，南、北墙连接台体，门道在西墙中部，墙体坍塌呈土垄状。地表散见少量褐釉粗瓷片。

围墙西、南墙外侧沿河岸断崖山坡上有10座附墩。东侧 L1~L6 附墩，除 L1 附墩损毁严重外，其余上部呈尖锥状，底部为长方形或正方形，附墩为土石混筑，L2 附墩顶部有盗坑一处，内部堆积大量黄沙。山坡上 L7~L10 附墩保存较差，呈圆丘状，较为低矮，其上散布大量碎石片。

台体方向北偏东25°。台体底部东西12、南北11、高6.5米，夯层厚0.29~0.32米。西壁外侧围墙南北18米，门道宽1.7米，距南墙（西南角）4米。

L1~L6 附墩大致呈东—西向排列。L1 底部东西3、南北3.5、高1.6米，与 L2 相距1.5米；L2

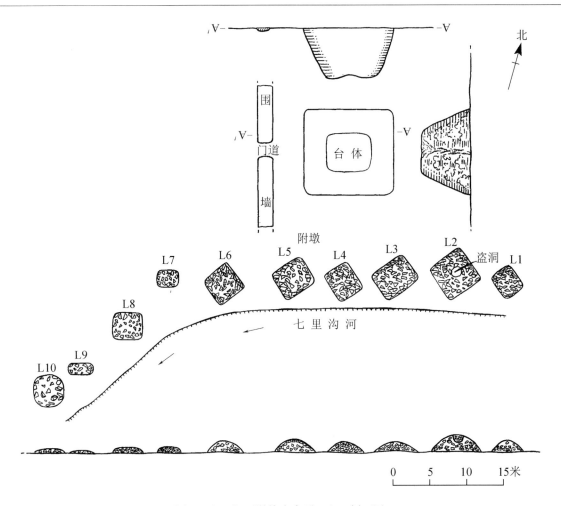

图二二六　缸瓦墩烽火台平、立、剖面图

底部边长5、高2.2米，与L3相距2.5米，顶部盗坑长1.3、宽1、深1.2米；L3底部东西5、南北4、高1.4米，与L4相距1.5米；L4底部东西3.5、南北4.5、高1.7米，与L5相距1.5米；L5底部东西4.5、南北4、高1.7米，与L6相距4米；L6底部边长4、高1.6米，与L7相距3米。

L7～L10方向北偏西35°。L7底部东西3、南北2.2、高0.7米，与L8相距2米；L8底部东西4、南北3.5、高0.7米，与L9相距2.5米；L9底部东西3.5、南北1.5、高0.3米，与L10相距0.5米；L10底径4、高0.6米，东北距台体45米（图二二六；彩图二八九）。

15. 立山墩烽火台（编码6401813532011170142；工作编号LWF014）

该烽火台位于灵武市五里坡乡青土井子村西2千米七里沟河西岸山梁上。西北距麦垛山烽火台4.08千米。

烽火台由台体、围墙及10座附墩组成。保存一般。台体及围墙用黄沙土夯筑而成。台体东壁轻微剥蚀，底部有较大的风蚀孔洞；南壁因雨蚀坍塌中部内凹，两角凸出，壁面略呈弧形，底部堆土较高；西壁雨水冲蚀坍塌严重，中部漏斗状凹槽贯穿上下；北壁轻微剥蚀，底部有较多的风蚀孔洞。

围墙平面呈长方形，夯土墙体略高于内侧地表，外侧较明显，呈尖顶土垄状，两侧散落有包石片。北墙外侧附墩由北向南依次编号L1～L5，南墙外侧附墩由北向南依次编号L6～L10。L1、L2呈圆形，顶部散落黄沙土和少量灰烬痕迹；L3、L4东南壁有较大的盗坑；L5为散乱的圆形石堆；L6顶部有一处较大盗坑，大部被毁；L7 呈圆锥形，外侧包石散乱；L8 西壁顶部有一长方形盗洞；L9 呈圆锥状，包石散乱，石块、片石较少；L10 呈圆锥状，形制较大，内土外石，外侧包石散乱，东壁有一处盗洞，内部为坍塌混杂的沙石堆积。

台体方向北偏西 15°。台体底部东西 13、南北 13.5 米，顶部东西 5.5、南北 6.2 米，高 8 米，夯层厚 0.18~0.24 米。围墙边长 33、外高 1.5 米，北墙门道豁口宽 1.7 米，西墙距台体 11 米，北墙距台体 12 米。

L1 底部边长 5、高 2.4 米，与 L2 相距 11.5 米；L2 底部边长 5、高 2.3 米，与 L3 相距 13 米；L3 底部边长 5、高 1.7 米，与 L4 相距 13.5 米，南壁盗洞宽 2、进深 3.5、高 1.4 米；L4 底部边长 5、高 1.7 米，与 L5 相距 13 米，东南壁底部盗洞口宽 1.1、进深 2.5、高 1.7 米；L5 底部东西 5.5、南北 5、高 1.5 米，距北墙 13 米，西壁底部盗洞口宽 1、进深 2.2、高 1 米；L6 底部边长 5、高 1.6 米，距南墙 15 米，距 L7 附墩 11 米，西壁盗洞口宽 2、进深 3.3、高 1.3 米；L7 底部边长 5、高 1.8 米，与 L8 相距 1.8 米；L8 底部东西 5、南北 6、高 1.9 米，与 L9 相距 12 米；L9 底部东西 5、南北 5.5、高 2.3 米，与 L10 相距 11 米；L10 底径 6、顶径 2、高 2.6 米，东壁盗洞口宽 1、进深 2、高 1.2 米（图二二七；彩图二九〇）。

16. 麦垛山烽火台（编码 640181353201170143；工作编号 LWF015）

该烽火台位于灵武市五里坡乡麦垛山村东南 1.5 千米山梁上。北距小东沟烽火台 2.47 千米。

烽火台由台体、围墙及南北两侧 10 座附墩组成。保存一般。台体用土石混筑，呈覆斗状，剖面呈梯形，收分较大，表面石片散乱，四角不很分明，顶部较小，可看出原来形制。台顶略平，南、西壁下有盗洞，南壁盗洞深入台体内部。围墙用土石混筑，平面呈正方形。围墙东墙中部至河床断崖边用土石围砌成一个小城圈，沿边堆筑有石砌墙基，北墙内侧有数座石砌房址。东墙中部有一座大石堆，正对台体，外侧为断崖；南墙较为高大；西墙与台体南侧 5 座附墩相连，至围墙西南角，城圈内侧为荒草滩。

台体北侧外附墩由北向南依次编号为 L1~L5，形制略小，土石混筑，石片、石块较小；南侧附墩由北向南依次编号为 L6~L10，形制较大。附墩悉数被盗挖，顶部被破坏呈圆丘状，底部为正方形或长方形。

台体方向北偏西 33°。台体底部东西 9、南北 10 米，顶部东西 5、南北 4.5 米，高 6 米。西南角下盗坑长 2、宽 1.7、深 1.6 米，南壁底部中部盗洞口宽 2.4、进深 7、高 0.7 米，东南角下盗坑长 4.5、宽 3.5、深 1.6 米。围墙边长 28 米，基宽 2.8、顶宽 0.5~0.7、高 1.5 米，西墙距台体 6 米，北墙距台体 5 米。东南角外侧小城圈边长 140 米，东墙南段墙体顶宽 2.5、高 3.3 米。

L1~L5 附墩方向北偏西 35°。L1 底部东西 5、南北 4、高 1 米，顶部盗坑东西 2.2、南北 1.8、深 0.6 米，与 L2 相距 16 米；L2 底部边长 5、高 1.2 米，顶部盗坑东西 2.7、南北 2.5、深 0.6 米，与 L3 相距 16 米；L3 底部边长 6、高 1.3 米，西侧盗洞宽 2、进深 3.5、高 1.3 米，与 L4 相距 15 米；L4 底部东西 5、南北 4、高 1.2 米，顶部盗坑东西 3.5、南北 2、深 0.6 米，与 L5 相距 15 米；L5 底部边长 5、高 1.6 米，距围墙北墙 20 米。

L6~L10 附墩方向北偏西 40°。L6 底部东西 8、南北 7、高 2 米，顶部盗坑东西 3.5、南北 2.5、深 2.1 米，与 L7 相距 12 米，距围墙南墙 20 米；L7 底部东西 6、南北 7、高 2.8 米，距 L8 附墩 12 米；L8 底部东西 8、南北 6、高 2.7 米，西侧盗洞宽 3、进深 5、高 2.1 米，与 L9 相距 11 米；L9 底部东西 8、南北 7、高 2.7 米，西侧盗洞宽 2.5、进深 4、高 1.8 米，与 L10 相距 10 米；L10 底部东西 7、南北 8、高 1.8 米，距小城圈西南角 27 米（图二二八；彩图二九一）。

17. 小东沟烽火台（编码 640302353201170004；工作编号 LTF004）

该烽火台位于利通区扁担沟镇小东沟西侧较高的沙梁山地上。北距白土岗子烽火台 2.06 千米。

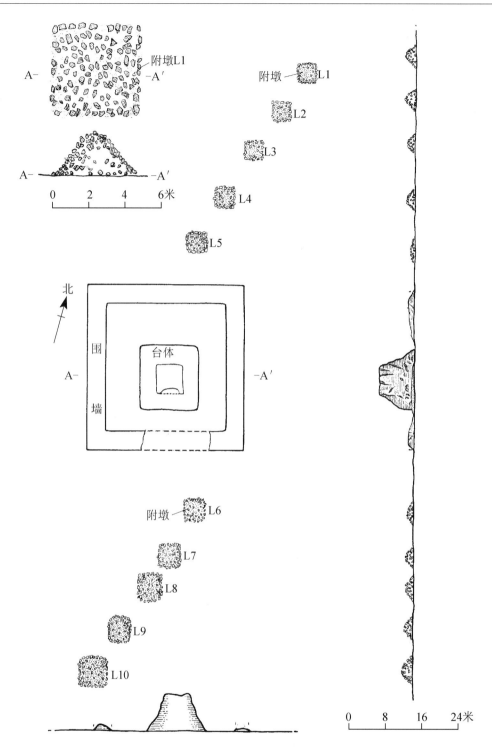

图二二七　立山墩烽火台平、立、剖面图

　　烽火台由台体、围墙及 7 座附墩组成。保存一般。台体用白礓土夯筑而成，夯土含大量白色礓石、砂石、色泛白。台体东壁中部有 V 形水冲壕贯通上下，顺水冲壕有登台脚窝，底部有横向风蚀凹槽，堆土较高；南壁中部有 V 形水冲壕；西壁轻微滑坡，有凹坑；北壁轻微剥落，中部略向内凹，底部有少量堆土。

　　围墙仅存痕迹，四角略高。东墙外侧保存 2 座附墩，由东向西依次编号为 L1、L2，底部被沙土掩埋，L2 被盗挖。西墙外侧有 5 座附墩，由东向西依次编号为 L3～L7，附墩为沙土堆筑，外部包石，呈

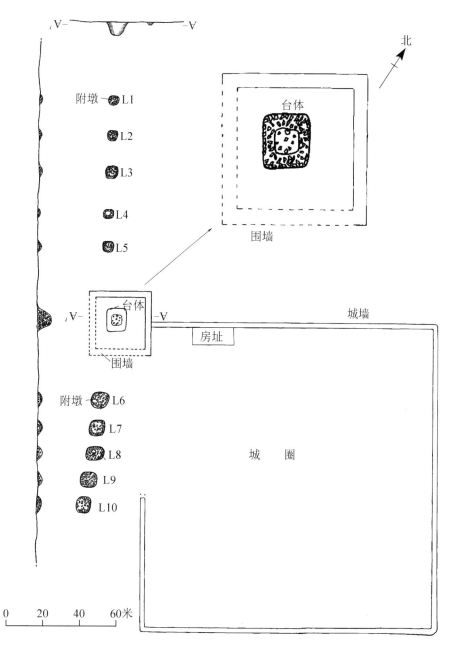

图二二八　麦垛山烽火台平、立、剖面图

圆垄状。

台体方向北偏东 5°。台体底部东西 18.5、南北 17.2 米，顶部东西 11、南北 10 米，高 9 米，夯层厚 0.18～0.3 米，围墙东西 36、南北 35 米。

L1、L2 附墩方向正东西。L1 底部边长 3、高 1.1 米，与 L2 相距 13 米，距围墙东墙 16 米；L2 底部东西 3.5、南北 4、高 1.4 米，西北壁盗洞宽 1.5、进深 2.5、高 1.2 米。

L3～L7 附墩方向正东西。L3 底部东西 4、南北 3.5、高 1.2 米，距围墙西墙 13 米，与 L4 相距 15 米；L4 底部边长 4、高 1.3 米，与 L5 相距 15 米；L5 底部边长 4、高 1.3 米，与 L6 相距 11 米；L6 底部东西 3.5、南北 4、高 1.1 米，与 L7 相距 10 米；L7 底部边长 4、高 1.1 米（图二二九；彩图二九二）。

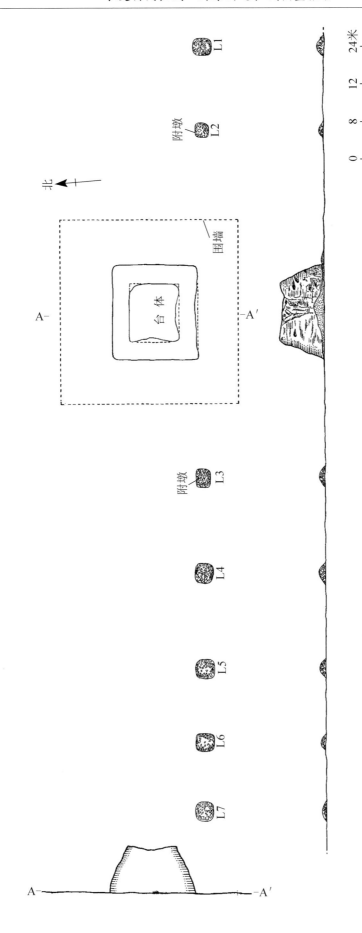

图二三九　小东沟烽火台平、立、剖面图

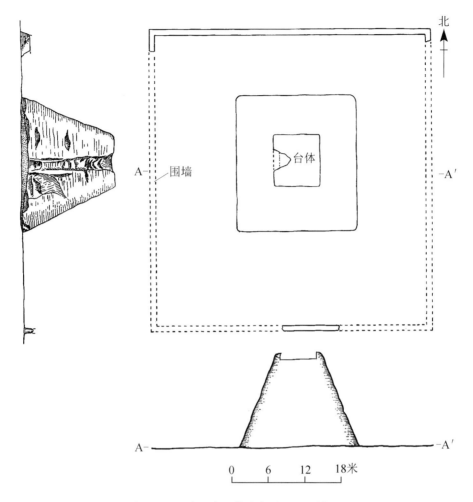

图二三〇　白土岗子烽火台平、立、剖面图

18. 白土岗子烽火台（编码 640181353201170138；工作编号 LWF016）

该烽火台位于灵武市五里坡乡白土岗子村南高岗上（白土岗处于灵盐台地与黄河平原交界处，地理位置重要，211 国道与 203 省道在此交汇）。西北距红坡坡烽火台 2.08 千米。

烽火台由台体及围墙组成。台体用白磏土夯筑而成，十分高大，四角完整，是本次调查所见最高的烽火台。保存较好。台体东壁完整，较陡直；南壁基本完整，由 7 版组成，壁面有少量水蚀凹槽，底部有少量堆土；西壁中部有一道 V 形水冲壕，顶部切割较深；北壁中部有较浅水冲壕，壁面凹坑较多，底部堆土较多；台顶有女墙，中部内凹。围墙南、北墙保存较高，其余墙体仅存痕迹，门道在西墙中部。

台体方向正南北。台底部边长 21.7 米，顶部东西 8、南北 8.8 米，高 16.3 米，女墙宽 0.8、高 1 米，夯层厚 0.16～0.23 米，南壁夯筑版距 1.9～2.5 米。围墙东西 51.5、南北 51 米，南墙距台体 17 米，西墙中部门道豁口宽 4 米，距围墙西南角 21.5 米；南墙长 5 米，基宽 1、顶宽 0.7、高 1.7 米，夯层厚 0.19～0.22 米，距围墙西南角 22.8 米（图二三〇；彩图二九三）。

19. 红坡坡烽火台（编码 640181353201170141；工作编号 LWF017）

该烽火台位于灵武市五里坡乡白土岗子村西南 1.5 千米高岗上。四周有多道电线杆及通信设施，

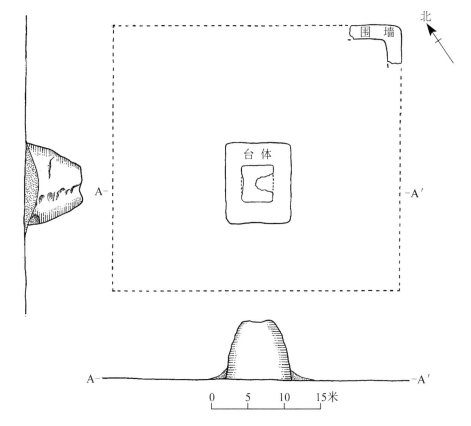

图二三一　红坡坡烽火台平、立、剖面图

北侧紧邻一座化工厂。东北距脑子墩烽火台11.5千米。

　　烽火台由台体及围墙组成。台体用红沙土夯筑而成，水毁严重，保存较差。台体东壁中部水冲壕较宽，转弯而下，底部堆土较高，两角风蚀凹槽较深；南壁剥落，上下凹进，中部略鼓，底部堆土较高；西壁轻微剥蚀，有小凹坑；北壁轻微剥落，底部堆土较高。围墙仅存东北角，其余仅存痕迹。

　　台体方向北偏东35°。台体底部东西9、南北11米，顶部东西4.5、南北5米，高8米，夯层厚0.19～0.23米。东壁上部水冲壕口宽2.5米，台壁下堆土高1.6米。围墙东西40、南北36米，东墙距台体15.5米，北墙距台体16米（图二三一；彩图二九四）。

20. 脑子墩烽火台（编码640181353201170153；工作编号LWF018）

　　该烽火台位于灵武市白土岗乡长流水村东北10千米丘陵地带砂岩山梁上。四周沙丘环绕，丘陵起伏。东侧地势较高，西、北、南侧低洼形成沟谷，长流水由此发源，泉水从台体东侧石缝流出顺沟向西；南0.2千米有树林，被开发为休闲旅游景点。南距乡政府10千米，西距211国道7.2千米，西北距羊泉墩烽火台4.2千米。

　　台体呈覆斗形，基本完整，无围墙。保存一般。台体用黄沙土和白礓土混合夯筑，壁面有鸟兽作穴的坑洞。台体东壁中部有上下贯通裂缝；南北壁坍塌成大豁口，南壁坍塌损毁较重，底部有堆土。四周地面散布有一些黑、褐釉的夹砂缸、罐残片，褐釉、青花碗残片。

　　台体方向北偏西12°。底部东西18.5、南北15米，顶部东西12、南北10米，高10.5米，夯层厚

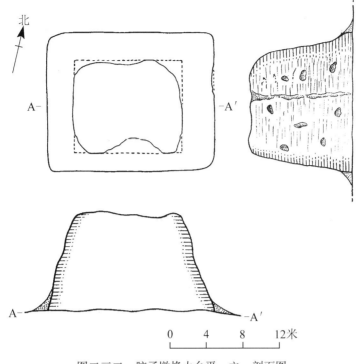

图二三二 脑子墩烽火台平、立、剖面图

0.15~0.23 米（图二三二；彩图二九五）。

21. 羊泉墩烽火台（编码 6401813532011170150；工作编号 LWF019）

该烽火台位于灵武市白土岗乡长流水村狼皮子梁林场东 5 千米沙丘台地上。西北距沙窝墩烽火台 13.5 千米，东北距杨家圈烽火台 10.8 千米。

烽火台由台体及附墩组成。整体保存一般。台体呈覆斗形，黄土、砂石相间夯筑而成。台体四壁上部被雨水冲刷出一道 2 米宽的沟，有鸟窝孔洞数十处，北壁坍塌损毁严重。附近有砂石场，人为攀爬对台体造成损毁。地面散布有青砖、筒瓦及砂石等建筑材料，缸、盆、罐、碗等生活瓷器残片。台体北侧东西向分布 6 座石砌附墩，台体坍塌、流沙淤埋严重。

台体方向正南北。底部边长 15、顶部边长 11、高 8 米，夯层厚 0.12~0.14 米。附墩直径 3、高 0.6 米，间距 10 米（图二三三；彩图二九六、二九七）。

22. 杨家圈烽火台（编码 6401813532011 70152；工作编号 LWF020）

该烽火台位于灵武市马家滩镇杨家圈村西山梁上。四周为戈壁荒漠。东距磁马公路 5 千米，西南距枣泉煤矿 5 千米，西北距沙窝墩烽火台 15.8 千米。

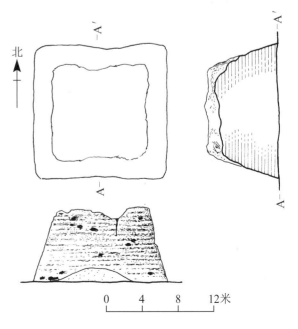

图二三三 羊泉墩烽火台平、立、剖面图

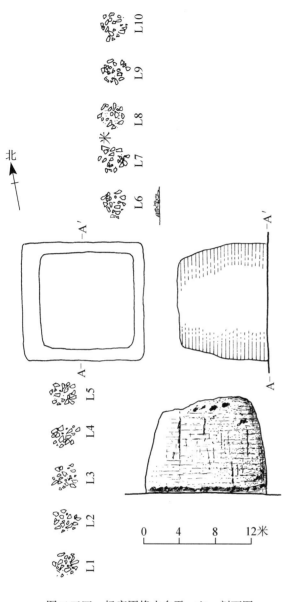

图二三四　杨家圈烽火台平、立、剖面图

烽火台由台体及附墩组成。整体保存一般。台体用黄土夯筑而成，夯层清晰。台体四壁沿版缝有多道纵向裂隙，底部有风蚀凹槽及密集的蜂巢小孔，北壁中部塌陷内凹。台体南北两侧山梁各分布有5座石砌附墩，坍塌损毁严重，多数呈一堆散乱分布的石堆，形制不清。

台体方向北偏东4°。底部东西14、南北13米，顶部东西12、南北11米，高10米，夯层共45层，夯层厚0.12～0.19米。台体北侧附墩直径3、高0.6米，间距7米；南侧附墩直径4、高0.3米，间距6米（图二三四；彩图二九八）。

23. 沙窝墩烽火台（编码6401813532011 70147；工作编号LWF021）

该烽火台位于灵武市崇兴镇独木桥村。地处毛乌素沙漠地势较高处，南侧为治沙草方格，其他三侧为沙漠。北距307国道11千米，西距下白公路1.5千米，南距白芨滩治沙专用路1千米，西北距海子墩烽火台3.2千米。

台体呈覆斗形，四壁用泥砖砌筑，中部填筑沙土，保存一般。台体内部填筑沙土水蚀损毁严重，台体内沿东南壁掏蚀成空心，东壁冲蚀为2块，北壁东侧坍塌；其余外侧砌筑壁面保存尚好，泥砖砌筑较规整。四周地面散布有褐、黑釉及青花瓷片、少量夹砂灰陶片。

台体方向北偏东17°。底部边长13米，顶部东西10、南北9.6米，东壁南侧有一道宽1.1、上下贯通的水冲豁口，台体壁厚3米。泥砖长37～40、宽19、厚8～10厘米（图二三五；彩图二九九、三〇〇）。

24. 海子墩烽火台（编码640181353201170151；工作编号LWF022）

该烽火台位于灵武市崇兴镇海子村东2.5千米地势较高的丘陵上。四周分布有较多流动沙丘，西0.03千米为现代墓区。西距下白公路0.1千米，西南距自然村0.8千米，西北距灵武市区6千米，北距307国道6千米，西北距烟墩烽火台5.8千米。

烽火台由台体及围墙组成。台体呈覆斗形，红黏土夯筑而成，保存较好。台体东壁中部以上向内收分，形成登台坡道；南壁自上而下有一道水蚀豁口，基本将台体冲蚀为两部分，底部东侧有一处1米见方的盗洞；其余壁面较直，夯层清晰。台体南侧24米处有围墙遗迹，几乎被黄沙掩埋。

台体方向北偏东7°。底部东西12.2、南北13米，顶部东西8.5、南北9.2米，高9米，夯层厚0.15～0.18米，围墙遗迹仅剩2米（图二三六；彩图三〇一、三〇二）。

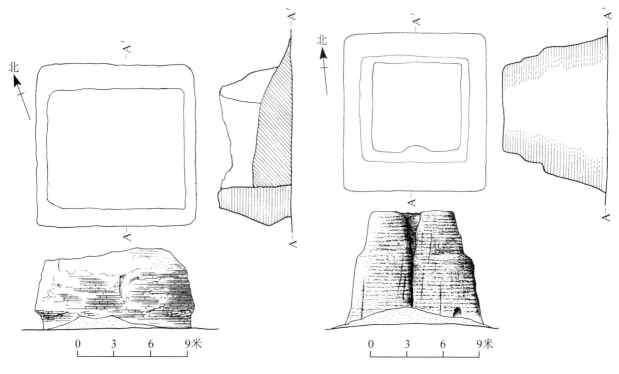

图二三五 沙窝墩烽火台平、立、剖面图　　　　图二三六 海子墩烽火台平、立、剖面图

25. 烟墩烽火台（编码 64018135320117
0148；工作编号 LWF023）

该烽火台位于灵武市东塔镇园艺村东北山
丘高阜处。东侧山丘连绵。西南距灵武市区 4
千米、灵州城 4 千米，南距 307 国道 0.15 千
米，北距大河子沟 1 千米，东 0.1 千米为现代
墓区。

烽火台由台体及附墩组成。保存较好。台
体呈覆斗形，黄土夯筑而成。台体东壁自上而
下有水蚀豁口，表面有风蚀孔洞及鸟巢；南壁
轻微剥落，顶部风蚀孔洞较多；西壁风蚀坍塌
严重，底部掏蚀内凹，积土较高；北壁中部有
水蚀槽及攀爬脚窝。台体东南侧 13 米处纵向
分布有 5 座石砌附墩，沙土掩埋严重，多数遭
掏挖破坏。台体四周底部散落有少量褐釉、青
花瓷器残片。

台体方向北偏西 23°。底部东西 11、南北
10 米，顶部东西 6、南北 7 米，高 6.5 米，夯
层厚 0.15~0.18 米。附墩直径 4、高 0.3~0.6
米，间距 3 米（图二三七；彩图三○三）。

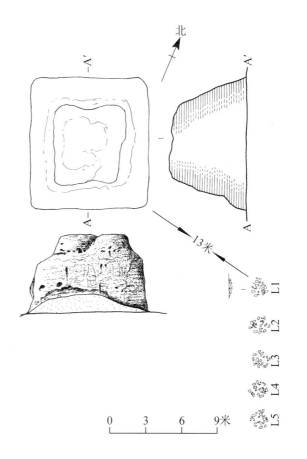

图二三七 烟墩烽火台平、立、剖面图

第三节　"环灵道"驿路支线烽火台

　　"环灵道"驿路支线烽火台从甜水堡北大致沿 103 省道向西北延伸至今碱池子一带与"防秋道"烽燧线相接，沿线地势平缓，路途平坦，为池盐南运的一条捷径，沿线烽火台分布相对稀疏，共调查烽火台 8 座。

1. 王庄科烽火台（编码 640323353201170281；工作编号 YCF083）

　　该烽火台位于盐池县惠安堡镇狼布掌村王庄科自然村北 0.9 千米山梁上。西距 211 国道 1.88 千米，西北距关祭台烽火台 2.18 千米，东北距摆宴井烽火台 10.99 千米。

　　烽火台由台体、围墙及环壕组成。台体高大，黄沙土夯筑而成，保存较好。台体东壁中部有 1 孔小

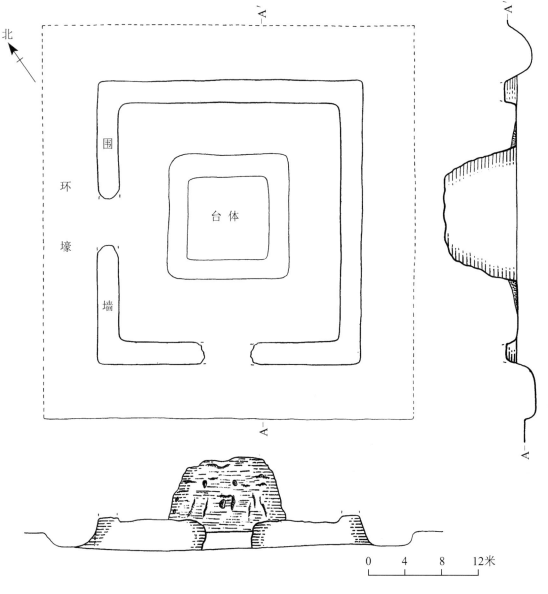

图二三八　王庄科烽火台平、立、剖面图

窑洞，底部有高约 1.5 米的坍塌及风沙堆土；南壁表层剥落，有雨蚀、风蚀凹槽，壁面凹凸不平；西壁中上部多风蚀凹槽，中部有水蚀凹坑；北壁分布有黑霉斑，中部有一处横向风蚀槽；台顶较为平坦。围墙保存一般，呈土垄状，围墙外有环壕，南墙外壕沟较明显。地表散布少量灰陶板瓦及白釉碗底残片。

台体方向北偏东 35°。台体底部东西 13.3、南北 13.2 米，顶部东西 9.6、南北 9.1 米；东壁窑洞底宽 2.1、进深 1.2、拱高 1.7 米，距地面约 1.5 米；北壁堆土高约 1.7 米，夯层厚 0.17～0.19 米。围墙东西 30、南北 28.9 米，墙体基宽 2.4、顶宽 2、高约 1.4 米；西、南墙中部各有一豁口，宽 4.7 米，夯层不甚清晰。环壕宽 5.4、深 1.3 米（图二三八；彩图三〇四）。

2. 摆宴井烽火台（编码 640323353201170275；工作编号 YCF084）

该烽火台位于盐池县大水坑镇摆宴井村路东 0.05 千米的沙丘上。路西侧有 1919 年修建的防匪城堡一座。东北距黑山墩烽火台 13.7 千米。

台体用黄沙土夯筑而成，坐落于平面为正方形的生土台基上，无围墙。台顶被削去大部，仅存基部，其上可能修建有房屋等建筑，保存较差。台体南壁风蚀较严重；西壁表层剥落，夯层明显，底部有风沙堆土；北壁坍塌堆积呈斜坡状，可达台顶，顶部较平坦。台基底部风蚀严重，地表有大量的白灰颗粒、板瓦残块以及青釉碗、褐釉瓮残片，少量的夹砂灰陶盆、青釉碗底残片。

台体方向北偏东 12°。台基边长 13、高 2.4 米。台体底部东西 6.8、南北 8.2 米，顶部东西 4.1、南北 3.4 米，高 3 米，夯层厚 0.1～0.12 米，通顶便道宽约 1.5 米（图二三九；彩图三〇五）。

采集遗物 7 件。

YCF084:1，兽面纹瓦当残块。泥质灰陶，后接筒瓦残断，当面圆形，边缘略有残缺，当面模印兽面纹，卧蚕眉，额头有水波状刘海，小圆眼，微塌鼻，鼻翼有褶纹，两侧小圆耳竖立，大嘴开咧，两侧獠牙外露，两腮微鼓，腮部有圆圈纹卷须，唇下长须向两侧回卷，颔下短须张立。当面直径 10.3、厚 1.2 厘米（图二四〇；彩图三〇六）。

YCF084:2，灰陶罐口沿残片。泥质灰陶，侈口圆唇，唇沿较宽，缩颈。外壁黏附白灰。口径约 42.2、高 6 厘米（图二四二）。

YCF084:3，兽面纹瓦当残块。泥质灰陶，圆形当面存约四分之一，当面外缘有一周凸旋纹，中心模印兽面纹，兽面存一目，鼻翼高耸，腮部圆鼓，张口露齿，牙关紧咬呈方格状排列，颔下垂须。当面直径约 9.6、厚 1.4 厘米（图二四一；彩图三〇七）。

YCF084:4，夹砂红陶盆口沿残片。直口微敛，尖唇折腹，下腹弧收。口径约 36.6、高 4 厘米（图二四三）。

YCF084:5，残圈足碗底。浅灰胎，内壁施青白釉，外壁施黑釉，内底有宽涩圈，釉下施一层青白色化妆土，外壁近底部有一周剔釉旋纹，足根无釉，底心有粘烧痕。底径约 6.4、高 2.3、足高 0.8 厘米（图二四四）。

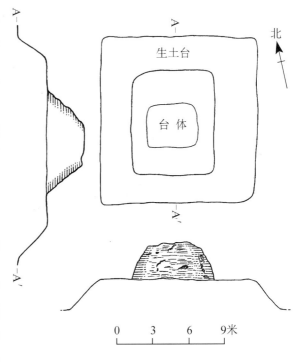

图二三九 摆宴井烽火台平、立、剖面图

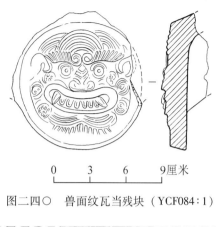

图二四〇　兽面纹瓦当残块（YCF084：1）

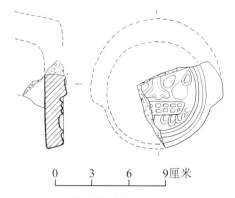

图二四一　兽面纹瓦当残块（YCF084：3）

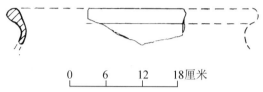

图二四二　灰陶罐口沿残片（YCF084：2）

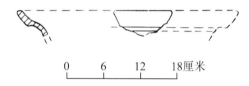

图二四三　夹砂红陶盆口沿残片（YCF084：4）

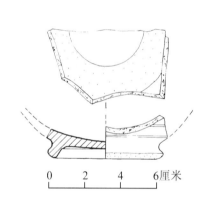

图二四四　残圈足碗底（YCF084：5）

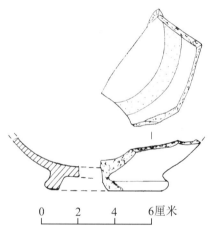

图二四五　残圈足碗底（YCF084：6）

YCF084：6，残圈足碗底。灰胎，内壁施白釉，外壁施黑釉，内底有涩圈，釉下施一层淡青色化妆土，外底无釉。底径约6.9、高2.8、足高0.9厘米（图二四五）。

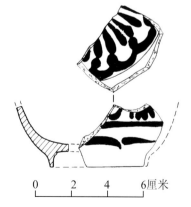

图二四六　青花残圈足碗底（YCF084：7）

YCF084：7，青花残圈足碗底。尖圈足，内底残存青花团花纹饰，外壁存两周淡青色青花粗弦纹，底心有粘烧痕。底径约6.3、高3.7、足高0.7厘米（图二四六；彩图三〇八）。

3. 黑山墩烽火台（编码640323353201170294；工作编号YCF085）

该烽火台位于盐池县大水坑镇堡子台分场南侧1.2千米山梁上。西南距摆宴井烽火台13.7千米，西北距柳条井烽火台8.48千米。

台体四壁坍塌较严重，有裂隙及雨水冲蚀形成的豁口，形制较好，保存一般。台体用黄土夯筑而成，夯层中夹杂有较多的砂石。东壁坍塌，东南角坍塌呈窑洞状，其上有多道裂缝，风蚀小孔洞密布，多为土蜂巢穴，沿裂隙有人为挖掘的通向台顶的脚窝；南壁剥落严重，有多道纵向裂隙及水蚀凹槽；西壁较直，表面因剥落凹凸不平，底部有动物洞穴；北壁剥落严重，壁面有游人刻画的"烽火台""西部风光"等大字，对台体造成一定破坏，中上部有一处雨冲凹坑，底部有坍塌形成的堆土；顶部较平坦，杂草丛生，中部因雨水侵蚀形成一椭圆形陷坑。地面散见少量灰陶砖瓦残片及灰陶罐、褐釉瓷底残片。

台体方向北偏西45°。台体底部东西11.5、南北14.4米，顶部东西5.8、南北7米，高9.6米，台顶陷坑直径0.8～1.5、深0.3米，夯层厚0.24～0.26米，东壁底部堆土高1.2米（彩图三〇九）。

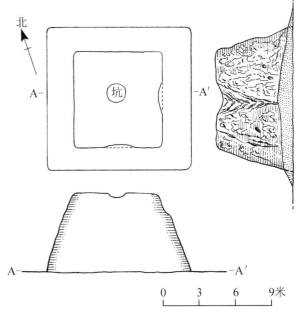

图二四七　柳条井烽火台平、立、剖面图

4. 柳条井烽火台（编码640323353201170293；工作编号YCF086）

该烽火台位于盐池县大水坑镇柳条井村北0.7千米大惠公路北0.156千米处。西距金渠子烽火台7.09千米，西北距朱新庄烽火台2.5千米。

台体高大，四壁较直，保存较好。台体用黄土夯筑而成，土质纯净。台体东壁中下部多风蚀孔洞，上部有雨水冲蚀形成的凹槽贯通上下，被利用为攀爬台体的脚窝；南壁表层剥落，有多处版筑裂隙发育，块状崩塌；西壁表层剥落，中部有一漏斗形水冲凹槽，将台顶分割为两部分；北壁东侧中部有2处较大的风蚀孔洞；西南角底部多处风化坍塌；壁面夯层上有人为涂鸦，内容多为人名。台顶植被稀少，中部有人工掏挖的坑洞。周围地表散布有夹砂褐、黑釉瓷片以及零星白釉碗、灰陶罐、夹砂褐釉碗残片。

台体方向北偏东20°。台体底部东西12、南北11.4米，顶部东西7.4、南北7.6米，高6.2米，夯层厚0.2～0.28米。台顶掏挖的双重坑外坑直径1.15、深0.35米，中部小坑口径0.3、深0.2米。东壁顶部水冲豁口宽2.3米，南壁顶部水冲豁口宽2.6米（图二四七；彩图三一〇）。

采集遗物3件。

YCF086∶1，圈足碗底残片。夹砂浅黄胎，内壁施青白釉，内底有涩圈，外壁无釉。底径约7、高2.4、足高0.9厘米（图二四八）。

YCF086∶2，盆底残片。斜腹，圈足。夹砂灰白胎，内外壁施黑釉，外底无釉。底径13.8、高2.8厘米（图二四九）。

YCF086∶3，残圈足碗底。夹砂灰胎。内外壁施白釉，内底有涩圈，底心有支烧痕。底径约6.6、高1.2、足高0.8厘米（图二五〇）。

5. 朱新庄烽火台（工作编号YCF087）[1]

该烽火台位于盐池县大水坑镇柳条井村朱新庄自然村西北2千米。东距朱新庄寺庙300米，西北

---

〔1〕　此条数据库未登录。

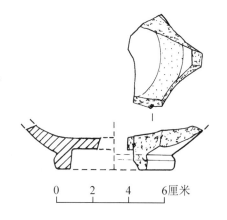

0　2　4　6厘米

图二四八　圈足碗底残片（YCF086∶1）

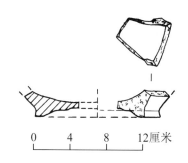

0　4　8　12厘米

图二四九　盆底残片（YCF086∶2）

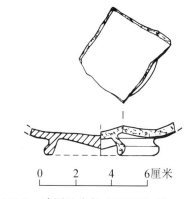

0　2　4　6厘米

图二五〇　残圈足碗底（YCF086∶3）

距金渠子烽火台 5.6 千米。

台体呈覆斗形，黄土夯筑而成。保存较差。台体顶部坍塌夯土将基座掩埋；东壁坍塌呈坡状，有风雨冲蚀留下的凹槽，底部风沙堆土较高；南壁沿版缝有多道纵向水蚀裂隙，底部有较深的横向风蚀凹槽，壁面上有鸟类洞穴。顶部坍塌呈不规则形，台基有风雨冲刷的凹槽。地表散落明代瓷片。

台体方向北偏东 26°。底部东西 14、南北 17 米，顶部东西约 11、南北约 14 米，高 4 米，夯层厚 0.23 米（图二五一；彩图三一一）。

6. 金渠子烽火台（编码 640323353201170292；工作编号 YCF088）

该烽火台位于盐池县冯记沟乡金渠子村西 0.8 千米山梁上。东距柳条井烽火台 7.09 千米，西北距汪水塘烽火台 4.2 千米。

台体用黄土夯筑而成，土质细腻纯净。台体高大，四壁较直，损毁严重。保存一般。台体东壁剥落坍塌较严重，多密集的蜂窝状风蚀孔洞，北部版筑有裂缝，块状崩塌，堆土较高；南壁风蚀剥落，块状崩塌，中部多风蚀孔洞，底部多风蚀凹槽，西南部崩塌，底部无堆土；西壁坍塌较严重，版筑有裂缝，块状崩塌，堆土较高；北壁有裂隙发育，底部多风蚀孔洞；东北角块状剥落、崩塌，有倾塌之势；台顶较平坦。周围散布有褐、黑、白釉瓮、盆口沿残片以及青花碗残片。

台体方向北偏西 7°。台体底部东西 9.2、南北 8.8 米，顶部东西 3.9、南北 5.7 米，高 8.2 米，台顶长方形孔洞口长 0.49、宽 0.23 米，夯层厚 0.25～0.35 米。东壁坍塌较严重，底部形成高约

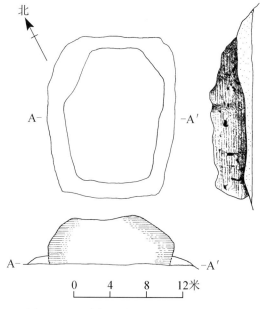

北

A—　　　—A'

A—　　　—A'

0　4　8　12米

图二五一　朱新庄烽火台平、立、剖面图

4.5 米的堆土；东北角有裂隙发育，有宽约 0.2 米的裂隙（图二五二；彩图三一二）。

采集遗物 4 件。

YCF088:1，残圈足碗底。斜弧腹，高圈足，足根斜削。夹砂黄灰胎，内外壁施黑釉，内底及外壁下部无釉。底径约 6.5、高 3.8、足高 1.5 厘米（图二五三）。

YCF088:2，青花碗底残片。弧腹，假圈足，足墙较高。内底绘青花葵花纹，外壁残存宽带纹。底径约 6.8、高 3.4、足高 0.6 厘米（图二五四；彩图三一三）。

YCF088:3，残圈足碗底。弧折腹。夹砂灰胎，内外壁施白釉，圈足无釉。底径约 7、高 3.2、足高 0.9 厘米（图二五五）。

YCF088:4，青花碗口沿残片。侈口。外壁绘青花花草纹，釉色黯淡。口径约 14.6、高 3.4 厘米（图二五六；彩图三一四）。

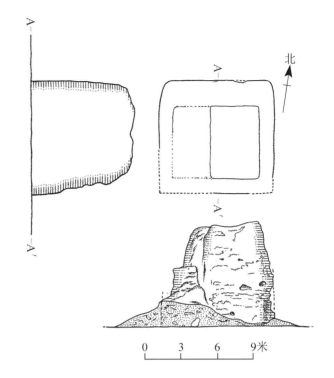

图二五二 金渠子烽火台平、立、剖面图

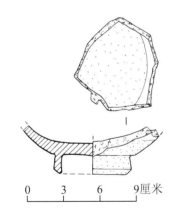

图二五三 残圈足碗底（YCF088:1）

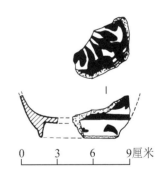

图二五四 青花碗底残片（YCF088:2）

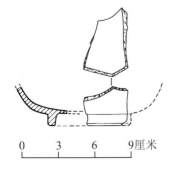

图二五五 残圈足碗底（YCF088:3）

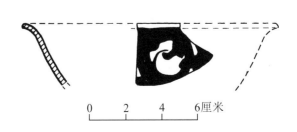

图二五六 青花碗口沿残片（YCF088:4）

7. 汪水塘烽火台（工作编号 YCF089）[1]

该烽火台位于盐池县冯记沟乡汪水塘村东 1 千米。南侧有太（原）中（卫）银（川）铁路和汪记塘渡槽，北侧为汪记塘扬黄灌区农田。西北距龚儿庄烽火台5.8 千米。

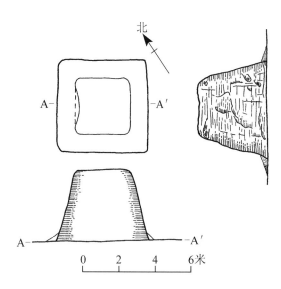

图二五七　汪水塘烽火台平、立、剖面图

台体呈覆斗形，用黄土夯筑而成，规整，形制较小，四壁较直，无围墙。保存较好。台体表层剥落严重，夯层明显；底部有少量坍塌堆土；台顶较平，有一处盗坑；壁面凹槽多为鸟类洞穴。地表散布有灰陶砖瓦、黑釉瓷口沿、青花瓷残片等物。

台体方向北偏东35°。底部边长 5、顶部边长3、高 3.8 米，夯层厚 0.15 米（图二五七；彩图三一五）。

8. 龚儿庄烽火台（编码 640323353201170320；工作编号 YCF090）

该烽火台位于盐池县冯记沟乡龚儿庄自然村北约 0.3 千米山梁上。北侧临碱湖，与周围数座墩台绕湖而建，应为守湖建置。西北距碱池子烽火台 2.75 千米，东北距尖儿庄烽火台 15.88 千米。

台体呈覆斗形，黄土夯筑而成，无围墙。保存一般。台体东南角坍塌内凹，壁面密布蜂巢小孔，中部沿版缝有一道裂隙，底部有横向凹槽，堆土较高；南壁坍塌剥落，凹凸不平，顶部中部呈弧形坍塌内凹，底部有横向风蚀凹槽；西壁西北角顶部坍塌，版缝明显，壁面由南向北分布有 5 处小孔洞；北壁东侧剥落坍塌形成圆角，版缝裂隙较明显，底部堆土较高。地表有少量黑、褐釉罐残片。

台体方向北偏西15°。台体底部边长 10、顶部边长 6、高 8 米，夯层厚 0.22～0.26 米。南壁版距由西向东依次为 1.7、3.2、1.7、1.6、0.9 米，东壁版距由南向北依次为 1.5、1.1、2.1、3.1、1.5 米。东北角小窑洞口宽0.5、进深 2.1 米，底部堆土高 3.5 米；北壁底部堆土高 3 米（图二五八；彩图三一六）。

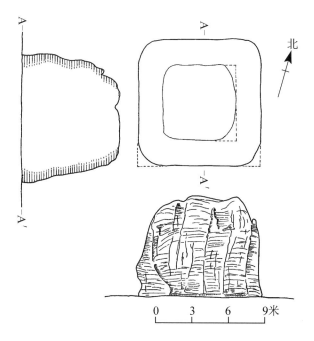

图二五八　龚儿庄烽火台平、立、剖面图

---

〔1〕 数据库未录入。

第四节　"环灵道"驿路沿线关堡

1. 萌城堡（编码640323353102170007；工作编号YCB007）

该堡位于盐池县惠安堡镇萌城村南河自然村内。地处"固原内边"长城与环灵道驿路的交汇地带，东南隔山水沟与甜水堡关相望。南至庆阳府山城80里，西北至隰宁堡45里、镇城300里（图二五九）。

旧志中亦记为盟城，东南距宋代甜水堡仅6里，明代以前已有城址，从地面分布的宋夏遗物及周边墓葬来看，有可能为当时的清远军[1]旧址，明代属灵州千户所。"城周回一里五分。东门一，南门一"，城内设有萌城驿、萌城递运所、萌城批验盐引所等机构。嘉靖二十年前后，萌城驿实有甲军六十二名，萌城递运所实有旗军一百零九名，各设百户一员领之[2]。

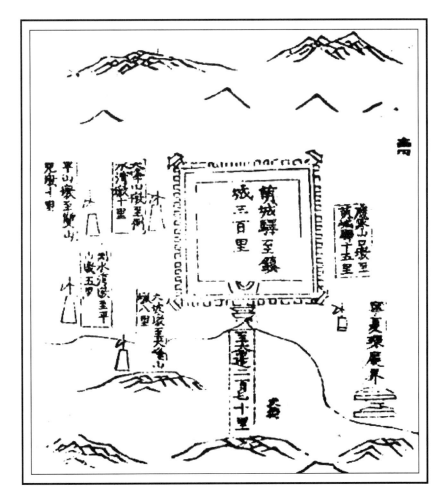

图二五九　《九边图说》载萌城堡周边形势图

〔1〕（宋）曾公亮、丁度：《武经总要》前集卷一"清远军……西甜水堡五里"，解放军出版社，1988年，第951页。

〔2〕（明）胡汝砺编、管律重修、陈明猷校勘：《嘉靖宁夏新志》卷三《所属各地》，宁夏人民出版社，1982年，第197页。

现存部分包括墙垣、西北角台、东北角台、西墙和北墙 5 处马面、城内一道东西向隔墙及 2 处较大的建筑基址。整体保存一般。周长约 1600 米，占地面积约 16 万平方米。

城墙内侧夹角大于 90°，西墙中部马面以北墙体内折，平面呈不规则四边形。北、西墙保存基本完整，东、南墙局部及城内东南部因临近山水沟，长期遭受河水侵蚀及山洪冲刷，崩毁坍塌至东侧山水沟河道内，东、南门坍塌无存。堡内有南北 2 处较大的夯土台基，其上散布铺地方砖、琉璃筒瓦及石块、灰陶筒板瓦等建筑构件。西侧较大台基南北两侧有一道较低矮的隔墙连接南、北墙，将城内分隔为东、西两部分；台基北侧保存较好，南侧部分因耕种破坏；隔墙两侧堆放大量的砖石残块等建筑构件。

东墙由于山水沟侵蚀，大部分坍塌无存，仅存北端 23 米。南墙随地势折拐，存 2 段，东段侵蚀坍塌严重，西段坍塌呈土垄状，豁口较多。西墙保存较完整，外临南河村，有 4 处豁口，南端部分墙体顶部坍塌，墙体低矮；中部豁口较大，为入堡便道，西墙中部有一座马面，形制较窄小，马面北侧墙体向东偏折；西墙外侧有民居及农田，局部有早期窑洞及铲削取土痕迹。西北角台保存较差，底部被山洪冲刷形成数十米的深沟，随时有坍塌危险；角台南壁坍塌，形成一条自上而下的凹槽，可登台顶。马面顶部及西北角台略高于墙体，其顶部可能原建有铺楼等设施。北墙与隔墙相接处向内偏折，墙体外侧均匀分布有 4 座马面，由西向东第 3 座马面形制较大，保存较好，其余马面多剥落，东西两侧坍塌严重；北墙外山洪冲沟基本与墙体走向平行，间距 3 ~ 10 米，冲沟窄而深峻，对堡形成一道自然的护卫屏障。城内西部有 2 座长方形夯土台基，大致东西向前后分布，其间有较明显的路基相接。城堡已废弃，居民迁出，堡内仅有少量现代民居废墟及农田，瓦砾遍布，杂草丛生，荒芜残破。堡外东北角及东南部有窑址数座，断崖壁面灰烬层厚数米。东、南门址已被山沟洪水冲毁无存。

堡东墙仅存北段 23 米，基宽 7.8、高 7.1 米，夯层厚 0.2 ~ 0.22 米；南墙仅存西段 118 米，内高 3.4、外高 8.1 米；西墙方向北偏西 34°，长 379 米，马面凸出于墙体 4 米，基宽 9、顶宽 1.5、内高 7.1、外高 10 米。北墙长 387 米，内高 4、外高 6 米。北墙第三座马面凸出于墙体 8 米，基宽 7.6、高 8.5 米。堡内南北向隔墙残长 250 米，距西墙 94 米；中部台基东西 24、南北 33、高 10.5 米，东侧 143.5 米处台基东西 32.8、南北 30.8 米（图二六〇；彩图三一七 ~ 三二一）。

采集遗物 8 件。

YCB007:1，滴水残块。泥质灰陶。后接板瓦残断，滴面较小，连弧垂尖式，存一半，表面突起，栏边模印花卉纹，中间为一朵四开花卉，花蕊高凸，瓣面有 2 道竖纹，花瓣两侧有窄条形褶边叉叶。滴面宽 7.8、高 4.5 厘米，后接板瓦长 3.4 厘米（彩图三二二）。

YCB007:2，瓦当残块。泥质灰陶。当面后接筒瓦残断，圆形当面仅存少半，当面边缘有一周凸旋纹，其内模印鼓凸的龙纹图案，存龙头及尾部，龙头前倾，口微张，吻前凸，獠牙外露，圆眼蹙眉，短叉角，小圆耳后倾，尾稍上卷至头顶，周边旋纹内侧有一周纽索纹。当面直径约 15、厚 1.5 厘米（彩图三二三）。

YCB007:3，筒瓦残块。泥质灰陶。前接瓦当，后端筒瓦断，瓦当下部缺，当面模印兽面纹，兽面边缘有一周圆形乳丁纹，中心兽面高凸，蹙眉圆眼，塌鼻，两颊圆鼓，两圆耳竖立，额顶有山字纹，眼部以下残失。当面直径约 12 厘米，后接筒瓦长 11.5、瓦径 12 厘米，壁厚 1.5 厘米（彩图三二四）。

YCB007:4，完整板瓦。泥质灰陶。四分板瓦，瓦面微弧。外素面，内壁有布纹。长 28.5、面宽 16、拱高 5、厚 2 厘米。

YCB007:5，灰陶方砖。边长 33、厚 6.5 厘米（图二六一；彩图三二五）。

YCB007:6，灰陶条砖。长 37.5、宽 18、厚 6.5 厘米（图二六二；彩图三二六）。

YCB007:7，灰陶筒瓦。前端有短唇，后端平齐。通长 25.5、唇长 3、瓦径 13、拱高 5.5、厚 1.5 厘米。

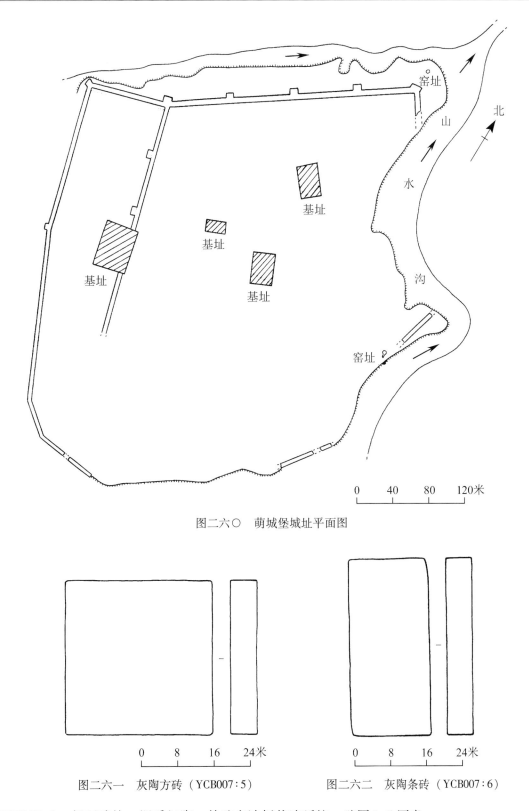

图二六〇 萌城堡城址平面图

图二六一 灰陶方砖（YCB007：5）　　　图二六二 灰陶条砖（YCB007：6）

YCB007：8，板瓦残块。泥质红陶。外壁有波折状连弧纹。壁厚1.5厘米。

2. 隰宁堡（编码640323353102170008；工作编号YCB008）

该堡位于盐池县惠安堡镇隰宁堡村。地处环灵道沿线地势相对平缓的低洼地带。西北至盐池城25

千米、镇城 130 千米。

该地原名隰宁铺，明初仅设递铺。成化八年（1472年）由吏部右侍郎叶盛与宁夏巡抚徐廷璋奏筑城堡[1]，属灵州千户所，城周回一里。弘治十三年（1500年），都御史王珣展筑二里许，开一南门，并将韦州驿递运所改置于隰宁堡[2]。嘉靖九年（1530年）奏设军站，嘉靖十年始降印。递运所有甲军九十八名，设百户一员领之（图二六三）[3]。

该堡平面呈凸字形，由南城（原城）、北城（后期加筑）、南城南门、北城东门及瓮城组成。保存较好。周长约 2200 米，占地面积约16.4 万平方米。

南城较小，为早期修筑。墙体因坍塌损毁及风沙掩埋多呈土垄状，两侧生长有低

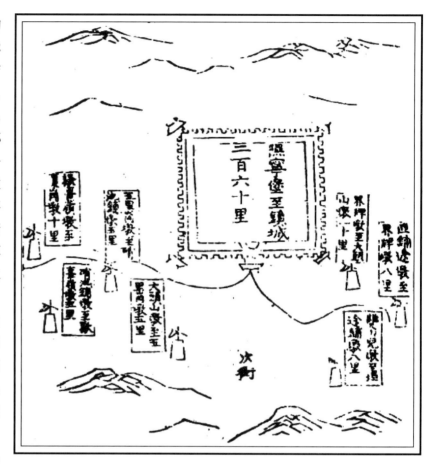

图二六三　　《九边图说》载隰宁堡周边形势图

矮杂草，西北、东南角台保存基本完整，仅存东、南、西墙，北墙展筑北城时拆除，仍存痕迹。西南角台保存尚好，其余部分仅存痕迹。西墙较完整，南墙中部有一后期封堵城门痕迹，外有瓮城，可能为北城展筑后为防卫、管理方便将此门封堵，仅留北城东门以供出入。瓮城墙体保存较差，东西两侧各有一处坍塌豁口，墙体有多孔窑洞，门在东南角，坍塌呈豁口状。南城基本荒芜，仅有少量居民及废弃的牲畜圈等。南城东侧有石碨、磨盘及莲花纹青石方碑座等遗物，采集标本有瓷蒺藜、褐釉、青花残瓷片以及滴水、瓦当等遗物。

北城较大，为后期展筑。四角有角台，西、北墙中部各有 1 座马面，墙体较直，生长低矮杂草。保存较好。东墙中下部多风蚀孔洞，墙体内外侧有多孔窑洞。东门瓮城墙体底部夯层有数层为砾石层，上部墙体夹杂有大量碎石沙粒，坍塌损毁较严重，为通向城外的通道。东北角台四壁较直，中下部多风蚀孔洞，坍塌夯土及风沙堆土多堆积于角台东、北侧，角台外侧底部有窑洞。北墙外侧沙土堆积至墙体中上部，内侧墙体有窑洞，废弃。北墙中部马面保存较好，马面上散布有石灰颗粒，散见砖瓦残

〔1〕《明宪宗纯皇帝实录》卷一〇三"成化八年四月庚辰"条，（台北）"中央历史研究院"历史语言研究所校印，1961 年，第2014～2017 页。

〔2〕（明）胡汝砺编、范宗兴签注：《弘治宁夏新志》卷一《驿铺》，宁夏人民出版社，2010 年，第 39 页。

〔3〕（明）胡汝砺编、管律重修、陈明猷校勘：《嘉靖宁夏新志》卷三《所属各地》，宁夏人民出版社，1982 年，第 200 页。

片、瓷片、残铁钉等遗物，马面两侧及东北角台西部、西北角台东部共有 4 处豁口，马面两侧为自然坍塌豁口。西北角台四壁剥落，坍塌明显，外侧有大量堆土。西墙两侧被沙土掩埋，墙体呈土垄状，内侧有 3 座较大的流沙堆，马面外侧散布大量灰陶、筒瓦、板瓦残片。南墙北部有一处豁口，为出入便道。西南角台保存基本完整，四壁较直，中上部多风蚀孔洞，基部风蚀掏空严重。南墙仅存两端，中部（南城北墙）因后期展拓为使南北两城连通被拆除，痕迹尚存；东端坍塌损毁严重，西端保存较好，中部有出入便道豁口。北城北墙马面东侧豁口至南城西北角西侧豁口处、北城东北角台西侧豁口至南城南门东侧豁口为 2 条贯通关堡南北的出入便道。北城内有居民 10 余户，主要集中在东部及东墙两侧，多为砖瓦房，北墙内侧及东墙两侧窑洞大多废弃。北城北墙两侧有大量的碎石及灰陶砖瓦残块等建筑遗物及瓷片、锈铁钉等生活遗物。

堡东墙方向北偏西 33°。南城墙体东西 197、南北 124 米，周长 642 米，面积约 2.4 万平方米。墙体基宽 10、顶宽 2.8、高 6.6 米。东墙南部 14 米保存较好，南门封堵处 8.7 米，外侧瓮城东壁距东墙 67 米，瓮城东西 33、南北 32、门道宽 3.5 米，夯层厚 0.22～0.28 米。南墙瓮城东侧 6 米处有一宽 48 米的豁口，西侧有一宽 10 米的豁口，西南角台向外凸出 4、宽 7.6 米，东南角台向外凸出 3.3、宽 7.9 米，高 5.2 米。

北城墙体东西 510、南北 275 米，周长 1570 米，面积约 14 万平方米。墙体基宽 13、顶宽 3.2、高 7.7 米，夯层厚 0.22～0.35 米。南墙东段 32 米保存较好，西至南城东墙 103 米仅存痕迹；南墙西段 171 米保存较好，中部有一处宽 21 米的豁口。西墙北侧近西北角便道豁口宽约 5 米。东门瓮城东西 28、南北 54 米，东门距东南角台 100 米，门道豁口宽 17 米。西南角台凸出于墙体 4.5、宽 7.6、高 11 米；北墙中部马面凸出于墙体 7、基宽 12、顶宽 10.2 米；北墙自东向西有 2 处较宽豁口，东豁口距东北角台 313 米，宽 17 米，西豁口西侧距西北角台 83 米，宽 20 米（图二六四；彩图三二七～三三二）。

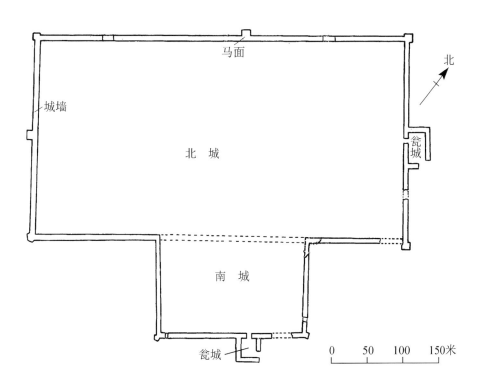

图二六四　隰宁堡城址平面图

采集遗物34件。

YCB008：1，条形脊饰残块。模制，背面板状，条形，两侧边有宽栏边，内为卷草纹。背面有细线纹。长16.6、宽12.5、厚2.7厘米（图二六五）。

YCB008：2，滴水残块。后接板瓦残断，滴面呈三连弧形，一角失。滴面模印凤鸟纹，作飞翔状，尾羽开张，周绕卷云。滴面宽约15.8、高6.7厘米，后端板瓦长9.5、宽9.3、厚1.8厘米（图二六六；彩图三三三）。

YCB008：3，黑釉盆口沿残片。宽扁唇，口沿内敛，弧腹。夹砂黄灰胎，内外满施黑釉。口径约39.6、高10.5厘米（图二六七；彩图三三四）。

YCB008：4，白釉黑彩盆口沿残片。圆唇，口沿外侈。夹砂灰褐胎，口沿及外壁施白釉，外壁釉上存黑彩弧线纹，内壁无釉。口径约23.6、高7厘米（图二六八；彩图三三五）。

YCB008：5，青釉盘底。存约四分之一，除足根外，内外壁施青釉，内壁釉下压印花草纹。底径31.7、高2.1厘米。

YCB008：6，灰陶筒瓦。一角失，前端有短唇。通长28.4、唇宽2.6、瓦径11.8、拱高6.5厘米（图二六九；彩图三三六）。

YCB008：7，罐口沿残片。方唇，平沿，矮领，口沿微侈。夹砂灰胎，内壁口沿及外壁施浅黄釉，口沿脱釉严重。口径约18、高7.2厘米（图二七〇）。

YCB008：8，残圈足浅腹碗底。窄圈足，浅斜腹。灰胎，灰白釉，外壁下部无釉，内底有涩圈。底径5.9、高2.2、足高0.8厘米（图二七一）。

YCB008：9，残圈足碗底。高圈足，挖足过肩，足墙外撇，弧腹。灰褐胎，黑釉，内外底无釉。底径4.8、高3.5、足高0.9厘米（图二七二）。

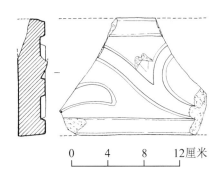

0　4　8　12厘米

图二六五　条形脊饰残块（YCB008：1）

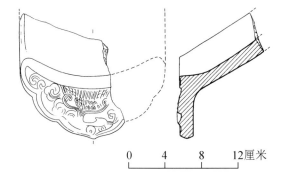

0　4　8　12厘米

图二六六　滴水残块（YCB008：2）

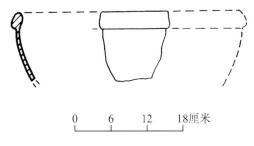

0　6　12　18厘米

图二六七　黑釉盆口沿残片（YCB008：3）

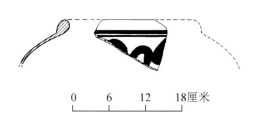

0　6　12　18厘米

图二六八　白釉黑彩盆口沿残片（YCB008：4）

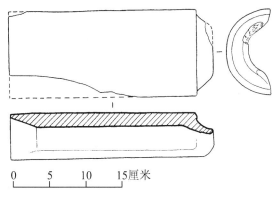

0   5   10   15厘米

图二六九　灰陶筒瓦（YCB008：6）

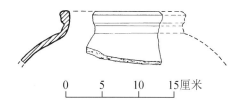

0   5   10   15厘米

图二七〇　罐口沿残片（YCB008：7）

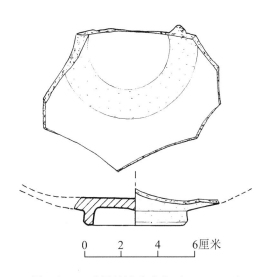

0   2   4   6厘米

图二七一　残圈足浅腹碗底（YCB008：8）

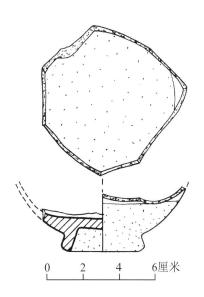

0   2   4   6厘米

图二七二　残圈足碗底（YCB008：9）

YCB008：10，瓷蒺藜残块。外壁残存一根刺。黄灰胎，外施棕褐釉，内壁有旋棱。直径约25.3、壁厚1.6厘米（图二七三；彩图三三七）。

YCB008：11，残圈足碗底。宽圈足，弧腹。黄灰胎，内壁及外壁上部施浅青釉，外壁近底部施黑釉，釉面有两周剔釉旋纹，内底有宽涩圈，外底圈足无釉。底径6.4、高4.2、足高0.9厘米（图二七四;彩图三三八）。

YCB008：12，瓷蒺藜残块。外壁存13根尖刺。刺尖残断。夹砂红褐胎，外施酱釉，内壁无釉有旋纹。直径约17、壁厚0.9厘米（图二七五；彩图三三九）。

YCB008：13，滴水残块。滴面呈三连弧形，表面模印花卉纹。面宽9.8、高6.5、厚1.5厘米（图二七六；彩图三四〇）。

YCB008：14，滴水残块。滴面较厚，表面模印凤鸟纹，存尾部。长8.2、厚2.6厘米（图二七七;彩图三四一）。

YCB008：15，残假圈足盆底。灰褐胎，内无釉，外施青酱釉。底径3.6、高2.3厘米（图二七八）。

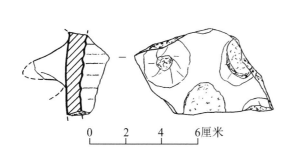

图二七三　瓷蒺藜残块（YCB008：10）

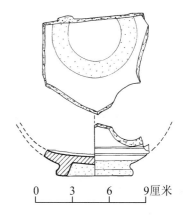

图二七四　残圈足碗底（YCB008：11）

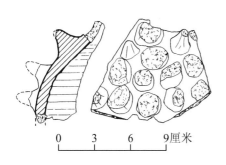

图二七五　瓷蒺藜残块（YCB008：12）

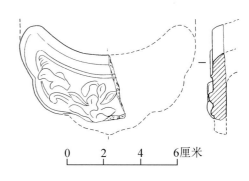

图二七六　滴水残块（YCB008：13）

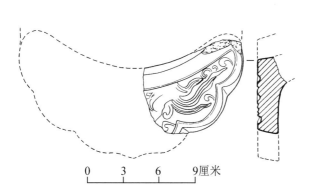

图二七七　滴水残块（YCB008：14）

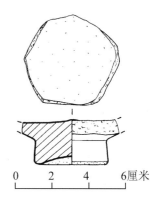

图二七八　残假圈足盆底（YCB008：15）

　　YCB008：16，黑釉残瓶底。圆弧腹，花边饼足底。夹砂灰白胎，外壁施黑釉，内壁及外底无釉。底径8.4、高8、足高2.3厘米（图二七九；彩图三四二）。

　　YCB008：17，灰陶板瓦残块。夹砂浅灰胎。外壁模印鼓弦纹及波折连弧纹，内壁有细密布纹。长9.7、厚2.2厘米（图二八〇；彩图三四三）。

　　YCB008：18，青花残圈足碗底。内底双圈内绘蕉叶纹，外底款残留有一"正"字。底径3.8、高1.8、足高0.5厘米（图二八一；彩图三四四）。

　　YCB008：19，罐口沿残片。高领，侈口，扁圆唇，弧腹。夹砂红褐胎，内外壁施青酱釉。口径约

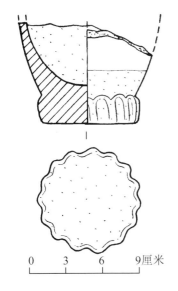

图二七九　黑釉残瓶底（YCB008∶16）

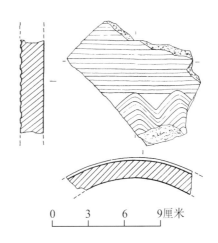

图二八〇　灰陶板瓦残块（YCB008∶17）

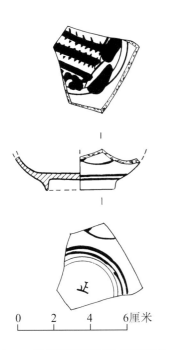

图二八一　青花残圈足碗底（YCB008∶18）

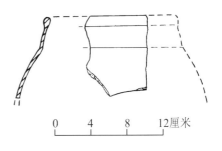

图二八二　罐口沿残片（YCB008∶19）

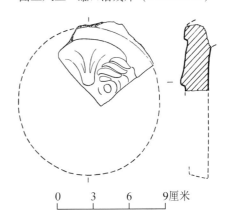

图二八三　灰陶瓦当残块（YCB008∶20）

14.1、高 7.8 厘米（图二八二）。

　　YCB008∶20，灰陶瓦当残块。当面圆形，存一小块宽边内模印兽面纹，仅存扭眉及鼻翼。径约10.7、厚 2.5 厘米（图二八三）。

　　YCB008∶21，滴水残块。存一角。边缘二连弧，滴面模印条形花叶纹，表面斜线刻划叶脉纹。宽7.9、厚 3.2 厘米（图二八四；彩图三四五）。

　　YCB008∶22，青花残圈足碗底。内底青花线绘蕉叶纹。底径约 5、高 2.2、足高 0.6 厘米（图

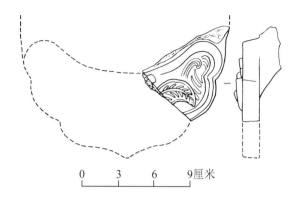

图二八四　滴水残块（YCB008：21）

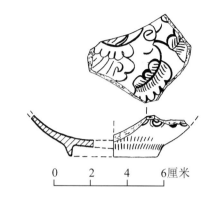

图二八五　青花残圈足碗底（YCB008：22）

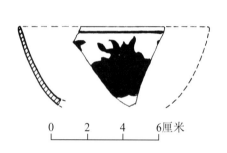

图二八六　青花碗口沿残片（YCB008：23）

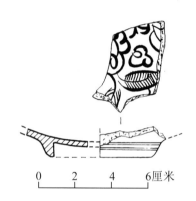

图二八七　青花残圈足碗底（YCB008：24）

二八五；彩图三四六）。

　　YCB008：23，青花碗口沿残片。尖唇，敞口，弧腹。外壁存青花团花纹饰，釉色浓艳。口径约11.1、高4.3厘米（图二八六；彩图三四七）。

　　YCB008：24，青花残圈足碗底。内底青花绘条形叶纹及卷蔓。底径约6、高1.7、足高0.8厘米（图二八七；彩图三四八）。

　　YCB008：25，青花残圈足碗底。足墙上有三周青花旋纹，底心有方块写款。底径约5.1、高1.6、足高0.9厘米（图二八八；彩图三四九）。

　　YCB008：26，青花碗腹底残片。弧腹，圈足，外壁绘青花蔓草纹，内底双线内绘草叶纹，底径约6.6、高4.5、足高0.7厘米（图二八九；彩图三五〇）。

　　YCB008：27，青花碗圈足底。内底有青花大叶花卉图案，外底草书"大明年造"字款。底径3.1、高1.1、足高0.6厘米（图二九〇；彩图三五一）。

　　YCB008：28，青花碗底残片。内底青花纹色彩明艳，外底有方块写款。底径4.9、高0.9厘米（图二九一；彩图三五二）。

　　YCB008：29，瓮口沿残片。宽扁唇，平沿，直腹。夹砂黄褐胎，外壁施酱釉，内壁施浅酱釉，内壁釉下模印轮辐形图案。口径约42、唇宽3.4、高30厘米（图二九二；彩图三五三）。

　　YCB008：30，青花残圈足碗底。外底双线，内存"成化年□"款。底径5.4、高1.3、足高0.9厘米（图二九三；彩图三五四）。

　　YCB008：31，青花圈足碗底。内底绘青花树冠纹，外底无釉。底径3.7、高1.2、足高0.7厘米（图二九四）。

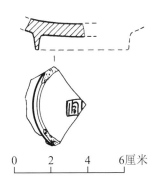

图二八八 青花残圈足碗底（YCB008：25）

图二八九 青花碗腹底残片（YCB008：26）

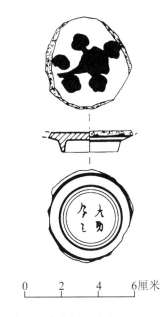

图二九〇 青花圈足碗底（YCB008：27）

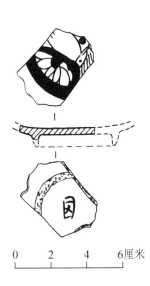

图二九一 青花碗底残片（YCB008：28）

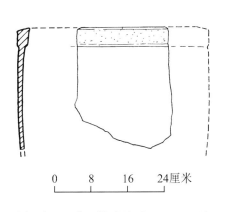

图二九二 瓮口沿残片（YCB008：29）

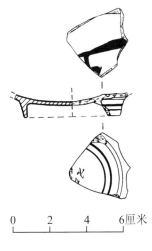

图二九三 青花残圈足碗底
（YCB008：30）

图二九四 青花圈足碗底
（YCB008：31）

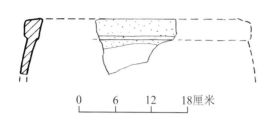

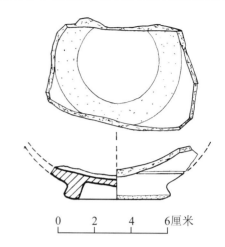

0　　　6　　　12　　　18厘米

图二九五　瓮口沿残片（YCB008:32）

0　　　2　　　4　　　6厘米

图二九六　黑釉残圈足碗底（YCB008:33）

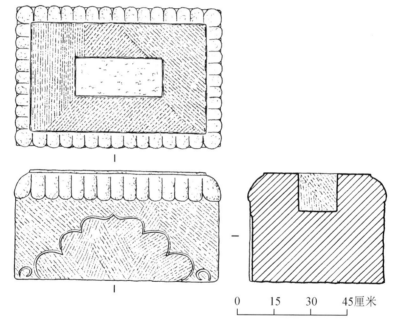

0　　　15　　　30　　　45厘米

图二九七　青石碑座（YCB008:34）

　　YCB008:32，瓮口沿残片。厚方唇，平沿，直腹微弧。夹砂褐胎，内外施酱釉，口沿无釉。口径约37、唇宽3.9、高10.4厘米（图二九五）。

　　YCB008:33，黑釉残圈足碗底。夹砂灰白胎，内施青釉，外施黑釉，外壁下部有剔釉旋纹，内底有宽涩圈。底径6、高2.8、足高0.8厘米（图二九六；彩图三五五）。

　　YCB008:34，青石碑座。长条形。顶面中心有长方形插碑榫槽，边缘刻饰一周单瓣覆莲纹，侧面线刻如意头云纹，其他各面有细密的钎凿痕。长89、宽60、高47厘米，槽孔长0.38、宽0.16、深0.16米（图二九七；彩图三五六）。

3. 惠安堡（编码640323353102170009；工作编号YCB009）

　　该堡位于盐池县惠安堡镇盐湖东南、毛乌素沙地南缘低洼的湖滩地带。东西两侧地势稍高，西北临盐湖，周围土地沙化严重，211国道、201省道在城东交汇，交通便利。城内人口稠密，工商业相对发达，当地人称"旱码头"。西北至盐池城 15 里，至镇城 250 里，北至花马池城 180 里。

明初洪武二年（1369 年）曾于盐池（今老盐池城）设灵州盐池千户所，内设灵州盐课司、巡检司等盐业管理机构，主要负责大小盐池等地的盐税征收[1]。因距盐湖较远，管理不便。嘉靖六年（1527 年）巡抚都御史翟鹏于小盐池盐湖边奏筑该堡，属灵州千户所下辖屯堡[2]。周围二里四分。万历三十三年（1605 年）巡抚黄嘉善甃以砖石，巡抚崔景荣题设盐捕通判及巡检司[3]。堡墙高三丈，址厚二丈五尺，顶厚一丈五尺，门二道，门楼二座，有南北敌楼三座。清代仍驻（盐捕）通判[4]。民国二十五年（1936 年）至民国三十六（1947 年）间，曾为盐池县政府驻地。

该堡平面近正方形，堡墙边长 240 米，周长 960 米，占地面积约 5.7 万平方米。

堡墙大部分损毁，包砖无存，仅西、北墙及西北、西南角台保存相对较好，整体保存差。东墙内外侧被铲削。南墙仅存中部砖券门洞，四周被沙土堆积掩埋，北端出口被封堵，改造为窑洞柴草房；门洞南面上方青石匾额楷书题刻"阜财"2 字。西墙基本保存完整，西南角台较高大，台底表层风蚀剥落，凹槽较多；西墙南段墙体多呈土垄状，北段内侧被取土铲削，墙体较薄，顶部坍塌豁口较多，外侧有蹬踏形成的便道。北墙东端局部损毁，北门为豁口，修建有仿古歇山重檐"玉皇阁"，外瓮城墙体痕迹尚存。堡原筑有南关，因损毁较早，南门以南 180 米处存关城砖券门洞及两侧数米包砖墙体。堡东侧 211 国道贯穿南北，堡墙西北角外侧为大片盐湖区。堡内住有大量居民，堡墙包砖及堡内设施基本无存。据当地老人忆述，南门上建有火神庙，北门上建有玉皇庙，南关门上建有财神庙，民国时期，盐池县政府曾在此办公。这些庙宇多在"文革"时期被毁[5]。

堡东墙方向北偏东 15°。东墙仅存中部 36 米，高 5.5～8 米。北墙东端 17 米消失，墙体基宽 6.5、顶宽 4.7、内高 6、外高 8 米。北门道豁口宽 7.1 米，瓮城墙体东西 24、南北 20 米，夯层厚 0.19～0.2 米。西北角台底部凸出于墙体 1.8 米，外侧基宽 7.5 米；西南角台底部凸出于墙体 4.9 米，基宽 6.7、高 7.4 米。南门洞宽 3.3、进深 9.1、内高 4.5 米，南关门洞宽 3.3、进深 15.1、内高 4.9 米（图二九八；彩图三五七～三六二）。

4. 盐池城（编码 6403233353102170012；工作编号 YCB010）

该城位于盐池县惠安堡镇老盐池自然村明代"小盐池"盐湖边滩地上。地处环灵道、防秋道 2 条驿路的交汇地带。城周围地势低洼地带分布的南、北、中诸碱水湖泊，是明代主要的池盐产地。北至石沟城 70 里、镇城 240 里，南至惠安堡 15 里。

据史书记载，该城原有旧城周回一里，弘治十三年（1500 年），都御使王珣拓其城二里。正德十四年（1519 年），都御使王时中奏筑增至四里许，南北各开一门。属灵州千户所，亦称小盐池营。城内设有驿站及递运所。嘉靖二十年（1541 年）前后，盐池驿实有甲军五十三名，盐池递运所实有甲军九十名，各设百户一员领之[6]。小盐池营见在官军三百七十七名，马八十一匹（图二九九）[7]。

该城由东、西城及西北角小城组成，平面呈曰字形，整体保存一般。城墙东西 770、南北 750 米，

[1]（明）陈仁锡：《皇明世法录》卷二八《盐法》，《四库禁毁丛刊·史部》第十四册，北京出版社，2000 年，第 463 页。

[2]（明）胡汝砺编、管律重修、陈明猷校勘：《嘉靖宁夏新志》卷三《所属各地》，宁夏人民出版社，1982 年，第 200 页。

[3] 范宗兴校注：《增补万历朔方新志校注》卷一《地理》"卫寨"，宁夏人民出版社，2015 年，第 10 页。

[4] 陈步瀛撰修：（民国）《盐池县志》卷二《建置志》"城垣"，范宗兴笺证、张树林审校《盐池旧志笺证》，黑龙江人民出版社，2004 年，第 232 页。

[5] 张树彬：《沧桑话古堡》，《盐州纪事》上册，宁夏人民出版社，2006 年，第 20 页。

[6]（明）胡汝砺编、管律重修、陈明猷校勘：《嘉靖宁夏新志》卷三《所属各地》，宁夏人民出版社，1982 年，第 197 页。

[7]（明）张雨：《边政考》卷三《宁夏图》，王友立主编《中华文史丛书》第十四册，（台北）华文书局，1969 年，第 154 页。

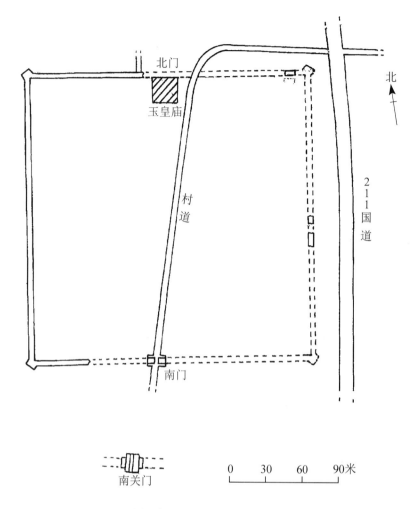

图二九八　惠安堡城址平面图

占地面积约 57 万平方米。

东城呈南北向长方形，城内无居民。东墙较低矮，呈土垄状，北段外侧因开垦田地被铲削；中部及南部各存一座马面，坍塌损毁严重；东南角台损毁，呈不规则垄状。南墙存东段，西端因修路被毁，为一处较大的豁口；西段有一处较宽的坍塌豁口。北墙东段有一处马面，损毁较严重，呈土堡状。东北角台呈五边形向外凸出，较低矮，顶部及周壁长满杂草。东、西城隔墙北段相对较完整，南段豁口较多。

西城规模较大，城内南部居民密集。南、北开门，有瓮城，南门及瓮城残毁严重，北门瓮城大部分保存，保存一般。西北角有方形小城，其余部分为荒草滩或农田，东北角有一处较高的建筑基址，角台保存较完整，呈五边形向外凸出，外侧壁面较直，顶部有建筑残迹，内侧有一孔小窑洞。南墙西段大部分因建房拆毁，仅隔墙西侧存约 40 米。西墙南段因居民建房被拆毁，北段外侧存 2 座马面，呈窄条形向外凸出，因水冲坍塌损毁严重。北墙外侧分布有 2 座马面，呈窄条形向外凸出，第 2 座马面坍塌损毁严重，北侧被堆土掩埋，南侧与墙体连接处为较宽豁口。西北角台保存较完整，呈五边形向外凸出，东、北壁底部堆土较高，西、南壁夯层清晰，西北壁下有一孔较大的窑洞。北门为豁口，有南北向道路穿城而过。北门瓮城仅存西墙及北墙西段，墙体呈脊状，两侧积土成斜坡；西墙中部有一处豁口，为乡间小道。瓮城内东侧为一片玉米地，西侧为

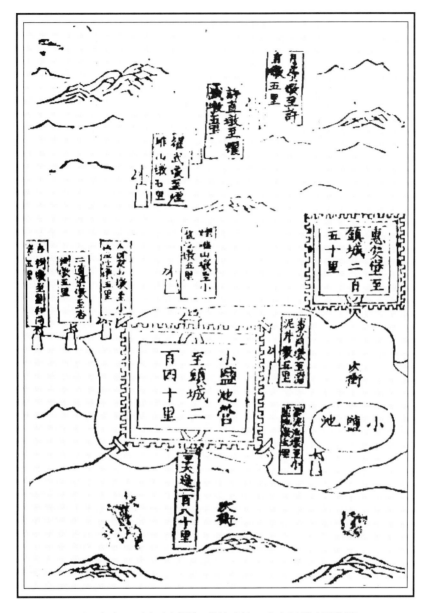

图二九九 《九边图说》载盐池城、惠安堡周边形势图

荒滩，地表散布砖瓦残块、石块等遗物。西城北、西墙外侧留有较为明显的壕沟痕迹。

东城方向北偏西20°。东墙长750、南墙长240米，周长1980米，占地面积18万平方米。东墙基宽7.8～92、顶宽2.7～3.6米，高3.5～4.7米。北侧马面距墙体东北角162米，凸出于墙体5、外高3.5米，马面南侧豁口宽5、高1.7米；南侧马面距北侧马面154米，凸出于墙体4、高4米。北墙马面距西城东北角台113米，凸出于墙体5、高4.7米。东城东北角台边长由北到东依次为7、5、5、7米。

西城西墙长750、北墙长520米，周长2540米，占地面积39万平方米。西墙基宽8.5～10.8、顶宽约1.5米，大部分残高2.7～3.5米，最高8米，有2座马面，北侧马面距西北角156米，凸出于墙体8米，基宽4、外高7米，夯层厚0.26～0.34米；南侧马面距北侧马面144米，凸出于墙体9米，基宽5、顶宽2米，夯层厚0.35～0.39米；距西北角95米处有一豁口，宽约22.5米。

西城北墙有2座马面，间距120米，西侧马面距西北角台118米，凸出于墙体北侧9米，基宽

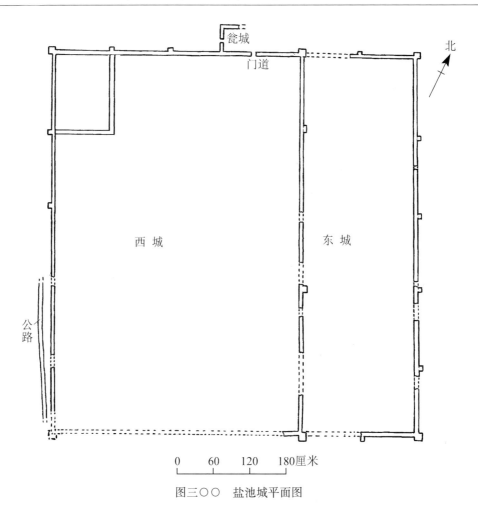

图三〇〇　盐池城平面图

4.5、顶宽 1.4 米；东侧马面凸出于墙体 8.5 米，顶宽 3、高 7 米，西侧 20 米处有一豁口，宽 3 米。东北角台边长由北到东依次为 9、6、9、6.5 米。西北角小城边长 120 米。北墙外侧瓮城西墙长 57、北墙现存 35 米，东侧道路豁口宽 51 米，路宽约 6 米（图三〇〇；彩图三六三～三六七）。

5. 石沟城（编码 640181353102170004；工作编号 LWB004）

该城位于灵武市五里坡乡石沟驿自然村东南 1 千米滩地上。东北约 0.05 千米为石沟驿煤矿，北距大沙井 60 里、镇城 200 里。

景泰元年移石沟驿于阿剌麻[1]，旧城周回三百步。弘治十三年（1500 年），都御使王珣拓其城至二里，开一南门。明代属灵州千户所管辖，城内设操守官，石沟驿、递运所等守备驿递机构。嘉靖二十年（1541 年）前后，石沟驿见在甲军九十六名，递运所实在旗军一百四十三名，各设百户一员领之（图三〇一）[2]。

该城平面呈长方形。城墙东西 430、南北 300 米，占地面积约 13 万平方米，城内北部残留东西向隔墙一道。整体保存一般。东墙夯层较薄，顶部坍塌分裂呈尖顶状，外侧被风沙淤积，剥落、倒塌严

〔1〕 据《边政考》所附宁夏图，新石沟驿在旧石沟驿东南。（明）张雨：《边政考》卷三《宁夏图》，王友立主编《中华文史丛书》第十四册，（台北）华文书局，1969 年，第 154 页。

〔2〕（明）胡汝砺编、管律重修、陈明猷校勘：《嘉靖宁夏新志》卷三《所属各地》，宁夏人民出版社，1982 年，第 195～197 页。

图三〇一 《九边图说》载石沟城周边形势图

重，保存较差；距墙体东北角 152 米有一座马面，形制较小，顶部坍塌呈条状凸出于墙体，保存较差；东南角台高大，外侧壁转角被风蚀成圆角，南壁坍塌，底部有横向风蚀凹槽，角台内侧有石砌登台马道。南墙保存一般，门在南墙偏西，被堵塞；瓮城痕迹尚存，瓮城南墙较高大，中部存一座夯土高台，顶部留石柱础、铺地砖等建筑遗迹；南墙外存夯土基址数座；瓮城东侧有一座马面，损毁严重；西南角台呈窄条状向外凸出，顶部高出墙体约 2.5 米，外侧坍塌严重。西墙顶部约 2 米坍塌，呈尖顶，两侧为较陡的坍塌斜坡，两侧散落有较多的砂石片；墙体上距西南角 135 米有一马面，外侧坍塌严重，呈斜坡状，顶部呈窄条状凸出于墙体西侧；西北角台保存较好，台体高大，呈五边形凸出于墙体，顶部有角台石砌墙基痕迹。城内隔墙墙体较窄薄，两端坍塌，仅存中部，西端距西墙 50 米，东端距东墙 88 米；墙体较高，外侧因筑墙取土成壕沟状。北墙距隔墙 55 米，夯层中及顶部夹杂有大量灰砂岩石块、碎石片，墙体基本连续，外侧有明显的取土痕迹；外侧有 3 座马面，1 号马面距西北角 108 米，顶部呈长方形凸出，四壁略有坍塌，保存一般；2 号马面距 1 号马面 125 米，形制较大，内侧残存石砌登台马道，顶部有铺房石基痕迹；3 号马面距 2 号马面 112 米，形制较大；北墙底部有风蚀凹槽，壁面轻微滑落，东部外侧壕沟两侧用较薄的石片砌成直壁，至东北角保存约 50 米，壕沟痕迹明显；东北角台呈五边形，外侧边底部有横向风蚀凹槽，四角因风雨剥蚀呈圆角，西北侧沙土堆积严重。城被废弃，内为荒草滩，分布较多的房址。

东墙基宽 5、高 4 米；5 号马面凸出于东墙 4 米，基宽 5、高 4 米，距东南角 140 米；东南角台凸出于墙体，外高 13 米，边长由东转到南依次为 8、3.5、3.5、7 米。南墙门道在瓮城内，口宽约 4 米；瓮城西墙距西南角台 115 米，东西 28、南北 22 米，城门在东墙，口宽 4 米；南墙有 1 座马面，凸出于墙体 9、宽 20 米；西南角台坍塌呈条状凸出于墙体，外高 18 米，凸出于墙体 11、顶宽 2.5 米。西墙基宽 5、顶宽 2.2 米，中部有 1 座马面，2 处豁口；距西南角 75 米处豁口宽 1.6 米，南断面高 3 米；距西南角 115 米处豁口宽 2.5 米，南断面高 4.5 米；马面距西南角台 135 米，凸出于墙体西侧 5 米，顶宽 4、外高 7 米；西北角台外高 15 米，边长由西转到北依次为 8、3.5、3.5、8.5 米。北墙基宽 5.8、顶宽 1~2、高 6 米，外侧堆土高约 4 米；外侧有 3 座马面，1 号马面距西北角台 108 米，凸出于墙体 7.5 米，基宽 10、外高 11.5 米；2 号马面距西北角台 233 米，凸出于墙体 12 米，基宽 14、顶宽 11 米，顶部正长方形基址边长 5 米，距西、北侧边沿 1.5 米；3 号马面距东北角台 88 米，凸出于墙体 6 米，基宽 8、外高 11 米；东北角台凸出于墙体，外高 13 米，边长由北转到东依次为 8、3.5、3.5、8 米。北墙外壕宽 27、深 0.7~1.6 米。隔墙距北墙 55 米，长 300 米，基宽 3.5、顶宽 0.5~1.5、高 5~6.5 米（图三〇二；彩图三六八~三七三）。

6. 大沙井城（工作编号 LWB005）[1]

该城北至灵州 40 里，至宁夏镇城 130 里，南至石沟驿 60 里。故址位置推断大致在今灵武市郝家桥镇沙江村一带。附近滩地现被辟为灌溉农田，城址消失。

景泰元年（1540 年），明廷曾并大沙井、白塔二站为一驿，移于红寨子，可知此地之前已设驿站。成化元年（1465 年）十二月，复革宁夏卫大沙井驿，成化四年四月复置[2]。弘治十三年（1500 年），王珣奏请改隶灵州[3]。城周回三百步[4]，门一，内置大沙井驿与大沙井递运所，大沙井驿曾置驿丞一员，嘉靖九年（1530 年）裁革（图三〇三）[5]。

城址消失。原因除城址规模较小当时裁设频仍外，经实地调查，与附近的十里墩消失原因一样，或与中华人民共和国成立后当地大规模的压沙辟田、平整土地有关。

〔1〕 此关堡未录入数据库。
〔2〕 《明宪宗纯皇帝实录》卷二四 "成化元年十二月癸卯" 条、卷五三 "成化四年四月戊午" 条，（台北）"中央历史研究院" 历史语言研究所校印，1961 年，第 479、1087 页。
〔3〕 《明孝宗敬皇帝实录》卷一六六 "弘治十三年九月丁巳" 条，（台北）"中央历史研究院" 历史语言研究所校印，1961 年，第 3017~3018 页。
〔4〕 （明）胡汝砺编、管律重修、陈明猷校勘：《嘉靖宁夏新志》卷三《所属各地》，宁夏人民出版社，1982 年，第 194 页。
〔5〕 范宗兴校注：《增补万历朔方新志校注》卷一《地理》"卫寨"，宁夏人民出版社，2015 年，第 10 页。

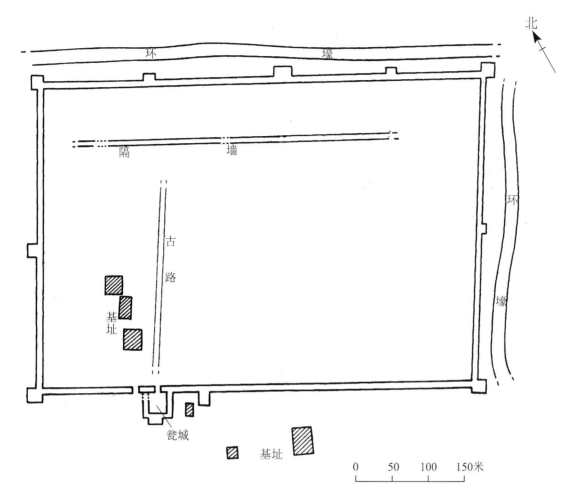

图三〇二　石沟城址平面图

7. 灵州千户所（工作编号 LWB006）[1]

该关堡位于黄河以东五里"卜沙山西、大河东"，其地"高爽宽平"。西北至宁夏镇城 90 里，北至横城边墙 70 里，东南至甜水堡环县界 290 里，东北至兴武营 140 里。灵州城位于今灵武市城区中心地带，因破坏仅存西北城墙一角，处于市区西北角。北侧 10 米有农贸市场，南侧为西苑小区，内侧紧靠城墙为西苑小区车库，西城墙外侧 20 米建有鑫祥花园小区。

明洪武十七年（1384 年）因原灵州城（今吴忠市北古城村）为黄河水冲激崩陷，唯余西南一角，于故城北十余里处筑新城，设灵州河口守御千户所[2]。永乐末，河水又逐迫城下，宣德三年（1428年）又在此城东北五里处再建新城，改置为灵州千户所，属宁夏卫，即今灵武市城区位置。景泰三年（1452 年），展筑城池及南关。其间于弘治年间一度升置为灵州，后复为灵州千户所。正德元年（1506年）又改为灵州守御千户所，属陕西都司。嘉靖二十年（1530 年）前后，该所见在马步官军一千三百七十二名、马五百七十二匹[3]。万历以后，又归属宁夏卫管辖，恢复为灵州千户所[4]。万历五年

〔1〕　此关堡未录入数据库。

〔2〕　一说为古城北七里。（明）胡汝砺编、管律重修、陈明猷校勘：《嘉靖宁夏新志》卷三《所属各地》，宁夏人民出版社，1982 年，第 180 页。

〔3〕　（明）张雨：《边政考》卷三《宁夏图》，王友立主编《中华文史丛书》第十四册，（台北）华文书局，1969 年，第 152 页。

〔4〕　鲁人勇等：《宁夏历史地理考》，宁夏人民出版社，1993 年，第 239 页。

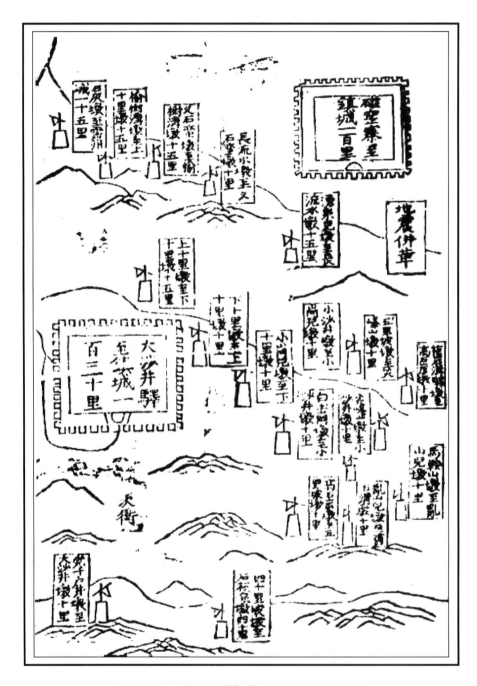

图三○三　《九边图说》载大沙井城周边形势图

（1577 年）巡抚罗凤翔甃以砖石，周回共七里八分，墙高三丈，池深一丈，宽五丈。址厚二丈五尺，顶厚一丈五尺，城门四座，东曰"澄清"，南曰"弘化"，西曰"临河"，北曰"定朔"，上皆有楼。外有月城，角楼四座，敌楼四座，门台四座，炮台四座，环城河一道深一丈、宽三丈。清乾隆三年（1736 年）地震损毁严重，五年重修[1]。1917 年，灵武县知事余鼎铭维修城墙时，从城墙内发现元

〔1〕（清）张金城修、杨浣雨纂、陈明猷点校：《乾隆宁夏府志》卷五《建置一》"城池"，宁夏人民出版社，1992 年，第 127 页。

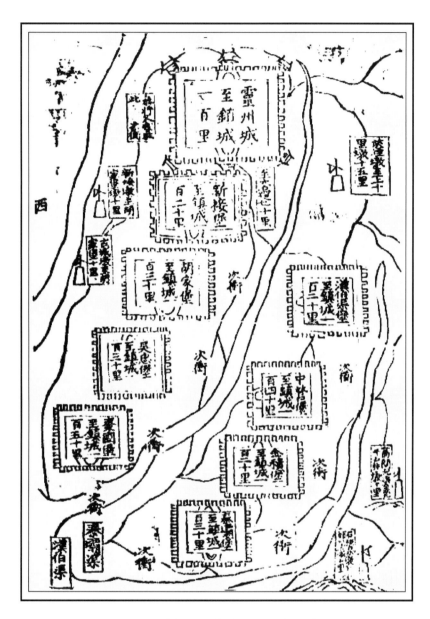

图三〇四 《九边图说》载灵州城周边形势图

刊本西夏文《大方广佛华严经》，是现知唯一元代木活字印本。1920 年，海原大地震中城墙倒塌 24 丈；1958 年，县建筑队拆城墙砖建影剧院及防空洞等。"文革"时期，城墙大面积被拆毁，仅剩西北角。1985 年，灵武县人民政府公布该段城墙为县级文物保护单位（图三〇四）[1]。

西北城墙一角保存，包括角台，墙体包砖大部分尚存，保存差。城墙顶部荒芜，受雨水冲刷，墙顶及墙体形成多处塌洞。西南角底层墙砖及长条形砂石地基被拆毁，存在安全隐患。北墙中部有一处 20 世纪 90 年代打通的小区通道，整修为拱形门洞。北墙正中位置有民国年间依墙夯筑高台修建的高庙古庙宇群。

西墙方向北偏东 15°。现存西墙长 153、北墙长 141.6 米，基宽 12.8、顶宽 7、高 10.3 米。西北角

---

〔1〕 2010 年 12 月，宁夏回族自治区人民政府公布为第四批自治区文物保护单位。

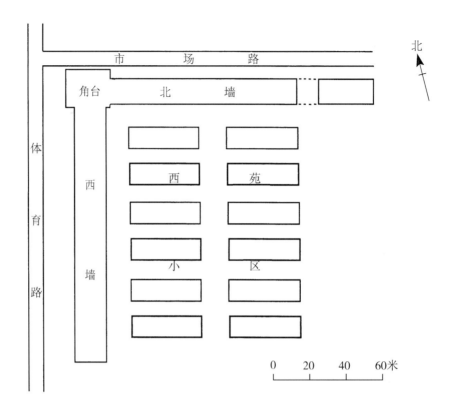

图三〇五　灵武市灵州古城残存墙体平面图

台边长 20 米，凸出于墙体 7 米，包砖层厚 0.7 米，砖长 47、宽 23、厚 10 厘米（图三〇五；彩图三七四、三七五）。

第八章

固原镇—花马池"防秋道"驿路烽燧线

固原北经预旺川、韦州盆地及盐灵台地至宁夏北部及陕北、河套地区，自古就是一条便捷要道。王越以诗"秦川形势通西夏，河朔襟喉控上流，借问罗山山下路，几人从此觅封侯"来形容此间形胜及交通情况[1]。洪武二十六年（1393 年），庆王朱栴就藩宁夏时始居韦州城，城内建有庆王府，其后规模不断扩大，又于此设置宁夏群牧千户所，管理庆王府在宁夏各地牧场，专为庆王府司牧养羊、马之业。历经九年后庆王朱栴虽移藩宁夏镇城，但嫌宁夏城卑湿，土碱水咸，多次要求重回韦州，明政府虽未同意其移藩要求，但允许其两地自由往来[2]。此后历代庆王及王室子孙死后大多葬于韦州城西的罗山脚下，吊祖、祭灵、巡牧皆走此道，这条从宁夏镇城经环灵道北段至韦州的驿路当时的繁忙重要程度可见一斑。

明代中期，虏患日炽，从花马池至灵州一线进犯敌骑多从此道内犯，"套虏拆墙自花马池入犯铁柱泉、小盐池，正南向萌城犯环庆，西南向韦州犯固靖。一路自花马池下马关入犯固原、平泾地方，一路自花马池下马关入犯镇戎所"[3]。这条驿道即是当时河套蒙古南侵的一条主要"寇路"，同时因为"固原设有总制，时常亲统大军，花马池驻扎。三边飞报期会之事，经过纷沓，遂为四通大路"[4]。每年防秋，固原镇总兵要移驻下马关，固守内边，而三边总制要亲赴花马池前线指挥防秋，留下了诸多防秋诗篇[5]，因此该道当时被称为"防秋道"。同时此条道路还是宁夏池盐外销南运甘陕的一条重要线路，王琼主政时期将原设于固原州城内的小盐池批验所移置下马关[6]。

盐池城以北段，弘治十五年（1502 年），秦纮总制三边时，计划于花马池以西至小盐池之间的

〔1〕（明）王越：《过韦州》，陈日新撰：（清光绪）《平远县志》卷一〇《艺文》，《中国方志丛书·塞北地方·第六号》，（台北）成文出版社，1968 年，第 40 页。

〔2〕《明宣宗章皇帝实录》卷一〇，（台北）"中央历史研究院"历史语言研究所校印，1961 年，"洪熙元年十月甲午"条，第 292 页。

〔3〕（明）张雨：《边政考》卷三《固原靖兰图》，王友立主编《中华文史丛书》第十四册，（台北）华文书局，1969 年，第 188 页。

〔4〕（明）胡汝砺编、管律重修、陈明猷校勘：《嘉靖宁夏新志》卷三《所属各地》，宁夏人民出版社，1982 年，第 214 页。

〔5〕三边总制王琼《过预望城》、石茂华《防秋至花马池》《防秋过八营牧儿苑》《提兵防秋宿平房所》，宁夏巡抚黄嘉善《防秋过预望城》等诗篇均见《万历固原州志》下卷《文艺志》"诗"，牛达生、牛春生校勘《嘉靖万历固原州志》，宁夏人民出版社，1985 年，第 252～268 页。亦可参见杨一清：《西征日录》，唐景绅、谢玉杰点校《杨一清集》，中华书局，2001 年，第 703～718 页。

〔6〕该批验所主要负责批验行销平凉、巩昌一带的灵州小盐池引盐，初设于静宁，后改设于固原，以增佐军费。初在州衙西，弘治十一年，移于东关厢。嘉靖十年，王琼奏改于下马房关。十五年，唐龙请复旧制，移回固原，三十五年又迁至下马关。

200里之地，每20里筑一堡。当年六月，刘宪任宁夏巡抚，他不愿执行秦纮上述计划，明孝宗责令刘宪按秦纮计划执行，直到次年，以秦纮兼督宁夏，花马池至小盐池间的墩堡全部筑成[1]。嘉靖七年（1528年），明廷令添筑镇戎所以北至平虏所九十里，平虏所至韦州二百一十里间小堡，募兵成守[2]。刘天和主政时期，对这一线包括铁柱泉等处水草大路尽建墩堡，一时水源俱各据守，使入寇之敌无饮马之处。

　　最后需要指出，这条线路从设置之初其军事防御意义是主要的，交通、驿递作用是次要的，驿路的繁忙程度自不可与环灵道、清水河谷道路相比。虽然当时的诗文中诸如"太平久不见烽烟，客行道路如流水"[3]等记载，可能不免颂圣夸大之嫌。设置于韦州城内的韦州驿递运所就因"位置偏远，使客罕至，似为虚设"，后于弘治十三年（1500年）被王珣奏移于环灵道小盐池南之隰宁堡[4]。

　　按《皇明九边考》所记里程，"花马池西南至小盐池一百八十里，至韦州二百四十里，至平虏所三百六十里，至镇戎所四百五十里，至固原六百里"[5]。经实地调查，该线驿路同心县、盐池县境内呈西南—东北走向，大致与302省道并行，沿线主要由烽火台及关堡串联。与"固原内边"长城在下马关交汇，与环灵道在盐池城交汇，在盐池城沿主线南侧又衍生出由烽火台连接的支线。沿线共调查烽火台64座、关堡8座。以交汇处的下马关、盐池城为节点，分节进行介绍。

第一节　固原镇—花马池"防秋道"同心县下马关以南段烽火台

　　固原镇—花马池驿路沿线同心县下马关以南段共调查烽火台20座，大部分处于山顶、崖畔等地势开阔地带。台体多附带围墙，部分规模较大，堪比小堡，除具有驿站功用外，其报警、防御意图亦较明显。

1. 鲍地湾烽火台（编码6403243532011700040；工作编号TXF021）

　　该烽火台位于同心县张家垣乡郭井沟村鲍地湾自然村北0.5千米山梁上。北距官厅沟烽火台1.85千米、墩洼烽火台3.34千米。

　　烽火台由台体及围墙组成，黄土夯筑而成，保存一般。台体东、南壁多孔洞，东南、西南角坍塌；北壁覆盖黑霉斑，底部坍塌堆土较高，长满杂草；台顶北高南低。围墙大部坍塌为土垄状，东墙中部有一较大豁口，门道在南墙中部。

　　台体方向北偏东7°。台体底部边长7、顶部边长2.5、高5.2米，夯层厚0.16～0.22米。围墙边长30米，墙体基宽3.4、顶宽2、内高1.5、外高2.5米，东墙豁口宽2.3米，门道豁口宽2.5米，夯层厚0.13～0.17米（图三〇六；彩图三七六）。

〔1〕（明）谈迁：《国榷》卷四五，中华书局，1958年，第2796页。

〔2〕《明世宗肃皇帝实录》卷八五"嘉靖七年二月戊辰"条，（台北）"中央历史研究院"历史语言研究所校印，1961年，第1397页。

〔3〕（明）佚名：《白塔晨烟》，（明）胡汝砺编、范宗兴签注《弘治宁夏新志》卷八《杂咏类》，宁夏人民出版社，2010年，第289页。

〔4〕（明）胡汝砺编、范宗兴签注：《弘治宁夏新志》卷一《驿铺》，宁夏人民出版社，2010年，第39页。

〔5〕（明）魏焕：《皇明九边考》卷一〇《固原镇》"经略考"，王友立主编《中华文史丛书》第十五、十六册，（台北）华文书局，1969年，第444页。

2. 官厅沟烽火台（编码6403243532 01170039；工作编号 TXF022）

该烽火台位于同心县张家垣乡沈家河村麻黄台自然村南1千米官厅沟谷底沟沿上。北距墩洼烽火台2.25千米。

烽火台由台体、围墙及院内铺舍基址组成。保存较好。整体用黄土夯筑而成，台体崩塌、剥落严重，北壁紧靠围墙北墙，东壁仅剩北侧，南壁崩塌仅剩东、西侧，西壁分布多条纵向裂隙；台顶仅剩北部，西南、东南角塌毁。围墙保存较好，东南、西南角局部坍塌，门道在南墙中部，南门外有哨岗基址。西墙内侧有斜坡登台马道，门道西侧墙体有窑洞，北墙内侧东北部有1孔小窑洞。围墙外侧为耕地。院内台体南侧有一处长方形铺舍基址，基址上散落有大量的灰陶砖瓦残片及滴水、瓦当等建筑构件以及少量的白釉碗、黑釉灯、褐釉缸底残片。

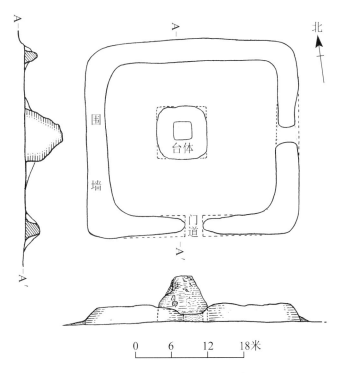

图三〇六　鲍地湾烽火台平、立、剖面图

台体方向北偏西40°。台体底部东西8、南北14米，顶部边长4.6米，高9.7米。围墙东西74、南北94米，墙体基宽2.2、顶宽1.3、内高6、外高6.8米。南门道宽6米，哨岗基址东西2.8、南北3.3、高0.8米，院内基址东西10、南北9、高0.3米（图三〇七；彩图三七七、三七八）。

采集遗物10件。

TXF022：1，滴水残块，后接板瓦。泥质灰陶。滴面呈三连弧形，模印花卉纹，滴水中心为一朵盛开的团花，下有花茎，两侧对伸三组五叉花叶。滴面宽16.3、高12.5厘米，后接筒瓦长7.7厘米（图三〇八；彩图三七九）。

TXF022：2，兽面瓦当。泥质灰陶。圆形当面中心模印兽面纹，兽面额头高耸，眉梢向下弯卷，眉际圆耳侧立，小塌鼻，大嘴呲张，獠牙外露，两腮微鼓，颌下短须张立，后接筒瓦残断。当面直径10.7、厚1.6厘米，后接筒瓦残长5.6厘米（图三〇九；彩图三八〇）。

TXF022：3，滴水残块。泥质灰陶。后接板瓦存少部，滴面存左侧，滴面内模印缠枝花卉纹。滴面宽9.8、高7.6厘米，后接筒瓦长5.9厘米（图三一〇；彩图三八一）。

TXF022：4，碗底残块。弧腹，深圈足，足底有鸡心丁。除底心外内外壁施黑釉，施釉较厚。底径5.6、高3、足高0.9厘米（图三一一）。

TXF022：5，残圈足碗底。弧腹，底心微塌。浅灰胎，内底施白釉，釉层脱落，外壁及足心施褐釉。底径5.8、高2.1、足高0.8厘米（图三一二；彩图三八二）。

TXF022：6，滴水残块。泥质灰陶。滴面存右半部，呈三连弧形，滴面宽边内模印云纹图案。滴面宽7.5、高7.7、厚1.3厘米（图三一三；彩图三八三）。

TXF022：7，残圈足碗底。弧腹，平底，底心较大。夹砂浅黄胎，内壁及外壁上部施白釉，内底有涩圈，外壁下部施酱黑釉，底足无釉。底径6.1、高2.8、足高0.6厘米（图三一四；彩图三八四）。

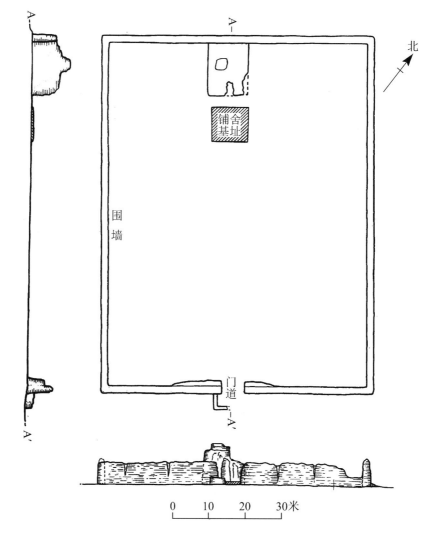

图三〇七　官厅沟烽火台平、立、剖面图

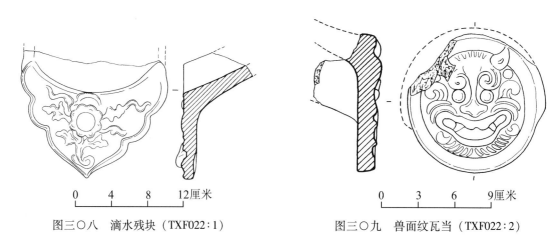

图三〇八　滴水残块（TXF022：1）　　　　　　图三〇九　兽面纹瓦当（TXF022：2）

TXF022：8，残圈足碗底。弧腹，高圈足，足墙外撇。内外壁施白釉，内底有烧粘痕，外壁近底部无釉。底径5、高3.3、足高1.3厘米（图三一五；彩图三八五）。

TXF022：9，残圈足碗底。弧腹，小圈足，足墙外撇。夹砂浅灰胎，内壁及外壁施白釉，外壁下部及底心施酱褐釉，近底部有两周剔釉旋纹。底径5.9、高3.7、足高1厘米（图三一六；彩图三八六）。

　　TXF022：10，残圈足碗底。弧腹，圈足，足墙外撇。灰白胎，内壁施白釉，内底有宽涩圈，外壁除足底外满施褐釉，下腹近底部有两道剔釉旋纹。底径5.9、高2.9、足高0.9厘米（图三一七；彩图三八七）。

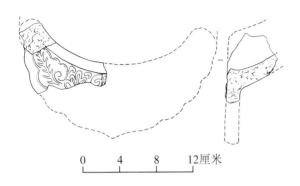

图三一〇　滴水残块（TXF022：3）

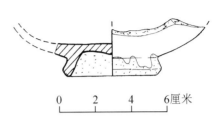

图三一一　碗底残块（TXF022：4）

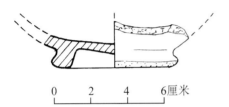

图三一二　残圈足碗底（TXF022：5）

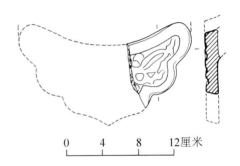

图三一三　滴水残块（TXF022：6）

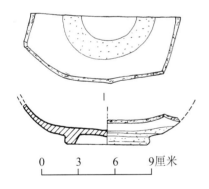

图三一四　残圈足碗底（TXF022：7）

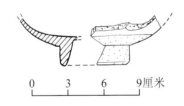

图三一五　残圈足碗底（TXF022：8）

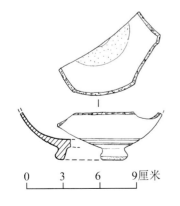

图三一六　残圈足碗底（TXF022：9）

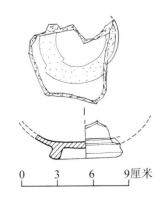

图三一七　残圈足碗底（TXF022：10）

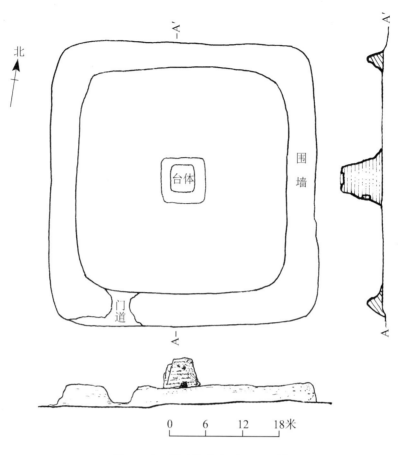

图三一八　墩洼烽火台平、立、剖面图

3. 墩洼烽火台（编码640324353201170038；工作编号 TXF023）

该烽火台位于同心县张家塬乡沈家河村墩洼自然村东北0.8米塬畔上。西、北侧临深沟，北距张家垣烽火台4.05千米。

烽火台由台体、围墙组成。保存一般。台体用黄土夯筑而成，东壁底部堆土较高，上部多分布风蚀凹槽；南壁下部有1孔窑洞，东侧块状崩塌；西壁南侧顶部崩塌，有蹬踏便道可登台顶；北壁东侧块状崩塌，台顶长满杂草，中部略凹，外侧存女墙痕迹。围墙西南、西北、东北角有坍塌豁口，东、北墙坍塌呈土垄状，南墙及西墙中部保存较好，墙面多风蚀孔洞，门道在南墙西端。院内为耕地。

台体方向北偏东12°。底部边长8、顶部边长4.5米，高8米，台体距围墙北、西墙17米。围墙东西42、南北44米，南墙基宽3.8、顶宽1.6、高3.8米，门道宽1.5米。台顶外侧女墙高约0.2米，夯层厚0.13~0.17米（图三一八；彩图三八八）。

4. 张家塬烽火台（编码640324353201170037；工作编号 TXF024）

该烽火台位于同心县张家塬乡张家塬村东塬畔上。东北距墩梁洼烽火台3.37千米。

烽火台由台体、围墙、环壕组成。保存较好。台体呈覆斗形，实心，黄土夯筑而成，四壁较直；东壁中部有一条自上而下的水冲壕，为登台便道；西、北壁生长有黑霉斑及杂草，西北角坡度较缓，可登台顶；台顶平坦，长满杂草。围墙东南、西北角坍塌，东墙南、北端均有一处较小豁口，北端豁

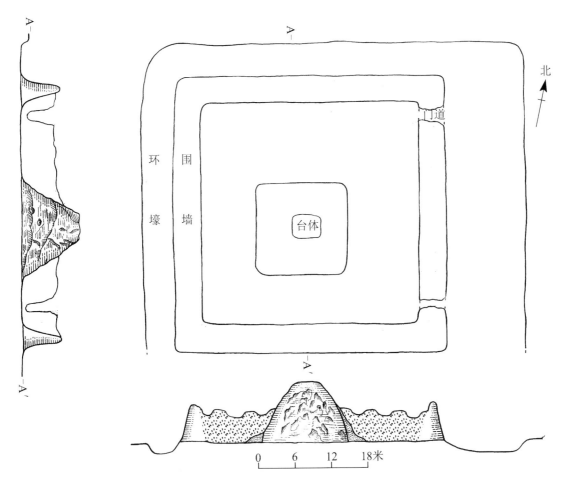

图三一九　张家塬烽火台平、立、剖面图

口可能为门道；西、南墙内侧有大面积黑霉斑，底部分布多处带状凹槽，下部有大量风蚀孔洞，墙顶大多坍塌呈豁口状。南墙外临深沟，无环壕；其余各面环壕保存较好，内为耕地。院内地面散见少量灰陶砖瓦残片及灰陶罐、褐釉瓮底残片。

台体方向北偏西 9°。台体底部边长 15 米，顶部东西 4.9、南北 3.8 米，高 9.6 米，夯层厚 0.07 ~ 0.16 米。台体距围墙南墙 7、西墙 9 米，围墙边长 36 米，北墙基宽 5.2、顶宽 1.2、内高 6.4、外高 8 米，夯层厚 0.15 ~ 0.18 米；东墙北端豁口宽 1.8、南端豁口宽 0.8 米；东侧环壕宽 18.7、西北两侧环壕宽 5、深 1.8 米（图三一九；彩图三八九）。

5. 墩梁洼烽火台（编码 640324353201170036；工作编号 TXF025）

该烽火台位于同心县张家塬乡赵团庄村上庄西 0.5 千米南北向墩梁洼梁顶平地上。东北距墩阳岗子烽火台 4.5 千米、陈家塘塘子烽火台 6.6 千米。

烽火台由台体、围墙、环壕组成。保存一般。台体用黄土夯筑而成，东壁下部堆土较高，中部有 1 孔小窑洞，顶部多剥落，向内凹；西、南壁较直，夯层清晰，上部有几处风蚀孔洞；北壁分布大面积的黑霉斑，下半部坍塌堆土呈慢坡状，上部较直；台顶平坦，长有杂草。围墙南墙保存较好，西墙坍塌成土垄，北墙大部坍塌，门道在东墙南段中部。环壕保存一般。

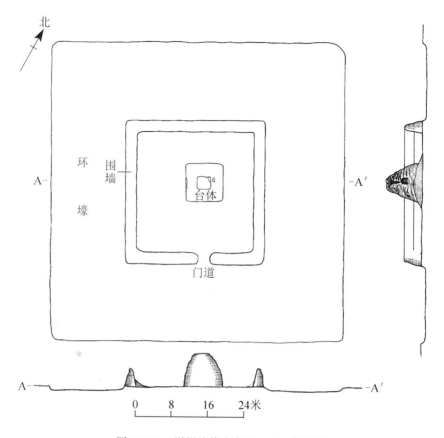

图三二〇　墩梁洼烽火台平、立、剖面图

台体方向北偏西30°。台体底部东西10、南北9米，顶部东西3.7、南北3.2米，高8.5米，夯层厚0.1~0.15米。围墙边长37米，墙体基宽3、顶宽0.8、内高4.7、外高5.8米，门道宽3.2米，夯层厚0.25~0.27米。环壕口宽20、深1.1米（图三二〇；彩图三九〇）。

6. 陈家塘塘子烽火台（编码640324353201170031；工作编号TXF026）

该烽火台位于同心县张家塬乡汪家塬村陈家塘塘子自然村西0.8千米塬边上。西北距预旺城4.25千米、墩阳岗子烽火台3.8千米。

烽火台由台体、围墙、环壕组成。保存较好。台体用黄土夯筑而成，东壁中下部轻微剥落，夯层清晰，北侧有一道纵向水冲凹槽；南壁中部沿西南角向上延伸有斜坡登台便道可登台顶，西南角下部掏挖有登台脚窝；西壁夯层清晰，有黑霉斑及横向风蚀凹槽，北侧底部块状剥落；北壁中部略内凹，布满黑霉斑，底部堆土较高，长满杂草。台顶中部略凹，长满杂草。围墙东墙顶部坍塌，底部有风蚀凹槽；南墙顶部剥落，西端坍塌；西、北墙中部保存较好，两端顶部部分坍塌；西南角坍塌呈土垄状，东南角处门洞坍塌，为一出入豁口。东、南、北墙外侧有取土环壕；西墙外侧临断崖，无环壕；南墙外为双环壕，内侧壕沟较陡深，外壕沟底较平坦。院内及环壕内长满杂草。

台体方向北偏西30°。台体底部东西14.3、南北13.5米，顶部东西7、南北6米，高12米，夯层厚0.2~0.24米。围墙边长74米，墙体基宽3.3、顶宽0.5、内高3.8、外高4.8米，门道宽3米。南墙外内环壕宽11.8、深4米，外环壕宽8、深2.5米（图三二一；彩图三九一）。

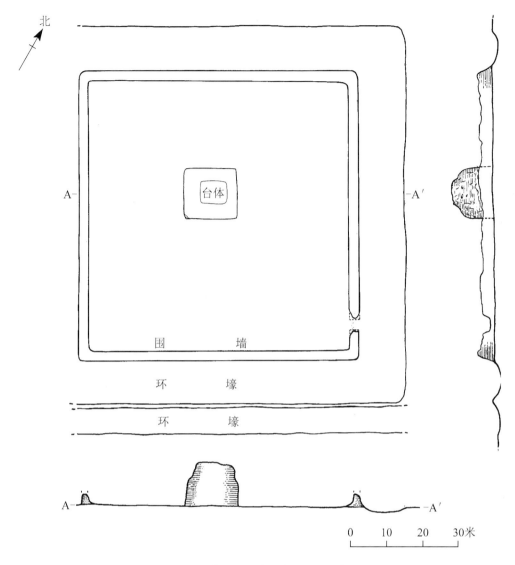

图三二一　陈家塘塘子烽火台平、立、剖面图

7. 墩阳岗子烽火台（编码 640324353201170030；工作编号 TXF027）

该烽火台位于同心县预旺镇南塬村墩阳岗子村内平地上。台体西侧有住户。北距预旺城 2.72 千米。

烽火台由台体、围墙组成。台体高大，崩塌严重，保存一般。台体用黄土夯筑而成，因取土台体悬空，整体高于地表 2～3 米。东壁底部有带状凹槽，中下部块状崩塌，顶部及南侧上部崩塌，分布 3 条较大的纵向裂隙；南壁剥落严重，中部有 2 条裂隙贯通上下；西壁较直，下底部、北侧下部块状剥落，上部分布有黑霉斑，东北角上部坍塌，中下部块状崩塌，有多条较小纵向裂隙；北壁夯层清晰，西侧及顶部大部坍塌，东侧之字形便道可登台顶；台顶西高东低，凹凸不平，长有杂草。围墙大部损毁，仅存南墙中部一小段，院内有牲畜棚及地穴式猪圈。

台体方向北偏西 30°。台体底部东西 8、南北 7 米，顶部边长 3.6 米，高 7.7 米，夯层厚 0.16～0.2 米。围墙南墙中部长 7.3、高 4.5 米，距台体 9.5 米，夯层厚 0.16～0.18 米（图三二二；彩图三九二）。

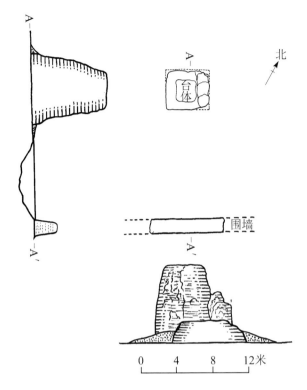

图三二二　墩阳岗子烽火台平、立、剖面图

8. 墩墩山烽火台（编码640324353201 170035；工作编号 TXF028）

该烽火台位于同心县预旺镇青羊泉村上湾自然村西南1.5千米青羊岭墩墩山顶上。西侧为深沟，东南俯瞰预旺盆地。北距墩墩山北烽火台0.426千米，东距长湾烽火台1.75千米。

烽火台由台体及东、南、北面围墙及环壕组成。保存一般。台体用黄土夯筑而成，东壁大部剥落坍塌，两侧坍塌尤为严重，两角缺失向内凹进；南壁剥落，中部向内凹进，西壁较直，表面长有黑霉斑；北壁较直，壁面长有黑霉斑；台顶东高西低，长有杂草。台体西临山坡，西侧无围墙，围墙东、南墙坍塌呈土垄状，南墙内侧东部有2处盗洞；北墙顶部坍塌。东、南、北面环壕保存一般。

台体方向北偏东10°。台体底部边长14米，顶东西6.5、南北5.3米，高10米，夯层厚0.2~0.23米。围墙东西25、南北31、内高2.5、外高7米，夯层厚0.2~0.24米。环壕宽12米（图三二三；彩图三九三）。

9. 墩墩山北烽火台（编码640324353201170034；工作编号 TXF029）

该烽火台位于同心县预旺镇青羊泉村上湾自然村西南1.5千米青羊岭墩墩山北段山脊上。东距长湾烽火台1.83千米。

台体用黄土夯筑而成。无围墙。保存一般。台体东壁轻微剥落，中部有登台便道；南壁中部自上而下因雨水冲蚀形成的水冲壕，可登台顶；西壁较直，底部有多处风蚀孔洞，北侧人工挖掘有登台便道，壁面有黑霉斑，长满杂草；台顶较平坦，长有稀疏杂草。

台体方向北偏东10°。台体底部东西5.5、南北6.4米，顶部东西3.6、南北4.1米，高4.2米，夯层厚0.15~0.17米（图三二四；彩图三九四）。

10. 长湾烽火台（编码640324353201170033；工作编号 TXF030）

该烽火台位于同心县预旺镇青羊泉长湾村西山顶上。西北距上湾烽火台1.05千米，西距墩墩山北烽火台1.83千米，东距预旺城7.53千米。

台体用黄土夯筑而成。无围墙。保存一般。台体东壁中部有1孔小窑洞，顶部坍塌通台顶，底部堆土较低；南壁中部铲削有登台脚窝，下有堆土；西壁下有堆土，南北两侧掏挖5列双行长方形脚窝；北壁有黑斑，中部有登台脚窝；台顶仅存西南角，铲削损毁严重。

台体东壁方向北偏西25°。台体底部东西5.3、南北6米，顶部边长4.3米，高2.7米，夯层厚0.12~0.18米（图三二五；彩图三九五）。

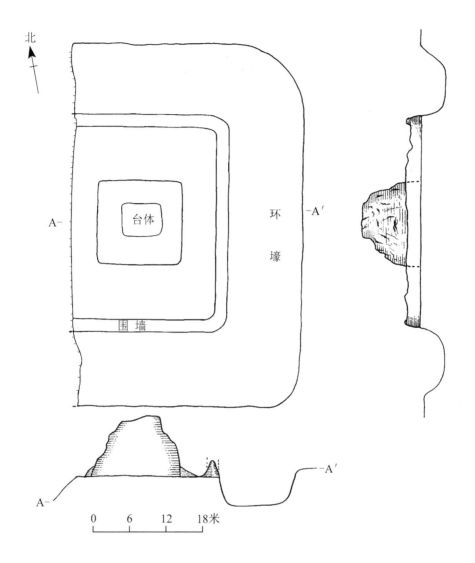

图三二三　墩墩山烽火台平、立、剖面图

11. 上湾烽火台（编码640324353201170032；工作编号 TXF031）

该烽火台位于同心县预旺镇青羊泉村上湾自然村西山顶上。西南距墩墩山北烽火台1.06千米，东距预旺城8.33千米、预旺城北烽火台8.5千米。

烽火台由台体、围墙组成。保存一般。台体用黄土夯筑而成。东壁较直，有多处风蚀小孔洞，北侧顶部坍塌；西、南壁较直，夯层清晰，西壁中部有一处较大的风蚀孔洞；北壁分布有黑霉斑，东北角坍塌，有之字形踩踏便道盘旋至台顶；台顶中部有一凹洞，长有杂草。围墙仅存东、南墙中下部，墙体较薄，多处坍塌。

台体方向北偏东20°。台体底部边长6.2、顶部边长4.3米，高3.5米。台顶中部凹洞直径1、深1.5米；围墙东西25.4、南北19.8米，东墙存中段7米，南墙存中段5.5米，墙体基宽1.9、顶宽0.5、高2.1米（图三二六；彩图三九六）。

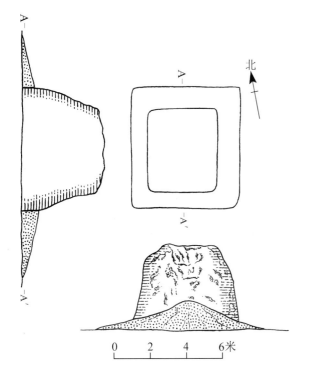

图三二四　墩墩山北烽火台平、立、剖面图

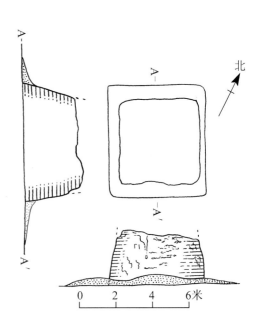

图三二五　长湾烽火台平、立、剖面图

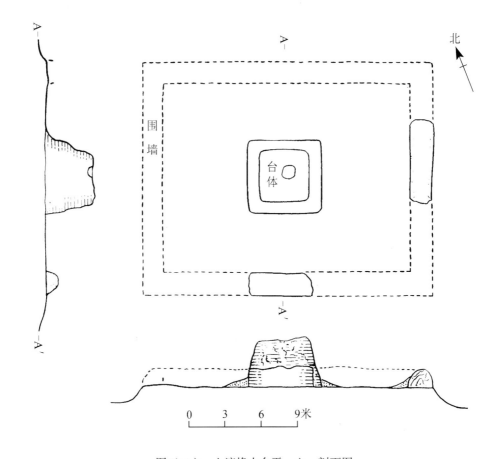

图三二六　上湾烽火台平、立、剖面图

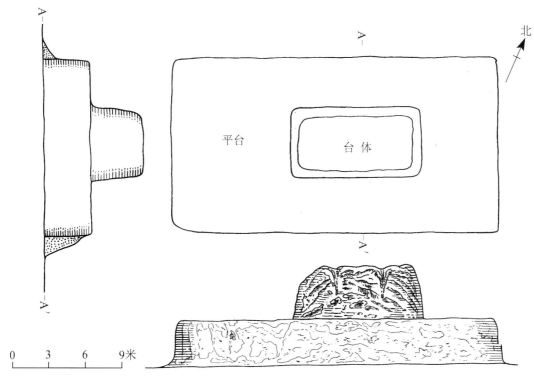

图三二七　预旺城北烽火台平、立、剖面图

12. 预旺城北烽火台（编码 640324353201170029；工作编号 TXF032）[1]

该烽火台位于同心县预旺城西北 0.289 千米处。北侧有一条东西向大沟，深 50 余米，属折死沟的岔沟。

台体建在一长方形夯土台基上，无围墙。保存一般。黄土夯筑而成。东壁较直，中部有多处风蚀孔洞；南壁中部因长期攀爬、蹬踏向内凹进，表层多剥落；西壁较直，顶部分布有少量黑霉斑，中部有一条裂隙贯通上下，夯层清晰；北壁东北角上部坍塌，下部有掏挖的脚窝可登台顶，顶部分布有少量黑霉斑，中下部多处涂鸦刻划，内容大多为人名、图画。台顶平坦，北高南低，长有稀疏杂草。

台体东壁北偏西 25°。台体底部东西 8.8、南北 4.5 米，顶部东西 7.8、南北 3.7 米，高 3.5 米，夯层厚 0.06～0.09 米。台基东西 21.5、南北 12、高 3.2 米，夯层厚 0.1～0.13 米（图三二七；彩图三九七）。

13. 马家洼子烽火台（编码 640324353201170027；工作编号 TXF033）

该烽火台位于同心县马高庄乡白阴洼村马家洼子东南 1.2 千米黑风沟西侧。黑风沟深达几十米，沟壁陡峭，沟内有流水，盐碱化严重。东南距白阴洼子烽火台 4.7 千米，南距预旺城北烽火台 6.5 千米。

烽火台由台体、围墙及环壕组成。保存一般。台体用黄土夯筑而成，四壁大多坍塌呈慢坡状，底部堆土较高，东、北壁长有黑霉斑，南壁中部、西北角、东南角坍塌处为登台便道；台顶中部平坦，

---

〔1〕　该烽火台 2010 年城址测量复查时已损毁无存。

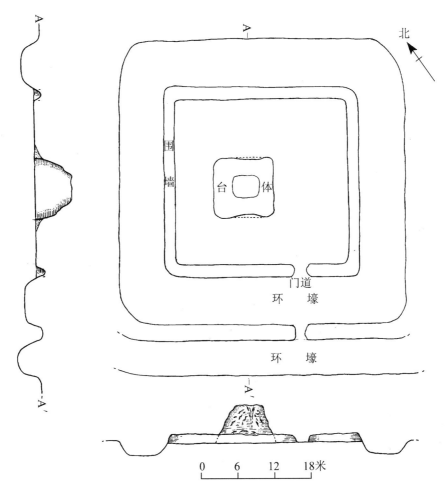

图三二八　马家洼子烽火台平、立、剖面图

四周因坍塌参差不齐，长满杂草。围墙东墙内侧堆土呈斜坡状；南墙东段坍塌严重，西段保存较好，门道在南墙中部；西墙顶部多坍塌，长满杂草；北墙东段被流水冲蚀为深沟，西段保存一般。环壕保存较好，南墙外为双环壕，壕内长满杂草。

　　台体方向北偏东 35°。台体底部边长 11.3 米，顶部东西 4.8、南北 4.5 米，高 6.8 米，夯层厚 0.17~0.2 米。围墙东西 32、南北 30 米，墙体基宽 2.2、顶宽 0.3~0.5、内高 1.5、外高 3.8 米。南门豁口宽 2 米。内环壕宽 8.8、深 2.2 米，外环壕宽 6.5、深 3.5 米。环壕间距 2.5 米（图三二八；彩图三九八）。

14. 白阴洼子烽火台（编码 640324353201170028；工作编号 TXF034）

　　该烽火台位于同心县马高庄乡白阴洼村南 0.1 千米。西南距预旺城北烽火台 6.5 千米，北距毛家墩烽火台 5.7 千米。

　　烽火台由台体、围墙及环壕组成。保存一般。台体及围墙用黄土夯筑而成。东壁中部较直，多蜂窝状小孔，南、北侧大部坍塌；南壁顶部多坍塌，壁面西侧块状崩塌，东侧有便道可登台顶；西壁较直，分布有少量黑霉斑，西北、西南角因长期雨水冲蚀形成水冲沟，为登台便道；北壁轻微剥落，分布有黑霉斑；台顶平坦，中部有一塌陷盗洞，长满杂草。围墙东墙坍塌仅存底部；西、南墙坍塌呈土

图三二九　白阴洼子烽火台平、立、剖面图

垄状；北墙存中下部，底部多带状凹槽，中部有门道豁口。东、北墙外有环壕，壕内长有杂草；西、南墙临崖坎，外侧有环壕。

台体方向北偏西30°。台体底部东西7、南北10米，顶部东西5.3、南北6米，高6.5米。台顶中部盗洞直径1.3米，东壁夯层厚0.15～0.19米。围墙东西22、南北26米，基宽2.8、高1.4米，夯层厚0.13～0.17米；北墙东端西11米有门，宽2.4米。环壕宽8、深4米（图三二九；彩图三九九）。

15. 毛家墩烽火台（编码640324353201170026；工作编号TXF035）

该烽火台位于同心县马高庄乡白阴洼村毛家墩自然村东1千米梁畔上。南距马家洼子烽火台3.5千米，西距双墩烽火台3.7千米。

烽火台由台体、围墙和2道环壕组成。保存一般。台体及围墙用黄土夯筑而成。东、北壁有轻微黑霉斑，轻微剥落，西南角坍塌；南壁西侧坍塌处为登台便道；西壁轻微剥落，中部有登台便道，夯层清晰；台顶长有杂草。围墙东墙除中部一段存墙基外，其余坍塌为土垄；南墙保存较好，墙面多分布黑霉斑；西墙分布有大面积的黑霉斑，南端有一处豁口，南段保存较好，北段墙顶大多坍塌，墙面多风蚀孔洞，西北角为一较大豁口；北墙顶部大多坍塌，墙体表面密布风蚀孔洞。围墙外侧为双环壕，

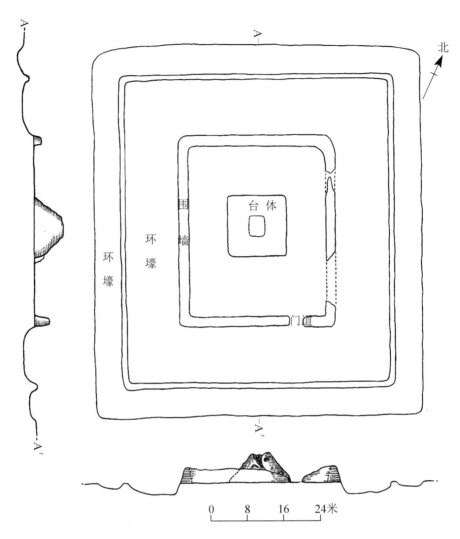

图三三〇　毛家墩烽火台平、立、剖面图

环壕内长满杂草。地表有少量灰陶筒瓦、白釉碗、褐釉缸口沿残片。

台体方向北偏西25°。台体底部边长12米，顶部东西3、南北4米，高6米，夯层厚0.25～0.28米。围墙东西29、南北30米，墙体基宽2、顶宽0.6、内高3.2、外高5.5米。南门道宽2.5米。内环壕宽11、深2.3米，外环壕宽5.5、深1.8米（图三三〇；彩图四〇〇）。

采集遗物3件。

TXF035：1，套兽残块。合模制作，内空似龙身残块。两侧平整刻饰斜线方格纹，背脊微隆，脊梁及两侧刻饰斜线纹。长19、面宽7.4～11.2、面高2.2～4.5厘米（图三三一；彩图四〇一）。

TXF035：2，残圈足碗底。弧腹，深圈足，浅灰胎，内施白釉，外壁施浅酱釉。底径5.8、高3、足高1厘米（图三三二）。

TXF035：3，残圈足碗底。弧腹，圈足，足根斜削。黄白胎，内壁施白釉，外壁施黑釉，足底无釉。底径6.5、高3.6、足高0.8厘米（图三三三；彩图四〇二）。

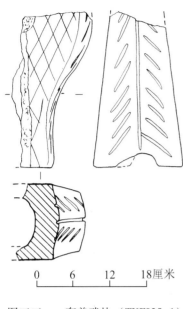

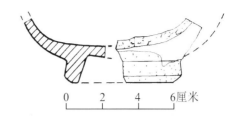

图三三二　残圈足碗底（TXF035∶2）

图三三一　套兽残块（TXF035∶1）

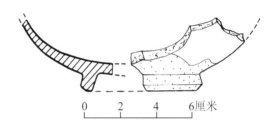

图三三三　残圈足碗底（TXF035∶3）

16. 双墩烽火台（编码 640324353201170025；工作编号 TXF036）

该烽火台位于同心县预旺镇土锋村西北 1 千米山梁上。北距大郎顶烽火台 10.38 千米，南距预旺城 9.76 千米。

烽火台由台体、围墙及双环壕构成。保存一般。台体及围墙用黄土夯筑而成。东壁上部多坍塌，壁面长满杂草；南壁长有杂草，顶部多风蚀孔洞；西壁有多处水冲壕，壁面有轻微黑霉斑；北壁遍布黑霉斑；台顶凹凸不平，长满杂草。西、南外侧临山坡，无环壕，门道在北墙中部；北、东墙坍塌为土垄，外侧有双环壕，外环壕被平整为耕地。烽火台西北 0.2 千米有一座直径 20、高 6 米的土丘，当地人把土丘与烽火台合称"双墩"。

台体方向北偏东 15°。台体底部东西 11.8、南北 12 米，顶部东西 5.5、南北 4.5 米，高 5.5 米，夯层厚 0.16~0.21 米。围墙东西 29、南北 28、高 4.5 米，北门豁口宽 3 米。东墙外内环壕宽 11.5 米，外环壕宽 8.7 米，壕深 3.2 米，环壕间距 1.6 米（图三三四；彩图四〇三）。

17. 大郎顶烽火台（编码 640324353201170024；工作编号 TXF037）

该烽火台位于同心县下马关镇王古窑村顶西南 0.15 千米处山梁上（古称打刺顶），民国时期称打狼山[1]，当地居民相传说北宋杨家将曾驻守此地，讹传为"大郎顶"。东北距官厅台烽火台 1.61 千米。

烽火台由台体、围墙、双重环壕组成。保存一般。台体呈覆斗形，实心，黄土夯筑而成。东壁夯层清晰，堆土较高，剥落坍塌严重，东北角顶部坍塌；南壁夯层清晰，中部长有杂草；西壁夯层清晰，壁面长有杂草，中部因雨水冲蚀，形成一道自上而下的水冲壕，西北、西南角因雨水冲蚀坍塌；北壁有黑霉斑，长满杂草；台顶存东部，长满杂草。围墙东墙北段中部有一小豁口，夯层清晰；南墙保存

〔1〕　陈步瀛撰修：(民国)《盐池县志》卷一《地理志》"山川"，范宗兴笺证、张树林审校《盐池旧志笺证》，黑龙江人民出版社，2004 年，206 页。

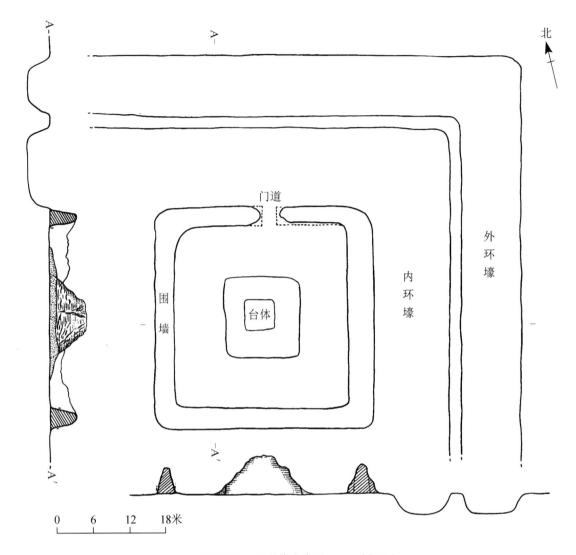

图三三四　双墩烽火台平、立、剖面图

较好，局部有黑霉斑，墙体西侧中上部坍塌；西墙风蚀严重，有轻微黑霉斑，夯层清晰；北墙较直，轻微剥落，中下部多风蚀孔洞；院内长满杂草。西北两侧环壕因耕种填塞消失，东环壕仅存痕迹，南环壕保存较好，环壕内为耕地。

　　台体方向北偏西20°。台体底部边长11.3米，顶部东西4、南北3.7米，高8.1米，夯层厚0.2～0.24米。围墙边长32、高4.5米，基宽3.8米，西墙门道宽4米。内环壕宽5.1、深4米，外环壕宽6、深2米，环壕间距3.9米（图三三五；彩图四○四）。

18. 官厅台烽火台（编码6403243532011700023；工作编号TXF038）

　　该烽火台位于同心县下马关镇王古窑村南0.8千米、203省道西0.1千米路边台地上。北距上马坟烽火台4.73千米。

　　烽火台由台体、围墙、环壕组成。保存一般。台体用黄土夯筑而成。东壁坍塌严重，下部有1孔窑洞，底部经铲削为打谷场；南壁长有杂草，西侧围墙被开挖出一条东西向便道豁口；西壁紧靠围墙西墙，壁面多坍塌呈慢坡状，分布有少量黑霉斑；北壁较直，有大面积的黑霉斑，西北角坍塌，为登

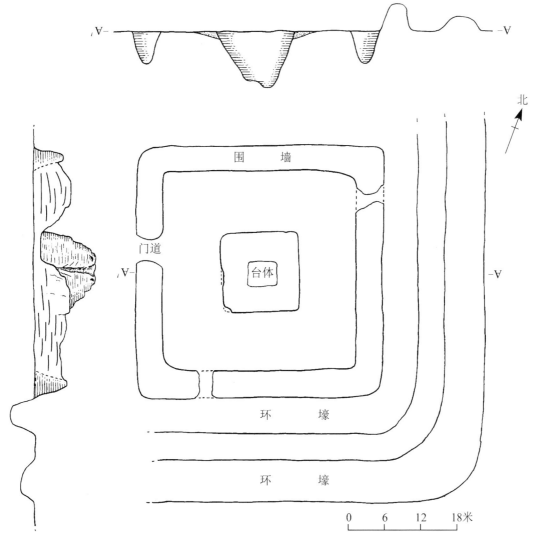

图三三五　大郎顶烽火台平、立、剖面图

台便道；台顶剩北部一段，长有杂草。围墙长满杂草，四角及上部普遍坍塌，豁口较多，东墙中部有门道豁口，东南角外侧墙体被铲削修建房屋，东北角修建有水泥蓄水窖；南墙中段中上部坍塌，分布黑霉斑，其余保存较好；西墙中部有一人为便道豁口，中部较高，南北两侧较低，墙顶多雨水冲蚀小豁口，南段保存较好，西南角坍塌处有长方形蓄水深坑；北墙中上部坍塌，部分仅存基部，底部堆土较高。环壕西、南侧保存较好，环壕内为耕地。

　　台体方向北偏东25°。台体底部东西13、南北8.3米，顶部东西4、南北2.5米，高8.5米，夯层厚0.17~0.2米。围墙东西89、南北78米，墙体基宽4.5、顶宽0.9、高3.5米，夯层厚0.2~0.25米，门道豁口宽3.2米。环壕宽13.6、深2.8米（图三三六；彩图四〇五）。

19. 上马坟烽火台（编码640324353201170022；工作编号TXF039）

　　该烽火台位于同心县下马关镇五里墩村上马坟西北0.2千米处平地上。北距五里墩烽火台6千米。

　　烽火台由台体、围墙、环壕组成。保存一般。台体用黄土夯筑而成。东壁较直，分布多处风蚀孔洞，底部分布带状凹槽；南壁剥落、坍塌严重，底部有1小孔窑洞，中部因长期雨水冲蚀形

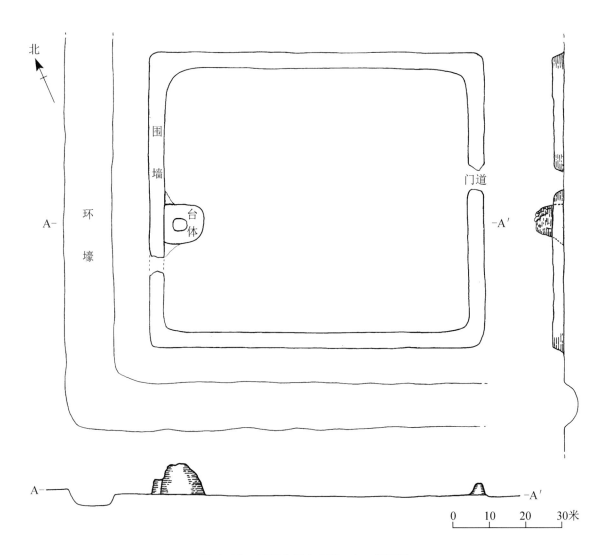

图三三六　官厅台烽火台平、立、剖面图

成自上而下的水冲壕；西壁轻微风蚀剥落，有轻微黑霉斑，西南角上部坍塌；北壁剥落、坍塌严重，分布有大面积的黑霉斑。台顶平坦，长满杂草。围墙四角轻微坍塌，南墙普遍块状崩塌、剥落，密布风蚀孔洞，墙体变薄坍塌，门道豁口在中部，内侧分布有大量黑霉斑；西墙保存较好；北墙顶部多坍塌，墙面多风蚀孔洞，墙体下堆土较高。环壕除东壕保存较好外，其余多被耕地平毁，仅存痕迹，院内及环壕内为耕地，地表散见褐釉缸、白釉碗底。烽火台东北 0.098 千米处有一处夯筑房址。

台体方向北偏西 20°。台体底部东西 11.6、南北 12 米，顶部东西 5、南北 4.5 米，高 10.5 米，夯层厚 0.19～0.21 米。围墙东西 104、南北 106 米，墙体基宽 2.8、顶宽 1、高 5 米，东墙门道宽 5.1 米。四周环壕宽 14.2 米。房址东西 5.1、南北 6.3 米，墙体厚 2、高 3.1 米（图三三七；彩图四〇六）。

20. 五里墩烽火台（编码 640324353201170021；工作编号 TXF040）

该烽火台位于同心县下马关镇五里墩村东北 0.05 千米平地上。北距下马关 3.51 千米。

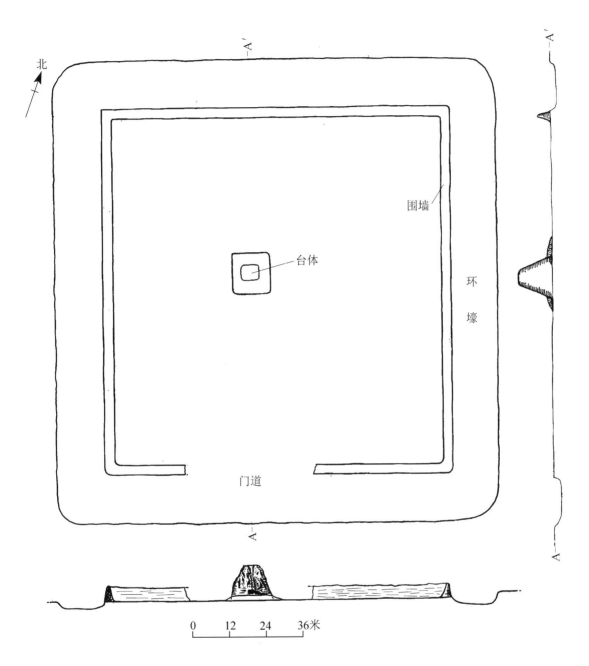

图三三七　上马坟烽火台平、立、剖面图

烽火台由台体、围墙、环壕组成。保存一般。台体用黄土夯筑而成。东壁较直，东北角因雨水侵蚀坍塌，仅剩下部，堆土较高；南壁剥落坍塌严重，因流水侵蚀，自上而下形成人字形凹槽，中部坍塌下滑；西壁较直，表面剥落，底部多风蚀孔洞；北壁较直，夯层清晰，中部因雨水侵蚀，坍塌下滑，堆土较高，壁面有黑霉斑；台顶因风蚀、雨水侵蚀严重，仅剩脊部，由脊部向两侧坍塌。围墙四角坍塌，南墙保存较好，中部剥落严重，墙体变薄，多风蚀孔洞，门在东墙北段中部；东墙南端坍塌为土垄状，损毁严重，形制尚存；西墙变薄，保存一般；北墙中部坍塌。院内被平整为耕地，种植燕麦。环壕北侧保存较好，环壕内种植油葵等作物。

台体方向北偏东10°。台体底部边长10米，顶部东西5.7、南北4、高8米，夯层厚约0.3米。围

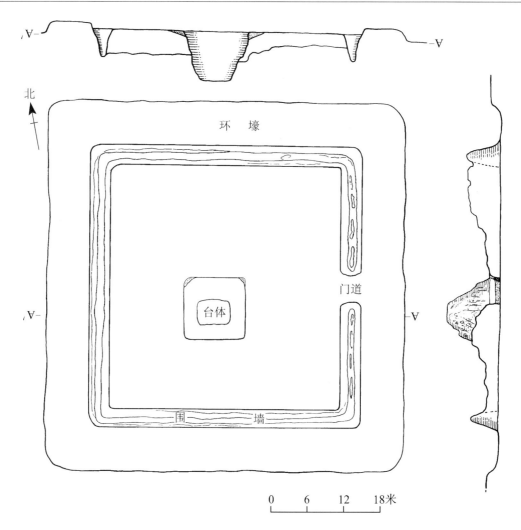

图三三八　五里墩烽火台平、立、剖面图

墙边长 45 米，东墙距北端 21 米处有门道，宽 2.7 米，门道处墙基宽 3.5 米；南墙内高 4.2、外高 4.9 米。环壕宽 7、深 1.6 米（图三三八；彩图四〇七）。

第二节　固原镇—花马池"防秋道"下马关—盐池城段烽火台

下马关—盐池城段共调查烽火台 16 座。该线烽火台呈西南—东北走向，多建于平地，大部无围墙，形制与环灵道驿路沿线烽燧相似，规模较小，主要功用是为驿路提供服务。

1. 下马关镇北烽火台（编码 640324353201170009；工作编号 TXF041）

该烽火台位于同心县下马关镇北 2.56 千米 203 省道西侧 5 米处台地上。南距五里墩烽火台 5.65 千米，北距陈儿庄烽火台 1.74 千米。

烽火台无围墙。台体高大，壁面较直，保存一般。台体用黄土夯筑而成。东壁下有坍塌堆土，中部裂隙发育，北侧中下部块状崩塌，南侧中部多风蚀小孔洞；南壁较直，底部块状剥落，东西两侧有裂隙发育，上部多蜂窝状小孔洞；西壁下底部南侧块状剥落，北侧多风蚀凹槽，顶部有一条水冲凹槽；

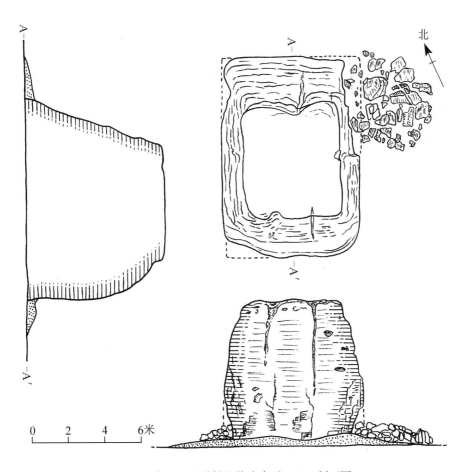

图三三九　下马关镇北烽火台平、立、剖面图

北壁较直,夯层清晰,表面有晒黑斑,底部有少量堆土,上部多分布风蚀孔洞,中部有一条贯通上下的裂隙,东侧中下部块状崩塌;台顶平坦,长满杂草。

台体方向北偏东25°。台体底部东西6.8、南北9.5米,顶部边长5米,高7米,夯层厚0.18~0.2米(图三三九;彩图四〇八)。

2. 陈儿庄烽火台（编码6403243532201170010;工作编号TXF042）

该烽火台位于同心县下马关镇赵家庙村陈儿庄自然村南1.5千米203省道东侧滩地上。东北距下红沟沿烽火台1.82千米。

烽火台由台体及围墙组成。台体较高大,剥落坍塌严重,保存一般。台体用黄土夯筑而成,夯层中夹杂有少量的细砂石。东壁中下部轻微剥落,夯层清晰,顶部有晒黑斑;台顶平坦,长满杂草,西南、东南角坍塌;南壁上部北两侧坍塌,中部有2处较大的桩木孔洞,中下部多蜂窝状风蚀孔洞及条状凹槽;西壁上部有斜向登台坡道,下底部北侧多风蚀孔洞;北壁较直,底部有1孔小窑洞,分布有大面积的晒黑斑。围墙仅存四角,坍塌呈土垄状。院内杂草、碎石密布,地面散见少量灰陶砖瓦残片及灰陶罐、褐釉瓮底残片。

台体方向北偏东40°。台体底部东西8.5、南北8米,顶部东西3、南北4.8米,高8米,夯层厚0.15~0.2米。南壁顶部有2个直径约0.6米的风蚀孔洞,西壁底部窑洞口宽1.2、高1米。围墙边长约27、高0.5~0.7米(图三四〇;彩图四〇九)。

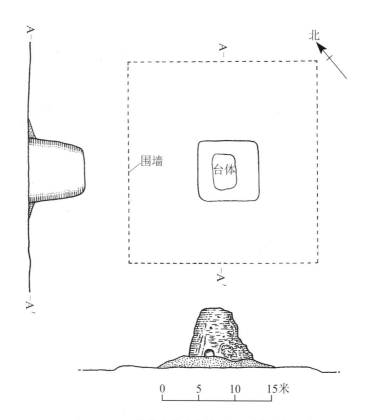

图三四〇　陈儿庄烽火台平、立、剖面图

3. 下红沟沿烽火台（编码640324353201170011；工作编号TXF043）

该烽火台位于同心县韦州镇马庄子村下红沟沿西北1.2千米203省道东侧滩地上。北距停沟烽火台2.7千米。

烽火台由台体及围墙组成。保存一般。台体用黄土夯筑而成，东壁较直，中部有1孔窑洞；南壁底部有风蚀凹槽，中上部剥落；西壁分布有黑霉斑，北侧块状崩塌，有登台脚窝，可至台顶；北壁轻微剥落，分布有黑霉斑；台顶西侧中部因雨水侵蚀向内凹进，长有杂草。围墙仅存痕迹，院内地面散见少量褐釉缸及白釉碗底残片。

台体方向北偏西30°。台体底部边长10、顶部边长4.6、高8米，东壁窑洞宽1、高2、进深2米，夯层厚0.1~0.15米。围墙东西23.5、南北21米（图三四一；彩图四一〇）。

4. 停沟烽火台（编码640324353201170012；工作编号TXF044）

该烽火台位于同心县韦州镇马庄子村停沟自然村东南0.3千米203省道东侧。北距十五里墩烽火台2.74千米。

烽火台由台体、围墙组成。台体用黄土夯筑而成，剥落坍塌严重，围墙仅存痕迹。保存一般。台体东壁多风蚀孔洞，底部带状凹槽，南侧风蚀剥落，底部堆积大量坍塌土块；南壁中部多风蚀孔洞，西侧底部块状崩塌，底部多风蚀凹槽；西壁剥落，南侧中部自上而下有一道水冲壕；北壁剥落严重，底部有1孔小窑洞，中部有较小的水冲壕；台顶面积较小，四角坍塌，长有杂草。围墙仅存痕迹，院内地面散见少量褐釉缸残片。

台体方向北偏西25°。台体底部东西8、南北9米，顶部东西4、南北4.5米，高6.6米，夯层厚

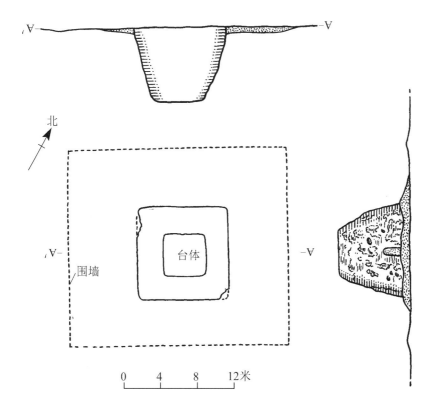

图三四一　下红沟沿烽火台平、立、剖面图

0.15～0.22 米。北壁窑洞口宽 1、进深 1.5、高 1.2 米。围墙边长 26 米（图三四二；彩图四一一）。

5. 十五里墩烽火台（编码 640324353201170013；工作编号 TXF045）

该烽火台位于同心县韦州镇马庄子村戎家川自然村西北 1.8 千米 203 省道东侧。北距红沟烽火台 2.3 千米。

烽火台由台体及围墙组成。台体高大，壁面较直，剥落坍塌较严重，保存一般。黄土夯筑而成，夯层中夹杂有少量的细砂石；东壁上部有一较小水冲壕，中部多风蚀凹槽，下底部因长期风蚀，呈带状凹槽；南壁较直，多风蚀孔洞，中部有 3 个桩木孔洞，下底中部有 1 孔窑洞；西壁上部块状剥落、坍塌，与下部形成一梯形截面，可登台顶，西壁下有用土坯围成的羊圈，多风蚀孔洞；北壁较直，轻微剥落，有黑霉斑，长有稀疏杂草；台顶平坦，长有杂草，西侧中部因雨水侵蚀向内凹进。围墙除东、南墙各保存一段外，其余坍塌呈土垄状。围墙四角坍塌，西、北墙及东墙北段坍塌呈土垄状，东墙南段及南墙存中下部，表层多剥落，夯层清晰，门道在南墙中部。地面散落有现代砖瓦。

台体方向北偏西 10°。台体底部边长 11.4、顶部边长 7.6、高 10 米，夯层厚 0.1～0.16 米。围墙边长 31 米，墙体基宽 3、高约 0.4 米。窑洞口宽 1、进深 4、高 1.9 米（图三四三；彩图四一二）。

6. 红沟烽火台（编码 640324353201170014；工作编号 TXF046）

该烽火台位于同心县韦州镇河湾村红沟西北 0.9 千米 203 省道东侧平地上。北距河湾烽火台 2 千米。

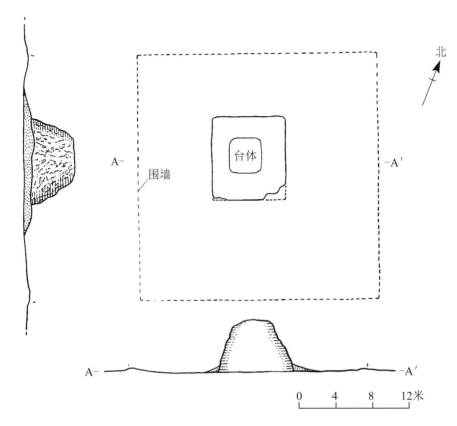

图三四二　停沟烽火台平、立、剖面图

　　烽火台呈覆斗形，无围墙。保存一般。台体用黄土夯筑而成，夯层中夹杂有少量的细砂石。台体四壁有裂隙及雨水冲蚀形成的豁口，轮廓较好，东壁轻微剥落，北侧有一处裂隙发育，下部有一长方形盗洞；南壁较直，下底部分布带状凹槽，东、西侧中部因长期雨水冲蚀形成2条自上而下的水冲壕；西壁较直，分布有轻微黑霉斑，北侧多风蚀孔洞；北壁分布有大面积的黑霉斑，中下部有多处风蚀孔洞，东侧有1处裂隙发育。

　　台体方向北偏东10°。台体底部东西10.7、南北9.5米，顶部边长6米，高7米，夯层厚0.16～0.22米。盗洞口长1.2、宽0.7、深1.5米（图三四四；彩图四一三）。

7. 河湾烽火台（编码640324353201170015；工作编号TXF047）

　　该烽火台位于同心县韦州镇河湾村东南1.75千米203省道东侧平地上。北距韦州城3.5千米。

　　烽火台无围墙。台体四壁坍塌较严重，轮廓较好。保存一般。台体用黄土夯筑而成，夯层中夹杂有少量的细砂石；东壁底部堆土较高，底部风蚀成带状凹槽，北侧块状崩塌，南侧剥落严重，顶部有1处风蚀孔洞；南壁较直，底部有1孔窑洞，中部自上而下块状坍塌，坍塌处多风蚀孔洞；西壁表层剥落严重，南侧及底部多风蚀孔洞；北壁底部堆土较高，有大面积黑霉斑，东北角因长期雨水冲蚀坍塌呈慢坡状，为登台便道，北壁下有1座混凝土质丁字形长城保护标志碑，表面文字少半磨损严重，碑体棱角大多破损；台顶凹凸不平，长满杂草。

　　台体方向北偏西10°。台体底部东西8.3、南北10米，顶部东西6、南北7米，高8.2米，夯层厚0.15～0.18米。窑洞口宽2.7、高2米（图三四五；彩图四一四）。

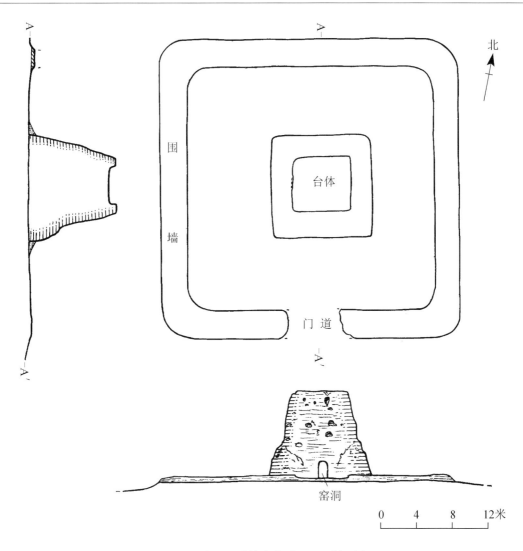

图三四三　十五里墩烽火台平、立、剖面图

8. 青龙山烽火台（编码 640324353201170016；工作编号 TXF048）

该烽火台位于同心县韦州镇青龙山新庄西北 3.3 千米南北向山脊上。东侧为盐池盆地，西侧为韦州盆地，视野开阔。山梁为石灰石山体，近年因采石山体被掏空，形成沿山体南北向延伸的地下暗道及多处东西向出口岔道，山脊有多处孔洞直通洞底。西距韦州城 10.72 千米，东北距惠安堡 16.47 千米，西北距红家沙窝烽火台 7.39 千米。

烽火台无围墙。台体高大，黄土夯筑而成，夯层中夹杂有少量的细砂石，夯土应从山下土质地表挖运而来。保存一般。台体东壁多风蚀孔洞，夯层清晰，中部因雨水冲蚀形成一条自上而下的水冲壕，为登台便道，可登台顶；南壁底部多风蚀凹槽，上部轻微剥落，均匀分布有多条小裂隙；西壁多剥落，长有杂草，中部因雨水冲蚀形成一条自上而下的水冲壕；北壁夯层清晰，顶部有一条水冲壕，东侧上部呈斜三角块状崩塌，崩塌处为登台便道；台顶较平坦，中部有一条东西向裂隙，长有杂草。周围地表散见黑酱釉、褐釉瓮瓷片及少量青花瓷片。

台体方向北偏东 10°。台体底部边长 12.5 米，顶部东西 7.6、南北 8.1 米，高 9.2 米，北壁夯层厚 0.25~0.3 米（图三四六；彩图四一五）。

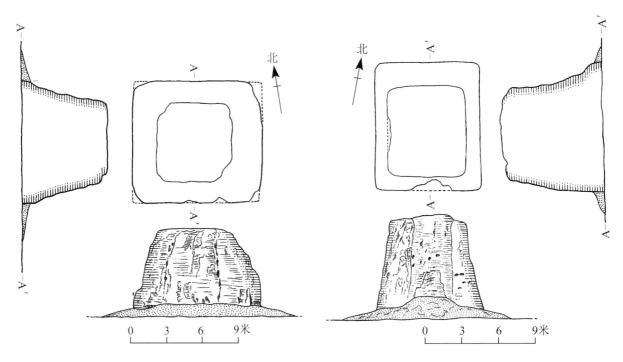

图三四四　红沟烽火台平、立、剖面图　　　　图三四五　河湾烽火台平、立、剖面图

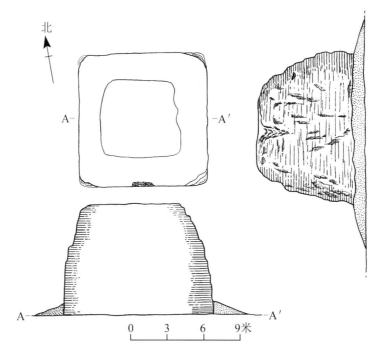

图三四六　青龙山烽火台平、立、剖面图

9. 红家沙窝烽火台（编码 640324353201170017；工作编号 TXF049）

该烽火台位于同心县韦州镇塘坊梁村红家沙窝西北 2.7 千米碱滩平地上。西南距韦州城 7.36 千米，东北距塘坊梁烽火台 2.8 千米。

烽火台无围墙。台体坍塌损毁严重，保存较差。台体用盐碱性红土夯筑，因长期雨水冲蚀，呈锥状土堆，表面长满杂草；东、北壁剥落、坍塌严重，西、南壁多风蚀凹槽；东壁下有一处正方形盗洞，周围地表散落一些青砖及少量筒瓦残片。台体附近可能有建筑遗址。

台体方向北偏西20°。台体底部堆土直径7.5、高7米。东侧15米有1处边长2米的盗洞，深1.5米。青砖长33、宽15、厚6厘米（彩图四一六）。

10. 塘坊梁烽火台（编码640324353201170018；工作编号TXF050）

该烽火台位于同心县韦州镇塘坊梁村西约0.5千米处沙地上。西南距韦州城9.87千米，北距惠安堡5.65千米，东北距太阳山煤矿烽火台2.32千米、丁家圈烽火台3.2千米。

烽火台由台体及围墙组成。黄土夯筑而成，夯层中夹杂有少量的细砂石。保存一般。东壁底部堆土较高，顶部向内凹进，块状剥落，壁面多风蚀孔洞，东北角自上而下向内塌陷，为登台便道，西北角上部坍塌；南壁较直，中上部多风蚀孔洞，底部有长条形凹槽，西南角底部坍塌；西壁夯层清晰，北侧上部分布有风蚀孔洞，下底部分布有带状凹槽；北壁西侧中上部坍塌，夯层清晰，有多处风蚀孔洞，东侧有蹬踏形成的登台便道；台顶因雨水冲蚀，北部崩塌，仅存南部。烽火台西侧74米处有1座有方形夯土台基的建筑遗址，台顶部散布砖瓦残块，北壁顶部有土墙痕迹，围墙坍塌呈土垄状，地表遗留条砖及青石碑座等建筑材料，应为明清时期的塘汛驿站基址。

台体方向北偏西15°。台体底部边长8米，顶部南北4.5、东西3.7米，高6.7米，夯层厚0.07~0.15米。夯土台基底部东西18、南北30米，顶部东西8.7、南北10.9米，高7.5米。围墙东西35、南北47米，基宽3.5、高2.3米。条砖长38、宽18、厚8厘米（彩图四一七）。

采集遗物1件。

TXF050：1，砂岩碑座。出于烽火台西台基旁。白色，长

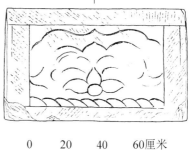

图三四七　砂岩碑座（TXF050：1）

条形，顶面中心有长方形插碑榫槽，侧面长方形边框内线刻重瓣仰莲纹，其他面有细密的钎凿痕。长107、宽67、高66厘米，槽孔长49、宽24、深15厘米（图三四七；彩图四一八）。

11. 丁家圈烽火台（编码640324353201170019；工作编号TXF051）

该烽火台位于同心县韦州镇塘坊梁村丁家圈西北2.25千米惠安堡盆地与韦州盆地交汇处石儿山石质山梁上。周围有多处采石场。西南距红家沙窝烽火台5.87千米，东北距惠安堡12.24千米，西南距韦州城12.84千米。

烽火台无围墙。台体四壁坍塌较严重，分布多处雨水冲蚀形成的豁口，四周堆土较高。保存一般。台体用黄土夯筑而成，夯层中夹杂有少量的细砂石，夯土当从山下运来。台体东、西、南壁中部因雨水侵蚀形成水冲壕向内凹进；东壁东北、东南角保存，中部水冲沟为登台便道，东壁下原有石砌护壁，仅存底部数层；南壁块状坍塌，大量塌土散落地表，中部因雨水侵蚀形成凹槽；西壁坍塌严重，中部有多处风蚀凹槽，西南角中下部块状崩塌，西北角因雨水冲蚀上部崩塌形成登台便道，西壁西侧地表东西向密集分布有10座坟丘状石堆附墩；北壁有晒黑斑，中部向

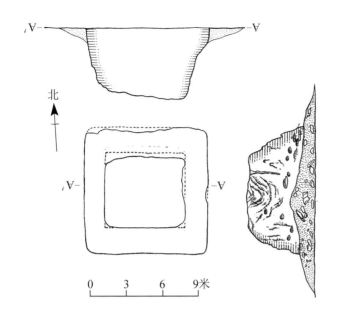

图三四八　丁家圈烽火台平、立、剖面图

内凹进，分布多处较大的风蚀凹槽；台顶平坦，生长有少量杂草；周围地表因山体爆破碎石遍布。

台体方向北偏东4°。台体底部边长9.8米，顶部东西6.2、南北5.4、高5.4米，夯层厚0.22~0.25米，石砌护壁高0.5米，堆土高2~5米（图三四八；彩图四一九、四二〇）。

12. 太阳山煤矿东南烽火台（编码640324353201170020；工作编号TXF052）

该烽火台位于同心县韦州镇塘坊梁村太阳山煤矿东南1.5千米低缓的丘陵上。西南距韦州城12.19千米，西北距平垴墩烽火台5.8千米。

烽火台无围墙。台体四壁有裂隙及雨水冲蚀形成的凹槽，坍塌严重。保存较差。台体用黄土夯筑而成，夯层中夹杂有少量的细砂石；东壁中部因长期雨水冲蚀形成自上而下的水冲壕，北侧分布多处风蚀孔洞；南壁中部有一水蚀凹槽，多风蚀孔洞，西侧底部被风蚀掏空；西壁中部有一水冲壕贯通上下，底部及南侧分布有多处较大风蚀凹槽带；北壁堆土较高，西侧中下部块状崩塌，东北角坍塌，东侧有登台便道；台顶西侧中部因长期雨水冲蚀向内凹进，将台顶分为南、北两部分，表面长有杂草。地表有少量砖瓦残片。

台体方向北偏东10°。台体底部东西11.2、南北9.3米，顶部边长4.4米，高6.1米，夯层厚0.19~0.2米（图三四九；彩图四三一）。

13. 平垴墩烽火台（编码640301353201170016；工作编号HSF019）

该烽火台位于红寺堡太阳山开发区凤凰台村西0.17千米碱湖滩地上。东北距红家沙窝烽火台1.63千米、太阳山开发区烽火台3.6千米。所在位置为开发区工业区企业排污碱湖，烽火台无存。

14. 太阳山开发区烽火台（编码640301353201170017；工作编号HSF020）

该烽火台位于红寺堡太阳山开发区昌盛街北侧山坡上。东北距苏家井烽火台1.8千米、烂山子烽火台2.63千米。

烽火台无围墙。台体呈覆斗形，红胶土夹杂白浆石颗粒夯筑而成。保存较差。台体南壁略内凹，有登台小道，其余壁面较平整，顶部损毁塌陷。

台体方向北偏西25°。台体底部边长7、顶部边长3、高3.4米，夯层厚0.15~0.18米（图三五〇；彩图四二二）。

15. 烂山子烽火台（编码640301353201170018；工作编号HSF021）

该烽火台位于红寺堡太阳山开发区烂山子自然村东。东北距苏家井烽火台2.63千米。

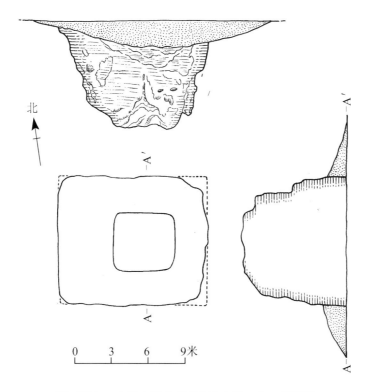

图三四九　太阳山煤矿东南烽火台平、立、剖面图

烽火台由台体及围墙组成。保存较差。台体用黄土夯筑而成，东壁中部坍塌内凹，壁面密布蜂巢小孔，顶部有水蚀孔洞多处；南壁坍塌，坡度较大，底部塌落大块夯土，夯层中夹杂少量砂石粒；西壁坍塌呈不规则形，底部堆土较多；北壁顶部坍塌成斜坡，可登台顶；顶部损毁呈不规则状。围墙被沙土掩埋严重，呈长方形平台状。台体东侧立有带说明文字的保护碑一座。

台体方向北偏东30°。台体底部边长8米，顶部东西1.5、南北2米，高6米，夯层厚0.14~0.16米，东壁堆土高2.2米。围墙东西21、南北22.8米，东墙距台体东壁10米，北墙距台体北墙壁6米（图三五一；彩图四二三）。

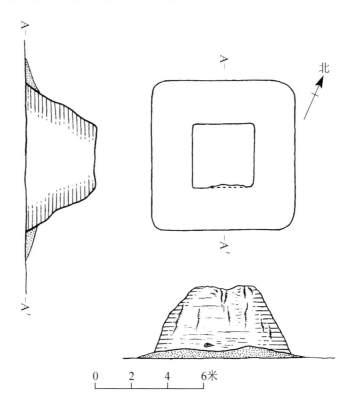

图三五〇　太阳山开发区烽火台平、立、剖面图

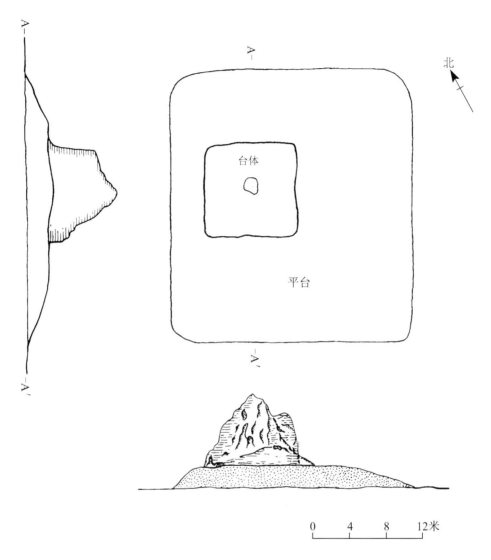

图三五一　烂山子烽火台平、立、剖面图

16. 苏家井烽火台（编码6403013532011703303；工作编号YCF091）

该烽火台位于盐池县惠安堡镇苏家井自然村东南1.5千米梁地上。东北距红沙窝烽火台2.28千米。

烽火台由台体、环壕组成。台体东西两侧坍塌呈直壁，收分较小，形同一柱。保存一般。台体用黄土夯筑而成，东壁分为4版，中部有一道水冲凹槽贯穿上下；南壁分为2版，版缝明显，版缝两侧有坍塌凹坑，底部因风蚀略向内凹；西壁北侧坍塌内凹，西北角坍塌，底部堆土较高；北壁平整，轻微剥落；台体外围为平台，无明显围墙遗迹，西、北侧壕沟痕迹明显。

台体方向北偏东40°。台体底部东西5、南北8.4米，顶部东西4.2、南北7.4米，高10米，夯层厚0.2~0.26米，南壁版距由西向东依次为2.2、2.8米，西壁版距由北向南依次为1.4、2、2.2、2.8米，西壁堆土高约1.7米。环壕东西41、南北48米，壕沟宽约5、深1.6米（图三五二；彩图四二四）。

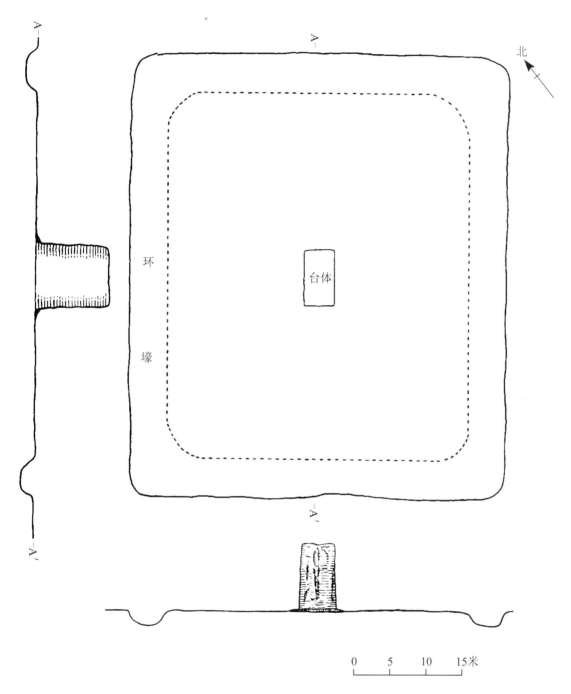

北

环壕

台体

0　5　10　15米

图三五二　苏家井烽火台平、立、剖面图

17. 红沙窝烽火台（编码640323353201170304；工作编号YCF092）

该烽火台位于盐池县惠安堡镇盐湖北侧沙地上。北距北破城烽火台1.63千米。

烽火台由台体及围墙组成。保存一般。台体用黄土夯筑而成。东壁3米以上向内收分较大，底部凹坑较多，上部由南向北有水蚀斜坡登台步道，外侧一版崩坍，底部堆土较多；南壁外侧一版崩坍，壁面孔洞较多，底部堆土呈平台状；西壁基本平整，黑霉斑较多；北壁较直，黑霉斑较多，东侧顶部呈斜坡状，上有老鹰巢穴一座。围墙坍塌损毁，沙土淤积填埋成一平台。

台体方向北偏东30°。台体底部边长10米，顶部东西3.5、南北3米，高8.5米，夯层厚0.16～

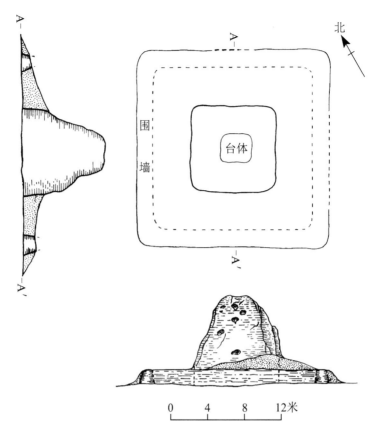

图三五三　红沙窝烽火台平、立、剖面图

0.21 米，北壁堆土高 2.5 米，台体下部平台高 1.5 米。围墙东西 22、南北 25 米，南、西墙距台体 6.5 米，墙体基宽约 2、顶宽约 0.7 米，夯层厚 0.14～0.17 米（图三五三；彩图四二五）。

第三节　固原镇—花马池"防秋道"盐池城—花马池城段北线烽火台

固原镇—花马池"防秋道"盐池城—花马池城段北线烽火台呈西南—东北走向分布，线路长 90 千米，大致沿小盐池北侧滩涂冈阜地带分布，沿途地势相对平坦，沿线共调查烽火台 16 座。

1. 苏家场烽火台（编码 640323353201170299；工作编号 YCF093）

该烽火台位于盐池县惠安堡镇苏家场自然村东南 0.3 千米滩地上。东南侧为碱湖滩地。东距龚儿庄烽火台 2.75 千米，东北距碱池子烽火台 3.97 千米。

烽火台由台体、围墙及环壕组成。台体用黄土夯筑而成。保存一般。台体东壁南部第一版夯土崩塌，壁面有掏挖的脚窝，底部堆土较高；南壁较直，基本完好，仅有较浅的风蚀小凹坑；西壁分布有风蚀凹坑及夯土坍塌形成的横向凹槽；北壁凹坑及孔洞较多，有一层黑苔斑；顶部坍塌凹凸不平，有 2 处红烧面。围墙基本消失，西墙有一取土形成的较宽豁口，西墙外侧有一条绕墩的砂石路。

台体方向北偏西 13°。台体底部东西 10、南北 12 米，顶部东西 5、南北 6.5 米，高 8 米，夯层厚

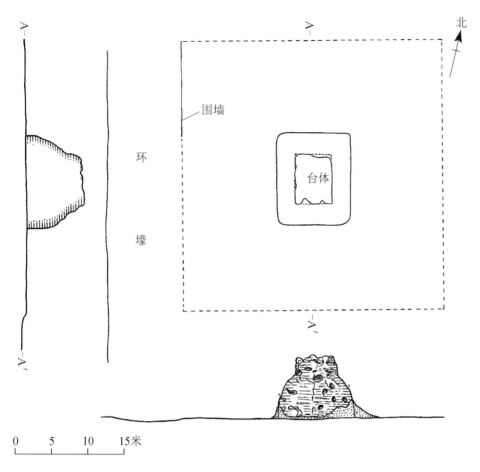

图三五四　苏家场烽火台平、立、剖面图

0.16～0.18 米，西壁底部凹槽口宽 2.1、进深 0.85、高 0.5 米，台顶西端红烧面长 0.68、宽 0.45 米，东端红烧面长 0.45、宽 0.13 米。围墙边长约 35 米，西墙豁口宽 22.5 米。环壕宽 10、深 0.7 米（图三五四；彩图四二六）。

2. 碱池子烽火台（编码 640323353201170305；工作编号 YCF094）

该烽火台位于盐池县冯记沟乡叶儿庄村西南碱湖北侧滩地上。东北距叶儿庄烽火台 2.23 千米，东南距龚儿庄烽火台 3.36 千米。

烽火台无围墙。台体呈覆斗形，黄土夯筑而成，保存一般。台体东壁一版崩塌，底部堆土较高，形成一平台，壁面风蚀坑洞较多；南壁底部有较深风蚀凹槽，壁面凹凸不平；西壁外侧一版崩塌下陷，斜靠于台体上，底部散落较多夯土块；北壁坍塌剥落成圆角，有多处鸟巢，底部堆有流沙。台体四周长满芨芨草等低矮植被。

台体方向北偏西 3°。台体底部东西 7、南北 6.5 米，台顶东西 3、南北 4 米，高 5 米，夯层厚 0.15～0.19 米，东壁堆土高 3 米，南壁风蚀凹槽进深 0.7、高 0.8 米（图三五五；彩图四二七）。

3. 叶儿庄烽火台（编码 640323353201170300；工作编号 YCF095）

该烽火台位于盐池县冯记沟乡叶儿庄自然村西 0.5 千米碱湖东北侧滩地上。东北距马儿庄西烽火台 4.5 千米。

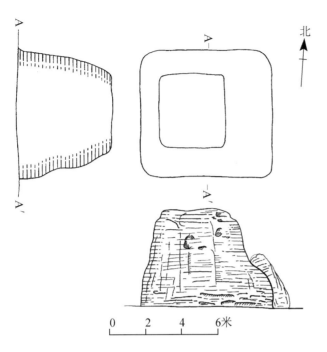

北

图三五五　碱池子烽火台平、立、剖面图

台体呈覆斗形，黄土夯筑而成，四周仅存一方形平台痕迹。保存一般。台体东壁坍塌，壁面密布蜂巢小孔，底部坍塌堆土较高；南壁顶部坍塌呈凹坑，壁面密布蜂巢小孔，夯层较明显，东南角坍塌成圆角；西壁有几处水冲的条形凹槽贯穿上下；北壁剥落分层成斜坡，底部堆土较高。台体四周方形台地可能为围墙痕迹。

台体方向北偏西 20°。台体底部东西 7、南北 6.4 米，顶部边长 4 米，高 6 米，夯层厚 0.16 ~ 0.18 米。东壁堆土高 2.2 米，北壁堆土高 1.7 米。方形台地边长约 24、高 0.8 ~ 1.5 米（图三五六；彩图四二八）。

4. 马儿庄西烽火台（编码 64032 3353201170322；工作编号 YCF096）

该烽火台位于盐池县冯记沟乡马儿庄村西北丘陵台地上。东北距黄草梁烽火台 5.8 千米。

烽火台由围墙及北墙中部向外凸出的台体组成，平面呈凸字形。围墙基本完整，台体损毁严重。保存一般。台体呈覆斗形，用白碱土与砂土混合夯筑而成，质地坚硬；北壁因扩路被铲削破坏，损毁不全；东西两壁因雨水冲刷坍塌呈斜坡状，由顶部至底部；南壁较直，风蚀凹槽较多；顶部凹凸不平，凸出墙体。

围墙平面呈南北向长方形，门道在南墙中部；东墙因雨水冲刷墙体较窄，顶部坍塌略成尖顶，墙体外侧有明显壕沟痕迹，壕沟外侧有高约 0.3 ~ 0.5 米的土垄带；南墙门道以西呈土垄状，东侧墙体保存较高，外侧夯层明显，用黄沙土与砂石分层夯筑而成；西墙坍塌，两侧堆积呈土垄状，遍布砂石，长有芨芨草。台体位于北墙中部，凸出于墙体外侧，墙体内侧底部分布有较深的横向风蚀凹槽。围墙院落内为荒草滩，中部有 1 处东西向长方形建筑基址，墙基略高出地表，散落有少量灰陶砖瓦残块。

台体方向北偏西 27°。台体底部边长 5 米，顶部东西 2、南北 3 米，高 5 米，夯层厚 0.15 ~ 0.17 米，顶部高出围墙墙体 1.7 米。围墙东西 50、南北 100 米，围墙西墙距台体 25 米，南墙门道宽 9.6 米，墙体基宽 7、内高 3.5、外高 6 米。外侧壕宽 7、深 0.8 米，距东墙 15 米。院内房址东西 35、南北 20 米，距东墙 18、南墙 40 米（图三五七；彩图四二九、四三〇）。

5. 黄草梁烽火台（编码 640323353201170309；工作编号 YCF097）

该烽火台位于盐池县冯记沟乡尖儿庄煤矿西侧滩地上。东北距尖儿庄烽火台 3.16 千米。

台体呈覆斗形，用黄土与红砂土分层夯筑而成。保存较差。台体坍塌损毁严重，东壁向内坍塌，风蚀凹槽较多，底部堆土较高；南壁坍塌呈窄条状；西壁坍塌剥落，凹凸不平，有密集的蜂巢小孔；北侧坍塌土堆积至顶部，夯层明显。

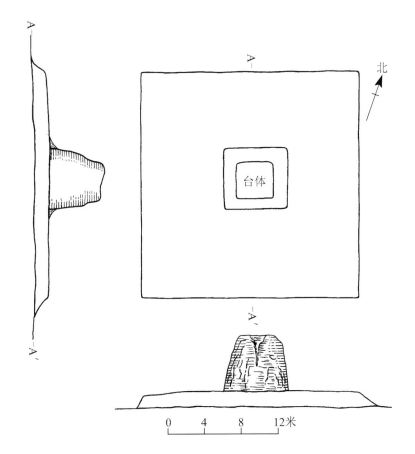

图三五六　叶儿庄烽火台平、立、剖面图

台体方向北偏西20°。台体底部东西5、南北9米，顶部东西1.5、南北3.3米，高4.7米，夯层厚0.12～0.16米，南壁堆土高1.2米（彩图四三一）。

6. 尖儿庄烽火台（编码640323353201170298；工作编号YCF098）

该烽火台位于盐池县冯记沟乡尖儿庄自然村西。东北距三墩子烽火台2.23千米。

烽火台由台体及围墙组成。台体呈覆斗形，用黄土夯筑而成，形制较大，四壁较直。保存较好。台体东壁西侧沿版缝有一道贯穿上下的水冲壕，底部堆土较多；南壁轻微剥落，有一道斜坡通北壁可登台顶；西壁版缝清晰，共5版，有4处较大的孔洞；北壁上部轻微剥落，不平整，有4处较大孔洞，下部较平整。围墙保存差。东、南、西墙存痕迹，北墙毁为平地，门道不清。地表遗物较少。

台体方向北偏西40°。台体底部东西9、南北9.5米，台顶边长3.3米，高10米，夯层厚0.13～0.15米。西壁分版较清晰，版距由西向东依次为2.5、2.3、1.4、1.5、1.4米。围墙东西22.5、南北27.5米，南、东墙距台体8米，墙体基宽2.5、顶宽1.3米（图三五八；彩图四三二）。

7. 三墩子烽火台（编码640323353201170295；工作编号YCF099）

该烽火台位于盐池县冯记沟乡三墩子自然村东0.2千米梁地上。东北距杜记圈烽火台5.52千米。

烽火台由台体及围墙组成。台体呈覆斗形，用黄土夯筑而成，保存较好。围墙损毁严重。台体东

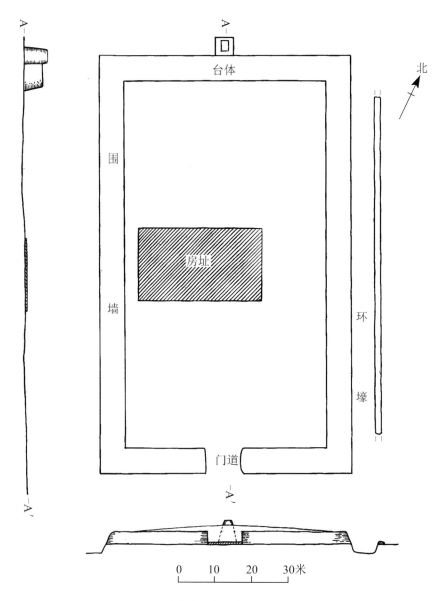

图三五七　马儿庄西烽火台平、立、剖面图

壁轻微剥蚀，有登台脚窝，东北角顶部坍塌；南壁版缝清晰，底部有 1 孔小窑洞，洞口大部为坍塌堆土填堵；上部原有一条从西侧延伸的登台坡道；西壁从底部北侧斜向上分布有一线 7 处直径 0.05 ~ 0.25 米的孔洞，延伸至南壁转弯斜坡处，上部孔洞较大，底部口径小，孔洞间距约 0.5 米；北壁两侧坍塌呈梯形，有较多的坍塌孔洞，呈斜坡状向上延伸，台顶中心有一处测绘水泥桩。围墙西、北墙损毁严重，西墙基本消失，其余墙体尚存基部痕迹；东、南墙各有一处豁口。地表有灰陶瓦片、少量白釉碗、褐釉罐残片等遗物。

台体方向北偏西 25°。台体底部东西 9.5、南北 12 米，顶部东西 5、南北 4.5 米，高 8 米，夯层厚 0.15 ~ 0.18 米，南壁版距由西向东依次为 1.3、1.3、2.3、2.7、1.7 米。围墙东西 24、南北 25 米，北墙距台体 6.5 米，东墙豁口距东北角 14 米，宽 5.5 米，南墙豁口距东南角 9.5 米，宽 4 米，围墙东南角基宽 4、顶宽 1.5、高 1.4 米（图三五九；彩图四三三）。

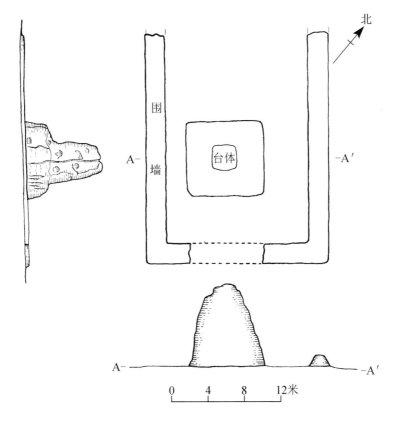

图三五八　尖儿庄烽火台平、立、剖面图

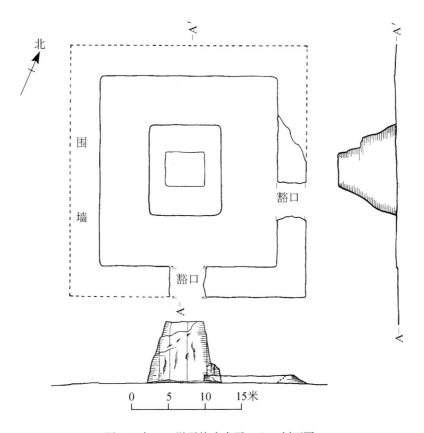

图三五九　三墩子烽火台平、立、剖面图

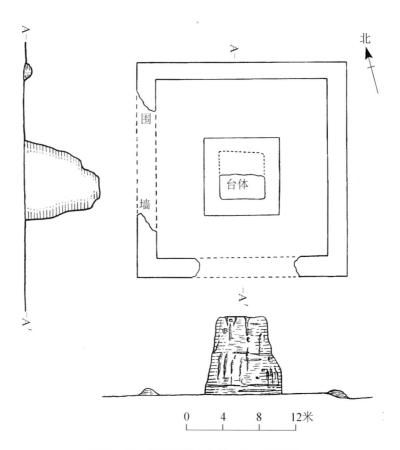

图三六〇　杜记圈烽火台平、立、剖面图

8. 杜记圈烽火台（编码6403233532201170316；工作编号YCF100）

该烽火台位于盐池县冯记沟乡杜记圈自然村东约0.5千米沙丘地上。东北距铁柱泉城2.9千米、铁柱泉头墩子烽火台4.41千米。

烽火台由台体及围墙组成。保存一般。台体用黄土夯筑而成，剖面呈梯形，底部平面呈正方形，顶部平面呈长方形。台体东壁及东北角坍塌剥落，壁面内凹形成二层平台，平台以上部分壁面较直；南壁剥蚀，版缝清晰，自西向东规则地斜向分布有一线孔洞；西壁沿版缝裂隙明显，分4版夯筑而成，外侧2版向上渐收，中间2版较直，底部有坍塌凹坑；北壁雨蚀内凹，有2处较大的坍塌孔洞，底部有少量积土，可攀爬至台顶。围墙平面呈长方形，大部坍塌，西墙底部保存较多，其余仅存墙基痕迹，南墙外侧有取土痕迹。

台体方向北偏东15°。台体底部边长8米，顶部东西4.8、南北2.6米，高8米，夯层厚0.14～0.18米。西壁版距1.1～3米，南壁版距1.2～1.7米。围墙边长22米，东墙距台体7米，北墙距台体6米；东墙基宽1.9、内高0.4、外高1米；北墙基宽1.7、内高0.9、外高0.4米，夯层厚0.13～0.17米（图三六〇；彩图四三四）。

9. 头墩子烽火台（编码6403233532201170317；工作编号YCF101）

该烽火台位于盐池县冯记沟乡铁柱泉自然村东0.5千米沙地上。西南距铁柱泉城1.4千米，东北距二墩子烽火台2.67千米。

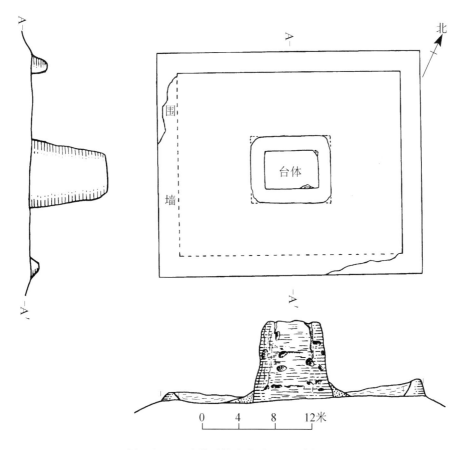

图三六一　头墩子烽火台平、立、剖面图

烽火台由台体及围墙组成。台体用黄沙土夯筑而成，保存一般。台体收分较小，形体高大；东壁剥落，有较多蜂巢小孔，底部积土较高；南壁沿版缝有一道 V 形水冲壕，有七八处孔径 0.3 ~ 0.5 米的孔洞，密布蜂巢小孔；西壁分 4 版夯筑而成，版缝明显，有 4 处直径 0.3 ~ 0.5 米的孔洞，底部有 1 孔坍塌的小窑洞；北壁西侧有 2 道裂隙，顶部有 2 处坑洞，底部堆土较多。围墙与台体方向不一致，东、北墙保存较多，南、西墙仅存墙基，西墙内侧积沙基本与墙顶持平。

台体方向北偏西 25°。台体底部东西 9、南北 7.5 米，顶部东西 6、南北 4.2 米，高 8.5 米，夯层厚 0.11 ~ 0.16 米，西壁版距为 1 ~ 1.8 米。围墙东西 29.5、南北 24.5 米，南墙距台体 8 米，西墙距台体 10.5 米，北墙基宽 2.3、外高 2 米，西墙外高 1 米（图三六一；彩图四三五）。

10. 二墩子烽火台（编码 640323353201170318；工作编号 YCF102）

该烽火台位于盐池县冯记沟乡铁柱泉自然村东北 3.5 千米山梁上。周围为半固定沙丘地，有大量人工栽植的沙柳、花棒子等固沙植被。西南距铁柱泉头墩子 2.67 千米，东北距哈巴湖林场烽火台 6.11 千米。

台体用黄沙土夯筑而成，损毁较严重，无围墙。保存差。台体东壁北侧坍塌较严重，顶部坍塌呈三角形，北侧坍塌，基本滑坡下移，呈水沟状可通台顶；南壁中部坍塌成 V 形水槽，贯穿上下，壁面凹凸不平，有 2 处较大的孔洞，底部积沙较多；西壁剥落，中部内凹，顶部凹凸不平；北壁呈三角形，顶部坍塌，底部有 1 孔小窑洞。

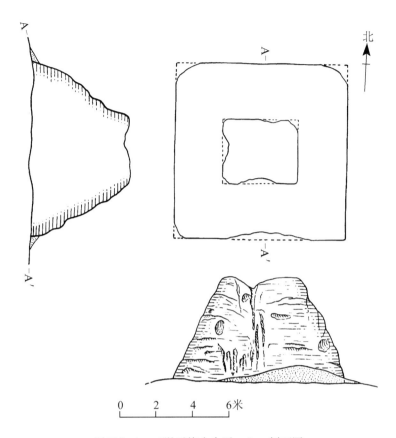

图三六二　二墩子烽火台平、立、剖面图

台体方向北偏东2°。台体底部边长约9.5米，顶部东西4.2、南北3.5米，高5.5米。北壁底部距东端3.8米处有1处盗洞，口径宽0.7、进深约1.1、拱高1米，西壁版距为1.2～2.4米（图三六二；彩图四三六）。

11. 哈巴湖林场烽火台（编码640323353201170315；工作编号YCF103）

该烽火台位于盐池县王乐井乡哈巴湖林场景区内沙丘地上。东北距南海子烽火台3.88千米。

烽火台无围墙。台体呈圆角覆斗形，用红沙土与黄土分层夯筑而成，表面风蚀严重，密布胡蜂巢，底部风蚀凹槽较多。保存较差。台体南壁一侧有景区搭建的登台铁梯，顶部用红砖围砌2层，形成一圆形观景平台；西壁外侧散落有一块较大的坍塌夯土，地表散落有灰陶条砖残块。

台体方向北偏东15°。台体底部东西7、南北5米，顶部东西3、南北4米，高约4.5米，夯层厚0.14～0.15米（彩图四三七）。

12. 南海子烽火台（编码640323353201170314；工作编号YCF104）

该烽火台位于盐池县王乐井乡南海子自然村碱滩西北0.5千米山梁上。东北距盖木庄烽火台2.5千米、窑石庄烽火台4.66千米。

烽火台由台体及围墙组成。台体呈覆斗形，用黄沙土夯筑而成。较高大，保存一般。东壁中部有一道斜坡便道可登台顶，有3处较大的坍塌孔洞；南壁较直，中间沿版缝有一道自上而下的较浅漏斗状水冲壕；西壁中上部有5处直径约0.4米的孔洞，壁面坑洼不平，分版痕迹明显；北壁较直，中上

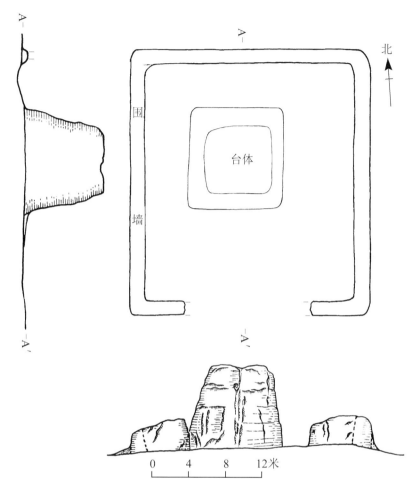

图三六三　南海子烽火台平、立、剖面图

部有较多洞穴，为斑鸠巢穴，底部由西向东有一串斜线分布的小孔洞。围墙北墙保存较完整，外侧流沙堆积掩埋严重；西、南墙存少部分；东墙基本消失，仅存基部痕迹。

台体方向北偏东5°。台体底部边长10米，顶部东西6.5、南北7米，高9米，夯层厚0.1~0.13米。西壁版距为1.4~2.5米。围墙东西27.5、南北28.9米，台体北壁距围墙6.5米，西壁距围墙7.5米；南墙西端长6米，东端长7米；北墙基宽1.5、顶宽0.7、内高2.3、外高0.3米，夯层厚0.15~0.18米（图三六三；彩图四三八）。

13. 盖木庄烽火台（编码640323353201170328；工作编号YCF105）

该烽火台位于盐池县王乐井乡刘四渠村盖木庄自然村西1.5千米。四周为草原、林带，东侧为青山至王乐井的乡间公路，南侧为南海子林场。东距窑石庄烽火台2.8千米。

台体呈覆斗形，黄土夯筑而成，无围墙。保存较差。台体顶部坍塌夯土及沙土将台基覆盖，呈圆形土丘状，四周为斜坡，表面生长芨芨草等植被，地表散存灰陶罐残片。

台体底部直径10、顶部直径4、高2.5米，夯层厚0.16米（彩图四三九）。

14. 窑石庄烽火台（编码640323353201170321；工作编号YCF106）

该烽火台位于盐池县王乐井乡窑石庄自然村北约1千米梁地上。东南距野狐井堡1.63千米，东北

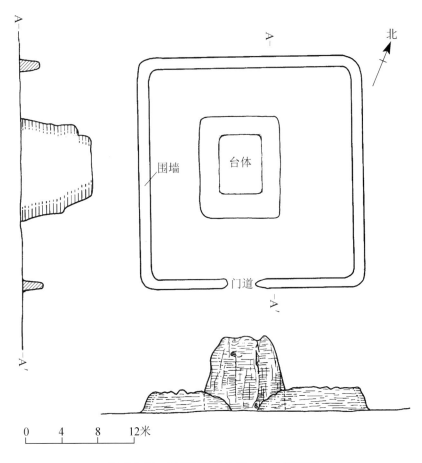

图三六四　窑石庄烽火台平、立、剖面图

距野狐井烽火台2.34千米。

　　烽火台由台体及围墙组成。整体用黄沙土夯筑而成，保存一般。台体呈覆斗状，东壁剥蚀，上部有水冲裂缝较为严重，壁面不平整；南壁中部有一道贯通上下的漏斗状水冲槽，底部坍塌堆土较高，壁面较直，密布胡蜂小孔穴，分版较明显；西壁北部坍塌缺损，由底到顶有一行斜向分布的小孔洞，孔径0.1~0.5、深约1米，间距约0.5米；北壁上部有斜坡状登台便道，距台底7.5米，斜坡由北壁转至西壁登台；北壁中部有坍塌孔洞，为鸟巢；四壁底部有少量坍塌堆土。围墙平面呈正方形，损毁严重，东墙坍塌仅存基部，南墙存东南角，西墙存西北角，北墙保存较好，墙体较窄薄。

　　台体方向北偏西24°。台体底部东西9、南北11米，顶部东西3.8、南北5米，高8米，夯层厚0.115~0.135米。南壁版距由西向东依次为2、2.5、1.9米。围墙边长24米，台体距东墙8、北墙5.2米，北墙基宽2、顶宽0.8~1、高约2.5米；西墙西北角长约8米，基宽1.2、顶宽约0.8、内高1.2、外高2.3米；南墙西段长约7、宽约1、高2.4米，门道豁口宽2.5米；北墙版距由东向西为3.5、4.5米（图三六四；彩图四四〇）。

15. 野狐井烽火台（编码6403233532011170333；工作编号YCF107）

　　该烽火台位于王乐井乡野狐井自然村北梁地上。西南距野狐井堡1.05千米，东北距四墩子烽火台9千米，西北距陈庄子烽火台5.8千米。

　　烽火台由北墙中部外侧台体及围墙组成。保存较好。整体平面大体呈凸字形，围墙及台体用黄沙

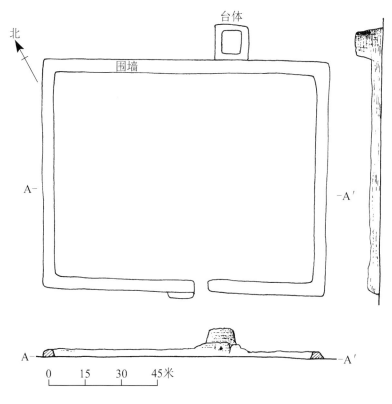

图三六五　野狐井烽火台平、立、剖面图

土夯筑而成，夯层较薄，西侧隔沟与野狐井堡相望。台体依北墙中部而建，高出北墙，接缝明显，北壁面有雨水冲刷形成的浅槽状冲沟及风蚀凹槽；东壁坍塌孔洞为鸟巢，顶部有鼠类洞穴；北壁下部有一处较大的动物巢穴。台体底部及门道处散布有灰陶砖瓦残块及黑、褐釉瓷片等遗物，院内耕土包含较多灰烬及碎骨屑。围墙基本连续，院内为耕地；东墙东北角水蚀损毁，北段有一处较小豁口，顶部较宽平；南墙东段保存较好，门道在中部，砖砌门洞坍塌为豁口，靠近门道处墙体外壁底部存有少量包砖、石，门道西侧坍塌堆积较高，西段坍塌呈土垄状；西墙较窄薄，外侧因耕地切削墙基悬空；北墙外侧风沙积土呈斜坡状。

台体方向北偏东30°。台体底部东西8.5、南北9.5米，顶部东西4.5、南北4.2米，高7.1米，顶部高出围墙北墙3.3米，夯层厚0.08~0.12米，北壁外侧堆土高4.8米。围墙东西约120、南北约75米，夯层厚0.07~0.11米；东墙顶宽约1.5、内高3、外高2.8米；南墙门道豁口宽6.3、内高3、外高约2.7米；西墙顶宽约2、内高2.2、外高2.6米；北墙基宽2.8、顶宽2.5、内高1.5、外高3.8米（图三六五；彩图四四一、四四二）。

16. 陈庄子烽火台（编码6403233532011170327；工作编号YCF108）

该烽火台位于盐池县王乐井乡王乐井村陈庄子自然村中。东侧为原乡政府驻地，紧邻村民圈舍。东北距四墩子烽火台7.8千米。

台体呈覆斗形，黄土夯筑而成，无围墙。保存较差。台体西壁部分坍塌，形成一处二层平台，堆积柴草杂物，保存东北侧，东侧壁面裂隙明显，有飞禽洞穴。地面散落少量灰陶瓦片。

台体方向正南北。台体底部边长8、顶部边长2、高6米，夯层厚0.16米（彩图四四三）。

第四节　固原镇—花马池"防秋道"盐池城—花马池城段南线烽火台

固原镇—花马池"防秋道"盐池城—花马池城段南线烽火台大致呈西南—东北走向分布，沿小盐池南侧冈阜偏东南分布，走向大致与盐（池）中（宁）高速公路东段平行。沿线共调查烽火台11座，多数烽火台呈双数分布。

1. 刘廓圈烽火台（南墩）（编码640323353201170306；工作编号YCF109）

该烽火台位于盐池县惠安堡北侧约2.5千米处南北向山梁上。西距北破城烽火台2.52千米，西北距刘廓圈烽火台（北墩）0.063千米。

烽火台由台体及围墙组成。保存一般。台体呈覆斗形，用红沙土夯筑而成，较高直。台体东壁坍塌呈不规则形，上部呈柱状，底部被堆土掩埋；南壁分版明显，西侧一版坍塌，壁面内凹，中部有横向风蚀槽，结构较松散；西壁雨蚀剥落，中部有数道横向风蚀槽。围墙基本损毁，仅存基部痕迹。地表有内白外黑釉缸、褐釉瓷残片等。

台体方向北偏西30°。台体底部东西10、南北9米，顶部东西5.8、南北5米，高8.2米，夯层厚0.17~0.21米，西壁下堆土高3.5米，南壁版距由西向东依次为0.6、2.2、2.2、1.3米。围墙边长30米，西墙距台体12.5米，南墙距台体13米（图三六六；彩图四四四）。

2. 刘廓圈烽火台（北墩）（编码640323353201170308；工作编号YCF110）

该烽火台位于盐池县惠安堡镇北侧约2.6千米南北向山梁上。东南距刘廓圈烽火台（南墩）0.063千米，西距北破城烽火台2.46千米，东北距黎明村烽火台（南墩）9.7千米。

台体呈覆斗形，黄土夯筑而成。保存较差。台体东壁外侧滑坡堆积至底部；南壁较直，有轻微剥落；西壁较直，版缝清晰，两侧版壁坍塌；北壁外侧一版滑坡，堆积于台底，版面较平整，夯层清晰。台体外侧有平台痕迹，无明显围墙痕迹。

台体方向北偏西25°。台体底部东西9、南北8米，顶部边长约4米，高5.5米，夯层厚0.19~0.22米，北壁下堆土高2.7米，南壁版距为1.3~1.9米。平台东西48.3、南北53.7米（彩图四四五）。

3. 黎明村烽火台（南墩）（编码640323353201170311；工作编号YCF111）

该烽火台位于盐池县冯记沟乡黎明村东南500米梁地上。整个滩地褐釉瓷片、灰胎白釉碗及青花瓷片等明代遗物较多。西南距红沙窝烽火台2.28千米，北距黎明村烽火台（北墩）0.26千米。

台体呈覆斗形，用黄土夹砂灰钙土、红黄沙土夯筑而成，无围墙。保存一般。台体东、北壁坍塌，底部堆土较高，呈斜坡状可登顶部，壁面密布蜂巢小孔，底部有风蚀凹槽，夯层不明显；南壁中部坍塌内凹，版缝较明显。地表有少量青釉、卵白釉瓷片。

台体方向北偏西26°。台体底部东西10、南北11米，顶部东西4、南北4.4米，高4.5米，夯层厚0.14~0.16米（图三六七；彩图四四六）。

4. 黎明村烽火台（北墩）（编码640323353201170312；工作编号YCF112）

该烽火台位于盐池县冯记沟乡黎明村东0.7千米梁地上。北距雨强村烽火台（西墩）5.97千米。

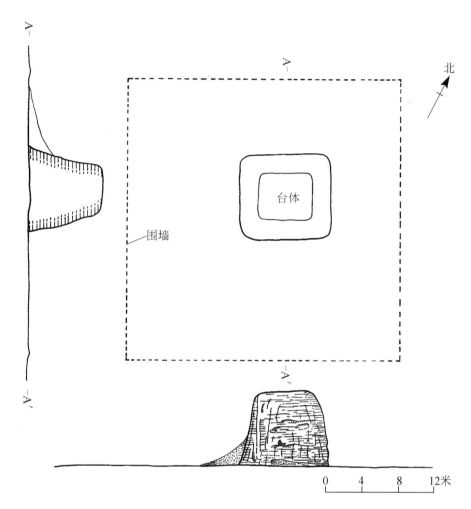

图三六六　刘廓圈烽火台（南墩）平、立、剖面图

台体形制较小。保存差。台体东、南壁及顶部坍塌损毁严重；西壁堆土较多，夯层较薄，堆土上生长少量芨芨草等植被。

台体方向北偏西 30°。台体底部东西 4、南北 4.5 米，顶部边长约 0.7 米，高 4.6 米，夯层厚 0.15～0.16 米，南壁下堆土高 1.6 米（彩图四四七）。

5. 雨强村烽火台（西墩）（编码 640323353201170325；工作编号 YCF113）

该烽火台位于盐池县冯记沟乡雨强村西 0.5 千米草原丘陵地带。东南距雨强村烽火台（东墩）0.12 千米。

烽火台由台体及围墙组成。台体用黄土夹杂白礓土夯筑而成，夯层较厚，坚硬致密。保存一般。台体东壁北部坍塌成斜坡，底部风蚀凹槽较深；南壁底部因风蚀槽内坍塌形成内凹断面；西壁中部坍塌，形成较直的坍塌壁面，中间沿版缝开裂较宽；北壁较直，由 7 版组成，密布黑霉斑，西北角坍塌。台体四周散落有较多的坍塌夯土块。围墙仅存痕迹，呈正方形土垄状。地表有少量褐釉缸、黑釉罐等瓷片。

台体方向北偏西 30°。台体底部东西 12.6、南北 11 米，顶部边长 8 米，高 7 米，夯层厚 0.25～0.32 米，北壁版距为 1.6～2 米。围墙边长 50 米，西墙距台体 25 米，南墙距台体 20 米，西墙土垄宽

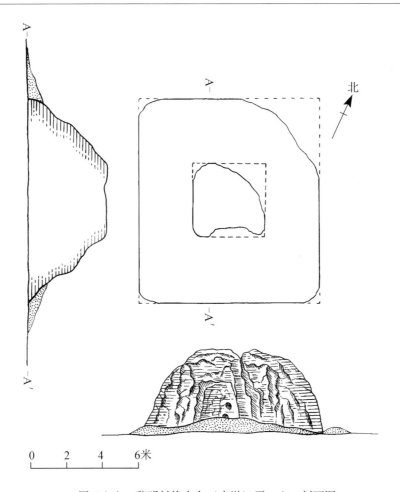

图三六七　黎明村烽火台（南墩）平、立、剖面图

约2.5米（图三六八；彩图四四八）。

6. 雨强村烽火台（东墩）（编码640323353201170326；工作编号 YCF114）

该烽火台位于盐池县冯记沟乡雨强村西0.45千米草原丘陵地带。西北距马儿庄西烽火台5.54千米，西南距黎明村烽火台（北墩）5.97千米，东北距张记墩烽火台6.5千米。

台体呈覆斗形，黄土夯筑而成，形制较大，无围墙。保存一般。台体东壁北侧坍塌，仅存南部小部分向外凸出，底部有1孔窑洞，坍塌损毁大半，夯层较厚，壁面密布蜂巢小孔及风蚀孔洞；南壁东南角坍塌，底部堆积大量夯土块，西北角底部向内凹进，其余部分较平整；西壁基本平整，中部有风蚀凹坑形成的登台脚窝可至台顶；北壁东部2版坍塌损毁，壁面有较多的风蚀槽孔；台顶较平坦。

台体方向北偏西30°。台体底部东西12、南北14米，顶部东西8.4、南北7.2米，高9米，夯层厚0.27~0.31米。东壁北部坍塌处长6米，南部向外凸出3米，窑洞口宽3、进深0.6、高3米，距台体东南角3米。西壁存6版，版距为1.3~2.3米；北壁存4版，版距为1.7~2.4米（图三六九；彩图四四九）。

7. 张记墩烽火台（编码640323353201170323；工作编号 YCF115）

该烽火台位于盐池县冯记沟乡张记墩村机砖厂东侧0.2千米山梁。西北距尖儿庄烽火台8.16千米，东北距马禾庄烽火台（西墩）10.45千米。

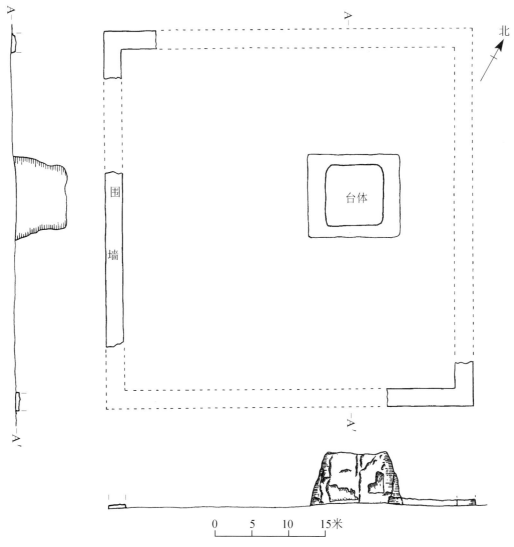

图三六八　雨强村烽火台（西墩）平、立、剖面图

烽火台由台体及围墙组成。整体用黄土夯筑而成，保存一般。台体东壁西侧因雨水侵蚀呈圆角，中部外鼓，沿版缝纵向裂隙较多；南壁东侧坍塌内凹，沿版缝裂隙及水冲凹槽较深；西壁由 6 版组成，中部因雨水冲刷沿顶部塌陷形成圆形漏斗状凹槽，破坏严重，沿凹槽可至台顶；北壁剥落呈圆形，由 4 版组成，壁面黑霉斑较多。台底四周散落有坍塌夯土块。围墙仅存痕迹，呈土垄状，西南角保存较明显，北墙为一条砂石路。

台体方向北偏西 9°。台体底部东西 14.3、南北14.5 米，顶部东西 8、南北 8.5 米，高 7.8 米，西壁上部冲沟口宽 3.5 米，夯层厚 0.1～0.15 米。围墙边长 45 米，西墙距台体 20 米，南墙距台体 19 米，西墙基宽 2、高 0.9 米（图三七〇；彩图四五〇）。

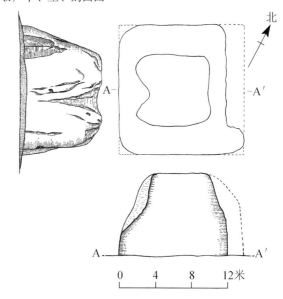

图三六九　雨强村烽火台（东墩）平、立、剖面图

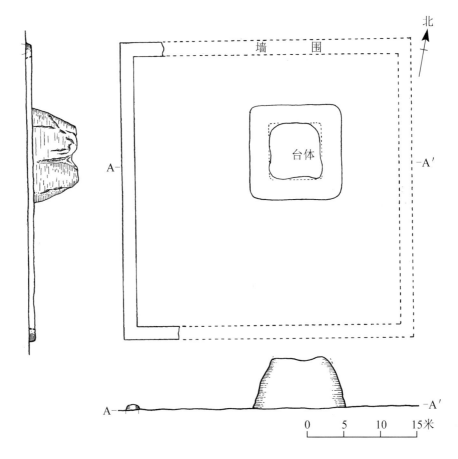

图三七〇　张记墩烽火台平、立、剖面图

8. 马禾庄烽火台（西墩）（编码 640323353201170296；工作编号 YCF116）

该烽火台位于盐池县冯记沟乡马伙场自然村南 0.2 千米山梁上。东距马禾庄烽火台（东墩）0.106 千米，西北距铁柱泉城 6.12 千米、铁柱泉头墩子 5.95 千米。

台体呈覆斗形，黄土夯筑而成，形制较大，无围墙。保存一般。台体东壁剥蚀不平，有风蚀凹坑，底部有较大动物洞穴；南壁沿版缝裂为 4 块，地表散落坍塌土块，壁面密布蜂巢小孔，两侧呈土垄状，有坍塌危险；西壁轻微剥蚀，版缝清晰；北壁坍塌向内凹进，壁面较直，底部西北角有 1 孔小窑洞。地表有少量灰陶瓦片、黑釉瓷片等。

台体方向北偏东 30°。台体底部东西 12、南北 10 米，顶部东西 7.5、南北 6.5 米，高 5.5 米，夯层厚 0.14～0.16 米。窑洞口宽 0.7、进深约 4.3、拱高 0.9 米（图三七一；彩图四五一）。

9. 马禾庄烽火台（东墩）（编码 640323353201170297；工作编号 YCF117）

该烽火台位于盐池县冯记沟乡马禾庄自然村南山梁上。东北距南海子南烽火台 8.5 千米。

台体用黄土夯筑而成，形制较低矮，损毁严重。保存差。台体平面呈不规则形，夯层较薄；西壁呈斜坡状，北壁较直。地表散落有白釉瓷片及灰陶瓦、红陶罐残片，从台体形制、遗物判断，此烽火台应为隋唐时期修筑，明代可能再次加以利用。

台体方向北偏东 15°。台体底部东西 5、南北 8.5 米，顶部边长 6.5 米，高 3.9 米，夯层厚约 0.1 米（彩图四五二）。

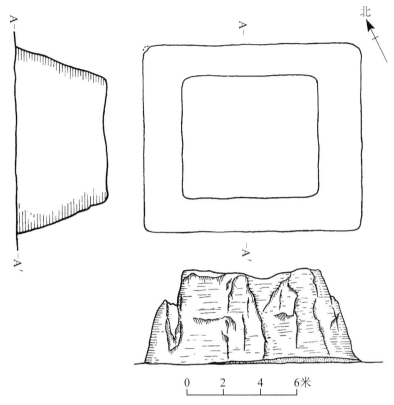

图三七一　马禾庄烽火台（西墩）平、立、剖面图

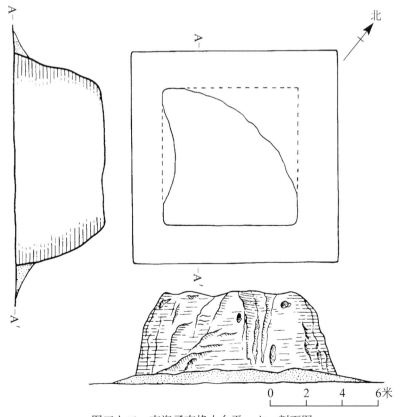

图三七二　南海子南烽火台平、立、剖面图

10. 南海子南烽火台 （编码 640323353201170319；工作编号 YCF118）

该烽火台位于盐池县王乐井乡南海子南山梁上。周围有大片流动沙丘。西北距南海子烽火台 4.2 千米。

台体用黄沙土夯筑而成，内夹杂小石子。保存差。台体坍塌损毁严重，四壁有不同程度的坍塌；南、北壁因牧羊人修圈取土使壁面凹凸不平，有掏挖的凹槽；东壁呈斜坡状；西、南壁两角尚存，东、北壁坍塌呈不规则形状，壁面密布胡蜂巢穴小孔，顶部西北侧有水冲壕，由上至下贯穿。地表有铁刀残片，附近沙地出土过马车轮等遗物。

台体方向北偏西 40°。台体底部边长 11.5、顶部边长 7.5、高 5 米。南壁凹槽口宽 2.6、进深 1.5 米，槽壁底部有 1 孔小窑洞，口宽 0.5、进深约 3、高 0.4 米；北壁凹槽口宽约 2.7、进深 1.6 米，夯层厚 0.13 ~ 0.18 米（图三七二；彩图四五三）。

11. 黄蒿渠烽火台 （编码 640323353201170326；工作编号 YCF119）

该烽火台位于盐池县花马池镇佟记圈村黄蒿渠自然村西南 5 千米山梁上。西北距南海子南烽火台 13.2 千米。

台体呈覆斗形，黄沙土夯筑而成，无围墙。保存较差。台体四壁有雨水冲刷痕迹，四角呈弧形，南壁沿版缝有多道纵向裂隙，底部堆土呈坡状，生长有芨芨草等植被，地面散落有较多碎石块。

台体方向北偏东 23°。台体底部边长 10、顶部边长 6、高 6.5 米，夯层厚 0.17 米（图三七三；彩图四五四）。

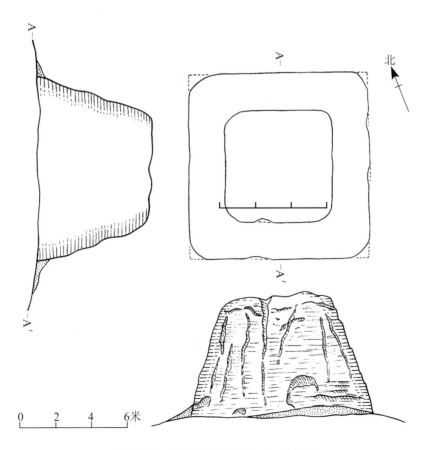

图三七三　黄蒿渠烽火台平、立、剖面图

第五节　固原镇—花马池"防秋道"沿线关堡

1. 镇戎守御千户所（编码 640522353102170004；工作编号 HYB005）

该城址位于海原县七营镇北嘴村东 0.2 千米清水河西岸台地上。处于古葫芦峡口，即今双井峡沟口，扼守交通要道，循河北上可至北虏守御千户所（预旺城），东依双井子沟可通白马城，南循清水河谷可直达固原镇城，地理位置十分重要。南至镇城 60 千米，北至平虏所 45 千米。

古称葫芦峡城，土筑。成化九年（1473 年），巡抚马文升修，周围三里，高阔各三丈。池深阔与城等，有东、南二门。成化十二年（1476 年），巡抚余子俊题设守御千户所，隶固原卫。嘉靖三年（1522 年），增筑关城，周围二里，高阔各一丈五尺，开南、北二门。内有帅府、察院及大小官厅、操守厅。仓场全设，辖墩台一十九座[1]。原设马步官军一千一百零六名，至嘉靖二十年（1541 年）前后，实际见在本所官军守墩四十五名、留所五百五十一名、马匹二百九十二匹[2]。

城址墙体用黄土夯筑而成，无包砖，土墙基本完整，轮廓清楚。保存一般。由外、内城及外城东南角小城圈组成。城内为耕地及荒草滩，无居民。外城南、北辟门，城外有护城壕。外城方向北偏西 40°，周长 2400 米，占地面积约 35.8 万平方米。

外城东墙中部有一处便道豁口，南墙门道为较大豁口，西墙北部有一处便道豁口，西墙外有双环壕，东、南、北墙外城壕无存；北墙东北角有一处豁口。东墙存 3 座马面，坍塌损毁严重；南墙无马面，南门道处为斜坡式豁口，门外瓮城无存；西墙有 1 座马面，坍塌滑坡呈馒头状；北墙有 4 座马面，因坍塌壁面较峭直。北门外瓮城呈窄条形，门向朝西。外城墙东西 560、南北 640 米。西墙墙基宽 8.5、顶宽 2.6、高 4.8 米。外侧双壕间距 2 米，内壕宽 6、深 2.7 米，外壕宽 8.5、深 1.8 米。

内城东墙北部有一处豁口；南墙西段因耕种平毁严重，有 3 处较大豁口；东、南墙外侧台地因清水河冲刷崩塌严重。内城东墙长 480、南墙长 412、西墙长 472、北墙长 400 米，周长 1764 米，占地面积约 19.2 万平方米。内城东墙断面处墙体基宽 5.5、顶宽 2、高 3.5 米。

外城东南角小城圈门向朝西，东西 72、南北 68 米（图三七四；彩图四五五~四五七）。

城内东南部近年被辟为耕地，中西部为荒滩有建筑基址及道路遗迹。地表散布较多的砖、瓦块建筑材料以及黑釉、青花瓷片等。

2. 平虏守御千户所（编码 640324353102170013；工作编号 TXB010）[3]

该城址位于同心县预旺镇预旺盆地中部，折死沟、红柳沟交汇处西南侧台地上。三面临沟，东侧隔折死沟为高山；西南为平地，5 里有汉代及宋代遗址。周围"地无井泉，惟蓄潦水供饮"，城西四十里山顶有泉，故名青羊泉山，是当时蒙古套部入寇必经与重点设防之地。城西北第山（今窑山）一带产煤炭、陶土，有制瓷遗址。南距固原镇城二百二十里，北至下马关九十里、韦州一百二十里。此城被视为襟喉要地，于此设防，其东可遏止大小狼山及入侵万安、清平二苑之寇，西可以应援葫芦峡口、

〔1〕《嘉靖固原州志》卷一《文物衙门》，《万历固原州治》上卷《建置志》，牛达生、牛春生校勘《嘉靖万历固原州志》，宁夏人民出版社，1985 年，第 23、第 140 页。

〔2〕（明）张雨：《边政考》卷三《固原靖兰图》，王友立主编《中华文史丛书》第十四册，（台北）华文书局，1969 年，第 197 页。

〔3〕该城地名文献及俗称有豫望、豫王、豫旺、预旺、予旺等不同讹转。

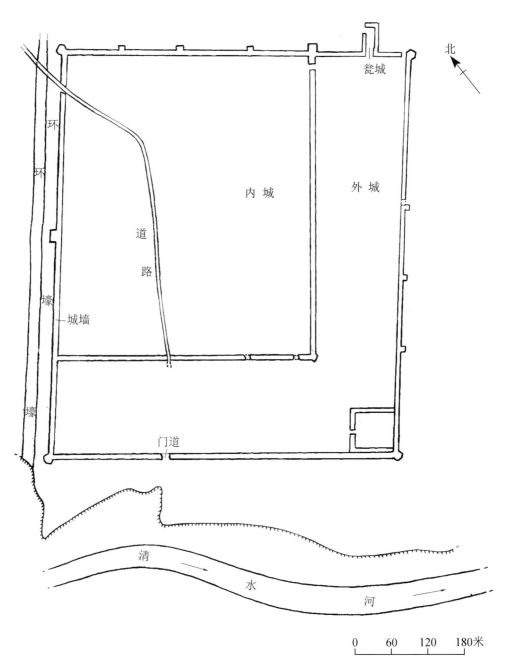

图三七四　镇戎守御千户所城址平面图

半个城以及固原、安会等地[1]。

　　该城址始筑于元代，俗称豫王城或豫王土城。成化十二年（1476 年），陕西巡抚余子俊就曾建议于此处修理魏（豫）王城，设置平虏守御千户所，得到批准[2]，其后"因循不举者垂二十年"。弘治

　　〔1〕《明武宗毅皇帝实录》卷二"弘治十八年六月丁巳"条，（台北）"中央历史研究院"历史语言研究所校印，1961 年，第 7页。

　　〔2〕《明宪宗纯皇帝实录》卷一五八"成化十二年九月癸卯"条，（台北）"中央历史研究院"历史语言研究所校印，1961 年，第 2861 页。

十五年（1502 年），总制秦纮再行奏请，修筑城池及东西关，事未成而诏还；至十八年（1505 年）最终由陕西巡抚杨一清主持修复城池，并于此置平虏守御千户所[1]，委官、建衙、驻军、屯种，隶固原卫。城周二里三分，高阔各两丈，池深阔与城等。后由于旧东关水患严重，嘉靖年间改筑西北关，周三里二分，高阔各三丈，仓场全设，辖墩台二十四座。属地相当于今同心、海原、固原县和甘肃环县交界地区[2]。由于与宁夏卫所辖平虏守御千户所（今宁夏回族自治区平罗县）重名，为示区别，亦称"豫望城平虏守御千户所"。原设马步官军一千二百四十五名，至嘉靖二十年前后，实际见在本所官军守墩一百零七名、留所三百一十六名、马匹五百四十匹[3]。清代改称预旺，置平远所，同治十三年（1874 年）以后划归平远县（县治在下马关）管辖[4]。

城堡坐西朝东，整体呈东南—西北向。平面呈曰字形，由旧东关及西北关城两部分组成。旧东关东墙大部被折死沟洪水冲毁，仅存南端少部及东南角台。中部沿折死沟崩塌断崖有后期修缮的低矮墙体，多分布水冲小豁口，东南角台顶部平坦，长满杂草，台壁多处坍塌、剥落。南墙保存基本完整，有 2 座马面；东侧马面保存较差，东、西壁被铲削，南壁上部大面积坍塌；西侧马面多风蚀孔洞，保存一般。墙体外有护城壕，壕沟宽阔，沟底及沟壁长满杂草，沟内有附近居民倾倒的生活垃圾。西墙存 3 段，墙体较低矮，中部有门道豁口，外侧残存一处长方形瓮城，瓮城南墙中部门道为豁口，北墙西段及西城门损毁，东墙两端南北相对有 2 处正方形台基，南侧台基保存相对较好。瓮城门外有一处正方形墩台。北墙保存较好，外临深沟；中部有一座马面，东、西壁轻微剥落，北壁坍塌较严重；马面以东墙体随地形曲折，保存一般，两侧坍塌堆土较高。东北角台水毁无存。城内大部为荒地，仅西南角有民居。

西北关城南墙损毁严重，角台及大部墙体无存。西墙保存一般，中部西门处有宽约 21 米的公路豁口，为出入关城的主要通道，有一条县级水泥公路东西向绕城内鼓楼穿城而过。西门豁口将西墙分为南北两段，南段墙体大部被当地居民圈入院内，铲削取土严重，西南角台坍塌无存，保存差；北段墙体高大，壁面较直，顶有垛墙，外侧有 2 座马面。墙体外为农田，墙体内倚墙建有连片民居，墙体外壁中上部长有黑霉斑，内侧多处经取土铲削使墙体变薄。第一座马面大部被铲削，损毁严重；第二座马面西侧被铲削大部，北侧有一处小豁口，为进出便道。西墙北端外侧中下部有 2 孔窑洞，其中 1 孔被封堵。西北角台夯层清晰，底部外侧东、西壁下各有 1 孔窑洞，西、北壁块状崩塌，角台上有 1 座实心夯土角楼，仅剩台基，存础石、砖瓦等建筑材料。北墙多剥落、坍塌，保存一般，现存 3 段，南段有瓮城残墙，进城公路穿墙而入。外墙表面有黑霉斑，内墙被铲削严重，墙顶长满杂草，墙体内外有大量居民。城内分布有镇政府办公楼、同心三中、预旺小学、牲畜交易市场以及大量的民居等现代建筑。城内中心有鼓楼，正方形夯土台座，表面砖石包砌，内为四通十字过洞，台上建筑为近年新修。台基边长 13.5、高约 2 米。

旧东关西墙方向北偏西 40°。南墙长 375、西墙长 640 米，周长约 2030 米，占地面积约 24 万平方米。东墙存 144 米，东南角台边长 10、高 5.5 米。南墙长 375 米，现存 308 米。东侧马面距东南角台 156 米；马面西 101 米为南墙西侧马面，台底东西 9.8、南北凸出于墙体 10.7 米，台顶

〔1〕《明武宗毅皇帝实录》卷二"弘治十八年六月丁巳"条，（台北）"中央历史研究院"历史语言研究所校印，1961 年，第 47 页。
〔2〕《嘉靖固原州志》卷一《文物衙门》，牛达生、牛春生校勘《嘉靖万历固原州志》，宁夏人民出版社，1985 年，第 22 页。
〔3〕（明）张雨：《边政考》卷三《固原靖兰图》，王友立主编《中华文史丛书》第十四册，（台北）华文书局，1969 年，第 198 页。
〔4〕陈日新：（清光绪）《平远县志》卷五《中国方志丛书·塞北地方·第六号》，（台北）成文出版社，1968 年，第 48 页。

东西 3.3、南北 5 米；西 44 米处为南墙止点，西至西北关西南角台墙体 410 米。南墙护城壕长 340、宽 14.5、深 7 米，北壁距南墙马面 3.7 米。西墙存 3 段，南段长 180 米，北端为宽 21 米的公路豁口，豁口以北中段长 152.7 米，西门道豁口宽 55 米。东墙瓮城东西 18、南北 27 米，墙体宽 7.5、高 7 米，南门豁口宽 3.5 米；瓮城北侧台基边长 3、高约 2.2 米；瓮城外东 20 米处有边长 4、高 3 米的墩台；瓮城北 8.7 米处有 29 米宽的豁口，豁口以北墙体长 200 米，北至东北角台有 78 米的坍塌、取土豁口。旧东关西北角台南北 7.5、东西 3.3 米，夯层厚 0.12～0.15 米。北墙西北角台东 7 米处有宽 46 米的豁口，豁口东 55 米处有北墙马面，马面东西 2.5、南北 7.5 米，马面向东 34 米处墙体向北折拐，拐点东 96 米处为北墙保存段止点。

西北关城南墙长 405、西墙长 624、北墙长 428 米，周长 2197 米，占地面积约 26.7 万平方米。西墙底宽 8.5、顶宽 4.4 米，高 7.8 米，外侧垛墙高 1 米，垛口高 0.35、宽 0.9 米。西南角台北 301 米处有西墙南侧马面，台体东西 4、南北 8 米，马面北 138 米处有西墙北侧马面，台体东西 5.5、南北 7.9 米（被人为铲削），马面北侧有一豁口，宽 3.5 米，豁口北 170 米有西北角台；西北角台边长 10 米，角台上角楼基址边长 3.5、高 2 米，北墙北门豁口距西北角台 170 米，豁口宽 12.5 米，豁口东 227 米为有关西北角台（图三七五；彩图四五八～四六四）。

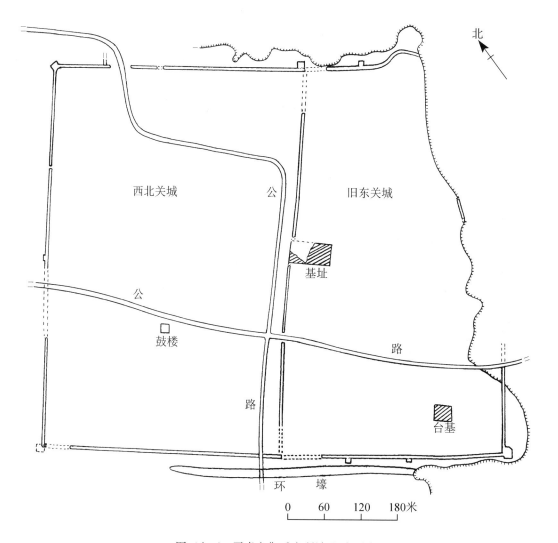

图三七五　平虏守御千户所城址平面图

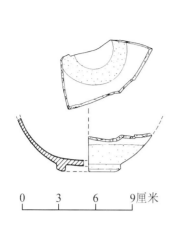

图三七六　白釉残圈足碗底（TXB010：1）

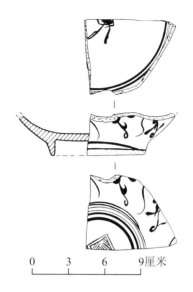

图三七七　青花残圈足碗底（TXB010：2）

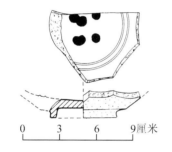

图三七八　残圈足碗底（TXB010：3）

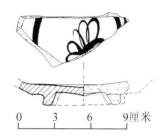

图三七九　青花残圈足碗底（TXB010：4）

采集遗物9件。

TXB010：1，白釉残圈足碗底。弧腹，矮圈足。夹砂浅灰胎，内外壁施较薄白釉，内底有印纹宽涩圈，外壁近底部无釉。底径5.4、高4.3、足高0.6厘米（图三七六）。

TXB010：2，青花残圈足碗底。弧腹，尖圈足。灰白胎，内底双线内绘交股禾穗状图案，外壁绘缠枝花卉纹，足底双线内画有方块青花款。底径7.6、高3.2、足高1厘米（图三七七；彩图四六五）。

TXB010：3，残圈足碗底。弧腹，浅圈足。白釉，外壁上部存黑釉，内壁无釉，内底有两周凹弦纹，底心有5点黑釉斑点纹。底径5.3、高2.1、足高0.5厘米（图三七八；彩图四六六）。

TXB010：4，青花残圈足碗底。夹砂灰胎，内底宽带纹内绘写意团花纹，外壁无釉，青花呈浅灰色。底径7、高2、足高0.8厘米（图三七九；彩图四六七）。

TXB010：5，残圈足碗底。斜弧腹，矮圈足。内外壁上部施黑釉，下部无釉，内底有两周凸弦纹，底心有5点黑釉斑点纹。底径5、高1.7、足高0.6厘米（图三八○；彩图四六八）。

TXB010：6，瓦当残块。存一角，泥质灰陶，圆形当面存少块，当面外侧双旋纹内模印一周连珠纹，中心为突起的火焰状纹饰。当面直径约9.8、厚1.2厘米（图三八一；彩图四六九）。

TXB010：7，残圈足碗底。弧腹，大平底，矮圈足，腹壁较薄。灰白胎，内壁施黑褐釉，内底有宽

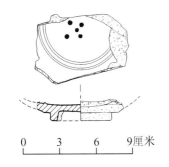

图三八〇　残圈足碗底（TXB010:5）

涩圈，上有烧粘痕，外壁保存部分无釉。底径7.2、高3.4、足高0.7厘米（图三八二；彩图四七〇）。

　　TXB010:8，坩埚。存下部，直腹，筒状，平底。夹砂粗黑胎，壁较厚，内外壁粘附大量的黑色烧结物及铁锈斑。腹径13.8、底径8.8、高16.5厘米（图三八三；彩图四七一）。

　　TXB010:9，坩埚。存下部，直腹，筒状，平底。夹砂粗黑胎，壁较厚，内外壁黏附大量的黑色烧结物及铁锈斑。腹径14.2、底径8.6、高19厘米（图三八四；彩图四七二）。

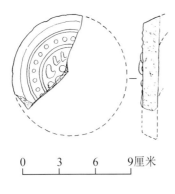

图三八一　瓦当残块（TXB010:6）

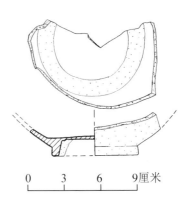

图三八二　残圈足碗底（TXB010:7）

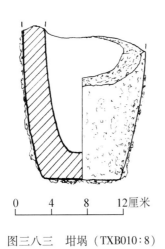

图三八三　坩埚（TXB010:8）

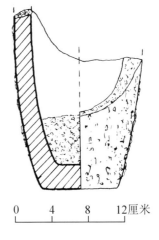

图三八四　坩埚（TXB010:9）

3. 预旺城北小堡（编码6403243531021700 14；工作编号TXB011）

　　该堡位于同心县预旺镇北0.4千米平地上。周围为耕地，西南侧为回民公墓。南距预旺城0.241千米。当地居民传说，该堡旧时为豫望城内做生意的山西商人客死当地后寄存骨骸之地，城内原有寺庙、戏台等建筑物。

　　该堡平面呈长方形。保存一般。东墙坍塌入折死沟内，仅存东北角台，东端有一豁口；南墙有黑苔斑，中部较高，两端坍塌较低；西墙大部损毁，中部有门道豁口；仅存墙基痕迹；西墙外为回民墓

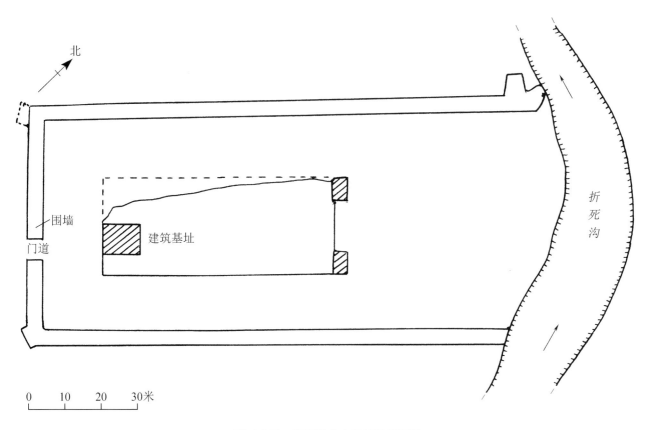

图三八五　预旺城北小堡城址平面图

地。北墙仅存中下部，长有杂草，多风蚀、剥落形成的风蚀小孔和带状凹槽，两侧堆土较低。四角台大多损毁，仅存中下部。堡内为耕地，堡内中部有一处长方形建筑基址，四角坍塌堆积较高。地表散落大量的建筑构件，以灰陶筒板瓦及砖居多，有少量绿釉琉璃板瓦片。

　　堡西墙方向北偏东45°。南墙长130.2、西墙长64、北墙长142米，周长约400米，占地面积约8800平方米。门道豁口宽6米，南墙基宽3.2、顶宽0.7、高4.5米，夯层厚0.07~0.1米。东北角台底部东西10、南北3.6米，顶部东西6.7、南北3.1米，高5.8米。基址东西20、南北8.5米（图三八五；彩图四七三、四七四）。

4. 上马坟1号小堡（编码6403243531021700011；工作编号TXB012）

　　该堡位于同心县韦州盆地南部下马关镇五里墩村上马坟西北0.2千米，南临罗山余脉大郎顶（明代称打刺顶）。北有下马关城，周围地势平坦，较远处亦清晰可见。东南距上马坟2号小堡0.25千米，东距203省道1.5千米。

　　该堡平面呈长方形。存四周堡墙及角台。堡墙坍塌豁口较多，门址不清。堡内为耕地。保存一般。据当地居民介绍，城内早年平田时曾出土大量牲畜骨骼。堡墙大多坍塌，墙体内外两侧坍塌形成的堆土较高，四角台仅存中下部，东、南、西墙中部坍塌呈豁口状，南墙仅存东南、西南角台。北墙保存相对较好，残存中下部，墙体较连续，沙土掩埋呈土垄状，长满杂草，豁口较多，东端有一较宽豁口。

　　堡东墙方向北偏东20°。东西33、南北35米，周长136米，占地面积1155平方米。北墙基宽6.3米，南墙基宽1.7、顶宽0.8米，夯层厚0.2米，墙体最高3.8米（图三八六；彩图四七五、四七六）。

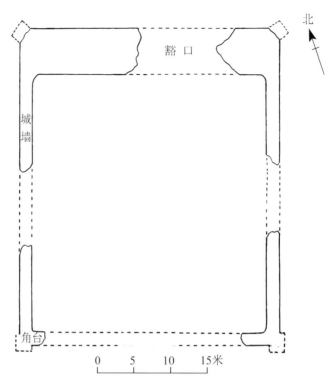

图三八六　上马坟 1 号小堡城址平面图

5. 上马坟 2 号小堡（编码 640324353102170012；工作编号 TXB013）

该堡位于下马关镇五里墩村上马坟西北 0.15 千米平地上。周围为耕地。西北距上马坟 1 号小堡 0.25 千米。

该堡平面呈正方形，较上马坟 1 号小堡略小。存堡墙、四角台。保存一般。堡内为耕地。据当地居民介绍，城内早年曾出土大量牲畜骨骼。堡墙大多坍塌，墙体单薄，豁口较多，北墙保存相对较好，门道在南墙中部。

堡东墙方向北偏东 22°。堡墙边长 30 米，周长 120 米，占地面积 900 平方米。北墙基宽 2.3 米，南墙基宽 1.7、顶宽 0.8 米，夯层厚 0.1 ~ 0.12 米，墙体高 0.5 ~ 2.6 米（图三八七；彩图四七七）。

6. 宁夏群牧千户所（编码 640324353102170010；工作编号 TXB014）

该城位于同心县韦州韦二村、南门村一带，镇韦州盆地中部。西有大罗山，南有小罗山，东临甜水河，旧有东湖[1]。明代都御史王越曾赋诗"秦川形势通西夏，河朔襟喉控上流"[2]来描述其形胜。根据旧志记载，北至宁夏二百九十里，至花马池二百三十里，南至固原下马房界四十里，西至鸣沙州七十里，东至萌城驿七十里[3]。今实测，南距下马关城 18.5 千米。

该城由旧城及东关城组成。旧城始建年代不详，唐时为威州，宋入西夏，改名韦州，为左厢静塞

〔1〕（清）张廷玉：《明史》卷四二《地理三》，中华书局标点本，1974 年，第 1012 页。
〔2〕今已干涸，见王越：《过韦州诗》，（明）胡汝砺编、管律重修、陈明猷校勘《嘉靖宁夏新志》卷三《所属各地》，宁夏人民出版社，1982 年，第 213 页。
〔3〕（明）胡汝砺编、管律重修、陈明猷校勘：《嘉靖宁夏新志》卷三《所属各地》，宁夏人民出版社，1982 年，第 211 页。

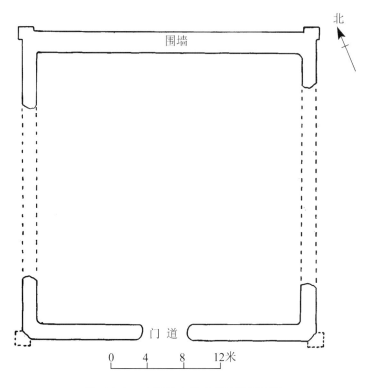

图三八七　上马坟 2 号小堡城址平面图

军司驻地（后改祥佑军）。元废州，为灵州辖境，仍名韦州。明洪武二十四年（1391 年），明太祖册封其十六子朱㮵[1]为庆王，次年建庆王宫室于韦州。洪武二十六年（1393 年）五月，朱㮵至韦州藩府，二十七年（1394 年）置宁夏群牧千户所，隶宁夏卫，管理庆王府在宁夏各地牧场，专为庆王府司牧养羊、马之业。当时此城"周回三里余……土坚好，城垣尚完如新……池阔二丈，深七尺"[2]。城内修建有庆王府宫殿及地宫，设置有宁夏群牧千户所、韦州仓、草场等公署。朱㮵在此置藩 9 年，后徙宁夏镇城。旧城原有南、东门，庆靖王曾建拥翠楼于南门上以避暑[3]。弘治十三年（1450 年），巡抚王珣筑东关，周围二里，有关门一，韦州驿设于东关内。原设甲军一千一百二十名，至嘉靖二十年（1541 年）前后，实际见在四百零九名，专为庆王府放牧[4]。清末属平远县，驻把总，民国年间一度属盐池县[5]。

　该城平面呈凸字形，东关倚旧城东墙而建。南、北墙向内收分，向东南偏斜，平面略呈斜向长方形；北墙及东墙北段保存较好。东墙外临断崖，墙体随地形略有曲折，南墙体大部损毁为村道。北墙中部马面及东北角方台体高大，保存较好。城墙用细密的黄土夯筑而成，墙体表面平整。城墙外东、西、北面存环壕痕迹，南门、东门故地犹存，现毁为出城村道。城内有韦州清真大寺，主要为南门村

〔1〕　出土《庆靖王圹志》作第十五子。

〔2〕　（明）朱旃撰：《宣德宁夏志》卷上《属城》，吴忠礼笺证《宁夏志笺证》，宁夏人民出版社，1986 年，第 83 页。

〔3〕　（明）胡汝砺编、管律重修、陈明猷校勘：《嘉靖宁夏新志》卷三《所属各地》，宁夏人民出版社，1982 年，第 212 页。

〔4〕　（明）胡汝砺编、管律重修、陈明猷校勘：《嘉靖宁夏新志》卷三《所属各地》，宁夏人民出版社，1982 年，第 215 页；另见（明）张雨：《边政考》卷三《固原靖兰图》，王友立主编《中华文史丛书》第十四册，（台北）华文书局，1969 年，第 154 页。

〔5〕　陈步瀛撰修：（民国）《盐池县志》卷二《建置志》，范宗兴笺证、张树林审校《盐池旧志笺证》，黑龙江人民出版社，2004 年，第 235 页。

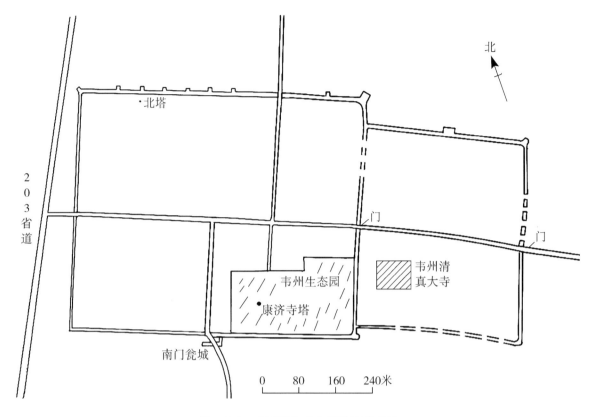

图三八八　宁夏群牧千户所城址平面图

居民区。整体保存较差。

旧城平面呈正方形，东、南墙保存较好，西、北墙临近 203 省道，损毁严重，南墙门道及瓮城仍有痕迹。墙体较宽厚，墙顶豁口较多，夯土多为颗粒状红色沙土，墙体表面粗糙不平。北墙外尚存 7 座马面，间距约 65 米。城内主要为韦二村街区，沿城墙内外分布大量民居。城内东南角有 13 层楼阁式砖塔，称康济寺塔；城内西北角有覆钵式喇嘛砖塔，称北塔。城内庆王宫室及其他历史设施均已无存。

旧城东墙方向北偏东 10°。城墙东西 580、南北 590 米，占地面积约 34 万平方米。南门瓮城东西 30、南北 25 米。墙体基宽 7.5、顶宽 5、高 8.5 米，夯层厚 0.12 ~ 0.17 米。北墙马面宽 7 米，凸出于墙体 5 米。东关城东西 340、南北 490 米，占地面积 16.6 万平方米。墙体基宽 6、顶宽 4.8、高约 11 米，夯层厚 0.15 ~ 0.26 米。东墙外城壕宽约 7、深 1.2 米（图三八八；彩图四七八 ~ 四八二）。

7. 铁柱泉城（编码 640323353102170011；工作编号 YCB011）

该城位于盐池县冯记沟乡暴记春村铁柱泉自然村西南 0.2 千米滩地上。青山—冯记沟公路绕城而过。该城 "去花马池之西南、兴武营之东南、小盐池之东北，均为九十里交会之所"[1]，地理位置十分重要。四周地势略高，城址处于盆地中央，地下水位较高，有泉水自然涌出，城池据水而建。城内泉眼已壅塞，城外西南百米处尚有一汪泉水，占地不足 1 亩，池周遍生芦苇，东侧建有山神庙。城址周围遍布白刺灌丛根盘绕固定的沙丘，沙丘一般高 1 ~ 2 米，高者达 7 ~ 8 米，

---

〔1〕（明）胡汝砺编、管律重修、陈明猷校勘：《嘉靖宁夏新志》卷三《所属各地》，宁夏人民出版社，1982 年，第241 ~ 243 页。

沙梁间生长有芨芨草、冰草、牛心朴子等沙生植被。

该地临泉原有一小堡[1]。弘治十六年（1504年），总制秦纮拟于该地筑城，事终未成[2]。嘉靖十五年（1536年），刘天和提议增筑旧堡，包泉水于堡中，使敌虏无饮水处。属宁夏后卫管辖。设操守官一员，旗军三百三十名、马八十六匹[3]。至嘉靖二十年（1541年）前后，实际见在马队官兵四百三十一名、马九十六匹[4]。万历三十五年（1607年），巡抚黄嘉善甃以砖石[5]。

（三）城址现状

该城由城墙及北墙马面、四角台、东门及瓮城组成。平面呈凸字形，墙体及相关设施用沙土夯筑而成，城墙外侧包砖20世纪50年代因修建冯记沟煤矿大部被拆毁，仅瓮城券门城砖尚存，城池内外积沙严重，城内久弃，为荒草滩，泉眼干涸。整体保存一般。

城东墙用红砂土夯筑而成，夯层内夹杂石片、砖等，墙体外侧因拆墙砖形成大量碎砖堆积，墙体顶部风沙侵蚀较严重，呈土垄状，上面长满苦豆子等杂草。东墙东南角内侧有2孔小窑洞，夯层厚，黄沙土夯筑，夹杂白石灰颗粒。南墙外侧包砖拆毁严重，顶部宽平。西墙中部有1座马面，呈长方形凸出于墙体外侧，包砖被拆，夯层剥落严重，孔洞较多，表面及周围散落大量碎石块。西南角台呈5边形，外壁坍塌，巢孔较多，顶部较平，台体基本与墙体持平；西北角台呈5边形；东南角台呈5边形，平顶；东北角台呈不规则土丘状，略高出墙体。北墙外侧积沙较高，基本与墙体持平，外侧顶部因当地居民拆城砖向下掏挖1～2米。北墙外侧堆积大量碎石块，西墙马面处堆积大量石块等。

城东门被沙土淤塞，为一处高出城墙的夯土墩台。东门外侧有一汪池水，为牛羊饮水而挖设。城内有一处较大方台建筑基址。

东门外瓮城呈正方形，门朝东，砖券门洞尚存，门洞内淤塞不通，瓮城墙体门洞顶部以上夯土为红胶土、黄沙土及白灰分层夯筑，夯层清晰。瓮城内部因沙土淤积呈锅底状，北墙内侧积沙与墙体持平，墙体宽不明，东北角外侧东墙有一处较宽豁口。

东墙方向北偏东20°。城墙东西370、南北410米，周长1560米，占地面积约15.2万平方米。东墙内高5、外高2.8米。中部外侧有瓮城，瓮城东西45、南北80米，门洞顶宽4.9、进深6.8、拱高2.4米，门洞方台东西9、南北11米，方砖长49、宽27、厚8厘米。东南五边形角台外高4.5米，边长由东到南依次为3.5、12、12.5、5米。南墙顶宽2.5～5、外高5.5米，西南角台外高7米，为正方形，外部底部边长由西到南依次为5、17、14、5米。西墙马面距西北角195米，外高8米，高出墙体3米，底部凸出于墙体19、顶部凸出于墙体10米，基宽15米；南侧92.5米处有一豁口，宽5.5米，夯层厚0.19～0.25米；西北五边形角台边长由北到西依次为5、9、9、9、5米。北墙内高6、外高2.2米；东北角台外高6米，高出墙体1.2、凸出于墙体12、基宽7米（图三八九；彩图四八三～四八九）。

[1]《明世宗肃皇帝实录》卷一九〇"嘉靖十五年八月辛丑"条，（台北）"中央历史研究院"历史语言研究所校印，1961年，第4010页。

[2]（明）胡汝砺编、管律重修、陈明猷校勘：《嘉靖宁夏新志》卷三《所属各地》，宁夏人民出版社，1982年，第243页。

[3]（明）张雨：《边政考》卷三《固原靖兰图》，王友立主编《中华文史丛书》第十四册，（台北）华文书局，1969年，第154页。

[4] 范宗兴：《增补万历朔方新志校注》卷一，宁夏人民出版社，2015年，第11页。

[5]《万历朔方新志》卷一，叶12b。

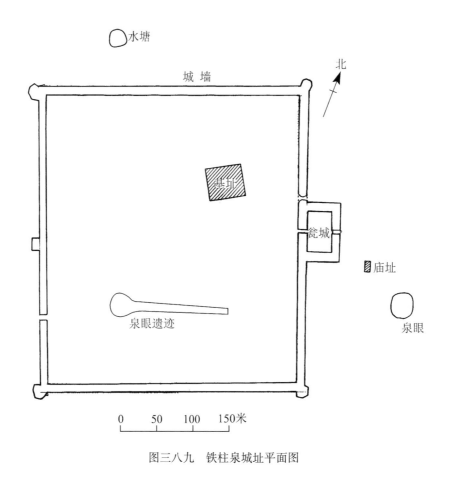

图三八九　铁柱泉城址平面图

8. 野狐井堡（编码 640323353102170010；工作编号 YCB012）

该堡位于王乐井乡野狐井自然村西山坡上。东北距野狐井烽火台约 1 千米，西北距马千湖烽火台 1.63 千米。随地势西高东低，东临野狐井河，东北侧有一积水湖泊，湖畔生长有垂柳、杨树等。堡内为弃耕地，堡墙内外积沙严重，堡内冲蚀沟壑遍布，生长芨芨草、老瓜头等植物。

该堡当地民间传说为宋夏时期狄青所建。史志记载其为明万历四十一年（1613 年）由总制黄嘉善、巡抚崔景荣为守护此地水草而题筑[1]，兼具屯垦及驿站功用。

该堡平面近方形，墙体基本连续，门在东墙中部，有四角台，无马面，保存一般。方向北偏东 10°，堡墙边长 235 米，周长 940 米，占地面积约 5.5 万平方米。

东墙保存部分（南段）较高大，北段小部分被毁至东北角台处，距东南角 115 米处有一较大豁口，宽 6 米，此处墙体高 8.5 米。墙体顶宽约 2.2、内高 2.2、外高 5.1 米，东南角台凸出于墙体 3 米，宽 2.7、外高 13 米。

南墙保存较好，顶部宽平，外侧壁面较直，西端底部堆土较多，顶部外侧稍高，内侧存垛墙，其上生长少量柠条等植被。门道豁口在南墙中部，呈斜坡状，门道内堆积大量碎砖，原为砖券门洞。外侧临南北向沟谷，沟内有流水。西南角台呈五边形凸出于墙体，边长约 3 米。南墙基宽 5.5、顶宽 3、内高 2.5、外高约 7 米，西南角台凸出于墙体 6 米，宽 6 米。

---

〔1〕 范宗兴：《增补万历朔方新志校注》卷一，宁夏人民出版社，2015 年，第 11 页。

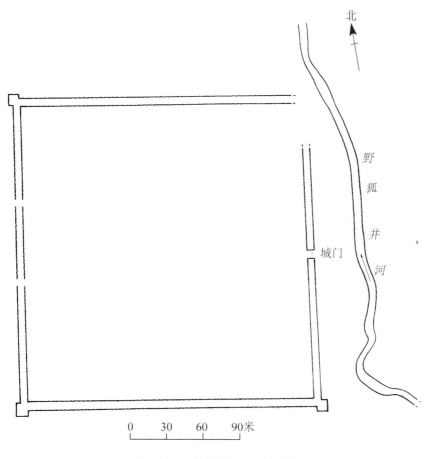

图三九〇　野狐井堡城址平面图

西墙内侧积沙严重，南部积沙至墙体顶部。西北角台尚存，形制较小。西墙顶宽0.5~1、内高3、外高3.6米，中部有2处豁口，距西北角50米豁口宽1.6米，155米处豁口宽2.5米。西北角台凸出于墙体6米，宽5、内高8、外高5.5米。

北墙基本连续，西端内侧有3孔废弃窑洞，中间一孔最大。墙体外侧有小支流，流入东墙外野狐井河。东北角台被冲毁为大豁口，角台保存不明显。北墙顶宽约2.2、内高3、外高3.6米（图三九〇；彩图四九〇~四九七）。

城内为沙化荒草坡，地势西高东低，高差约10米，西墙内侧积沙严重。

第九章
总 结

第一节 "固原内边"长城防御体系类型及其结构特征

明长城是由墙体、关堡、敌台和烽火台等组成完整的军事防御工程体系,"固原内边"长城调查中这几种建筑类型均有所涉及。

一 "固原内边"长城墙体类型、特征及其形成原因

"固原内边"长城修筑之初就有"铲崖""挑壕(挖堑)""筑墙(墙外挖堑)"以及增筑旧墙等不同的修筑方式,同时一些地段或直接利用了自然地形而未进行人工修筑,存留至今就形成了不同的墙体类型,主要包括山险、山险墙、夯筑土墙三种类型。从现存各类墙体的调查数据统计来看,该线长城山险几乎占一半,而山险墙及夯筑土墙各占约四分之一,这一比例大致印证了该线长城的修筑实情,考虑到损毁及甄别误差,各类墙体与历史记载的修筑情况相比较或有消长。

表八 "固原内边"长城墙体类型统计表

类别	土墙	石墙	山险墙	壕堑	山险	合计
合计（米）	49022.4	120.1	29600.6	0	83268.8	162011.9
百分比（%）	30.26	0.07	18.27	0	51.40	100

由于"固原内边"长城区域特殊的自然地理条件以及修筑特点,一些地段调查中并未发现相关的墙体迹象,固原内边中西段间及徐斌水新边现存墙体两端烽燧线虽未计入长城墙体,但根据两端墙体走向及沿线分布的烽火台等防御设施,结合文献仍可大致判断墙体走向。固原内边中西段间烽燧线分布于小罗山以西至海原干盐池堡以东区间,此段群山连绵,地形崎岖,交通不便,沿线山顶及麻春河沟谷两岸多设置烽燧即可有效守御。中间一些较平缓地段,如同心县城附近清水河谷地段,原先可能有人工修筑墙体,但均损毁无存。徐斌水新边虽然记载长度有一百二十五里,但其中堑崖筑堤一百八里五分,筑墙堡仅一十六里八分,与调查确认遗迹基本相符。囿于条件,该区段间墙体遗迹仍有待以后调查确认,这也是本次墙体调查长度与历史记载出入较大的一个重要原因。

从各类墙体所占长度比例来看，自然山险是该线长城主要的防御形式，主要分布于"固原内边"长城东段甘肃、宁夏两省区交界地带以及"徐斌水新边"大部地段，前者为自然的山洪冲沟，形如天堑，后者主要依靠红柳沟河宽阔的河床以及陡峭的河岸进行防御。这些地段不是敌人入侵与防御的重点，因此无须修筑人工墙体，仅在沟堑两侧间距分布少量烽火台即可达到守瞭目的。

山险墙是该线长城防御体系人工修筑墙体的主要类型。但凡山势不甚陡峭、沟谷不甚深浚，梁塬逶迤勾连之处，有可能成为敌人入侵通道的地段均需修筑。调查发现的山险墙连续存在的有 4 段。根据所处地形，杏树湾、白塬畔两地为塬峁地貌，采用开挖壕堑，以连通两侧沟堑山险。从何家口子到墩圈段山险墙以及海原县境内的唐坡至孔家沟山险墙因大部处于半山腰，多采用铲削山体形成峭壁的方法布设，局部地段采用挖壕、筑墙的修筑方式。当时指导的原则即"随山就崖"根据地形，除一些关键地段、重要寇路由督抚、统帅亲自组织施工外，其余地段山险墙的布设位置、铲销崖体程度及长度多由分守及组织施工的将领而定，以能拒敌为最终目的。调查发现，山险墙因水土流失、滑坡、崩塌等原因损毁消失情况相对严重，一些消失段或已归入山险或烽燧线，其原因与这种施工主导思想及方式不无关系。同时山险墙的野外调查辨认亦属不易，种种原因造成调查所获实际长度与史书记载相差较大。

夯筑土墙主要有下马关以东及"徐斌水新边"兴旺村 2 段墙体，另外在沿线山险墙中间开阔地段或隘口处发现有 2 小段夯筑墙体。这些夯筑墙体保存较好处呈土垄状，夯层较厚，土质相对疏松，保存较差处仅存微隆的墙基痕迹，一些地段消失无存。除去自然及人为破坏的因素外，修筑之初标准较低、规模有限为主要原因。以下马关以东段墙体为例，最早为弘治十五年（1502 年）由秦纮主持修筑，至嘉靖九年（1530 年），仅 20 余年就已"塌坏填塞，套贼节年过花马池由此深入，不能阻隔"，即由王琼上奏重修，究其原因，王琼认为"秦纮修理墙堑低矮"。王琼此次重修采用了外挖壕、内筑墙的办法，修筑原则依然是重堑而轻墙。北面壕堑"俱挑深二丈阔二丈五尺，南面堑上筑墙共高三丈"，共计三十里五分连同其他工程仅用时一月即告完工[1]，除去壕堑，实际的筑墙高度仅为一丈。而其为同时期所主持修筑的深沟高垒制定的标准"筑墙必高广皆二丈"[2]，体量相差一半，保存至今，外侧壕堑大部被淤塞为平地，仅存内侧夯土墙体。

增筑旧墙主要是修葺利用拱卫固原镇城北的一小段战国秦长城，这与该段长城所处位置及有利地形密切相关。修缮方法主要采取堆筑加高墙体及敌台，墙体外侧疏浚壕堑以及局部增置铲削山险墙，这种修缮利用旧墙的方法亦为"固原内边"其他段所常见。由于该段长城良好的保存状况，其历史维修情况亦引起了相关学者的注意[3]，本次调查断面试掘对墙体维修前后构筑方式清晰揭示以及明代瓷片等相关遗物的出土、铲削山险墙的确认，使我们对该段墙体明代时期的修缮情况有了更进一步的了解。史载秦纮在三边总制任内修缮固原城，"修筑诸边城堡一万四千余所，垣堑六千四百余里，固原屹为重镇"[4]。维修利用这段长城的肇始者非其莫属，其修缮时间应在弘治十五年前后。

因此，总结"固原内边"长城墙体特征，可以归结为：因地设险，重点设防，类型多样，修筑草率。造成这一现象的原因首先为该线长城已处腹地，并非边防一线，当时的防御重点在大边一线。宁夏与固原的关系更为唇齿，花马池一带边人称之为大门。时人西以兰会、东以花马池为"门户"，而

〔1〕（明）王琼：《设重险以固封守议》，牛达生、牛春生校勘《嘉靖万历固原州志》，宁夏人民出版社，1985 年，第 124 页。

〔2〕（明）王琼：《北虏事迹》附《修边凡例》，单锦珩辑校《王琼集》，山西人民出版社，1991 年，第 96 页。

〔3〕许成：《明代对固原城附近战国秦长城的利用》，《宁夏考古史地研究论集》，宁夏人民出版社，1989 年，第 12～16 页。

〔4〕（清）张廷玉：《明史》卷一七八《秦纮传》，中华书局标点本，1974 年，第 4745 页。

以固原为"堂奥"，总督运筹于中，诸将折冲于外，只要处置得当，则全陕无忧。关于"固原内边"长城与宁夏镇"大边"长城的关系，当时的主流意见以及坐而论道者多倾向于固守大边，认为并力坚守花马池则固原自可无虞，若寇已入门，则主人束手。但这一观点恰恰忽略了长城纵深防御的特征，事实也证明仅靠大边一道防线是远远不够的。临边任事的督抚将帅认识到，如果第一道防线被突破，分道设防才是稳妥可靠的御敌之策，因此才有所谓"夹道""二边"以及"徐斌水新边"之设。但顾及强大的反对意见，较之大边，"固原内边"长城的历次修筑相对都是较为仓促和草率的。刘天和、任杰曾因"创制新墙（指徐斌水新边）"被明廷兵部指斥为"避危就安，割己资敌，罪不可辞"[1]，任杰被处以"夺俸半年"的处分。后人多据此认为此议未行，实际上经调查，这道长城还是修筑了。可见"内边"以及"新边"的修设确实是当时守御情形势的必然。

二　"固原内边"长城沿线关堡类型及特征

"固原内边"长城沿线共调查相关关堡 38 座，数量较多，类型多样。以下从其所处地理位置及平面布局、修筑及利用方式、城址级别及主要功能几个方面略做讨论。

按关堡所处地理位置及平面布局，除下马关城东小堡、大沙井城、灵州城等 3 座关堡由于损毁严重或已消失外，其余所调查的 35 座关堡平面形制大体可分为不规则形与规则形两类，以后者居多，此类关堡一般修筑于地形开阔地带。平面规则形关堡又可细分为 3 种，其中后 2 种主要为增筑、改建以及受地形限制所致。大致言之，处于长城沿线的关堡多为不规则形，而驿道沿线关堡多为规则形。另外，环灵道驿路大致呈东南—西北走向，沿线关堡方向大致呈45°，与驿路走向一致，鲜有正南北方向者，这也是此线关堡的一个特征。

A 型，随地形就势修筑，平面呈不规则形。包括白马城、新旧红寺堡、沙泉墩小堡、萌城堡等，共 5 座，占 14.3% 。主要受地形限制，多建于山地、面河或临壑，扼守形胜，大多从守御角度考虑而刻意为之，亦有少数为河流改道、地形变迁或后期改筑原因所致。

Ba 型，长方形或正方形，共 19 座，占 54.3% 。此类多为小堡，因规模较小，修筑时受地形因素的影响相对有限，因此布局较为规整。如周儿庄 1~4 号小堡。

Bb 型，"凸"字形、"日"字形及"回"字形，包括固原城、红古城堡、西安州守御千户所、隰宁堡、盐池城、石沟城、镇戎守御千户所、平虏守御千户所、宁夏群牧千户所共 9 座城址，占 25.7% 。这类城址一般规模较大，地位重要。造成这种规则几何图形拼合布局的原因主要是后期的增筑扩建。

Bc 型，折角形，共 2 座，包括甘州群牧千户所、下马关堡，占 5.7% 。这类城址规模也较大，折角布局主要亦是受地势、水文等地形地貌条件所限。

按修筑沿革及利用方式划分，38 座关堡有如下几种类型。

Aa 型，直接对前代旧有关堡加以修缮利用。共 4 座，包括临洮营、甘州群牧千户所、甜水堡、干盐池堡 4 座城址，占 10.5% 。主要与前代关堡选址得当、保存情况良好、修缮利用价值大有关。

Ab 型，前代已筑城而明代进行改筑、增筑利用。共 7 座，包括固原城、白马城、红古城、西安州守御千户所、镇戎守御千户所、平虏守御千户所、宁夏群牧千户所，占 18.5% 。

Ba 型，明代新筑，这类占比最多，主要为长城沿线各类临边小堡，也包括新旧红寺堡、灵州千户

---

[1]《明世宗肃皇帝实录》卷二〇三"嘉靖十六年八月庚申"条，（台北）"中央历史研究院"历史语言研究所校印，1961 年，第 4251~4253 页。

所等因各种原因迁建改设，易地重筑关堡，共 22 座，占 57.9%。

Bb 型，明代筑城后又进行过改筑、增筑。主要为环灵道驿路沿线萌城堡、隰宁堡、盐池城、石沟城共 4 座重要关堡，占 10.5%。

Bc 型，明代以后对城址进行过改筑利用，从而改变城址布局、结构的，仅 1 座，即下马关堡，清代晚期西墙冲毁，收缩重筑，占 2.6%。

按城址级别兼带功能划分，涉及"固原内边"长城沿线的大致分为如下 4 级[1]。

A，第一级，仅 1 座，占 2.6%。即固原镇城，规模最大，节制诸城。

B，第二级，6 座，占 15.8%。主要为各类千户所城池，级别次于镇城、卫城，规模较大，驻军较多，具备管辖、节制下级城堡，承担驻军、守御及驿递等多项功能。

C，第三级，为史志所载的其他关堡，共 16 座，占 42.1%。这类关堡的功能比较复杂多样，既有长城沿线主要承担守御任务的如下马关、铁柱泉、红古城、干盐池等；也包括驿路沿线既承担守御又提供护卫、驿递服务的如甜水堡、萌城、隰宁堡、韦州城、惠安堡等；还包括少量屯堡，主要功能为屯垦畜牧，如野狐井堡等。

D，第四级，关堡规模最小，共 15 座，占 39.5%。往往史志缺载，或史志有记载而实际调查难以确定地望归属的，这类调查中一般称为小堡，主要承担驻军、屯牧等，功能比较单一，如下马关城东、城南数座小堡。另外还包括一些为特定目的而设置的一些小堡，如控制水源的沙泉墩小堡等（表九）。

表九　"固原内边"明长城相关关堡类型统计表

项目 名称	位置及平面布局				修筑沿革					级别与功能			
	A	Ba	Bb	Bc	Aa	Ab	Ba	Bb	Bc	A	B	C	D
固原镇城			√			√				√			
临洮营		√			√							√	
甘州群牧千户所			√		√						√		
白马城	√					√						√	
甜水堡		√			√							√	
周儿庄 1 号小堡		√					√						√
周儿庄 2 号小堡		√					√						√
周儿庄 3 号小堡		√					√						√
周儿庄 4 号小堡		√					√						√
秦家老子小堡		√					√						√
张家树 1 号小堡		√					√						√
张家树 2 号小堡		√					√						√
下马关城东小堡							√						√
下马关堡			√						√			√	
红古城堡			√		√							√	

---

[1]　因固原卫、固原州与固原镇同属一城，沿线调查再无其他同类关堡，此级从略。

续表九

项目　名称	位置及平面布局				修筑沿革					级别与功能			
	A	Ba	Bb	Bc	Aa	Ab	Ba	Bb	Bc	A	B	C	D
西安州守御千户所			√			√					√		
干盐池堡		√			√							√	
干盐池小堡		√					√						√
徐斌水堡		√					√						√
旧红寺堡	√						√					√	
新红寺堡	√						√					√	
旧城		√					√						√
沙泉墩小堡	√						√						√
萌城堡	√							√				√	
隰宁堡			√					√				√	
惠安堡		√					√					√	
盐池城			√					√				√	
石沟城			√				√					√	
大沙井城							√						
灵州千户所							√				√		
镇戎守御千户所			√			√	√				√		
平虏守御千户所			√			√					√		
豫望城北小堡		√					√						√
上马坟1号小堡		√					√						√
上马坟2号小堡		√					√						√
宁夏群牧千户所			√			√					√		
铁柱泉城		√					√					√	
野狐井堡		√					√					√	
合计	5	19	9	2	4	7	22	4	1	1	6	16	15
百分比（%）	14.3	54.3	25.7	5.7	10.5	18.5	57.9	10.5	2.6	2.6	15.8	42.1	39.5

　　关堡分布位置及布局特征，调查所见较大有历史名称的除野狐井等个别关堡外，其余各关堡大致均修筑于平地或冈阜地带，多处于交通线上，间距适中，地理位置相对优越，大部至今仍在沿用。同时大多关堡均临近水源，或临河（湖）而建，这种布局不但考虑到驻军水源问题，而且河道湖泊本身也具备一定的防御功能。而墙体或驿路沿线的小堡由于功能较单一，修筑时对位置、布局的考虑相对不甚严格，甚至部分小堡修建于地表严重沙化地带，沿用不久即为流沙掩埋，大部久已废弃。

　　关堡墙体的夯筑一般为墙外就地取土，取土壕开辟利用为护城壕。部分关堡在城内四角发现取土大坑，兼具蓄排水作用。夯土多为黄沙土或红黏土，一些城址如隰宁堡东门道两侧、甘州群牧所、马儿庄西烽火台围墙为一层沙砾一层黄土间隔夯筑，铁柱泉城、哈巴湖林场烽火台为红黏土、黄沙土分层夯筑，夯层相对较厚。环灵道驿路沿线关堡多开南、北门，其他关堡多为东南墙辟门，开北门者相对较少。除第四级小堡外，一般有门即有瓮城。除固原州外城、下马关、铁柱泉、惠安堡等城有包砖外，其余为土城。

由于明代去今不远，文献记载相对较为翔实，加之内边沿线气候干燥、人口相对较少以及文物保护力度的加强，沿线关堡大部尚存，形制可辨，保存相对较好。除个别消失无征外，大部关堡原名称基本沿用，可与史籍对应，堡内或附近有自然村落，堡内地表有丰富的明清时期瓷片、瓦片等遗物，一些堡内尚留有建筑基址，断代依据充分，时代特征明显。环灵道驿路沿线的大沙井城由于沙土掩埋及近代平沙改田无存。另据文献记载，下马关附近响石沟、下马房以东均筑有小堡，本次调查，由于这一带分布小堡数量较多，具体名称已无从考证对应。红古城根据文献所载地理信息，本次调查厘定为海原县高崖乡草场村西古城。萌城调查中发现有绿釉琉璃瓦及窑址、墓葬等宋夏时期遗迹、遗物，由于其地处宋夏边界，去宋辖甜水堡仅五里，是否与西夏时期的清远军关联，有待进一步的考古工作与研究考证。

三 "固原内边"长城相关烽火台类型及特征

烽火台亦称烟墩、烽台、烽燧、烽堠、狼烟台等，多建于视野开阔的地方，是警戒和传递军情的工程设施，"筑墩于边外，所以明其烽隧，瞭其向往，以防胡于未入之先"[1]。凡遇寇近边，天晴则举炮，天阴昼则举烟，夜则举火，总兵等官仍为预定烽炮之数著为号令，使各城将官以此为验领军截杀[2]。在通信落后的冷兵器时代，用烽火台传递信息非常便利。明廷也十分重视对烟墩的构筑，明代烽火台的设置位置及功用见于史籍记载的主要有4种：一是紧靠长城两侧，称沿边墩台；二是向长城以外延伸，称腹外接火墩；三是向内地州府城伸展联系，称腹里接火墩台；四是沿交通线排列，称加道墩台。本次调查"固原内边"长城相关烽火台主要以沿边墩台及加道墩台为主，沿边墩台多建于长城内、外侧的高山顶，加道墩台多建于易于瞭望的丘阜或道路折转处。

明代对烽火台的修筑形制有较为严格完备的要求。永乐十一年（1413年），明成祖下令"边境不可一日无备，于农隙而不图，猝遇寇至何以济事？其令诸处修筑烟墩。高五丈，必坚如铁石，庶几寇至，可以无患"[3]。并且，明成祖对其构筑也作了具体设计，"高五丈有奇，四周城高一丈，外开壕堑吊桥。门道上置水柜，暖月盛水，寒月积水。墩置官军三十一人守燎，以绳梯上下"[4]。此法虽行于大同，但宁夏必有所参照。经兵部奏准，规定"沿边每十里或七八里为一大墩，五里、四里为一小台。大墩守军十人，小台守军五人。自边至城，每十里或八里止用大墩筑墙围之，环以壕堑，留一小门，拨夜不收五人戍守，遇警接递传报"[5]。弘治七年（1494年），对相关规制又进一步做了详细

〔1〕（明）刘焘：《答司马书·守河筑堡》，《明经世文编》卷三〇四，中华书局，1962年，第3218～3219页。
〔2〕《明孝宗敬皇帝实录》卷九四"弘治七年十一月癸丑"条，（台北）"中央历史研究院"历史语言研究所校印，1961年，第1735～1736页。
〔3〕《明太宗文皇帝实录》卷一四一"永乐十一年七月甲辰"条，（台北）"中央历史研究院"历史语言研究所校印，1961年，第1695页。
〔4〕《明太宗文皇帝实录》卷一四一"永乐十一年冬十月丁未朔"条，（台北）"中央历史研究院"历史语言研究所校印，1961年，第1709页。
〔5〕《明宪宗纯皇帝实录》卷一三三"成化九年二月戊子"条，（台北）"中央历史研究院"历史语言研究所校印，1961年，第2202～2203页。

规定[1]。

从本次调查情况来看，除去消失的 4 座外，现存 211 座烽火台由于历史上曾多次修筑，以及修筑中因地制宜与实用的原则，其最终形制并非完全一致，主要分为实心与空心两类，以前者居多且常见。

Aa 型，台体呈覆斗形，实心，共 195 座。台体形制基本一致，修建时显然有较为严格统一的规划及要求。台体底、顶部平面大部呈长方形或正方形，四壁有收分，顶小底大，立体几何学中称为棱台。由于数量众多，调查中根据顶底大小与台体高度比例的差异，外观上又有覆斗、四方、金字塔式甚至细高等视觉差异。

Ab 型，台体呈圆台形，实心，数量较少，有 3 座，以白马城 5 号烽火台最为典型。

B 型，空心烽火台，数量相对较少。虽然据史书记载在下马关附近亦有中空墩[2]，但实际调查以海原县关桥麻春河两侧山体多见，尤其以南侧山坡分布较多。此类烽火台为圆形或六边形，台顶有横梁，原应覆盖有茅草等遮盖物，台体周壁有射击、瞭望孔。台内空心，底部有门洞，两侧筑横墙形成门道，供出入。外有多重环壕，台底环壕间有高大平台。其不但具有报警功能，实战功用较 A 型明显增强。从分布位置与走向来看，可能与此段消失的"固原内边"墙体有关联，调查中将此类烽火台直接按敌台对待，由于沿线未发现相关墙体，为符合定名规范，避免歧义，报告编写中最终将其按烽火台归类。

Ba 型，平面呈六边形，共 6 座。

Bb 型，平面呈圆形，共 7 座。部分形制与近代碉堡相似。

多数烽火台台体周围设置围墙墩院，外设环壕，构成封闭的防御布局，为常见的附属设施。从台体与围墙、环壕的形状及相互的平面布局关系细分，有台体处于中部，外侧环绕围墙、环壕，呈多重长方形或正方形或多重圆形平面回字形布局，这类最为常见。亦有台体居于围墙一侧，向内或向外凸出于墙体设置，平面凹字形或凸字形布局。一般围墙规模较大，形如小堡，院内多有建筑基址，名称中有"官厅""铺""塘房"等字眼，明显具有驿站铺房的职能。围墙多为挖壕取土夯筑而成，亦有直接铲削、掘挖台体周围生土崖壁，形成土台。环灵道沿线部分烽火台围墙就地取材，用石片砌筑。围墙及环壕数量有一重及多重之分，调查所见最多为 4 重。部分烽火台墙体外还设置有附垣或挡马墙等设施。围墙门道位置依地形而定，以居南墙中部者为多。门洞的设置方式从保存较好的墩圈、六铺墩等烽火台来看，为先整体夯筑围墙，然后在墙体中部掏挖出拱形门洞，这种设计思路下筑成的围墙贯通连续，既有利于防御又经久耐用。

头铺墩、崔新庄、白土岗子等烽火台顶部发现有女墙遗迹，关祭台、沙坡子等烽火台围墙发现有女墙垛口等遗迹。另外，共有 20 座烽火台设置有附墩，在环灵道石沟城一带较常见，多为石块垒砌，沿烽火台外围分布，数量 5~10 座。

所调查烽火台周围共发现 12 处相关基址，其中 2 处位于台体顶部，其余或分布于围院内，或处于台体周围。塘坊梁、贾圈村、百塔水烽火台附近发现的 3 处规模较大的基址院落可能为废弃的塘汛驿站。

烽火台的修筑多为就地取材，亦有少数如沙坡子、青龙山、六铺墩、丁家圈以及环灵道石沟城一

[1]《明孝宗敬皇帝实录》卷九四"弘治七年十一月甲寅"条，（台北）"中央历史研究院"历史语言研究所校印，1961 年，第 1735~1736 页。

[2]（明）张雨：《边政考》卷三《固原靖兰图》，王友立主编《中华文史丛书》第十四册，（台北）华文书局，1969 年，第 117 页。

带烽火台因所处位置为沙丘或石质地表，筑台所用土料当从他处运来。大部分烽火台用黄沙土（A）夯筑，一些烽火台夯筑时为了增加强度有意采用两种不同材质，形成土、沙叠筑或红、黄土叠筑的方式（B），同样这类现象在一些关堡的墙体夯层中亦有发现。另外在夯层内夹杂砂石、木棍等物亦较为常见。环灵道北段部分烽火台因所处位置为石质地表，亦采用了包石（C）、土石（D）混筑或泥砖包筑（E）的修筑方法，沿线所见附墩多为石块砌筑而成（表一〇）。

表一〇 "固原内边"明长城相关烽火台类型及建筑材质统计表

项 目	类 型				建筑材质				
	Aa	Ab	Ba	Bb	A	B	C	D	E
数量	195	3	6	7	200	6	3	1	1
百分比（%）	92.5	1.4	2.8	3.3	94.8	2.8	1.4	0.5	0.5

烽火台之间的分布间距，据史志记载，一般近者为五里至十里，远者达二十到二十五里，并未严格因循规制[1]。虽然调查中沿途百姓亦多有"五里一墩，二十里一堡"之说，但经实测，"固原内边"墙体东段盐池（环县）境内，以白塬畔至施家天池 5 座烽火台为例，平均为 4.9 千米；同心县境内，以布局基本保存原状的六铺墩—头铺墩 6 座烽火台为例，平均为 2 千米。内边沿线烽火台分布的稀疏与距离远近，既受自然环境因素制约，也与其主要承担的功能密切相关，同时反映了该线长城沿线设防重点、兵力配置以及敌房犯境的行进路线与侵犯特点。环灵道以杜家沟—惠安堡南 7 座烽火台为例，平均为 2.69 千米；"防秋道"以下马关镇北—河湾 7 座烽火台为例，平均为 1.9 千米。后两线烽火台大多分布于丘陵开阔地带，其间距受自然地形的制约较小，基本能体现出当时筹划者的意图，大致与史书记载相符。笼统言之，墙体沿线、地形迂曲之地烽火台分布相对稀疏，间距不等，而交通要道、平漫之地烽火台分布相对密集，间距较固定，所谓五里墩、十里墩、十五里墩，亦有驿道计程的作用。

烽火台的登台方式从调查情况来看，可以确定的有两种，常见的应该如文献记载的绳梯攀爬。另外调查中发现大天池、陈家塘塘子、墩圈村、窑石庄等烽火台壁面上半部留有比较明显的登台坡道，一些斜坡甚至盘旋至相邻壁面，而大部分烽火台下部壁面平整，部分保留斜向分布的夯棍朽孔。根据保存迹象，推测台体下部采用软梯悬索攀爬，上部沿斜坡登台。其他台体保存登台脚窝多为后人为攀爬方便而挖设，据此推断登台方式不足为凭。

烽火台的功用，笼统皆可称为预警守瞭。但从调查的情况看，根据位置、结构特点及名称等线索，其功用亦有一些细微的差别。简言之，分布在山巅、墙体沿线的烽火台，主要起守瞭、报警、战斗、驻军的军事功用，这类烽火台不但分布位置险要，而且修筑高大，大部有围墙，距长城墙体较近，带设附墩，此类即所谓大墩。譬如黑山墩、烟墩山、头铺墩—六铺墩、营盘山等烽火台。一些烽火台下保留有攻击使用的礌石、铳子、蒺藜等物。部分无围墙、形制规模亦较小的烽火台，即所谓小台。少量分布于关堡门外及堡内的烽火台，如甜水堡南门外烽火台、下马关东南小堡内双墩、红寺堡旧堡东门外烽火台，其辅助关堡成守的意图更明显，亦可视为所在关堡的附属设施。另外，根据史志记载，

---

〔1〕 据《九边图说》载宁夏后卫、灵州所辖部分墩间距离，芦家山口墩至萌城驿十五里，大峰儿墩至倒水湾墩十里，平山墩至双山儿墩十里，倒水湾墩至平山墩十里，六坡墩至大峰儿墩八里，五里岗墩至硝池铺墩五里，虎剌都墩至一个井墩十五里，一个井墩至石灰口墩十里，石灰口墩至灵州城二十五里，茨烟墩至灵州二十五里，木厂墩至平湖墩十里，平湖墩至横城十里，河东关墩至木厂墩十里，鱼湖墩至河东关墩十里，夏家堡墩至灵州二十里。

该区域围绕河、泉、湖泊等水资源的争夺，明政府亦修筑了不少墩台墙堡等防御设施，沙泉烽火台及邻近小堡即为此目的而设。环灵道、"防秋道"沿线烽火台主要功用为传递情报、标识路线、里程，因此烽火台规模大多较小，附属设施较少，间距相对固定。沿线亦有一些烽火台因承担驿馆功用，规模较大，有些堪比小城堡，诸如官厅台、官厅沟、塘房梁等烽火台。麻春河两岸山顶上的空心烽火台，更多具有实战御敌的意义。

烽火台间的通讯联络方式，史志记载较为详细[1]，但具体的联络遗迹，从调查情况来看，除苏家井、宋家小沟等个别烽火台顶部有灰烬及火烤痕迹外（亦不排除后人所为），很少发现相关线索。

墩军的瞭守、生活等相关遗存的调查，部分烽火台周围或院落内发现有明显的基址、房址遗迹以及保存有早期窑洞居址，台体周围残留的瓷片、铁器、武器等遗物亦能提供一些相关线索。

关于烽火台的修筑年代，除了墙体沿线的沿边墩台大致与墙体同时修筑外，宁夏"大边""二边"间广大区域内发布的接火墩台及加道墩台的设置，史志有零散记载。明初永乐时期，即要求沿边诸处修筑烟墩，并规定了形制与建造要求[2]。最早于成化二年（1466年），由当时整饬边备兵部尚书王复提议大修沿线墩台营堡，计划每二十里添修墩台一座，共计58座[3]。实际仅成化二年至四年由宁夏总兵官吴琮主持修筑的墩台即达94座、营堡17座，其后成化八年宁夏总兵官沈煜主持又修缮中西二路墩台40座[4]。并早在成化二年，鉴于当时"宁夏三路皆冲要，中路灵州往南二百八十里原无墩台，东西二路营堡墩台相去甚远，声问不接"，由整饬边备兵部尚书王复提出建议于宁夏"东路自花马池东南红山儿至环县等处，西南长流水至小盐池等处，西路自河北分水岭至固原半个城等处，及永安墩至靖房等处，中路灵州置石沟儿一路往韦州、葫芦峡等处，一路接小盐池至萌城等处，每二十里添设墩台一座，共五十有八座。周围筑墙掘壕，务在宽广，可容运粮、接递、军民、客商投宿避害"。固原内边沿线，仅涉及环灵道、防秋道宁夏镇守御地先后有5次修建墩台的记载。据统计，至嘉靖二十年前后，固原镇辖墩台84座[5]，宁夏镇辖墩台464座[6]。至万历年间宁夏镇所辖五卫地方共设烽火台596座[7]，而固原镇见于记载的墩台数量亦达到了147座[8]。

有关烽火台墩名的古今考证，烽火台修建之初，大部有相对确定的名称，一些史志亦记载了不少墩名，随着时间的推移及地名的变化，加之文献记载又不全面，其后经过设置、增设以及辖属分合，其名称、数量不断发生变化，除极少数名称沿用至今，如"头铺墩""二铺墩""德胜墩""白土岗墩"等可与文献记载相吻合外，大部分烽火台名称发生改变，加之发音讹转，要完全与史志对照、确定其最初名称确有困难。以下将史志所载与本次"固原内边"长城调查相涉的嘉靖、万历年间部分墩台名称稽查列表，以供比对（表一一）。

---

〔1〕 （明）李东阳撰、申明行重修：《大明会典》卷一三二《镇戍七》，"各镇通例凡烽堠"，《续四库全书·史部》，叶336。

〔2〕 《明太宗文皇帝实录》卷一四一"永乐十一年七月甲辰"条，（台北）"中央历史研究院"历史语言研究所校印，1961年，第1695页。

〔3〕 《明宪宗纯皇帝实录》卷三七"成化二年十二月己酉"条，（台北）"中央历史研究院"历史语言研究所校印，1961年，第729~730页。

〔4〕 据《明宪宗纯皇帝实录》卷三七"成化二年十二月丙午"条、卷四九"成化三年十二月丙午"条、卷六一"成化四年十二月癸卯"条、卷一〇〇"成化八年正月丁巳"条，（台北）"中央历史研究院"历史语言研究所校印，1961年，第725~726、1003、1245、1944页。

〔5〕 （明）张雨：《边政考》卷三《固原靖兰图》，王友立主编《中华文史丛书》第十四册，（台北）华文书局，1969年，第195页。

〔6〕 据《嘉靖宁夏新志》载各处墩台数合并统计。

〔7〕 据《万历朔方新志》卷二。

〔8〕 据《万历固原州志》载各处墩台数合并统计。

表——　"固原内边"长城相关烽火台名称一览

嘉靖年间墩名	万历年间墩名	辖属
方塔墩、服腰山墩、甜水河墩、红崖站墩、石灰口墩、一个井墩、虎刺都墩、保保沟墩、月台墩、木厂墩、护门墩、鱼湖墩、夏家堡墩、新接墩、古城墩、坝口墩、党千户井墩、峰台墩、滚泉墩、茨烟墩、下十里墩、小岗儿墩、尖山儿墩、五里坡墩、高石崖墩、小沙沟墩、沙沟墩、项寺塔墩、长流水墩、许直墩、上十里墩、小沙井墩、白土岗儿墩、旧石沟墩、马鞍山墩、柴山儿墩、大沙沟墩、白塔儿墩（共38座）	一个井、石灰口、甜水河、红崖子、茨烟、海子、长流水、保保沟、古城（以上九墩附近灵州）滚泉、峰台（2墩中营堡设）募子口、党千户、滴水儿（3墩汉伯堡设）小岗、白土岗、尖山儿、小沙井、火昱城、乱山儿（6墩大沙井设）白塔儿、项寺塔、大沙沟、小沙沟、柴山儿、沙沟、旧石沟、高石崖（8墩石沟驿设）锦鸡、红尖山（2墩半个城设）（共30座）	灵州守御千户所
钮家洼墩、刘和尚滩墩、杏树墩、二道元（梁）墩、金家山墩、早次台墩、马子赤墩、欢喜梁墩、硝池铺墩、五里岗墩、大头山墩、界牌墩、坦头铺墩、双山儿墩、平山铺墩、倒水湾墩、小蜂堆墩、大蜂堆墩、唐家山墩、烟堆山墩、耀武墩、刮金岭墩、红山儿墩、靖朔墩、下五墩、宁边墩、陶胡子墩、王伏山墩、杨威墩、平戎墩、镇远墩、破城子墩、暖泉堡墩、石羊山墩、石峡儿墩（共35座）	钮家洼、刘和尚、俞家山、破城子、暖泉儿、镇远、平戎、红山儿、烟堆、杏树、下五里、石羊山、月台、许直、枣岗（15墩小盐池设）五里岗、欢喜岭（2墩惠安堡设）平山、坦途铺、大头（3墩隰宁堡设）纪沟、大峰、倒水湾（3墩萌城设）（共23座）	盐池城等
黑山儿墩、小蠡山墩、阎王扁（边）墩、四十里坡墩、石板泉墩、水泉儿墩、黄草岭墩、韩麻子墩、红寺儿墩、梁家泉墩、红泉墩、沙葱沟墩、苦水井墩、察家崖墩、白疙瘩墩（共15座）	梁家泉、沙葱沟、虎扒坡、红泉、二沟、苦水井、匾坡儿、清水河、小螺山、黑山儿、四十里坡、石板泉、水头儿、黄草岭、红寺儿、义家沟、白疙瘩、阎王匾、土岗庙儿、沙塔赤（共20座）	红寺堡
北烟墩、石峡儿墩（共2座）	白烟墩、石峡儿（共2座）	韦州
永安墩、安朔墩、伏羌梁墩、石臼儿墩、柳杨墩、镇边墩、架炮梁墩、德胜墩（以上8墩，在旧边见守瞭者）红山儿墩、芦沟儿墩、哈只儿墩、野狐井墩、狼把井墩、癞马房墩（以上6墩，在腹里见守瞭者）盐场墩、平湖墩、镇北墩、靖房墩、平夷墩、镇羌墩、镇靖墩、镇朔墩、常乐墩、镇安墩、镇远墩、圆山儿墩、水口墩、石井儿墩等（以上16墩在旧长城一带）〔1〕（共30座）	石井、德胜、炮架梁、哈只儿、红山儿、野狐井、狼把井、芦沟子、薛家台（9墩花马池设）懒马、陶胡子、失纳井、花沙子、火山、楔子山、麦垛山（7墩铁柱泉设）深井、威远、高平、凤凰、平川、靖烟、靖边（以上大路迤西）甜水、沙泉、杀胡、宁靖、沙井、胜景、镇朔〔以上（万历）十三年新增，铁柱泉路东大路〕（共30座）	宁夏后卫
响石沟墩、新石嘴墩、旧石嘴墩、二铺墩、中空墩、头铺墩、黑山墩、破山墩、天生围墩、上马房墩、大狼墩、毡衫岭墩、徐斌水墩、青羊岭墩、韩家湾墩、红尖山墩、铁镬嘴墩、北峰台墩、青峰台墩、山神庙墩、红嘴儿墩、打夷水墩、亮峰台墩、深沟涧墩、红嘴儿墩、葫芦涧墩、私盐路墩、八泉墩、独山墩、红沟儿墩、红山墩、分水岭墩（嘉靖二十年前后沿边墩台32座）		
曹千户墩、上毛家庄墩、下毛家庄墩、东原墩、招安坡墩、大台子墩、葫芦峡口墩、私盐路墩、界牌墩、卤儿沟墩、双井儿墩、白羊岭墩、黄家水墩、卤水沟墩、沙窝儿墩、百崖子墩、城儿山墩、赵哈喇墩、双峰台墩、马刚堡墩、腰遂墩、黄奈墩、马川子墩、黑马圈墩、柴沟墩、扯木峡墩、土峰墩、毛居士井墩、阿思蓝嶔岘墩、白马井墩、东山墩、分水岭墩、黎原墩、白马墩、虎家墩、张胡子墩、花儿岔墩、黑鸢墩、尖山墩、洞泥沟墩、锦鸡儿墩、黄羊坪墩、排楼山墩、皮房墩、干沟墩、石嘴儿墩、黄家墩、西山墩、黄蒿坪墩、车道墩、水头墩、瓦亭墩、黄盐路墩、白盎子墩、三眼井墩、盐池墩、红水墩、上蓟团墩、中蓟团墩、三角城墩、神水头墩、石沟口墩、占城墩、孕兰墩、白沟儿墩、红水墩、王罕头墩、高山墩（嘉靖二十年前后腹里墩台68座）	白马城堡辖墩台19座，海刺都堡辖墩塘36座，下马关堡辖墩台14座，镇戎所辖墩台19座，镇戎所辖墩台24座，西安州辖墩塘21座（共计辖属墩台133座）	固原卫

〔1〕　两座墩名失载，原文为此。

第二节 "固原内边"长城沿线采集遗物

一 采集遗物的分布、种类

调查中共采集各类遗物122件,类别主要包括坩埚、石杵等生产工具,砖瓦、石块、碑座等建筑材料,缸、瓮、碗、盘等生活用具,瓷蒺藜、铁片、铁弹丸等武器装备。遗物的数量及分布位置与人类活动疏密及方式息息相关,而其种类大致由驻守及使用者的等级、经济条件及当时的工艺水平、交通贸易等因素所决定。简言之,关堡内外遗物分布最多,各种类型均有。烽火台沿线遗物数量次之,其中处于驿路沿线的夹道墩台所见遗物数量明显多于沿边墩台,烽火台周围遗物类别以陶、瓷器等生活用具及铁屑、蒺藜等武器装备为主。长城墙体沿线遗物相对较少,主要为砖、瓦残块等建筑构件(表一二)。

表一二　"固原内边"长城采集遗物统计表

项　目	类　　别				质　　地			
	生产工具	生活用具	武器装备	建筑构件	石器	陶器	瓷器	铁器
数量	2	87	7	26	3	29	89	1
百分比（%）	1.6	71.3	5.8	21.3	2.5	23.7	73	0.8

二 主要遗物类型与时代特征

遗物类型从实际调查来看,以砖瓦、石块等建筑材料数量最大,此类遗物特征基本相似,故采集不多。砖有条砖、方砖之分,瓦有筒瓦、板瓦之别。板瓦前端之三角形滴水及筒瓦瓦当正面有花卉纹、兽面纹等图案,以龇嘴獠牙的正面兽面纹最为常见。石质构件多见于城内基址或庙宇附近,多为錾刻花纹的碑础或旗杆座,另外,城址内石碾盘、碌碡等生产工具亦常见。武器类遗物以铁蒺藜碎块多见,铁弹丸由于形制较小,仅发现1件,考虑到明代对火器的重视与广泛使用,仍不失其代表性。

从采集标本的种类及数量来看,以瓷片为主。常见瓷器以黑白釉圈足碗底、褐釉(酱釉、茶叶末釉)瓮口沿及腹片、青花瓷片为主。缸瓮残片一般为夹砂粗胎,内外黑釉或酱、褐釉,亦有内外壁分施两种釉色,口沿部无釉,从釉泪痕迹观察,此类器形多为覆扣烧制而成。装饰手法上,缸瓮内壁多有模印同心圆圈纹。单色釉粗瓷碗主要发现于烽火台周围,质地较好的青花瓷片多见于城址周围,器型以碗、盘、盅、盏等日用器为主。装饰手法一般内底多绘团花、蕉叶纹或寿字纹,外底绘方形或菱形图案,俗称"豆腐块"的民窑窑口戳记,少数有"大明年造""成化""嘉靖"等年款。青花呈色一般较为晦暗,晕散明显,白釉碗圈足内底青花点绘四点梅花纹装饰纹样在预旺城及附近墩堡多见。有一种腹部折收的笠式碗较有特色,外壁绘多重篦齿状青花图案,沿线盐池县博物馆等收藏有完整器形。由于宁夏中东部一带煤炭储量丰富、地表陶土资源广布,调查中石沟驿、回民巷、磁窑堡、预旺炭山等处均发现有明代窑址,相关遗物就近生产的可能性极大。

第三节 "固原内边"长城防御体系主要病害类型及保护措施与建议

一 "固原内边"长城防御体系保存现状调查情况统计与分析

经调查统计，在"固原内边"长城调查总长 162011.9 米的各类墙体中，保存较好段长 22195.6 米，占 13.7%；保存一般段长 106801.5 米，占 65.92%；保存较差段长 9427 米，占 5.82%；保存差段长 6202.5 米，占 3.83%；消失段长 17385.3 米，占 10.73%。其中，除山险保存按规定统一填写为一般外，其余各类有人工痕迹的墙体中（共 78843.1 米）保存较好段占 28.1%，保存一般段占 29.9%，保存较差段占 12%，保存差段占 8%，消失段占 22%（表一三）。

表一三 "固原内边"长城墙体保存状况统计表

墙体类别	墙体编号	保 存 状 况						百分比（%）
		较好（米）	一般（米）	较差（米）	差（米）	消失（米）	总长（米）	
土墙	YZQ001	0	471.5	0	791	0	1262.5	30.26
	YZQ002	7388	1528.6	0	0	0	8916.6	
	HXQ002	0	192.7	0	0	0	192.7	
	YCQ006	0	517.7	0	0	104.6	622.3	
	TXQ002	0	0	3541.1	0	3643.4	7184.5	
	TXQ003	7604.4	0	0	0	0	7604.4	
	TXQ004	0	0	0	841.3	0	841.3	
	HYQ001	0	1092.2	985.4	1893.2	0	3970.8	
	HYQ002	741.2	302.4	208.7	504.1	1634.7	3391.1	
	HSQ001	0	0	0	186.8	0	186.8	
	HSQ002	0	0	0	0	6126.2	6126.2	
	HSQ003	0	0	0	696	2388.5	3084.5	
	HSQ004	739.1	0	0	0	0	739.1	
	HSQ005	0	0	0	897.8	0	897.8	
	HSQ006	0	0	0	0	3487.9	3487.9	
	HSQ007	0	0	513.9	0	0	513.9	
	合计（米）	16472.7	4105.1	6090.4	4968.9	17385.3	49022.4	
	百分比（%）	33.6	8.4	12.4	10.1	35.5	100	

续表一三

墙体类别	墙体编号	保存状况						百分比(%)
		较好(米)	一般(米)	较差(米)	差(米)	消失(米)	总长(米)	
山险墙	YZQ003	0	4164.9	2391.8	0	0	6556.7	18.27
	YCQ001	202	0	0	0	0	202	
	YCQ002	239.2	107.6	0	0	0	346.8	
	HXQ001	164.3	0	1786.1	0	0	1950.4	
	YCQ005	4379.6	4435.3	0	0	0	8814.9	
	YCQ007	617.7	0	0	392.3	0	1010	
	HXQ003	0	449.3	0	0	0	449.3	
	HYQ003	0	5042.6	0	0	0	5042.6	
	HYQ004	0	2661.8	0	0	0	2661.8	
	HYQ005	0	2566.1	0	0	0	2566.1	
	合计(米)	5602.8	19427.6	4177.9	392.3	0	29600.6	
	百分比(%)	18.9	65.6	14.1	1.4	0	100	
山险	YCQ002	0	17513	0	0	0	17513	51.4
	YCQ004	0	35707.9	0	0	0	35707.9	
	YCQ008	0	27543.2	0	0	0	27543.2	
	HXQ004	0	2504.7	0	0	0	2504.7	
	合计(米)	0	83268.8	0	0	0	83268.8	
	百分比(%)	0	100	0	0	0	100	
石墙	TXQ001	120.1	0	0	0	0	120.1	0.07
	合计(米)	120.1	0	0	0	0	120.1	
	百分比(%)	100	0	0	0	0	100	
合计(米)		22195.6	106801.5	9427	6202.5	17385.3	162011.9	无
百分比(%)		13.7	65.92	5.82	3.83	10.73	100	

　　"固原内边"长城防御体系总数216座单体建筑中，保存较好38座，占17.6%；保存一般122座，占56.5%；保存较差37座，占17.1%；保存差15座，占6.9%；消失4座，占1.9%。

　　"固原内边"长城防御体系总数38座关堡中，保存较好3座，占7.9%；保存一般23座，占60.5%；保存较差6座，占15.8%；保存差5座，占13.2%；消失1座，占2.6%（表一四）。

　　从各类调查对象保存状况的统计来看，以烽火台、敌台为代表的单体建筑保存较好及一般者占总数的三分之二以上。究其原因，除了人为宣传保护与措施到位外，也与其形制、所处位置、结构特点有直接的关系。各类有人工痕迹的墙体中，土墙保存较好段与消失段各占三分之一，这既反映出我们长期保护工作的成效，也反映出长城保护工作任重道远、形势严峻，同时，消失部分的确认也与这次调查中对长城主体走向、分布的新认识和工作细致程度有关。山险墙中保存一般段占三分之二，多数属本次调查新发现，多处于荒无人烟的地区，保存状况也反映出了这类墙体的修筑及分布特征。保存一般及较差的最为普遍，占三分之二以上。一言以蔽之，分布在交通要道、城内人口密集及仍在居住沿用的保存相对较差，地处偏僻、或废弃的关堡保存状况相对较好。

表一四　"固原内边"长城附属烽火台、关堡保存情况统计表

项　目	数量	较好		一般		较差		差		消失	
		数量	%	数量	%	数量	%	数量	%	数量	%
单体	216	38	17.6	122	56.5	37	17.1	15	6.9	4	1.9
关堡	38	3	7.9	23	60.5	6	15.8	5	13.2	1	2.6

二　自然病害类型及举例

病害主要包括地震、水患等自然灾害以及风沙、盐卤等地质环境因素，另外还包括阳光曝晒、植物生长等常见次要病害因素。这其中，地震、水患为"固原内边"长城防御体系最为常见的自然病害类型。宁夏是地震多发区，从明代至新中国建立前，史志中的地震记载多达257次[1]，震级、烈度较高，边墙、城堡、墩台遭震圮破坏记载的多达十余次。清乾隆三年、十三年以及1920年海原大地震震级及破坏性都很大，一些城堡因地震而废弃，边墙损毁亦在所难免。调查中常见的关堡、边墙墙体滑坡、墩台坍塌等现象多为此种灾害的直接后果（表一五）。

表一五　宁夏明代以来破坏性地震简表[2]

地震日期	地　点	震级	烈度	地震简况
明洪武十一年四月己巳（1378年4月30日）	宁夏	5¾	七	地震，坏城垣
明成化十年十一月甲寅（1474年12月11日）	灵州	5½	七	一日十一震，城堞房屋多圮
明成化十三年四月戊戌（1477年5月13日）	陕西、甘肃、宁夏	6½	八	地震
明成化十六年二月癸亥（1480年3月23日）	宁夏			地震有声，屋宇皆摇
明弘治八年三月己亥（1495年4月10日）	宁夏石空等堡、中卫	6½	八	地震
明弘治十八年六月癸亥（1505年7月10日）	宁夏、陕西、庆阳、环县、平凉、固原	5½	七	地震，声如雷，城倾圮
明嘉靖四十年六月壬申（1561年7月25日）	太原、大同、榆林、宁夏、固原	7¼	九~十	地震有声，城垣、墩台、房屋皆摇倒，地裂涌黑黄沙水，压死军人无算

〔1〕　宁夏回族自治区地震局编：《宁夏回族自治区地震历史资料汇编》，地震出版社，1988年，第3页。
〔2〕　此表摘引自宁夏回族自治区地震局编：《宁夏回族自治区地震历史资料汇编》，地震出版社，1988年，第247~264页。

地震日期	地　点	震级	烈度	地震简况
明嘉靖四十一年正月丙申 （1562 年 2 月 14 日）	宁夏	5	六	地震，圮边墙
明隆庆二年三月甲寅 （1568 年 4 月 1 日）	庆阳、西安、汉中、宁夏、蒲州、安邑、郧阳、河南	5¾	七	地震
明隆庆二年四月乙酉 （1568 年 5 月 2 日）	凤翔、平凉、西安、庆阳			地震千里，倾城壁，伤人畜甚众
明万历十六年 （1588 年）	固原、陕西、宁夏等地	5¾	七	震裂城楼、铺舍、城垣、卫宇、民居，压死男妇百余，牛畜无算
明万历三十六年八月十五日 （1608 年 9 月 23 日）	广武营、石空	5½	七	地震有声，广武营官廨、边墙、石空等城堞摇覆者多
明万历四十三年六月二十五日 （1615 年 7 月 20 日）	洪广营	5½	七	地震有声，摇倒城西月墙十三丈、尖塔墩北面月墙七丈
明万历四十三年十二月十三日 （1616 年 2 月 10 日）	大坝、广武、枣园	5¾	七	地震，城垛墩台房屋俱摇倾
明天启二年九月甲寅 （1622 年 10 月 25 日）	平凉、隆德、镇戎、平房、马刚、双峰	7	九～十	地震如翻，坏城垣屋宇，压死男妇万二千余口
明天启七年正月己巳 （1627 年 2 月 16 日）	宁夏	6	八	凡百余震大如雷，城垣、房屋、边墙、墩台悉圮
明崇祯十年十二月 （1638 年 1 月）	西安、海剌都	5½	七	地震
清顺治十一年六月丙寅 （1654 年 7 月 21 日）	西安、延安、平凉、庆阳、巩昌、汉中、隆德			地震，倾倒数垛城垣、堤坝、庐舍，压死兵民三万一千余人及牛马牲畜无算
清康熙二十五年 （1686 年）	平远县	5	六	地震，边墙圮
清康熙四十八年九月十二日 （1709 年 10 月 14 日）	凉州、固原、宁夏、中卫	7½	九～十	地大震，官舍民房、城垣、边墙皆倾覆
清康熙五十七年五月二十一日 （1718 年 6 月 19 日）	临洮、巩昌、秦州、平凉、庆阳、宁夏			地大震，伤人畜
清乾隆三年十一月二十四日 （1739 年 1 月 13 日）	宁夏、平罗	8	十强	地震如奋跃，地裂数尺，压毙五万余人
清乾隆四年正月初六日 （1739 年 2 月 3 日）	宁夏、平罗	5½	七	城中窝铺倒塌数十处，低洼处有水涌出
清乾隆五年四月二十七日～二十八日（1740 年 5 月 22 日～5 月 23 日）	宁夏	5	六	地震，满城内衙署、兵房、墙垣、柱脚稍有裂缝歪陷

地震日期	地　点	震级	烈度	地震简况
清乾隆十三年十月初一、初二（1748 年 11 月 21～22 日）	固原、灵台、静宁、平凉、泾州	5½	七	地微震，坍塌民房土墙，压死男女四十余名，压死牛驴二十余只
清咸丰二年四月十八日（1852 年 5 月 26 日）	中卫	6½	九	地震，涌黑沙，压毙数百人
清光绪十五年秋八月（1889 年 9 月）	灵州	5½	七	地大震，倾倒房屋甚多
1920 年 12 月 16 日	海原	8½	十二	海原、固原等四城全毁，海原一县死七万余人。全区死者不下二十万人
1920 年 12 月 25 日	泾源、中卫、靖远间	7		震声更大，颓墙圮壁，飞瓦扬尘，人不能起立。中卫新堡子地陷，死 30 人
1921 年 1 月 5 日	固原西	5¾	七	地摇动不止。西山骆驼顶压死三四百人
1921 年 1 月 7 日	吴忠东	6		城堞均被摇落，地流黑水，人死数百
1921 年 4 月 12 日	固原	6½	八～九	山崩裂三十余处，古城边塘墩地裂，四周死者万人
1921 年 11 月 28 日	宁夏	5½	七	地震五分钟，房塌颇多
1922 年 8 月 13 日	固原	5	六	地又大震，损失不小
1923 年 9 月 2 日	固原	5½	七	大地震十分钟，损失甚巨，为 1920 年以来最激烈地震
1923 年 9 月 4 日	海原	5¾	七	地震连续六七次，官署、民房摇倒颇多，城墙被震裂
1934 年 9 月 22 日	海原	5¼	六	地震动甚烈，房屋倒塌
1936 年 2 月 7 日	康乐、隆德	6¾	八	地震，房屋、树木被震倾斜
1936 年 3 月 6 日	海原	4¾	六	两日地震，山崖崩裂，倒瓦、土草房，死伤人

　　水患亦为长城常见的病害类型，最典型的如明代灵州城，因黄河水患而被迫三次搬迁。由于该线长城及部分关堡多遵循随山形或临壑而建的修建原则以及多为山险墙的现状，河流改道以及长期雨水冲刷形成的沟壑、坍塌对墙体的损毁、破坏相当严重，一些地段的墙体因之消失或不易辨认。墩台及墙面上沿版筑缝隙因流水侵蚀形成的沟槽普遍存在。另外，长期的风沙侵蚀对该线长城的破坏因素亦不容忽视，一些地段的长城墙体及关堡被沙土掩埋，现存墙体及关堡墩台底部普遍有侵蚀较深的横向风蚀凹槽，长期发展，可能造成本体的坍塌损毁。固原内边长城西段干盐池一带"潬湿盐卤"，墙体因土质原因，固有的墙面不断有酥碱圮坏现象，从建成之初即为令守御者棘手的难题。

　　具体到单体如烽火台，东、北壁常见大面积黑霉斑，南、西壁多风蚀剥落及自然坍塌，有自上而下的水冲凹槽，以及由于水冲、泛碱而引起的剥落、开裂，底部尤其在四角因风蚀等形成横向凹槽，长期发展，严重者导致台体角部崩塌或整体倾覆，而多数表现为台体底部由坍塌夯土及风沙积土混合形成的较高堆土。此类问题在同样采用夯筑技术的敌台、关堡角台、马面甚至墙体中也普遍存在。

三　人为破坏类型及举例

人为破坏因素清代以前主要为入侵者对长城防御设施采取拆毁、填塞、掏墩、焚烧等战争行为。这在当时的史书中多有记载。明代蒙古套部内犯扰掠，多从花马池—清水营一带拆墙入境，攻掠镇城、灵州、韦州、下马关，直至固原、平凉一带。沿途所经之地，攻掠墩堡，拆毁边墙，填塞壕堑，长城防御体系遭受破坏损毁在所难免。清代以来，长城遭受战争破坏的因素减少，由于沿线居民生产生活所造成的破坏成为主要因素。关堡为民居侵占，城墙包砖石因建房遭扒拆；墙体、墩堡因垦荒、种地、采矿、修路被推毁侵占；墙体、墩台内掏挖窑洞，顶部及周围搭建其他设施；一些城堡、墩台被蓄意盗掘掏挖，据调查共 31 座烽火台发现有后期人为掏挖的居住、储物窑洞。另外，随着宁夏回族自治区城镇化与工业化不断发展，长城沿线城镇扩容、采矿及工业生产造成的地貌改观、环境污染对长城整体风貌造成的影响、破坏亦不容忽视。

以下马关以东王琼主持修筑的一段长约 30 里的墙体为例，东段四铺墩以东墙体因地处石质山坡及流动沙地，流水侵蚀、自然坍塌以及流沙掩埋等自然因素致其损毁严重，仅能大致判断走向。四铺墩以西至下马关间夯筑土墙大部尚存，外侧壕堑因泥沙淤埋大部消失无存，沿墙体外侧并行修有一条宽阔的砂石道路，在三铺墩附近穿墙而过。近年，随着引黄灌渠的延伸，该段墙体两侧及其附近垦辟为一处规模较大的移民开发区。随着村镇、道路、田地、灌渠的修建，沿线长城、墩堡的损毁程度必然随之增大。另外，这一区域开采石料、挖煤以及石化工业造成的地貌改观、环境污染对长城风貌造成的影响、破坏亦需引起重视。

四　保护措施与建议

首先，要加强对长城沿线居民、各级领导的文保宣传，通过了解长城的历史、价值及保护意义，增强当地保护长城的自觉性、紧迫感及使命感。通过日常巡视、树立保护标志、张贴保护告示等方法加强宣传及日常保护工作。调查中发现，一些破坏长城的事件，当事人并不是故意或必须为之，主要是我们的宣传不到位，人们的认识不到位，甚至当地人并不知道家乡有长城及相关遗迹，致使破坏者也就不知道自己破坏的是长城古迹。同时鼓励社会各界通过捐赠等方式设立长城保护基金，发挥公众的积极性，变被动保护为积极参与，充分调动全社会力量，共同参与长城保护工作。

其次，通过大力宣传及运用包括《文物保护法》《长城保护条例》及与长城的相关各级文物保护单位保护规定等法律、条例及地方政府制订的与长城相关的保护规定及政策文件，注重依法保护。加强对沿线居民及相关人员的普法教育，依法加大对破坏长城事件的惩处力度，遏制破坏长城事件多发的态势。

最后，要进一步加强对长城资源包括调查、研究、试点维修等科研工作的力度，拓展研究领域，吸收历史、建筑、军事、文化、旅游等领域的专家、学者参与长城的学术研究，壮大研究人员队伍。通过不断健全保护机构、完善保护档案、落实保护经费、培养长城研究与保护方面的专家人才，不断挖掘长城文化的价值及意义，促进长城资源的保护、开发，共同保护、传承好祖先留给我们的这份珍贵文化遗产。

附录一

明代"固原内边"长城大事年表[1]

时　间	相关事件	史料出处
洪武二年（1369 年）	四月徐达率军进驻开城，于西安州之役大败元豫王扩廓帖木儿，平定宁夏南部	《明史》卷二、卷四二、卷一二五
洪武三年（1370 年）	四月都督郭英追击元将王保保至宁夏，改元之宁夏府路为宁夏府，宁夏北部平定	《明史》卷四二、卷一二六
洪武九年（1376 年）	草创宁夏卫，建文间立为"九边重镇"之一，上隶陕西都指挥使司，下辖宁夏卫河左屯、右屯、中屯以及前、中、后卫并灵州、兴武、韦州、平虏千户所	《明史》卷七二、卷七六、卷九一；《明太宗实录》卷一一
洪武十一年（1378 年）	四月辛巳，宁夏卫地震，东北城垣崩三丈五尺，女墙崩一十九丈	《明太祖实录》卷一一八
洪武十六年（1383 年）	因旧灵州城为黄河水冲激崩陷，于故城北十余里处筑新城	《明史》卷八三
洪武二十五年（1392 年）	建庆王宫室于韦州城	《明史》卷三
洪武二十六年（1393 年）	庆王朱㮵至韦州藩府	《明史》卷三
洪武三十年（1397 年）	庆王在韦州修建王府、官邸	《明史》卷一七
永乐元年（1403 年）	加强、改置宁夏至庆阳诸驿	《明太宗实录》卷一七
永乐二年（1404 年）	明成祖下令于宁夏屯田处大筑屯堡，后在沿边一带推广，并于十二年令督查各地落实情况	《明太宗实录》卷三三、卷一五五
宣德三年（1428 年）	徙置灵州千户所于旧城东北五里处	《明宣宗实录》卷三六
正统元年（1436 年）	瓦剌进攻石空寺堡，百户被杀	《明史》卷七三
正统二年（1437 年）	瓦剌一年数次扰略宁夏。于花马池筑立哨马营，增设烟墩	《明史》卷一○，《明英宗实录》卷二二
正统四年（1439 年）	五月十三日，葬庆王朱㮵于罗山之原	庆靖王圹志
正统六年（1441 年）	五月，于环灵道驿路高桥儿站黄河东西两岸各设立寨堡	《明英宗实录》卷七九
正统七年（1442 年）	令地方官员负责维修因秋季水灾损毁的屯堡、仓房、墩台	《明英宗实录》卷九五
正统八年（1443 年）	令修缮环灵道石沟至清平五驿间寨堡。十一月，瓦剌千余骑扰略宁夏	《明英宗实录》卷一一一；《国榷》卷二五

[1]　本表仅收录与本次调查相关的长城设施修筑、损毁及战争形为，建置沿革此不赘述。

续表

时　间	相关事件	史料出处
正统九年（1444 年）	十月，展筑宁夏城。是年修筑花马池城、广武营、兴武营	《明史》卷一六六、卷一七一
正统十四年（1449 年）	八月发生"土木之变"。十二月，也先亲率瓦剌扰掠宁夏，越月而还	《北虏事迹》
景泰元年（1450 年）	瓦剌数次扰掠灵州、鸣沙、固原、庆阳、宁夏镇城等地。重筑开城县城。移石沟驿于阿剌麻，并大沙井、白塔二站为一驿，移于红寨子	《明史》卷一六六；《国榷》卷二九；《明英宗实录》卷一九三
景泰二年（1451 年）	瓦剌数次扰掠半个城、板井等地。环灵道驿站变更，移小盐池驿于赤马房驿，石沟驿于阿剌麻，并大沙井、白塔二站为一驿，移于红寨子。五月，命修陕西平凉府固原州废城	《明史》卷一一；《明英宗实录》卷一九三、卷二〇四
景泰三年（1452 年）	二月，设置宁夏长流水沟并盐池脑、西沙山墩台三座。迁平凉卫右所于固原城，为固原守御千户所，展筑灵州城。	《明英宗实录》卷二一三；《明史》卷四二；《嘉靖宁夏新志》卷三
天顺元年（1457 年）	鞑靼孛来部进犯洛阳川，宁夏左参将种兴中伏而死	《国榷》卷三二；《明通鉴》卷二七
天顺六年（1462 年）	鞑靼孛来部攻掠固原	《国榷》卷三三
成化元年（1465 年）	十二月，复革宁夏卫大沙井驿	《明宪宗实录》卷二四
成化二年（1466 年）	鞑靼毛里孩部数次攻掠宁夏，往南直至固原、开城、静宁、隆德等地。整饬边备兵部尚书王复建议于宁夏三路设置墩台 58 座。宁夏总兵吴琮奏报修筑三路墩台 35 座、营堡 17 座、关墙沟堑 453 处，共长 6436 丈有奇	《北虏事迹》；《明宪宗实录》卷三七
成化三年（1467 年）	宁夏总兵吴琮奏报修筑三路墩台 22 座、关墙沟堑 373 处，共长 22137 丈 3 尺。迁开城县于固原城	《明宪宗实录》卷四九
成化四年（1468 年）	土达满俊据石城堡起事。事平后，升固原守御千户所为固原卫。改筑西安州城。复置大沙井驿。宁夏总兵吴琮奏报修筑三路墩台 37 座、关墙沟堑 211 处，共长 22012 丈 6 尺	《明史》卷一三；《明宪宗实录》卷五三、卷六一
成化五年（1469 年）	设立西安州守御千户所。兵备杨冕于固原城内增设永宁驿、草场、鼓楼，并于城东南三里置教场。冬季鞑靼数部汇聚河套，屡次派兵攻掠宁夏等地。升固原守御千所为固原卫	《嘉靖固原州志》卷一；《国榷》卷二五
成化七年（1471 年）	兵备金宪杨勉修筑干盐池堡。宁夏总兵沈煜奏报修筑中西二路墩台 40 座、关墙沟堑 118 处。鞑靼数次攻掠宁夏、庆阳等地	《明宪宗实录》卷一〇〇；《国榷》卷三六
成化八年（1472 年）	宁夏巡抚徐廷章奏设隰宁堡。鞑靼毛里孩、乱加思兰等部大掠宁夏、固原、平凉等地	《明宪宗实录》卷一〇三；《国榷》卷三六
成化九年（1473 年）	陕西巡抚马文升奏修葫芦峡口城。乱加思兰等部攻掠宁夏等地，宁夏官军袭营，取得"红盐池大捷"。是年冬，余子俊、王越等役使 4 万余人，奏修榆林东中西三路边墙崖堑一千一百五十里，内复堑山湮谷另为一边，名曰夹道	《明史》卷一三、卷一七一；《明史纪事本末》卷五八；《国榷》卷三六
成化十年（1474 年）	以左都御使王越总制延绥、甘肃、宁夏三边军事，驻固原。三边总制始设于此。宁夏巡抚徐廷章、总兵官范瑾奏修河东墙，自黄沙嘴起止花马池止，长三百八十七里。十月，宁夏大沙井驿地震，有声如雷，城堞屋舍多为震圮	《明史》卷一三；《嘉靖宁夏新志》卷一

时　　间	相关事件	史料出处
成化十二年（1476 年）	陕西巡抚余子俊题设镇戎守御千户所，隶属固原卫	《明史》卷四二
成化十三年（1477 年）	四月宁夏大地震，城墙震圮者 83 处	《明宪宗实录》卷一六五
成化十四年（1478 年）	秋，鞑靼小王子部以 10 万部众入境攻掠宁夏、固原等地	《明宪宗实录》卷一九七
成化十五年（1479 年）	宁夏巡抚贾俊役使一万人，主持修筑宁夏沿河边墙	《明宪宗实录》卷一九七
成化十八年（1482 年）	鞑靼 3 万余骑攻掠宁夏等地	《明史》卷三二七；《国榷》卷三九
成化二十一年（1485 年）	开城县、固原卫等处数次地震	《明史》卷三〇
弘治八年（1495 年）	宁夏地震十二次，边墙被震圮，墩台及屋舍倒塌	《明史》卷三〇
弘治十年（1497 年）	鞑靼火筛部扰掠甘肃等地。设立韦州守御千户所	《明史》卷三〇、卷四二
弘治十一年（1498 年）	鞑靼小王子部集结贺兰山后，数次入境扰掠	《明史》卷一五
弘治十三年（1500 年）	宁夏巡抚王珣展筑隰宁堡、石沟城、盐池城。增筑灵州南关	《嘉靖宁夏新志》卷一
明弘治十四年（1501 年）	总制尚书秦纮主持修复豫王土城。鞑靼小王子部数次攻掠宁夏、延绥、固原等地，转掠平凉、庆阳，边民死伤遍野	《嘉靖宁夏新志》卷一；《北虏事迹》
弘治十五年（1502 年）	秦纮增筑固原外关城，并于城内设总制府。共修城堡崖窑关隘一万四千一百九十处，铲削山崖三千七百余里，固原以北通贼总路创修豫望城、石峡口、双峰台三城，分兵防御，固原附近及以南"金佛峡、火龙沟、虎山沟、海子口、麻张堡、大浪口、迭迭口俱用石砌为墙，铁裹为门，宁夏固原交界地带韦州下马房之东、西挖掘壕堑一条，长 900 余里。刑科给事中杨禠请设固原镇未果	《明宪宗实录》卷一三八；《明经世文编》卷六八；《弘治宁夏新志》卷一；《明宪宗实录》卷一八八
弘治十六年（1503 年）	秦纮兼督宁夏，筑花马池至小盐池间墩堡	《国榷》卷四五
弘治十七年（1504 年）	秦纮修缮红古城，督令各边守臣修边绘图以奏，任内督修诸边边堡一万四千余处、边堑六千四百余里。建议修筑宁夏贺兰山石空寺一带边墙	《明宪宗实录》卷二一一
弘治十八年（1505 年）	镇守陕西总兵官移驻固原。在原豫王城设置平虏守御千户所。鞑靼小王子部 3 万余骑数次入境攻掠	《嘉靖固原州志》卷一；《北虏事迹》
正德元年（1506 年）	杨一清主持增筑河东墙红山至横城段四十里	《北虏事迹》
正德二年（1507 年）	总制右都御使杨一清上奏，委托指挥郑廉筑红寺堡	《嘉靖宁夏新志》《万历朔方新志》
正德四年（1509 年）	鞑靼小王子部入境攻掠，三边总制才宽领兵御敌被杀。是年，宁夏、固原数次地震	《明史》卷一六、卷一七四；《国榷》卷四七
正德八年（1513 年）	鞑靼入掠宁夏，总兵魏镇御敌被杀	《国榷》卷四九
正德九年（1514 年）	鞑靼小王子部 3 万余骑入境攻掠，参将尹清御敌被杀	《国榷》卷四九
正德十年（1515 年）	鞑靼小王子部 2 万余骑数次入境攻掠，南下直抵平凉、陇州，总兵按兵不敢出	《国榷》卷四九；《北虏事迹》
正德十四年（1519）	都御使王时中增筑盐池城	《嘉靖宁夏新志》卷三
正德十六年（1521 年）	鞑靼数次入境攻掠固原镇戎守御千户所等地，掳掠而还	《国榷》卷五二；《北虏事迹》

时　间	相关事件	史料出处
嘉靖元年（1522 年）	鞑靼南下攻掠固原、隆德、平凉等地，指挥杨洪、千户刘瑞御敌被杀	《国榷》卷五二；《北虏事迹》
嘉靖三年（1524 年）	增筑镇戎守御千户所外关城。冬季鞑靼八千余骑乘黄河结冰入境攻掠	《明史》卷一七；《嘉靖固原州志》
嘉靖四年（1525 年）	杨一清主持修筑白马城，募军戍守	《嘉靖固原州志》
嘉靖五年（1526 年）	总制王宪于下马房奏筑一小城，周一里。总制王宪增筑红古城外关	《嘉靖固原州志》
嘉靖六年（1527 年）	宁夏巡抚翟鹏奏筑惠安堡	《嘉靖宁夏新志》
嘉靖七年（1528 年）	添筑镇戎所以北至平房所、韦州间二百一十里间小堡	《明世宗实录》卷八五
嘉靖九年（1530 年）	总制王琼令地方官吏于宁夏花马池、延绥定边营相接地方，挑挖壕堑一道，长四十二里。王琼对"固原内边"长城进行加固维修。于下马房关起盖城楼营房，拔军守护	《北虏事迹》
嘉靖十年（1531 年）	隰宁堡设置递运所。王琼主持改筑河东墙，自红山堡的黑水沟以东至定边营南山口改置"深沟高垒"，墙堑共长二百二十八里，内筑墙一十八里，开堑二百一十里	《北虏事迹》
嘉靖十一年（1532 年）	鞑靼数次入境攻掠	《明史》卷二二
嘉靖十二年（1533 年）	鞑靼数次入掠花马池、固原等地	《国榷》卷五五
嘉靖十三年（1534 年）	鞑靼由花马池入境经铁柱泉南下攻掠固原等地	《明史》卷一七
嘉靖十五年（1536 年）	鞑靼吉囊 10 万余众分道攻掠宁夏、固原等地。十一～十五年总制唐龙改修壕墙四十里。宁夏巡抚杨志学增筑花马池边。总制刘天和修筑铁柱泉城	《国榷》卷五六；《万历固原州志》；《嘉靖宁夏新志》
嘉靖十六年（1537 年）	刘天和提议自徐冰水迤鸣沙黄河岸，修筑"徐斌水新边"及迁红寺堡于边内	《明世宗实录》卷二〇三
嘉靖十九年（1540 年）	鞑靼吉囊部 2 万余骑攻掠黑水苑、固原、硝河等地，总兵周尚文杀其子锡沙王。因避"制"字而改"总制"为"总督"	《明史》卷一七
嘉靖二十一年（1452 年）	河西道王某重筑甜水堡	《甘肃通志》卷一〇
嘉靖三十二年（1553 年）	贾应春总督三边军务，在镇数年，修筑边墙 11800 余丈	《明史》卷二〇二
嘉靖四十年（1561 年）	六月壬申地震，新红寺堡遭受严重损毁。边墙损毁严重，明廷于次年拨银两万两修缮。鞑靼吉能部 2 万余骑分别攻掠宁夏、铁柱泉、南下固原，又循下马关至罗山，焚掠庆王陵园，全陕震动	《明世宗实录》卷四九八；《国榷》卷六三
嘉靖四十一年（1562 年）	三月，陕西、宁夏地震边墙被震圮，拨银 2 万余两以修筑	《国榷》卷六三
嘉靖四十二年（1563 年）	一月，鞑靼吉能部攻掠固原白羊川	《国榷》卷六四
嘉靖四十五年（1566 年）	鞑靼俺答部两次入境攻掠固原等地。修筑黄河西之西南墙	《明史》卷一八；《国榷》卷六四
隆庆六年（1572 年）	五月，朝廷又令陕西三边修理边墙、墩台。十一月，宁夏边墙修理完毕	《明穆宗实录》卷七〇

续表

时 间	相关事件	史料出处
万历三年（1575 年）	总督石茂华砖石包砌固原外关城。宁夏巡抚再次对境内边墙进行修缮	《万历固原州志》《明神宗实录》卷三五
万历五年（1577 年）	巡抚罗凤翔砖石包砌灵州城	《万历朔方新志》
万历十三年（1585 年）	宁夏巡抚梁向孟修理横城堡边墙，筑堤于西岔河，障水东流	《明史》卷八八
万历二十二年（1594 年）	七月，鞑靼卜失兔部入境攻掠下马关	《明史》卷二〇
万历二十四年（1596 年）	五月，著力兔部攻固原永安堡	《明史》卷二〇
万历二十六年（1598 年）	九月，大败松山鞑靼宾兔部，俘杀其部 3 万余人，以复其地，始筑边墙 400 里，以蔽庄、凉、兰、靖	《国榷》卷七八
万历三十三年（1605 年）	巡抚黄嘉善砖石包砌惠安堡	《万历朔方新志》
万历三十五年（1607 年）	巡抚黄嘉善对铁柱泉城甃以砖石	《万历朔方新志》
万历四十一年（1613 年）	总制黄嘉善、巡抚崔景荣题筑野狐井堡	《万历朔方新志》
天启元年（1621 年）	河套蒙古诸部攻掠固原、庆阳等地	《明通鉴》卷七七
天启二年（1622 年）	九月甲寅，隆德、平凉诸县；镇戎、平虏诸所；马刚、双峰诸堡地震。震坏城垣 7900 余丈，房屋 1.18 万余间，死 1.2 万余人	《明通鉴》卷七七、卷七八
天启七年（1627 年）	一月至二月，宁夏各地连续地震百余次，城墙、房屋、边墙、墩台圮坏无数	《国榷》卷八八
崇祯八年（1635 年）	察哈尔余部攻掠盐池、韦州、下马关等地	《国榷》卷九四
崇祯九年（1636 年）	李自成率起义军由环县攻占固原北之镇戎所，又攻西安州、海剌都等地	《明史》卷二二
崇祯十年（1637 年）	十二月，海剌都地震，连续数月不止	《明史》卷二三
崇祯十六年（1643 年）	十一月，李自成派兵陆续攻占固原、宁夏、中卫、盐池等地，宣告明朝在今宁夏境内统治结束	《明史》卷二四

附录二

"固原内边" 长城资源调查大事记与日记选编

一 "固原内边" 长城资源调查大事记

2007 年 4 月 20 日 ~12 月 7 日

经过前期试点调查与业务培训，宁夏回族自治区文物局成立了以宁夏回族自治区文物考古研究所考古专业人员为主，抽调部分明长城沿线文管所业务骨干，组成了 2 支调查队，正式展开宁夏回族自治区明长城资源野外调查工作。每组 5~6 名调查人员，根据考古调查、照片拍摄、录像、文字记录等调查要求进行分工，各负其责。另外每组由宁夏回族自治区测绘局配备 1 名专业测绘人员，负责 GPS 点采集等测绘工作。为了加快调查工作进度，2007 年 8 月成立了第三调查队。至 2007 年底，三支调查队历时 7 个多月完成了盐池县（东长城）、灵武市、兴庆区、青铜峡市、中宁县、平罗县、大武口区、惠农区、中卫市黄河以北的明长城资源野外调查工作。共计调查墙体 325 段，总长 509481 米，敌台 442 座、铺舍 15 座、烽火台 201 座、关堡 20 座。穿越 37 个乡镇、132 个行政村。

2008 年 6 月 12 日 ~8 月 10 日

第三调查小组完成了中卫市黄河南岸全线明长城野外调查工作。

2008 年 7 月 15 日

由于明长城资源调查任务重、时间紧，经宁夏回族自治区文物局研究决定，由宁夏回族自治区文物考古所牵头成立了第四支野外调查队，负责 "固原内边" 长城的调查。该线长城东段大部处于甘肃、宁夏两省区界交界地带，经两省区文物局协商，由宁夏回族自治区负责调查，资料共享。"固原内边" 长城大部处于省区界高山、沟壑地带，交通不便，又主要以山险、山险墙为主，辨别不易，加之以往调查工作开展较少，虽有卫星航片、GPS 全球卫星定位仪等先进装备，但接到任务后，多数队员还是感到任务艰巨。

2008 年 7 月 15~20 日

接受任务，组织人员，接受培训。主要学习了《长城资源调查工作手册》及《长城调查资源数据采集系统》及制图等相关软件，学习甘肃省等早期试点省份的调查资料，熟悉相关材料，掌握工作方法及注意事项，熟悉 GPS、测距仪、摄像机等设备使用方法。为队员办理野外人身保险、购置其他的调查设备用品及检修车辆，为开展野外工作做好各种前期准备。

2008 年 7 月 18 日 ~ 10 月 18 日

第二调查小组首先完成了对青铜峡市境内明长城资源进行野外查遗补漏工作，随后完成了贺兰、西夏、永宁等县市区的野外调查工作，同时对平罗县、大武口区、惠农区明长城资源进行野外查遗补漏工作，补充调查了调整至归宁夏回族自治区调查范围的内蒙古自治区阿拉善左旗境内的西长城。

2008 年 7 月 21 日

第四调查队组队完成，正式展开野外调查工作。本队调查工作由王仁芳负责，调查人员主要由文物考古研究所业务人员及测绘院技术人员组成。主要参加人员有王银、王波（宁夏回族自治区文物考古研究所工作人员）、李军（宁夏回族自治区第二测绘院）、王世民（西北大学学生）、李亚（宁夏大学环资学院研究生）、翟建峰（绘图技工）等 7 人。调查工作计划从盐池县东南端麻黄山乡陕西、甘肃、宁夏三省区交界处开始。首先对甜水堡及周围烽火台进行了调查，夜宿甘肃省环县甜水堡镇。

2008 年 7 月 23 日

由于甘肃省地段调查队员们路线不熟，加之交通崎岖不便，为加快调查进度，经请示汇报，由甘肃省文物局委派环县博物馆道全耀先生协助调查。先生年近花甲，但身体硬朗，精神矍铄，对当地民风民情、文物、历史如数家珍，为调查工作提供了很大帮助。

2008 年 7 月 23~26 日

第四调查队驻扎盐池县惠安堡，主要调查"固原内边"明长城东段盐池县（环县）境内相关遗和迹明代"环灵道"驿路甜水堡至惠安堡段相关遗迹。继续调查"固原内边"长城东段杏树湾—甜水堡一带墙体、关堡及烽火台。

2008 年 7 月 27 日 ~ 8 月 8 日

第四调查队继续调查"环灵道"驿路沿线惠安堡以东段堡、烽火台。

2008 年 8 月 9~26 日

第四调查队继续调查"固原内边"长城甜水堡—老爷山一线墙体、关堡及烽火台。8 月 21 日，宁夏回族自治区文物局长城资源调查项目负责人姚卫玲、文物考古研究所副所长孙昌盛一行到工地检查工作慰问调查队员，并实地察看了墩圈烽火台、三里沟烽火台及附近山险墙。第三调查队于 8 月 1~

30 日期间调查了"固原内边"明长城西段海原县石峡口以西段。其中石峡口至唐坡以东，主要为烽燧线，长约 70 千米，沿线调查烽火台 39 座、关堡 1 座。唐坡以西至与甘肃省靖远县交界处，共发现人工墙体 5 段，长约 17 千米。包括夯筑土墙与铲削山险墙。墙体沿线调查敌台 1 座、关堡 2 座。

2008 年 8 月 26 日 ~ 9 月 17 日

第四调查队继续调查"固原内边"明长城东段盐池县（环县）境内相关遗迹以及明代"环灵道"驿路甜水堡至惠安堡段相关遗迹。并进行初步的室内资料整理。该段共调查长城墙体约 80 千米，主要为山险及山险墙，其中山险约 67 千米，大部仍沿用为宁夏、甘肃两省区界。新发现有人工痕迹的墙体（包括山险墙及夯筑土墙）约 12 千米。另外有关堡 4 座、烽火台 48 座。

2008 年 9 月 19 日 ~ 10 月 28 日

第四调查队驻扎同心县下马关，主要对下马关附近"固原内边"墙体、关堡及附近"防秋道"烽燧线关堡、烽火台进行了调查，并对调查资料完成了系统录入等初步整理。其间第二调查队于 9 月 25 日 ~ 10 月 8 日在红寺堡区调查关堡 2 座、烽火台 10 座。

2008 年 10 月 29 日 ~ 11 月 3 日

驻扎同心县城，对同心县城附近"固原内边"明长城相关遗迹进行了调查，同心县文管所配合了相关调查工作。西端止于兴隆镇红古城附近石峡口海原县界，与第四调查队调查路线衔接。同心县境内"固原内边"明长城中段共调查墙体 6 段，约 15 千米，均属夯筑土墙，位于下马关以东。西马关以西至石峡口为烽燧线，其间未发现人工墙体，长约 60 千米，沿线调查关堡 16 座、烽火台 29 座。11 月 4 日接到通知，撤回银川集中整理，第一阶段野外调查基本结束。

2008 年 11 月 6 ~ 12 日

根据国家文物局文物保护司、国家测绘局国土测绘司《关于印发〈明长城资源调查工作会议纪要〉的通知》要求，宁夏回族自治区文物局组织了由专家、调查队队长、测绘系统专业人员组成的检查验收组，在宁夏回族自治区文物考古研究所于 2008 年 11 月 6 ~ 12 日对 4 个调查队调查提交的 14 个县（市、区）的 333 份《长城资源调查墙体登记表》、333 份《长城 GPS 采集点登记表》（包括"固原内边"明长城《长城资源调查墙体登记表》《长城 GPS 采集点登记表》各 23 份），按照中国文化遗产研究院和国家基础地理信息中心编制的《长城资源调查成果数据检查验收规定》的标准，进行 100% 的全面检查验收，检查验收组对登记表中存在的问题提出了具体的修改和完善意见，各小组按要求修改合格后，验收组填写了 14 份验收报告，完成了宁夏明长城墙体调查资料的省级验收工作。

2008 年 11 月 13 ~ 14 日

国家长城资源调查项目组组织有关专家对包括"固原内边"长城在内的宁夏回族自治区明长城资源调查工作涉及墙体部分资料进行了验收。抽查了 15% 的墙体登记表和 10% 的 GPS 采集点登记表，专家组认为宁夏回族自治区明长城资源调查资料定性准确、资料齐全，基本满足明长城长度量测的资料要求，符合《长城资源调查资料检查验收规定》的合格标准，通过第一阶段检查验收。

2010 年 2 月 4 日 ~ 3 月 25 日

通过了国家第一阶段验收工作之后，针对第一阶段检查验收中提出的问题，特别是本区各队格式不统一的问题，进一步统一了格式和标准，各队集中进行了修改与完善。在修改完善资料过程中，宁夏回族自治区文物局和宁夏回族自治区文物考古研究所领导多次到资料整理驻地进行检查和指导。2009 年 3 月 25 ~ 30 日，由宁夏回族自治区文物局组织检查验收组，按照《长城资源调查成果数据检查验收规定》的标准，在宁夏回族自治区文物考古研究所对调查的宁夏回族自治区 15 个市、县、区的 451 段墙体、847 座单体建筑、49 座关堡、13 处相关遗存，共 1359 套调查登记表、4030 余幅照片、1000 余幅图纸、603 段录像、483 件采集标本、2356 个 GPS 采集点、398 份工作日志等进行 100% 的全面检查验收（包括第四调查队"固原内边"明长城《长城资源调查墙体登记表》及《长城 GPS 采集点登记表》各 23 份、《单体建筑登记表》83 份、《关堡登记表》23 份、《采集遗物登记表》125 份、《调查日志》46 份）。在检查验收中，针对各类登记表格中发现的问题与本队人员进行沟通，形成意见后反馈到每个调查队，按照检查组意见修改完善；对发现的一些学术性疑难问题积极组织专家论证；对遇到本区解决不了的问题及时向国家长城资源调查项目组请教，以便达成共识。对资料存在的问题提出了限期修改意见，按要求修改后再次提交检查，直至合格后通过验收。填写了 17 份验收报告，最终经过整改，提请国家验收组全面检查验收评定。

2010 年 4 月 24 ~ 25 日

国家长城资源调查项目组组织有关专家对宁夏回族自治区包括"固原内边"在内的明长城资源调查资料进行了审查验收。经审阅省区级验收报告和抽检 11% 的各类登记表，专家组认为宁夏回族自治区明长城资源调查资料符合《长城资源调查资料检查验收规定》的要求，资料翔实，信息充分，采征集文物登记表内容丰富，各项记录完备，达到了验收标准，建议国家文物局通过验收。

2010 年 4 月 26 日 ~ 5 月 10 日

完成了宁夏回族自治区已验收明长城资源调查资料的照片冲洗、文档打印、分类等建档初步工作。

2010 年 5 月 15 日 ~ 11 月 5 日

完成了固原市彭阳县、原州区、西吉县境内的战国秦长城的野外调查工作。其间在原州区明代固原镇城附近经剖面发掘与钻探确认明代修缮、利用战国秦长城墙体 3 段，长约 16 千米。其中直接维修利用战国秦长城墙体约 10 千米，依托战国秦长城墙体，利用有利地形，在其外侧增置山险墙约 6 千米。固原镇城附近还调查明代相关烽火台 3 座、关堡 3 座。

2010 年 11 月 23 日 ~ 12 月 10 日

补充调查新发现"徐斌水新边"明长城。最终新发现"徐斌水新边"明长城墙体 7 段，长 15036.2 米，并报请项目组同意按规定将相关调查信息录入数据库。

2010 年 12 月 20 日

根据长城资源调查项目组下发的《明长城资源调查报告提纲讨论稿》，宁夏回族自治区由文物考古研究所组织相关人员参与讨论，并初步编写了宁夏回族自治区明长城报告编写计划与体例，上报国家长城资源调查项目组。

2011 年 2 月 5 日

我区组织明长城报告编写相关人员就明长城调查报告体例初稿与试写章节进行讨论，落实了报告编写体例与责任分工，并初步确定了编写进度。

2011 年 3 月 27 日 ~ 28 日

国家长城资源调查项目组组织有关专家对我区早期长城资源调查工作分室内资料与野外数据核查两部分进行了审查验收。

2011 年 5 月 20 日 ~ 7 月 10 日

以第三、第四调查队人员为主，完成了盐池县、灵武市境内"河东壕堑"长城资源野外调查工作。调查发现壕堑长约 90 千米，其中近 70 千米属本次调查新发现。沿线还发现敌台 11 座、关堡 1 座。盐池县文管所配合了相关工作。

2011 年 7 月 20 日 ~ 9 月 5 日

完成了报告中关堡、烽火台等遗迹以及采集遗物的线图清绘工作，共绘制包括烽火台单体建筑、墙体剖面、采集遗物各类线图 400 余幅。拍摄了遗物照片 100 余幅。

2011 年 7 月 14 日 ~ 8 月 16 日

我区调查队根据文献记载及对该项工作认识的深化，结合我区长城资源分布的实际情况，在盐池、灵武一带又陆续补充调查了明代"环灵道""防秋道"驿路沿线关堡 5 座、烽火台 61 座。

2011 年 8 月 14 ~ 20 日

邀请天津大学建筑学院李哲博士开始对明长城沿线关堡进行航拍。

2011 年 8 月 23 日

完成了《宁夏回族自治区明长城资源调查——固原内边》报告文字初稿，并提交我所返聘专家原所长钟侃先生审阅，依据审阅意见，对报告体例及内容进行修改完善。

2011 年 9 月 3 日 ~ 10 月 20 日

对我区明长城及早期长城沿线 45 座关堡用 RTK 测绘仪器进行测绘，采用 CAD 制图技术绘制了准确平面图。

2011 年 9 ~ 10 月

完成了我区"长城资源认定申报"工作以及宁夏明代固原内边长城与早期长城调查资料汇编。

2011 年 11 月 5 日 ~ 10 日

根据国家文物局及相关专家建议,调查队又对固原城、白马城、干盐池堡等与"固原内边"长城关系密切的 3 座关堡进行了补充调查。

2011 年 12 月 ~ 2012 年 2 月

将新调查相关信息录入了更新后的数据库。调查资料经过整理、建档,最终登录入"长城资源调查数据采集系统",涉及"固原内边"明长城部分的墙体共 29 段、关堡 37 座、烽火台 215 座、敌台 1 座,调查中拍摄照片 1500 余幅,摄制录像 400 余段,采集有效 GPS 点 400 余处,采集文物标本 100 余件,绘制位置图及单体平剖面图 500 余幅,拓片 1 幅。

2012 年 2 月 20 日 ~ 3 月 10 日

与宁夏回族自治区测绘院合作完成了"固原内边"明长城报告墙体 1∶10000 比例走向图 30 余幅,宁夏回族自治区明长城位置图等报告插图 5 幅。

2012 年 4 月初

完成了《固原内边明长城资源调查报告》二审改定稿,提请文物出版社编辑审阅。

2014 年 4 月初

包括本报告在内的《宁夏长城调查报告》(共计 10 册,150 余万字)编写完成,与文物出版社签订了出版合同,提请出版发行。

二　"固原内边"明长城资源调查日记选编[1]

2008 年 7 月 22 日　晴

今日正式开始野外调查。调查工作计划从麻黄山乡与陕西省交界处开始,早晨六点从甜水堡镇驻地出发,由于道路不通,直线距离 40 千米的山路我们绕行 4 个多小时才到目的地。调查起始点位于麻

---

[1] 受报告篇幅及版权所限,此处仅节选调查队员工作期间数篇私人日记润色整理,以飨读者。完整规范的考古调查日志可登陆调查数据库查阅。

黄山乡松家水村杏树湾自然村东南，此处发现山险墙一段，山险墙东南侧还有烽火台一座。该段山险墙为人工挖设的壕沟，两端联通沟壑山险，山险墙壕沟内有国务院树立的陕西、甘肃、宁夏三省区三棱形界碑，东侧为陕西省定边县界，南侧为甘肃省环县界，北侧为宁夏回族自治区盐池县界，正是"一鸡鸣三省"之地。由于道路迂回难行，调查结束返回驻地时已是晚上 11 时。

2009 年 12 月 10 日

这一月，在结束固原战国秦长城调查后，宁夏回族自治区文物局又要求我们补充调查了红寺堡境内新发现的"徐斌水新边"长城。

对于"徐斌水新边"的相关问题，包括长城研究在内史地学界关注由来已久。根据《明实录》等记载，刘天和提出修筑这道边墙的建议受到朝廷指斥及反对，学界多据此认为这道边墙未能修筑。但根据地方志的一些记述内容，似乎存在这道边墙。由于红寺堡一带以前人烟稀少、道路不通，调查不便，以前未见相关报道。近年，随着红寺堡开发区的设立，这一带移民增加，交通条件改善。根据地方文化部门提供的线索，我们在今年调查完固原地区的战国秦长城后，接近年底时来到了红寺堡，又对新发现长城墙体进行了调查，根据调查墙体的位置走向等相关情况，对照史籍记载，可以确认这就是史书记载的徐斌水新边。虽然已近年底，天寒地冻，队员们经过大半年野外奔波跋涉，都盼望能尽快结束野外工作，返城与家人团聚。但调查徐斌水新边的任务充满挑战，结果令人期待。大家还是义无反顾地投入了新的工作。在红寺堡的近一月中，适逢天降大雪，路滑难行，多数地段需要步行进入，一些阴坡低洼处，积雪能没过膝盖。有些地段又人烟稀少、风沙弥漫，调查极为不易。由于徐斌水新边紧靠红柳沟河岸而筑，此河崎岖蜿蜒，河岸坍塌陡峭，河水冰冷湍急。调查中不时要在河岸两侧穿行，有时为了找到一处过河点，要沿岸绕行很长的路段，行进中不时传来河冰开裂、崖壁坍塌的声响，大家不时相互提醒，注意脚下安全。经过近一个月的努力，我们在年底前顺利完成了此项调查工作。

2010 年 7 月 18 日　　晴

今日调查野狐井堡及周围烽火台。野狐井（现在改称野湖井，一字之差，尽失原意）现在有两座城，听当地百姓传说，一座为宋将狄青城，一座为大辽双羊公主城，两国以沟为界，后来狄青与双羊公主二人成婚，共守国界，二人去世后就葬在城西的一处山梁上，山顶的两座大土堆就是他们的坟墓。此传说流传甚广，附近的旅游景区据此还开发了不少景点。实际上西侧山坡上野狐井堡史书有明确记载，为明万历四十一年（1613 年）总制黄嘉善、巡抚崔景荣题筑。东侧山梁上的小城，其实亦是同时代的一处带围墙烽火台。至于所谓的狄青、双羊公主墓，从地表遗物判断，更可能是唐宋时期的烽火台遗迹而非墓葬。

在调查哈巴湖林场烽火台时，景区为了开发旅游，将这座原本为方形的墩台顶部用砖箍砌为圆形，还倚台架设了铁梯，供游人登台参观。而台底的横向风蚀凹槽已侵入壁面数米，整个墩台头大底小，形似蘑菇，危如累卵，随时有倒塌危险，让人不禁为游客的安全及这座烽火台的命运产生忧虑。现在一些景区旅游开发中对文化遗产的这种随意包装和改造利用，实际上更可能是对这些珍贵资源的一种浪费和破坏。

2010 年 7 月 20 日　　晴

今日主要调查了铁柱泉城及周围几座烽火台。铁柱泉城因泉而筑城，明代鞑靼内侵，需于此泉饮马，筑城守泉，断贼水路，砖甃城墙，号为要塞。今日此城，已是黄沙掩墙，荒芜残破，城内泉眼已不知所踪。今在东门外，尚有一汪池水，草长水绿，微泛涟漪。该城周围的生态变化，已成为专家学者探讨当地甚至整个毛乌素沙地环境变迁一个典型案例。在调查城东沙地二墩子烽火台时，当地一老妪主动要求为我们带路，途中侃侃而谈，讲了不少有关该城的过往轶事。听老人介绍，此城原来包砖完整，壁垒森严，1968 年当地修建一座煤矿时，为砌箍矿洞，砖石被强令拆除，要求每人一天需拆砖200 块。"42 年了"，老人叹了口气，再无语。铁柱泉城东的沙地内沙包、蚀坑遍布，无人带路，我们根本无法进入。老人介绍，沿此线墩台至盐池县城九十里，过往行旅多骑毛驴，以前为交通要道。调查归来时，车辆高速冲上一个大沙包后，不料前方为一处风蚀陷坑，司机急踩刹车，副驾驶座上的队员反应不及，一头将挡风玻璃撞烂，幸好人无大碍，车子也没有掉入坑内。唏嘘庆幸后，大家又快乐上路。

2010 年 7 月 21 日　晴

今日主要调查惠安堡盐池城及盐湖周围的烽火台。惠安堡—盐池城附近，明代时期就是由固原镇经过镇戎守御千户所（今原州区七营北咀古城）、平虏千户所（今同心县预旺古城），至下马关穿过"固原内边"长城，经韦州到惠安堡、盐池城至宁夏后卫（今盐池县花马池城）的"防秋道"上的必经之路，同时又是环灵道上的重要一站，处于两条驿路的交汇地带，更是盐业外销的出发点，其重要性不言而喻。时至今日，这里依然有中（卫）太（原）铁路、211 国道、盐（池）中（卫）高速、盐兴公路等多条交通干线穿过，实属交通要道。

现在虽然盐湖已停产关闭，不再大规模生产池盐，但从现存围绕该盐湖及惠安堡东北碱湖周围数平方千米的惠安堡、盐池城、北破城、西破城 4 座城池以及数十座烽火台可以想见，该盐湖在古代是多么繁盛和重要。惠安堡和盐池城相距仅 10 千米，一东一西，惠安堡紧靠盐池，主要负责池盐生产，而盐池城经两次维修扩建，规模颇大，设有驿站、递运所，主要负责池盐销售管理及保障驿路畅通。盐业在古代社会对于国家的财政税收、军事及老百姓日常生活的影响力绝非今日可比。当时能管理、戍守盐湖城不啻为美差，池盐生产、流通给当地带来的繁华、富庶，我们今日调查仅从惠安堡残留的"阜财"题刻、城池内随处可见的档次较高的青花瓷片等文物遗存就可见一斑。

2010 年 7 月 24 日　晴　气温 35°

今天继续调查环灵道沿线烽火台。由于 211 国道改线的原因，这些烽火台现在都离公路较远，新修国道两侧均设有封闭铁丝网，每次调查必须从铁丝网下钻过去，几个回合下来，大家都学会了匍匐前进，只要头能过去的空隙，队员们都能轻松穿越。红墩子以西这一带表土下即为砂岩层，地表植被稀疏，烽火台周围多见流动的沙丘链，调查至宋家小沟北烽火台时，大风忽至，漫天沙尘，地无所避，黄沙扑面，不辨南北，又一次让我们领略了大自然的威力。

宋家小沟南烽火台用沙土集石块混筑而成，外壁包砌石块，四壁虽有残毁，但大部包石尚存，雄伟壮阔，在这一线烽火台中堪称翘楚。包石表面细密的钎痕、台顶散布的兽骨、散去硝烟的灰烬堆以及石质地面一处残留烟炱痕迹的圆形灶坑，陡然间拉近了我们与古人的时空距离。登台远眺，烽火相望，怀古之情油然而生，大家不禁感慨连连。经我们调查，此处发现最近的一处采石场当在墩南百米外的沟壑沿岸，内包黄土更不知取自何处，粗略计算，包墩石材在 2000 方以上，当年修墩之不易可见一斑，有多少人的才智血汗与青春韶华皆付诸此地。500 年斗转星移，今日唯有这凝固的音符在诉说着一切。此墩若能修复，供今人登台凭吊游览，亦不失为一处访古探幽的好去处。

下午 4 时，石沟城已在眼前，由于风沙太大，调查到此结束。

2010 年 7 月 28 日　晴　最高气温 39°

今日调查了石沟城及其附近 3 座烽火台。今日天气是主角，宁夏如此高温多年罕见，虽然我们早晨 6 点就出发，试图避开高温时段，但到上午 10 点多调查石沟城时已是烈日当空，周围没有一处可以庇荫乘凉的地方，公路上部分地段的沥青都已晒化，不远处煤矿的自燃矿渣袅袅地冒着青烟，大地仿佛在燃烧，石沟城死寂一片。尽管我们的调查队员以年轻人为主，年富力强，没有人喊苦喊累，但考虑到保障人员及设备安全因素，调查完该城后，经队员们商议决定，中午找点临时休息，避开高温时段，养精蓄锐，下午继续调查，正所谓"磨刀不误砍柴工"。

2010 年 7 月 29 日　晴

今日调查了石沟城以北 4 座烽火台，均处于新修建的 211 国道高速路一线，这条路该段走向与古代环灵道基本重合，沿途古代城堡、烽火台所处可见，其中白土岗子烽火台正好处于灵武市、吴忠市、红寺堡及盐池县四地交汇地带，也是这一线调查中所见最为高大的墩台，整体为坚硬的白磋土夯筑，保存状况较好，棱角分明，远眺如新修一般。该烽火台高达 16 米，数公里外远观依然十分醒目，成了这一带的地标性建筑，站在台下更觉异常高大雄伟，真是"高台蠢孤昂首望"，让人油然而生思古之情。

为了测量记录，队员们借助绳索登临台顶后，惊飞了一只正在育雏的猎隼，不断在我们头顶盘旋尖叫。环灵道一带树木稀少，飞禽则木筑巢不易，明代古人行此道中，偶尔看到一棵高约丈余的古柏枯树上，竟有数个鹰巢，触手可探，感觉颇为有趣。今日亲眼见到烽火台上竟然有个一米见方的鹰巢，巢内还有三只嗷嗷待哺的雏鸟，可知古人所言非虚。站在台顶，方圆几十里景致尽收眼底，古道墩台一线，一边是平缓无边的草原、嗡嗡作响的风力发电机场，一边是黄河水灌溉的稻田绿洲，村落鱼塘，间或有泛着金光的片片沙丘，西边远处黄河、贺兰山隐约可见。此情此景，不禁让人想起来唐代诗人卢汝弼边塞诗作《和李秀才边庭四时怨》："朔风吹雪透刀瘢，饮马长城窟更寒。半夜火来知有敌，一时齐保贺兰山"。

"固原内边"长城墙体调查登记表

序号	编号	名称	属地	GPS起止点	长度（米）	类别	走向	分类保存程度及长度（米）	断面测量（米）[1]				与邻近关堡距离（千米）
									底宽	顶宽	高/深	夯层	
001	YZQ025~YZQ026	战国秦长城清水河河谷段明代修缮墙体	原州区	G001~G003	1262.5	土墙	东北—西南	一般471.5 差791	14.8~12	5.4~2.5	4.4~7.5	—	南距临洮营1.55
002	YZQ027~YZQ031	战国秦长城梁段明代修缮墙体	原州区	G003~G005	8916.6	土墙	东南—西北	较好7388 一般1528.6	14~17	1~2	18~22	—	中部距固原镇城4.4
003	YZQ031~YZQ035	长城村—海子峡口段明代增置山险墙	原州区	G005~G007	6556.7	山险墙	东北—西南	一般4164.9 较差2391.8	—	—	10~25	—	东端距甘州群牧千户所1.6
004	YCQ033	杏树湾段"狗拉壕"山险墙	盐池县	G008~G009	202	山险墙	东—西	较好	3.5~8	20	10	—	东端距饶阳堡3.5
005	YCQ034	杏树湾—李家畔山险	盐池县	G009~G013	17513	山险	东南—西北	一般	—	30~120	15~30	—	东端距饶阳堡4.5
006	YCQ035	李家畔段"狗拉壕"山险墙	盐池县	G013~G015	346.8	山险墙	东—西	较好239.2 一般107.6	3.5~10	19	8.5	—	东端距饶阳堡18.5
007	YCQ036	李家畔—何家口子山险	盐池县	G015~G023	35707.9	山险	东南—西北	一般	—	15~70	20~50	—	西端距饶阳堡22.5
008	HXQ001	何家口子山险墙	环县	G024~G026	1950.4	山险墙	东南—西北	较差1786.1 较好164.3	7.8~15.6	12.7	5	—	西端距甜水堡22
009	HXQ002	土沱新庄夯筑土墙	环县	G026~G027	192.7	土墙	东南—西北	一般	6.5	2.4	2.7	0.24~0.33	西端距甜水堡21.5
010	YCQ037	墩圈山险墙	盐池县	G027~G031	8814.9	山险墙	东南—西北	较好4379.6 一般4435.3	3.5~20	—	3.5~14.7	—	西端距甜水堡13.5
011	YCQ038	马坊沟村东南夯筑土墙	盐池县	G031~G034	622.3	土墙	东北—西南	一般517.7 消失104.6	7	1.7	1.7~5.6	—	西端距甜水堡11.5
012	YCQ039	马坊沟村南山险墙	盐池县	G034~G036	1010	山险墙	东南—西北	差392.3 较好617.7	5~6	—	2~4	—	西端距甜水堡9.5

[1] 附表中每段墙体选一组断面测量数据予以登记。

续表

序号	编号	名称	属地	GPS起止点	长度（米）	类别	走向	分类保存程度及长度（米）	断面测量（米）				与邻近关堡距离（千米）
									底宽	顶宽	高深	夯层	
013	YCQ040	石载子沟—白家沟山险	盐池县	G036~G045	27543.2	山险	东南—西北	一般	—	30~120	15~30	—	中部距甜水堡 0.05
014	HXQ003	白家沟山险	环县	G044~G045	2504.7	山险	南—北	一般	20~80	—	20~30	—	中部距萌城堡 0.05
015	HXQ004	白家沟山险墙	环县	G045~G046	449.3	山险墙	东—西	一般	10~30	—	2~5	—	东端距萌城堡 17.5
016	TXQ001	六铺墩以北包石墙体	同心县	G046~G047	120.1	包石墙	东—西	较差 80 较好 40.1	6.5	4.8	5.7	0.17~0.26	西端距下马关堡 15.5
017	TXQ002	老爷山西麓—三铺墩濒临消失墙体	同心县	G047~G052	7184.5	土墙	东—西	较差 3541.1 差 1948.1 消失 1695.3	4~5.5	0.25	1.4	0.09~0.15	西端距下马关堡 7.5
018	TXQ003	三铺墩—头铺墩间保存较好墙体	同心县	G052~G055	7604.4	土墙	东南—西北	较好	8~9	1.5~2.8	4~4.7	0.15~0.22	西端距下马关堡 3.58
019	TXQ004	头铺墩西—下马关濒临消失墙体	同心县	G055~G056	841.3	土墙	东—西	差	1~2	—	0.5~2.5	—	西端与下马关堡相接
020	HYQ001	唐坡1段夯筑土墙	海原县	G057~G064	3970.8	土墙	东南—西北	一般 1091.7 较差 985.4 差 1893.2	7.2	1.2	1.1~1.6	—	东端距干盐池堡 8.5
021	HYQ002	唐坡2段夯筑土墙	海原县	G064~G070	3391.1	土墙	南—北	较好 741.2 一般 302.4 较差 208.7 差 504.1 消失 1634.7	6.4	0.5	1.8	0.18	东端距干盐池堡 9.8

续表

序号	编号	名称	属地	GPS起止点	长度（米）	类别	走向	分类保存程度及长度（米）	断面测量（米）				与邻近关堡距离（千米）
									底宽	顶宽	高/深	夯层	
022	HYQ003	干盐池沟山险墙	海原县	G070~G071	5042.6	山险墙	南—北	一般	20~30	48~60	10~20	—	东端距干盐池堡 10.2
023	HYQ004	孔家沟1段山险墙	海原县	G071~G072	2661.8	山险墙	东—西	一般	3~5	32~48	3~5	—	东端距干盐池堡 13.5
024	HYQ005	孔家沟2段山险墙	海原县	G072~G073	2566.1	山险墙	东—西	一般	12~23	32~48	3~5	—	东端距干盐池堡 15.2
025	HSQ001	新红寺堡南土墙	红寺堡区	G074~G075	186.8	土墙	东—西	差	5	3.3	2.5~5.5	0.15~0.17	中部距新红寺堡 0.25
026	HSQ002	红兴村消失段墙体	红寺堡区	G075~G076	6126.2	土墙	东—西	消失	—	—	—	—	东端距新红寺堡 0.35
027	HSQ003	兴旺村1段土墙	红寺堡区	G076~G077	3084.5	土墙	东—西	差	10.2	1.8	4	0.15	东端距新红寺堡 2.35
028	HSQ004	兴旺村2段土墙	红寺堡区	G077~G078	739.1	土墙	东—西	较好	6	2	2.4~4	0.2	东端距新红寺堡 5.7
029	HSQ005	兴旺村3段土墙	红寺堡区	G078~G080	897.8	土墙	东—西	差	1~2	—	1	—	东端距新红寺堡 9.8
030	HSQ006	沙姆沟消失段墙体	红寺堡区	G080~G081	3487.9	土墙	东南—西北	消失	—	—	—	—	东端距新红寺堡 14.5
031	HSQ007	沙姆沟2段土墙	红寺堡区	G081~G082	513.9	土墙	东南—西北		5	—	0.2~1.5	—	东端距新红寺堡 17.8

附表二　"固原内边"长城墙体特征点登记表

编号	特征点名称	属地	位置	高程（米）	备注
G001	战国秦长城清水河河川段明代修缮墙体第一段起点	原州区	清河镇郑磨村南长城墙体断面	1665	YZQ025 起点
G002	战国秦长城清水河河川段明代修缮墙体第二段起点	原州区	清河镇郑磨村西 0.2 千米长城墙体豁口处	1667	YZQ026 起点
G003	战国秦长城梁段明代修缮墙体第一段起点	原州区	清河镇王堡村固明公路西侧长城墙体断面	1675	YZQ027 起点
G004	战国秦长城梁段明代修缮墙体第二段起点	原州区	清河镇明庄村银平公路长城墙体断面	1816	YZQ031 起点
G005	长城村—海子峡口段明代增置山险墙第一段起点	原州区	清河镇徐家坡村南长城墙体折拐处（YD051）	1667	YZQ032 起点
G006	长城村—海子峡口段明代增置山险墙第二段起点	原州区	清河镇吴庄村西长城折拐处	1896	YZQ035 起点
G007	长城村—海子峡口段明代增置山险墙第二段止点	原州区	清河镇吴庄村西海子峡口	1940	固原城郊增缮长城止点
G008	杏树湾段 "狗拉壕" 山险墙起点	盐池县	麻黄山乡杏树湾村东省界碑东南 0.03 千米	1698	YCQ033 起点
G009	杏树湾—李家畔段山险第一段起点	盐池县	麻黄山乡杏树湾村省界碑西北 0.18 千米	1690	YCQ033 止点
G010	杏树湾—李家畔段山险第二段起点	盐池县	麻黄山乡杏树湾村西北	1852	YCQ034 第一段止点
G011	杏树湾—李家畔段山险第三段起点	盐池县	麻黄山乡孙记水村饶平庄西南	1465	YCQ034 第二止点
G012	杏树湾—李家畔段山险第四段起点	盐池县	麻黄山乡贺颛上村西南 1.25 千米	1520	YCQ034 第三段止点
G013	李家畔段 "狗拉壕" 山险墙第一段起点	盐池县	麻黄山乡李家畔村东南	1781	YCQ034 止点
G014	李家畔段 "狗拉壕" 山险墙第二段起点	盐池县	麻黄山乡李家畔村东南	1789	YCQ035 第一段止点
G015	李家畔段—何家口子山险第一段起点	盐池县	麻黄山乡李家畔村东南	1785	YCQ035 止点
G016	李家畔段—何家口子山险第二段起点	盐池县	麻黄山乡李家畔村西南 2 千米	1580	YCQ036 第一段止点
G017	李家畔段—何家口子山险第三段起点	盐池县	麻黄山乡李家畔村西南 3 千米	1660	YCQ036 第二段止点
G018	李家畔段—何家口子山险第四段起点	盐池县	麻黄山乡李阳洼村西南 1.2 千米	1813	YCQ036 第三段止点
G019	李家畔段—何家口子山险第五段起点	盐池县	麻黄山乡贺家背洼南 1.2 千米	1810	YCQ036 第四段止点
G020	李家畔段—何家口子山险第六段起点	盐池县	麻黄山乡巴儿掌东南 1.75 千米	1620	YCQ036 第五段止点
G021	李家畔段—何家口子山险第七段起点	盐池县	盐池县麻黄山乡沙坡子东南 0.75 千米	1610	YCQ036 第六段止点

续表

编号	特征点名称	属地	位置	高程（米）	备注
G022	李家畔段—何家口子山险第八段起点	盐池县	麻黄山乡天池塘西南0.8千米	1548	YCQ036第七段止点
G023	李家畔段—何家口子山险第九段起点	盐池县	甜水堡镇蒋家台村西北1.1千米秃井沟底	1500	YCQ036第八段止点
G024	何家口子山险第一段起点	环县	甜水堡镇白草滩村何家口子烽火台西	1749	YCQ036止点
G025	何家口子山险第二段起点	环县	甜水堡镇上范新庄南	1722	HXQ001第一段止点
G026	上范新庄夯筑土墙起点	环县	甜水堡镇白草滩村上范新庄西南	1640	HXQ001止点
G027	墩圈山险第一段起点	盐池县	惠安堡镇黄家圳自然村西南	1673	HXQ002止点
G028	墩圈山险第二段起点	盐池县	惠安堡镇施家天池自然村西南	1718	YCQ037第一段止点
G029	墩圈山险第三段起点	盐池县	惠安堡镇麦草掌	1782	YCQ037第二段止点
G030	墩圈山险第四段起点	盐池县	惠安堡镇麦草掌	1749	YCQ037第三段止点
G031	马坊沟村东南夯筑土墙第一段起点	盐池县	惠安堡镇麦草掌村墩圈自然村西1.5千米	1641	YCQ037止点
G032	马坊沟村东南夯筑土墙第二段起点	盐池县	惠安堡镇麦草掌村马坊沟自然村苦水沟北	1572	YCQ038第一段止点
G033	马坊沟村东南夯筑土墙第三段起点	盐池县	惠安堡镇麦草掌村马坊沟自然村苦水沟南	1557	YCQ038第二段止点
G034	马坊沟村南山险墙第一段起点	盐池县	惠安堡镇麦草掌村马坊沟自然村东南1.2千米	1552	YCQ038止点
G035	马坊沟村南山险墙第二段起点	盐池县	惠安堡镇麦草掌村马坊沟自然村东南红沟河谷	1548	YCQ039第一段止点
G036	石截子沟—白家沟山险第一段起点	盐池县	惠安堡镇麦草掌村马坊沟自然村东南0.5千米	1569	YCQ039止点
G037	石截子沟—白家沟山险第二段起点	环县	甜水堡东北角台临沟处	1508	YCQ040第一段止点
G038	石截子沟—白家沟山险第三段起点	盐池县	萌城堡东北角台外侧	1516	YCQ040第二段止点
G039	石截子沟—白家沟山险第四段起点	盐池县	惠安堡镇沙坡子村东	1507	YCQ040第三段止点
G040	石截子沟—白家沟山险第五段起点	盐池县	惠安堡镇沙坡子村西南中明沟省界处	1591	YCQ040第四段止点
G041	石截子沟—白家沟山险第六段起点	盐池县	惠安堡镇沙坡子村西南中明沟与何家塬沟交汇处	1641	YCQ040第五段止点
G042	石截子沟—白家沟山险第七段起点	盐池县	惠安堡镇营盘山村东北蛇嘴沟与白家沟交汇处	1610	YCQ040第六段止点

续表

编号	特征点名称	属地	位置	高程（米）	备注
G043	石崾子沟—白家沟山险第八段起点	盐池县	惠安堡镇营盘山村西南	1557	YCQ040第七段止点
G044	白家沟山险起点	环县	甜水堡镇白家沟村西南省界处	1640	YCQ040止点
G045	白家沟山险墙起点	环县	甜水堡镇白家沟村西南老爷山东侧山坡	1710	HXQ003止点
G046	六铺墩以北包石墙体起点	同心县	下马关镇郑儿庄村秦家老子自然村东北2.75千米老爷山顶	1791	HXQ004止点
G047	老爷山西麓—三铺墩濒临消失墙体第一段起点	同心县	老爷山西麓山坡	1820	TXQ001止点
G048	老爷山西麓—三铺墩濒临消失墙体第二段起点	同心县	老爷山底	1703	TXQ002第一段止点
G049	老爷山西麓—三铺墩濒临消失墙体第三段起点	同心县	五铺墩烽火台北侧0.12千米	1654	TXQ002第二段止点
G050	老爷山西麓—三铺墩濒临消失墙体第四段起点	同心县	—	1597	TXQ002第三段止点
G051	老爷山西麓—三铺墩濒临消失墙体第五段起点	同心县	—	1569	TXQ002第四段止点
G052	三铺墩—头铺墩以西同保存较好墙体第一段起点	同心县	—	1563	TXQ002止点
G053	三铺墩—头铺墩以西同保存较好墙体第二段起点	同心县	—	1545	TXQ003第一段止点
G054	三铺墩—头铺墩以西同保存较好墙体第三段起点	同心县	—	1558	TXQ003第二段止点
G055	头铺墩西—下马关濒临消失墙体起点	同心县	下马关城东北角	1570	TXQ003止点
G056	头铺墩西—下马关濒临消失墙体止点	同心县	下马关城东北角	1582	TXQ004止点
G057	唐坡1段夯筑土墙第一段起点	海原县	干盐池羊场邵家庄村西北1千米周家沟口	2025	HYQ001第一段止点
G058	唐坡1段夯筑土墙第二段起点	海原县	干盐池小堡南40米	1996	HYQ001第一段止点
G059	唐坡1段夯筑土墙第三段起点	海原县	—	2000	HYQ001第二段止点
G060	唐坡1段夯筑土墙第四段起点	海原县	—	2002	HYQC01第三段止点
G061	唐坡1段夯筑土墙第五段起点	海原县	干盐池盐湖南0.175千米，305省道以北0.106千米	1993	HYQ001第四段止点
G062	唐坡1段夯筑土墙第六段起点	海原县	—	1994	HYQ001第五段止点

续表

编号	特征点名称	属地	位置	高程（米）	备注
G063	唐坡1段夯筑土墙第七段起点	海原县	一	1999	HYQ001 第六段止点
G064	唐坡2段夯筑土墙第一段起点	海原县	干盐池羊场唐坡村东南3.24千米	2001	HYQ001 止点
G065	唐坡2段夯筑土墙第二段起点	海原县	干盐池羊场唐坡村压砂瓜地	1988	HYQ002 第一段止点
G066	唐坡2段夯筑土墙第三段起点	海原县	干盐池羊场唐坡村东荒地	1892	HYQ002 第二段止点
G067	唐坡2段夯筑土墙第四段起点	海原县	干盐池羊场唐坡村东荒地	1981	HYQ002 第三段止点
G068	唐坡2段夯筑土墙第五段起点	海原县	干盐池羊场唐坡村东压砂瓜地	1983	HYQ002 第四段止点
G069	唐坡2段夯筑土墙第六段起点	海原县	干盐池羊场唐坡村东1.3千米干盐池沟口	1999	HYQ002 第五段止点
G070	干盐池沟山险墙起点	海原县	干盐池沟与孔家沟交汇处	2012	HYQ002 止点
G071	孔家沟1段山险起点	海原县	干盐池堡13.5千米	2009	HYQ003 止点
G072	孔家沟2段山险起点	海原县	孔家沟村南	1966	HYQ004 止点
G073	孔家沟2段山险墙止点	海原县	干盐池羊场高湾子梁省界处	2034	HYQ005 止点
G074	新红寺堡南土墙体起点	红寺堡区	新红寺堡城红柳沟南岸东侧	1334	现存徐斌水新边长城起点
G075	红兴村消失段墙体起点	红寺堡区	新红寺堡0.35千米	1336	HSQ001 止点
G076	兴旺村1段土墙起点	红寺堡区	新红寺堡2.35千米	1295	HSQ002 止点
G077	兴旺村2段土墙起点	红寺堡区	新红寺堡5.7千米	1269	HSQ003 止点
G078	兴旺村3段土墙第一段起点	红寺堡区	新红寺堡9.8千米	1275	HSQ004 止点
G079	兴旺村3段土墙第二段起点	红寺堡区	新红寺堡9.9千米	1270	HSQ004 第一段止点
G080	沙沟姆消失段墙体起点	红寺堡区	南川乡北墩村委会东北4.9千米	1270	HSQ005 止点
G081	沙沟姆2段土墙起点	红寺堡区	新红寺堡17.8千米	1268	HSQ006 止点
G082	沙沟姆2段土墙止点	红寺堡区	南川乡大中银铁路东南0.5千米处红柳沟畔	1258	现存徐斌水新边长城止点

附表三　"固原内边"长城附属烽火台调查登记表

序号	编号	名称	属地	相邻间距（千米）	保存状况	方向	中心台体（米）				围墙（台基）（米）			门道		环壕		
							底（长×宽）	顶（长×宽）	高	夯层	长×宽	基宽	高	位置	宽（米）	数量	口宽（米）	深（米）
001	YZF001	十里墩烽火台	原州区	东距临洮营1.23	较好	北偏西25°	12×11	6×6	8	不清	32×32	无	1.4	东南角	无	4	9	5
002	YZF002	大营城北烽火台	原州区	南距甘州群牧千户所0.015	一般	北偏西3°	11.5×11.5	6×6	7	0.05~0.2	无	无	无	无	无	无	无	无
003	YZF003	东塬村烽火台	原州区	东距大营城北烽火台0.592	一般	正南北	12×11	5.5×4.5	8.5	0.15~0.2	无	无	无	无	无	无	无	无
004	HXF001	白马城1号烽火台	环县	距白马城外城东南角0.52	较好	北偏东8°	10×10	6×6	8	不清	64×57	6	1.7	西墙	不详	2	4	0.8
005	HXF002	白马城2号烽火台	环县	距白马城外城北墙0.225	一般	北偏西13°	8×8	4×4	7	不清	不详	不详	不详	不详	不详	不详	不详	不详
006	HXF003	白马城3号烽火台	环县	距白马城外城西墙0.204	一般	北偏东10°	7×7	3×3	7	不清	27×28	不详	0.8	无	不详	不详	不详	不详
007	HXF004	白马城4号烽火台	环县	距白马城外城南墙0.076	较好	北偏东11°	13×13	6×6	10	0.15~0.17	无	无	无	无	无	1	8	4~5
008	HXF005	白马城5号烽火台	环县	距白马城外城东0.066	一般	北偏西7°	底径15	顶径4.6	7	不清	无	无	无	无	无	无	无	无
009	HXF006	白马城6号烽火台	环县	距白马城外城南墙0.063	较好	北偏东11°	15×15	4.8×4.8	8	不清	无	无	无	无	无	无	无	无
010	YCF054	墩湾烽火台	盐池县	西南距张平庄烽火台15.6	一般	北偏东17°	20×20	5×2.4	4.1	0.17	无	无	无	无	无	无	无	无

续表

序号	编号	名称	属地	相邻间距（千米）	保存状况	方向	中心台体（米）底（长×宽）	顶（长×宽）	高	夯层	围墙 长×宽	台基 基宽	高	门道 位置	宽（米）	环壕 数量	口宽（米）	深（米）
011	YCF055	张平庄烽火台	盐池县	西南距衣台烽火台10.8	一般	北偏东15°	7×6	2×3	6.5	0.17	无	无	无	无	无	无	无	无
012	YCF56	农台烽火台	盐池县	西南距史家档烽火台12.5	较好	北偏东18°	12×12	8×8	9.5	0.16	无	无	无	无	无	无	无	无
013	YCF057	史家湾烽火台	盐池县	西南距沙嗯岘烽火台14.5	较好	北偏东23°	9.1×8.2	5.1×4.3	9.4	0.11~0.2	无	无	无	无	无	无	无	无
014	YCF058	沙嗯岘烽火台	盐池县	西南距杏树湾烽火台9.2	较好	北偏西40°	8.2×9.4	5.1×3.5	9	0.17~0.25	无	无	无	无	无	无	无	无
015	YCF059	杏树湾烽火台	盐池县	西北距前塬烽火台4.2	较好	北偏西45°	16×14	6.8×5.2	7.3	0.17~0.22	37.2×31.4	4.4	4	北墙	5.5	1	2.7	1.2
016	YCF060	前塬烽火台	盐池县	西南距大天池烽火台3.8	一般	正南北	14×13	2×3	8	0.17	50×40	2.7	不清	南墙	5	无	无	无
017	HXF007	大天池烽火台	环县	西北距松家水烽火台5.9	较好	北偏东10°	11.3×11.6	6×4.6	12.2	0.21~0.33	35×35	2.4	3.2	南墙	8	1	12	1.8
018	YCF061	松家水烽火台	盐池县	西北距贺塬上烽火台1.2	较差	北偏东7°	2×2	1×1	4.1	0.17	无	无	无	无	无	无	无	无
019	YCF062	贺塬上烽火台	盐池县	西北距马家口子烽火台11.5	一般	北偏东7°	3.7×3.8	2.7×2.9	2.8	0.09	无	无	无	无	无	无	无	无
020	YCF063	马家口子烽火台	盐池县	西南距白塬畔烽火台9.8	一般	正南北	10×10	6×6	7	0.17	30×30	1.5	2.7	无	无	无	无	无

续表

序号	编号	名称	属地	相邻间距（千米）	保存状况	方向	中心台体（米）底（长×宽）	顶（长×宽）	高	夯层	围墙（台基）（米）长×宽	基宽	高	门道位置	宽（米）	环壕数量	口宽（米）	深（米）
021	HXF008	白塬畔烽火台	环县	西北距冯家沟烽火台7.5	较好	北偏东36°	9.9×13	5.6×5.4	12.5	0.14~0.25	46×46	4.5	6	南墙	7.4	1	13.6	2.2
022	HXF009	冯家沟烽火台	环县	西南距任新庄烽火台5.03	较好	北偏东36°	15.5×18	8.6×5.5	8.3	0.08~0.15	30×32	3.5	1.45	北墙	3.7	2	6~8	7.75
023	HXF010	任新庄烽火台	环县	西距何家口子烽火台8.41	较好	正南北	10.2×10.2	3.9×5	7.5	0.2~0.22	38.9×25.3	2	2.2	不详	无	1	4.3	3.8
024	HXF011	何家口子烽火台	环县	西北距施家天池烽火台4.41	较好	北偏东35°	10×8.2	5.5×4	10	0.08~0.13	30.8×32	4	2.5	南墙	6	1	7.3	3
025	YCF064	施家天池烽火台	盐池县	西北距墩圈村烽火台4.2	较好	北偏东40°	7.4×7.7	3.3×3.3	8	0.17~0.26	23×32	4.5	9	南墙	6	1	10	3~4.5
026	YCF065	墩圈村烽火台	盐池县	西距三里沟村烽火台2.04	较好	北偏东35°	11.9×12.1	7.5×7.5	11.5	0.08~0.13	33×27.8	3.6	4.7	南墙	2.6	1	12	2.4
027	HXF012	三里沟村烽火台	环县	西北距甜水堡南烽火台3.2	较好	北偏西40°	7.43×7.15	3.64×3.37	9.05	0.13~0.25	26.5×27.2	3.6	4.5	南墙	3.2	1	12.4	2.5
028	YCF066	沙坡子村烽火台	盐池县	西距营盘山烽火台7.01	较好	北偏西15°	7.7×11.6	5.6×6.7	8.9	0.15~0.17	36×35	3.7	5.5	东墙	8	无	无	无
029	YCF067	营盘山烽火台	盐池县	西南距六铺墩烽火台7.11	一般	北偏西5°	10.2×8.3	5×2.7	10.2	0.13~0.17	40×40	2.9	5.5	东墙	7.5	2	7.1~8.5	1.5
030	TXF001	六铺墩烽火台	同心县	西南距五铺墩烽火台2.25	较好	北偏西12°	16×13	6.4×5.7	8.5	0.25~0.27	65×68	3.8	5.5	西墙	1.95	无	无	无

续表

序号	编号	名称	属地	相临间距(千米)	保存状况	方向	中心台体(米)				围墙(台基)(米)			门道		环壕		
							底(长×宽)	顶(长×宽)	高	夯层	长×宽	基宽	高	位置	宽(米)	数量	口宽(米)	深(米)
031	TXF002	五铺墩烽火台	同心县	西距四铺墩烽火台1.69	一般	北偏西10°	13.8×13.4	7.8×5.4	12.8	0.19~0.26	62×67.6	3	0.5~0.8	不详	不详	无	无	无
032	TXF003	四铺墩烽火台	同心县	西距三铺墩烽火台2.5	一般	北偏西10°	14.4×14.1	8.5×5.7	12.8	0.19~0.26	26×22	1.6	4~7	南墙	3.6	无	无	无
033	TXF004	三铺墩烽火台	同心县	西距二铺墩烽火台2.85	一般	北偏西10°	9.1×6.3	4×3.8	7.4	0.2~0.22	30×35	2.6	1~2	无	无	无	无	无
034	TXF005	二铺墩烽火台	同心县	西距头铺墩烽火台2.91	一般	北偏西20°	12×12.4	5×5.5	9.5	不清	69×69	4.7	2.5~5.7	南墙	11	1	21.4	2.8
035	TXF006	头铺墩烽火台	同心县	西距下马关城东小堡东墩2.16	一般	北偏东15°	9×8	5.3×4	6.2	0.14~0.2	30×30	3.1	5.9	南墙	13.5	无	无	无
036	TXF007	小罗山烽火台	同心县	西北距黑山墩火台6.1	较差	北偏东45°	15×15	9.1×7	6.5	0.24~0.27	无	无	无	无	无	无	无	无
037	TXF008	黑山墩烽火台	同心县	西南距干台山烽火台3.75	较差	北偏东10°	14×14	4.7×4.1	7.5	0.23~0.25	25×25	2	1.5	不详	不详	1	3	1.5
038	TXF009	干台山烽火台	同心县	西距杨家山烽火台6.75	一般	北偏东40°	13.6×15	6.5×6.5	8.7	0.21~0.23	27×32	3.7	1.4~3.5	南墙	2	1	14.7	2.5
039	TXF010	杨家山烽火台	同心县	西南距八方烽火台18.5	一般	北偏东30°	16.5×12.6	6.5×3.4	5.8	0.17~0.2	32×32	2	0.6	不详	不详	1	12.5	1.5
040	TXF011	八方烽火台	同心县	东南距墩梁烽火台7.25	一般	北偏西10°	11.3×12	5.4×6.5	6.4	0.21~0.23	无	无	无	无	无	无	无	无

续表

序号	编号	名称	属地	相临间距（千米）	保存状况	方向	中心台体（米）				围墙（台基）（米）			门道		环壕		
							底（长×宽）	顶（长×宽）	高	夯层	长×宽	基宽	高	位置	宽（米）	数量	口宽（米）	深（米）
041	TXF012	墩墩梁烽火台	同心县	西南距下沙沿烽火台5.46	一般	北偏西45°	12.2×13.6	3×3	6.5	0.2~0.23	23.8×28	2.8	1.1~5.5	南墙	8.7	1	9	3.5~4.1
042	TXF013	下沙沿烽火台	同心县	南距油坊院烽火台2.36	一般	北偏西25°	15×12	5.1×3.6	8.7	0.09~0.12	无	无	3.2	无	无	无	无	无
043	TXF014	油坊院烽火台	同心县	西南距红古村烽火台6.8	一般	北偏东40°	8×8	2×2	4	不清	无	无	无	无	无	无	无	无
044	TXF015	红古村烽火台	同心县	西南距烂沟子烽火台3.5	差	不详	9.5×10	不详	0.3	不清	无	无	无	无	无	无	无	无
045	TXF016	烂沟子烽火台	同心县	西北距马家堡子烽火台8.5	一般	不详	9×9	5.7×7	7.4	0.15~0.19	无	无	无	无	无	无	无	无
046	TXF017	马家堡子烽火台	同心县	西南距肖家口子烽火台5.8	一般	北偏西30°	13×13	5×4.2	7	不清	37×29	2	0.3	不详	不详	1	5	2.4
047	TXF018	肖家口子烽火台	同心县	南距瓦窑河烽火台10.3	差	北偏西12°	10.5×16	4×7	5.4	不清	21×76	2.3~3	0.8~3	不详	不详	1	3	2
048	HYF001	瓦窑河烽火台	海原县	东南距园子湾烽火台1.8	较差	北偏东4°	外径7	内径5	1.3	不清	无	无	无	无	无	无	1.2	0.4
049	HYF002	园子湾烽火台	海原县	西南距关桥镇大沟门烽火台6.2	较差	北偏东8°	20×15	7×5	6	不清	15×25	5	5	无	无	1	6.5	3.5
050	HYF003	关桥镇大沟门烽火台	海原县	西距小马湾烽火台1.36	较好	正南北	5.5×5.5	4.3×4.3	3.5	0.18~0.27	无	无	无	无	无	无	无	无

续表

序号	编号	名称	属地	相临间距（千米）	保存状况	方向	中心台体（米）				围墙（台基）（米）			门道		环壕		
							底（长×宽）	顶（长×宽）	高	夯层	长×宽	基宽	高	位置	宽（米）	数量	口宽（米）	深（米）
051	HYF004	小马湾烽火台	海原县	西南距王湾烽火台1.59	差	0°	直径2.8	直径2	0.8	不清	—	0.7～1.2	—	无	无	无	无	无
052	HYF005	王湾烽火台	海原县	西南距范湾烽火台1.38	一般	北偏西6°	15×12	4×3	5.4	不清	41×40	4	3	南端	2	1	3	0.2～2.4
053	HYF006	范湾烽火台	海原县	西南距冯湾1号烽火台2.36	较差	北偏西40°	外径5.5	内径3	0.7	不清	无	无	无	西南	0.8	无	无	无
054	HYF007	冯湾1号烽火台	海原县	西南距冯湾2号烽火台1.21	较差	北偏东2°	外径6	内径2.4	0.4～1.5	不清	直径18	无	2.7	东墙	1.5	无	无	无
055	HYF008	冯湾2号烽火台	海原县	西南距吴湾烽火台6.3	较差	北偏东42°	外径7	内径4.5	1.1	不清	无	无	无	无	无	无	无	无
056	HYF009	吴湾烽火台	海原县	西南距陶堡1号烽火台4.8	差	正南北	底径4	不清	0.5	不清	无	无	无	无	无	无	无	无
057	HYF010	陶堡2号烽火台	海原县	西南距东坡1号烽火台0.64	较差	北偏西22°	3.6×6	3.6×6	2.2	0.1	无	无	无	南端	0.7	1	2.5	1.5
058	HYF011	东坡1号烽火台	海原县	东北距东坡2号烽火台0.012	较差	北偏西2°	3.2×6	3.2×6	1.8	0.1	无	无	无	北墙	1.5	1	2.3	1.7
059	HYF012	东坡2号烽火台	海原县	西南距董堡烽火台1.1	较差	正南北	外径9	内径6.8	0.8	不清	无	无	无	无	无	无	无	无
060	HYF013	董堡烽火台	海原县	西南距陈家湾烽火台8.5	较差	北偏东20°	外径3.4	内径2.3	1.5	0.1	无	无	无	西墙	0.8	无	无	无

续表

序号	编号	名称	属地	相临间距（千米）	保存状况	方向	中心台体（米）				闱墙（台基）（米）			门道		环壕		
							底（长×宽）	顶（长×宽）	高	夯层	长×宽	基宽	高	位置	宽（米）	数量	口宽（米）	深（米）
061	HYF014	陈家湾烽火台	海原县	西北距木匠沟烽火台4.28	一般	北偏西20°	12×11	3.2×3.2	5	0.15~0.2	32×28	3~4.5	0.6~4	无	无	无	无	无
062	HYF015	木匠沟烽火台	海原县	东南距陈家湾烽火台4.28	差	北偏东38°	10×10	2.5×2.5	7	0.15~0.2	24×26	2.5	0.7	南墙	2.5	无	无	无
063	HYF016	宋家坝烽火台	海原县	西南距万家水烽火台2.95	较差	北偏西19°	7×9	3×3	5.5	不清	35×21	3~5	1.5~5.5	南墙	9	1	6.5~11	1~2
064	HYF017	万家水烽火台	海原县	西距郡家烽火台2.45	一般	北偏西6°	11×6	3×5	3.7	不清	37.5×24.5	1.5~2.5	0.2~2	南墙	3.5	1	4~7	1~2
065	HYF018	郡庄烽火台	海原县	西北距黄家洼烽火台4.1	一般	北偏西25°	11×12	6×7	6	不清	21×33	2.7	2.3	南墙	4	无	无	无
066	HYF019	黄家洼烽火台	海原县	东南距郡庄烽火台4.1	较差	正南北	11.7×11.7	3×4	4.5	不清	22×27	1.4	1.6	南墙	3.5	1	3.5~6	1~6
067	HYF020	皮家川烽火台	海原县	西北距甘肃省靖远县境内对面湾烽火台2.14	一般	北偏西17°	12×12	5×5	6	0.15~0.2	30×34.5	3	0.6~1.5	南墙	3	无	无	无
068	HYF021	老庄烽火台	海原县	南距郡庄烽火台1.4	较差	北偏西27°	13×12	6×5	13	0.1~0.15	40×50	5	1.5~2.4	西墙	不详	无	无	无
069	TXF019	草场烽火台	同心县	东南距庙山烽火台2.88	较差	北偏西18°	3.2×3.4	1.2×1.9	3.6	不清	无	无	无	无	无	无	无	无
070	TXF020	庙山烽火台	同心县	西北距园子湾烽火台9.2	较差	北偏东31°	13×12	6×5	4.5	不清	46×36	2.5	1.15~2.6	无	无	2	2~4	0.5~1.3

续表

序号	编号	名称	属地	相临间距(千米)	保存状况	方向	中心台体(米)			围墙(台基)				门道		环壕		
							底(长×宽)	顶(长×宽)	高	夯层	长×宽	基宽	高	位置	宽(米)	数量	口宽(米)	深(米)
071	HYF022	杨家湾烽火台	海原县	西南距罗山1号烽火6.34	一般	北偏东21°	12×12	3×3	4.5	不清	34×29	无	0.3~3.5	南墙	2	1	2	0.7~1.5
072	HYF023	罗山1号烽火台	海原县	西距罗山2号烽火台0.09	较差	北偏东18°	底径20	顶径4	6	不清	56×46	3.5	0.8	不详	不详	1	4	2
073	HYF024	罗山2号烽火台	海原县	南距席麦滩烽火台2.2	较差	正南北	外径6	内径4.6	0.6~1	不清	无	无	无	东墙	0.6	无	无	无
074	HYF025	陶堡1号烽火台	海原县	西北距陶堡2号烽火1.7	一般	正南北	3.5×6	3.5×6	0.3~5.6	0.1	无	无	无	西墙	0.55	1	3.7	2.2
075	HYF026	席麦滩烽火台	海原县	西距青湾1号烽火台2.8	差	北偏西12°	10×10	3.5×3	7	0.15~0.21	37×36	无	0.7~1.4	南墙	1.5	1	—	—
076	HYF027	青湾1号烽火台	海原县	东南距青湾2号烽火台0.114	一般	北偏西16°	5×5	4×4	6	0.08~0.1	无	无	无	无	无	无	无	无
077	HYF028	青湾2号烽火台	海原县	东南距青湾3号烽火台0.77	一般	北偏东26°	3.8×3.8	3×3	2.7~3	0.2	无	无	无	无	无	无	无	无
078	HYF029	青湾3号烽火台	海原县	西南距陶堡烽火1.78	较差	北偏西5°	3.7×3.7	0.6	3	0.1~0.2	无	无	无	南壁	0.5	无	无	无
079	HYF030	麻春烽火台	海原县	西南距南台烽火台2.63	较差	北偏东13°	3.5×3.5	3.5×6	2.8~3.5	0.2	无	无	无	南壁	0.5	无	无	无
080	HYF031	南台烽火台	海原县	西南距上小河烽火5.26	差	北偏西6°	18×12	3×3	3~4	不清	48×44	1.5	0.9~2	不详	不详	1	11	1.5~1.9

续表

序号	编号	名称	属地	相临间距（千米）	保存状况	方向	中心台体（米）				围墙（台基）（米）			门道		环壕		
							底（长×宽）	顶（长×宽）	高	夯层	长×宽	基宽	高	位置	宽（米）	数量	口宽（米）	深（米）
081	HYF032	郑塘烽火台	海原县	西距高台寺烽火台3.2	一般	北偏西42°	11×12	3.5×4	6	0.15~0.2	54×64	5	1.1~3.5	西墙	5	无	无	无
082	HYF033	高台寺烽火台	海原县	西距高台寺西烽火台0.73	一般	北偏东34°	11×11	9×9	6.5	不清	无	无	无	无	无	无	无	无
083	HYF034	高台寺西烽火台	海原县	东距郑塘烽火台3.2	较好	正南北	5×5	4.5×4	3	不清	无	无	无	无	无	无	无	无
084	HYF035	上小河烽火台	海原县	西距陈家湾烽火台4.98	较好	正南北	10×10	4×5	7.5	0.15	28×30	2.8	0.7~1.7	无	无	无	无	无
085	HYF036	西安镇大沟门烽火台	海原县	西北距鸡肠子河1号烽火台2.74	差	北偏东33°	8×16	2.4×4.4	6.4	0.15~0.2	22.6×16	2	1.8~2.2	不详	不详	无	无	无
086	HYF037	鸡肠子河1号烽火台	海原县	西距鸡肠子河2号烽火台2.4	一般	北偏西43°	13×14	4×5	2.5	不清	50×55	4~5.5	0.9~2.5	南壁	4	无	无	无
087	HYF038	鸡肠子河2号烽火台	海原县	东距鸡肠子河1号烽火台2.4	一般	正南北	10×13	3×4	7.5	0.1~0.2	25×27	3	0.7~2.5	北墙	7	1	10.5	1~2
088	HSF001	滚泉村烽火台	红寺堡区	东南距沙泉村烽火台15.5	一般	北偏东15°	12.5×16	4.5×5	8.4	不清	38×46	2.1	0.5~0.6	无	无	无	无	无
089	HSF002	沙泉村烽火台	红寺堡区	东距青山墩烽火台17.8	较好	北偏东17°	12×12	8×8	7	不清	无	无	无	无	无	无	无	无
090	HSF003	青山墩烽火台	红寺堡区	南距红沟窑烽火台11.8	一般	北偏东10°	10×10	6.8×7.8	6	0.2~0.25	无	无	无	无	无	无	无	无

续表

序号	编号	名称	属地	相临间距（千米）	保存状况	方向	中心台体（米）				围墙（台基）（米）			门道		环壕		
							底（长×宽）	顶（长×宽）	高	夯层	长×宽	基宽	高	位置	宽（米）	数量	口宽（米）	深（米）
091	HSF004	红沟窑烽火台	红寺堡区	西距买河村烽火台5.91	一般	正南北	13.3×13.6	6.7×8.4	5.2	0.18~0.2	42.6×44.5	0.7	0.4	东端	4.9	无	无	无
092	HSF005	买河村烽火台	红寺堡区	西距红塔村烽火台7	一般	北偏东30°	11.9×12.3	7.8×5.3	8.2	不清	无	无	无	南端	3.7	无	无	无
093	HSF006	红塔村烽火台	红寺堡区	西距光彩村烽火台10.9	一般	北偏东15°	10×10.5	6×7.2	4.4	不清	无	无	无	无	无	无	无	无
094	HSF007	光彩村烽火台	红寺堡区	西南距旧城堡2.35	一般	北偏西5°	11×12	3.5×3.6	5.5	不清	35×35	2.2	0.4~0.5	无	无	无	无	无
095	HSF008	红兴村烽火台	红寺堡区	东南距白墩烽火台4.93	一般	北偏西25°	9×9.5	5.6×6.3	7.2	不清	无	无	无	无	无	无	无	无
096	HSF009	白墩烽火台	红寺堡区	东距红阳村烽火台8.15	较好	北偏东40°	8×12	4.3×7.4	6.5	0.2	无	无	无	无	无	无	无	无
097	HSF010	红阳村烽火台	红寺堡区	东距马家渠烽火台11.8	一般	北偏东15°	10.5×11	6.5×7.3	4.5	0.15~0.18	无	无	无	无	无	无	无	无
098	HSF011	马家渠烽火台	红寺堡区	西南距马段头烽火台9.1	一般	北偏东5°	11×14	4×4.3	7.5	不清	无	无	无	无	无	无	无	无
099	HSF012	马段头烽火台	红寺堡区	西南距人方烽火台16.8	一般	北偏东10°	8×8	5.4×5.4	8	不清	30×31	2.4	1.1	北墙	7.2	无	无	无
100	HSF013	墩梁烽火台	红寺堡区	东南距大墩烽火台7.5	消失	—	—	—	—	—	—	—	—	—	—	—	—	—

续表

序号	编号	名称	属地	相临间距（千米）	保存状况	方向	中心台体（米）底（长×宽）	顶（长×宽）	高	夯层	围墙（台基）（米）长×宽	基宽	高	门道位置	宽（米）	环壕数量	口宽（米）	深（米）
101	HSF014	大墩烽火台	红寺堡区	南距红兴村烽火台0.96	消失	—	—	—	—	—	—	—	—	—	—	—	—	—
102	HSF015	红墩烽火台	红寺堡区	北距白墩烽火台14.4	消失	—	—	—	—	—	—	—	—	—	—	—	—	—
103	HXF013	烟墩山烽火台	环县	东北距樊沟泉林场烽火台1.72	较差	北偏东15°	7.1×9.7	4.8×5.9	3.5	0.13~0.15	无	无	无	无	无	无	无	无
104	HXF014	樊沟泉林场烽火台	环县	西北距张新庄烽火台3.45	一般	北偏东25°	8×9.4	6.4×3.8	8.5	0.1~0.12	11.4×14.6	无	3.7	无	无	2	8~10.2	3~5.2
105	HXF015	张新庄烽火台	环县	西北距甜水堡南烽火台6.8	一般	北偏西40°	8.5×8	2.2×4.1	5	0.13~0.26	无	无	无	无	无	1	12	3~6.8
106	HXF016	甜水堡南烽火台	环县	西北距崔新庄烽火台1.95	一般	北偏西40°	11.8×10.8	4.8×6	9	0.1~0.15	无	无	无	无	无	无	无	无
107	YCF068	崔新庄烽火台	盐池县	西北距关祭台烽火台10.8	较好	北偏东35°	13×13.3	6.3×6.3	8.2	0.15~0.26	无	无	无	无	无	1	3.8	0.7
108	YCF069	关祭台烽火台	盐池县	西北距郭墩洼烽火台2.59	较好	北偏东23°	9.5×8.6	6.3×5.8	5.2	0.24~0.26	34.2×61	2.6	2.6~3.4	无	无	1	10	1.5
109	YCF070	郭墩洼烽火台	盐池县	北距杜家沟烽火台2.39	一般	北偏东15°	12.2×11.7	7.8×7.5	8.5	0.25~0.27	23×25	2.8	0.7	南墙	9.5	1	8.2	1.8
110	YCF071	杜家沟烽火台	盐池县	西北距曹圈村烽火台3.01	一般	北偏东12°	9×8.2	5×5.6	6.8	0.14~0.2	35.3×36	3.5	1.5	南墙	7.4	无	无	无

续表

序号	编号	名称	属地	相邻间距（千米）	保存状况	方向	中心台体（米）底（长×宽）	顶（长×宽）	高	夯层	围墙（台基）（米）长×宽	基宽	高	门道位置	宽（米）	环壕数量	口宽（米）	深（米）
111	YCF072	曹圈村烽火台	盐池县	西北距贾圈村烽火台3.17	一般	北偏西35°	8.5×9.1	5.4×4.8	5.7	0.25~0.3	无	无	无	无	无	无	无	无
112	YCF073	贾圈村烽火台	盐池县	西北距隰宁堡村烽火台4.09	一般	北偏西9°	10.4×11	5.8×8.5	7	0.12~0.18	30×32	1.5	0.4	无	无	无	无	无
113	YCF074	隰宁堡村烽火台	盐池县	北距潘河村烽火台4.17	一般	北偏西30°	8×8	6.1×5.3	3.4	0.11~0.12	无	无	无	无	无	无	无	无
114	YCF075	潘河村烽火台	盐池县	北距苦水井村烽火台2.56	一般	北偏西16°	10.5×10.7	8.2×7.6	5.6	0.15~0.21	无	无	无	无	无	无	无	无
115	YCF076	苦水井村烽火台	盐池县	北距惠安堡南烽火台1.91	差	北偏东40°	7.8×5.4	3.7×4.7	5.4	0.14~0.16	无	无	无	无	无	无	无	无
116	YCF077	惠安堡南烽火台	盐池县	北距赵儿庄烽火台3.8	差	北偏东10°	10×10	不详	5.7	0.06~0.12	无	无	无	无	无	无	无	无
117	YCF078	赵儿庄烽火台	盐池县	西北距惠安堡北烽火台4.7	较好	北偏西30°	13.4×13.4	8.7×9.2	8.8	0.23~0.28	38×40	0.7	0.3	无	无	无	无	无
118	YCF079	惠安堡北烽火台	盐池县	西北距北破城烽火台3.2	较差	北偏东30°	7.5×15	不详	5	0.13~0.18	无	无	无	无	无	无	无	无
119	YCF080	北破城烽火台	盐池县	北距梁台子烽火台3.89	较差	北偏东40°	11×11.5	1.5×2.5	7.5	0.14~0.16	28.5×20	不详	0.3~1.5	无	无	无	无	无
120	YCF081	梁台子烽火台	盐池县	西北距红墩子烽火台1.82	差	北偏西14°	6.5×8	2.2×4	8.5	0.2~0.22	34×34	1.6	0.2~0.8	无	无	无	无	无

续表

序号	编号	名称	属地	相临间距（千米）	保存状况	方向	中心台体（米）				围墙（台基）（米）			门道		数量	环壕	
							底（长×宽）	顶（长×宽）	高	夯层	长×宽	基宽	高	位置	宽（米）		口宽（米）	深（米）
121	YCF082	红墩子烽火台	盐池县	西北距太阳山风电场烽火台2.16	一般	北偏西20°	9×11	6×6	7	0.2~0.22	24	不详	不详	不详	不详	不详	不详	不详
122	HSF016	太阳山电场烽火台	红寺堡区	西北距宋家圈烽火台3.1	一般	北偏东45°	10×10	4.5×5	7.5	0.2~0.23	无	无	无	无	无	无	无	无
123	HSF017	宋家圈烽火台	红寺堡区	西北距百塔水烽火台2.95	一般	北偏西35°	11.5×10	9×7	8.5	0.24~0.26	30×35	2.2	0.3~0.5	无	无	无	无	无
124	HSF018	百塔水烽火台	红寺堡区	西北距马家岔烽火台2.44	一般	北偏西35°	10×9	不详	8.5	0.16~0.19	无	无	无	无	无	无	无	无
125	LTF001	马家岔烽火台	利通区	西北距方家圈烽火台2.73	一般	北偏西40°	4.8×6	2.2×3.2	5	不清	38×42	1.8	1.2~1.7	无	无	无	无	无
126	LWF009	方家圈烽火台	灵武市	西北距宋家小沟西南烽火台1.83	一般	北偏西20°	10×7.5	5×6	7.5	0.25~0.29	34×36	2.8	1	无	无	无	无	无
127	LTF002	宋家小沟西南烽火台	利通区	西北距宋家小沟烽火台1.9	一般	北偏西15°	12×13	6.5×8	7	0.24~0.29	32×31	3	0.7~1	无	无	无	无	无
128	LTF003	宋家小沟烽火台	利通区	东北距石窑墩烽火台5.7	一般	北偏东30°	不详	9×10	8	不清	31×32.5	1	0.7~1.5	无	无	无	无	无
129	LWF010	石窑墩烽火台	灵武市	西北距二道墩烽火台2	一般	正南北	8×10	5.3×5.3	9	0.15~0.17	无	无	无	无	无	无	无	无
130	LWF011	二道墩烽火台	灵武市	西北距柴山墩烽火台2.05	一般	北偏东35°	13×13.5	6.8×6.8	8	0.21~0.26	30×30	不详	1.4	无	无	无	无	无

续表

序号	编号	名称	属地	相临间距（千米）	保存状况	方向	中心台体（米）底（长×宽）	顶（长×宽）	高	夯层	围墙（台基）（米）长×宽	基宽	高	门道位置	门道宽（米）	环壕数量	环壕口宽（米）	环壕深（米）
131	LWF012	柴山墩烽火台	灵武市	西北距缸瓦墩烽火台5.8	一般	北偏西35°	13×13	6×6	7	0.21~0.26	30×30	0.9	1.4	无	无	无	无	无
132	LWF013	缸瓦墩烽火台	灵武市	西北距立山墩烽火台3.68	一般	北偏东25°	12×11	不详	6.5	0.29~0.32	西侧围墙18	不详	不详	西墙	1.7	无	无	无
133	LWF014	立山墩烽火台	灵武市	西北距麦垛山烽火台4.08	一般	北偏西15°	13×13.5	5.5×6.2	8	0.18~0.24	33×33	不详	1.5	无	无	无	无	无
134	LWF015	麦垛山烽火台	灵武市	北距小东沟烽火台2.47	一般	北偏西33°	9×10	5×4.5	6	不清	28×28	2.8	1.5	不详	不详	无	无	无
135	LTF004	小东沟烽火台	利通区	北距白土岗子烽火台2.06	一般	北偏东5°	18.5×17.2	11×10	9	0.18~0.3	36×35	不详	不详	不详	不详	无	无	无
136	LWF016	白土岗子烽火台	灵武市	西北距红坡烽火台2.08	较好	正南北	21.1×21.7	8×8.8	16.3	0.16~0.23	51.5×51	1	1.7	西墙	4	无	无	无
137	LWF017	红坡烽火台	灵武市	东北距脑子墩烽火台11.5	较差	北偏东35°	9×11	4.5×5	8	0.19~0.23	40×36	不详	不详	不详	不详	无	无	无
138	LWF018	脑子墩烽火台	灵武市	西北距羊泉墩烽火台4.2	一般	北偏西12°	18.5×15	12×10	10.5	0.15~0.23	无	无	无	无	无	无	无	无
139	LWF019	羊泉墩烽火台	灵武市	东北距杨家圈烽火台10.8	一般	正南北	15×15	11×11	8	0.12~0.14	无	无	无	无	无	无	无	无
140	LWF020	杨家圈烽火台	灵武市	西北距沙窝烽火台15.8	一般	北偏东4°	14×13	12×11	10	0.12~0.19	无	无	无	无	无	无	无	无

续表

序号	编号	名称	属地	相临间距（千米）	保存状况	方向	中心台体（米）				围墙（台基）（米）			门道		环壕		
							底（长×宽）	顶（长×宽）	高	夯层	长×宽	基宽	高	位置	宽（米）	数量	口宽（米）	深（米）
141	LWF021	沙窝墩烽火台	灵武市	西北距海子墩烽火台3.2	一般	北偏东17°	13×13	10×9.6	不详	不清	无	无	无	无	无	无	无	无
142	LWF022	海子墩烽火台	灵武市	西北距烟墩烽火台5.8	较好	北偏东7°	12.2×13	8.5×9.2	12	0.15~0.18	南墙残长2	无	无	无	无	无	无	无
143	LWF023	烟墩烽火台	灵武市	西南距灵州城4	较好	北偏西23°	11×10	6×7	6.5	0.15~0.18	无	无	无	无	无	无	无	无
144	YCF083	王庄科烽火台	盐池县	东北距摆宴井烽火台10.99	较好	北偏东35°	13.3×13.2	9.6×9.1	1.7	0.17~0.19	30×28.9	2.4	1.4	南端	4.7	1	5.4	1.3
145	YCF084	摆宴井烽火台	盐池县	东北距黑山墩烽火台13.7	较差	北偏东12°	6.8×8.2	4.1×3.4	2.4	0.1~0.12	无	无	无	无	无	无	无	无
146	YCF085	黑山墩烽火台	盐池县	西北距柳条井烽火台8.48	一般	北偏西45°	11.5×14.4	5.8×7	9.6	0.24~0.26	无	无	无	无	无	无	无	无
147	YCF086	柳条井烽火台	盐池县	西北距朱新庄烽火台2.5	较好	北偏东20°	12×11.4	7.4×7.6	6.2	0.2~0.28	无	无	无	无	无	无	无	无
148	YCF087	朱新庄烽火台	盐池县	西北距金渠子烽火台5.6	较差	北偏东26°	14×17	11×14	4	0.23	无	无	无	无	无	无	无	无
149	YCF088	金渠子烽火台	盐池县	西北距汪水塘烽火台4.2	一般	北偏西7°	9.2×8.8	3.9×5.7	8.2	0.25~0.35	无	无	无	无	无	无	无	无
150	YCF089	汪水塘烽火台	盐池县	西北距龚儿庄烽火台5.8	较好	北偏东35°	5×5	3×3	3.8	0.15	无	无	无	无	无	无	无	无

续表

序号	编号	名称	属地	相临间距（千米）	保存状况	方向	中心台体（米）				围墙（台基）（米）			门道		环壕		
							底（长×宽）	顶（长×宽）	高	夯层	长×宽	基宽	高	位置	宽（米）	数量	口宽（米）	深（米）
151	YCF090	龚儿庄烽火台	盐池县	西北距碱池子烽火台2.75	一般	北偏西15°	10×10	6×6	8	0.22~0.26	无	无	无	无	无	无	无	无
152	TXF021	鲍地湾烽火台	同心县	北距官厅沟烽火台1.85	一般	北偏东7°	7×7	2.5×2.5	5.2	0.16~0.22	30×30	3.4	1.5	南墙	2.5	无	无	无
153	TXF022	官厅沟烽火台	同心县	北距墩洼烽火台2.25	较好	北偏西40°	8×14	4.6×4.6	9.7	不清	74×94	2.2	6	南墙	6	无	无	无
154	TXF023	墩洼烽火台	同心县	北距张家垣烽火台4.05	一般	北偏东12°	8×8	4.5×4.5	8	0.13~0.17	42×44	3.8	3.8	南墙	1.5	无	无	无
155	TXF024	张家垣烽火台	同心县	东北距墩梁洼烽火台3.37	较好	北偏西9°	15×15	4.9×3.8	9.6	0.07~0.16	36×36	5.2	6.4	无	无	1	5~18.7	1.8
156	TXF025	墩梁洼烽火台	同心县	东北距陈家塘子烽火台6.6	一般	北偏西30°	10×9	3.7×3.2	8.5	0.1~0.15	37×37	3	4.7	东端	3.2	1	20	1.1
157	TXF026	陈家塘塘子烽火台	同心县	西北距墩阳岗子烽火台3.8	较好	北偏西30°	14.3×13.5	7×6	12	0.2~0.24	74×74	3.3	3.8~4.8	东端	3	2	8~11.8	2.5~4
158	TXF027	墩阳岗子烽火台	同心县	北距预旺城2.72	一般	北偏西30°	8×7	3.6×3.6	7.7	0.16~0.2	7.3	不详	4.5	不详	不详	无	无	无
159	TXF028	墩墩山北烽火台	同心县	北距墩墩山北烽火台0.426	一般	北偏东10°	14×14	6.5×5.3	10	0.2~0.23	25×31	不详	2.5	无	无	1	12	不详
160	TXF029	墩墩山北烽火台	同心县	东距长湾烽火台1.83	一般	北偏东10°	5.5×6.4	3.6×4.1	4.2	0.15~0.17	无	无	无	无	无	无	无	无

续表

序号	编号	名称	属地	相临间距（千米）	保存状况	方向	中心台体底（长×宽）（米）	中心台体顶（长×宽）（米）	中心台体高（米）	夯层	围墙（台基）长×宽（米）	围墙基宽（米）	围墙高（米）	门道位置	门道宽（米）	门道数量	环壕口宽（米）	环壕深（米）
161	TXF030	长湾烽火台	同心县	西北距上湾烽火台1.05	一般	北偏西25°	5.3×6	4.3×4.3	2.7	0.12~0.18	无	无	无	无	无	无	无	无
162	TXF031	上湾烽火台	同心县	东距预旺城北烽火台8.5	一般	北偏东20°	6.2×6.2	4.3×4.3	3.5	不清	无	1.9	2.1	无	无	无	无	无
163	TXF032	预旺城北烽火台	同心县	预旺城西北0.289	一般	北偏西25°	8.8×4.5	7.8×3.7	3.5	0.06~0.09	25.4×19.8	无	无	无	无	无	无	无
164	TXF033	马家洼子烽火台	同心县	东南距白阴洼子烽火台4.7	一般	北偏东35°	11.3×11.3	4.8×4.5	6.8	0.17~0.2	32×30	2.2	1.5~3.8	南端	2	2	6.5~8.8	2.2~3.5
165	TXF034	白阴洼子烽火台	同心县	北距毛家墩烽火台5.7	一般	北偏西30°	7×10	5.3×6	6.5	0.15~0.19	22×26	2.8	1.4	北端	2.4	1	8	4
166	TXF035	毛家墩烽火台	同心县	西距双墩烽火台3.7	一般	北偏西25°	12×12	3×4	6	0.25~0.28	29×30	2	3.2~5.5	南端	2.5	2	5.5~11	1.8~2.3
167	TXF036	双墩烽火台	同心县	北距大郎顶烽火台10.38	一般	北偏东15°	11.8×12	5.5×4.5	5.5	0.16~0.21	29×28	不详	4.5	北端	3	2	8.7~11.5	3.2
168	TXF037	大郎顶烽火台	同心县	东北距官厅台烽火台1.61	一般	北偏西20°	11.3×11.3	4×3.7	8.1	0.2~0.24	32×32	3.8	4.5	西墙	4	2	5.1~6	2~4
169	TXF038	官厅台烽火台	同心县	北距上马坟烽火台4.73	一般	北偏东25°	13×8.3	4×2.5	8.5	0.17~0.2	89×78	4.5	3.5	东端	3.2	1	13.6	2.8
170	TXF039	上马坟烽火台	同心县	北距五里墩烽火台6	一般	北偏西20°	11.6×12	5×4.5	10.5	0.19~0.21	104×106	2.8	5	东端	5.1	1	14.2	无

续表

序号	编号	名称	属地	相临间距（千米）	保存状况	方向	中心台体（米） 底（长×宽）	顶（长×宽）	高	夯层	围墙（台基）（米） 长×宽	基宽	高	门道 位置	宽（米）	环壕 数量	口宽（米）	深（米）
171	TXF040	五里墩烽火台	同心县	北距下马关3.51	一般	北偏东10°	10×10	5.7×4	8	0.3	45×45	3.5	4.2~4.9	东墙	2.7	1	7	1.6
172	TXF041	下马关镇北烽火台	同心县	北距陈儿庄烽火台1.74	一般	北偏东25°	6.8×9.5	5×5	7	0.18~0.2	无	无	无	无	无	无	无	无
173	TXF042	陈儿庄烽火台	同心县	东北距下红沟沿烽火台1.82	一般	北偏东40°	8×8.5	3×4.8	8	0.15~0.2	27×27	不详	0.5~0.7	不详	不详	无	无	无
174	TXF043	下红沟沿烽火台	同心县	北距停沟烽火台2.7	一般	北偏西30°	10×10	4.6×4.6	8	0.1~0.15	23.5×21	不详	不详	不详	不详	无	无	无
175	TXF044	停沟烽火台	同心县	北距十五里墩烽火台2.74	一般	北偏西25°	8×9	4×4.5	6.6	0.15~0.22	26×26	不详	不详	不详	不详	无	无	无
176	TXF045	十五里墩烽火台	同心县	北距红沟烽火台2.3	一般	北偏西10°	11.4×11.4	7.6×7.6	10	0.1~0.16	31×31	3	0.4	不详	不详	无	无	无
177	TXF046	红沟烽火台	同心县	北距河湾烽火台2	一般	北偏东10°	10.7×9.5	6×6	7	0.16~0.22	无	无	无	无	无	无	无	无
178	TXF047	河湾烽火台	同心县	北距韦州城3.5	一般	北偏西10°	8.3×10	6×7	8.2	0.15~0.18	无	无	无	无	无	无	无	无
179	TXF048	青龙山烽火台	同心县	西北距红家沙窝烽火台7.39	一般	北偏东10°	12.5×12.5	7.6×8.1	9.2	0.25~0.3	无	无	无	无	无	无	无	无
180	TXF049	红家沙窝烽火台	同心县	东北距塘坊梁烽火台2.8	较差	北偏西20°	7.5	无	7	不清	无	无	无	无	无	无	无	无

续表

序号	编号	名称	属地	相邻间距（千米）	保存状况	方向	中心台体（米）				围墙（台基）（米）			门道		环壕		
							底（长×宽）	顶（长×宽）	高	夯层	长×宽	基宽	高	位置	宽（米）	数量	口宽（米）	深（米）
181	TXF050	塘坊梁烽火台	同心县	东北距丁家圈烽火台3.2	一般	北偏西15°	8×8	4.5×3.7	6.7	0.07~0.15	35×47	3.5	2.3	不详	不详	无	无	无
182	TXF051	丁家圈烽火台	同心县	东南距韦州镇塘坊梁村丁家圈西北2.25	一般	北偏东4°	9.8×9.8	6.2×5.4	5.4	0.22~0.25	无	无	无	无	无	无	无	无
183	TXF052	太阳山煤矿东南烽火台	同心县	西北距平端墩烽火台5.8	较差	北偏东10°	11.2×9.3	4.4×4.4	6.1	0.19~0.2	无	无	无	无	无	无	无	无
184	HSF019	平端墩烽火台	红寺堡区	东北距太阳山开发区烽火台3.6	消失	不详	无	无	无	不清	无	无	无	无	无	无	无	无
185	HSF020	太阳山开发区烽火台	红寺堡区	东北距烂山子烽火台2.63	较差	北偏西25°	7×7	3×3	3.4	0.15~0.18	无	无	无	无	无	无	无	无
186	HSF021	烂山子烽火台	红寺堡区	东北距苏家井烽火台2.63	较差	北偏东30°	8×8	1.5×2	6	0.14~0.16	21×22.8	不详	不详	无	无	无	无	无
187	YCF091	苏家井烽火台	盐池县	东北距红沙窝烽火台2.28	一般	北偏东40°	5×8.4	4.2×7.4	10	0.2~0.26	41×48	不详	不详	不详	不详	1	5	1.6
188	YCF092	红沙窝烽火台	盐池县	北距北破城烽火台1.63	一般	北偏东30°	10×10	3.5×3	8.5	0.16~0.21	22×25	2	不详	不详	不详	无	无	无
189	YCF093	苏家场烽火台	盐池县	东北距碱池子烽火台3.97	一般	北偏西13°	10×12	5×6.5	8	0.16~0.18	35×35	不详	不详	不详	不详	1	10	0.7
190	YCF094	碱池子烽火台	盐池县	东北距叶儿庄烽火台2.23	一般	北偏西3°	7×6.5	3×4	5	0.15~0.19	无	无	无	无	无	无	无	无

续表

序号	编号	名称	属地	相邻间距（千米）	保存状况	方向	中心台体（米）				围墙（台基）			门道		数量	环壕	
							底（长×宽）	顶（长×宽）	高	夯层	长×宽	基宽	高	位置	宽（米）		口宽（米）	深（米）
191	YCF095	叶儿庄烽火台	盐池县	东北距马儿庄西烽火台4.5	一般	北偏西20°	7×6.4	4×4	6	0.16~0.18	24×24	无	0.8~1.5	无	无	无	无	无
192	YCF096	马儿庄西烽火台	盐池县	东北距黄草梁烽火台5.8	一般	北偏西27°	5×5	2×3	5	0.15~0.17	100×50	7	3.5~6	南墙	9.6	1	7	0.8
193	YCF097	黄草梁烽火台	盐池县	东北距尖儿庄烽火台3.16	较差	北偏西20°	5×9	1.5×3.3	4.7	0.12~0.16	无	无	无	无	无	无	无	无
194	YCF098	尖儿庄烽火台	盐池县	东北距三墩子烽火台2.23	较好	北偏西40°	9×9.5	3.3×3.3	10	0.13~0.15	22.5×27.5	2.5	不详	无	无	无	无	无
195	YCF099	三墩子烽火台	盐池县	东北距杜记圈烽火台5.52	较好	北偏西25°	9.5×12	5×4.5	8	0.15~0.18	24×25	4	1.4	无	无	无	无	无
196	YCF100	杜记圈烽火台	盐池县	东北距二墩子烽火台头4.41	一般	北偏东15°	8×8	4.8×2.6	8	0.14~0.18	22×22	1.7~1.9	0.4~1	无	无	无	无	无
197	YCF101	头墩子烽火台	盐池县	东北距二墩子烽火台2.67	一般	北偏西25°	9×7.5	6×4.2	8.5	0.11~0.16	29.5×24.5	2.3	1~2	无	无	无	无	无
198	YCF102	二墩子烽火台	盐池县	东北距哈巴湖场火台6.11	差	北偏东2°	9.5×9.5	4.2×3.5	5.5	不清	无	无	无	无	无	无	无	无
199	YCF103	哈巴湖林场烽火台	盐池县	东北距南海子烽火台3.88	较差	北偏东15°	7×5	3×4	4.5	0.14~0.15	无	无	无	无	无	无	无	无
200	YCF104	南海子烽火台	盐池县	东北距盖木庄烽火台2.5	一般	北偏东5°	10×10	6.5×7	9	0.1~0.13	27.5×28.9	1.5	0.3~2.3	无	无	无	无	无

续表

序号	编号	名称	属地	相临间距（千米）	保存状况	方向	中心台体（米）				围墙（台基）（米）			门道		环壕		
							底（长×宽）	顶（长×宽）	高	夯层	长×宽	基宽	高	位置	宽（米）	数量	口宽（米）	深（米）
201	YCF105	盖木庄烽火台	盐池县	东距窑石庄烽火台2.8	较差	—	10×10	4×4	2.5	0.16	无	无	无	无	无	无	无	无
202	YCF106	窑石庄烽火台	盐池县	东北距野狐井烽火台2.34	一般	北偏西24°	9×11	3.8×5	8	0.115~0.135	24×24	1~2	1.2~2.5	南墙	2.5	无	无	无
203	YCF107	野狐井烽火台	盐池县	西北距陈庄子烽火台5.8	较好	北偏东30°	8.5×9.5	4.5×4.2	7.1	0.08~0.12	120×75	2.8	1.5~3.8	南墙	6.3	无	无	无
204	YCF108	陈庄子烽火台	盐池县	东北距四墩子烽火台7.8	较差	正南北	8×8	2×2	6	0.16	无	无	无	无	无	无	无	无
205	YCF109	刘窑圈烽火台（南墩）	盐池县	西北距刘窑圈烽火台（北台）0.063	一般	北偏西30°	10×9	5.8×5	8.2	0.17~0.21	30×30	不详	不详	无	无	无	无	无
206	YCF110	刘窑圈烽火台（北墩）	盐池县	东北距黎明村烽火台（南墩）9.7	较差	北偏西25°	9×8	4×4	5.5	0.19~0.22	无	无	无	无	无	无	无	无
207	YCF111	黎明村烽火台（南墩）	盐池县	北距黎明村烽火台（北墩）0.26	一般	北偏西26°	10×11	4×4.4	4.5	0.14~0.16	无	无	无	无	无	无	无	无
208	YCF112	黎明村烽火台（北墩）	盐池县	北距雨强村烽火台（西墩）5.97	差	北偏西30°	4×4.5	0.7×0.7	4.6	0.15~0.16	无	无	无	无	无	无	无	无
209	YCF113	雨强村烽火台（西墩）	盐池县	东南距雨强村烽火台（东墩）0.12	一般	北偏西30°	12.6×11	8×8	7	0.25~0.32	50×50	2.5	不详	不详	无	无	无	无

续表

序号	编号	名称	属地	相邻间距（千米）	保存状况	方向	中心台体（米）				围墙（台基）（米）			门道		数量	环壕	
							底（长×宽）	顶（长×宽）	高	夯层	长×宽	基宽	高	位置	宽（米）		口宽（米）	深（米）
210	YCF114	雨强村烽火台（东墩）	盐池县	东北距张记墩烽火台6.5	一般	北偏西30°	12×14	8.4×7.2	9	0.27～0.31	无	无	无	无	无	无	无	无
211	YCF115	张记墩烽火台	盐池县	东北距马禾庄烽火台（西墩）10.45	一般	北偏西9°	14.3×14.5	8×8.5	7.8	0.1～0.15	45×45	2	0.9	不详	不详	无	无	无
212	YCF116	马禾庄烽火台（西墩）	盐池县	东距马禾庄烽火台（东墩）0.106	一般	北偏东30°	12×10	7.5×6.5	5.5	0.14～0.16	无	无	无	无	无	无	无	无
213	YCF117	马禾庄烽火台（东墩）	盐池县	东北距南海子南烽火台8.5	差	北偏东15°	5×8.5	6.5×6.5	3.9	0.1	无	无	无	无	无	无	无	无
214	YCF118	南海子南烽火台	盐池县	西北距南海子烽火台4.2	差	北偏西40°	11.5×11.5	7.5×7.5	5	0.13～0.18	无	无	无	无	无	无	无	无
215	YCF119	黄蒿渠烽火台	盐池县	西北距南海子南烽火台13.2	较差	北偏东23°	10×10	6×6	6.5	0.17	无	无	无	无	无	无	无	无

注：（1）本登记表中的烽火台序号序号以报告正文中烽火台编次先后为序。

（2）基址、附墩、挡马墙、基址等相关设施列入备注一栏。

（3）有多重围墙、环壕烽火台，登记表样取一组数据。

附表四 "固原内边"长城关堡登记表

序号	工作编号	名称	地 点	保存程度	平面形状	方向	基宽(米)[1]	顶宽(米)	高(米)	周长(米)	面积(平方米)	马面	角台	城门	瓮城	城壕(米)宽	城壕(米)深	备注
001	YZB001	固原镇城	原州区固原市老城区	差	近长方形	北偏东10°	7.8	5.5	9	4360	127万	1	1	3	3	30	—	内城
002	YZB002	临泚营	原州区北什里铺村	较差	近长方形	北偏东15°	12	8	9.5	6220	256万	7	3	4	4	8.2	3.4	外城
003	YZB003	甘州群牧千户所	原州区中河乡政府北500米	较好	正方形	北偏西20°	10	3	7.5	1000	6.25万	4	不详	1	1	23	1~1.5	—
004	HXB001	白马城堡	环县毛井乡庙儿掌村复凤山北麓	较好	折角长方形	北偏西10°	7.5、9	4.5	11.5	1540	14.4万	9	4	4	4	3.5、14	3、14	双壕
005	HXB002	甜水堡	环县甜水堡镇	一般	不规则形	北偏西37°	10~12	2~5	5.8~7.5	4400	17.5万	10	不详	3	不详	6、15	4、8	—
006	TXB001	周儿庄1号小堡	同心县下马关镇周儿庄西	一般	长方形	北偏西40°	13.5	6.3	8	1960	23.2万	3	4	2	1	30	4.3	—
007	TXB002	周儿庄2号小堡	同心县下马关镇周儿庄西	一般	长方形	北偏西15°	3.7	2.4	4.9	272	4500	0	4	1	0	—	—	有隔墙
008	TXB003	周儿庄3号小堡	同心县下马关镇周儿庄西	一般	长方形	北偏西5°	2.2	0.7	2.9	186	1800	0	2	1	0	—	—	—
009	TXB004	周儿庄4号小堡	同心县下马关镇周儿庄西	一般	长方形	北偏西15°	1.2	0.7	2.1	182	2000	0	4	1	0	—	—	有隔墙
010	TXB005	秦家老子小堡	同心县下马关镇秦家老子村东	一般	正方形	北偏西25°	—	—	3	144	1200	0	4	1	0	—	—	—
011	TXB006	张家树1号小堡	同心县下马关镇张家树村东	较差	正方形	北偏西25°	2	0.3~0.5	2.5	256	4000	0	4	1	0	—	—	—
012	TXB007	张家树2号小堡	同心县下马关镇张家树村东	较差	长方形	北偏东45°	3	0.3~0.5	3.2	346	4900	0	4	1	0	—	—	—
013	—	张家树小堡	同心县下马关镇张家树村东	较差	正方形	北偏东30°	1.8	0.3~0.5	3.8	140	1200	0	3	1	0	—	—	—

[1] 附表调查关堡中涉及墙体及墙顶宽取保存较好处,壕沟宽度按口宽冶测量数据登记。

续表

序号	工作编号	名称	地点	保存程度	平面形状	方向	基宽（米）	顶宽（米）	高（米）	周长（米）	面积（平方米）	马面	角台	城门	瓮城	城壕（米）宽	城壕（米）深	备注
013	TXB008	下马关东城小堡	同心县下马关镇南关村	差	不规则形	不详	不详	不详	不详	600	2.2万	—	—	—	—	—	—	内有双墩
014	TXB009	下马关堡	同心县下马关镇	一般	凸字形	北偏东5°	4、6	2、3	9、11	2136	30.8万	8	6	2	2	13	0.5~1.2	两道西墙
015	HYB001	红古城堡	海原县高崖乡草场村西	较差	凸字形	北偏东5°	6.8	5.5	6.5	19900	38万	5	3	2	1	—	—	东西城
016	HYB002	西安州守御千户所	海原县西安镇	一般	曰字形	北偏西5°	12	3.5、7	4.8、7.7	3932	96万	76	4	2	2	不详	不详	有隔墙
017	HYB003	干盐池小堡	海原县西安镇干盐池村西北	一般	长方形	北偏西10°	10~12	3~4	6	462	1.3万	0	0	2	0	—	—	—
018	HYB004	干盐池堡	海原县西安镇干盐池村	一般	长方形	正南北	10	3.5	8.5	1962	21.4万	7	4	2	2	18	3.6	—
019	HSB001	徐斌水堡	红寺堡区新庄集镇徐斌水村	差	长方形	不详	2	1	6	540	1.8万	0	0	不详	不详	—	—	—
020	HSB002	旧红寺堡	红寺堡区新庄集镇铁庄子村东南	差	不规则形	不详	2.5	—	6	238	2900	—	—	1	1	—	—	—
021	HSB003	新红寺堡	红寺堡区红寺堡镇团结村	较差	不规则形	北偏东30°	4.2	2.2	3.5	520	13万	0	0	1	1	—	—	—
022	HSB004	旧城	红寺堡区兴盛村西北	一般	近正方形	北偏西10°	8.3~9.2	2	4.2	1184	8.7万	0	0	1	1	—	—	—
023	HSB005	沙泉墩小堡	红寺堡区沙泉子村	差	不规则形	—	2.5	0.8~1	1.5	68	1500	1	0	0	0	—	—	有泉眼
024	YCB007	萌城堡	盐池县惠安堡镇南河村	一般	不规则四边形	北偏西34°	7.8~9	1.5	7.1	1600	16万	0	2	2	—	—	—	有隔墙
025	YCB008	隰宁堡	盐池县惠安堡镇隰宁堡村	较好	凸字形	北偏西33°	10	2.8	6.6	642	2.4万	6	2	1	1	0	0	南城
							13	3.2	7.7	1570	14万	0	4	1	1	0	0	北城
026	YCB009	惠安堡	盐池县惠安堡镇	一般	近正方形	北偏东15°	6.5	4.7	8	960	5.7万	2	2	2	1	0	0	南关

续表

序号	工作编号	名称	地点	保存程度	平面形状	方向	基宽（米）	顶宽（米）	高（米）	周长（米）	面积（平方米）	马面	角台	城门	瓮城	城壕（米）宽	城壕（米）深	备注
027	YCB010	盐池城	盐池县惠安堡镇老盐池村	一般	日字形	北偏西20°	9.2	3.6	4.7	1980	18万	3	1	0	0	0	0	东城
							10.8	1.5	8	2540	39万	2	1	2	2	0	0	西城
028	LWB004	石沟城	灵武市五里坡乡石沟驿村	一般	长方形	北偏东30°	5	2.2	6	1460	13万	6	4	1	1	27	1.6	有隔墙
029	LWB005	大沙井城	灵武市沙江村	消失	不详	不详	不详	不详	不详	不详	不详	不详	不详	不详	不详	不详	不详	—
030	LWB006	灵州千户所	灵武市城区	差	不详	北偏东15°	12.8	7	10.3	294.6	不详	0	1	0	0	0	0	—
031	HYB005	镇戎守御千户所	海原县七营镇北嘴村东	一般	长方形	北偏西40°	5.5	2	3.5	1764	19.2万	0	1	1	0	0	0	内城
							8.5	2.6	4.8	2400	35.8万	8	4	2	2	6、8.5	2.7、1.8	外城
032	TXB010	平虏守御千户所	同心县预旺镇	一般	日字形	北偏西40°	7.5	5	7	2030	24万	3	2	1	1	14.5	7	东关
							8.5	4.4	7.8	2197	26.7万	2	2	2	2	—	—	西北关
033	TXB011	预旺城北小堡	同心县预旺镇北	一般	长方形	北偏东45°	3.2	0.7	4.5	400	8800	0	3	1	0	—	—	—
034	TXB012	上马坎1号小堡	同心县下马关镇上马坎西北	一般	长方形	北偏东20°	6.3	0.8	3.8	136	1155	0	4	1	0	—	—	—
035	TXB013	上马坎2号小堡	同心县下马关镇上马坎西北	一般	正方形	北偏东22°	2.3	0.8	2.6	120	900	0	4	1	0	—	—	—
036	TXB014	宁夏群牧千户所	同心县韦州镇	较差	凸字形	北偏东10°	7.5	5	8.5	2340	34万	7	4	2	1	—	—	—
							6	4.8	11	1660	16.6万	1	2	1	1	7	1.2	旧城
037	YCB011	铁柱泉城	盐池县冯记沟乡铁柱泉村	一般	凸字形	北偏东20°	7	5	5.5	1560	15.2万	3	4	1	1	0	0	东关
038	YCB012	野狐井堡	盐池县王乐井乡野狐井村	一般	近方形	北偏东10°	5.5	3	6	940	5.5万	0	3	1	0	0	0	—

后　记

　　经过大家的共同努力，由文物出版社承担出版的宁夏长城调查报告系列丛书就要陆续付梓出版了。作为该调查报告丛书之一，本报告是对2008年以来宁夏明代固原内边长城（包括甘肃环县段）防御系统的调查总结，是在国家文物局检查验收认定的300余份调查资料的基础上增补内容、提炼精简编撰而成的。报告体例、格式等基本遵循本丛书编纂规范，实际编写过程中亦根据具体内容有所侧重与取舍。

　　在报告即将付梓之际，特向长期以来关注支持宁夏长城调查工作及报告编写的各位领导同仁表示感谢，向为报告编写提供协作与方便的长城沿线各文博单位及甘肃等兄弟省份同仁表示感激，更要向前期参与此次长城资源野外调查的工作人员致以崇高的敬意！

　　本报告是调查队员的集体合作成果。报告编写及主要分工如下：第五章由樊军编写，第六章及附表由雷昊明编写，附录调查日记由王波、王世明等调查队员撰写，其余章节由王仁芳编写并负责全书统稿；图版遗迹照片由调查队员拍摄，航拍照片由天津大学李哲团队及浙江大学欧阳盼团队协助拍摄，遗物照片由边东冬拍摄；线图由翟建峰、史冬媛、徐永江等7人绘制，后附长城地图及墙体走向插图由宁夏测绘局第二测绘院任宏丽、王桂霞、汪晓萍负责绘制，李永泉协助办理审图事宜。宁夏文物局姚卫玲副局长协调领导调查工作、督促支持报告编写，我所钟侃先生审阅了报告初稿并提出了修改意见，罗丰所长亲撰前言，王琨等同事在文字校对、线图扫描等方面提供了帮助，在此一并致谢。

　　文物出版社冯冬梅、周燕林、杨冠华等诸位老师为本报告做了严谨细致的修订编辑工作，特致以诚挚感谢！

　　受调查条件及编者水平所限，工作舛误、疏漏在所难免，敬请读者批评指正。

编者

2016年2月

彩

图

图 例

高家庄	居 民 地 名		干 沟
	自 治 区（省）界		干 河 床
	地 级 市 人 民 政 府	· 1288.1	等 高 线 及 高 程
	市辖区、县（县级市）界		石 墙
	复 线 铁 路		消 失 石 墙
	单 线 铁 路		土 墙
0	高 速 公 路		消 失 土 墙
2	等级公路、桥、涵洞		山 险
9	等 外 公 路		山 险 墙
	机 耕 路		壕 堑
	小 路		消 失 壕 堑
	陡 坎		战国秦长城及敌台
	一 般 的 沟 渠、水 闸		关 堡 墙 体 及 马 面
	有 堤 岸 的 沟 渠		烽 火 台
	车 行 桥		敌 台
	人 行 桥		铺 舍
	滚 水 坝		基 址
	拦 水 坝	● G076	墙 体 属 性 分 段 点
	水 井 、 泉		墙 体 缺 口 、 拐 点

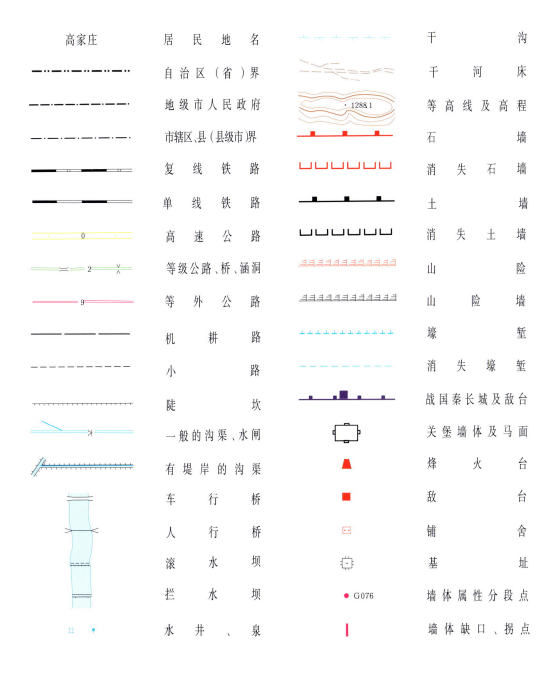

65°50′ 70° 75° 80° 85° 90° 95° 100° 105°

45°

乌鲁木齐 ◎

新　疆　维　吾　尔　自　治　区

40°

35°

内

甘

宁夏回族自治区

镇川

西宁 ◎

兰州 ◎

青　　海

30°

西　藏　自　治　区

拉萨 ◎

四　川

成都 ◎

重

25°

北回归线

贵

昆明 ◎

云　南

20°

孟　加　拉　湾

曼昂岛
(切杜巴岛)

───── 明长城

比例尺　1:16 000 000

85° 90° 95° 100° 105°

彩图一　中国明长城
　　　　分布图

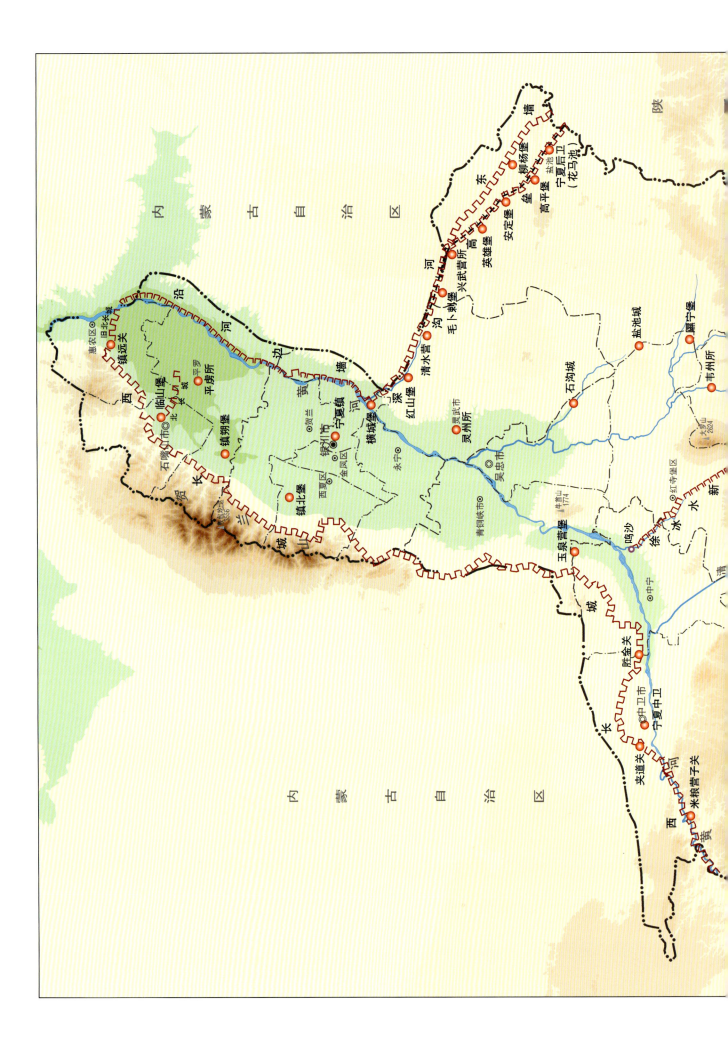

陕

内　蒙　古　自　治　区

墙
东

河

墙
边
沿

内　蒙　古　自　治　区

惠农区
镇远关
临山堡
旧北长城
平罗
城
平虏所
石嘴山市
西
镇朔堡
贺
镇北堡
银川市
西夏区
金凤区
永宁
横城堡
红山堡
宁夏镇
黄
河
灵武市
灵州所
吴忠市
青铜峡市
牛首山
1174
玉泉营堡
鸣沙
徐冰水
石沟城
盐池城
红寺堡区
盐池
黑宁堡
韦州所
大罗山
2624
新
清水营所
毛卜刺堡
兴武营所
英雄堡
安定堡
垒
柳杨堡
高平堡
宁夏后卫
（花马池）
盐池
长
城
兰
山
城
黄
河
胜金关
西
长
宁夏中卫
中卫市
中宁
关道关
米粮营子关
黄
城
深
沟
高

宁夏明长城分布图

高度表（米）

3400 3200 3000 2800 2600 2400 2200 2000 1800 1600 1400 1200 1100

甘 肃 省

瞭望平虏所
白马城
彭阳
长　城
固原镇
云雾山 2148
固原市
甘州所
秦
开城
泾源
六　盘　山
米缸山 2930
隆德
红古城
镇戎所
国
西
城
甘　肃　省
⊙海原
马万山 2954
西安所
平盐池堡
固
月亮山 2632
天都山 2703
⊙西吉

◎ 地级市人民政府驻地
⊙ 市辖区、县（县级市）人民政府驻地
▲2930 山峰及高程
自治区（省）界
地级市界
市辖区、县（县级市）界
河　　流

0　13.5　27.0　40.5　54千米

内蒙古自治区

连湖农场 灵武农场
叶盛
瞿靖 灵武市 东塔
青铜峡市 陈袁滩 崇兴 灵州千户所
大坝 小坝 东塔寺 郝家桥
金积 板桥 吴忠市 郭家桥
西 峡口 利通区 巴浪湖农场
青铜峡 马莲渠 金银滩
长 小西天 牛首山 高闸
1791 1774 关马湖农场
城 牛 扁担沟 白土岗 红坡
渠口农场 首 苦 白
黄 白马 山 滚泉村烽火台 水
河 沙泉村烽火台
西 长 城 鸣沙 河
东园 光彩村烽火台 旧城
柔远 镇罗 恩和 红塔村烽火台 买河村烽火台
文昌 余丁 舟塔 新堡 红寺堡区
滨河 永康 宣和 中宁 红寺堡
宁安 大河 新红寺堡
大战场 红兴村烽火台 白墩烽火台 徐
新庄集 大罗山 冰
清 2624 宁夏
红阳村烽火台 吴 旧红寺堡 下红
中 米钵山 水 马家渠烽火台 边 小罗山
2219 徐冰水 2201
香山寺 卫 河 马断头烽火台 新 下马关镇
2361 徐冰水堡 小罗山烽
五里墩
市 河西 固 黑山墩烽火台 上马坟烽
喊叫水 牛台山烽火台 上
原 杨家山烽火台 田老庄
丁塘 八方烽火台 内
同心 边 墩墩梁烽火台
兴仁 豫海 下沙沿烽火台
徐套 马家堡子烽火台 油坊院烽火台
兴隆 红古村烽火台 双墩烽火台
肖家口子烽火台 烂沟子烽火台
靖安

内蒙古自治区

◎三段地

深河沟东墙高垒

高沙窝◎

马家滩◎

市

▲马禾庄烽火台

陈庄子烽火台▲

王乐井▲

盐池
花马池◎

盖木庄烽火台▲

窖石庄烽火台▲

南海子烽火台▲

野狐井烽火台▲

哈巴湖林场烽火台▲

二墩子烽火台▲

南海子南烽火台▲

黄蒿渠烽火台▲

铁柱泉城■

头墩子烽火台▲

盐场堡◎

◎冯记沟

杜记圈烽火台▲

▲墩烽火台

三墩子烽火台▲

定边◎

火台

尖儿庄烽火台▲

瓦南烽火台

黄草梁烽火台▲

◎青山

火台

窑头烽火台

马儿庄西烽火台▲

张记墩烽火台▲

贺圈◎

塔水烽火台

叶儿庄烽火台▲

雨强村烽火台▲

宋家圈烽火台▲

红墩子烽火台▲

碱池子烽火台▲

陕

烽火台▲

苏家场烽火台▲

黎明村烽火台▲

墩湾烽火台▲

盐池城■

龚儿庄烽火台▲

北破城烽火台▲

西

火台

刘廓圈烽火台▲

◎红柳沟

惠安堡北烽火台▲

金渠子烽火台▲

惠安堡■

赵儿庄烽火台▲

◎大水坑

太阳山

省

惠安堡南烽火台▲

柳条井烽火台▲

▲墩烽火台

苦水井村烽火台▲

黑山墩烽火台▲

张平庄烽火台▲

东南烽火台

潘河村烽火台▲

家圈烽火台

山

隰宁堡村烽火台▲

白湾子◎

烽火台

隰宁堡■

水

◎青龙山新庄烽火台▲

贾圈村烽火台▲

农台烽火台▲

曹圈村烽火台▲

沟

杜家沟烽火台▲

摆宴井烽火台▲

市

◎冯地坑

郭墩洼烽火台▲

关祭台烽火台▲

史家湾烽火台▲

王庄科烽火台▲

马家口子烽火台▲

◎麻黄山

沙嘚岘烽火台▲

◎姬塬

萌城堡■

崔新庄烽火台▲

营盘山烽火台▲

甜水堡■

甜水堡南烽火台▲

冯家沟烽火台▲

贺塬上烽火台▲

松家水烽火台▲

弓小堡

墩圈村烽火台▲

沙坡子村烽火台▲

三里沟烽火台▲

施家天池烽火台▲

白塬畔烽火台▲

前塬烽火台▲

张新庄烽火台▲

任新庄烽火台▲

大天池烽火台▲

饶阳堡■

秦家老子小堡

樊学◎

小堡

烟墩山烽火台▲

樊沟泉林场烽火台▲

杏树湾烽火台▲

头铺墩--六铺墩烽火台

甘肃省

◎南湫

图 例

〓〓 明 长 城　　　▲ 烽火台

〓〓 消失长城　　　■ 关 堡

⋯⋯ 烽燧线　　　◎ 古地名

0　6　12　18千米

彩图三　宁夏"固原内边"明长城分布图-1

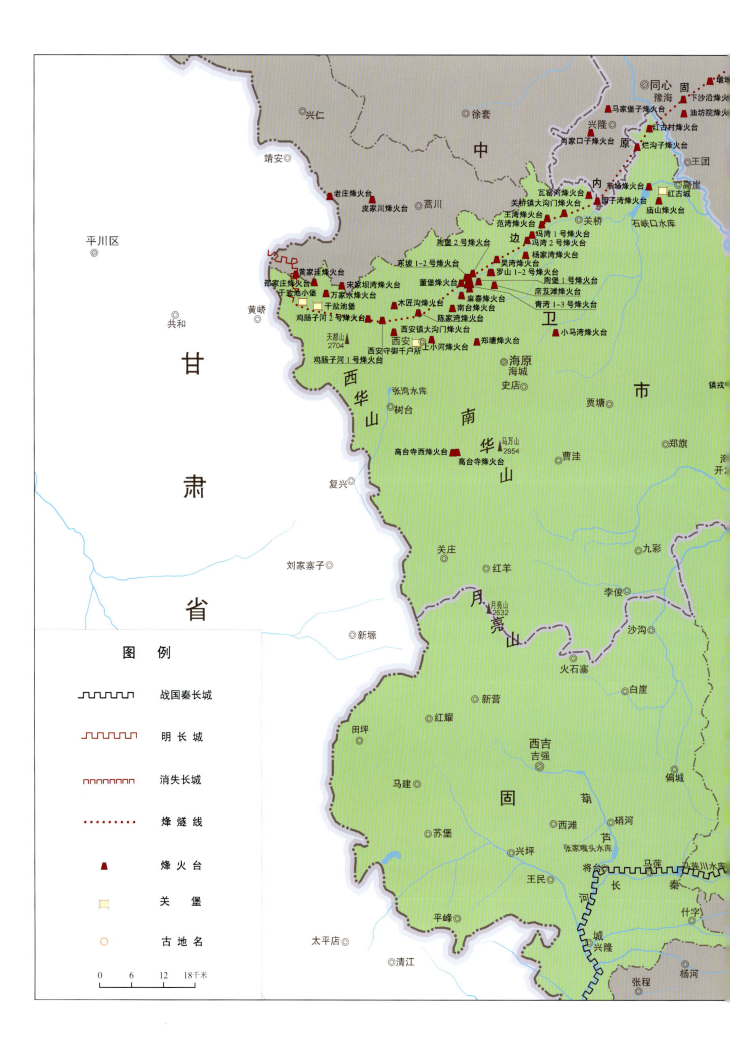

图 例

战国秦长城

明 长 城

消失长城

烽 燧 线

烽 火 台

关 堡

古 地 名

0　6　12　18千米

老庄◎

▲官厅台烽火台
▲大郎顶烽火台

市

◎南湫

双墩烽火台▲　　　▲毛家墩烽火台
　　　◎马高庄
预旺城北小堡　　▲白阴洼子烽火台
　　　　▲马家洼子烽火台
火台□预旺　　　▲预旺城北烽火台
长湾烽火台▲　　　平虏守御干户所
岗子烽火台▲　　▲陈家塘塘子烽火台
　　　▲墩梁洼烽火台
　　　▲张家垣烽火台
◎张家垣
　　▲墩洼烽火台
　　▲官厅沟烽火台
　　▲鲍地湾烽火台

◎甘城

◎毛井

甘

◎炭山

白马城 1-6 号烽火台
▲白马城

◎盘龙

◎寨科

肃

◎罗洼

云雾山▲
2148

◎官厅　◎王洼　◎小岔
　◎交岔

◎合道

◎冯庄

〇三岔

家河水库
十里墩烽火台▲
□临洮营
清河

河川　战

草庙

◎孟塬

◎庙渠

省

城

国

市

长

秦

古城　彭阳
白阳

城阳

茹

新集

◎红河

河

红

镇原
〇

湾

三合

新城

彩图四　宁夏"固原内边"
明长城分布图-2

彩图五　宁夏长城资源调查启动、培训班开班仪式

彩图六　2008年度部分调查队员合影

彩图七　宁夏明长城资源调查资料第一阶段检查验收会议

彩图八　宁夏明长城资源调查资料全面检查验收会议

彩图九　跋山涉水

彩图一〇　测量断面

彩图一一　记录墙体豁口

彩图一二　城址航拍

彩图一三　城址测绘

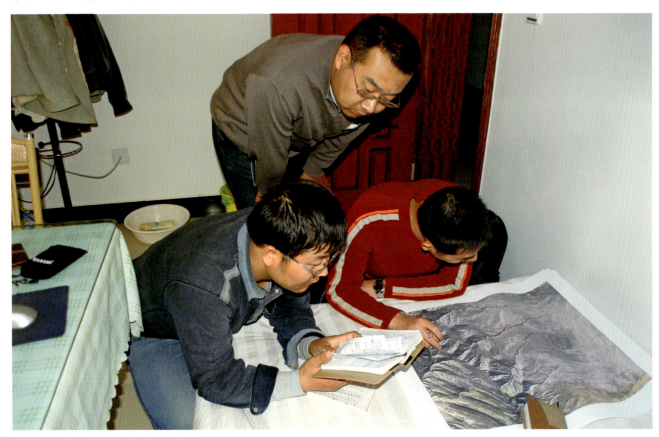

彩图一四　研究影像图

彩图一五　沙海问路

彩图一六　测量井深

彩图一七　高空测量

彩图一八　领导慰问

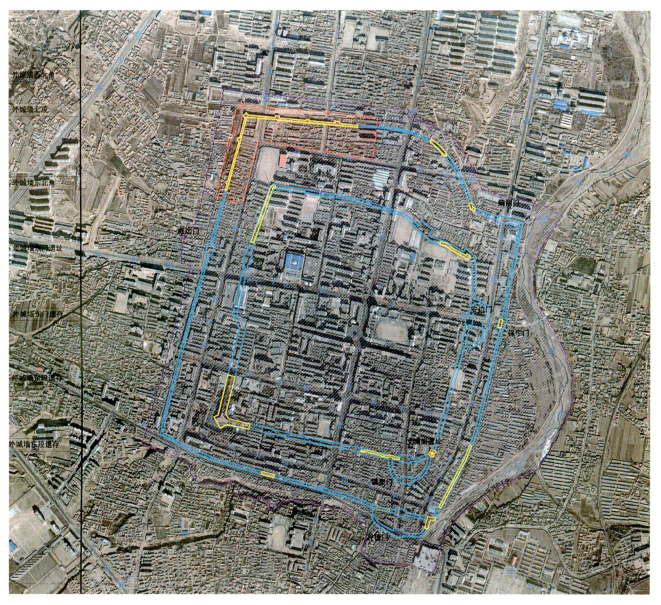

彩图一九　固原城卫星图

彩图二〇　固原城维修后的文澜阁

彩图二一　固原城内城南墙顶部（西—东）

彩图二二　固原城内城西南角台（西南—东北）

彩图二三　固原城内城北墙东段残
　　　　　存墙体（东北—西南）

彩图二四　固原城外城南门瓮城
　　　　　残存部分（西—东）

彩图二五　固原城外城北墙1号马
　　　　　面（西北—东南）

彩图二六　原州区清水河河谷段明代修缮后的战国秦长城（东南—西北）

后期修缮部分

彩图二七　原州区清水河河谷段明代修缮后的战国秦长城墙体剖面（东—西）

彩图二八　原州区长城梁段明代修缮后的战国秦长城（东北—西南）

彩图二九　原州区长城梁段明代修缮后的战国秦长城墙外壕堑（西南—东北）

彩图三〇　原州区长城梁段明代修缮后的战国秦长城敌台（北—南）

彩图三一　原州区长城村—海子峡口段战国秦长城北侧明代二道铲削墙远景（东北—西南）

彩图三二　原州区长城村—海子峡口段战国秦长城北侧明代一道铲削墙（东北—西南）

彩图三三　原州区临洮营城内（东北—西南）

彩图三四　临洮营东墙（南—北）

彩图三五　临洮营北墙西端墙体豁口（西—东）

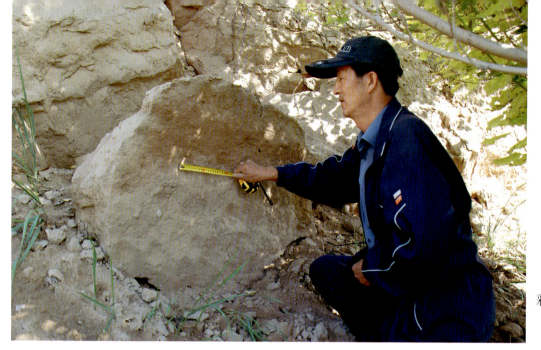

彩图三六　临洮营北墙内
　　　　　侧坍塌墙体处
　　　　　测量夯窝

彩图三七　临洮营北墙外侧2
　　　　　号马面（北—南）

彩图三八　原州区十里墩烽
　　　　　火台（南—北）

彩图三九　原州区十里墩烽火台东南角环壕及门道（西北—东南）

彩图四〇　原州区甘州群牧千户所全景（南—北）

彩图四一　甘州群牧千户所东墙及外侧护城壕（北—南）

彩图四二　甘州群牧千户所西墙及外侧环壕（北—南）

彩图四三　甘州群牧千户所西南
　　　　　角台（西南—东北）

彩图四四　甘州群牧千户所南门
　　　　　（北—南）

彩图四五　甘州群牧千户所北门
　　　　　瓮城夯层（西—东）

彩图四六　原州区大营城北烽火台（西南—东北）

彩图四七　原州区东塬村烽火台（西—东）

彩图四八　环县白马城全景（南—北）

彩图四九　山顶小城及白马城4号烽火台（西北—东南）

彩图五〇　外城东墙（西—东）

彩图五一　外城南门外保护碑（南—北）

彩图五二　外城西墙（西南—东北）

彩图五三　白马城北门（北—南）

彩图五四　城内明代碑碣（西—东）

彩图五五　环县白马城1号烽火台（西—东）

彩图五六　环县白马城 2 号烽火台（北—南）

彩图五七　环县白马城 3 号烽火台（北—南）

彩图五八　环县白马城 4 号烽火台（东南—西北）

彩图五九　环县白马城 5 号烽火台（北—南）

彩图六○　环县白马城6号烽火台（西南—东北）

彩图六一　盐池县杏树湾段"狗拉壕"山险墙（东—西）

彩图六二　杏树湾段"狗拉壕"山险墙内三省
界碑（东—西）

彩图六四　环县李家畔段"狗拉壕"山险墙东段南侧壁面
（北—南）

彩图六三　盐池县杏树湾—李家畔山险第四段（北—南）

彩图六五　李家畔段"狗拉壕"山险墙西段（东—西）

彩图六六　李家畔—何家口子山险墙（北—南）

彩图六七　环县何家口子山险墙西段（东—西）

彩图六八　环县上范新庄夯筑土墙一段夯土断面（东—西）

彩图六九　上范新庄隘口土墙夯层（东—西）

彩图七〇　盐池县墩圈山险墙中段（西—东）

彩图七一　盐池县墩圈山险墙西段（西—东）

彩图七二　盐池县马坊沟村东南夯筑土墙东段局部（北—南）

彩图七三　盐池县马坊沟村南山险墙西段局部（北—南）

彩图七四　盐池县石截子沟—白家沟山险墙第三段（东—西）

彩图七五　环县白家沟山险墙（西—东）

彩图七六　盐池县墩湾烽火台（西南—东北）

彩图七七　盐池县张平庄烽火台（东南—西北）

彩图七八　盐池县农台烽火台（北—南）

彩图七九　盐池县史家湾烽火台（东—西）

彩图八〇　盐池县沙崾岘烽火台（南—北）

彩图八一　盐池县杏树湾烽火台（西南—东北）

彩图八二　盐池县前塬烽火台（南—北）

彩图八三　环县大天池烽火台（西南—东北）

彩图八四　盐池县松家水烽火台
（南—北）

彩图八五　盐池县贺塬上烽火台
　　　　　（东—西）

彩图八六　盐池县马家口子烽火
　　　　　台（西北—东南）

彩图八七　环县白塬畔烽火台
　　　　　（东—西）

彩图八八　环县任新庄烽火台（北—南）

彩图八九　环县冯家沟烽火台（东北—西南）

彩图九〇　环县何家口子烽火台（南—北）

彩图九一　盐池县施家天池烽火台（东北—西南）

彩图九二　盐池县墩圈村烽火台（东南—西北）

彩图九三　墩圈村烽火台南墙门洞（南—北）

彩图九四　环县三里沟村烽火台（西南—东北）

彩图九五　盐池县沙坡子村烽火台（东—西）

彩图九六　沙坡子村烽火台北围墙东段外侧（北—南）

彩图九七　盐池县营盘山烽火台（南—北）

彩图九八　环县甜水堡全景（北—南）

彩图九九　甜水堡南墙外侧（东—西）

彩图一〇〇　甜水堡西墙顶部（南—北）

彩图一〇一　甜水堡北墙内侧窑洞（南—北）

彩图一○二　城内民居（西南—东北）

彩图一○三　同心县六铺墩以北包石墙体（西—东）

彩图一〇四　同心县老爷山西麓—三铺墩濒临消失墙体（西—东）

彩图一〇五　同心县四铺墩墙体外侧壕堑（东—西）

彩图一〇六　同心县三铺墩以西墙体（西—东）

彩图一〇七　同心县一铺墩西—下马关濒临消失墙体（东—西）

彩图一〇八　同心县六铺墩烽火台（西南—东北）

彩图一○九　六铺墩烽火台围墙、门洞、铺舍（东—西）

彩图一一○　青花碗底（TXF001:1）

彩图一一一　同心县五铺墩烽火台（东—西）

彩图一一二　同心县四铺墩烽火台（南—北）

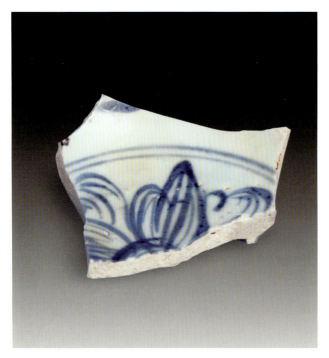

彩图一一三　青花残圈足碗底（TXF003∶1）

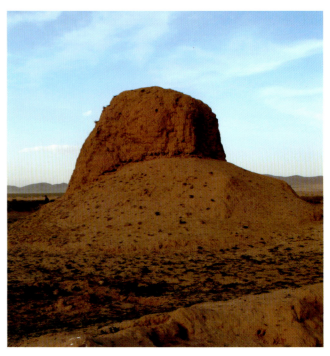

彩图一一四　同心县三铺墩烽火台（东—西）

彩图一一五　同心县二铺墩烽火台（北—南）　　　　　　　　彩图一一六　残圈足碗底（TXF005∶1）

彩图一一七　同心县头铺墩烽火台（东—西）

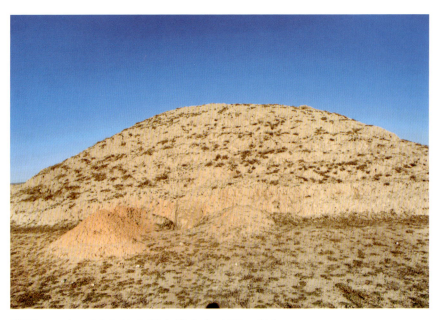

彩图一一八　夹砂灰陶罐口沿残片　　彩图一一九　同心县小罗山烽火台（西—东）
　　　　（TXF006：1）

彩图一二〇　同心县黑山墩烽火台（南—北）

彩图一二一　同心县千台山烽火台
　　　　　（东南—西北）

彩图一二二　同心县杨家山烽火台
　　　　　（南—北）

彩图一二三　同心县八方烽火台
　　　　　（西北—东南）

彩图一二四　同心县墩墩梁烽火台（西南—东北）

彩图一二五　同心县下沙沿烽火台（北—南）

彩图一二六　同心县油坊院烽火台（西—东）

彩图一二七　同心县烂沟子烽火台（东南—西北）

彩图一二八　同心县马家堡子烽火台（西—东）

彩图一二九　同心县周儿庄 1 号小堡（东—西）

彩图一三〇　同心县周儿庄 2 号小堡（西—东）

彩图一三一　周儿庄 2 号小堡堡内房址（南—北）

彩图一三二　小口壶口沿残片（TXB002：1）

彩图一三三　碗口沿残片（TXB002：2）

彩图一三四　残圈足碗底（TXB002：3）

彩图一三五　残圈足碗底（TXB002：4）

彩图一三六　同心县周儿庄 3 号小堡西墙（北—南）

彩图一三七　同心县周儿庄 4 号小堡（北—南）

彩图一三八　碗口沿残片　　　　彩图一三九　残假圈足罐底　　　　彩图一四〇　残青花碗底
（TXB004：1）　　　　　　　　　（TXB004：2）　　　　　　　　　（TXB004：3）

彩图一四一　同心县秦家老子小堡（东北—西南）

440

彩图一四二　黑釉碗底残片（TXB005∶2）　　　　　彩图一四三　黑釉碗底残片（TXB005∶3）

彩图一四四　同心县张家树1号小堡（东—西）

彩图一四五
同心县张家树2号小堡
（东北—西南）

彩图一四六
同心县下马关城东小堡内墩台
（北—南）

彩图一四七
同心县下马关堡全景
（北—南）

彩图一四八　下马关堡全景（南—北）

彩图一四九　下马关堡北墙折拐处（东—西）

彩图一五〇　下马关堡北门瓮城西门道（西—东）

彩图一五一　下马关堡南墙马面（南—北）

彩图一五二　下马关堡南门内侧（北—南）

彩图一五三　下马关堡南门石刻匾额

彩图一五四　下马关堡南门瓮城石刻匾额

彩图一五五　浅腹碗残片（TXB009：1）

彩图一五六　海原县红古城全景（北—南）

彩图一五七　红古城北墙（西南—东北）

彩图一五八　红古城东北角内侧（西北—东南）

彩图一五九　海原县唐坡1段夯筑土墙（东—西）

彩图一六〇　海原县唐坡敌台（东—西）

彩图一六一　海原县唐坡 2 段夯筑土墙（北—南）

彩图一六二　海原县干盐池沟山险墙
　　　　　（西南—东北）

彩图一六三　海原县孔家沟 1 段山险墙
　　　　　（东南—西北）

彩图一六四　海原县孔家沟 2 段山险墙
　　　　　（西南—东北）

彩图一六五　同心县肖家口子烽火台（西—东）

彩图一六六　海原县瓦窑河烽火台（北—南）

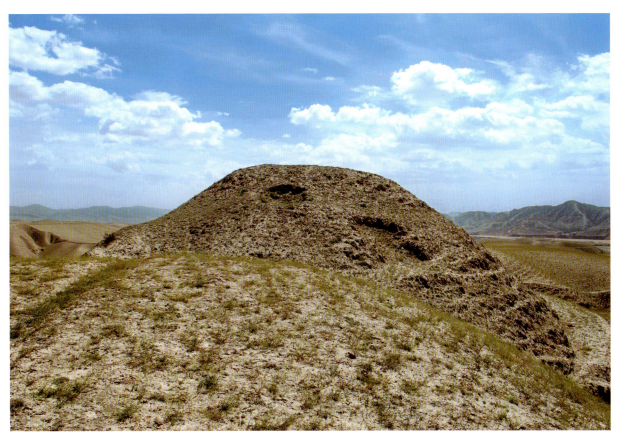

彩图一六七　海原县园子湾烽火台（西北—东南）

彩图一六八　海原县关桥镇大沟门烽火台（西南—东北）

彩图一六九　海原县小马湾烽火
台（西—东）

彩图一七〇　海原县王湾烽火台
（西北—东南）

彩图一七一　海原县范湾烽火台
（东—西）

彩图一七二　海原县冯湾 1 号烽
　　　　　火台（东—西）

彩图一七三　海原县冯湾 2 号烽
　　　　　火台（西南—东北）

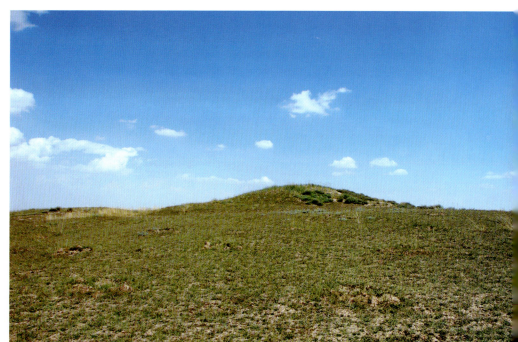

彩图一七四　海原县吴湾烽火台
　　　　　（南—北）

彩图一七五　海原县陶堡 2 号烽火台（西—东）

彩图一七六　海原县东坡 1 号烽火台（北—南）

彩图一七七　海原县东坡 2 号烽火台（东北—西南）

彩图一七八　海原县董堡烽火台（东北—西南）

彩图一七九　海原县陈家湾烽火台（西北—东南）

彩图一八〇　海原县木匠沟烽火台（西—东）

彩图一八一　海原县宋家坝湾烽火台（南—北）

彩图一八二　海原县万家水烽火台（东南—西北）

彩图一八三　海原县邵庄烽火台（东—西）

彩图一八四　海原县黄家洼烽火台（西南—东北）

彩图一八五　海原县皮家川烽火台（西—东）

彩图一八六　海原县老庄烽火台（西北—东南）

彩图一八七　同心县草场烽火台（西北—东南）

彩图一八八　同心县庙山烽火台（西北—东南）

彩图一八九　海原县杨家湾烽火台（南—北）

彩图一九〇　海原县罗山1号烽火台（西—东）

彩图一九一　海原县罗山 2 号烽火台
（东南—西北）

彩图一九二　海原县陶堡 1 号烽火台
（西—东）

彩图一九三　海原县席芨滩烽火台
（东—西）

彩图一九四　海原县青湾 1 号烽
火台（东—西）

彩图一九五　海原县青湾 2 号烽
火台（东—西）

彩图一九六　海原县青湾 3 号烽
火台（南—北）

彩图一九七　海原县麻春烽火台（南—北）

彩图一九八　海原县南台烽火台（南—北）

彩图一九九　海原县郑塘烽火台（西—东）

彩图二〇〇　海原县高台寺烽火台（南—北）

彩图二〇一　海原县高台寺西烽火台（南—北）

彩图二〇二　海原县上小河烽火台（南—北）

彩图二〇三　海原县西安镇大沟门烽火台（西—东）

彩图二〇四　海原县鸡肠子河1号烽火台（东—西）

彩图二〇五　海原县鸡肠子河2号烽火台（北—南）

彩图二〇六　海原县西安州守御千户所全景（东—西）

彩图二〇七　西安州守御千户所东墙南段外侧马面（北—南）

彩图二〇八　西安州守御千户所城内隔墙（东—西）

彩图二〇九　西安州守御千户所东门瓮城（北—南）

彩图二一〇　西安州守御千户所城内保护碑（南—北）

彩图二一一　海原县干盐池小堡全景（南—北）

彩图二一二　海原县干盐池堡北部（东—西）

彩图二一三　干盐池堡东南角台（东南—西北）

彩图二一四　干盐池堡西门（东—西）

彩图二一五　干盐池堡北墙内侧掏挖窑洞（东南—西北）

彩图二一六　红寺堡区新红寺堡南土墙东段（东北—西南）

彩图二一七　红寺堡区兴旺村1段土墙西北段墙体断面（西北—东南）

彩图二一八　红寺堡区兴旺村 2 段土墙东端墙体断面（东南—西北）

彩图二一九　兴旺村 2 段土墙西段（东南—西北）

彩图二二〇　红寺堡区兴旺土墙
　　　　　　3段墙体断面处（西
　　　　　　北—东南）

彩图二二一　红寺堡区沙沟姆
　　　　　　2段土墙（东南—
　　　　　　西北）

彩图二二二　红寺堡区徐斌水新
　　　　　　边西端止点处（东
　　　　　　南—西北）

彩图二二三　红寺堡区滚泉村烽火台（南—北）

彩图二二四　红寺堡区沙泉村烽火台（东南—西北）

彩图二二五　红寺堡区青山墩烽火台（西—东）

彩图二二六　青山墩烽火台
东壁风蚀孔洞
（东—西）

彩图二二七　红寺堡区红沟窑烽火台（北—南）

彩图二二八　红沟窑烽火台西侧附墩（L1～L5）（东—西）

彩图二二九　红沟窑烽火台南侧附墩（L6～L10）（北—南）

彩图二三〇　红寺堡区买河村烽火台（西—东）

彩图二三一 买河村烽火台东侧附墩（西—东）

彩图二三二 买河村烽火台附墩L4（南—北）

彩图二三三　红寺堡区红塔村烽火台北壁（北—南）

彩图二三四　红寺堡区光彩村烽火台（西南—东北）

彩图二三五　红寺堡区红兴村烽火台（南—北）

彩图二三六　红寺堡区白墩烽火台（南—北）

彩图二三七　红寺堡区红阳村烽火台（北—南）

彩图二三八　红寺堡区马家渠烽火台（南—北）

彩图二三九　红寺堡区马段头烽火台（南一北）

彩图二四〇　徐斌水堡西墙（西北一东南）

彩图二四一　徐斌水堡地表遗物

彩图二四二　红寺堡区旧红寺堡南墙（南—北）

彩图二四三　旧红寺堡东门（东—西）

彩图二四四　红寺堡区新红寺堡（南—北）

彩图二四五　新红寺堡东门（南—北）

彩图二四六　红寺堡区旧城东北部（东—西）

彩图二四七　旧城南墙及瓮城（西—东）

彩图二四八　旧城西墙现状（北—南）

彩图二四九　沙泉墩小堡（西南—东北）　　　　　　彩图二五〇　沙泉墩小堡附近干涸泉眼（东—西）

彩图二五一 环县烟墩山烽火台（东—西）

彩图二五二 环县樊沟泉林场烽火台（北—南）

彩图二五三　环县张新庄烽火台
　　　　　（东南—西北）

彩图二五四　环县甜水堡南烽火台
　　　　　（东—西）

彩图二五五　盐池县崔新庄烽火台
　　　　　（西南—东北）

彩图二五六　盐池县关祭台村烽火台（东—西）

彩图二五七　关祭台村烽火台围墙垛口（西—东）

彩图二五八　盐池县郭墩洼烽火台（南—北）

彩图二五九　盐池县杜家沟烽火台（南—北）

彩图二六〇　盐池县曹圈村烽火台（南—北）

彩图二六一　盐池县贾家圈村烽火台（东—西）

彩图二六二　瓷蒺藜残块（YCF073：3）

彩图二六三　瓷蒺藜残块（YCF073：5）

彩图二六四　瓮口沿残片（YCF073：6）

彩图二六五　瓷蒺藜残块（YCF073：9）

彩图二六六　瓷蒺藜残块（YCF073：17）

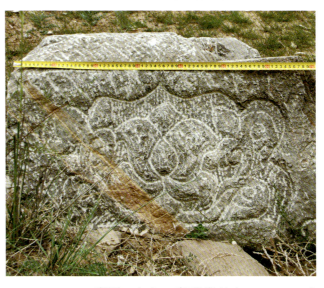

彩图二六七　青石碑座（YCF073：18）

彩图二六八　盐池县隰宁堡村烽
火台（东—西）

彩图二六九　盐池县潘河村烽火台
（西—东）

彩图二七〇　盐池县苦水井村烽
火台（东—西）

彩图二七一　盐池县惠安堡南烽火台（西—东）

彩图二七二　盐池县赵儿庄烽火台（北—南）

彩图二七三　残圈足碗底（YCF078：1）

彩图二七四　盆口沿残片（YCF078：2）

彩图二七五 盐池县惠安堡北烽火台（南—北）

彩图二七六 盐池县北破城烽火台（南—北）

彩图二七七　盐池县梁台子烽火台（西—东）

彩图二七八　盐池县红墩子烽火台（南—北）

彩图二七九　红寺堡区太阳山风电场烽火台（北—南）

彩图二八〇　红寺堡区宋家圈烽火台（东—西）

彩图二八一　红寺堡区百塔水烽火台（西—东）

彩图二八二　利通区马家窑头烽火台（北—南）

彩图二八三　灵武市方家圈烽火台（南—北）

彩图二八四　利通区宋家小沟西南烽火台（东—西）

彩图二八五　利通区宋家小沟烽火台（北—南）

彩图二八六　灵武市石窑墩烽火台（东—西）

彩图二八七　灵武市二道墩烽火台（东—西）

彩图二八八　灵武市柴山墩烽火台（西—东）

彩图二八九　灵武市缸瓦墩烽火台（西—东）　　　　　彩图二九〇　灵武市立山墩烽火台（西—东）

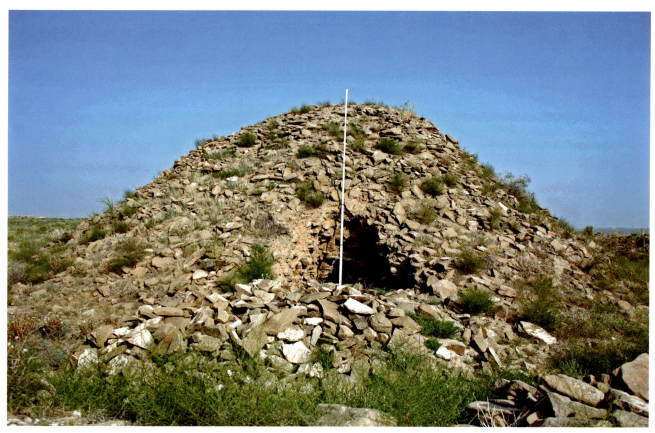

彩图二九一　灵武市麦垛山烽火台（南—北）

彩图二九二　利通区小东沟烽火台（东—西）

彩图二九三　灵武市白土岗子烽
　　　　　火台（东—西）

彩图二九四　灵武市红坡坡烽
　　　　　火台（北—南）

彩图二九五　灵武市脑子墩烽
　　　　　火台（西—东）

彩图二九六　灵武市羊泉墩烽火台（北—南）

彩图二九七　羊泉墩烽火台南壁局部
夯层（南—北）

彩图二九八　灵武市杨家圈烽火台（北—南）　　　　　　　彩图二九九　灵武市沙窝墩烽火台（东—西）

彩图三〇〇　沙窝墩烽火台东南角（东—西）

彩图三〇一　灵武市海子墩烽火台（南—北）

彩图三〇二 海子墩烽火台南侧残存围墙（西南—东北）

彩图三〇三 灵武市烟墩烽火台（北—南）

彩图三〇四　盐池县王庄科烽火台（西—东）

彩图三〇五　盐池县摆宴井烽火台（东—西）

彩图三〇六　兽面纹瓦当残块
　　　（YCF084：1）

彩图三〇七　兽面纹瓦当残块
　　　（YCF084：3）

彩图三〇八　残青花碗底
　　　（YCF084：7）

彩图三〇九　盐池县黑山墩烽火台（北—南）

彩图三一〇　盐池县柳条井烽火台（南—北）

彩图三一一　盐池县朱新庄烽火台（东南—西北）

彩图三一二　盐池县金渠子烽火台（东—西）

彩图三一三　青花碗底残片（YCF088：2）　　　　彩图三一四　青花碗口沿残片（YCF088：4）

彩图三一五　盐池县汪水塘烽火台（东—西）

彩图三一六　盐池县龚儿庄烽火台（南—北）

彩图三一七　盐池县萌城堡全景（南—北）

彩图三一八　萌城堡北墙及马面（西—东）

彩图三一九　萌城堡城内隔墙（南—北）

彩图三二〇　萌城堡城内西部台基（西—东）

彩图三二一　萌城堡城内地表遗物（北—南）

彩图三二二　滴水残块（YCB007∶1）

彩图三二三　瓦当残块（YCB007∶2）

彩图三二四　筒瓦残块（YCB007∶3）

彩图三二五　灰陶方砖（YCB007∶5）

彩图三二六　灰陶条砖（YCB007∶6）

彩图三二七　盐池县隰宁堡全景（东—西）

彩图三二八　隰宁堡北城东墙内侧（西—东）

彩图三二九　隰宁堡北城东门瓮城（南—北）

彩图三三〇　隰宁堡北城东门北壁砾石夯层（北—南）

彩图三三一　隰宁堡北城西南角台（西南—东北）

彩图三三二　隰宁堡封堵后的南城南门（南—北）

彩图三三三　滴水残块（YCB008：2）

彩图三三四　黑釉盆口沿残片（YCB008：3）

彩图三三五　白釉黑彩盆口沿残片（YCB008：4）

彩图三三六　灰陶筒瓦（YCB008：6）

彩图三三七　瓷蒺藜残块（YCB008：10）

彩图三三八　残圈足碗底（YCB008：11）

彩图三三九　瓷蒺藜残块（YCB008：12）

彩图三四〇　滴水残块（YCB008：13）

彩图三四一　滴水残块（YCB008：14）

彩图三四二　黑釉残瓶底（YCB008：16）

彩图三四三　灰陶板瓦残块（YCB008：17）

彩图三四四　青花残圈足碗底（YCB008：18）

彩图三四五　滴水残块（YCB008∶21）

彩图三四六　青花残圈足碗底（YCB008∶22）

彩图三四七　青花碗口沿残片（YCB008∶23）

彩图三四八　青花残圈足碗底（YCB008∶24）

彩图三四九　青花残圈足碗底（YCB008∶25）

彩图三五〇　青花碗腹底残片（YCB008∶26）

彩图三五一　青花残圈足碗底（YCB008：27）

彩图三五二　青花碗底残片（YCB008：28）

彩图三五三　瓷口沿残片（YCB008：29）

彩图三五四　青花残圈足碗底（YCB008：30）

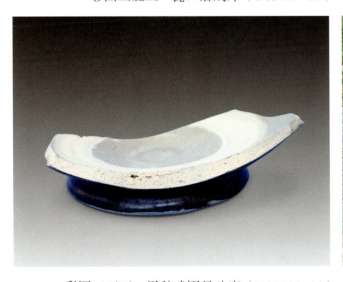

彩图三五五　黑釉残圈足碗底（YCB008：33）

彩图三五六　青石碑座（YCB008：34）

彩图三五七　盐池县惠安堡全景（北—南）

彩图三五八　惠安堡北墙西段及外侧盐湖（东—西）

彩图三五九　惠安堡北门瓮城残存（东—西）

彩图三六〇　惠安堡西南角台（西南—东北）

彩图三六一　惠安堡南关城门洞（北—南）

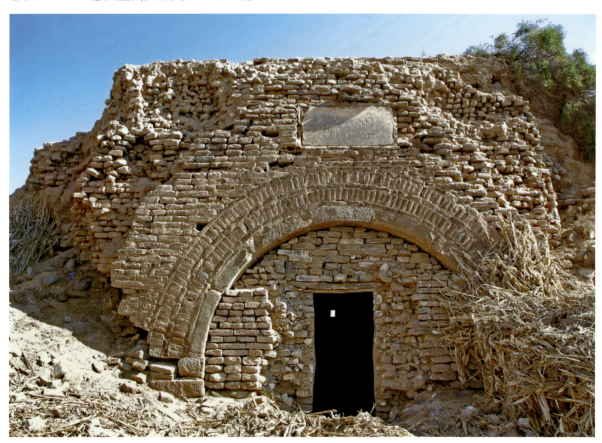

彩图三六二　惠安堡南门洞现状（南—北）

彩图三六三　盐池县盐池城全景（南—北）

彩图三六四　盐池城全景（东—西）

彩图三六五　盐池城西墙南段
　　　　　　（南—北）

彩图三六六　盐池城西城瓮城
　　　　　　（西南—东北）

彩图三六七　盐池城西北角台
　　　　　　（西北—东南）

彩图三六八　灵武市石沟城全景（南—北）

彩图三六九　石沟城南墙（西—东）

彩图三七〇　石沟城北墙外侧
（西北—东南）

彩图三七一　石沟城北墙 1 号
马面（北—南）

彩图三七二　石沟城西南角台
（西南—东北）

彩图三七三　石沟城南门瓮城（南—北）

彩图三七四　灵武市灵州千户所城西墙残段（西北—东南）

彩图三七五　灵州千户所北墙小区通道（北—南）

彩图三七六　同心县鲍地湾烽火台（东南—西北）

彩图三七七　同心县官厅沟烽火台（南—北）

彩图三七八　官厅沟烽火台南门及围墙西侧（东—西）

彩图三七九　滴水残块（TXF022:1）

彩图三八〇　兽面瓦当（TXF022:2）

彩图三八一　滴水残块（TXF022:3）

彩图三八二　残圈足碗底（TXF022：5）

彩图三八三　滴水残块（TXF022：6）

彩图三八四　残圈足碗底（TXF022：7）

彩图三八五　残圈足碗底（TXF022：8）

彩图三八六　残圈足碗底（TXF022：9）

彩图三八七　残圈足碗底（TXF022：10）

彩图三八八　同心县墩洼烽火台
（北—南）

彩图三八九　同心县张家塬烽火台
（西北—东南）

彩图三九〇　同心县墩梁洼烽火台
（西—东）

彩图三九一　同心县陈家塘塘子烽火台
　　　　　　（南—北）

彩图三九二　同心县墩阳岗子烽火台
　　　　　　（西—东）

彩图三九三　同心县墩墩山烽火台
　　　　　　（南—北）

彩图三九四　同心县墩墩山北烽火台
　　　　　（西—东）

彩图三九五　同心县长湾烽火台
　　　　　（东—西）

彩图三九六　同心县上湾烽火台
　　　　　（东南—西北）

彩图三九七　同心县预旺城北烽火台（西—东）

彩图三九八　同心县马家洼子烽火台（东—西）

彩图三九九　同心县白阴洼子烽火台（西北—东南）

彩图四〇〇　同心县毛家墩烽火台（西南—东北）

彩图四〇一　套兽残块（TXF035:1）　　　　彩图四〇二　残圈足碗底（TXF035:3）

彩图四〇三　同心县双墩烽火台（东—西）

彩图四〇四　同心县大郎顶烽火台
　　　　　　（南—北）

彩图四〇五　同心县官厅台烽火台
　　　　　　（东—西）

彩图四〇六　同心县上马坟烽火台
　　　　　　（东—西）

彩图四〇七　同心县五里墩烽火台
　　　　　　（西南—东北）

彩图四〇八　同心县下马关镇北烽火
　　　　　　台（西北—东南）

彩图四〇九　同心县陈儿庄烽火台
　　　　　　（南—北）

彩图四一〇　同心县下红沟沿烽火台（东南—西北）

彩图四一一　同心县停沟烽火台（东南—西北）

彩图四一二　同心县十五里墩烽火台（西—东）

彩图四一三　同心县红沟烽火台（南—北）

彩图四一四　同心县河湾烽火台（南—北）

彩图四一五 同心县青龙山烽火台（西南—东北）

彩图四一六 同心县红家沙窝烽火台（南—北）

彩图四一七　同心县塘坊梁烽火台（西—东）

彩图四一八　砂岩碑座（TXF050：1）

彩图四一九　同心县丁家圈烽火台（南—北）

彩图四二〇　丁家圈烽火台西侧石砌小墩（东—西）

彩图四二一　同心县太阳山煤矿东南烽火台（西—东）

彩图四二二　红寺堡区太阳山开发区烽火台（东南—西北）

彩图四二三　红寺堡区烂山子烽火台（东—西）

彩图四二四　盐池县苏家井烽火台（南—北）

彩图四二五　盐池县红沙窝烽火台（西—东）

彩图四二六　盐池县苏家场烽火台（南—北）

彩图四二七　盐池县碱池子烽火台（南—北）

彩图四二八　盐池县叶儿庄烽火台（南—北）

彩图四二九　盐池县马儿庄西烽火台（西—东）

彩图四三〇　马儿庄西烽火台围墙夹砂夯层（西—东）

彩图四三一　盐池县黄草梁烽火台（东—西）

彩图四三二　盐池县尖儿庄烽火台（西—东）

彩图四三三　盐池县三墩子烽火台（南—北）

彩图四三四　盐池县杜记圈烽火台（东—西）

彩图四三五　盐池县头墩子烽火台（南—北）

彩图四三六　盐池县二墩子烽火台（西—东）

彩图四三七　盐池县哈巴湖林场烽火台（西—东）

彩图四三八　盐池县南海子烽火台（西—东）

彩图四三九　盐池县盖木庄烽火台（南—北）

彩图四四〇　盐池县窑石庄烽火台（西—东）

彩图四四一　盐池县野狐井烽火台（南—北）

彩图四四二　盐池县野狐井烽火台南墙东壁（东—西）

彩图四四三　盐池县陈庄子烽火台（西—东）

彩图四四四　盐池县刘廓圈烽火台（南墩）（西—东）

彩图四四五　盐池县刘廓圈烽火台（北墩）（南—北）

彩图四四六　盐池县黎明村烽火台（南墩）（南—北）

彩图四四七　盐池县黎民村烽火台（北墩）（南—北）

彩图四四八　盐池县雨强村烽火台（西墩）（西—东）

彩图四四九　盐池县雨强村烽火台（东墩）（南—北）

彩图四五○　盐池县张记墩烽火台
（西—东）

彩图四五一　盐池县马禾庄烽火台
（西墩）（东—西）

彩图四五二　盐池县马禾庄烽火台
（东墩）（北—南）

彩图四五三　盐池县南海子南烽火台（南—北）

彩图四五四　盐池县黄蒿渠烽火台（南—北）

彩图四五五　海原县镇戎守御千户所城址西南侧（西南—东北）

彩图四五六　镇戎守御千户所城址西墙外侧（西—东）

彩图四五七　镇戎守御千户所城址内隔墙（东南—西北）

彩图四五八　同心县平虏守御千户所全景（西北—东南）

彩图四五九　平虏守御千户所全景
（东—西）

彩图四六〇　平虏守御千户所西北
关北墙东段（东—西）

彩图四六一　平虏守御千户所西北
关东北角台（东—西）

彩图四六二
平虏守御千户所西北关东墙及瓮城
（北—南）

彩图四六三
平虏守御千户所东关城东南角台
（东南—西北）

彩图四六四
平虏守御千户所西墙垛墙（北—南）

彩图四六五　青花残圈足碗底（TXB010：2）

彩图四六六　残圈足碗底（TXB010：3）

彩图四六七　青花残圈足碗底（TXB010：4）

彩图四六八　残圈足碗底（TXB010：5）

彩图四六九　瓦当残块（TXB010：6）

彩图四七〇　残圈足碗底（TXB010：7）

彩图四七一　坩埚（TXB010：8）

彩图四七二　坩埚（TXB010：9）

彩图四七三　同心县预旺城北小堡南墙（西—东）

彩图四七四　预旺城北小堡东北角台（西南—东北）

彩图四七五　同心县上马坟1号小堡西北角（东—西）

彩图四七六　上马坟 1 号小堡西南角（东北—西南）

彩图四七七　同心县上马坟 2 号小堡（西—东）

彩图四七八　同心县宁夏群牧千户所全景（东北—西南）

彩图四七九　宁夏群牧千户所西城东南角（西—东）

彩图四八〇　宁夏群牧千户
所西城南墙局
部（北—南）

彩图四八一　宁夏群牧千户所
西城南墙内侧
（东—西）

彩图四八二　宁夏群牧千户所
南墙与康济寺塔
（东北—西南）

彩图四八三　盐池县铁柱泉城全景（西南—东北）

彩图四八四　铁柱泉城南墙（西—东）

彩图四八五　铁柱泉城西墙马面
　　　　　　（西南—东北）

彩图四八六　铁柱泉城北墙东段
　　　　　　（东—西）

彩图四八七　铁柱泉城城内
　　　　　　（西北—东南）

彩图四八八　铁柱泉城瓮城南门（东—西）

彩图四八九　铁柱泉城墙夯层断面（西北—东南）

彩图四九〇　盐池县野狐井堡全景（北—南）

彩图四九一　野狐井堡与野狐井烽火台全景（东南—西北）

彩图四九二　野狐井堡北墙内侧
　　　　　　（南—北）

彩图四九三　野狐井堡北墙
　　　　　　（西—东）

彩图四九四　野狐井堡北墙
　　　　　　（西—东）

彩图四九五
野狐井堡南门（北—南）

彩图四九六
野狐井城址西北角台
（东南—西北）

彩图四九七
野狐井城址西墙外侧
保护碑（西—东）

583